Thomas Estler

Das große Loktypenbuch

Thomas Estler

Das große Loktypenbuch

transpress

Impressum

Einbandgestaltung: Nicole Lechner

Titelbilder: Thomas Estler

ISBN: 3-613-71159-1

1. Auflage 2001

Lektorat: Dirk Endisch
Innengestaltung: Viktor Stern
Druck: Gulde Druck, 72072 Tübingen
Bindung: E. Riethmüller, 70176 Stuttgart
Printed in Germany

Vorwort

»Alles in Einem« bietet erstmals dieses große Loktypenbuch. Neben Dampf-, Diesel- und Elektrolokomotiven sind auch die nicht minder wichtigen Triebwagen jeder Betriebsart enthalten. Einige Beschränkungen mussten natürlich vorgenommen werden. Alle deutschen Lokomotiven und Triebwagen zu erfassen, hätte ein mehrbändiges Werk erfordert. Autor und Verlag sahen als wichtigsten Schnittpunkt den Umzeichnungsplan der Deutschen Reichsbahn-Gesellschaft (DRG) für Dampflokomotiven aus dem Jahr 1925. Die Deutsche Reichsbahn als Staatsbahn des Deutschen Reiches entstand am 1. April 1920 aus dem Zusammenschluss der Badischen, Bayerischen, Mecklenburgischen, Oldenburgischen, Preußisch-Hessischen, Sächsischen und Württembergischen Staatsbahnen. Alle von diesen vormaligen Länderbahnen übernommenen Dampflokomotiven wurden von der 1924 gegründeten Deutschen Reichsbahn-Gesellschaft (DRG) in den besagten Umzeichnungsplan nach einem neu geschaffenen Baureihen-Schema eingeordnet. Dampflokneubauten der DRG ließen sich später problemlos in dieses Nummernsystem einfügen. Das System bewährte sich so hervorragend, dass es nach dem Zweiten Weltkrieg und der Teilung Deutschlands von den beiden neu gegründeten Staatsbahnen (Deutsche Bundesbahn »DB« in den Westzonen, Deutsche Reichsbahn »DR« in der Sowjetzone) beibehalten wurde. Erst die Einführung von EDV-gerechten Nummernsystemen ab 1968 bei der DB bzw. 1970 bei der DR zwangen zur teilweisen Aufgabe der bewährten Systematik. Daher werden in diesem Typenbuch die Dampflokomotiven in der Reihenfolge des DRG-Nummernsystems vorgestellt.
Ähnliche Bezeichnungssysteme entwickelte die DRG später für Elektro- und Diesellokomotiven sowie für Elektrotriebwagen, welche ebenfalls nach dem Krieg von den beiden deutschen Staatsbahnen beibehalten wurden. Daher orientiert sich die Reihenfolge dieser Fahrzeug im Typenbuch auch an dem alten DRG-Schema. Neubauten von DB und DR nach Einführung der EDV-gerechten Bezeichnungen wurden entsprechend in diese Systematik eingeordnet.
Schwieriger war die Einordnung von Diesel- und Akkutriebwagen. Für Erstere hatte die DRG zwar noch während des Zweiten Weltkriegs ein neues Bezeichnungssystem entwickelt, doch nicht mehr umgesetzt. Nach Kriegsende übernahm nur die DB das neu entwickelte System. Die DR behielt bei Altbautriebwagen die alte DRG-Nummerierung bei und ging bei ihren wenigen Neubautriebwagen eigene Wege. Am zweckmäßigsten erschien daher die Einordnung aller Dieseltriebwagen nach dem von der DB verwendeten Schema. Gleiches gilt für die Akkutriebwagen, die in der Reihenfolge des von der DB entwickelten Bezeichnungsschemas aufgeführt werden. Die wenigen Dampftriebwagen erhielten bei der DRG nur eine durchlaufende Nummerierung, nach deren Reihenfolge die Vorstellung in diesem Buch erfolgt.
Präsentiert werden in diesem umfangreichen Nachschlagewerk zunächst alle Lokomotiven und Triebwagen, welche 1925 von der DRG aus dem Bestand der ehemaligen deutschen Länderbahnen übernommen wurden. Dazu kommen alle Neubauten an Lokomotiven und Triebwagen, welche bis heute von DRG, DB, DR und DB AG auf die Schienen gestellt wurden. Komplett erfasst sind auch die bis 1943 von der DRG übernommenen Lokomotiven verstaatlichter Privatbahnen. Alle Lokomotiven und Triebwagen vorzustellen, die 1949 mit der Übernahme der DDR-Privatbahnen in den Bestand der DR gelangten, hätte den Rahmen dieses Buches bei weitem gesprengt. So entschlossen sich Autor und Verlag, nur die 1949 übernommenen Schmalspurdampfloks komplett aufzuführen, da viele von ihnen bis heute als Museums-, Denkmals- oder sogar als Betriebsloks im Planeinsatz überlebt haben. Gleiches gilt für die 1949 von der DR übernommenen Elektro- und Schmalspur-Dieseltriebwagen. Weitgehend außen vor bleiben mussten dagegen die übernommenen normalspurigen Dampfloks und die normalspurigen Dieseltriebwagen. Hier wurden nur entwicklungsgeschichtlich bedeutsame Gattungen wie z.B. die »Tierklasse« der Halberstadt-Blankenburger Eisenbahn berücksichtigt.
Über 450 Dampflokomotivbaureihen, über 120 Baureihen von elektrischen Lokomotiven, über 100 Baureihen von Diesellokomotiven, sieben Typen von Dampftriebwagen, rund 80 Typen elektrischer Triebwagen, acht Typen von Akkutriebwagen und rund 130 Typen von Dieseltriebwagen werden vorgestellt. Das Spektrum reicht von alten Dampfloks aus dem Jahr 1870 bis hin zu den neuesten Triebfahrzeugen der DB AG, die gerade erst im Entstehen begriffen sind. Um all diese Typen unterzubringen, war es in Einzelfällen notwendig, mehrere Baureihen in einer Beschreibung zusammenzufassen. In der Regel erfolgte das nur dort, wo geringe, meist technische Unterschiede dies erleichterten. Das vollständige Register am Schluss des Buches ermöglicht aber das problemlose Auffinden jeder einzelnen Baureihe.
Wie immer gilt mein Dank allen Bildautoren und Archiven, die mich mit Material unterstützt haben und aus ihren umfangreichen Sammlungen auch diesmal kleine Schätze zur Verfügung stellten. Bei den Texten betätigten sich hilfreich Herr Heinz Estler und Herr Claus-Jürgen Jacobson, ohne deren Hilfe dieses Werk wohl kaum gelungen wäre. Meine Frau Heidi musste sich zum wiederholten Male mit Korrekturlesen abplagen, auch dafür ein herzliches Dankeschön.

Fellbach, im April 2001 Thomas Estler

Inhalt

Nummernsysteme der DRG, DB und DR vor 1968/1970

Wie schon im Vorwort angesprochenen, erfolgt die Präsentation der Fahrzeuge in diesem Typenbuch nach Bezeichnungssystemen, welche im Wesentlichen von der Deutschen Reichsbahn-Gesellschaft (DRG) entwickelt wurden. Daher sollen zunächst diese Systeme für die einzelnen Traktionsarten vorgestellt und erklärt werden.

Dampflokomotiven

Nach ihrer Gründung 1. April 1920 zählte die Deutsche Reichsbahn zunächst rund 400 verschiedene Dampflokbaureihen der vormaligen Länderbahnen in ihrem Bestand. Eine einheitliche Bezeichnung der Lokomotiven war somit eine der dringendsten Aufgaben für Verwaltung, Betriebs- und Werkstättendienst. Dabei war zu berücksichtigen, dass für Neubeschaffungen noch genügend Freiraum vorhanden sein sollte. Erst im dritten Anlauf gelang mit dem 1925 erarbeiteten und im Februar 1926 in Kraft getretenen, so genannten dritten Umzeichnungsplan der große Wurf. Dabei wurden den verschiedenen Dampfloktypen folgenden (Haupt-) Baureihen zugeordnet:

Baureihen	*Typ*	*Gattung*
01 - 19	Schnellzuglokomotiven	S
20 - 39	Personenzuglokomotiven	P
40 - 59	Güterzuglokomotiven	G
60 - 79	Personenzugtenderlokomotiven	Pt
80 - 96	Güterzugtenderlokomotiven	Gt
97	Zahnradlokomotiven	Z
98	Lokalbahnlokomotiven	L
99	Schmalspurlokomotiven	K

In den jeweiligen Typengruppen war die Radsatzfolge (früher auch Achsfolge genannt) das nächste Ordnungskriterium. Bis einschließlich der Baureihe 96 war jeder Baureihe nur eine Radsatzfolge zugeordnet. In den einzelnen Typenblöcken unterschied die DRG weiter nach den Länderbauarten und ihren zukünftigen Neubeschaffungen, den so genannten Einheitslokomotiven. Die erste Zehnerreihe in jedem Typenblock waren den Neubauten, die zweite Zehnerreihe den Länderbahnlokomotiven vorbehalten. Ausnahmen bestätigten aber auch hier die Regel. Bildete die Baureihenbezeichnung die Grobunterteilung, erfolgte durch die bis zu vierstellige Ordnungsnummer eine weiter gehende Feinunterteilung der einzelnen Baureihen. Bei normalspurigen Dampfloks genügten die Hunderter- und Tausendergruppen, bei den Schmalspurlokomotiven musste wegen der vielen Typen sogar nach Zehnernummern unterteilt werden.
Die vollständige Baureihenbezeichnung erfolgte somit durch die Hauptbaureihe und die beigestellten Zehner-, Hunderter- und Tausendergruppen der Ordnungsnummern, wie folgende Beispiele zeigen:

03.0	=	03 001-999
38.10-40	=	38 1001-4099
99.720	=	99 7201-7204

Mit breiten Messing-Ziffern präsentierte sich die 19 004. Foto: Slg. Töpelmann, Archiv transpress

Die Deutsche Bundesbahn und die Deutsche Reichsbahn in der DDR behielten das Nummernsystem der DRG bei. Da die beiden Baumuster der Einheits-23er in der DDR verblieben waren, besetzte die DB die Baureihe 23 ein zweites Mal. Foto: Estler

Bei vierstelliger Ordnungsnummer konnten bis zu 9.999 Lokomotiven pro Baureihe untergebracht werden. Dies wurde aber in keinem einzigen Fall ausgeschöpft. Obwohl dieses System sehr viele Typen aufnehmen konnte, gab es auch Zweit- und sogar Drittbesetzungen von Baureihen. Neugebaute Einheitslokomotiven erhielten die Baureihenbezeichnung ausgemusterter Länderbahnlokomotiven, wie z.B. die Baureihe 89.0 (preußische T 8 und DRG-Einheitslok). Als mit der Übernahme verstaatlichter Privatbahnen wie der LAG und der MFWE wieder preußische T 8 in den DRG-Bestand gelangten, wurden sie als Baureihe 89.10 geführt. Doch immerhin war das

Elektrische Schnellzuglokomotiven reihte die Deutsche Reichsbahn-Gesellschaft als Baureihen E01 bis E18 in ihren Fahrzeugbestand ein. Die Baureihe E18 war bei ihrer Indienststellung die stärkste Einrahmen-Ellok der Welt. Auf Hochglanz poliert wartete die E18 15 Ende der 30er-Jahre auf neue Einsätze. Foto: Bellingrodt, Slg. Kleine, Archiv transpress

Nummernschema der DRG variabel genug, nicht nur die Lokomotiven der zwischen 1930 und 1943 verstaatlichten deutschen Privatbahnen aufzunehmen, sondern auch die Lokomotiven Österreichs, des Sudetenlandes, der CSD und die rückgeführten polnischen Lokomotiven aus den Reparationsabgaben des Ersten Weltkriegs.

Die Deutsche Bundesbahn und die Deutsche Reichsbahn behielten den Nummernplan der DRG bei und ordneten ihre Neu- sowie Umbauten entsprechend ein. Obwohl auf Grund ähnlicher Anforderungen Doppelentwicklungen bestimmter Lokomotivgattungen bei den beiden Bahnverwaltungen nicht ausblieben, gab es nur wenige Überschneidungen. Die bereits von der DRG mit zwei Baumusterlokomotiven in Dienst gestellte Baureihe 23 der Einheitsbauart wurde sowohl bei DB als auch bei DR als Neubau verwirklicht. Weil die DRG-Baumuster bei der DR verblieben waren, bezeichnete die DB ihre Neubauten als 23 001-105. Die später entwickelten DR-Lokomotiven des gleichen Typs erhielten die Baureihenbezeichnung 23.10 und die Nummern 23 1001-1113, da die beiden Baumuster noch im Bestand waren. Die zweite Doppelbesetzung von Betriebsnummern erfolgte bei der Baureihe 50.40, bei der DB Umbau der BR 50 in Franco-Crosti, bei der DR Neubau. Eine dritte Doppelbesetzung gab es bei den Schmalspurdampfloks. Beide Bahnverwaltungen führten eine 99 241 in ihrem Bestand. Ansonsten fuhren keine Dampflokomotiven mit gleichen Betriebsnummern in den beiden deutschen Staaten.

Elektrolokomotiven

Ab August 1926 verwendete die DRG für die Elektrolokomotiven ein Bezeichnungssystem, das analog dem System der Dampflokomotiven aufgebaut war. Die Baureihenbezeichnung einer Maschine bestand aus einem »E« als allgemeinem Kennzeichen für Elektrolokomotive und einer Stammnummer als Gattungsbezeichnung. Die Gattung in Verbindung mit dem E wurde als Baureihenbezeichnung verwendet. Anfangs war neben dem Verwendungszweck noch die Höchstgeschwindigkeit ein Kriterium bei der Vergabe der Baureihenbezeichnung. Mit dem Bau stärkerer und schnellerer Lokomotiven entschied bald nur noch der vorgesehene Verwendungszweck über die Einreihung in folgendes Schema:

Baureihen	*Typ*
E 00 - E 29	Schnellzuglokomotiven für Wechselstrom 16,7 oder 25 Hz
E 30 - E 59	Universallokomotiven für Personen- und Güterzüge für Wechselstrom 16,7 Hz oder 25 Hz
E 60 - E 100	Güterzuglokomotiven für Wechselstrom 16,7 Hz oder 25 Hz
E 101 - E 200	Lokomotiven für Gleichstrom
E 201 - E 300	Lokomotiven für 50-Hz-Wechselstrom (mit meist 25 kV)
E 301 - E 400	Lokomotiven für zwei Stromsysteme
E 401 - E 500	Lokomotiven für drei oder mehr Stromsysteme

Zur Unterscheidung von Unterbaureihen konnten bei zwei- und dreistelligen Ordnungsnummern die erste Ziffer, bei vierstelligen Ordnungsnummer die ersten beiden Ziffern herangezogen werden. Ausnahmen bestätigten auch hier die Regel: Die E 16 101 wurde als Unterbaureihe E 16.5 bezeichnet, weil die Unterbaureihe E 16.1 bereits an die E 16 18 bis E 16 21 vergeben war. Beibehalten wurde die Unterbaureihe E 44.2 für die E 44 2001, da sie bis 1938 unter der Betriebsnummer E 44 201 fuhr. Nach dem Zweiten Weltkrieg wendeten DB und DR für ihre Neubauten dieses Bezeichnungssystem weiterhin an.

Diesellokomotiven

Motorlokomotiven bzw. Diesellokomotiven spielten bei der DRG anfangs eine untergeordnete Rolle. Sie waren bis 1930 durch ein »V« für »Verbrennungsmotorlokomotive« und eine vier- oder fünfstellige Nummer gekennzeichnet. Die beiden ersten Ziffern stellten dabei die Baureihe dar, mit den beiden (oder drei) letzten erfolgte die fortlaufende Nummerierung einer Baureihe. Dieses Bezeichnungssystem beinhaltete aber keinerlei Informationen über die Lokomotiven. Ab 1931 wurde dann wie folgt verfahren: Das »V« blieb bestehen. Dahinter kam eine zwei- oder dreistellige Zahl, die ein Zehntel der Motorleistung darstellte, die damals noch in PS gemessen wurde. Aus der 1200-PS-Lokomotive V 3201 wurde zum Beispiel die V 120 001. Die drei- oder vierstellige Ordnungsnummer konnte mit der ersten oder den ersten beiden Ziffern zur

Kennzeichnung einer Unterbaureihe herangezogen werden. Für Schmalspurlokomotiven waren Ordnungsnummern von 900 bis 999 vorgesehen. Dieses Bezeichnungssystem behielten DB und DR bis 1968 bzw. 1970 bei.
Mit der Einführung des neuen Nummernsystems von 1931 wurden Lokomotiven mit einer Leistung unter 75 PS (55 kW) als Kleinlokomotiven eingeordnet. Ihre Bauartbezeichnung erfolgte mit dem Kennbuchstaben »K« sowie ein oder zwei Zusatzbuchstaben, die Aufschluss über Antriebsart und Kraftübertragung gaben.

Erster Zusatzbuchstabe:
ö Ölmotor (= Dieselmotor)
b Benzinmotor (= Vergasermotor)
d Dampfmotor oder Dampfmaschine
s Speicherantrieb (= Akkumulator)

Zweiter Zusatzbuchstabe:
f Flüssigkeitsgetriebe (hydraulische Leistungsübertragung)
e elektrische Leistungsübertragung
Ohne zweiten Zusatzbuchstaben besaßen die Kleinloks eine mechanische Leistungsübertragung. Die Ordnungsnummer gab Aufschluss über die installierte Motorleistung:
0001-3999 Leistungsgruppe I bis 40 PS (29 kW)
4000-9999 Leistungsgruppe II über 40 PS

Im Jahr 1955 führte die DB eine neue Einteilung der Leistungsgruppen durch:

Leistungsgruppe	*Motorleistung*	*Betriebsnummer*
I	bis 50 PS	0001-3999
II	von 51 bis 150 PS	4000-9999
III	über 150 PS	10 001-20 000
Schmalspur		99 501-99 999

1960 änderte die DB die Bezeichnung für Kleinlokomotiven mit elektrischem Speicherantrieb von »Ks« in »Ka«.

Dampftriebwagen

Für die wenigen Dampftriebwagen genügte bei der DRG ab 1930 die allgemeine Gattungsbezeichnung DT (= Dampf-Triebwagen) und eine ein- oder zweistellige Ordnungsnummer. Eine weitere Unterscheidung nach Baureihen fand nicht statt. Bis zum Ausscheiden der Dampftriebwagen aus dem Betriebsdienst änderte sich daran nichts.

Elektrische Triebwagen

Anfangs liefen elektrische Triebwagen bei der DRG unter ihren Länderbahnbezeichnungen. Ab 1930 erhielten die Trieb-, Steuer- und Beiwagen vierstellige Wagennummern und die allgemeine Gattungsbezeichnungen »elT«, »elS« und »elB«. 1940/41 wurde ein neues Bezeichnungssystem eingeführt, das sich an den elektrischen Lokomotiven orientierte. Als Kennbuchstaben für die Fahrzeugart wurden festgelegt:
ET = Triebwagen
ES = Steuerwagen
EB = Beiwagen
EM = Mittelwagen

Die Baureihenbezeichnung gab Aufschluss über Verwendungszweck und Stromsystem:

Baureihen	*Typ*
ET 01 - ET 09	Fernschnell-Triebwagen für Wechselstrom 16,7 Hz / 15 kV
ET 10 - ET 39	Schnell-Triebwagen für Wechselstrom 16,7 Hz / 15 kV
ET 40 - ET 59	Eil-Triebwagen für Wechselstrom 16,7 Hz / 15 kV
ET 60 - ET 79	Nahverkehrs-Triebwagen für Wechselstrom 16,7 Hz / 15 kV
ET 80 - ET 89	Nebenbahn-Triebwagen für Wechselstrom 16,7 Hz / 15 kV
ET 90 - ET 99	Sonder-Triebwagen für Wechselstrom 16,7 Hz / 15 kV
ET 101 - ET 199	Triebwagen für Gleichstrom
ET 201 - ET 299	Triebwagen für sonstige Stromarten

Ihre ersten vierachsigen Triebwagen bezeichnete die DRG als VT 751 bis 799 und VT 851 bis 899. Foto: Slg. Dietz

Unter der Baureihenbezeichnung VT 133 fasste die Deutsche Reichsbahn-Gesellschaft die zweiachsigen Triebwagen ohne Zug- und Stoßvorrichtung zusammen. Foto: Slg. Dietz

Mehrteilige Triebwagen erhielten zur Unterscheidung die zusätzlichen Buchstaben a, b, und c wie z.B. zum ET 31 001a/ET 31 001c/ET 31 001b. Zur Kennzeichnung von Unterbaureihen konnte die erste Ziffer von dreistelligen Ordnungsnummern herangezogen werden. Bis zur Einführung EDV-gerechter Bezeichnungssysteme reihten DB und DR ihre neu gebauten oder übernommenen Triebwagen in dieses Schema ein.

Akkumulator-Triebwagen

Bei der DRG fuhren die Akkutriebwagen unter der Gattungsbezeichnung »AT« und einer dreistelligen Wagennummer, für welche der Nummernblock 201-699 vorgesehen war. Jedes Wagenteil besaß bei Doppeltriebwagen seine eigene Nummer (z.B. AT 543/544), bei dreiteiligen Fahrzeugen erhielt die Mittelwagen die gleiche Nummer wie der erste Endwagen und zusätzlich den Kennbuchstaben »a«. Die DR behielt diese Bezeichnungsweise bis zur Ausmusterung ihre Akkutriebwagen bei, während die DB ein neues Bezeichnungsschema analog zu den elektrischen Triebwagen einführte. Die Buchstaben »ETA« (Triebwagen) bzw. »ESA« (Steuerwagen) kennzeichneten nun die Fahrzeugart. Die Baureihen-Nr. rekrutierte sich aus dem Nummernblock 150 bis 180.

Dieseltriebwagen

Triebwagen mit Verbrennungsmotor fuhren anfangs bei der DRG unter der allgemeinen Gattungsbezeichnung »VT« und einer Wagennummer, wobei wie folgt unterschieden wurde:

Wagen-Nr.	*Typ*
701-750	zweiachsige Triebwagen mit Vergasermotor
751-799	vierachsige Triebwagen mit Vergasermotor
800-850	zweiachsige Triebwagen mit Dieselmotor
851-899	vierachsige Triebwagen mit Dieselmotor

Güter- und Gepäcktriebwagen erhielten ab 1930 die Gruppenbezeichnung »10« und eine fortlaufende Ordnungsnummer. Ab 1933 führte die DRG mit Ausnahme der Gütertriebwagen für ihre Neubauten ein neues Nummernschema ein. Zur Unterscheidung der Fahrzeugart dienten folgende Kennbuchstaben:

SVT = Schnelltriebwagen
VT = Triebwagen
VS = Steuerwagen
VB = Beiwagen
VM = Mittelwagen

Eine grobe Klassifizierung bot nun folgendes Schema:

Baureihen	*Typ*
VT 133	zweiachsige Triebwagen mit Vergasermotor
VT 134	vierachsige Triebwagen mit Vergasermotor
VT 135-136	zweiachsige Triebwagen mit Dieselmotor
SVT 137	vierachsige Schnelltriebwagen mit Dieselmotor
VT 137	vierachsige Triebwagen mit Dieselmotor
VB 140-142	zweiachsige Beiwagen
VS 144	zweiachsige Steuerwagen
VS 145	vierachsige Steuerwagen
VB 147-149	vierachsigen Beiwagen

Bei mehrteiligen Triebwagen kennzeichnete die DRG die dreistellige Ordnungsnummer zusätzlich mit den Buchstaben a, b, c und d. Doch auch dieses Bezeichnungsschema unterschied nicht nach Baureihen, so dass eine vernünftige Zuordnung der Fahrzeuge aus der Betriebsnummer nicht möglich war. Daher entwickelte die DRG noch während des Zweiten Weltkriegs ein neues Nummernsystem, das aber bedingt durch die Kriegsereignisse nicht mehr zur Anwendung kam. Erst die DB zeichnete 1948/49 die bei ihr verbliebenen Dieseltriebwagen entsprechend um:

Nach dem Zweiten Weltkrieg führte die Deutsche Bundesbahn ein neues Nummernsystem für die Verbrennungstriebwagen ein. Die Fahrzeuge wurden nun im Wesentlichen nach ihrer Höchstgeschwindigkeit eingeteilt. Foto: Blaschke

Baureihen	Typ
VT 01 - VT 19	Triebwagen mit Drehgestellen über 120 km/h
VT 20 - VT 39	Triebwagen mit Drehgestellen zwischen 100 und 119 km/h
VT 40 - VT 59	Triebwagen mit Drehgestellen zwischen 85 und 99 km/h
VT 60 - VT 69	Triebwagen mit Drehgestellen zwischen 65 und 84 km/h
VT 70 - VT 79	Triebwagen mit Lenkachsen zwischen 65 und 85 km/h
VT 80 - VT 89	Triebwagen mit Lenkachsen mit weniger als 65 km/h
VT 90 - VT 99	Sonder-, Leicht- und Schmalspurtriebwagen

Die dreistelligen Ordnungsnummern der Triebwagen dienten nun zur Unterscheidung in elektrische (000-499), hydraulische (500-899) und mechanische Kraftübertragung (900-999). Die Steuer- und Beiwagen aus der Vorkriegszeit liefen weiter unter ihren alten Baureihenbezeichnungen. Die einzeln verfahrbaren Beiwagen zum Schienenbus VT 95 erhielten entsprechend dem alten System die Baureihenbezeichnungen VB 141 und 142. Nicht einzeln verfahrbare Steuer- und Mittelwagen von Neubauten fuhren unter der Baureihenbezeichnung der entsprechenden Triebwagen.

Die DR behielt bei ihren Altbautriebwagen das System der DRG bei. Bei neu gebauten Triebwagen experimentierte die DR mit zwei Bezeichnungssystemen, die aus dreiteiligen Nummern bestanden. Für die erste Variante steht das Beispiel VT 12.14.01. Die Zahl 12 weist (multipliziert mit 100) die Höchstgeschwindigkeit von 120 km/h aus und die Zahl 14 die Radsatzlast. Die letzte Nummerngruppe war die fortlaufende Ordnungsnummer. Auch dieses System war nicht der Weisheit letzter Schluss. Bei den folgenden Neubauten gab die erste Zifferngruppe (multipliziert mit 100) die Leistung an, die zweite Zifferngruppe (multipliziert mit 10) die Geschwindigkeit. Die letzte Zifferngruppe war wiederum die zwei- oder dreistellige Ordnungsnummer. Der VT 18.16.01 war also die erste Garnitur eines 1.800 PS starken und 160 km/h Triebwagens.

Die Einführung EDV-gerechter Betriebsnummern bei DB und DR

Am 1. Januar 1968 führte die Deutsche Bundesbahn, am 1. Juli 1970 die Deutsche Reichsbahn neue Triebfahrzeugnummern ein, die von elektronischen Datenverarbeitungsanlagen gelesen werden konnten. Beide Bahnverwaltungen wählten sechsstellige Nummernfolgen, deren Richtigkeit mit einer siebenten, der so genannten Kontrollziffer auf Schreib- oder Tippfehler überprüft werden konnte. Damit waren die Ähnlichkeiten aber schon erschöpft. Die Kontrollziffer, von der Triebfahrzeugnummer durch einen Bindestrich getrennt, wird wie folgt ermittelt: Unter die sechsstellige

Heute ist die Baureihe 103 ein Kultobjekt. Foto: Estler

Baureihennummer wird die Ziffernfolge 121212 geschrieben und die untereinanderstehenden Ziffern werden miteinander multipliziert:
103 218
121 212
1-0-3-4-1-16
Die Quersumme dieser Zahlenfolge (1+0+3+4+1+16) ist die Zahl 25. Diese Zahl wird von der nächsten Zehnerzahl (hier 30) abgezogen. Die Differenz ergibt die Kontrollziffer (hier 5). Die Lokomotive hat also die Betriebsnummer 103 218-5.

Bei der DB bestanden die neuen Nummern aus zwei Dreiergruppen wobei die erste Gruppe Fahrzeugart und Baureihe bestimmte, die zweite Gruppe die Ordnungsnummer bildete. Mit der ersten Ziffer der vorderen Dreiergruppe wurde nach folgenden Fahrzeugarten unterschieden:

Gruppe	*Fahrzeug*
Gruppe 0	Dampflokomotiven
Gruppe 1	Elektrische Lokomotiven
Gruppe 2	Diesellokomotiven
Gruppe 3	Kleinlokomotiven
Gruppe 4	Elektrische Triebwagen
Gruppe 5	Akkumulatortriebwagen
Gruppe 6	Dieseltriebwagen
Gruppe 7	Schienenbusse sowie Dienst- und Sonderfahrzeuge
Gruppe 8	Bei-, Mittel- und Steuerwagen für Elektro- und Akku-Triebwagen
Gruppe 9	Bei-, Mittel- und Steuerwagen für Dieseltriebwagen

Die nächsten beiden Ziffern der ersten Gruppe kennzeichneten die Baureihe. Bei zweistelligen Baureihenbezeichnungen wurden diese meist unverändert übernommen. Aus der Dampflok-Baureihe 01 wurde die 001, aus einer E 03 eine 103, aus einer V 36 eine 236, aus einem ET 27 ein 427 usw. Neue Baureihenbezeichnungen ergaben sich durch die Kennzeichnung von Bauartunterschieden in einer Baureihe. Da die meisten Lokomotiven und Triebwagen nur dreistellige Ordnungsnummern besaßen, konnte diese unverändert übernommen werden. Um doppelte Ordnungsnummern bei den Dampflokbaureihen 38, 44, 55 und 94 zu vermeiden, wurden benachbarte, inzwischen durch Ausmusterung frei gewordenen Nummern herangezogen. Die 38 2383 mutierte so zur 038 382-8 oder die 44 1379 zur 044 372-1. Bei allen anderen Triebfahrzeugen konnte eine vierstellige Ordnungsnummer entweder durch Weglassen der Tausenderstelle oder ihre Einbeziehung in die Baureihenbezeichnung ersetzt werden. Vom Ursprung abweichende Baureihenbezeichnungen ergaben sich wie folgt:

Baureihe	*Fahrzeug*
011	= 01.10 mit Kohlefeuerung
012	= 01.10 mit Ölfeuerung
042	= 41 mit Ölfeuerung
043	= 44 mit Ölfeuerung
050	= 50 001 bis 999
051	= 50 1001 bis 1999
052	= 50 2001 bis 2999
053	= 50 3001 bis 3999
112	= E 10.12
139	= E 40.11 (mit elektr. Widerstandsbremse)
145	= E 44.11 (mit elektr. Widerstandsbremse)

Im Zuge der EDV-gerechten Umzeichnung mutierten die Dampfloks der Baureihe 50 mit 2000er-Nummern zur neuen Baureihe 052. Das Hilfs-Nummernschild der ehemaligen 50 2486 blieb nur kurze Zeit an der Maschine. Foto: Blaschke

Baureihe	*Fahrzeug*
181	= E 310
182	= E 320
183	= E 344
184	= E 410
211	= V 100.10
212	= V 100.20

Baureihe	*Fahrzeug*
213	= V 100.20 (mit hydrodynamischer Bremse)
216	= V 160
217	= V 162
219	= V 169
220	= V 200.0
221	= V 200.1
230	= V 300
232	= V 320
260	= V 60 mit 48 t Dienstgewicht
261	= V 60 mit 54 t Dienstgewicht
270	= V 20
288	= V 188
299	= V 29
311	= Kleinlok mit Verbrennungsmotor (Leistungsgruppe I)
321	= Kleinlok mit Verbrennungsmotor (LG II), Vmax = 30 km/h, mech. Bremse
322	= Kleinlok mit Verbrennungsmotor (LG II), Vmax = 30 km/h, Druckluftbremse
323/324	= Kleinlok mit Verbrennungsmotor (LG II), Vmax = 45 km/h, Druckluftbremse
329	= Kleinlok mit Verbrennungsmotor (LG II), Schmalspur
331	= Kleinlok mit Verbrennungsmotor (LG III), Vmax = 30 km/h, Kettenantrieb
332	= Kleinlok mit Verbrennungsmotor (LG III), Vmax = 45 km/h, Kettenantrieb
333	= Kleinlok mit Verbrennungsmotor (LG III), Vmax = 45 km/h, Gelenkwellenantrieb
381	= Akku-Kleinlok, ältere Bauarten
382	= Akku-Kleinlok, Nachkriegsbauarten
470	= ET 170
471	= ET 171
601	= VT 11.5
613	= VT 12.6 (umgebauter VT 08.5)
945	= VS 145 (Vorkriegs-Steuerwagen für Dieseltriebwagen)
995	= VB 142 (Schienenbus-Beiwagen zu VT 95)

Die ölgefeuerten Dampfloks der Baureihe 01.10 wurden zur BR 012. Die 012 063 stand am 16. Mai 1973 in Rheine. Foto: Kleine, Archiv transpress

Die Deutsche Reichsbahn behielt bei der Einführung EDV-gerechter Nummern bei ihren Dampfloks die zweistelligen Baureihen-Bezeichnungen bei. Dafür erhielten die Loks nun generell vierstellige Ordnungsnummerm. Die 01 2204 verließ am 6. Juni 1980 mit einem Eilzug nach Saalfeld den Leipziger Hauptbahnhof. Foto: Kleine, Archiv transpress

Ebenso wie die DB sah sich wenig später die DR gezwungen, ein EDV-Bezeichnungssystem einzuführen. Um sich vom »Klassenfeind« abzugrenzen, wies es aber einige Unterschiede auf. Bei den Dampflokomotiven blieb die Baureihennummer zweistellig, um die Umzeichnung auf ein Minimum zu beschränken. Die neuen Ordnungsnummern waren nun grundsätzlich vierstellig. Bisher dreistellige Ordnungsnummern wurden um eine Füllziffer ergänzt, umso eine sechsstellige Betriebsnummer zu erhalten. Diese Füllziffer diente gleichzeitig zur Kennzeichnung von Bauartunterschieden. Ölhauptfeuerung wurde durch die Füllziffer »0«, Kohlenstaubfeuerung durch eine »9« gekennzeichnet. Bei Schmalspurmaschinen mit ursprünglich dreistelliger Ordnungsnummer vergab die DR die Füllziffern entsprechend der Spurweite (1 für 750 mm, 2 für 900 mm und 7 für 1.000 mm). Wie bei der DB musste in Einzelfällen eine neue Ordnungsnummer gesucht werden, weil durch die Füllziffern manchmal identische Nummern entstanden.

Elektrische und Dieseltriebfahrzeuge erhielten eine dreistellige Baureihennummer. Die erste Ziffer kennzeichnete die Traktionsart, wobei im Gegensatz zur DB eine »1« für Fahrzeug mit Verbrennungsmotoren und eine »2« für die elektrische Traktion gewählt wurde. Für Trieb-, Steuer-, Bei- und Mittelwagen waren die folgenden Nummerngruppen vorgesehen:

170 bis 189	Dieseltriebwagen und zugehörige Steuer-, Bei- und Mittelwagen
190 bis 199	Steuer- und Beiwagen (Vorkriegsfahrzeuge)
270 bis 279	Gleichstrom-Trieb- und Beiwagen
280 bis 285	Wechselstrom-Trieb-, Bei- und Mittelwagen

Da Steuer-, Mittel- und Beiwagen von Triebwageneinheiten die gleiche Baureihenbezeichnung wie die zugehörigen Triebwagen erhielten, musste eine Unterscheidung über die Ordnungsnummern vorgenommen werden. Die erste Ziffer der dreistelligen Ordnungsnummer hatte folgende Bedeutung:

0 bis 2	=	Motorwagen
3 bis 5	=	Mittelwagen
6 bis 7	=	Steuerwagen
8 bis 9	=	Beiwagen

Eine Ausnahme bildeten die Triebzüge der Berliner S-Bahn, wo Trieb- und Beiwagen fortlaufend durchnummeriert wurden. Die Triebwagen fuhren mit ungeraden, die Beiwagen mit geraden Endziffern. Bei Triebzügen mit zwei Motorwagen erhielten »a«-Teile gerade, die »b«-Teile ungerade Endziffern. Bei den Lokomotiven blieben die Ordnungsnummern dagegen erhalten. Konnte bei den vorhandenen Elektrolokomotiven bis auf zwei Ausnahmen die alte Baureihenbezeichnung verwendet werden, gestaltete sich die Umzeichnung der Diesellokomotiven etwas schwieriger. Um einen Hinweis auf die alte Baureihenbezeichnung zu haben, behielt die DR bei dreistelligen alten Baureihennummern die ersten beiden Ziffern bei. So wurde z.B. die V 180 zur 118 und die V 200 zur 120. Bei bisher zweistelligen Baureihennummern (V 23, V 60) setzte die DR vor die erhaltene erste Ziffer eine Null, die letzte Ziffer der alten Betriebsnummer entfiel (V 23 = 102, V 60 = 106).

Die folgende Tabelle gibt einen Überblick, welche Baureihenbezeichnungen nur wenig Rückschlüsse auf die Ursprungsbezeichnung zuließen:

Baureihe neu	*Baureihe alt*
02	= 18
04	= 19
35	= 23
37	= 24
38.5	= 38.2-3
39	= 22

Die wohl meisten Umzeichnungen erfuhren die kleinen Schmalspurlokomotiven der ehemaligen sächsischen Gattung IV K, der späteren Baureihe 99.51-60 der DRG. Die auf der Strecke Oschatz-Mügeln-Kemmlitz eingesetzte 99 1584 wurde 1992 noch in 099 709 umgezeichnet. Foto: Estler

Baureihe neu	Baureihe alt
93.8	= 93.0-4
100.0	= Kleinlokomotiven der Leistungsgruppe I
100.1-7	= Kleinloks der Leistungsgruppe II mit mechanischem Getriebe
100-8-9	= Kleinloks der Leistungsgruppe II mit hydraulischem Getriebe
101.0	= V 15.10
101.1-3	= V 15.20-23
171.0	= VT 2.09 (ohne Vielfachsteuerung)
171.8	= VB 2.07
172.0-2	= VT 2.09 (mit Vielfachsteuerung)
172.6-7	= VS 2.08
173	= VT 4.12
175	= VT 18.16
181	= VT 12.14
182	= SVT 137 (Bauart Köln)
183.0	= SVT 137 (Bauart Hamburg)
183.2	= SVT 137 (Bauart Hamburg und Bauart Leipzig)
184	= VT 137 (Bauart Ruhr)
185	= VT 137 (Einheits-Triebwagen)
186	= VT 135
187.0	= VT 133 (Schmalspur)

Baureihe neu	Baureihe alt
187.1	= VT 137 (Schmalspur)
190.8	= VB 140
191.8	= VB 141
195.6	= VS 145
197.8	= VB 147
199	= ab 1973 Diesel- und Kleinloks für Schmalspur
199.8	= VB (Schmalspur)
251	= E 251
254	= E 94
275.0-8	= ET/EB 165
275.9	= ET/EB 165.8
276	= ET/EB 166
277	= ET/EB 167
278.0-1	= ET 168 und ET 169 (Sonderfahrzeuge)
278.2	= ET 170.0
279.0	= ET/EB 188 (Müncheberg_Buckow)
279.2	= ET 188 (Lichtenhain–Cursdorf)
285.0	= ET 25.0
285.2	= ET 25.2

Das gemeinsame Bezeichnungssystem von 1992

Noch im Jahr der Wiedervereinigung begann eine paritätisch besetzte Kommission, ein einheitliches Bezeichnungssystem für beide deutsche Bahnverwaltungen auszuarbeiten. Vor dem Zusammenschluss von DB und DR zur Deutschen Bahn AG musste eine ganze Reihe von doppelt vergebenen Baureihenbezeichnungen wie z.B. 110 (DB E 10 und DR V 100) oder 211 (DB V 100.10 und DR E 11) eliminiert werden. Zur Kennzeichnung der Fahrzeugart kam nun das DB-System zur Anwendung. Höchste Priorität genoss wiederum die vorherige Baureihenbezeichnung, war sie nun sinnvoll oder nicht. Nur bei möglichen Doppelbesetzungen musste eine andere Nummer gewählt werden. Die wenigen Dampflokomotiven reihte die DR als 041, 050, 052 und 099 ein. Bei den Dampfloks für Regelspur wurde die bisherige vierstellige Ordnungsnummer auf drei Stellen gekürzt. Für die Schmalspur-Dampflok vergab die DR neue Ordnungsnummern, die keinerlei Rückschluss auf bisherige Baureihe und Betriebsnummer zuließen. Lediglich die erste Stelle der Ordnungsnummer kennzeichnete die Spurweite:

099.1	=	Spurweite 1.000 mm
099.7	=	Spurweite 750 mm
099.9	=	Spurweite 900 mm

Alle weiteren Änderungen bei DB und DR mit Einführung des gemeinsamen Bezeichnungssystems zum 1. Januar 1992 sind in nachfolgender Tabelle dargestellt:

Bei der Einführung eines einheitlichen Nummernschemas zwischen DB und DR wurde aus den Dieselloks der Baureihe 119 die neue Baureihe 219. Foto: Estler

Baureihe ab 1992	Baureihe bis 1992	Baureihe bis 1968/70
109	211 DR	E 11
112	212 DR	-
113	112 DB	E 10.12
142	242 DR	E 42
143	243 DR	-
155	250 DR	-
156	252 DR	-
171	251 DR	E 251
180	230 DR	-
194	254 DR	E 94
201	110 DR	V 100
202	112 DR	-
204	114 DR	-
219	119 DR	-
220	120 DR	V 200
228	118 DR	V 180
229	119 Umbau DR	-
230	130 DR	V 300
231	131 DR	-
232	132 DR	-

Baureihe ab 1992	Baureihe bis 1992	Baureihe bis 1968/70
234	132 Umbau DR	-
242	142 DR	-
293	111 DR	-
298	108 DR	-
299	199 DR	-
310	100 DR	Kö, Köf
311	101 DR	V 15.10, V 15.20
312	102 DR	V 23
344	104 DR	-
345	105 DR	-
346	106 DR	V 60.10
347	105/106 Umbau DR	
399	329 DB	Köf 99
475	275 DR	ET 165
476	276 DR	-
477	277 DR	-
478	278 DR	Sonderfahrzeuge S-Bahn Berlin
479	279 DR	ET 188
485	270 DR	-

Bei der DR hießen die E-Loks der heutigen Baureihe 143 ursprünglich 243 (143 276 in Stuttgart Hbf) Foto: Estler

Bezeichnungssysteme der Länderbahnen

In diesem Typenbuch werden neben den Triebfahrzeugen von DRG, DB, DR und DB AG auch Lokomotiven und Triebwagen der bis 1920 eigenständigen Länderbahnen vorgestellt. Jede Bahngesellschaft hatte bis zur Gründung der Reichsbahn im Jahr 1920 ein eigenes System, ihre Triebfahrzeuge zu klassifizieren und zu nummerieren. Im Folgenden werden die Bezeichnungssystem der Länderbahnen kurz angerissen, da in der Kopfzeile der entsprechenden Fahrzeugbeschreibungen auch die vormalige Länderbahnbezeichnung aufgeführt ist.

Badische Staatsbahn (bis 1918 Großherzoglich Badische Staats-Eisenbahnen)

Im Großherzogtum Baden begann bereits am 12. September 1840 das Eisenbahnzeitalter, als der Abschnitt Mannheim–Heidelberg als Teil der großen badischen Hauptbahn von Mannheim nach Basel eröffnet werden konnte. Zwar hatte sich Baden von Anfang an dem Staatsbahnwesen verschrieben, doch ausländische Berater veranlassten ein verhängnisvolle Fehlentscheidung bei der Wahl der Spurweite. Die badischen Strecken waren zunächst in Breitspur (1.600 mm) angelegt. Da sich aber in der Folge die Nachbarstaaten dieser Spurweite nicht anschlossen und Baden eine verkehrstechnische Isolation drohte, wurde in den Jahren 1854/55 über 280 km Strecke auf Normalspur umgenagelt. Daneben spurte man 63 Lokomotiven und 1.100 Wagen um. Die Badischen Staatsbahn führte schon zeitig für ihre Lokomotiven Gattungszeichen mit römischen Ziffern ein, wobei jede Bauart ein neues Gattungszeichen erhielt. Ab 1868 galt ein neues Bezeichnungsschema, was ebenfalls römische Ziffern verwendet. Diese gaben aber jetzt den Verwendungszweck der Lokomotiven an. Bauartunterschiede innerhalb einer Gattung kennzeichneten kleinen Buchstaben (beginnend mit a), die einzelnen Lieferserien wurden durch arabische Ziffern (beginnend mit 1) angegeben. Diese Schema bestand bis zur Übernahme durch die DRG und umfasste folgende Gattungen:

Als Gattungen Xa bis Xb bezeichnete die Badische Staatsbahn ihre Rangiertenderlokomotiven. Foto: Slg. Töpelmann, Archiv transpress

Die Bayerische Staatsbahn besaß ein Bezeichnungssystem, das neben dem Verwendungszweck auch die Achsanordnung enthielt. Die Pt 2/5 b mit der Bahnnummer 5201 war also eine Personenzug-Tenderlokomotive mit zwei gekuppelten Achsen und fünf Achsen insgesamt. Foto: Slg. Töpelmann, Archiv transpress

Gattung	Typ
Ia bis Ig	leichte Tenderlokomotiven mit den Radsatzfolgen 1A, B, 1B, 1'B
IIa bis IId	Schnellzuglokomotiven mit den Radsatzfolgen 2'B und 2'B1'
III, IIIa, IIIb	Personenzuglokomotiven mit der Radsatzfolge 2'B
IVa bis IVh	Schnellzuglokomotiven (auch Tenderlokomotiven) mit den Radsatzfolgen B1, 1B, 1'B1', 2'C, 1'C1' und 2'C1'
Va bis Vc	leichte Personenzuglokomotiven (auch Tenderlokomotiven) mit den Radsatzfolgen 1B und 2'B
VIa bis VIc	Personenzuglokomotiven (auch Tenderlokomotiven) mit den Radsatzfolgen 1'C und 1'C1'
VIIa bis VIId	Güterzuglokomotiven der Radsatzfolge C
VIIIa bis VIIIe	Güterzuglokomotiven (auch Tenderlokomotiven) mit den Radsatzfolgen B'B, D und 1'D
IXa bis IXb	Zahnradtenderlokomotiven mit den Radsatzfolgen C und C1'
Xa bis Xb	Rangiertenderlokomotiven mit den Radsatzfolgen C und D

Die nach preußischem Vorbild beschafften 1'Eh3-Güterzuglokomotive der Gattung G 12 behielt diese Gattungsbezeichnung auch in Baden. Die Nummerierung badischer Dampfloks begann mit der Bahnnummer 1 und es wurde fortlaufend weiter nummeriert. Durch Ausmusterung frei gewordene Bahnnummern wurden mit Neubeschaffungen wieder belegt. War keine Nummer frei, nummerierte die badische Staatsbahn fortlaufend weiter. Einzelne Bahnnummern sind auf diese Weise bis zu viermal besetzt worden. Zusätzlich trugen die ersten badischen Lokomotiven zu ihren Bahnnummern auch Namen, doch bereits 1868 wurde ab der Bahnnummer 217 auf eine Namensgebung verzichtet.

Als Gattungsbezeichnung für ihre Elektrolokomotiven verwendete die Badische Staatsbahn ein A und eine arabische Zahl, welche der Reihenfolge der Beschaffung der einzelnen Gattungen entsprach. Umfasste eine Ellokgattung mehr als eine Lokomotive, wurden (beginnend mit 1) fortlaufende Betriebsnummern vergeben.

Bayerische Staatsbahn (bis 1918 Königlich Bayerische Staatseisenbahnen)

In Bayern wurde als erste Eisenbahn auf deutschem Boden am 7. Dezember 1835 die Strecke von Nürnberg nach Fürth eröffnet. War diese noch auf Privatinitiative entstanden, erkannte der Staat recht schnell die Vorteile, welche die Eisenbahn für Handel, Wirtschaft und Verkehr erbringen konnte. Umfangreiche Privatbahnen wie in Sachsen und Preußen gab es in Bayern nicht, der Staat baute ab 1850 die Mehrzahl der Strecken. Die Erschließung des östlichen Bayerns übernahm zwar zunächst die private, 1856 gegründete Bayerische Ostbahn, doch war der Staat auch an ihr beteiligt. Außerdem wurde die Ostbahn schon zum 1. Januar 1875 verstaatlicht.

Die Bayerische Staatsbahn entwickelte früh ein relativ übersichtliches Bezeichnungsschema für ihre Lokomotiven, das Großbuchstaben verwendete, welche die Zahl der gekuppelten Radsätze charakterisierte:

A ungekuppelte Lokomotiven mit Tender
AA ungekuppelte Lokomotiven mit Vorspannachse (Booster) und Tender
B zweifach gekuppelte Lokomotiven mit Tender
BB Mallet-Lokomotiven mit zwei zweifach gekuppelten Triebwerken
C dreifach gekuppelte Lokomotiven mit Tender
D Tenderlokomotiven (ohne Berücksichtigung der Zahl der gekuppelten Radsätze)
E vierfach gekuppelte Lokomotiven mit Tender

Jede neue Lokomotivgattung erhielt (beginnend mit I) fortlaufend eine arabische Ziffer. Da dieses Schema keine Information über den Verwendungszweck der Maschinen vermittelte, führte die Bayerische Staatsbahn ab 1901 ergänzend ein neues Bezeichnungssystem ein. Haupt- und Nebengattungszeichen wiesen auf die Verwendung der Lokomotiven hin. Dazu wurde die Zahl der gekuppelten Radsätze und die Gesamtzahl der Radsätze als Bruch angegeben. Hauptgattungszeichen waren:

S Schnellzuglokomotive
P Personenzuglokomotive
G Güterzuglokomotive
M Motorlokomotive
R Rangierlokomotive

Die Nebengattungszeichen hatten folgende Bedeutung:

H Heißdampf
L Lokalbahnlokomotive.
N Nassdampf
s Schmalspurlokomotive
t Tenderlokomotive
z Zahnradlokomotive

Folgende Beispiele mögen diese Systematik verdeutlichen:

S 3/6 Schnellzuglokomotive mit drei gekuppelten und insgesamt sechs Radsätzen
P 3/5 H Personenzuglokomotive mit drei gekuppelten und insgesamt fünf Radsätzen und Heißdampftriebwerk

PtzL 3/4 Personenzug-Tenderlokomotive für Zahnradbetrieb auf normalspurigen Strecken lokalen Charakters mit drei gekuppelten Radsätzen und einem Laufradsatz

Mit seiner Einführung verwendete die Bayerische Staatsbahn dieses System für alle neu beschafften Dampfloks. Jedoch wurden die nach dem alten System bezeichneten Loks nicht umgezeichnet, sondern liefen in dieser Form, bis die Bayerische Staatsbahn in der DRG aufging.

Bis 1890 erhielten die bayerischen Dampfloks neben einer Bahnnummer auch einen Namen. Ab 1891 wurde nur noch eine Bahnnummer vergeben, wobei meistens einer Gattung auch eine Nummernreihe zugeordnet war. Wilde Nummerierungen oder Doppelbelegungen waren sehr selten.

Analog den Dampflokomotiven war die Gattungsbezeichnung für elektrische Lokomotiven bei der Bayerischen Staatsbahn aufgebaut. Sowohl Verwendungszweck als auch die Anzahl der angetriebenen und aller Radsätze war erkennbar. Eine fünfstellige Betriebsnummer erlaubte eine eindeutige Identifizierung:

EP 3/5	20 001 bis 20 005	Personenzuglokomotiven
EP 3/6	20 101 bis 20 104	Personenzuglokomotiven
EP 3/6	20 121 bis 20 124	Personenzuglokomotiven
EG 4x1/1	20 201 und 20 202	Güterzuglokomotiven
EG 2x2/2	20 221 und 20 222	Güterzuglokomotiven

Die Gruppenverwaltung Bayern der DRG änderte 1920 die Gattungsbezeichnungen der bayerischen Elloks. Die fünfstelligen Betriebsnummern wurden beibehalten. Jeder Gattung war aber nun eine eindeutige Gattungsbezeichnung zugeordnet, welche allerdings nichts mehr über das Kuppelradsatzverhältnis aussagte.

ES 1		Schnellzuglokomotiven
EP 1	ex. EP 3/5	Personenzuglokomotiven
EP 2		Personenzuglokomotiven
EP 3	ex. EP 3/6 20101-20104	Personenzuglokomotiven
EP 4	ex. EP 3/6 20121-20124	Personenzuglokomotiven
EP 5		Personenzuglokomotiven
EG 1	ex. EG 4x1/1	Güterzuglokomotiven
EG 2	ex. EG 2x2/2	Güterzuglokomotiven
EG 3		Güterzuglokomotiven
EG 4		Güterzuglokomotiven
EG 5		Güterzuglokomotiven

Mecklenburgische Staatsbahn (bis 1918 Großherzoglich Mecklenburgische Friedrich-Franz-Eisenbahn)

Mit der Aufnahme des durchgehenden Betriebes auf der Berlin-Hamburger Eisenbahn kam 1846 auch das Großherzogtum Mecklenburg-Schwerin erstmals in den Genuss des neuen Verkehrsmittels. Unter privater Initiative entstand ab 1847 die erste eigene Eisenbahn im Großherzogtum, welche von Hagenow (Anschluss an die Berlin-Hamburger Bahn) nach Schwerin und später weiter nach Wismar und Rostock führte. Sie erhielt den Namen Friedrich-Franz-Eisenbahn. Erst ab 1863 erfolgte der Bahnbau auch unter staatlicher Regie. 1873 entschloss sich der Staat, die Friedrich-Franz-Eisenbahn zu kaufen. Als Großherzogliche Friedrich-Franz-Eisenbahn blieb sie aber nur zwei Jahre in Staatsbesitz, denn finanzielle Probleme führten zum Verkauf der Aktien, so dass die Bahn wieder privatisiert wurde. Zwischen 1880 und 1890 verdoppelte sich das Streckennetz im Großherzogtum. Die meisten Wirtschaftsgebiete waren zwar nun an das Eisenbahnnetz angeschlossen, doch die Vielzahl der privaten Bahngesellschaften verfolgte eher eigene Interessen als dem gesamtwirtschaftlichen Nutzen zu dienen. Der Staat sah sich daher erneut zum Eingreifen veranlasst und führte zwischen 1890 und 1894 eine zweite Verstaatlichungswelle durch, aus der Großherzogliche Mecklenburgische Friedrich-Franz-Eisenbahn (MFFE) hervorging. Dieses Unternehmen hatte bis 1918 Bestand und firmierte dann als Mecklenburgische Staatsbahn.

Bis 1895 waren die Lokomotiven entsprechend ihrem Verwendungszweck in Gattungen eingeteilt, die durch römische Ziffern bezeichnet wurden:

Gattung	*Typ*
I bis VII	Reisezuglokomotiven
VIII bis X	Güterzuglokomotiven
XX	Güterzuglokomotiven
XI bis XVII	Tenderlokomotiven
XXI	Tenderlokomotiven
XVIII bis XIX	Schmalspurlokomotiven

Charakteristisch für die mecklenburgischen Bahnen waren geringes Verkehrsaufkommen, weitgehend ebene Strecken und ein leichter Oberbau. Entsprechend einfach und leicht konnten die Lokomotiven ausgeführt werden. Ab 1884 orientierte sich der Neubau von Maschinen fast ausschließlich nach preußischem Vorbild. Lediglich die Gattungen T 4 und T 7 (Schmalspur) waren eigene Entwicklungen. Daher war es nur logisch, dass die Mecklenburgische Staatsbahn gegen Ende des 19. Jahrhunderts das preußische System übernahm. Die Betriebsnummern blieben unverändert. Die Gattungsbezeichnung bestand nun aus einem Buchstaben und einer arabischen Ziffer. Die Buchstaben standen für:

P	Reisezug-, (Personenzug-)Lokomotiven
G	Lokomotiven im Güterzugdienst
T	Tenderlokomotiven (auch Schmalspur)

Eine zusätzliche Indexziffer kennzeichnete das Arbeitsverfahren. Für einfache Dampfdehnung stand die Zahl 1, für Verbundmaschinen die Zahl 2. Bei der geringen Zahl von Lokomotiven konnte jeder Gattung eine eigene Nummernreihe zugewiesen werden. Zweibesetzungen waren nicht erforderlich.

Oldenburgische Staatsbahn (bis 1918 Großherzoglich Oldenburgische Staatseisenbahnen)

Vergleichsweise spät begann im Großherzogtum Oldenburg der Eisenbahnbau. Das dünn besiedelte und industriell wenig erschlossene Land erforderte nur ein geringes Verkehrsbedürfnis. Technische Schwierigkeiten beim Bahnbau erwartete man durch zahlreichen Wasserläufe und Moorgebiete in dem ansonsten flachen Land. Die Regierung besaß weder die finanziellen Mittel noch wollte sie dem Königreich Preußen als politischem Gegner einen Bahnanschluss an die Nordsee verschaffen.

Doch schließlich war es Preußen, das den Bahnbau in Oldenburg in Gang brachte. Zum Bau eines Kriegshafens (später Wilhelmshaven) hatte 1853 das Großherzogtum Oldenburg dem Königreich Preußen ein Gebiet um die Ortschaft Heppens abgetreten. Dieser Kriegshafen musste natürlich einen Eisenbahnanschluss besitzen. Politischer Druck und finanzielle Unterstützung von Seiten Preußens führten schließlich 1867 zur Eröffnung der ersten Strecken der Großherzoglich Oldenburgischen Staatseisenbahnen, welche von Oldenburg nach Bremen und nach Wilhelmshaven führten. Langsam folgten weitere Strecken, doch bis 1920 verfügte Oldenburg nur über 691 km großes Eisenbahnnetz.

Die Oldenburgische Staatsbahn gab ihren Lokomotiven einen Namen und Bahnnummern in der Reihenfolge ihrer Beschaffung. Doppelbesetzung gab es nicht, da die Nummern ausgemusterter Loks nicht wieder belegt wurden. Bei der Namensgebung ging die Staatsbahn eigene Wege. Die vergleichsweise geringe Zahl der Loks ließ es zu, jede Gattung mit einer Namensgruppe eindeutig abzugrenzen. Die Schnellzuglokomotiven fuhren mit den Namen germanischer Götter, die 2'Bn2v-Personenzuglokomotiven mit Namen der Planeten unseres Sonnensystems. Die Cn2-Tenderlokomotiven hörten auf die Namen von Singvögeln (AMSEL, DROSSEL, FINK, STAR), die kleinen 1A-Tenderloks auf Namen wie FLINK, FLOTT, FRISCH und die Bn2-Tenderloks auf die neckischen Namen SCHNIPP, SCHNAPP und SCHNURR. Damit erübrigten sich Gattungsbezeichnungen.

Zum Teil baute die Oldenburgische Staatsbahn ihre Lokomotiven selbst, zum Teil standen bewährte preußische Vorbilder Pate. Erst unmittelbar vor der Übernahme durch die DRG rang sich die Bahnverwaltung zu Gattungsbezeichnungen nach preußischem Vorbild durch, wobei die Buchstaben S, P, G und T vergeben wurden. Die Schmalspurlokomotiven von Oldenburgs einziger Schmalspurbahn (1.000 mm) auf der ostfriesischen Insel Wangerooge blieben davon ausgenommen.

Die Pfalzbahnen (bis 1909 Pfälzische Eisenbahnen, bis 1918 Pfalzbahn der Königlich Bayerischen Staatseisenbahnen)

In der zum Königreich Bayern gehörenden Pfalz blieb der Bahnbau privater Initiative vorbehalten. Schon 1837 genehmigte der bayerische König Ludwig I. den Bau der ersten Eisenbahn in der Pfalz. Als Pfälzische Ludwigsbahn nahm sie 1847 auf den Teilstrecken Ludwigshafen–Schifferstadt–Neustadt/Weinstraße und Schifferstadt–Speyer den Betrieb auf. Bis 1865 kamen noch zwei weitere Privatbahnen hinzu, die Maximiliansbahn und die Pfälzische Nordbahn. Im Interesse einer wirtschaftlichen Betriebsführung schlossen sich am 1. Januar 1870 diese drei Bahngesellschaften zu den Pfälzischen Eisenbahnen zusammen, ohne jedoch ihre Selbstständigkeit völlig

Die Preußische Staatsbahn führte 1903 ihr bekanntes Bezeichnungssystem mit den Gattungen S, P, G und T ein. Die kleine T4 Mainz 6504 trug am Führerhaus noch den Schild mit dem preußischen Adler und dem hessischen Löwen der Preußisch-Hessischen Staatsbahn. Foto: Slg. Töpelmann, Archiv transpress

aufzugeben. Ungefähr ab 1898 führten die Pfalzbahnen Gattungsbezeichnungen mit Buchstaben, arabischen und römischen Ziffern ein. Die Buchstaben zeigten den Verwendungszweck an:

P Reisezug- (Personenzug-)Lokomotiven mit und ohne Tender
G Güterzuglokomotiven
T Tenderlokomotiven im Rangier- und Nebenbahndienst
L Lokalbahnlokomotiven (nur schmalspurige Tenderlokomotiven)

Jede Baureihe einer Gattung erhielt in der Reihenfolge ihrer Beschaffung eine arabische Ziffer (P 1 bis P 5, G 1 bis G 5 usw.). Jede Weiterentwicklung oder Bauartänderung einer Baureihe wurde zusätzlich zur arabischen Ziffer durch eine römische Hochzahl (P 1', P 1", P 1"') gekennzeichnet. Daneben besaßen die Lokomotiven Namen und Nummern, wobei die Nummern ausgemusterter Lokomotiven erneut vergeben wurden.
Am 1. Januar 1909 wurden die Pfalzbahnen verstaatlicht und von den Königlich Bayerischen Staatseisenbahnen übernommen. Das Streckennetz umfasste zu diesem Zeitpunkt 872 km. Nach der Verstaatlichung blieben die pfälzischen Gattungsbezeichnungen bei den vorhandenen Loks erhalten. Erst Neubeschaffungen wurden nach bayerischem Schema eingereiht.

Preußisch-Hessische Staatsbahn (bis 1896 Königlich Preußische Eisenbahn-Verwaltung, bis 1918 Königlich Preußische und Großherzogliche Hessische Staatsbahnen)

Im Königreich Preußen blieb der Bau von Eisenbahnen anfangs vollständig privaten Investoren überlassen. Erst Jahre später trat der Staat als Bauherr auf oder kaufte die privaten Bahngesellschaften an. Mit dem Gesetz über die einheitliche Verwaltungsstruktur der Eisenbahnen vom 4. Februar 1880 wurde schließlich die Grundlage für Aufbau eines staatlichen Eisenbahnwesens geschaffen. Damit konnte die Königlich Preußische Eisenbahn-Verwaltung (KPEV) ins Leben gerufen werden. Zwischen 1880 und 1884 entstanden als Verwaltungsbezirke die Eisenbahndirektionen. Ab dem 1. April 1883 galt für galt für alle Direktionen und für die auf Rechnung des Staates geführten Privatbahnen ein einheitliches Nummernschema. Die Lokomotiven wurden entsprechend der Zahl der gekuppelten Radsätze und dem Verwendungszweck in Gruppen eingeteilt, wobei jeder Gruppe eine Nummernreihe zugeordnet war:

1-99	ungekuppelte Lokomotiven
100-499	zweifach gekuppelte Reisezuglokomotiven
500-799	zweifach gekuppelte Güterzuglokomotiven
800-1399	dreifach gekuppelte Güterzuglokomotiven
1400-1699	zweifach gekuppelte Tenderlokomotiven
1700-1899	dreifach gekuppelte Tenderlokomotiven
1900-1999	Speziallokomotiven

Nach diesem Schema musste jede Direktion ihre Lokomotiven nummerieren und den Direktionsnamen hinzufügen. Theoretisch war es so möglich, dass in den elf vorhandenen Direktionen die gleiche Loknummer elfmal auftauchen konnte. Problematisch erwies sich auch bald die ungenügende Unterscheidung in einzelne Lokomotivbauarten. Eine detaillierte Unterscheidung war lediglich durch die so genannten Musterblätter möglich, die schon ab 1875 in Preußen eingeführt worden waren. Die Herstellung der Lokomotiven sollte nach einheitlichen Vorschriften, den preußischen »Normalien«, erfolgen. Dabei waren die Spezifikationen eines jeden Lokomotivtyps in einem Musterblatt festgelegt. Diese Angabe wurde aber nur bahnintern verwendet, bei der Bezeichnung einer Lokomotive spielte sie keine Rolle.
Um 1890 war die Verstaatlichung der Bahnen auf preußischem Territorium weitgehend abgeschlossen. Im Jahr 1896 gingen die Königlich Preußischen und die Großherzoglich Hessischen Staatseisenbahnen eine Betriebs- und Finanzgemeinschaft ein. Die Zahl der Direktionen war damit auf 21 angestiegen und natürlich war bei der Vielzahl von Lokomotiven auch das Nummernsystem von 1883 längst nicht mehr ausreichend. Zur genaueren Unterscheidung kam nun folgendes Schema zur Anwendung:

Die Dampflokomotiven der preußischen Gattung T 18 reihte die Deutsche Reichsbahn-Gesellschaft nach ihrem dritten Umzeichnungsplan als Baureihe 78 ein. Die letzten Maschinen dieser leistungsfähigen Gattung musterte die Deutsche Bundesbahn erst Anfang der 70er-Jahre aus. Foto: Hubert, Slg. Töpelmann, Archiv transpress

3/5	Zahl der Kuppelradsätze/Gesamtzahl der Radsätze
H	Heißdampf-Lokomotive
SL	Schnellzug-Lokomotive
PL	Personenzug-Lokomotive
GL	Güterzug-Lokomotive
TL	Tender-Lokomotive
3cyl.	Dreizylindertriebwerk
4cyl.	Vierzylindertriebwerk
v.	Verbundtriebwerk
dr.	Laufdrehgestell
dr.kr.	Drehgestell Bauart Krauss (Lenkgestell)

Nicht gesondert ausgewiesen wurden Schlepptenderloks, Zweizylindertriebwerke und die Betriebsart Nassdampf. Die spätere P 8 (DRG 38.10-40) war nach diesem Schema also eine 3/5 HPL dr. Zu weiteren Unterscheidung konnten das Einsatzgebiet (wie z.B. Ruhrtyp, Bauart Wannsee), die für die Entwicklung verantwortliche Direktion (z.B. Bauart Erfurt), die Urheberfirma, der Konstrukteur oder nur das Baujahr angegeben werden.

Erst ab 1903 führten die Preußisch-Hessischen Staatsbahnen Gruppenzeichen ein, welche vier Hauptgruppen umfassten:

S = Schnellzuglokomotiven
P = Personenzuglokomotiven
G = Güterzuglokomotiven
T = Tenderlokomotiven

Diese Buchstaben wurden durch beigestellte Zahlen ergänzt, welche Leistungsklasse und Dampfart ausdrückten. Heißdampfmaschinen erhielten gerade, und Nassdampfloks ungerade Zahlen. Je höher die Zahl, desto höher auch die Leistungsklasse. Gleichzeitig wurde das Nummernsystem so geändert, dass aus der Nummernreihe eine Unterscheidung in Zwillings- und Verbundlokomotiven möglich war.

Ab etwa 1910 entstanden aus den Gruppenzeichen durch die zusätzliche Indizierung mit einer Ziffer die Gattungszeichen. Beispielsweise wurden jetzt die Tenderlokomotiven der Gruppe T 9, je nach Anordnung des Laufradsatzes und der konstruktiven Ausführung, in T 9.1, T 9.2 und T 9.3 unterschieden. Die Schnellzugmaschine »verstärkte S 3« erhielt das Gattungszeichen S 5.2. Doch den grundlegenden Mangel preußischen Nummernsystems konnte auch diese feine Differenzierung nicht lösen. Bis zum Übergang auf die DRG blieb die mehrfache Vergabe einer Bahnnummer ein großes Problem.

Ihre Wechselstrom-Lokomotiven kennzeichneten die Preußisch-Hessischen Staatsbahnen anfangs mit einer aus drei Buchstaben bestehenden Gattungsbezeichnung und einer fünfstelligen Betriebsnummer in der Reihenfolge ihrer Beschaffung:

WSL 10501 ff	Schnell- und Personenzugmaschinen (Wechselstrom-Schnellzug-Lokomotive)
WGL 10201 ff	Güterzugmaschinen (Wechselstrom-Güterzug-Lokomotive)

Hingegen gab es für die Akkumulator-Triebwagen anfangs keine besondere Gattungsbezeichnung. Sie erhielten zunächst zwei-, drei- oder vierstellige Nummern, wobei jede Eigentumsdirektion unterschiedlich verfuhr.

Ab 1911/1912 kam für die elektrischen Triebfahrzeuge ein neues Bezeichnungssystem zur Anwendung:

ES 1 ff	Schnellzuglokomotiven
EP 201 ff	Personenzuglokomotiven
EG 501 ff	Güterzuglokomotiven
EV 1 ff	Rangierlokomotiven
ES 1 ff	Triebgestelle (führerstandslose Elektrolokomotiven)
ET	Elektrische Triebwagen
AT 201 ff	Akkumulator-Triebwagen

Elektrolokomotiven aus zwei selbstständig verfahrbaren Teilen erhielten Doppelnummern (z.B. EG 551/552). Analog wurde mit Doppeltriebwagen verfahren (z.B. AT 241/242). Zwei- und dreiteilige Elektroloks bekamen zur Unterscheidung kleine Buchstaben zugesetzt (z.B. EG 538 abc). Bei dreiteiligen Triebwagenzügen wurde ein ähnliches Verfahren gewählt. Der Mittelwagen eines dreiteiligen Zuges erhielt die Nummer des einen Endwagens mit dem Zusatzbuchstaben »a« (z.B. ET 831/831a/832 oder AT 533/533a/534). Die Bezeichnung AT oder ET wurde auch für antriebslose Endwagen (Steuerwagen) verwendet.

Nach der Gründung der Deutschen Reichsbahn blieben die Bezeichnungssysteme der ehemaligen Länderbahnen bis zur Einführung des endgültigen Umzeichnungsplanes von 1925 in Kraft. Obwohl die T 16.1 bereits das Kürzel D.R.B. am Führerhaus trägt, hat sie noch ihre angestammten preußischen Loknummern.
Foto: Slg. Töpelmann, Archiv transpress

Sächsische Staatsbahn (bis 1918 Königlich Sächsische Staats-Eisenbahnen)

Auch der sächsische Staat trat anfangs nicht als Bauherr von Eisenbahnstrecken auf, förderte aber ihren Bau durch private Gesellschaften. Die ersten staatlichen Bahnen entstanden durch den Aufkauf von Privatbahngesellschaften, die in finanzielle Schwierigkeiten geraten waren und an deren Strecken der Staat ein unmittelbares Interesse hatte. Bedingt durch die topografischen Verhältnisse Sachsens gab es zunächst eine Westliche und eine Östliche Staatsbahn mit eigenen Direktionen. Erst nach der Aufnahme des durchgehenden Betriebs auf der Strecke Dresden–Freiberg–Chemnitz am 1. März 1869 konnten beide Direktionen zum 1. Juli des gleichen Jahres unter dem Dach der Königlichen Generaldirektion der Sächsischen Staatseisenbahn vereinigt werden. Ab diesem Zeitpunkt wandte sich der sächsische Staat verstärkt dem Bahnbau zu und kaufte auch die meisten Privatbahnen auf. So entstand das dichteste Eisenbahnnetz Europas.

In der Folge mussten auch die Lokomotivbestände neu geordnet werden. Schon ab 1871 wurden ein Gattungssystem eingeführt, das im Prinzip mit seinen Ergänzungen bis zur Übernahme durch die DRG Bestand hatte. Lokomotiven gleicher Bauart erhielten als Hauptgattungszeichen eine römische Ziffer, wobei die Klassifizierung entsprechend der Spurweite immer bei der Zahl »I« begann. Zusatzbuchstaben erweiterten das System im Laufe der Jahre:

V Verbundtriebwerk (in Frakturschrift)
H Heißdampf (in Frakturschrift)
T Tenderlokomotive
O Omnibus-Lokomotive (ab 1885 für Omnibuszüge)
S Sekundärbahn-Lokomotive (Nebenbahn-Lokomotive Normalspur) ab 1884
M Nebenbahn-Lokomotive für Meterspur ab 1902
K Nebenbahn-Lokomotive für Kleinspur (750 mm) ab 1881
a alt (wenn das Hauptgattungszeichen durch eine moderne Konstruktion nochmals besetzt wurde)
b Lokomotive mit beweglichem Laufradsatz (bei älteren Maschinen mit Nowotny-Lenkradsatz)
1 Schnellzuglokomotive (bei Maschinen gleicher Radsatzfolge)
2 Personenzuglokomotive (bei Maschinen gleicher Radsatzfolge)

Die Gattung XII H1 (DRG 17.8) war somit eine Schnellzuglokomotive, die Gattung XII H2 (DRG 38.2-3) eine Personenzuglokomotive.

Anfangs trugen in Sachsen alle Lokomotiven einen Namen. Die Privatbahnen verzichteten zum Teil auf die Vergabe von Nummern, dies erfolgte dann erst bei der Übernahme durch die Staatsbahn. Mit dem Nummernplan von 1892 versuchte die Staatsbahn, bestimmten Gattungen eindeutige Nummernreihen zuzuordnen. Die zunehmende Zahl von Lokomotiven erforderten in den Jahren 1900, 1906, 1912, 1916 und 1918 zum Teil weit gehende Korrekturen im Nummernplan. Ab 1892 entfiel bei Güterzuglokomotiven die Namensgebung. Die Staatsbahn zog bei ihnen alle Namensschilder ein und bewahrte sie auf, um sie gelegentlich wieder an Schnellzug- und Personenzugmaschinen anzubringen. Nach 1900 wurden überhaupt keine Namen mehr vergeben.

Die Sachsen vergaben Hauptgattungszeichnungen. Foto: Slg. Koppisch, Archiv transpress

Die Württembergische Staatsbahn ordnete ihre Fahrzeuge nach Klassen ein. Die Tenderlokomotiven fasste man als Klasse T zusammen. Foto: Slg. Koppisch, Archiv transpress

Württembergische Staatsbahn (bis 1918 Königlich Württembergische Staats-Eisenbahnen)

Mit der Eröffnung der ersten Teilstrecke Cannstatt–Untertürkheim der württembergischen Ostbahn von Stuttgart nach Ulm begann am 22. Oktober 1845 im Königreich Württemberg das Eisenbahnzeitalter. Im Gegensatz zu anderen deutschen Staaten stand in Württemberg die Eisenbahn von Anfang an unter Staatshoheit. Ein königliches Dekret von 1843 bestimmte den Bau von Hauptstrecken zur Staatsaufgabe. Konzessionen an private Gesellschaften konnten lediglich für Nebenbahnen oder Zweigstrecken vergeben werden. Von dieser Möglichkeit wurde in der Folgezeit aber nur wenig Gebrauch gemacht.

Bedingt durch den schnell wachsenden Lokomotivpark musste die Württembergische Staatsbahn mehrmals die Klassifizierung ihrer Lokomotiven anpassen. Zuerst waren die Loks eines Herstellers in einer Klasse zusammengefasst, welche mit römischen Ziffern bezeichnet wurde. Dieses System wurde sehr schnell unübersichtlich und 1858 durch folgende neue Klasseneinteilung mit Großbuchstaben ersetzt:

Klasse A	leichte Schnell- und Eilzuglokomotiven
Klasse B	schwere Schnell- und Eilzuglokomotiven
Klasse C	leichte Personenzuglokomotiven
Klasse D	schwere Personenzuglokomotiven
Klasse E	leichte Güterzuglokomotiven
Klasse F	schwere Güterzuglokomotiven
Klasse T	Tenderlokomotiven

Bald stellte sich heraus, dass eine Einteilung in leichte und schwere Lokomotiven zeitlich beschränkt war. Im Laufe der technischen Entwicklung wurden »schwere« Lokomotiven schnell zu »leichten« Lokomotiven. Bis zum Jahre 1892 erfolgte daher eine nochmalige Überarbeitung des Bezeichnungssystems, welche dann bis 1925 Bestand hatte. Es galten folgende Hauptgattungsbuchstaben:

Klassen A bis E	Schnellzug- und Personenzuglokomotiven
Klassen F bis K	Güterzuglokomotiven
Kassen T bis T 6	Tenderlokomotiven
Klasse DW	Dampftriebwagen

Durch kleine Zusatzbuchstaben waren weitere Unterscheidungen möglich:

a	alte Bauart
aa	sehr alte, ausmusterungsreife Bauart
c	compound (Verbundtriebwerk)
d	duplex (Doppeltriebwerk der Bauart Mallet)
h	Heißdampf
n	Nebenbahndienst
s	Schmalspur (Spurweite 1.000 mm)
ss	Schmalspur (Spurweite 750 mm)
z	Zahnradlokomotive

Lokomotiven preußischer Bauart, die von der Württembergischen Staatsbahn in Dienst gestellt worden sind, bekamen die preußische Gattungsbezeichnung (G 12, T 18 usw.). Die württembergischen Lokomotiven hatten von Anbeginn Namen erhalten (erst 1896 hat man auf eine Namensgebung verzichtet) und eine Bahnnummer, die nach Ausmusterung einer Lokomotive erneut besetzt worden ist. Charakteristisch für die Württembergische Staatsbahn waren die in eigener Werkstätte vorgenommenen Umbauten an Lokomotiven, die oft zu völlig neuen Gattungen führten. So entstanden aus Schlepptender-Lokomotiven Tenderlokomotiven, zum Teil sind die Lokomotiven nicht nur einmal umgebaut worden, so dass es für den Lokomotivhistoriker schwierig ist, den Ausgangspunkt zu ermitteln.

Anmerkungen

Wie schon erwähnt, sind die im Typenbuch behandelten Triebfahrzeuge nach den Nummernplänen der DRG und DB geordnet. Am Anfang stehen Dampflokomotiven, welche mit den Schnellzugmaschinen der Baureihe 01 beginnen und mit den Schmalspurloks der Baureihe 99 enden. In entsprechender Reihenfolge werden Elektroloks, Dieselloks, Dampf-, Elektro-, Akku- und Dieseltriebwagen aufgeführt. In der Kopfzeile jeder Typenbeschreibung finden sich neben der Baureihenbezeichnung Informationen zu Herkunft und Verbleib des Triebfahrzeugs. An erster Stelle steht die Bahnverwaltung, welche das Triebfahrzeug beschafft hat bzw. von welcher Lokomotiven oder Triebwagen an DRG, DB oder DR gelangten. Weiter folgen die deutschen Staatsbahnen (DRG, DB, DR), welche das jeweilige Triebfahrzeug in ihren Bestandslisten führten.

Bei Lokomotiven und Triebwagen der ehemaligen Länderbahnen steht vor der Länderbahn-Gattungsbezeichnung die entsprechende Länderbahnverwaltung in abgekürzter Form:

bad.	für Badische Staatsbahn
bay.	für Bayerische Staatsbahn
meck.	für Mecklenburgische Friedrich-Franz-Eisenbahn
old.	für Oldenburgische Staatsbahn
pfälz.	für Pfälzische Eisenbahn bzw. Pfalzbahnen
pr. oder preuß.	für Preußische oder Preußisch-Hessische Staatsbahn
sä. oder sächs.	für Sächsische Staatsbahn
wü. oder württ.	für Württembergische Staatsbahn

Zwischen 1930 und 1943 übernahm die DRG die Triebfahrzeuge verstaatlichter Privatbahnen. Der zum Teil geringe Fahrzeugbestand dieser Bahnverwaltungen machte eine Unterscheidung nach Gattungen meist überflüssig, so dass in der Kopfzeile in der Regel nur die Abkürzung der jeweiligen Bahngesellschaft aufgeführt ist:

Hf Brm	Hafenbahn Bremen (verstaatlicht am 13. September 1930)
SAAR	Eisenbahnen des Saargebiets (übernommen am 1. März 1935)
LBE	Lübeck-Büchener Eisenbahn (verstaatlicht am 1. Januar 1938)
BLE	Braunschweigische Landes-Eisenbahn (verstaatlicht am 1. Januar 1938)
LAG	Lokalbahn AG München (verstaatlicht am 1. August 1938)
LEAG	Lausitzer Eisenbahn AG (verstaatlicht am 1. Januar 1939)
MFWE	Mecklenburgische Friedrich-Wilhelm-Eisenbahn (verstaatlicht am 1. Januar 1941)
WPE	Wittenberge-Perleberger Eisenbahn (verstaatlicht am 1. Januar 1941)
PE	Prignitzer Eisenbahngesellschaft (verstaatlicht am 1. Januar 1941)
ELE	Eutin-Lübecker Eisenbahn (verstaatlicht am 1. Mai 1941)
KOE	Kreis Oldenburger Eisenbahn (verstaatlicht am 1. August 1941)
ZFE	Zschipkau-Finsterwalder Eisenbahn (verstaatlicht 1943)

Analog wird mit den Triebfahrzeugen verfahren, welche die DR 1949 von den in der Sowjetzone verstaatlichten Privatbahnen in ihren Bestand eingereiht hat. Die Abkürzungen stehen für folgende Bahngesellschaften:

FKB	AG Franzburger Kreisbahnen
GHE	Gernrode-Harzgeroder Eisenbahn-Gesellschaft
GWME	Gera-Meuselwitz-Wuitzer Eisenbahn-AG
HBE	Halberstadt-Blankenburger Eisenbahn-Gesellschaft AG
HHE	Halle-Hettstedter Eisenbahn-Gesellschaft AG
LJK	Luckenwalde-Jüterboger Kleinbahn
MPSB	Mecklenburg-Pommersche Schmalspurbahn
NWE	Nordhausen-Wernigeroder Eisenbahn-Gesellschaft
RüKB	Rügensche Kleinbahnen AG

Aus Platzgründen konnten die vielen technischen Daten einer Lokomotive oder eines Triebwagens nur auszugsweise wiedergegeben werden. Zu weiteren Angaben werden interessierte Leser auf die einschlägige Fachliteratur verwiesen. Der Datenblock ist wie folgt aufgebaut:

Baureihenbezeichnung
Angegeben sind hier die Baureihenbezeichnung und/oder die Betriebsnummer, auf welche sich die technischen Daten beziehen. Dahinter ist die Eisenbahnverwaltung aufgeführt, welche diese Bezeichnung erstmals vergab.

Spurweite (nur bei Schmalspurloks)
Bei DRG, DB und DR waren bzw. sind zum Teil heute noch schmalspurige Triebfahrzeuge mit den Spurweiten 600, 750, 900 und 1.000 mm im Bestand.

Radsatzanordnung
Zur Beschreibung der Radsatzfolge bei Lokomotiven und Triebwagen werden folgende Buchstaben, Zahlen und Zeichen verwendet:

A	ein im Hauptrahmen gelagerter Antriebsradsatz
B, C, ...	zwei, drei oder mehrere im Hauptrahmen gelagerte Antriebsradsätze, die miteinander gekuppelt sind
A'	ein vom Hauptrahmen unabhängiger, seitenverschiebbarer Treibradsatz
B', C', ...	zwei, drei oder mehrere vom Hauptrahmen unabhängige Treibradsätze, die miteinander gekuppelt und in einem eigenen Rahmengestell gelagert sind
o	Einzelradsatz-Antrieb (zusätzlich zum Großbuchstaben)
1	ein im Hauptrahmen gelagerter Laufradsatz
2, 3	zwei oder drei aufeinander folgende, im Hauptrahmen gelagerte Laufradsätze
1'	ein vom Hauptrahmen unabhängiger, seitenverschiebbarer Laufradsatz
2', 3'	zwei oder drei vom Hauptrahmen unabhängige Laufradsätze, die in einem eigenen Rahmengestell gelagert sind
(1A) o.Ä.	sind Lauf- und Antriebsradsatz in einem eigenen Rahmengestell vereinigt, wird dies nicht durch einen Hochstrich, sondern durch eine Klammer gekennzeichnet
(Bo') o.Ä.	Jakobsdrehgestell (nur bei Triebwagen)
+	Triebfahrzeug besteht aus mehreren, einzeln verfahrbaren Einheiten

Bei Dampflokomotiven oder -triebwagen werden zusätzlich Betriebsart, Zylinderzahl und Arbeitsverfahren wie folgt angegeben:

n	Nassdampf
h	Heißdampf
2, 3, 4	Zahl der Zylinder
v	Verbundverfahren = zweistufige Dampfdehnung (keine Angabe bedeutet einfache Dampfdehnung)
t	Tenderlokomotive (Schlepptenderloks werden nicht besonders gekennzeichnet)

Stromsystem (nur bei elektrischen Lokomotiven und Triebwagen)
Bei Gleichstrom wird nur die Spannung (in Volt) angegeben, bei Wechselstrom zusätzlich die Frequenz (in Hertz).

Kraftübertragung (nur bei Diesellokomotiven und Dieseltriebwagen)
Bei Dieseltriebfahrzeugen stehen grundsätzlich mehrere Möglichkeiten der Kraftübertragung zur Verfügung. Neben der mechanischen Leistungsübertragung sind dies die elektrische Leistungsübertragung (Generator und elektrische Fahrmotoren) sowie die hydraulische Übertragung mit Hilfe von Strömungsgetrieben.

Vmax
Genannt wird hier die zulässige Geschwindigkeit. Sie ist die von der Bahnverwaltung festgelegte höchste Geschwindigkeit, mit der ein Triebfahrzeug verkehren darf und liegt in jedem Fall unter der möglichen Höchstgeschwindigkeit.

Leistungsangaben
Die Leistung von Dampflokomotiven und -triebwagen wird mit der alten, damals gültigen Maßeinheit PS (= Pferdestärke) angegeben, sofern überhaupt Leistungsangaben zu ermitteln waren. Dabei wird unterschieden zwischen indizierter Leistung (PSi), die in den Dampfzylindern erzeugt wird, und effektiver Leistung (PSe), die nach Abzug der Leistungsverluste durch Reibung und Bewegen der Eigenmasse am Zughaken nutzbar zur Verfügung steht. Auf jeden Fall ist die effektive Leistung geringer als die indizierte Leistung. Daher wird in der Regel die indizierte Leistung angegeben.
Bei älteren Dieseltriebfahrzeugen wird die Leistung sowohl in PS als auch mit der heute gültigen Maßeinheit kW (= Kilowatt) genannt, um besser die Motorenentwicklung darzustellen. Motorenhersteller orientierten sich bei der Entwicklung neuer Dieselmotoren lange Jahre an der Leistungsgröße in PS.
Die Leistung elektrischer Triebfahrzeug wird durch die Angabe der Stundenleistung und der Dauerleistung (jeweils in kW) charakterisiert.

Größte Radsatzfahrmasse
Die Angabe gibt Aufschluss darüber, auf welchen Strecken ein Triebfahrzeug eingesetzt werden konnte und wo nicht.

Indienststellung
Angegeben wird der Zeitraum, in welchen die Triebfahrzeuge einer Baureihe ihren Dienst bei der beschaffenden Bahnverwaltung aufgenommen haben.

Verbleib
Die meisten der beschriebenen Triebfahrzeuge sind heute längstens von den Schienen der Staatsbahn verschwunden. Viele haben aber auf die eine oder andere Art bis heute überlebt, sei es bei Privat- oder Museumsbahnen oder auch nur als Ausstellungsstück im Museum oder als Denkmal. Um dem interessierten Leser die Möglichkeit zu geben, erhaltene Triebfahrzeuge persönlich in Augenschein zu nehmen, werden diese und ihr derzeitiger Standort (soweit bekannt) aufgeführt.

Zu den modernsten Fahrzeugen der Deutschen Bahn AG gehören die Neigetechnik-ICE der Baureihen 411 und 415. Foto: Estler

Verzeichnis der Abkürzungen

Bahnverwaltungen

AL	Chemins de Fer d´Alsace et de Lorraine (1918-1938, Eisenbahn in Elsass-Lothringen)
CFL	Chemins de Fer Luxembourgeois des Société Nationale (Luxemburgische Eisenbahnen)
ČSD	Ceskoslovenské Státni Dráhy (Tschechoslowakische Staatsbahnen)
DB	Deutsche Bundesbahn (ab 1949)
DR	Deutsche Reichsbahn (ab 1949)
DRG	Deutsche Reichsbahn-Gesellschaft (1924 bis 1945)
MÁV	Magyar Államvatustak (Ungarische Staatseisenbahn)
NS	Nederlandse Spoorwegen (Niederländische Staatsbahnen)
ÖBB	Österreichische Bundesbahn
PKP	Polskie Koleje Panstwowe (Polnische Staatsbahnen)
SJ	Statens Järnvagar (Schwedische Staatsbahnen)
SNCB	Société Nationale des Chemins de Fer Belges (Belgische Staatsbahnen)
SNCF	Société Nationale des Chemins de Fer Francais (Französische Staatsbahnen)

Triebfahrzeughersteller

AEG	Allgemeine Elektrizitätsgesellschaft, Berlin; AEG-Telefunken; AEG-Westinghouse Berlin
BBC	Brown, Boveri & Cie., Mannheim
Beuchelt	Beuchelt Stahlbau und Maschinenfabrik, Grünberg
BEW	Bergmann-Elektrizitätswerke AG, Berlin-Rosental
BMAG	Berliner Maschinenbau AG (vorm. Louis Schwartzkopff)
Borsig	Borsig-Lokomotivwerke, Berlin-Tegel
FGL	Felten & Guilleaume AG
Hanomag	Hannoversche Maschinenbau AG
Henschel	Henschel-Werke AG, Kassel (Rheinstahl)
Humboldt	Maschinenbauanstalt Humboldt AG, Köln-Kalk
ISTH	Industrie- und Stahlbau Thyssen-Henschel (zuvor Rheinstahl Transporttechnik Henschel, Kassel)
Kat	Katharinenhütte, Rohrbach/Pfalz
KL	Krupp-Garbe-Lahmeyer AG
KM	Krauss-Maffei AG, München-Allach
Krauss	Lokomotivfabrik Krauss & Co, München
Krupp	Friedrich Krupp AG, Maschinenfabriken, Essen
LEW	Kombinat VEB Lokomotivbau - Elektrotechnische Werke »Hans Beimler«, Hennigsdorf (seit 1990 LEW Hennigsdorf GmbH)
LHW	Linke-Hofmann-Werke AG, Breslau
LKM	Lokomotivbau »Karl Marx« Babelsberg
Maffei	J. A. Maffei Lokomotivfabrik, München
MGB	Maschinenbau-Gesellschaft Heilbronn
MBGK	Maschinenbau-Gesellschaft Karlsruhe
MSW	Maffei-Schwartzkopff-Werke GmbH, Wildau
Pöge	Pöge-Elektrizitäts AG, Chemnitz
ˇkoda	ˇkoda-Werke Plzen (Pilsen)
SMF	Sächsische Maschinenfabrik, vorm. Richard Hartmann AG, Chemnitz
SSW	Siemens-Schuckert-Werke AG, Berlin (bis 1966)
Siemens	Siemens AG (ab 1967), Erlangen/München
UGK	Union-Gießerei, Königsberg
Vulcan	Stettiner Schiffs- und Maschinenbau AG Vulcan, Stettin
Wasseg	Liefergemeinschaft AEG und SSW

Sonstige Abkürzungen

AW	Ausbesserungswerk (DB)
BD	Bundesbahndirektion (DB)
Bf	Bahnhof
BMV	Bundesministerium für Verkehr
BZA	Bundesbahn-Zentralamt
Bw	Bahnbetriebswerk
DDM	Deutsches Dampflok-Museum, Neuenmarkt-Wirsberg
DGEG	Deutsche Gesellschaft für Eisenbahngeschichte
DLA	Deutsches Lokomotivbild-Archiv, Darmstadt
DMM	Deutsches Museum München
DVA	Deutsche Verkehrsausstellung München (1925)
ED	Eisenbahn-Direktion
EMW	Eisenbahn-Museum Wien
FVA	Fahrzeug-Versuchsanstalt, Halle (Saale)
IC	InterCity
ICE	InterCityExpress
IR	InterRegio
IRE	InterRegioExpress
IVA	Internationale Verkehrsausstellung München (1965)
Indusi	Induktive Zugsicherung
LüP	Länge über Puffer
KED	Königliche Eisenbahn-Direktion (PHS bis 1918)
RAW/Raw	Reichsbahn-Ausbesserungswerk (DRG/DR)
RBD/Rbd	Reichsbahndirektion (DRG/DR)
RB	RegionalBahn
RE	RegionalExpress
RVM	Reichsverkehrsministerium (bis 1945)
SBZ	Sowjetische Besatzungszone Deutschlands
SDAG	Sowjetisch-Deutsche Aktiengesellschaft
SE	StadtExpress
SMAD	Sowjetische Militär-Administration in Deutschland
Sifa	Sicherheitsfahrschaltung
TEE	Trans-Europ-Express
ÜK	Übergangs-Kriegslokomotive
VES-M	Versuchs- und Entwicklungsstelle für die Maschinenwirtschaft (DR)
VMD	Verkehrsmuseum Dresden
VMN	Verkehrsmuseum Nürnberg

Literaturverzeichnis

Deutsches Lok-Archiv; transpress
diverse Baureihenbücher; Bayerisches Eisenbahnmuseum
diverse Baureihenbücher; EK-Verlag GmbH
diverse Baureihenbücher; GeraMond Verlag
diverse Baureihenbücher; transpress
Obermayer; Taschenbücher Deutsche Triebfahrzeuge; Franckh´sche Verlagshandlung
diverse Ausgaben der Zeitschriften AEG-Mitteilungen, BAHN-REPORT, BAHN-SPECIAL, BBC-Nachrichten, der schienenbus, Die Bundesbahn, DREHSCHEIBE, Eisenbahn-JOURNAL, EISENBAHN-KURIER, eisenbahn magazin, EISENBAHN-REVUE International, Elektrische Bahnen, Glasers Annalen, LOK Report, LOKRUNDSCHAU, Modelleisenbahner, Welt der Eisenbahn

Auch nach über 40 Jahren kann die DB AG auf die Baureihe 110 nicht verzichten. Die Loks sind heute meist im Nahverkehr im Einsatz. Foto: Estler

01, 02, 001, 01.20 (DRG, DB, DR)

Im ersten Typenplan der 1920 gegründeten Deutschen Reichsbahn-Gesellschaft (DRG) waren mit den Baureihen 01 und 02 je eine Zweizylinder- und eine Vierzylinder-Verbund-Schnellzuglokomotive enthalten, die in allen übrigen Teilen identisch waren. Mit den jeweils zehn Voraus-Lokomotiven beider Bauarten unternahmen die Lokversuchsanstalt Grunewald und der Betriebsdienst ab 1926 Vergleichsfahrten, um zu ermitteln, welche Bauart die geeignetere war.

Die Fahrzeuge hatten die Radsatzfolge 2'C1', einen Treib- und Kuppelraddurchmesser von 2.000 mm und waren 120 km/h schnell. Die Leistung beider Maschinen betrug rund 2.300 PS. Die erste 02 lieferte Henschel im Jahr 1925, die erste 01 kam ebenfalls 1925 von Borsig. Nach dem Abschluss der Vergleichstests fielen die Würfel zu Gunsten der Zweizylindermaschine, die zehn Vierzylinderloks wurden 1937-1942 in Zwillingsmaschinen umgebaut und in 01 011 bzw.01 233-241 umgezeichnet.

Foto: Blaschke

Von den bis 1937 gelieferten 241 Maschinen (231 Baureihe 01 und 10 Baureihe 02) verblieben nach dem Krieg 171 Maschinen bei der späteren DB, 70 Maschinen kamen zur späteren DR. Wegen Kriegsschäden musterte die DR fünf Maschinen (01 026, 030, 035, 110, 214) aus, bei der DB schieden sechs Maschinen (01 038, 053, 145, 155, 201, 238) aus dem Bestand. Fünf DB-Maschinen erhielten 1950/51 Henschel-Mischvorwärmer, gleichzeitig wurden Verbrennungskammern in die Kessel eingebaut (01 042, 046, 112, 154, 192). Beide deutsche Staatsbahnen beschlossen Ende der 50er-Jahre, einen Teil ihrer 01 zu modernisieren bzw. zu rekonstruieren. Bei der DB erhielten daher ab 1957 insgesamt 50 Maschinen neue geschweißte Hochleistungskessel, wie sie bereits die BR 01.10 erhalten hatten. Die Rekonstruktion der DR veränderte die Maschinen grundlegend (siehe Baureihe 01.5).

Die Maschinen kamen in ganz Deutschland zum Einsatz, die letzten Hochburgen der Baureihe 01 waren bis 1973 das Bw Hof bei der DB sowie Dresden (1978) und Saalfeld (1981) bei der DR. Die letzte planmäßig eingesetzte Altbau-01 war die 01 2204, die vom Bw Wismar aus bis 1982 im Planbetrieb fuhr.

Zahlreiche Lokomotiven blieben erhalten, betriebsfähig sind 01 066 (Nördlingen), 01 118 (Frankfurt) und 01 202 (Schweiz).

Technische Daten:

Baureihenbezeichnung:	01 (DRG)	02 (DRG)	01 (DB, Mischvorw.)	01 (DB, Neubaukessel)
Radsatzanordnung:	2'C1'h2	2'C1'h4v	2'C1'h2	2'C1'h2
Zylinderdurchmesser (mm):	600	460 / 720	600	600
Kolbenhub (mm):	660			
Verdampfungsheizfläche (m²):	247,25	237,56	216,23	193,09
Vmax (km/h):	120/130	120	130	130
Leistung (PSi):	2.240	2.300	2.450	2.330
Dienstmasse (o. Tender) (t):	108,90	113,50	111,10	108,30
Größte Radsatzfahrmasse (t):	20,2	20,2	19,9	19,8
Länge über Puffer (mm):	23.940	23.750	23.940	23.940
Treib-/Kuppelraddurchmesser (mm):	2.000			
Laufraddurchmesser (v) (mm):	850/1.000	850	1.000	1.000
Laufraddurchmesser (h) (mm:	1.250			
Wasserkasteninhalt (m³):	32/34	32	32/34	34
Brennstoffvorrat (t/m³):	10			
Indienststellung:	1925-1937	1925	1950/51	1957-1961
Verbleib:	betriebsf.: 01 066, 01 118, 01 202			
	Museal: 01 005, 008, 111,137, 150, 173, 204; 01 164, 220 (Neubauk.)			

01.5 (DR)

Anfang der 60er-Jahre wurden von der Deutschen Reichsbahn insgesamt 35 Maschinen der Baureihe 01 einer umfangreichen Rekonstruktion unterzogen. War zunächst nur der Einbau eines geschweißten Reko-Kessels vorgesehen, zwang der Erhaltungszustand der ausgewählten Lokomotiven schließlich zu weit reichenden Umbauten, die aus den Maschinen in weiten Teilen neue Fahrzeuge machten. Die Rekokessel lieferte das Raw Halberstadt, eingebaut wurden sie im Raw Meiningen. Beim Umbau wurde der Kessel höher gelegt, den Kesselscheitel zierte eine durchgehende Domverkleidung, die Führerhäuser wurden durch neue in Schweißausführung ersetzt. Die so umgebauten Lokomotiven hatten mit ihrem ursprünglichen Aussehen kaum noch Gemeinsamkeiten, daher wurden die Maschinen nach dem Umbau unter der neuen Baureihenbezeichnung 01.5 geführt. Ab der 01 519 (Umbau 1964) erhielten die Loks Ölhauptfeuerung, die übrigen Maschinen wurden 1965/66 entsprechend nachgerüstet, lediglich sechs Maschinen behielten die Rostfeuerung. Insgesamt zehn Lokomotiven waren zeitweise mit Boxpok-Rädern ausgestattet, die aber bis 1974 gegen verstärkte Speichenräder ausgetauscht wurden. Die 01 504 erhielt einen Giesl-Flachejektor, außerdem besaßen alle Maschinen nach dem Umbau eine kegelige Rauchkammertür ohne Zentralverschluss. Mit Einführung der EDV-Nummern wurden die kohlegefeuerten Maschinen zur Baureihe 01.15, die ölgefeuerten bezeichnete die DR als 01.05.

Foto: Estler

Nach dem Umbau kamen die Lokomotiven im schweren Schnellzugverkehr der DR von Berlin-Ostbahnhof (rostgefeuerte Loks) sowie den Bw Wittenberge und Erfurt aus zum Einsatz und erreichten planmäßig auch die westdeutschen Wendepunkte Bebra und Hamburg-Altona. Nach Ende der Erfurter Einsätze gelangten die Maschinen nach Pasewalk und Saalfeld. Im Saaletal endete schließlich auch 1982 die Karriere dieser wohl gelungensten Bauform der Baureihe 01.

Fünf Maschinen der Baureihe 01.5 blieben erhalten, darunter mit 01 509 (UEF) eine ölgefeuerte Maschine. Betriebsfähig sind außerdem 01 519 (EFZ) und 01 533 (ÖGEG), museal erhalten 01 514 (TM Speyer) und 01 531 (DBAG).

Technische Daten:

Baureihenbezeichnung:	01.5	01.15 (DR)
Radsatzanordnung:	2'C1'h2	
Zylinderdurchmesser (mm):	600	
Kolbenhub (mm):	660	
Verdampfungsheizfläche (m²):	219,17	
Vmax (km/h):	130	
Leistung (PSi):	2.500	2.450
Dienstmasse (o. Tender) (t):	111,00	
Größte Radsatzfahrmasse (t):	19,6	
Länge über Puffer (mm):	24.330	
Treib-/Kuppelraddurchmesser (mm)	2.000	
Laufraddurchmesser (v/h) (mm):	1.000/1.250	
Wasserkasteninhalt (m³):	34	
Brennstoffvorrat:	13,5 m³	10 t
Indienststellung:	1964-1965	1962-1964
Verbleib:	01 509 Öl, 01 519, 01 533 bf; 01 514, 01 531 mus.	

Foto: Estler

01.10, 011, 012 (DRG, DB)

In der zweiten Hälfte der 30er-Jahre wuchs der Bedarf an schnellfahrenden Lokomotiven für das Netz der FD-und D-Züge der Deutschen Reichsbahn stark an. Die vorhandenen zweizylindrigen Einheitsloks der Reihen 01 und 03 waren für den geplanten schnellen Verkehr nur bedingt geeignet. Nach den guten Erfahrungen mit den teil- und vollverkleideten Versuchslokomotiven 03 154 und 03 193 entschloss sich die DRG, aus der zweizylindrigen Baureihe 01 eine dreizylindrige Stromlinien-Pazifik mit 150 km/h Höchstgeschwindigkeit entwickeln zu lassen. Mit Konstruktion und Bau der neuen Maschine wurde die BMAG (vorm. Schwartzkopff) in Berlin beauftragt. Im Juli 1939 war die Baumusterlok 01 1001 fertig, ihr folgten bis Herbst 1940 weitere 54 Maschinen, einen Weiterbau verhinderte der Zweite Weltkrieg. Die Maschinen kamen zunächst u.a. nach Leipzig, Halle, Berlin, Hannover, Erfurt, Dresden, Frankfurt (Oder), Würzburg und München, ab 1942/43 auch nach Kattowitz und Breslau.

Nach dem Krieg fanden sich alle 55 Maschinen in den Westzonen, wo sie mit Ausnahme der 01 1067 (+ 07.06.48) bis 1951 wieder in Betrieb gingen, nun allerdings ohne Stromschale. Von 1953 bis 1957 erhielten alle Lokomotiven neue geschweißte Hochleistungskessel mit Verbrennungskammer, nachdem die Ursprungskessel Ermüdungserscheinungen gezeigt hatten. 34 Maschinen wurden schließlich 1956 bis 1958 auf Ölhauptfeuerung umgebaut, wodurch die Loks zu den leistungsfähigsten Schnellzugdampfloks der DB (mit Ausnahme der Baureihe 10) wurden. Ab 1968 trugen die verbliebenen Rostloks die Baureihenbezeichnung 011, die Ölloks fuhren als 012.

Nach Beheimatungen in Bebra, Hagen-Eckesey, Offenburg, Kassel, Osnabrück und Hamburg-Altona wurden die noch vorhandenen Maschinen schließlich ab 1967 nach und nach im Bw Rheine (Westf.) zusammengezogen. Von dort zogen sie bis 31. Mai 1975 Reisezüge auf der Hauptstrecke nach Norddeich Mole.

Zehn Maschinen der Reihe 01.10 blieben museal oder betriebsfähig erhalten. Die 1996 wieder betriebsfähig aufgearbeitete 01 1102 trägt als Erinnerung an das ursprüngliche Erscheinungsbild eine Stromlinienvollverkleidung, die in den Niederlanden erhaltene 01 1075 wurde 1992 auf Kohlefeuerung zurückgebaut. Die 01 1066 (Ulmer Eisenbahnfreunde) und 01 1100 repräsentieren den letzten DB-Zustand.

Technische Daten:

Baureihenbezeichnung:	01.10 (DRG)	01.10/011 (DB, Kohle)	01.10/012 (DB, Öl)
Radsatzanordnung:	2'C1'h3		
Zylinderdurchmesser (mm):	3 x 500		
Kolbenhub (mm):	660		
Verdampfungsheizfläche (m^2):	247,15	206,51	206,51
Vmax (km/h):	150/140	140	140
Leistung (PSi):	2.120	2.350	2.470
Dienstmasse (o. Tender) (t):	114,30	110,80	111,30
Größte Radsatzfahrmasse (t):	20,9	20,2	20,2
Länge über Puffer (mm):	24.130		
Treib-/Kuppelraddurchmesser (mm):	2.000		
Laufraddurchmesser (v/h):	1.000/1.250		
Wasserkasteninhalt (m^3):	38		
Brennstoffvorrat (t/m^3):	10	10	13,5 m^3
Indienststellung:	1939-1940	1953-1957	1956-1958
Verbleib	mus: 01 1056 (K), 1061, 1063, 1081, 1104		
	bf: 01 1066, 1075 (K), 1100, 1102 (St)		

03, 003, 03.20 (DRG, DB, DR)

Weil die Radsatzfahrmasse der Baureihe 01 (20 t) für zahlreiche Hauptbahnen der DRG zu hoch war, entstand als leichtere Variante der BR 01 ab 1930 die Baureihe 03. Kessel und Zylinder waren kleiner als bei der 01, auch der Barrenrahmen war leichter, so dass die Maschinen nur eine Radsatzfahrmasse von 18 t aufwiesen. Drei Vorauslokomotiven lieferte Borsig 1930 an die DRG, ihnen folgten bis 1937 weitere 295 Maschinen. Neben Borsig waren am Bau auch Krupp, Henschel und BMAG beteiligt. 1934 wurde die 03 154 zu Versuchszwecken mit einer Stromlinienteilverkleidung versehen, 1936 erhielt 03 193 ebenfalls versuchsweise eine vollständige Stromschale, gleichzeitig war diese Maschine Reserve bei Ausfällen der Baureihe 05.

Die Lokomotiven wurden bevorzugt in Nord- und Ostdeutschland beheimatet, wo zahlreiche Hauptbahnen noch nicht für 20 t Achsfahrmasse ausgebaut waren. Nach dem Zweiten Weltkrieg gelangten 86 Maschinen zur DR, 144 übernahm die DB, die Übrigen gelangten zur PKP oder blieben verschollen. Die DB-Maschinen waren u.a. in Osnabrück, Hannover, Mönchengladbach und Trier beheimatet, ab 1960/61 wurde das Bw Rheine zur 03-Hochburg. Ende der 60er-Jahre wurde die 03 (ab 1968: 003) überflüssig. Die letzten DB-Maschinen setzte das Bw Ulm bis 1972 auf der Hauptbahn nach Friedrichshafen ein.

Foto: Blaschke

Deutlich länger waren die Maschinen der DR im Einsatz. Ab 1960 erhielten die DR-Maschinen Mischvorwärmeranlagen (Bauart IfS) und neue Hinterkessel. Ab 1969 bekamen insgesamt 52 Lokomotiven Reko-Kessel von ausgemusterten Lokomotiven der Reihe 22, die letzten Umbauten erfolgten erst 1975. Hochburgen der Baureihe 03 (03.20) bei der DR waren u.a. die Betriebswerke Berlin Ostbahnhof, Leipzig Hbf West, Magdeburg und gegen Ende Lutherstadt Wittenberg. Die letzte planmäßige 03-Leistung der DR bestritt 03 2117 vom Bw Oebisfelde am 12. September 1980.

Auch von der BR 03 blieben einige Maschinen erhalten, darunter mit 03 001 (Dresden) auch die Urahnin dieser Baureihe. Betriebsfähig sind derzeit 03 204 (Cottbus) und 03 295 (Nördlingen), museal erhalten u.a. 03 098, 131, 155 und 188.

Technische Daten:

Baureihenbezeichnung:	03 (DRG)	03.20 (DR-Reko)
Radsatzanordnung:	2'C1'h2	
Zylinderdurchmesser (mm):	570	
Kolbenhub (mm):	660	
Verdampfungsheizfläche (m^2):	202,22	206,30
Vmax (km/h):	120/130	130
Leistung (PSi):	1.980	
Dienstmasse (o. Tender) (t):	100,3	103,0
Größte Radsatzfahrmasse (t):	18,2	18,8
Länge über Puffer (mm):	23.905	
Treib-/Kuppelraddurchmesser (mm):	2.000	
Laufraddurchmesser (v/h) (mm):	1.000	1.000/1.250
	(bis 03 162: 850)/	
	1.250	
Wasserkasteninhalt (m^3):	34	
Brennstoffvorrat (t):	10	
Indienststellung:	1930-1937	1969-1975
Verbleib:	03 204, 295 bf; 03 001, 098, 131, 155,188 mus./Denkm.	

03.10 (DRG, DB, DR)

Als Weiterentwicklung der zweizylindrigen Baureihe 03 entstand ab 1939 die dreizylindrige Baureihe 03.10. Wie ihre zweizylindrige Schwester war sie für die Bespannung schnellfahrender Reisezüge auf Hauptstrecken vorgesehen, die noch nicht auf 20 t Achsfahrmasse ausgebaut waren und somit den Einsatz der Baureihen 01/01.10 nicht zuließen. Die Maschinen erhielten eine Stromlinienverkleidung, nachdem Versuche der LVA Grunewald mit einer unverkleideten 03, der teilverkleideten 03 154 und der vollverkleideten 03 193 ergeben hatten, dass mit der Stromschale eine Leistungssteigerung zu erreichen war. Ursprünglich waren die Maschinen für eine Vmax von 150 km/h zugelassen, mit Verfügung des RVM vom 25. Februar 1941 wurde diese wie bei der BR 01.10 auf 140 km/h gesenkt.

Die Maschinen waren als Dreizylinderloks mit einfacher Dampfdehnung konstruiert, der Innenzylinder trieb den erste Kuppelradsatz an, die beiden Außenzylinder den zweiten Kuppelradsatz. Die Treib- und Kuppelräder hatten 2.000 mm Durchmesser, die Vorlaufräder 1.000 mm und die Nachlaufräder 1.250 mm.

Der Kessel bestand aus St47K, die Rohrlänge betrug 6,8 m, der Kesselüberdruck 16 kp/cm² und die Verdampfungsheizfläche 202,96 m². Mit einer Leistung von knapp 1.800 PSi sollten die Maschinen Schnellzüge mit 540 t in der Ebene mit 120 km/h ziehen, auf 4 ‰ Steigung waren noch 360 t Zugmasse mit 100 km/h zu befördern. Gekuppelt waren die Lokomotiven mit dem Tender 2'2'T34St.

Die beiden Vorauslokomotiven 03 1001 und 03 1002 lieferte Borsig im Jahr 1939, ihnen sollten 138 weitere Maschinen folgen. Es blieb jedoch wegen des Zweiten Weltkrieges bei insgesamt 60 Maschinen, deren Bau sich die Firmen Borsig, Krupp und Krauss-Maffei teilten. Während die Baulose von Krupp und Krauss-Maffei ursprünglich auch im Triebwerksbereich vollverkleidet waren, lieferte Borsig seine Loks mit ausgeschnittener Triebwerksverkleidung. Bei den anderen Maschinen wurde diese Form im Rahmen der Sonderarbeit 754 nachgeholt, nachdem sich die Vollverkleidung als betriebsuntauglich erwiesen hatte.

Die Lokomotiven kamen zunächst vor allem in Süddeutschland (Bw Ulm und Nürnberg) und in Österreich (Bw Wien West und Linz) zum Einsatz, wurden dann aber in Breslau, Posen, Kattowitz und Stargard konzentriert. Nach dem Krieg verblieben 26 Maschinen bei der DB, 21 Loks bei der DR. Zehn Lokomotiven gelangten nach Polen, 03 1091 und 1092 waren bereits 1944 ausgemustert worden, der Verbleib von 03 1002 ist unsicher.

Bei beiden deutschen Staatsbahnen wurden Anfang der 50er-Jahre die Stromschalen komplett entfernt. Einerseits wegen ihres durch den Krieg erbärmlichen Zustandes, andererseits, weil sie angesichts der vergleichsweise niedrigen Geschwindigkeiten, die das Streckennetz nach dem Krieg zuließ, keinen Leistungsgewinn brachten. Mitte der 50er-Jahre zeigten die St47K-Kessel aller Maschinen starke Ermüdungserscheinungen, der Kessel der 03 1046 zerknallte am 10. Oktober 1958 bei der Durchfahrt durch den Bahnhof Wünsdorf bei Dresden. Da beide Staatsbahnen auf die Lokomotiven nicht verzichten konnten, wurden alle mit neuen Kesseln ausgerüstet. Die DR-Maschinen 03 1077 und 1088 erhielten geschweißte Nachbaukessel. Die bei der DB verbliebenen 26 Lokomotiven bekamen zwischen 1957 und 1961 neue geschweißte Hochleistungskessel mit Verbrennungskammer, wie sie auch bei der BR 01.10 und 41

Foto: Blaschke

Foto: Blaschke

Verwendung fanden. Lieferant war Krupp, eingebaut wurden sie im AW Braunschweig. Im Rahmen des Umbaus erhielten die Fahrzeuge auch Mischvorwärmeranlagen, Kohlekastenabdeckklappen sowie Heißdampfregler (ausgenommen 03 1021). Zunächst von den Bw Dortmund Bbf, Hamburg-Altona, Ludwigshafen und Paderborn eingesetzt, wurde die Baureihe ab 1958 in Hagen-Eckesey zusammengezogen und blieb dort bis November 1966 im Einsatz.

Bei der DR blieben nach der Neubekesselung der 03 1077 und 1088 und der zwischenzeitlichen Ausmusterung der 03 1047, 1079 und 1086 noch 16 Maschinen im Bestand, die einen Rekokessel erhielten. Hersteller dieser Kessel war das Raw Halberstadt, eingebaut wurden die Dampferzeuger 1959 im Raw Meiningen. Die Kessel waren vollständig geschweißt, besaßen eine Verbrennungskammer und konnten u.a. auch für die Baureihen 22 und 41 verwendet werden. Mit der Neubekesselung erhielten die Maschinen Mischvorwärmer-Anlagen, lediglich 03 1010 und 03 1074 behielten den Oberflächenvorwärmer Bauart Knorr. Diese beiden Maschinen erhielten eine Riggenbach-Gegendruckbremse und fanden als Bremslok bei der VES-M Halle (Saale) Verwendung. 03 1010 bekam überdies einen Giesl-Flachejektor. Eine Sonderrolle fiel der 03 1087 zu, sie erhielt 1952 eine Kohlenstaubfeuerung der Bauart Wendler, die sie erst 1959 bei der Rekonstruktion im Raw Meiningen zu Gunsten einer Rostfeuerung verlor. Ab 1965 wurden alle anderen Maschinen in Meiningen auf Ölhauptfeuerung umgebaut. Eingesetzt wurden die DR-Maschinen seit den 50er-Jahren vom Bw Stralsund, ihnen oblag vor allem die Traktion der Schnellzüge von Stralsund nach Berlin, Rostock und Saßnitz. Der planmäßige Einsatz endete bei der DR erst 1980.

Vier Maschinen der Baureihe 03.10 blieben erhalten: Seit Oktober 2000 wieder betriebsfähig ist die ehemalige VES-M-Lokomotive 03 1010, die 1981 wieder Rostfeuerung erhalten hatte, nicht betriebsfähig ist 03 1090. In Polen wird die noch teilverkleidete ehemalige 03 1005 für die Nachwelt aufbewahrt.

Technische Daten:

Baureihenbezeichnung:	03.10 (DRG)	03.10 Umbau DB)	03.10 (Reko DR, Öl)
Radsatzanordnung:	2'C1'h3		
Zylinderdurchmesser (mm):	3 x 470		
Kolbenhub (mm):	660		
Verdampfungsheizfläche (m²):	206,30		
Vmax (km/h)	150/140 km/h (50 km/h rückw.)		
Leistung (PSi):	1.790	1.870	1.990
Dienstmasse (o. Tender) (t):	103,4	104,2	104,0
Größte Radsatzfahrmasse (t)	18,3	19	19
Länge über Puffer/Kupplung (mm)	23.905		
Treib-/Kuppelraddurchmesser (mm):	2.000		
Laufraddurchmesser (v/h):	1.000/1.250		
Wasserkasteninhalt (m³):	34		
Brennstoffvorrat (t):	10	10	13,5 m³ (Öl)
Indienststellung:	1939-1940	1957-1961	1959-1972
Verbleib:	03 1005 (Polen), 1010 (VMD, Halle P), 1087 (Österreich), 1090		

Foto: Slg. Kleine, Archiv transpress

04 (DRG)

Im Jahr 1932 entstanden bei Krupp die beiden Mitteldruck-Schnellzugmaschinen 04 001 und 04 002. Im Aufbau entsprachen sie weitgehend der Baureihe 03, waren aber als Vierzylinder-Verbundmaschinen konstruiert und besaßen einen für 25 kp/cm² Überdruck ausgelegten Kessel aus hochfestem Stahl. Kupfer-Mangan-Stahl und eine Rohrlänge von 5.800 mm zeichneten den Kessel der 04 001 aus, Chrom-Molybdän-Stahl und 6.800 mm Rohrlänge erhielt der Kessel der 04 002. Mit den Mitteldruckmaschinen wollte die DRG erproben, ob mit höherem Kesseldruck die Wirtschaftlichkeit entscheidend verbessert werden könnte. Nach der Ablieferung wurden die Maschinen daher von der LVA Grunewald eingehenden Testfahrten unterzogen. Dabei erreichte die 04 001 kaum die Leistung der Baureihe 03, während die 04 002 in ihrer Leistungsfähigkeit fast an die 01 herankam.
Schon nach kurzer Betriebszeit häuften sich die Schäden und zwangen immer wieder zu Reparaturen. Um 1935 wurde der Kesseldruck auf 20 kp/cm² herabgesetzt und die Maschinen in 02 101 und 102 umgezeichnet. Am 3. April 1939 zerknallte der Kessel der 02 102 in Folge eines Bedienfehlers (Wassermangel). Daraufhin wurden beide Maschinen ausgemustert.

Technische Daten:

Baureihenbezeichnung:	04 (DRG)
Radsatzanordnung:	2'C1'h4v
Zylinderdurchmesser (mm):	350 / 520
Kolbenhub (mm):	660
Verdampfungsheizfläche (m²):	206,8
Vmax (km/h):	130
Leistung (PS):	
Dienstmasse (o. Tender) (t):	106,3
Größte Radsatzfahrmasse (t):	18,9
Länge über Puffer (mm):	23.905
Treib-/Kuppelraddurchmesser (mm):	2.000
Laufraddurchmesser (v/h) (mm):	1.000/1.250
Wasserkasteninhalt (m³):	32
Brennstoffvorrat (t):	10
Indienststellung:	1932
Verbleib:	++ 1939/40

Foto: Slg. Kleine, Archiv transpress

05 (DRG, DB)

Für Geschwindigkeiten von 150 km/h im Versuchs- wie auch im planmäßigen Verkehr entstanden 1935 bei Borsig zwei Schnellfahrlokomotiven mit der Achsfolge 2'C2' und einer Stromlinienvollverkleidung. Vorangegangen waren Versuche mit teil- bzw. vollverkleideten Serienmaschinen der Baureihe 03 sowie Windkanal-Untersuchungen. Ab dem 8. März 1935 stand der LVA Grunewald die 05 001 zur Verfügung, die 05 002 folgte am 17. Mai 1935. Die weinrot lackierten Maschinen sprengten alle bis dahin gültigen Normen der Einheitsloks. Die Treib- und Kuppelräder maßen 2.300 mm, drei Zylinder sorgten für den Antrieb des zweiten Kuppelradsatzes (Außenzylinder) bzw. des ersten Kuppelradsatzes (Innenzylinder). Die Lokomotiven waren für 175 km/h Höchstgeschwindigkeit zugelassen und leisteten rund 3.400 PS. Am 11. Mai 1936 erreichte die 05 002 vor einem knapp 200 Tonnen schweren Versuchszug auf der Strecke Hamburg_Berlin eine Spitzengeschwindigkeit von 200,4 km/h, ein Weltrekord, der nur von einer britischen Stromliniendampflok noch einmal geringfügig überboten wurde.
Eine dritte Maschine der Reihe 05 lieferte Borsig 1937. Im Gegensatz zu ihren beiden Schwestern hatte die 05 003 jedoch ein vorne liegendes Führerhaus, auch der Stehkessel war vorne angeordnet. Daher erhielt die Maschine eine Kohlenstaubfeuerung. Da die Maschine jedoch von Anfang an Schwierigkeiten mit der Verbrennung hatte, wurde sie schon 1944 der Normalform angeglichen, dabei verlor sie auch ihre Verkleidung.
Alle drei Maschinen blieben nach dem Krieg im Westen und wurden 1950/51 bei Krauss-Maffei hauptuntersucht. Ohne Stromschale und mit vermindertem Kesseldruck (16 kp/cm² statt 20 kp/cm²) wurden sie noch bis 1958 vom Bw Hamm vor FD-Zügen eingesetzt. Die 05 001 blieb erhalten und steht heute mit halbseitiger Verkleidung im Verkehrsmuseum Nürnberg.

Technische Daten:

Baureihenbezeichnung:	05 001-002 (DRG)	05 003 (DRG)	05 001-003 (DB)
Radsatzanordnung:	2'C2'h3		
Zylinderdurchmesser (mm):	450		
Kolbenhub (mm):	660		
Verdampfungsheizfläche (m²):	255,52	226,52	255,52/226,52
Vmax (km/h):	175		
Leistung (PSi):	3.400		
Dienstmasse (o. Tender) (t):	129,9	124,0	124,0
Größte Radsatzfahrmasse (t):	19,4	19,1	19,4/19,1
Länge über Puffer (mm):	26.265	27.000	26.265
Treib-/Kuppelraddurchmesser (mm):	2.300		
Laufraddurchmesser (v/h) (mm):	1.100/1.100		
Wasserkasteninhalt (m³):	37	38,5	37
Brennstoffvorrat (t):	10	10/12	10
Indienststellung:	1935	1937	1950-1951
Verbleib:	05 001 (VM Nürnberg)		

06 (DRG, DB)

Im Jahr 1939 lieferte Krupp die beiden 2'D2'-Schnellzugdampfloks 06 001 und 06 002. Die beiden vollverkleideten Maschinen waren als Drilling konzipiert, bereits 1936 bestellt, aber erst drei Jahre später fertig gestellt worden und sollten im schweren Schnellzugdienst im Hügelland eingesetzt werden. Um trotz des großen Radsatzstandes enge Krümmungen durchfahren zu können, entfiel bei 06 001 der Spurkranz des dritten Kuppelradsatzes. Die 06 002 hatte dagegen geschwächte Spurkränze auf den Rädern des zweiten und dritten Kuppelradsatzes, zusätzlich hatte der dritte Kuppelradsatz 10 mm Seitenspiel. Die beiden größten deutschen Schnellzugloks konnten in der Ebene einen 650 Tonnen schweren Zug mit 120 km/h und auf Steigungen von 1:100 immerhin noch mit 60 km/h befördern.
Schon bald zeigte sich, dass für Maschinen dieser Dimensionen kein Bedarf bestand, auch waren die in Frankfurt beheimateten Maschinen häufig wegen Kesselschäden oder Entgleisungen außer Betrieb. So nahm die DB, bei der die Maschinen nach dem Krieg verblieben, von der zunächst vorgesehenen Neubekesselung Abstand und musterte beide am 14. November 1951 aus.

Foto: Slg. Kleine, Archiv transpress

Technische Daten:

Baureihenbezeichnung:	06 (DRG)
Radsatzanordnung:	2'D2'h3
Zylinderdurchmesser (mm):	520
Kolbenhub (mm):	720
Verdampfungsheizfläche (m²):	288,54
Vmax (km/h):	140
Leistung (PSi):	3.500
Dienstmasse (o. Tender) (t):	141,8
Größte Radsatzfahrmasse (t):	20,0
Länge über Puffer (mm):	26.520
Treib-/Kuppelraddurchmesser (mm):	2.000
Laufraddurchmesser (v/h) (mm):	1.000/1.000
Wasserkasteninhalt (m³):	38
Brennstoffvorrat (t):	10
Indienststellung:	1939
Verbleib:	++

Foto: Otte, Slg. Grundmann

07, 08 (DR)

Zwei »Fremdlokomotiven« französischen Ursprungs baute die Deutsche Reichsbahn der DDR 1951/52 auf Kohlenstaubfeuerung um und setzte sie bis 1958 unter den Nummern 07 1001 und 08 1001 ein. Hinter der 07 1001 verbirgt sich die ehemalig SNCF-Lokomotive 231 E 18, eine Pacific-Vierzylinderverbund-Lokomotive, die unter André Chapélon entwickelt worden war. Die durch Kriegsereignisse nach Deutschland gekommene Maschine wurde den hiesigen Betriebsverhältnissen angepasst (u.a. Verlegung der Steuerung auf die rechte Seite, Umbau auf deutsche Führerstandsarmaturen) und erhielt eine Kohlenstaubfeuerung der Bauart Wendler. Ansonsten blieb sie aber weitgehend unverändert. Später wurde noch der Kylchap-Doppelschornstein ersetzt. Die Lok kam zum Bw Dresden-Altstadt, wurde aber als Einzelgänger bereits am 4. Februar 1958 ausgemustert.
Die 08 1001 trug ursprünglich die SNCF-Nummer 241 A 21. Auch diese 2'D1'-Maschine besaß ein Vierzylinder-Verbundtriebwerk. Wie die 07 1001 wurde auch die 08 1001 den deutschen Verhältnissen angepasst und ebenfalls mit einer Wendler-Kohlenstaubfeuerung ausgerüstet. Ihr Kesseldruck wurde von 20 kp/cm² auf 16 kp/cm² reduziert. Die Lok kam zunächst zur Erprobung zur VES-M Halle, danach nach Dresden-Altstadt. Auch sie wurde bereits im Februar 1958 ausgemustert, doch kehrte im Jahr 1998 noch einmal eine Lok dieses Typs auf deutsche Gleise zurück. Nach erfolgter Hauptuntersuchung im Raw Meiningen zog die in Privatbesitz befindliche 241 A 65 einige Monate lang Dampfsonderzüge auf verschiedenen Strecken und kam dabei u.a. auch nach Halle.

Technische Daten:

Baureihenbezeichnung:	07 1001	08 1001 (DR)
Radsatzanordnung:	2'C1'h4v	2'D1'h4v
Zylinderdurchmesser (mm):		
Kolbenhub (mm):		
Verdampfungsheizfläche (m²):		
Vmax (km/h):	140	140
Leistung (PSi):		
Dienstmasse (o. Tender) (t):	101,8	122,5
Größte Radsatzfahrmasse (t):	19	
Länge über Puffer (mm):	22.880	24.800
Treib-/Kuppelraddurchmesser (mm):	1.950	1.950
Laufraddurchmesser (v/h) (mm):	960/1.150	920/1.080
Wasserkasteninhalt (m³):	28	
Brennstoffvorrat (t):		
Indienststellung:	Umbau 1952	Umbau 1952
Verbleib:	++	

Foto: Blaschke

10 (DB)

Für den schweren Schnellzugdienst sah das Neubau-Typenprogramm der DB eine Dreizylinder-Pazifik-Schnellzugdampflok vor, welche die Baureihen 01.10 und 03.10 ablösen sollte. Die beiden Baumusterlokomotiven der als Baureihe 10 bezeichneten Maschinen lieferte Krupp 1956/57. Ein Weiterbau unterblieb, weil durch den Traktionswandel kein Bedarf an neuen schweren Schnellzugdampfloks mehr bestand. Gemäß den neuen Baugrundsätzen besaß auch die Baureihe 10 einen vollständig geschweißten Kessel mit Verbrennungskammer. Jeder der drei Zylinder hatte seine eigene Heusinger-Steuerung, welche die Dampfverteilung besorgte. Die beiden äußeren Zylinder wirkten auf den mittleren Kuppelradsatz, während der Innenzylinder den dritten Kuppelradsatz antrieb. Die Ausrüstung mit Doppelblasrohr und Doppelschornstein sollte einen kräftigeren Saugzug bewirken. Die 10 001 wurde mit Rostfeuerung und Ölzusatzfeuerung geliefert, die 10 002 besaß von Anfang an Ölhauptfeuerung. 1959 wurde die 10 001 ihrer Schwesterlok angeglichen.
Mit 22 Tonnen Radsatzfahrmasse waren die teilverkleideten Lokomotiven zu schwer geraten, so dass sie nur auf wenigen Strecken eingesetzt werden konnten. Zunächst beim Bw Bebra beheimatet, gelangten sie später zum Bw Kassel und fuhren von dort bis 1967/68 nach Gießen und Münster/Westfalen. Nach mehrfachen Triebwerksschäden endete ihre Karriere bereits Ende 1967/Anfang 1968. Die 10 002 blieb noch einige Zeit als Heizlok in Ludwigshafen unter Dampf und wurde schließlich verschrottet. Erhalten geblieben ist 10 001, sie steht nicht betriebsfähig im Deutschen Dampflokomotivmuseum in Neuenmarkt-Wirsberg.

Technische Daten:

Baureihenbezeichnung:	10 (DB)
Radsatzanordnung:	2'C1'h3
Zylinderdurchmesser (mm):	480
Kolbenhub (mm):	720
Verdampfungsheizfläche (m^2):	216,40
Vmax (km/h):	140
Leistung (PSi):	2500
Dienstmasse (o. Tender) (t):	118,90
Größte Radsatzfahrmasse (t):	22,4
Länge über Puffer (mm):	26.503
Treib-/Kuppelraddurchmesser (mm):	2.000
Laufraddurchmesser (v/h) (mm):	1.000
Wasserkasteninhalt (m^3):	40
Brennstoffvorrat (m^3):	12,5
Indienststellung:	1956-1957
Verbleib:	10 001 (DDM)

13.0, 13.6-8, 13.18 (preuß., old. S 3, S 5.2, LBE S 5.2, DRG)

Bei der Gründung der DRG gelangten noch insgesamt 239 2'B-Lokomotiven der preußischen Gattungen S 3 und S 5.2 in deren Fahrzeugbestand. Die Reichsbahn ordnete die Maschinen in die Baureihe 13 ein, die S 3 erhielten die Bezeichnung 13 001-028, die S 5 wurden unter den Nummern 13 651-850 geführt. Die von der Oldenburgischen Staatsbahn stammenden S 3-Maschinen erhielten die Nummern 13 1801-1806, die oldenburgischen S 5.2 die Nummern 13 1851-1861. Bis 1930 verschwanden alle Maschinen aus dem Betriebsdienst.
Die preußischen S 3 entstand zwischen 1892 und 1904 in 1.027 Exemplaren. Die Nassdampfverbundmaschinen waren 100 km/h schnell und vermochten in der Ebene 200 Tonnen mit 90 km/h zu befördern. Für die Konstruktion zeichnete A. v. Borries bei Hanomag verantwortlich. Weil um die Jahrhundertwende die Leistung der S 3 für die gestiegenen Zuglasten nicht mehr ausreichte, lieferte Vulcan ab 1905 eine verstärkte Ausführung, welche die KPEV als S 5.2 bezeichnete. Sie erhielt eine größeren Kessel mit größerer Heizfläche aber gleicher Rostfläche wie die S 3. Rohrheizfläche und Feuerbüchsheizfläche waren dagegen auch angewachsen. Da der Kessel höher gelegt worden war, konnte die Dampfverteilung durch eine Heusinger-Steuerung mit Kuhnscher Schleife erfolgen.

Foto: Slg. Kleine, Archiv transpress

Sechs S 3-Lokomotiven und elf S 5.2 beschaffte die Oldenburgische Staatsbahn für ihre Schnellzugstrecke Wilhelmshaven–Oldenburg–Bremen. Auch die Lübeck-Büchener Eisenbahn (LBE) gönnte sich zwischen 1907 und 1911 sieben Maschinen nach dem Vorbild der S 5.2 für ihre Schnellzüge. Eine von denen kam nach der Verstaatlichung 1938 noch als 13 001 in zweiter Besetzung zur DRG. Als letzte S 5.2 wurde sie nach 33 Dienstjahren am 6. April 1944 abgestellt.

Technische Daten:

Baureihenbezeichnung:	13.0	13.6-8	13 001" (DRG)
Radsatzanordnung:	2'Bn2v		
Zylinderdurchmesser (mm):	460 / 680	475 / 700	475 / 700
Kolbenhub (mm):	600		
Verdampfungsheizfläche (m^2):	177,70	136,39	
Vmax (km/h):	100		
Leistung (PSi):	-	800	
Dienstmasse (o. Tender) (t):	50,5	55,2	
Größte Radsatzfahrmasse (t):	15,6	17,1	16
Länge über Puffer (mm):	17.561	17.761	16.711
Treib-/Kuppelraddurchmesser (mm):	1.980		
Laufraddurchmesser (mm):	1.000		
Wasserkasteninhalt (m^3):	21,5	21,5	12,0
Brennstoffvorrat (m^3):			
Indienststellung:	1892-1904	1905-1913	1907-1911
Verbleib:	++		

13.5, 13.10-12 (preuß. S 4, S 6, DRG)

Im Jahr 1902 lieferte Borsig die ersten sechs Maschinen der preußischen Gattung S 4. Die S 4 ist die erste serienmäßig gelieferte Heißdampf-Schnellzuglokomotive der Preußischen Staatsbahn und wurde in 104 Exemplaren bis 1909 von Henschel, Borsig und Humboldt gebaut. Die 2'B-h2-Lokomotiven erreichten eine Höchstgeschwindigkeit von 100 km/h und vermochten in der Ebene Züge mit 380 Tonnen Gewicht mit 95 km/h zu ziehen. Ihre Beschaffung wurde schließlich zu Gunsten der stärkeren S 6 eingestellt, die ab 1906 als Weiterentwicklung der S 4 auf die Gleise kam. Die erste Lokomotive lieferte Linke-Hofmann in Breslau als »Hannover 601«, sie wurde zunächst eingehend erprobt. Da beim Bau der Maschine wegen der zulässigen Radsatzlasten zunächst wo immer möglich Gewicht gespart werden musste, konnte die S 6 im

Foto: Slg. Töpelmann, Archiv transpress

Betrieb erst befriedigen, nachdem die Konstruktion ab 1910 dank der nun höheren Radsatzlasten verstärkt werden konnte. Als letzte zweifach gekuppelte Schnellzugdampflok Deutschlands brachte es die S 6 bis 1913 auf 584 Exemplare, davon gelangten noch 286 Maschinen zur DRG. Dort erhielten sie Baureihenbezeichnung 13.10-12 und wurden als 13 1001-1286 übernommen. Von der Gattung S 4 gelangten nur noch vier Exemplare zur Reichsbahn, sie erhielten die Nummern 13 501-504. Beide Gattungen schieden bis Ende der 20er-Jahre aus dem Dienst. Mit der ehemaligen 13 1247 blieb in Polen eine S 6 der Nachwelt erhalten.

Technische Daten:

Baureihenbezeichnung:	13.5	13.10-12 (DRG)
Radsatzanordnung:	2'Bh2	
Zylinderdurchmesser (mm):	540	550
Kolbenhub (mm):	600	630
Verdampfungsheizfläche (m²):	104,53	136,98
Vmax (km/h):	100	
Leistung (PSi):	-	1.160
Dienstmasse (o. Tender) (t):	50,2	60,6
Größte Radsatzfahrmasse (t):	16,0	17,6
Länge über Puffer (mm):	18.210	18.350
Treib-/Kuppelraddurchmesser (mm):	1.980	2.100
Laufraddurchmesser (mm):	1.000	1.000
Wasserkasteninhalt (m³):	21,5	21,5
Brennstoffvorrat (t):		
Indienststellung:	1902-1909	1906-1913
Verbleib:	13 1247 (Polen)	

Foto: Archiv transpress

13.15, 13.70, 13.71 (sächs. VIII V 1, VIII 2, DRG)

In den Jahren 1891 und 1894 lieferte Hartmann jeweils zehn 2'B-Schnellzuglokomotiven der Gattung VIII 2 an die Sächsischen Staatseisenbahnen. Die Maschinen hatten ein Nassdampf-Zwillingstriebwerk und brachten es auf 100 km/h Höchstgeschwindigkeit. Von den zwanzig Maschinen übernahm die DRG noch zwölf Maschinen, welche die Nummern 13 7001-7012 erhielten, aber schon bald ausgemustert wurden.

Da die Gattung VIII 2 nur kurze Zeit den Anforderungen genügten, führte Sachsen ab 1896 bei seinen Schnellzuglokomotiven das Verbundprinzip ein. Wiederum bei Hartmann entstanden ab 1896 insgesamt 32 Lokomotiven der Gattung VIII V 1 in drei Baulosen. Die 2'Bn2v-Maschinen waren ebenfalls 100 km/h schnell, die Maschinen der dritten Serie waren etwas stärker als die Loks der beiden ersten und hatten einen höheren Kesseldruck (13 bar statt 12 bar). Charakteristisch für alle »VIII V 2« war die zwischen den Rahmen eingezogene Belpaire-Feuerbüchse und die außen liegende Heusinger-Steuerung. Insgesamt 23 Lokomotiven wurden von der DR übernommen, dort erhielten die stärkeren Maschinen die Nummern 13 1501-1511, die anderen ordnete die Reichsbahn als 13 7101-7112 ein. Bis 1930 waren alle Maschinen ausgemustert.

Technische Daten:

Baureihenbezeichnung:	13.15, 13.71	13.70 (DRG)
Radsatzanordnung:	2'Bn2v	2'Bn2
Zylinderdurchmesser (mm):	460 / 680	440
Kolbenhub (mm):	630	600
Verdampfungsheizfläche (m²):	117,86	119,48
Vmax (km/h):	100	
Leistung (PSi):		
Dienstmasse (o. Tender) (t):	56,8	49,4
Größte Radsatzfahrmasse (t):	16,0	14,0
Länge über Puffer (mm):	16.765	16.482
Treib-/Kuppelraddurchmesser (mm):	1.905	
Laufraddurchmesser (mm):	1.065	
Wasserkasteninhalt (m³):	15,0	12
Brennstoffvorrat (t):		
Indienststellung:	1896-1900	1891-1894
Verbleib:	++	

Foto: Slg. Töpelmann, Archiv transpress

13.16, 13.17 (württ. AD, ADh, DRG)

Die Königlich-Württembergische Staatsbahn (K.W.St.E.) benötigten gegen Endes des 19. Jahrhunderts neue leistungsstärkere Reisezuglokomotiven. So entstanden ab 1899 bei der Maschinenfabrik Esslingen insgesamt 98 2'B-Nassdampfverbundmaschinen der Klasse AD, die letzte Lok wurde 1907 abgeliefert. 24 Stück der 100 km/h schnellen Lokomotiven mit dem charakteristischen Verbindungsrohr zwischen den beiden Dampfdomen wurden von der DRG übernommen und erhielten die Nummern 13 1601-1624.
Im Jahr 1907 wurden versuchsweise zwei Maschinen auf Heißdampf umgebaut, nachdem die Erfahrungen anderer deutscher Staatsbahnen mit Heißdampfmaschinen positiv verlaufen waren. Der durch den Umbau erzielte rund 20 %ige Leistungsgewinn veranlasste die K.W.St.E., weitere Neubauten in Heißdampfbauweise ohne Verbundausführung in Betrieb zu nehmen. So entstanden bis 1909 insgesamt 17 Maschinen der nun als Klasse ADh bezeichneten Schnellzuglokomotive, die ebenfalls von Esslingen gebaut wurden. Die Hauptabmessungen unterschieden sich kaum von der Klasse AD, der Kesseldruck der Heißdampfloks war mit 12 bar um 2 bar niedriger als bei den Nassdampfmaschinen. Die Reichsbahn übernahm 14 Lokomotiven und bezeichnete sie als 13 1701-1714. Die letzten Loks wurden 1932 ausgemustert.

Technische Daten:

Baureihenbezeichnung:	13.16	13.17 (DRG)
Radsatzanordnung:	2'Bn2v	2'Bh2
Zylinderdurchmesser (mm):	450 / 670	450
Kolbenhub (mm):	560	
Verdampfungsheizfläche (m²):	129,10	
Vmax (km/h):	100	
Leistung (PSi):		
Dienstmasse (o. Tender) (t):	50,2	51,4
Größte Radsatzfahrmasse (t):	14,6	
Länge über Puffer (mm):	15.437	15.427
Treib-/Kuppelraddurchmesser (mm):	1.800	1.800
Laufraddurchmesser (mm):	850	850
Wasserkasteninhalt (m³):	10	10
Brennstoffvorrat (t):		
Indienststellung:	1899-1907	1907-1909
Verbleib:	++	

14.0 (preuß. S 8, S 9, DRG)

Obwohl sich nach 1900 das Heißdampfprinzip vielerorts durchgesetzt hatte, lieferte Hanomag noch 1908 die ersten zehn Exemplare der Nassdampfverbund-Maschine Gattung S 9 an die Preußische Staatsbahn. Ihnen folgten bis 1910 weitere 89 Lokomotiven, gebaut wurden auch sie von Hanomag. Die 110 km/h schnellen Maschinen besaßen mit 4,00 m² die größte Rostfläche aller preußischen Lokomotiven, doch die Leistung der Loks genügte schon bald den gestiegenen Anforderungen nicht mehr. Ferner waren sie den Heißdampfmaschinen der Gattung S 6 (Radsatzfolge 2'B) unterlegen, was u.a. seinen Grund in der zu geringen Dimensionierung der Hochdruckzylinder hatte, welche die erzeugte Dampfmenge nicht verarbeiten konnten.
1913/14 erhielten zwei Maschinen Ersatzkessel mit Rauchrohrüberhitzer, als Heißdampfloks wurden sie fortan als S 8 bezeichnet. Die DRG übernahm neben diesen beiden nur noch eine Maschine der Nassdampfbauart und bezeichnete die Lokomotiven als 14 001-002 (Heißdampf) bzw. 14 031. Sie musterte alle drei jedoch schon 1926 aus. Als Reparation gelangten nach Ende des Ersten Weltkriegs einige Maschinen nach Belgien und Frankreich.

Foto: Hubert, Slg. Töpelmann, Archiv transpress

Technische Daten:

Baureihenbezeichnung:	14.0 (DRG)
Radsatzanordnung:	2'B1'n4v
Zylinderdurchmesser (mm):	380 / 580
Kolbenhub (mm):	600
Verdampfungsheizfläche (m²):	229,71
Vmax (km/h):	110
Leistung (PSi):	
Dienstmasse (o. Tender) (t):	74,5
Größte Radsatzfahrmasse (t):	16,5
Länge über Puffer (mm):	21.858
Treib-/Kuppelraddurchmesser (mm):	1.980
Laufraddurchmesser (v) (mm):	1.000
Laufraddurchmesser (h) (mm):	1.250
Wasserkasteninhalt (m³):	30,0
Brennstoffvorrat (t):	
Indienststellung:	1908-1910
Verbleib:	++

Foto: Slg. Töpelmann, Archiv transpress

14.1 (pfälz. P 3.1, DRG)

Zwischen 1898 und 1904 lieferte Krauss in München insgesamt zwölf Dampflokomotiven der Gattung P 3.1 an die Pfälzischen Eisenbahnen. Die ersten 11 Maschinen waren Nassdampflokomotiven, die 1904 nachgelieferte Lok eine Heißdampfmaschine mit Pielock-Überhitzer. Die 2'B1'n2-Maschinen besaßen ein Triebwerk mit innenliegenden Zylindern, ebenso lag die Joy-Steuerung innerhalb des Blechinnenrahmens. Charakteristisch war der zusätzlich vorhandene Blechaußenrahmen mit seinen Ausschnitten zur Kontrolle der Kuppelradsatzlager. Auf eine Verbundwirkung hatte die Pfalzbahn zunächst verzichtet, doch wurden alle Maschinen 1913 in Vierzylinder-Verbundmaschinen umgebaut, um eine höhere Leistung zu erzielen. Dabei erhielten die Fahrzeuge nun zusätzlich zwei außenliegende Niederdruckzylinder, die beiden innenliegenden wurden zu Hochdruckzylindern. Kolbenschieber ersetzten die Flachschieber und das Laufdrehgestell musste etwas nach vorne gerückt werden.
Die DRG übernahm nur noch fünf der kostenintensiven und unterhaltungsaufwändigen Lokomotiven, reihte sie als 14 101-105 ein, musterte sie jedoch bereits 1926 aus.

Technische Daten:

Baureihenbezeichnung:	14.1 (DRG)
Radsatzanordnung:	2'B1'n4v
Zylinderdurchmesser (mm):	
Kolbenhub (mm):	570
Verdampfungsheizfläche (m²):	168,62
Vmax (km/h):	100
Leistung (PSi):	
Dienstmasse (o. Tender) (t):	59,6
Größte Radsatzfahrmasse (t):	15,0
Länge über Puffer (mm):	19.070
Treib-/Kuppelraddurchmesser (mm):	1.980
Laufraddurchmesser (v/h) (mm):	950
Wasserkasteninhalt (m³):	16,0
Brennstoffvorrat (t):	
Indienststellung:	1898-1904 (Umbau 1913)
Verbleib:	++

Foto: Slg. Töpelmann, Archiv transpress

14.1 (bay. S 2/5, DRG)

Nach guten Erfahrungen mit zwei 2'B1'-Maschinen von Baldwin (Philadelphia/USA) bestellte die Bayerische Staatsbahn (K.Bay.Sts.B.) im Jahr 1903 bei Maffei Lokomotiven der gleichen Radsatzfolge mit der Gattungsbezeichnung S 2/5. Die Maschinen waren in Verbundbauweise konstruiert und als erste deutsche Schnellzugdampflok hatte die S 2/5 einen Barrenrahmen erhalten, der noch aufwändig geschmiedet werden musste. Der Einachsantrieb nach der Bauart v. Borries wirkte auf den ersten Kuppelradsatz. Mit den zeitgleich entwickelten S 3/5 N (DRG 17.4) waren viele Baugruppen identisch.
Doch schon bald erwiesen sich die insgesamt zehn Lokomotiven als zu schwach: Mit nur zwei gekuppelten Radsätzen konnten die Maschinen nur auf den bayerischen Flachlandstrecken eingesetzt werden, für die stark anwachsenden Zuglasten waren die S 3/5 N mit drei Kuppelradsätzen deutlich besser geeignet. So übernahm die DRG nur noch fünf der technisch und formal hervorragend gelungenen Fahrzeuge. Sie erhielten die Nummern 14 141-145, die letzten beiden Maschinen setzte das Bw Augsburg noch bis 1926 vor Personenzügen nach Ulm ein, danach wurden sie zerlegt.

Technische Daten:

Baureihenbezeichnung:	14.1 (DRG)
Radsatzanordnung:	2'B1'n4v
Zylinderdurchmesser (mm):	340 / 570
Kolbenhub (mm):	640
Verdampfungsheizfläche (m²):	205,50
Vmax (km/h):	110
Leistung (PSi):	
Dienstmasse (o. Tender) (t):	68,6
Größte Radsatzfahrmasse (t):	16,0
Länge über Puffer (mm):	19.275
Treib-/Kuppelraddurchmesser (mm):	2.000
Laufraddurchmesser (v) (mm):	950
Laufraddurchmesser (h) (mm):	1.206
Wasserkasteninhalt (m³):	22,0
Brennstoffvorrat (t):	
Indienststellung:	1904
Verbleib:	++

Foto: Slg. Kleine, Archiv transpress

14.2, 14.3 (sächs. X V, X H1, DRG)

Die sächsische Maschinenfabrik Hartmann aus Chemnitz präsentierte auf der Pariser Weltausstellung 1900 die erste sächsische »Atlantik«-Lokomotive, eine Vierzylinder-Nassdampfverbundmaschine Bauart de Glehn mit Antrieb auf die beiden ersten Kuppelradsätze. Wie viele andere Maschinen ihrer Zeit besaß sie ein Führerhaus mit Windschneide. Die Sächsischen Staatsbahnen übernahmen die Ausstellungslok und bestellte weitere 14 Maschinen, die Hartmann bis 1903 auslieferte. Die Loks erhielten die Bezeichnung X V und waren für den Schnellzugdienst zwischen Dresden und Leipzig bestimmt. Alle 15 Maschinen wurden von der DRG übernommen. Da die Kesselleistung jedoch nur die Beförderung leichter Schnellzüge zuließ, trennte sich die Reichsbahn bereits 1925/26 von den Loks.

Zunächst als eine verbesserte Auflage der X V gedacht war die von 1909 bis 1913 in 13 Exemplaren gebaute X H1. Letztlich übernahm man jedoch nur die Radsatzanordnung, der Kessel entsprach dem der XII H1 (DRG 17.8), ebenso übernahm man von dieser die Zwillingsbauart des Triebwerkes. Die 100 km/h schnellen Lokomotiven zählten zu den stärksten deutschen Atlantik-Lokomotiven, doch nach 1913 reichte ihre Leistung nicht mehr aus, so dass die Bauart nicht weiterbeschafft wurde. Die DRG übernahm noch 17 Stück der dank spitzer Rauchkammer und Krempenschornstein elegant wirkenden Maschinen und reihte sie als 14 301-317 ein. 1929 wurde die Letzte ausgemustert.

Technische Daten:

Baureihenbezeichnung:	14.2	14.3 (DRG)
Radsatzanordnung:	2'B1'n4v	2'B1'h2
Zylinderdurchmesser (mm):	350 / 555	510
Kolbenhub (mm):	660	630
Verdampfungsheizfläche (m²):	160,80	171,66
Vmax (km/h):	100	
Leistung (PSi):		
Dienstmasse (o. Tender) (t):	69,4	70,1
Größte Radsatzfahrmasse (t):	15,6	15,5
Länge über Puffer (mm):	19.565	19.695
Treib-/Kuppelraddurchmesser (mm):	1.980	2.000
Laufraddurchmesser (v) (mm):	1.065	
Laufraddurchmesser (h) (mm):	1.260	
Wasserkasteninhalt (m³):	18,0	21,0
Brennstoffvorrat (t):		
Indienststellung:	1900-1903	1909-1913
Verbleib:	++	

15.0 (bay. S 2/6, DRG)

Anfang des 20. Jahrhunderts sorgten Schnellfahrversuche für Aufsehen auf den Schienen verschiedener deutscher Staatsbahnen. Auch die Bayerische Staatsbahn (K.Bay.Sts.B.) gab im Zuge dieses »Geschwindigkeitsrausches« im Jahr 1905 eine Schnellfahrlokomotive in Auftrag. Schon ein Jahr später lieferte Maffei die unter Federführung von Chefkonstrukteur Anton Hammel entworfene S 2/6 mit der Betriebsnummer 3201 ab. Die S 2/6 war eine 2'B2'-Heißdampfverbundlokomotive mit Barrenrahmen, 150 km/h Höchstgeschwindigkeit und 16 Tonnen Radsatzfahrmasse. Im Juli 1907 erreichte die Maschine mit einem 150 Tonnen schweren Versuchszug auf der Strecke München–Augsburg die Höchstgeschwindigkeit von 154,5 km/h und damit den Geschwindigkeitsweltrekord.

Die Lok war zunächst in München beheimatet, kam 1910 nach Ludwigshafen und lief von dort vor Schnellzügen nach Straßburg und Bingerbrück. 1922 gelangte sie zurück nach München, ab 1923 war sie in Augsburg stationiert. Ihre DRG-Betriebsnummer 15 001 hat sie nie getragen, denn schon 1925 erhielt das Einzelstück einen Ehrenplatz im Verkehrsmuseum Nürnberg.

Foto: Maey, Slg. Kleine, Archiv transpress

Technische Daten:

Baureihenbezeichnung:	15.0 (DRG)
Radsatzanordnung:	2'B2'h4v
Zylinderdurchmesser (mm):	410 / 610
Kolbenhub (mm):	640
Verdampfungsheizfläche (m²):	214,50
Vmax (km/h):	150
Leistung (PSi):	
Dienstmasse (o. Tender) (t):	83,4
Größte Radsatzfahrmasse (t):	16,0
Länge über Puffer (mm):	21.182
Treib-/Kuppelraddurchmesser (mm):	2.200
Laufraddurchmesser (v/h) (mm):	1.006
Wasserkasteninhalt (m³):	26
Brennstoffvorrat (t):	
Indienststellung:	1906
Verbleib:	15 001 (VM Nürnberg)

Foto: Slg. Kleine, Archiv transpress

16.0 (old. S 10, DRG)

Für ihre Schnellzugstrecke Bremen–Oldenburg gab die Oldenburgische Staatsbahn 1915 bei Hanomag eine 1'C1'-Schnellzuglokomotive mit 15 Tonnen Radsatzfahrmasse in Auftrag, deren erste Ende 1916 fertig und im Januar 1917 übergeben wurde. Zwei weitere folgten kurze Zeit später. Die Zwillingsmaschinen mit Lentz-Ventilsteuerung waren die ersten Heißdampfmaschinen der Oldenburgischen Staatsbahn und wurden als oldenburgische S 10 bezeichnet. Die 100 km/h schnellen Fahrzeuge liefen im Schnellzugdienst zwischen Oldenburg und Hannover, doch hatte der Betrieb mit dem unruhigen Lauf und schon bald mit Kesselschäden zu kämpfen.
Die DRG übernahm alle drei Maschinen, obwohl sie auf ihrer Stammstrecke schon 1918/19 nach deren Umbau auf höhere Radsatzlasten nicht mehr benötigt wurden. Im Jahr 1926 wurden sie schließlich ausgemustert.

Technische Daten:

Baureihenbezeichnung:	16.0 (DRG)
Radsatzanordnung:	1'C1'h2
Zylinderdurchmesser (mm):	580
Kolbenhub (mm):	630
Verdampfungsheizfläche (m^2):	145,88
Vmax (km/h):	100
Leistung (PSi):	1130
Dienstmasse (o. Tender) (t):	73,9
Größte Radsatzfahrmasse (t):	15,2
Länge über Puffer (mm):	20.610
Treib-/Kuppelraddurchmesser (mm):	1.980
Laufraddurchmesser (v) (mm):	1.100
Laufraddurchmesser (h) (mm):	1.100
Wasserkasteninhalt (m^3):	20,0
Brennstoffvorrat (t/m^3):	5
Indienststellung:	1916-1917
Verbleib:	++

17.0-1 (preuß. S 10, LBE S 10, DRG, DB, DRG)

Im Jahr 1909 erhielt Schwartzkopff den Auftrag zum Bau von zwei Probelokomotiven der Gattung S 10 für die Preußische Staatsbahn. Die 2'C-Schnellzugmaschinen besaßen ein Vierzylinder-Heißdampf-Triebwerk, für Kessel und Rahmen diente die P 8 (DRG 38.10-40) als Vorbild. Den beiden Vorauslokomotiven, die zunächst als S 8 bezeichnet wurden, folgten bis 1914 insgesamt 200 Serienmaschinen in verbesserter Ausführung (statt Blechrahmen kombinierter Barren-Blechrahmen). Doch zufrieden stellende Leistungen brachte die S 10 erst nach zwei weiteren Änderungen, der Vergrößerung der Rostfläche und der Erhöhung des Kesseldrucks von 12 auf 14 bar. Wegen ihres hohen Kohleverbrauchs zählte die S 10 dennoch zu den unwirtschaftlichsten preußischen Heißdampfmaschinen. Weitere fünf Lokomotiven in etwas schwächerer Ausführung und mit drei- statt vierachsigem Tender beschaffte 1912/13 die Lübeck-Büchener Eisenbahn (LBE).
Von der DRG wurden 135 Maschinen übernommen und als 17 001-135 eingereiht. Die übrigen Loks gingen als Reparationen nach Polen, Belgien, Litauen und Elsass-Lothringen. Von der LBE gelangten nach ihrer Verstaatlichung 1938 noch drei Lokomotiven zur Reichsbahn, sie erhielten die Nummern 17 141-143.

Foto: Hubert, Slg. Töpelmann, Archiv transpress

Eingesetzt wurden die S 10 im Schnellzugdienst in Norddeutschland gemeinsam mit den Gattungen S 10.1 und S 10.2. Doch schon Anfang der 30er-Jahre ging ihre Karriere zu Ende, die meisten Maschinen waren bis 1935 ausgemustert. Für Bremslokeinsätze hatten 17 039, 102 und 107 Riggenbach-Gegendruckbremsen erhalten. Die 17 039 und 17 102 blieben bis 1948 bei der späteren DB im Bestand. Die ex-LBE-Maschine 17 141 gelangte nach dem Zweiten Weltkrieg zur DR und wurde 1950 ausgemustert. Im Deutschen Technikmuseum in Berlin kann heute noch die aufgeschnittene 17 008 bewundert werden.

Technische Daten:

Baureihenbezeichnung:	17.0-1 (DRG)
Radsatzanordnung:	2'Ch4
Zylinderdurchmesser (mm):	4 x 430
Kolbenhub (mm):	630
Verdampfungsheizfläche (m^2):	155,5
Vmax (km/h):	110
Leistung (PSi):	1.170
Dienstmasse (o. Tender) (t):	77,2 (17 141-143: 71,7)
Größte Radsatzfahrmasse (t):	17,5 (17 141-143: 16)
Länge über Puffer (mm):	20.750 (17 141-143: 18.650)
Treib-/Kuppelraddurchmesser (mm):	1.980
Laufraddurchmesser (v) (mm):	1.000
Laufraddurchmesser (h) (mm):	-
Wasserkasteninhalt (m^3):	31,5 (17 141-143: 16,0)
Brennstoffvorrat (t/m^3):	
Indienststellung:	1910-1914
Verbleib:	17 008 (DTB)

Foto: Hubert, Slg. Kleine, Archiv transpress

17.2, 17.3" (preuß. S 10.2, LBE S 10.2, DRG)

Als dritte S 10-Version neben der Verbundmaschine S 10.1 und der Vierzylinderlok S 10 beschaffte die Preußische Staatsbahn (KPEV) bei Vulcan in Stettin ab 1914 die Dreizylinder-Schnellzuglokomotive S 10.2. Von den sechs Vorauslokomotiven erhielten drei Gleichstromzylinder Bauart Stumpf. Die Kesselkonstruktion stammte von der S 10 und auch in den übrigen Bauteilen entsprach die S 10.2 weitgehend der Vierlings-S 10. Bis 1916 entstanden insgesamt 124 Lokomotiven für die KPEV. Die rund 1.200 PS starken Maschinen hatten eine Höchstgeschwindigkeit von 120 km/h, der Antrieb erfolgte wie bei der S 10.0 auf den ersten Kuppelradsatz.
Die DRG übernahm noch 96 Maschinen und reihte sie als 17 201-296 ein. Zu Versuchszwecken erhielt 1925 die Lokomotive 17 206 einen Hochdruckkessel für 60 kp/cm^2 und die Bezeichnung H17 206. Im Rahmen der Versuche mit Mitteldrucklokomotiven wurden 1933 auch die beiden Lokomotiven 17 236 und 239 mit neuen Kessel und Innenzylindern für 25 kp/cm^2 ausgerüstet.
In Anlehnung an die S 10.2 beschaffte die Lübeck-Büchener Eisenbahn (LBE) zwischen 1919 und 1932 insgesamt 10 Drillingslokomotiven und baute zwei ihrer fünf Vierlings-S 10 in Drillinge um. Nach der Verstaatlichung 1938 kamen diese Maschinen als 17 301-312 in zweiter Besetzung zur Reichsbahn.
Die Haupteinsatzgebiete aller S 10.2 waren der Schnellzug- und später der Personenzugdienst in Nord- und Westdeutschland. Alle 17.3" und 88 Maschinen der Reihe Baureihe 17.2 gelangten nach dem Zweiten Weltkrieg zur späteren DB, wurden dort aber bereits bis 1950 ausgemustert.

Technische Daten:

Baureihenbezeichnung:	17.2	H 17 206	17.3" (DRG)
Radsatzanordnung:	2'Ch3	2'Ch3v	2'Ch3
Zylinderdurchmesser (mm):	3 x 500	HD 1 x 290, ND 2 x 500	3 x 500
Kolbenhub (mm):	630		
Verdampfungsheizfläche (m^2):	155,5	137,2	
Vmax (km/h):	110	120	110
Leistung (PSi):	1.200	1.150	
Dienstmasse (o. Tender) (t):	80,9	93,6	71,7-80,0
Größte Radsatzfahrmasse (t):	17,8	20	16-18
Länge über Puffer (mm):	21.200	21.200	19.098 (ab 17 303: 19.048)
Treib-/Kuppelraddurchmesser (mm):	1.980		
Laufraddurchmesser (v) (mm):	1.000		
Laufraddurchmesser (h) (mm):	-		
Wasserkasteninhalt (m^3):	31,5	31,5	16,0
Brennstoffvorrat (t/m^3):	7	7	
Indienststellung:	1914-1916	1925	1920-1932
Verbleib:	++		

17.3 (bay. C V, DRG)

Im Jahr 1896 präsentierte Maffei auf der Bayerischen Gewerbeausstellung in Nürnberg eine 2'Cn4v-Lokomotive, die anschließend von der Bayerischen Staatsbahn (K.Bay.Sts.B.) erworben und erprobt wurde. In der Folge erhielt Maffei den Auftrag zum Bau von insgesamt 43 dieser Maschinen in verstärkter Form. Die zwischen 1899 und 1901 gelieferten Lokomotiven erhielten die Gattungsbezeichnung C V, leisteten 1.200 PS und waren 90 km/h schnell. Ihr Kuppelraddurchmesser betrug nun 1.870 mm, die Räder der Musterlok hatten noch einen Durchmesser von 1.640 mm besessen. Beim Triebwerk der Bauart de Glehn wirkten die innenliegenden Hochdruckzylinder auf den ersten Kuppelradsatz, die außenliegenden Niederdruckzylinder auf den zweiten Kuppelradsatz. Eine außenliegende Heusinger-Steuerung mit Kuhnscher Schleife besorgte die Dampfverteilung. Anfangs wurden Flachschieber, später auch Kolbenschieber eingebaut.
Nach dem Ersten Weltkrieg mussten 17 Maschinen an Frankreich abgegeben werden. 22 Maschinen gelangten noch in den Bestand der DRG und erhielten dort die Nummern 17 301-322. Da die Lokomotiven jedoch für die gestiegenen Anforderungen zu schwach waren, wurde die letzte C V bereits 1930 ausgemustert.

Foto: Slg. Töpelmann, Archiv transpress

Technische Daten:

Baureihenbezeichnung:	17.3 (DRG)
Radsatzanordnung:	2'Cn4v
Zylinderdurchmesser (mm):	2 x 380 / 610 (ab Baujahr 1900: 2 x 360 / 610)
Kolbenhub (mm):	640
Verdampfungsheizfläche (m^2):	153,0
Vmax (km/h):	90
Leistung (PSi):	1.200
Dienstmasse (o. Tender) (t):	66,2
Größte Radsatzfahrmasse (t):	15,6
Länge über Puffer (mm):	18.840
Treib-/Kuppelraddurchmesser (mm):	1.870
Laufraddurchmesser (v) (mm):	950
Laufraddurchmesser (h) (mm):	-
Wasserkasteninhalt (m^3):	21,0
Brennstoffvorrat (t/m^3):	7
Indienststellung:	1899-1901
Verbleib:	++

Foto: Maey, Slg. Kleine, Archiv transpress

17.4-5 (bay. S 3/5 N, S 3/5 H, DRG, DB)

Gleichzeitig mit der S 2/5 (spät. BR 14.1) bestellte die Bayerische Staatsbahn bei Maffei die dreifach gekuppelte Schnellzugdampflok S 3/5. Beide Gattungen hatten einige Gemeinsamkeiten, so besaßen z.B. beide Bauarten einen Barrenrahmen und auch die Kessel beider Maschinen waren bis auf die Rohrlänge gleich. Die ersten 13 Maschinen lieferte Maffei ab 1903, sie kamen von München aus im Schnellzugdienst zum Einsatz. Weitere 26 Maschinen folgten bis 1907, wie die erste Serie waren dies Nassdampfloks. Neben München war auch Nürnberg Heimat dieser Exemplare. Den 39 Nassdampflokomotiven folgten zwischen 1906 und 1911 weitere 30 Maschinen in Heißdampfausführung, die als S 3/5 H bezeichnet wurden und deutlich leistungsfähiger waren als ihre Schwestern. Wesentliche Unterschiede waren die Verringerung der Rohrheizfläche auf 236 m^2 sowie die Vergrößerung der Zylinderdurchmesser.
Von der DRG wurden 24 Heiß -und 20 Nassdampflokomotiven übernommen und als 17 501-524 (Heißdampf) bzw. 17 401-420 (Nassdampf) eingereiht. Ab 1935 verschwanden die Loks aus München und Nürnberg und gelangten in die RBD Augsburg. Bei der späteren DB fanden sich nach dem Zweiten Weltkrieg noch acht Nassdampf- und 21 Heißdampfmaschinen. Sie wurden bis 1948 ausgemustert.

Technische Daten:

Baureihenbezeichnung:	17.4	17.5 (DRG)
Radsatzanordnung:	2'Cn4v	2'Ch4v
Zylinderdurchmesser (mm):	2 x 335 / 570	2 x 360 / 590
Kolbenhub (mm):	640	
Verdampfungsheizfläche (m^2):	210,5	159,47
Vmax (km/h):	110	
Leistung (PSi):	1.100	1.260
Dienstmasse (o. Tender) (t):	69,8	71,9
Größte Radsatzfahrmasse (t):	15,6	15,6
Länge über Puffer (mm):	19.325	
Treib-/Kuppelraddurchmesser (mm):	1.870	
Laufraddurchmesser (v) (mm):	950	
Laufraddurchmesser (h) (mm):	-	
Wasserkasteninhalt (m^3):	21,0	21,8
Brennstoffvorrat (t/m^3):	7	7,5
Indienststellung:	1903-1907	1906-1911
Verbleib:	++	

17.6-8 (sächs. XII H, XII HV, XII H1, DRG, DR)

Im Jahr 1905 erhielt Hartmann in Chemnitz den Auftrag zum Bau von sechs 2'Ch4-Schnellzugdampfloks für die Sächsischen Staatsbahnen. Die Maschinen wurden 1906 geliefert und erhielten die Gattungsbezeichnung XII H sowie die Betriebsnummern 1-6. Die Lokomotiven waren 100 km/h schnell, alle vier Zylinder trieben den ersten Kuppelradsatz an. Bemerkenswert war das Erscheinungsbild, die Fahrzeuge erhielten ein Führerhaus mit Windschneide und Verkleidungen am Drehgestell und an der Rauchkammer. Da der Dampfverbrauch der Lok höher als erwartet war, beauftragten die Sächsischen Staatsbahnen Hartmann bereits 1907 mit dem Bau einer Verbundmaschine, um Aufschlüsse über die Wirtschaftlichkeit zu erlangen. 1909 folgte schließlich ein Auftrag für eine 2'Ch2-Maschine auf der Basis der Vierlingsvariante.
Die Verbundmaschinen erhielten die Gattungsbezeichnung XII HV, die Zwillingslok die Bezeichnung XII H 1. Während die sechs Vierlingsmaschinen sowie die 1909 gelieferten sieben Zwillingsloks nicht weiterbeschafft wurden, entstanden von der XII HV bis 1914 insgesamt 42 Maschinen.

Foto: Slg. Kleine, Archiv transpress

Einige Maschinen der XII HV bzw. XII H1 mussten als Reparation abgegeben werden, die DRG übernahm alle sechs XII H, 39 Loks der Gattung XII HV und vier XII H1. Sie erhielten die Nummern 17 601-606 (XII H), 17 701-734; 17 751-755 (XII HV) sowie 17 801-804 (XII H1). Mit Ausnahme der 17 604 sind jedoch alle Maschinen zwischen 1925 und 1936 ausgemustert worden. 17 604 hielt sich als Heizlok in Dresden bis 1956 und wurde dann verschrottet.

Technische Daten:

Baureihenbezeichnung:	17.6	17.7	17.8 (DRG)
Radsatzanordnung:	2'Ch4	2'Ch4v	2'Ch2
Zylinderdurchmesser (mm):	4 x 430	2 x 430 / 680	610
Kolbenhub (mm):	630		
Verdampfungsheizfläche (m^2):	146,13	146,02	171,66
Vmax (km/h):	100		
Leistung (PSi):			
Dienstmasse (o. Tender) (t):	73,3	78,3	72,2
Größte Radsatzfahrmasse (t):	16,4	17,2	15,9
Länge über Puffer (mm):	20.545	20.780	19.803
Treib-/Kuppelraddurchmesser (mm):	1.905		
Laufraddurchmesser (v) (mm):	1.065		
Laufraddurchmesser (h) (mm):	-		
Wasserkasteninhalt (m^3):	21,8	28,0	21,0
Brennstoffvorrat (t/m^3):	7,5	7	7
Indienststellung:	1906	1908-1914	1909
Verbleib:	++		

Foto: Blaschke

17.10-12 (preuß. S 10.1, DRG, DB, DR)

Als dritte Spielart der preußischen S 10-Familie entstand ab 1911 die Vierzylinder-Heißdampf-Verbundmaschine der Gattung S 10.1. Die ersten zehn Lokomotiven lieferte Henschel 1911 an die KPEV, sie gingen in die Direktionen Halle, Stettin, Bromberg und Posen. Das Triebwerk entsprach der Bauart de Glehn, die innen liegenden Niederdruckzylinder trieben den ersten Kuppelradsatz an, die Hochdruckzylinder den zweiten. Die 120 km/h schnellen Lokomotiven leisteten rund 1.400 PS. Insgesamt baute Henschel 135 Maschinen dieser als S 10.1 (Bauart 1911) bezeichneten Type.
Ihr folgten ab 1913 insgesamt 102 überarbeitete Maschinen der Gattung S 10.1 (Bauart 1914). Grund für die Überarbeitung war der Wunsch, einen Speisewasser-Vorwärmer einbauen zu können. Die strikte Begrenzung der Radsatzfahrmasse ließ dies bei den ersten Loks nicht zu, daher musste bei der Konstruktion Gewicht eingespart werden. Durch die Verlagerung der Zylinder in eine Ebene und die damit verbundenen Änderungen an der Frontpartie unterschieden sich die Maschinen auch äußerlich von ihren Vorgängern.
Die DRG übernahm insgesamt 209 Maschinen beider Bauarten als 17 1001-1209. Sie liefen im Schnellzugdienst, wurden jedoch bis Kriegsende nach und nach von den Einheitsloks verdrängt. Nach dem Zweiten Weltkrieg blieben bis auf fünf Maschinen alle Loks der Bauart 1914 in den Westzonen. Dort wurden sie bis 1952 ausgemustert. Bei der DR blieben hingegen noch 39 Maschinen beider Bauarten im Dienst. 15 Loks erhielten eine Kohlenstaubfeuerung System Wendler, die 17 1119 bekam schon 1949 eine Kohlestaubfeuerung und einen Kondenstender. Die letzten 17.10 der DR wurden 1964 ausgemustert. Als Museumsstück blieb die 17 1055 erhalten. Sie trägt heute die Bezeichnung »Osten 1135« und gehört dem Verkehrsmuseum Dresden.

Technische Daten:

Baureihenbezeichnung:	17.10-11	17.11-12 (DRG)
Radsatzanordnung:	2'Ch4v	
Zylinderdurchmesser (mm):	2 x 400 / 610	
Kolbenhub (mm):	660	
Verdampfungsheizfläche (m^2):	163,06	
Vmax (km/h):	120	
Leistung (PSi):	1.420	1.440
Dienstmasse (o. Tender) (t):	83,1	82,2
Größte Radsatzfahrmasse (t):	17,8	17,8
Länge über Puffer (mm):	20.910	21.110
Treib-/Kuppelraddurchmesser (mm):	1.980	
Laufraddurchmesser (v) (mm):	1.000	
Laufraddurchmesser (h) (mm):	-	
Wasserkasteninhalt (m^3):	31,5	31,5
Brennstoffvorrat (t/m^3):	7	7
Indienststellung:	ab 1911	ab 1914
Verbleib:	17 1055 (VMD, Dresden Altstadt)	

18.0 (sächs. XVIII H, DRG, DR)

Um den Bedarf an leistungsfähigen Schnellzugmaschinen zu decken, wollte die Sächsische Staatseisenbahn die bayerische S 3/6 nachbauen, doch scheiterten die Lizenzverhandlungen mit Maffei. Daher erhielt Hartmann den Auftrag zum Bau einer 2'C1'-Maschine mit 17 Tonnen Radsatzfahrmasse. Die zehn Maschinen umfassende Serie wurde 1917/18 geliefert und als Gattung XVIII H bezeichnet. Die Loks waren als Drillingsmaschine ausgebildet, besaßen einen kombinierten Blech-/Barrenrahmen, leisteten rund 1.700 PS und waren 120 km/h schnell. Damit überbot die »XVIII H« mühelos die geforderte Leistung, einen 430 Tonnen schweren Schnellzug in der Ebene mit 100 km/h zu befördern. Sie war in der Lage, sogar 550 Tonnen in der Ebene mit 100 km/h zu ziehen. Auf Grund ihrer guten Laufeigenschaften konnte später die Höchstgeschwindigkeit sogar auf 120 km/h erhöht werden.
Alle zehn Maschinen wurden von der DRG übernommen und erhielten die Nummern 18 001-010. Sie liefen von Dresden aus im Schnellzugdienst nach Berlin, Cottbus, Bodenbach und Breslau. Für den Einsatz zwischen Chemnitz und Riesa erhielten einige Loks ein Läutewerk. Den Zweiten Weltkrieg überstanden neun Lokomotiven, 18 002 wurde zerstört. Bei der DR erlebte die Baureihe ihre letzte Blüte mit Langläufen Dresden–Magdeburg oder Dresden–Güstrow. Bis 1965 wurden sie jedoch Stück für Stück abgestellt und bis 1968 ausgemustert.

Foto: Slg. Töpelmann, Archiv transpress

Technische Daten:

Baureihenbezeichnung:	18.0 (DRG)
Radsatzanordnung:	2'C1'h3
Zylinderdurchmesser (mm):	3 x 500
Kolbenhub (mm):	630
Verdampfungsheizfläche (m^2):	216,25
Vmax (km/h):	120 (anfangs: 100)
Leistung (PSi):	1.700
Dienstmasse (o. Tender) (t):	93,55
Größte Radsatzfahrmasse (t):	17,2
Länge über Puffer (mm):	22.150
Treib-/Kuppelraddurchmesser (mm):	1.905
Laufraddurchmesser (v) (mm):	1.065
Laufraddurchmesser (h) (mm):	1.260
Wasserkasteninhalt (m^3):	31,0
Brennstoffvorrat (t/m^3):	7
Indienststellung:	1917-1918
Verbleib:	++

Foto: Maey, Slg. Töpelmann, Archiv transpress

18.1 (württ. C, DRG, DB)

Nachdem die württembergischen Lokomotiven der Klassen A, AD, ADh und E um die Jahrhundertwende zunehmend an ihre Leistungsgrenze gelangten, bestellte die Württembergische Staatsbahn (K.W.St.E.) ab 1908 neue Schnellzugmaschinen bei der Maschinenfabrik Esslingen (ME). Die ersten fünf dieser 2'C1'h4v-Lokomotiven wurden 1909 geliefert und erhielten die Klassenbezeichnung C. Sie zählten mit ihren nur 1.800 mm großen Treib- und Kuppelrädern zu den kleinsten Pazifik-Loks, waren aber für die hügeligen und kurvenreichen Strecken Württembergs bestens geeignet. Eine recht eigenwillige Konstruktion war der Blechrahmen mit außenliegendem Hilfsrahmen, da die ME zu dieser Zeit noch keine Barrenrahmen bearbeiten konnte. Bis 1921 baute Esslingen insgesamt 21 Stück der 100 km/h schnellen Lokomotiven. Vier Maschinen mussten nach dem Ersten Weltkrieg an Polen bzw. Frankreich abgegeben werden, so dass die Reichsbahn noch 37 Lokomotiven übernahm und als 18 101-137 einnummerte.

Abgesehen von Kriegseinsätzen waren die Maschinen stets in Württemberg beheimatet, vom Bw Stuttgart-Rosenstein aus fuhren sie u.a. auf den Hauptbahnen Richtung Ulm, Heilbronn und Tuttlingen. Die nach dem Zweiten Weltkrieg noch einsatzfähigen Maschinen kamen Anfang der 50er-Jahre zum Bw Ulm, 11 Loks waren bis 1950 bereits ausgemustert worden. 1953 wurden einige noch nach Heilbronn umgesetzt. Dort endete mit der Ausmusterung von 18 133 und 18 136 im Jahr 1953 die Geschichte der »Schönen Württembergerin«.

Technische Daten:

Baureihenbezeichnung:	18.1 (DRG)
Radsatzanordnung:	2'C1'h4v
Zylinderdurchmesser (mm):	2 x 420 / 620
Kolbenhub (mm):	612
Verdampfungsheizfläche (m^2):	208,0
Vmax (km/h):	100
Leistung (PSi):	1.840
Dienstmasse (o. Tender) (t):	87,8
Größte Radsatzfahrmasse (t):	15,9
Länge über Puffer (mm):	21.935
Treib-/Kuppelraddurchmesser (mm):	1.800
Laufraddurchmesser (v) (mm):	1.000
Laufraddurchmesser (h) (mm):	1.250
Wasserkasteninhalt (m^3):	31,5
Brennstoffvorrat (t/m^3):	10
Indienststellung:	1909-1921
Verbleib:	++

18.2 (bad. IV f, DRG)

Auch bei der Badischen Staatsbahn waren die Zuglasten um 1900 für die vorhandenen 2'B1'-Lokomotiven zu groß geworden, so dass im Rahmen einer Ausschreibung nach einer leistungsfähigeren Maschine gesucht wurde. Sieger des Wettbewerbs wurde ein Entwurf der Firma Maffei. Weil die Durchkonstruktion der 2'C1'h4v-Lokomotive jedoch länger als gedacht dauerte, kamen erst 1907 die Ersten dieser als Gattung »IV f« bezeichneten Type auf die Gleise. Bis 1913 wuchs die Serie auf insgesamt 35 Lokomotiven an, 32 davon wurden als Lizenz bei der Maschinenbau-Gesellschaft Karlsruhe gebaut. Die IVf leisteten gut 1.700 PS, waren 100 km/h schnell und kamen im Rheintal und auf der Schwarzwaldbahn gleichermaßen zum Einsatz.

Die Reichsbahn übernahm noch 22 Stück der eleganten Vierzylinder-Verbund-Lokomotiven und bezeichnete sie als 18 201, 18 211-217, 18 231-238 und 18 251-256. Doch schon bald erwies sich das Triebwerk als sehr verschleißanfällig, was vor allem durch die zu kleinen Kuppelräder bedingt war, die mit den hohen Geschwindigkeiten auf der Rheintalstrecke überfordert waren. Daher blieben die Loks nur wenige Jahre im Dienst und wurden bis Anfang der 30er-Jahre ausgemustert. Lediglich drei Maschinen hielten sich als Waschloks noch einige Jahre in Mannheim, Heidelberg und Karlsruhe.

Foto: Bellingrodt, Slg. Kleine, Archiv transpress

Technische Daten:

Baureihenbezeichnung:	18.2 (DRG)
Radsatzanordnung:	2'C1'h4v
Zylinderdurchmesser (mm):	2 x 425/650
Kolbenhub (mm):	610/670
Verdampfungsheizfläche (m^2):	208,72
Vmax (km/h):	100
Leistung (PSi):	1.770
Dienstmasse (o. Tender) (t):	88,3
Größte Radsatzfahrmasse (t):	16,7
Länge über Puffer (mm):	21.110
Treib-/Kuppelraddurchmesser (mm):	1.800
Laufraddurchmesser (v) (mm):	990
Laufraddurchmesser (h) (mm):	1.200
Wasserkasteninhalt (m^3):	20,0
Brennstoffvorrat (t/m^3):	7,5
Indienststellung:	1907-1913
Verbleib:	++

18 201" (DR)

Für die Erprobung von Reisezugwagen mit Geschwindigkeiten bis 160 km/h standen dem Schienenfahrzeugbau der DDR Ende der 50er-Jahre keine geeigneten Triebfahrzeuge zur Verfügung. Lediglich die Tenderlokomotive 61 002, die einst für den Henschel-Wegmann-Zug gebaut worden war, konnte mit ihrer zugelassenen Vmax von 175 km/h die erforderliche Geschwindigkeit erreichen, war jedoch auf Grund ihrer Leistung nicht geeignet.

Unter Verwendung ihres Fahrwerks entstand daher 1961 eine neue Schlepptenderlokomotive, die äußeren Zylinder stammten von der H 45 024, der Kessel war ein Reko-Kessel Typ 39 E analog dem der BR 22. Das mittlere Triebwerk der 2'C1'h3-Maschine war eine geschweißte Neukonstruktion. Für ihren Dienst als Versuchs- und Bremslokomotive der VES-M Halle erhielt sie eine Riggenbach-Gegendruckbremse, außerdem wurde sie mit Giesl-Flachejektor und 1967 mit Ölhauptfeuerung ausgerüstet. Den besonderen Charakter der Maschine unterstrich die Teilverkleidung und die abweichende Lackierung in Grün.

Die Lok wurde im Bw Halle P stationiert und lief im Versuchsdienst sowie im Schnell- und Eilzugdienst zwischen Berlin, Halle und Saalfeld. Mit der Einführung der EDV-Nummern wurde sie 1970 zur 02 0201. Anfang der 70er-Jahre erhielt sie den Status als »offizielle Traditionslokomotive« und blieb so bis 1998 als schnellste betriebsfähige Dampflok der Welt im Einsatz. Seither steht sie nicht betriebsfähig in Halle.

Foto: Blaschke

Foto: Blaschke

18.3 (bad IV h, DRG, DB, DR)

Nachdem die Gattung »IV f« die ihr zugedachten Aufgaben nur unzureichend erfüllen konnte, benötigte die Badische Staatsbahn vor dem Ersten Weltkrieg stärkere Schnellzugloks. Wieder gelang es Maffei, den Auftrag zu bekommen. Die Ablieferung der drei 1915 bestellten Maschinen verschob sich durch den Krieg bis 1918. Die 2'C1'h4v-Maschinen erhielten die Gattungsbezeichnung »IV h1« und kamen zum Bw Offenburg. Den drei Maschinen folgte 1919 ein zweites Baulos (IV h2) und 1920 ein drittes (IV h3). Alle 20 Loks übernahm die DRG als 18 301-303, 18 311-319 und 18 321-328.

Die Maschinen liefen im schweren Schnellzugdienst auf der Oberrheinstrecke, der Paradezug war der »Rheingold«. Ab 1933 wanderten die Loks langsam Richtung Norden, und wurden in Koblenz (1933), Bremen und Hamburg Altona (1935) beheimatet. Bis auf die 18 326 überstanden alle Loks den Zweiten Weltkrieg, doch als Splittergattung wurden sie bereits 1948 ausgemustert. Lediglich die 18 316, 319 und 323 blieben für Versuchsdienste des BZA Minden im Bestand, die 18 314 kam zur DR. Nach einem Schaden wurde 18 319 am 1. Juli 1964 ausgemustert, ihren Kessel mit verlängerter Rauchkammer erhielt die 18 316. Am 10. Juli 1969 folgte die Ausmusterung der 18 316, am 3. Dezember 1969 musste schließlich die 18 323 den Dienst quittieren.

Ein besonders wechselvolles Leben hatte 18 314 der DR. Sie fuhr zunächst weitgehend unverändert. 1958/59 wurde die Maschine jedoch grundlegend umgebaut, sie erhielt dabei einen Rekokessel mit Verbrennungskammer, eine Riggenbach-Gegendruckbremse sowie eine Teilverkleidung. So stand sie als Versuchslokomotive in Diensten der VES-M Halle. 1967/68 erhielt die Lok eine Ölhauptfeuerung und blieb noch bis 1972 im Einsatz. Die 18 314 (Museum Sinsheim), 18 323 (Denkmal Offenburg) und 18 316 (Landesmuseum Mannheim) blieben erhalten.

Technische Daten:

Baureihenbezeichnung:	18 201 (DR)
Radsatzanordnung:	2'C1'h3
Zylinderdurchmesser (mm):	3 x 520
Kolbenhub (mm):	660
Verdampfungsheizfläche (m²):	206,3
Vmax (km/h):	175
Leistung (PSi):	1.590
Dienstmasse (o. Tender) (t):	113,6
Größte Radsatzfahrmasse (t):	20
Länge über Puffer (mm):	25.145
Treib-/Kuppelraddurchmesser (mm):	2.300
Laufraddurchmesser (v) (mm):	1.100
Laufraddurchmesser (h) (mm):	1.250
Wasserkasteninhalt (m³):	34,0
Brennstoffvorrat (t/m³):	13,5
Indienststellung:	1961
Verbleib:	18 201 (VMD, Halle P/Saale)

Technische Daten:

Baureihenbezeichnung:	18.3 (DRG)	18 314 (DR)
Radsatzanordnung:	2'C1'h4v	2'C1'h4v
Zylinderdurchmesser (mm):	2 x 440 / 680	
Kolbenhub (mm):	680	
Verdampfungsheizfläche (m²):	224,8	199,5
Vmax (km/h):	140	150
Leistung (PSi):	1.950	
Dienstmasse (o. Tender) (t):	97,0	105,0
Größte Radsatzfahrmasse (t):	17,9	18,5
Länge über Puffer (mm):	23.230	23.630
Treib-/Kuppelraddurchmesser (mm):	2.100	
Laufraddurchmesser (v) (mm):	990	
Laufraddurchmesser (h) (mm):	1.200	
Wasserkasteninhalt (m³):	29,6	34,0
Brennstoffvorrat (t/m³):	9	13,5
Indienststellung:	1918-1920	Umbau 1960
Verbleib:	18 314 (Sinsheim), 316 (LTA Mannheim), 323 (Offenburg)	

18.4-5 (bay. S 3/6, DRG, DB), 18.6 (Umbau DB)

Foto: Blaschke

Im Frühjahr 1907 erhielt Maffei den Auftrag zum Bau einer Pazifik-Verbundlokomotive für die Bayerische Staatsbahn. Ausgehend von der im gleichen Haus entstandenen badischen »IV f« entwickelte Maffei die bayerische S 3/6. Die erste Maschine verließ im Juli 1908 das Werk, ihr folgten noch im gleichen Jahr weitere sechs Lokomotiven. In drei Bauserien (a bis c) lieferte Maffei bis 1911 weitere 16 weitgehend baugleiche Maschinen. Abweichend von diesen ersten 23 Loks erhielten die Serien d und e, die Maffei 1912/1913 mit insgesamt 18 Maschinen lieferte, Treibräder mit 2.000 mm Durchmesser statt 1.870 mm. Dadurch bedingt lag auch de Kessel dieser Maschinen höher. Ab der Serie f (drei Maschinen, 1913/1914) kehrte man jedoch zum ursprünglichen Treibraddurchmesser zurück. Es folgten schließlich noch die Serien g (zehn Maschinen für die pfälzischen Strecken, 1914), h (fünf Lokomotiven, 1914) und i (30 Maschinen, 17 Tonnen Radsatzfahrmasse, 1915-18). Insgesamt umfasste diese erste Beschaffungsperiode 89 Lokomotiven. Mit Ausnahme der 18 »Hochhaxigen« besaßen alle Maschinen ein Windschneidenführerhaus.
Die zweite Beschaffungsperiode begann 1923 und endete erst zur Reichsbahnzeit 1931. In den Jahren 1923/24 lieferte Maffei die Serie k mit 30 Maschinen, es folgten 1927/28 die Serien l und m (20 Maschinen) sowie die Serie n mit nur noch zwei Maschinen 1930. Weil Maffei Bankrott ging, wurden die letzten 18 Exemplare der S 3/6 als Serie o von Henschel 1930/31 in Lizenz gebaut.
Die Maschinen waren zunächst in München, Nürnberg und Ludwigshafen beheimatet und liefen im schweren Schnellzugdienst. Nach dem Ersten Weltkrieg mussten 19 Maschinen als Reparation abgegeben werden. Bei der DRG erhielten die verbliebenen Maschinen mit kleinen Rädern die Nummern 18 401-434, 18 461-478 und 18 479-548, die »Großrädrigen« die Nummern 18 441-458. Neben den großen bayerischen Betriebswerken beheimateten u.a. auch die Bw Wiesbaden, Darmstadt, Halle/S. und Osnabrück die bayerischen Paradepferde. Die bekannteste Zugleistung während der Reichsbahnzeit ist sicherlich die Bespannung des FFD 101/102 »Rheingold«.
Fünf Maschinen (18 403, 413, 414, 426 und 474) wurden im Zweiten Weltkrieg so schwer beschädigt, dass sie nicht mehr repariert wurden, die übrigen Loks liefen nach dem Krieg größtenteils im Personenzugdienst. Von 1953 bis 1956 wurden insgesamt 30 Maschinen aus den letzten drei Serien von der DB grundlegend modernisiert. Dabei erhielten sie vollständig geschweißte Verbrennungskammerkessel und neu gestaltete Führerhäuser. Die fortan als 18 601-630 bezeichneten Maschinen liefen zunächst im Schnellzugdienst u.a. in Darmstadt, Hof, Regensburg, Nürnberg, Lindau und Ulm. Ab 1961 wurden sie in Lindau konzentriert, doch schon 1965 endete dort ihre Karriere. Ihre nicht modernisierten Schwestern waren bereits bis 1960 ausgemustert, lediglich 18 505 blieb beim BZA Minden länger in Betrieb.
Einige S 3/6 blieben als Denkmal oder museal erhalten, betriebsfähig ist 18 478 aus der dritten Bauserie, die vom Bayerischen Eisenbahnmuseum Nördlingen aus eingesetzt wird.

Foto: Blaschke

Technische Daten:

Baureihenbezeichnung:	18.4	18.4	18.4-5	18.5 (DRG)	18.6 (Umbau DB)
Radsatzanordnung:	2'C1'h4v				
Zylinderdurchmesser (mm):	2 x 425 / 650	2 x 425 / 650	2 x 425 / 650	2 x 440 / 650	2 x 440 / 650
Kolbenhub (mm):	610/670	670	610/670	610/670	610/670
Verdampfungsheizfläche (m²):	197,41	197,41	197,41	197,41	194,77
Vmax (km/h):	120				
Leistung (PSi):	1.770	1.770	1.830	1.830	1.950
Dienstmasse (o. Tender) (t):	89.7	91,6	94,0	94,7	100,2
Größte Radsatzfahrmasse (t):	16,8	16,7	17,9	18	18,1
Länge über Puffer (mm):	23.230	22.095	21.296	21.371	22.862
Treib-/Kuppelraddurchmesser (mm):	1.870	2.000	1.870	1.870	1.870
Laufraddurchmesser (v) (mm):	950				
Laufraddurchmesser (h) (mm):	1.206				
Wasserkasteninhalt (m³):	26,4	32,5	27,4	27,4	31,7
Brennstoffvorrat (t/m³):	8,5	8	8,5	8,5	9,0
Indienststellung:	1908-1918	1912-1913	1923-1924	1927-1931	1953-1956
Verbleib:	18 451, 18 505, 18 528, 18 612 museal 18 478 bf.				

Foto: Slg. Töpelmann, Archiv transpress

T18.10 (DRG)

Die konventionelle Dampflokomotive hatte nach Einführung des Heißdampf-Verfahrens ihre höchste Entwicklungsstufe erreicht. Weitere Verbesserungen des Wirkungsgrades waren nur durch einen höheren Kesseldruck oder durch eine bessere Ausnutzung des Wärmegefälles bei der Expansion des Dampfes bis zum atmosphärischen Druck zu erwarten. Letztere Möglichkeit war nur bei Verwendung einer Dampfturbine gegeben. Anfang der 20er-Jahre hatten Bahnverwaltungen in Italien, Schweden und der Schweiz bereits entsprechende Erfahrungen gesammelt. Auch die DRG wollte nicht zurückstehen und ließ bei Krupp die erste deutsche Schnellzuglok mit Dampfturbinenantrieb entwickeln. Die T18 1001 war 1924 fertiggestellt. Der Antrieb erfolgte über Vorgelege und Blindwelle auf die drei Kuppelradsätze. Erst nach Umbauten entstand eine brauchbare Maschine mit einer 25 bis 40 %igen Brennstoffersparnis gegenüber herkömmlichen Dampfloks. Bis 1940 lief die T18 1001 beim Bw Hamm, dann zerstörte ein Bombentreffer die Lok.
Eine zweite Turbinenlok mit der Betriebsnummer T18 1002 entstand 1926 bei Maffei. Bei einem Kesseldruck von 22 bar (T18 1001: 15 bar) konnte der Kessel relativ kurz gehalten werden, was den freien Aufbau von Turbinengruppe und Vorgelege über dem führenden Laufdrehgestell ermöglichte. Die beiden Kondensatoren befanden sich nun rechts und links des Rahmens unterhalb der Laufbleche und waren parallelgeschaltet. Erste Erprobungen zeigten ebenfalls nicht den gewünschten Wirkungsgrad. Erst der Einbau einer neuen Hauptturbine ohne Rückwärtsturbine und eine zusätzliche Rangierturbine mit Wendegetriebe für Vorwärts- und Rückwärtsfahrt brachten Besserung. Ab 1929 fuhr die T18 1002 vom Bw München Hbf aus nach Würzburg und Lindau, bis auch sie bei einem Luftangriff im Jahre 1943 zerstört wurde.

Technische Daten:

Baureihenbezeichnung:	T18 1001	T18 1002 (DRG)
Radsatzanordnung:	2'C1'Turbinenlok	
Zylinderdurchmesser (mm):	-	-
Kolbenhub (mm):	(630)	-
Verdampfungsheizfläche (m²):	155,00	159,70
Vmax (km/h):	110	120
Leistung (PSe):	2.000	2.750
Dienstmasse (o. Tender) (t):	113,70	104,00
Größte Radsatzfahrmasse (t):	20	20
Länge über Puffer (mm):	23.446	24.135
Treib-/Kuppelraddurchmesser (mm):	1.650	1.750
Laufraddurchmesser (v) (mm):	1.000	850
Laufraddurchmesser (h) (mm):	1.250	1.206
Wasserkasteninhalt (m³):	19,5 (Kond.)	24,3 (Kond.)
Brennstoffvorrat (t/m³):		6,0
Indienststellung:	1924	1926
Verbleib:		

Foto: Maey, Slg. Kleine, Archiv transpress

19 1001 (DRG)

Im Jahr 1941 lieferte Henschel mit der Jubiläumsfabriknummer 25000 eine Schnellfahrlokomotive an die DRG, die nur noch äußerlich an die bisherigen Schnellfahrdampfloks erinnerte. Die als 19 1001 bezeichnete Maschine wurde nicht mehr durch herkömmliche Triebwerke angetrieben, sondern besaß Einzelradsatzantrieb wie die Elektrolokomotiven der Reihen E 04, E 17 und E 18/19. Für den Antrieb sorgten zweizylindrige Dampfmotoren in V-Anordnung auf jedem Treibradsatz. Dank dieser Antriebsform konnte der Treibraddurchmesser auf 1.250 mm begrenzt werden, der Kesseldruck betrug 20 kp/cm², die Radsatzfahrmasse 18 Tonnen.
Die 175 km/h schnelle Lokomotive beeindruckte durch ihre Laufruhe auch im hohen Geschwindigkeitsbereich. Nach verschiedenen Messfahrten lief die Lok von 1943 bis 1944 im Schnellzugdienst Berlin–Hamburg und Hamburg–Osnabrück. Ein Bombenangriff setzte sie im August 1944 außer Gefecht. Auf Anweisung der amerikanischen Besatzungsmacht wurde sie bei Henschel in Stand gesetzt und 1945 nach Virginia verschifft. Als Ausstellungsobjekt blieb sie bis 1952 erhalten, ehe sie in den USA verschrottet wurde.

Technische Daten:

Baureihenbezeichnung:	19 1001 (DRG)
Radsatzanordnung:	1'Do1'
Zylinderdurchmesser (mm):	8 x 300
Kolbenhub (mm):	300
Verdampfungsheizfläche (m²):	239,67
Vmax (km/h):	175
Leistung (PSi):	1.700
Dienstmasse (o. Tender) (t):	109,3
Größte Radsatzfahrmasse (t):	18,7
Länge über Puffer (mm):	23.775
Treib-/Kuppelraddurchmesser (mm):	1.250
Laufraddurchmesser (v) (mm):	1.000
Laufraddurchmesser (h) (mm):	1.250
Wasserkasteninhalt (m³):	38,0
Brennstoffvorrat (t/m³):	12,5
Indienststellung:	1941
Verbleib:	++

19.0 (sächs. XX HV, DRG, DR)

Für den schweren Schnellzugdienst im sächsischen Hügelland entstand bei Hartmann in Chemnitz ab 1918 die 1'D1'h4v-Lokomotive der Gattung XX HV. Bis 1922 lieferte Hartmann insgesamt 23 Maschinen. Sie waren zum Zeitpunkt ihrer Inbetriebnahme die größten Schnellzuglokomotiven Europas. Die 120 km/h schnellen Loks leisteten rund 1.800 PS und zogen damit Züge mit 585 Tonnen Gewicht auf 10 ‰ Steigung noch mit 50 km/h. Während die ersten Maschinen noch von der Sächsischen Staatseisenbahn beschafft worden waren, war für die Bestellung der letzten acht Lokomotiven bereits die DRG zuständig, welche allen 1925 die Betriebsnummern 19 001-023 zuwies.

Foto: Hubert, Slg. Töpelmann, Archiv transpress

Technische Daten:

Baureihenbezeichnung:	19.0 (DRG)	19.0 (Reko DR)
Radsatzanordnung:	1'D1'h4v	
Zylinderdurchmesser (mm):	2 x 480 / 720	
Kolbenhub (mm):	630	
Verdampfungsheizfläche (m²):	227,05	206,3
Vmax (km/h):	120	
Leistung (PSi):	1.800	2.000
Dienstmasse (o. Tender) (t):	99,9	107,7
Größte Radsatzfahrmasse (t):	17,2	18
Länge über Puffer (mm):	22.632	24.210
Treib-/Kuppelraddurchmesser (mm):	1.905	
Laufraddurchmesser (v) (mm):	1.065	1.000
Laufraddurchmesser (h) (mm):	1.260	1.250
Wasserkasteninhalt (m³):	31	38,0
Brennstoffvorrat (t/m³):	7	10
Indienststellung:	1918-1922	1964-1965
Verbleib:	19 017 (VMD, Dresden-Altstadt)	

Die Lokomotiven waren in Dresden und Reichenbach/Vogtland zu Hause und bewältigten den Schnellzugverkehr auf der Strecke Hof–Reichenbach–Dresden/Leipzig. Kurzzeitig waren je vier Maschinen der letzten beiden Serien in den Betriebswerken Stuttgart-Rosenstein und Frankfurt (Main) 1 beheimatet, doch schon 1925 kehrten sie nach Sachsen zurück. Von Reichenbach aus erreichten die Maschinen u.a. auch Regensburg und Nürnberg.
Nach dem Zweiten Weltkrieg war der Bestand auf nur noch 16 Maschinen geschmolzen, bis auf drei Loks waren sie jedoch bereits Mitte der 50er-Jahre ausgemustert. Die 19 015, 017 und 022 kamen als Bremslokomotiven zur Fahrzeug-Versuchsanstalt (FVA) Halle. Dort wurden die 19 015 und 19 022 zwischen 1961 und 1965 rekonstruiert. Dabei erhielten sie einen Reko-Kessel, neue Führerhäuser, Witte-Windleitbleche und eine spitze Rauchkammertür. Größere Veränderungen waren auch an den Zylindergruppen und der Steuerung nötig. 19 017 kam im Ursprungszustand 1973 zum VM Dresden, die beiden anderen erhielten 1967 eine Ölhauptfeuerung und blieben bis Mitte der 70er-Jahre unter den neuen EDV-Nummern 04 0015 bzw. 04 0022 im Einsatz.

Foto: Blaschke

23 (DRG, DR)

Abgesehen von der BR 24 hatte die DRG keine Einheitsmaschinen für den Personenzugdienst beschafft. Mit der preußischen P 8 stand einstweilen eine für diese Zwecke ausreichende Maschine in großen Stückzahlen zur Verfügung. Erst 1939/40 entschied man sich zum Bau einer »Ersatz-P 8«. Aus Gründen der Vereinheitlichung sollte die neue Baureihe 23 den gleichen Kessel wie die BR 50 erhalten. Mit dem Bau der beiden Probelokomotiven wurde Schichau in Elbing beauftragt. Am 23. September 1941 erfolgte die Abnahme der 23 001, kurz darauf folgte 23 002. Wegen des Krieges unterblieb der Weiterbau, die Beschaffung von Güterzugmaschinen war nun wichtiger. Die 1'C1'-Zweizylinderlokomotiven waren 110 km/h schnell und leisteten etwa 1.500 PS. Sie kamen nach Berlin und überstanden dort auch den Zweiten Weltkrieg. 1954 gelangten beide Maschinen zur Fahrzeug-Versuchsanstalt Halle (später VES-M). Drei Jahre später versah man 23 001 mit einer Riggenbach-Gegendruckbremse, weil sie als Bremslokreserve für Messfahrten vorgehalten wurde. Beide Maschinen sollten Anfang der 60er-Jahre einen neuen Rekokessel erhalten, tatsächlich umgebaut wurde aber nur 23 001, für ihre Schwestermaschine stellte das Raw Cottbus wegen Rahmen- und Radschäden den Ausmusterungsantrag. Im September 1967 wurde die 23 002 ausgemustert, die 23 001 blieb ab 1970 als 35 2001 bezeichnet noch bis 1974 in Betrieb.

Foto: Maey, Slg. Kleine, Archiv transpress

Technische Daten:

Baureihenbezeichnung:	23 (DRG)
Radsatzanordnung:	1'C1'h2
Zylinderdurchmesser (mm):	550
Kolbenhub (mm):	660
Verdampfungsheizfläche (m²):	177,83
Vmax (km/h):	110
Leistung (Psi):	1.500
Dienstmasse (o. Tender) (t):	88,4
Größte Radsatzfahrmasse (t):	18,0
Länge über Puffer (mm):	22.940
Treib-/Kuppelraddurchmesser (mm):	1.750
Laufraddurchmesser (v) (mm):	1.000
Laufraddurchmesser (h) (mm):	1.250
Wasserkasteninhalt (m³):	26,0
Brennstoffvorrat (t/m³):	10
Indienststellung:	1941
Verbleib:	++

Foto: Estler

23, 023 (Neubau DB)

Auch bei der DB griff man nach dem Zweiten Weltkrieg die Entwicklung der »Ersatz-P 8« wieder auf. Ein Nachbau der Einheitslok schied auf Grund der fortgeschrittenen Entwicklung der Dampfloktechnik aus. So entstanden unter Federführung von Friedrich Witte die »Neuen Baugrundsätze« für Dampfloks. Wesentliche Merkmale waren unter anderen der vollständig geschweißte Verbrennungskammer-Kessel, Schweißung aller wesentlichen Baugruppen und allseitig geschlossene Führerhäuser. 1950 lieferte Henschel die erste Maschine der DB-Neubaureihe 23. Der Rahmen war eine geschweißte Blechkonstruktion, die Maschine leistete knapp 1.800 PS und erreichte 110 km/h bei Vorwärts- und 85 km/h bei Rückwärtsfahrt. Bis 1959 wuchs die Baureihe 23 auf 105 Maschinen an, die von Jung gelieferte 23 105 war die letzte für die DB gebaute Dampflok überhaupt. Die ersten 52 Loks besaßen einen Knorr-Oberflächenvorwärmer, die anderen besaßen Mischvorwärmer und Wälzlager statt der ursprünglichen Gleitlager. Die Radsatzfahrmasse konnte wahlweise auf 17 oder 19 Tonnen eingestellt werden. Nahezu alle Maschinen wurden im Lauf der Zeit von den ungeliebten Heißdampf- auf die unproblematischen Nassdampfregler umgestellt.
Die Hochburgen der BR 23 waren die Bw Kempten, Hagen, Kaiserslautern und Saarbrücken, aber auch in Bestwig, Mönchengladbach, Mainz und Minden waren die Loks vor fast allen Zugarten im Einsatz. Letzte Heimatdienststelle war Crailsheim, wo am 23. Dezember 1975 mit der 023 023 die letzte Lok ausgemustert wurde. Als Denkmal blieben 23 019 (Neuenmarkt-Wirsberg) und 23 029 (Aalen) erhalten. Museumsmaschinen (tlw. betriebsfähig) sind 23 023 (Stoomst. Nederland), 23 042 (DME Da.-Kranichstein), 23 058 (Eurovapor), 23 071 (VSM), 23 076 (VSM) und 23 105 (DB).

Technische Daten:

Baureihenbezeichnung:	23 (DB)
Radsatzanordnung:	1'C1'h2
Zylinderdurchmesser (mm):	550
Kolbenhub (mm):	660
Verdampfungsheizfläche (m²):	156,28
Vmax (km/h):	110 vorwärts / 85 rückwärts
Leistung (Psi):	1.785
Dienstmasse (o. Tender) (t):	82,8
Größte Radsatzfahrmasse (t):	18,9
Länge über Puffer (mm):	21.325
Treib-/Kuppelraddurchmesser (mm):	1.750
Laufraddurchmesser (v) (mm):	1.000
Laufraddurchmesser (h) (mm):	1.250
Wasserkasteninhalt (m³):	31,0
Brennstoffvorrat (t/m³):	8
Indienststellung:	1950-1959
Verbleib:	23 019, 029 (Denkm./Mus.)
	23 023, 042, 058, 071, 076, 105 (tlw.bf.)

Foto: Slg. Kleine, Archiv transpress

23.10, 35 (Neubau DR)

Als auch die DR nach dem Zweiten Weltkrieg die Entwicklung der »Ersatz-P 8« wieder aufgriff, kam der Nachbau der Einheitsbaureihe 23 ebenfalls nicht in Betracht. Für die neue Loktype sollten moderne Baugrundsätze angewendet werden und überdies musste sie der vorzugsweise verwendeten Braunkohlefeuerung angepasst sein. So entwickelte das Institut für Schienenfahrzeuge (IfS) in Zusammenarbeit mit dem TZA eine neue 1'C1'h2-Lokomotive, welche die Baureihenbezeichnung 23.10 erhielt. In die Konstruktion flossen die Erfahrungen mit den bereits fertig gestellten Neubaureihen 65.10 und 83.10 ein. Parallel entstand die 1'Eh2-Güterzugbaureihe 50.40, die in vielen Teilen mit der 23.10 baugleich war.

Die beiden Baumustermaschinen 23 1001 und 23 1002 lieferte LKM Babelsberg 1956. Die nachfolgenden 111 Serienmaschinen waren gegenüber den beiden Erstlingen nur geringfügig verändert und wurden von LKM bis 1958 gebaut. Alle Maschinen besaßen einen Blechrahmen, für die nötige Dampferzeugung sorgte der vollständig geschweißte Kessel mit Verbrennungskammer. Wie die Einheitsloks waren auch die Neubau-Maschinen 110 km/h schnell, jedoch mit rund 1.700 PS leistungsfähiger.

Die Neubauloks gelangten zunächst schwerpunktmäßig in die Reichsbahndirektionen Cottbus, Greifswald und Schwerin und kamen vor nahezu allen Zuggattungen zum Einsatz. Nach Auslieferung aller Maschinen waren sie in allen Direktionen mit Ausnahme der Rbd Erfurt heimisch. 1970 erhielten sie mit der Umstellung auf EDV-gerechte Betriebsnummern die neue Baureihenbezeichnung 35. Bis 1975 waren die Lokomotiven unverzichtbar, danach begann ihr Stern schnell zu sinken. Zwischen 1975 und 1977 verschwanden 89 Loks von den Gleisen, die letzte Planfahrt absolvierte die 35 1106 am 21. Mai 1977. Mit der Ausmusterung der 35 1043 endete 1981 die Ära der Neubauloks.

Vier Maschinen der Reihe 23.10 blieben erhalten: Als Denkmal bzw. Museumsstück stehen 23 1019 in Cottbus und 23 1021 in Prora. Als betriebsfähige Museumslok ist 23 1097 in Glauchau im Einsatz. Derzeit nicht betriebsfähig ist die DB-Museumsmaschine 23 1113.

Technische Daten:

Baureihenbezeichnung:	23.10 (DR)
Radsatzanordnung:	1'C1'h2
Zylinderdurchmesser (mm):	550
Kolbenhub (mm):	660
Verdampfungsheizfläche (m²):	159,6
Vmax (km/h):	110
Leistung (Psi):	1.700
Dienstmasse (o. Tender) (t):	87,2
Größte Radsatzfahrmasse (t):	17,8
Länge über Puffer (mm):	22.660
Treib-/Kuppelraddurchmesser (mm):	1.750
Laufraddurchmesser (v) (mm):	1.000
Laufraddurchmesser (h) (mm):	1.250
Wasserkasteninhalt (m³):	28,0
Brennstoffvorrat (t/m³):	10
Indienststellung:	1956-1958
Verbleib:	23 1019, 23 1021 mus. 23 1097 bf, 23 1113 nbf.

Foto: Blaschke

24 (DRG, DB, DR)

Lokomotiven für den Nebenbahndienst waren im Einheits-Typenprogramm der DRG zunächst nicht enthalten, weil die Beschaffung neuer Hauptbahnmaschinen Priorität genoss. Erst später wurde der Neubau der Nebenbahnmaschinen BR 24 (Schlepptender), 64 und 86 beschlossen. Die ersten 17 Maschinen der BR 24 lieferten 1928 Schichau (24 001-010) und Linke-Hofmann (24 031-037). Ein Jahr später liefen bereits 69 Stück der 90 km/h schnellen und gut 900 PS starken Maschinen in den Direktionen Stuttgart, Stettin, Schwerin, Regensburg und Münster. Die Baureihe 24 war in vielen Teilen baugleich mit der 1'C1'-Tenderlok der Reihe 64. Auffällig war der wegen der günstigeren Masseverteilung weit nach vorn geschobene Kessel. Dadurch lag der Schornstein nicht mehr in einer Achse mit den Zylindern, wie das bei den übrigen Einheitsloks der Fall war. Die letzte der insgesamt 95 Loks 24 wurde erst 1940 abgenommen. 24 069 und 24 070 wurden im Rahmen des DRG-Versuchsprogrammes als Mitteldrucklokomotiven abgeliefert und erhielten ein Zweizylinderverbundtriebwerk. 1952 wurden sie in die Regelausführung umgebaut.
Ende der 30er-Jahre kamen die Maschinen zum größten Teil nach Ostpreußen und liefen dort auf langen Nebenstrecken. Daher resultiert auch ihr Beiname »Steppenpferd«. Nach dem Zweiten Weltkrieg waren die Maschinen auf die DR (4), DB (48) und die PKP (42) verteilt. Bei der DR endete der Einsatz beim Bw Jerichow 1968. Schon zwei Jahre zuvor war 24 067 als letzte DB-24 beim Bw Rheydt ausgemustert worden. Die letzten Maschinen waren in Polen unter Dampf, dort endete der Einsatz Mitte der 70er-Jahre. In Deutschland sind drei 24er erhalten geblieben. 24 004 steht als Museumsstück in Chemnitz-Hilbersdorf, 24 009 (ex DR 37 1009) und 24 083 (ex PKP) sind betriebsfähig. Daneben kann in Polen noch die ehemalige 24 092 bewundert werden.

Technische Daten:

Baureihenbezeichnung:	24 (DRG)
Radsatzanordnung:	1'Ch2
Zylinderdurchmesser (mm):	500
Kolbenhub (mm):	660
Verdampfungsheizfläche (m²):	104,48
Vmax (km/h):	90
Leistung (Psi):	920
Dienstmasse (o. Tender) (t):	57,4
Größte Radsatzfahrmasse (t):	15,1
Länge über Puffer (mm):	16.955
Treib-/Kuppelraddurchmesser (mm):	1.500
Laufraddurchmesser (v) (mm):	850
Laufraddurchmesser (h) (mm):	-
Wasserkasteninhalt (m³):	16,0
Brennstoffvorrat (t/m³):	xx
Indienststellung:	1928-1940
Verbleib:	24 004 (mus), 24 009 (btf), 083 (bf.), 092 (Polen)

25, 25.10 (DR)

Nach dem Zweiten Weltkrieg benötigte die Deutsche Reichsbahn in der Sowjetischen Besatzungszone dringend eine leistungsfähige Universal-Dampflok für den Personen- und Güterverkehr. Aber erst 1950 beauftragte die DR den VEB Lokomotivbau-Elektrotechnische Werke »Hans Beimler« Hennigsdorf (LEW) mit der Entwicklung der gewünschten 1'D-Schlepptenderlok. Da die DR nicht mehr auf Steinkohle zur Lokomotivfeuerung zurückgreifen konnte, sollte ein Baumuster mit einer pneumatischen Kohlenstaubfeuerung der Bauart Wendler und die zweite Lok mit einem Stoker ausgerüstet werden. Diese mechanische Rostbeschickung sollte den Heizer bei der Verfeuerung der Braunkohle entlasten. Als die Konstruktionsarbeiten richtig anliefen, gab die DR allerdings das Konzept der Universallok auf.
Trotzdem lieferte LEW die beiden Maschinen 1953. Während die DR die Stoker-Lok als 25 001 bezeichnete, wurde die Kohlenstaub-Maschine als 25 1001 in Dienst gestellt. Konstruktive Mängel und mangelnde Fertigungsqualität brachten beiden Maschinen einen schlechten Ruf ein. Besonders die neue Mischvorwärmer-Anlage, der Heißdampfregler und die unbefriedigende Laufruhe der 90 km/h schnellen Loks sorgten für Ärger bei den Personalen. Die Stoker-Einrichtung der 25 001 bewährte sich überhaupt nicht, so dass die DR die Lok 1958 auf Kohlenstaubfeuerung umrüsten ließ. Fortan hieß die Maschine 25 1002.

Foto: Slg. Kleine, Archiv transpress

Das Bw Arnstadt setzte die beiden 25er meist im Personenzugdienst auf den Strecken nach Erfurt, Meiningen und Saalfeld ein. Zwischen 1960 und 1962 gaben die Maschinen ein kurzes Gastspiel im Bw Senftenberg, bevor die DR sie nach weiteren Einsätzen beim Bw Arnstadt im September 1967 in den Schadpark verfügte. Zwei Jahre später wurden die beiden Einzelgänger verschrottet.

Technische Daten:

Baureihenbezeichnung:	25 001 / 25 1001 (DR)
Radsatzanordnung:	1'Dh2
Zylinderdurchmesser (mm):	600
Kolbenhub (mm):	660
Verdampfungsheizfläche (m²):	171,8 / 158,6
Vmax (km/h):	100
Leistung (PSi):	
Dienstmasse (o. Tender) (t):	86,1 / 89,0
Größte Radsatzfahrmasse (t):	17-18
Länge über Puffer (mm):	22.695 / 23.835
Treib-/Kuppelraddurchmesser (mm):	1.600
Laufraddurchmesser (v) (mm):	1.000
Laufraddurchmesser (h) (mm):	-
Wasserkasteninhalt (m³):	30 / 27,5
Brennstoffvorrat (t/m³):	10 / 26
Indienststellung:	1954 / 1955
Verbleib:	++

34.73 (meckl. P 3.1, DRG)

Als Weiterentwicklung der preußischen P 2 entstand ab 1884 die preußische P 3.1. Bis 1897 wurden 617 Maschinen dieser 1B-Lokomotiven gebaut, hinzu kamen 41 etwas abgeänderte Maschinen für die Mecklenburgische Friedrich-Franz-Eisenbahn. Diese als mecklenburgische P 3.1 bezeichneten Maschinen trugen dort die Nummern 101-141, waren rund 90 km/h schnell und besaßen gebremste Kuppelradsätze, was für damalige Verhältnisse ein beträchtlicher Fortschritt war. Der vordere Laufradsatz lag hinter den Zylindern und war fest im Rahmen gelagert. Damit ergab sich ein fester Radsatzstand von 4.500 mm. Die Dampfverteilung besorgte eine innenliegende Allan-Steuerung. Die Maschinen sind in Mecklenburg zwischen 1888 und 1907 beschafft worden und liefen in dort im Personenverkehr. Bis 1903 beförderten sie sogar Schnellzüge zwischen Warnemünde und Neustrelitz.

Foto: Archiv transpress

Foto: Slg. Töpelmann, Archiv transpress

Die DRG übernahm noch insgesamt 22 Loks der Gattung P 3.1, allesamt Maschinen mecklenburgischen Ursprungs. Sie liefen in der RBD Schwerin und erhielten die Nummern 34 7301-7308, 34 7351-7364. Doch schon 1926 war die Zeit dieser Fahrzeuge zu Ende.

Technische Daten:

Baureihenbezeichnung:	34.73 (DRG)
Radsatzanordnung:	1Bn2
Zylinderdurchmesser (mm):	400
Kolbenhub (mm):	560
Verdampfungsheizfläche (m²):	101,90
Vmax (km/h):	90
Leistung (Psi):	
Dienstmasse (o. Tender) (t):	39,0
Größte Radsatzfahrmasse (t):	13,1
Länge über Puffer (mm):	15.248
Treib-/Kuppelraddurchmesser (mm):	1.750
Laufraddurchmesser (v) (mm):	1.150
Laufraddurchmesser (h) (mm):	-
Wasserkasteninhalt (m³):	10,5
Brennstoffvorrat (t/m³):	xx
Indienststellung:	1888-1907
Verbleib:	++

34.76, 34.77-78, 34.79, 34.80 (sächs. III, IIIb, IIIb V, VIb V DRG)

Für den Personenzugdienst auf den krümmungsreichen Strecken im Erzgebirge beschaffte die Sächsische Staatseisenbahn 1871/72 von Hartmann und der Maschinenfabrik Esslingen (ME) insgesamt 87 1Bn2-Maschinen der Gattung III. Die Loks waren 70 km/h schnell, die beiden Baulose unterschieden sich in einigen Details. So lieferte Hartmann seine 66 Maschinen mit gewölbtem Dom und ohne Umlauf, die Esslinger Maschinen waren deutlich leichter als die Hartmann-Loks und hatten nur eine Radsatzfahrmasse von 11 Tonnen. Die DRG übernahm nur noch eine Maschine. Sie erhielt die Betriebsnummer 34 7611, wurde aber bereits 1925 ausgemustert.

Ein buntes Sammelsurium an Maschinen ordnete die Sächsische Staatsbahn unter der Gattung IIIb ein. Zu den insgesamt 204 Maschinen zählten einerseits Exemplare, die in verschiedenen Baulosen ab 1873 von Hartmann, Henschel, Schwartzkopff und der ME an die Staatsbahn geliefert wurden. Zum anderen wurden darunter aber auch die 1'Bn2-Maschinen erfasst, die von den Privatbahnen übernommen wurden. Allen gemeinsam war die Radsatzfolge und der relativ kurze Radsatzstand von 3.800 bis 4.330 mm. Bei der DRG erhielten die noch übernommenen Maschinen die Nummern 34 7701-7702 und 7721-7807. 1930 wurde die letzte Lok ausgemustert. Die 1874 von Esslingen gebaute Maschine mit der Fabriknummer 1329 ordnete die DRG als 52 7001 ein, doch wurde sie bereits Mitte der 20er-Jahre ausgemustert.

Unter den Nummern 34 7901-7902 und 34 8011 führte die DRG noch drei sächsische 1'Bn2v-Maschinen, die ebenfalls bereits 1925 ausgemustert wurden. Die beiden 34.79 liefen ursprünglich unter der Bezeichnung IIIb V und waren eine Ableitung aus der Schnellzuglok der Gattung VIb V, der die 34 8011 entstammte. Beide Typen genügten aber schon wenige Jahre nach ihrer Inbetriebnahme den Anforderungen nicht mehr, so dass ihre Beschaffung nach 18 Stück IIIb V bzw. 12 Stück VIb V eingestellt wurde.

Technische Daten:

Baureihenbezeichnung:	34.76	34.77-78	34.79	34.80 (DRG)
Radsatzanordnung:	1Bn2	1'Bn2	1'Bn2v	1'Bn2v
Zylinderdurchmesser (mm):		406		
Kolbenhub (mm):		560		
Verdampfungsheizfläche (m²):		92,93		
Vmax (km/h):	70	70	75	85
Leistung (Psi):				
Dienstmasse (o. Tender) (t):	37,17	35,79	41,40	42,4
Größte Radsatzfahrmasse (t):	13	13,4	14	14
Länge über Puffer (mm):	13.035	13.854	13.996	14.123
Treib-/Kuppelraddurchmesser (mm):	1.570	1.570	1.590	1.905
Laufraddurchmesser (v) (mm):	1.045	1.045	1.260	1.260
Laufraddurchmesser (h) (mm):	-			
Wasserkasteninhalt (m³):	5,65	9,0	9,0	9,0
Brennstoffvorrat (t/m³):		4,5	4,5	4,5
Indienststellung:	1871-1872	1873-1901	1889-1892	1886-1890
Verbleib:	++	++	++	++

34.81, 34.82 (württ. A, Ac, DRG)

Ab 1878 beschaffte die Württembergische Staatsbahn (K.W.St.E) für den Personenzugdienst 1Bn2-Lokomotiven mit fest im Rahmen gelagerten Radsätzen und bezeichnete sie als Klasse A. Die insgesamt 25 von Esslingen gelieferten Maschinen waren als Zwilling ausgebildet, weil sich Württemberg mit dem Verbundprinzip zunächst nicht anfreunden mochte. Nachdem allerdings die Ergebnisse bei anderen Bahnen befriedigend verlaufen waren, griff auch die K.W.St.E. zum Verbundprinzip und beschaffte bis 1897 weiter 31 Maschinen in Verbundbauweise, diese wurden als Klasse Ac bezeichnet. Zwillings- wie Verbundmaschinen waren 80 km/h schnell. Die Verbundmaschinen beförderten zuweilen sogar Schnellzüge, ansonsten waren die Loks vor Personenzügen eingesetzt. Charakteristisch für alle Loks war die tiefe Kessellage, der im

Foto: Slg. Töpelmann, Archiv transpress

Vergleich zum Langkessel überhöhte Hinterkessel, der große Dampfdom gleich hinter dem Schornstein und die innenliegende Allan-Steuerung. Bei den Verbundloks blieb anfangs die erhoffte Kohleersparnis von rund 20 % aus. Erst nach Erhöhung des Kesseldrucks von 12 auf 14 bar konnte die gewünschte Brennstoffersparnis sowie eine Leistungssteigerung erreicht werden.
Zur DRG gelangten noch zwei Maschinen der Klasse A und neun Loks der Klasse Ac. Sie erhielten die Nummern 34 8101-8102 bzw. 34 8201-8209, wurden jedoch schon kurz nach der Umzeichnung ausgemustert.

Technische Daten:

Baureihenbezeichnung:	34.81	34.82 (DRG)
Radsatzanordnung:	1Bn2	1Bn2v
Zylinderdurchmesser (mm):		420 / 600
Kolbenhub (mm):		560
Verdampfungsheizfläche (m²):		105,3
Vmax (km/h):	80	
Leistung (Psi):		
Dienstmasse (o. Tender) (t):	36,9-38,9	40,4
Größte Radsatzfahrmasse (t):	13	13,6
Länge über Puffer (mm):	14.085	14.092
Treib-/Kuppelraddurchmesser (mm):	1.650	
Laufraddurchmesser (v) (mm):	1.045	
Laufraddurchmesser (h) (mm):	-	
Wasserkasteninhalt (m³):	10,0	10,0
Brennstoffvorrat (t/m³):	6	6
Indienststellung:	1878-1891	1889-1897
Verbleib:		

36.0-4, 36.6, 36.12 (preuß. P 4.2, meckl. P 4.2, old. P 4.2, DRG, DR)

In den Jahren 1891/92 hatte Henschel einige Versuchsloks für die Preußische Staatsbahn gebaut, darunter auch jeweils zwei 2'B-Personenzugmaschinen in Zwillings- bzw. in Verbundausführung. Zunächst wurden nur die Zwillingsmaschinen als Gattung P 4.1 weiterbeschafft. Erst ab 1898 stellte man auch die Verbundmaschine als Gattung P 4.2 in Dienst, ab 1903 wurden nur noch Verbundlokomotiven gebaut. Die 2'Bn2v-Maschinen leisteten knapp 600 PS und waren 90 km/h schnell. Den Bau der 695 preußischen Maschinen, die bis 1910 geliefert wurden, teilten sich Henschel, Schwartzkopff, Linke-Hofmann, Humboldt und Hanomag. Zudem lieferte die Industrie weitere 32 Maschinen an die Mecklenburgische Friedrich-Franz-Eisenbahn und auch die Oldenburgische Staatsbahn beschaffte insgesamt acht Exemplare dieser Gattung. Die preußischen Loks waren hauptsächlich in den östlichen Provinzen zu Hause und liefen dort noch in den 30er-Jahren. Die DRG übernahm 438 Maschinen der preußischen P 4.2 und reihte sie als 36 001-36 438 in ihren Bestand ein. Komplett über-

Foto: Bellingrodt, Slg. Töpelmann, Archiv transpress

nommen wurden die mecklenburgischen P 4.2 (36 601-620 und 36 651-662). Die acht oldenburgischen Maschinen bekamen bei der DRG die Nummern 36 1251-1258. Einige der an Polen nach dem Ersten Weltkrieg als Reparation abgegebenen P 4.2 wurden 1940 von der Reichsbahn wieder übernommen.
Die meisten Fahrzeuge musterte die Reichsbahn bis in die 40er-Jahre aus. Einige überlebten jedoch den Zweiten Weltkrieg und blieben bis 1948 im Bestand. Die letzte P 4.2 war die 36 457 der DR. Sie war 1947 auf Kohlenstaubfeuerung System Wendler umgebaut worden. Als Versuchslok blieb sie bis 1959 im Bestand der DR.

Technische Daten:

Baureihenbezeichnung:	36.0-4	36.6	36.12 (DRG)
Radsatzanordnung:	2'Bn2v		
Zylinderdurchmesser (mm):	460 / 680		
Kolbenhub (mm):	600		
Verdampfungsheizfläche (m²):	115,55	118,1	119,35
Vmax (km/h):	90		
Leistung (Psi):	580		
Dienstmasse (o. Tender) (t):	51,0	49,0	52,2
Größte Radsatzfahrmasse (t):	14,9	14	14
Länge über Puffer (mm):	17.611	17.611	17.461
Treib-/Kuppelraddurchmesser (mm):	1.750		
Laufraddurchmesser (v) (mm):	1.000		
Laufraddurchmesser (h) (mm):	-		
Wasserkasteninhalt (m³):	16,0	16,0	16,0
Brennstoffvorrat (t/m³):	5	6	5
Indienststellung:	1898-1910	1903-1912	1907-1909
Verbleib:	++	++	++

Foto: Mae<, Slg. Töpelmann, Archiv transpress

36.7, 36.8 (bay. B XI Zwilling, B XI Verbund, DRG)

Als Nachfolge der ab 1890 beschafften 1'Bn2v-Schnellzuglok der Gattung B X beschaffte die Bayerische Staatsbahn ab 1895 die Gattung B XI. Da ein größerer und leistungsfähigerer Kessel nicht mehr auf einem 1'B-Fahrwerk untergebracht werden konnte, trat an die Stelle des vorderen Laufradsatzes ein Drehgestell. Die ersten 39 Maschinen dieser 90 km/h schnellen Type lieferte Maffei 1892 in Zwillingsbauweise. Zwischen 1895 und 1900 stellte die Staatsbahn weitere hundert Maschinen in Dienst. Wiederum war Maffei der Lieferant, im Gegensatz zu den 1892 gebauten Loks wiesen diese nun ein Zweizylinder-Verbundtriebwerk auf. Zusätzlich erhielten sie eine Anfahrvorrichtung der Bauart Mallet, die beim Anfahren selbsttätig auf Zwillingsbetrieb schaltete, wenn die Steuerung auf 70 % Füllung ausgelegt war. Zur weiteren Leistungssteigerung war der Kesseldruck der Verbundloks von 12 auf 13 kp/cm² erhöht. Mit der Gattung B XI fanden erstmals in Bayern vierachsige Tender Verwendung. Die insgesamt 139 Maschinen beider Bauarten liefen im Personen- aber auch im Schnellzugdienst und erreichten tägliche Laufleistungen bis zu 350 km. Nur acht Maschinen der Zwillingsausführung wurden von der DRG übernommen und als 36 701-708 eingereiht. Von den 100 Verbundmaschinen gelangten noch 76 Stück zur Reichsbahn, sie erhielten die Nummern 36 751-826. Während die letzte Zwillingsmaschine bereits 1926 ausgemustert wurde, blieb die Verbundausführung noch bis 1931 im Bestand.

Technische Daten:

Baureihenbezeichnung:	36.7	36.8 (DRG)
Radsatzanordnung:	2'Bn2	2'Bn2v
Zylinderdurchmesser (mm):	430	455 / 670
Kolbenhub (mm):	610	
Verdampfungsheizfläche (m²):	116,2	116,8
Vmax (km/h):	90	
Leistung (Psi):		
Dienstmasse (o. Tender) (t):	50,4	51,5
Größte Radsatzfahrmasse (t):	14	15
Länge über Puffer (mm):	16.985	16.986
Treib-/Kuppelraddurchmesser (mm):	1.870	
Laufraddurchmesser (v) (mm):	1.006	
Laufraddurchmesser (h) (mm):	-	
Wasserkasteninhalt (m³):	18,0	
Brennstoffvorrat (t/m³):	6,5	
Indienststellung:	1892	1895-1900
Verbleib:	++	++

36 861 (bay. P 2/4, DRG)

Unter der Nummer 36 861 reihte die Reichsbahn einen Sonderling in ihren Fahrzeugpark ein, der 1896 als Gattung AA I von Maffei an die Bayerische Staatsbahn geliefert worden war. Die Maschine besaß ursprünglich die außergewöhnliche Radsatzfolge 2'aA1 und war in Anlehnung an die B XI konstruiert worden. Weil die immer größer werdenden Zuggewichte den bis dato verwendeten Maschinen mit einem Kuppelradsatz beim Anfahren zunehmend Probleme bereiteten, andererseits jedoch die Zugkraft eines Treibradsatzes für Beharrungsfahrten ausreichte, entwickelte der

Foto: Slg. Koppisch, Archiv transpress

Krauss-Chefkonstrukteur R. v. Helmholtz einen zuschaltbaren Treibradsatz als Anfahrhilfe. Dieser konnte bei Streckenfahrt von der Schiene abgehoben werden, so dass sich der Widerstand entsprechend verringerte. So erhielt die AAI zwischen dem Laufdrehgestell und dem normalen Treibradsatz einen zusätzlichen Treibradsatz mit 1.000 mm Durchmesser, der von einer Zwillings-Hilfsdampfmaschine angetrieben wurde und mittels eines Druckzylinders auf die Schienen gedrückt werden konnte. Die Lok erhielt die Bahnnummer 1400, wurde aber trotz ihres geringeren Brennstoffverbrauchs wegen der hohen Unterhaltskosten nicht weiter gebaut.
Nach einem Unfall wurde die Lok 1907 in eine Heißdampfmaschine mit der Radsatzfolge 2'B umgebaut und fortan als P 2/4 bezeichnet. Bis 1933 war die 36 861 beim Bw Simbach im Einsatz, dann wurde sie ausgemustert und verschrottet.

Technische Daten:

Baureihenbezeichnung:	36 861 (DRG)
Radsatzanordnung:	2'Bh2
Zylinderdurchmesser (mm):	490
Kolbenhub (mm):	610
Verdampfungsheizfläche (m²):	94,6
Vmax (km/h):	90
Leistung (Psi):	
Dienstmasse (o. Tender) (t):	51,7
Größte Radsatzfahrmasse (t):	14,9
Länge über Puffer (mm):	16.552
Treib-/Kuppelraddurchmesser (mm):	1.870
Laufraddurchmesser (v) (mm):	1.006
Laufraddurchmesser (h) (mm):	-
Wasserkasteninhalt (m³):	14,5
Brennstoffvorrat (t/m³):	6
Indienststellung:	1896 (Umbau 1907)
Verbleib:	

Foto: Hubert, Slg. Töpelmann, Archiv transpress

36.9-10 (sächs. VIII V2, DRG)

Auch bei der Sächsischen Staatsbahn entstanden in den letzten Jahren des 19. Jahrhunderts Lokomotiven der Radsatzfolge 2'B, nachdem die erforderlichen höheren Leistungen mit den bis dahin gebräuchlichen 1B-Maschinen nicht mehr erbracht werden konnten. Aus den ab 1891 gelieferten Zwillingsmaschinen der Gattung VIII 2 entstanden ab 1894 die Verbundtypen VIII V1 bzw. ab 1896 die VII V2. Die ersten 20 Maschinen der Gattung VIII V2 lieferte Hartmann in Chemnitz 1896/97. Bis 1902 folgten weitere 98 Maschinen, wobei an den einzelnen Lieferungen neben Hartmann auch Schwartzkopff, die Maschinenfabrik Esslingen und Linke-Hofmann beteiligt waren. Die 80 km/h schnellen Maschinen fanden in ganz Sachsen Verbreitung und liefen auf den steigungsreichen Strecken Dresden–Görlitz oder Riesa–Chemnitz ebenso wie im Flachland.

111 Maschinen kamen zur DRG, sechs Loks waren 1924 bereits ausgemustert und eine Maschine als Reparation in Polen verblieben. Umgezeichnet wurden 109 Lokomotiven und erhielten die Betriebsnummern 36 901-919, 921-948 und 951-1014. Sie blieben ihrer angestammten Heimat treu, waren jedoch schon ab 1910 durch die Lieferung leistungsfähigerer Lokomotiven sukzessive auf Nebenstrecken und in den Vorortverkehr verdrängt worden. Im Jahr 1931 war die Ausmusterung abgeschlossen.

Technische Daten:

Baureihenbezeichnung:	36.9-10 (DRG)
Radsatzanordnung:	2'Bn2v
Zylinderdurchmesser (mm):	460 / 680
Kolbenhub (mm):	600
Verdampfungsheizfläche (m²):	130,77
Vmax (km/h):	80
Leistung (PSi):	
Dienstmasse (o. Tender) (t):	54,5
Größte Radsatzfahrmasse (t):	15
Länge über Puffer (mm):	17.791
Treib-/Kuppelraddurchmesser (mm):	1.590
Laufraddurchmesser (v) (mm):	1.065
Laufraddurchmesser (h) (mm):	-
Wasserkasteninhalt (m³):	21,0
Brennstoffvorrat (t/m³):	4,7
Indienststellung:	1896-1902
Verbleib:	++

Foto: Hubert, Slg. Töpelmann, Archiv transpress

36.12, 36.70 (old. P 4.1, preuß. P 4.1, DRG)

Im Jahre 1890 erhielt die KED Hannover der Preußischen Staatsbahn (KPEV) zwei 2'Bn2v-Lokomotiven für die Traktion vor den immer schwerer werdenden Personenzügen von Henschel geliefert. Ebenfalls von Henschel kamen acht Versuchslokomotiven zur KED Erfurt, darunter zwei 2'Bn2-Maschinen für den Personenzugdienst. Den Vorauslokomotiven der »Erfurter Bauart« folgten bis 1893 zunächst 55 Serienmaschinen. Sie erhielten die Gattungsbezeichnung P 4 und waren mit einer innenliegenden Allan-Steuerung ausgestattet. Da man mit ihren Laufeigenschaften jedoch nicht so recht zufrieden war, griff man für die ab 1893 gelieferten Lokomotiven auf das Fahrwerk der hannoverschen Bauart zurück. Das verbesserte Laufdrehgestell und die außenliegende Heusinger-Steuerung brachten den Durchbruch. Am Bau der folgenden 425, nun als P 4.1 bezeichneten Lokomotiven, die bis 1904 geliefert wurden, waren die Firmen Henschel, Grafenstaden, Hanomag, Schwartzkopff, Linke-Hofmann und Borsig beteiligt. Die Loks waren schließlich im gesamten Netz der KPEV vertreten.

Zwischen 1896 und 1902 beschaffte auch die Oldenburgische Staatsbahn insgesamt 19 Maschinen der Gattung P 4.1 mit geringen Änderungen, der Lieferant war Hanomag. Einige Maschinen fanden schließlich auch ihren Weg zur mecklenburgischen Friedrich-Franz-Eisenbahn. Insgesamt belief sich die Zahl der gelieferten P 4.1 auf rund 500 Maschinen, von der DRG wurden aber nur noch neun preußische und alle 19 oldenburgischen P 4.1 eingereiht und als 36 7001-7009 sowie 36 1201-1219 bezeichnet. Zwischen 1926 und 1931 wurden alle Maschinen ausgemustert.

Technische Daten:

Baureihenbezeichnung:	36.12	36.70 (DRG)
Radsatzanordnung:	2'Bn2	2'Bn2
Zylinderdurchmesser (mm):	460	430 (ab Baujahr 1896: 460)
Kolbenhub (mm):	600	
Verdampfungsheizfläche (m²):	119,47	118,91
Vmax (km/h):	90	
Leistung (PSi):		
Dienstmasse (o. Tender) (t):	45,2	48,4
Größte Radsatzfahrmasse (t):	14	
Länge über Puffer (mm):	15.213	17.511
Treib-/Kuppelraddurchmesser (mm):	1.750	
Laufraddurchmesser (v) (mm):	1.000	
Laufraddurchmesser (h) (mm):	-	
Wasserkasteninhalt (m³):	12,0	16,0
Brennstoffvorrat (t/m³):	4	5
Indienststellung:	1896-1902	1893-1904
Verbleib:	++	++

37.0-1, 37.2 (preuß. P 6, LBE P 6/G 6, DRG)

Da zweifach gekuppelte Personenzugloks für die immer schwerer werdenden Züge nicht mehr ausreichten, beschaffte die KPEV 1902 nach Vorschlägen von Robert Garbe eine dreifach gekuppelte Heißdampf-Schlepptenderlok. Garbe hatte die Maschine als Universallokomotive vorgesehen. Sie sollte Personen- und Güterzüge ebenso befördern können wie Schnellzüge im Hügelland. Deshalb erhielt die als Gattung P 6 bezeichnete 1'Ch2-Maschine Kuppelräder mit 1.550 mm bzw. 1.600 mm Durchmesser. Die Maschinen waren 90 km/h schnell und leisteten rund 1.000 PS. Schon bald zeigte sich, dass die P 6 nicht die erhoffte Universallok war. Auch konnte die zulässige Höchstge-schwindigkeit wegen der schlechten Laufeigenschaften nicht ausgefahren werden. Durch die unglückliche Architektur ergaben sich große Überhänge. Dennoch wurden 275 Maschinen gebaut.
Eng verwandt mit der P 6 waren sechs Maschinen, die die Lübeck-Büchener Eisenbahn (LBE) zwischen 1913 und 1919 bei Linke-Hofmann bauen ließ. Sie wurden als G 6 bezeichnet, hatten kleinere Kuppelräder (1.400 mm) und damit auch eine Vmax von

Foto: Hubert, Slg. Töpelmann, Archiv transpress

nur 70 km/h sowie geringere Überhänge. Drei Loks erhielten 1927/28 Kuppelräder mit 1.500 mm Durchmesser. Mit einer Vmax von 80 km/h mutierten sie zur P 6.
Während von der preußischen P 6 nur 163 Maschinen zur DRG kamen und dort die Nummern 37 001-163 erhielten, übernahm sie die LBE-Maschinen 1938 komplett und gab ihnen die Nummern 37 201-206. Einige P 6 überlebten bis kurz nach dem Zweiten Weltkrieg, der große Rest war bereits in den 30er-Jahren von den Gleisen verschwunden. Nur in Polen blieb eine P 6 erhalten, für welche bei der DRG die Nummer 37 171 vorgesehen war, nach Ende des Ersten Weltkrieg aber als Reparationsleistung an Polen abgegeben werden musste.

Technische Daten:

Baureihenbezeichnung:	37.0-1	37.2 (DRG)
Radsatzanordnung:	1'Ch2	
Zylinderdurchmesser (mm):	540	
Kolbenhub (mm):	630	
Verdampfungsheizfläche (m²):	132,28	
Vmax (km/h):	90	70 / 80
Leistung (Psi):	1.026	
Dienstmasse (o. Tender) (t):	57,1	60,2
Größte Radsatzfahrmasse (t):	15,2	15
Länge über Puffer (mm):	17.608	16.850
Treib-/Kuppelraddurchmesser (mm):	1.600	1.400 / 1.500
Laufraddurchmesser (v) (mm):	1.000	
Laufraddurchmesser (h) (mm):	-	
Wasserkasteninhalt (m³):	16,0	12,0
Brennstoffvorrat (t/m³):	5	
Indienststellung:	1903-1906	1913-1919
Verbleib:	37 »171« (Eisenbahnmuseum Warschau)	

Foto: Bellingrodt, Slg. Töpelmann, Archiv transpress

38.0, 38.4 (bay. P 3/5 N, P 3/5 H, DRG, DB)

Nahezu zeitgleich mit der Schnellzuglokomotive S 3/5 (DRG 17.4-5) entwickelte Maffei-Chefkonstrukteur Anton Hammel auch eine ebenfalls dreifach gekuppelte Nassdampfverbundmaschine für den Personenverkehr der Bayerischen Staatsbahn (K.Bay.St.B.). Die als P 3/5 N bezeichnete Maschine war ihrer schnellen Schwester in vielen Bereichen ähnlich, besaß wie diese einen Barrenrahmen nach amerikanischem Vorbild, kleinere Treibräder, aber die gleichen Zylinder. Die ersten Maschinen wurden 1905 an die Staatsbahn geliefert, die sie allerdings nicht im Personen- sondern im Schnellzugdienst auf der Allgäubahn München–Lindau einsetzte. Bis 1907 lieferte Maffei insgesamt 36 Stück der 90 km/h schnellen 2'Cn4v-Lokomotiven, beheimatet waren sie in München, Kempten, Lindau und Schweinfurt.
Durch Kriegsverluste und Reparationen bedingt gelangten nur noch 13 Loks zur DRG, dort erhielten sie die Nummern 38 001-013. Im Jahr 1924 ließ die Reichsbahn alle 13 Lokomotiven auf Heißdampf umbauen. 1932 wurden die ersten Loks ausgemustert, die letzte Maschine verschwand 1938 von den Gleisen.
Als eine verbesserte Version der P 3/5 N beschaffte die Gruppenverwaltung Bayern der DRG ebenfalls bei Maffei 1921 insgesamt 80 Heißdampf-Lokomotiven der Gattung P 3/5 H, um den Mangel an Triebfahrzeugen möglichst schnell zu lindern. Auch diese Maschinen wurden zunächst im Schnellzugdienst eingesetzt, sie erhielten die Reichsbahnnummern 38 401-480. Alle 80 Maschinen überstanden den Zweiten Weltkrieg, wurden jedoch schon früh ausgemustert. Als 1949 die DB gegründet wurde, waren noch 38 Maschinen im Einsatz, als letzte schied 38 432 im Mai 1955 in Lindau aus dem Betriebsdienst. Zwei Exemplare blieben als Heizloks noch einige Zeit unter Dampf.

Technische Daten:

Baureihenbezeichnung:	38.0	38.4 (DRG)
Radsatzanordnung:	2'Cn4v (ab 1924: 2'Ch4v)	2'Ch4v
Zylinderdurchmesser (mm):	2 x 340 / 570	2 x 360 / 590
Kolbenhub (mm):	640	
Verdampfungsheizfläche (m²):	165,5	142,5
Vmax (km/h):	90	
Leistung (Psi):		1.200
Dienstmasse (o. Tender) (t):	64,6	72,1
Größte Radsatzfahrmasse (t):	15,3	15,7
Länge über Puffer (mm):	18.524	19.439
Treib-/Kuppelraddurchmesser (mm):	1.640	
Laufraddurchmesser (v) (mm):	850	
Laufraddurchmesser (h) (mm):	-	
Wasserkasteninhalt (m³):	18,2	21,8
Brennstoffvorrat (t/m³):	6,5	8
Indienststellung:	1905-1907	1921
Verbleib:	++	++

Foto: Estler

Foto: Maey, Slg. Töpelamnn, Archiv transpress

38.2-3 (sächs. XII H2, DRG, DR)

Anfang des 20. Jahrhunderts waren die zweifach gekuppelten sächsischen Personenzuglokomotiven an ihrer Leistungsgrenze angelangt. Für die Züge auf den meist steigungsreichen Strecken benötigte die Sächsische Staatsbahn eine dreifach gekuppelte Maschine. So entstand ab 1910 bei Hartmann in Chemnitz die Gattung XII H2. Als Kessel diente der bewährte Dampferzeuger der Schnellzugmaschine XII H1, der geringfügig modifiziert wurde. Der Kuppelraddurchmesser war dem Einsatzzweck entsprechend auf 1.590 mm verringert worden. Die Zwillingsmaschinen leisteten rund 1.300 PS und waren 90 km/h schnell. Den ersten zehn Maschinen folgten bis 1927 weitere 159 Lokomotiven, die letzten zehn waren bereits Nachbauten unter Ägide der DRG, die insgesamt 134 Loks als 38 201-334 in ihrem Bestand führte. Die ersten 21 Maschinen unterschieden sich von den nachfolgenden durch den niedrigeren Umlauf. Neben dem Einsatz vor Personenzügen liefen die Loks auch im Schnellzugdienst auf der »Sachsenmagistrale« Dresden–Leipzig. Der Zweite Weltkrieg wirbelte den Bestand tüchtig durcheinander, so verblieben z.B. über 50 Lokomotiven in der Tschechoslowakei. Die DR verfügte noch über 78 Exemplare und setzte sie bis Ende der 60er-Jahre vorzugsweise in Sachsen ein. Die letzte Maschine erhielt sogar noch die EDV-Nummer 38 5208-2. Mit einer Sonderfahrt im August 1971 beschloss sie die Ära des »sächsischen Rollwagens«. Als Museumslok blieb die 38 205 erhalten, sie ist derzeit nicht betriebsfähig.

Technische Daten:

Baureihenbezeichnung:	38.2-3 (DRG)
Radsatzanordnung:	2'Ch2
Zylinderdurchmesser (mm):	550
Kolbenhub (mm):	600
Verdampfungsheizfläche (m²):	162,28
Vmax (km/h):	90
Leistung (Psi):	1.320
Dienstmasse (o. Tender) (t):	73,3
Größte Radsatzfahrmasse (t):	15,7
Länge über Puffer (mm):	18.972
Treib-/Kuppelraddurchmesser (mm):	1.590
Laufraddurchmesser (v) (mm):	1.065
Laufraddurchmesser (h) (mm):	-
Wasserkasteninhalt (m³):	21,0
Brennstoffvorrat (t/m³):	7
Indienststellung:	1910-1927
Verbleib:	38 205 (VMD, Chemnitz-Hilbersdorf)

38.70 (bad. IVe2-6, DRG, DR, DB)

Für den Einsatz auf der Schwarzwaldbahn Offenburg–Villingen entwickelte die Badische Staatsbahn zusammen mit der elsässischen Lokomotivfabrik Grafenstaden die 2'Ch4v-Lokomotive der Gattung IVe. Die Maschine besaß einen Zweiachsantrieb der Bauart de Glehn und war die erste 2'C-Bauart in Deutschland. Das Laufdrehgestell hatte einen Außenrahmen, um Platz für das Niederdruck-Innentriebwerk zu gewinnen, welches auf den ersten Kuppelradsatz wirkte. Die außenliegenden Hochdruckzylinder trieben den zweiten Kuppelradsatz an. Um allen vier Zylindern beim Anfahren in Verbindung mit einem Hilfsregler Frischluft zuzuführen, waren die Hoch- und Niederdrucksteuerung getrennt ausgeführt. Mit ihren 1.600 mm großen Treibrädern war die IVe für den Dienst auf der Gebirgsbahn bestens geeignet und zog dort Schnell- und Personenzüge gleichermaßen. Wegen ihrer guten Laufruhe, ihres hohen Beschleunigungsvermögens und ihres sparsamen Dampfverbrauchs waren diese Loks überaus beliebt.
Acht Maschinen lieferte Grafenstaden selbst, die übrigen 75 Stück wurden bis 1901 bei der Maschinenbau-Gesellschaft Karlsruhe gefertigt. Die DRG übernahm noch 35 Stück und gab ihnen die Nummern 38 7001-7007, 38 7021-7025, 38 7031-7034, 38 7041-46 und 38 7061-73. Letztlich wurden jedoch auch sie ein Opfer der gestiegenen Zuglasten und Geschwindigkeiten.1928 waren nur noch zehn Lokomotiven im Bestand und 1932 wurden mit 38 7001, 7004 und 7025 die letzten drei Maschinen ausgemustert.

Technische Daten:

Baureihenbezeichnung:	38.70 (DRG)
Radsatzanordnung:	2'Cn4v
Zylinderdurchmesser (mm):	2 x 350/550
Kolbenhub (mm):	640
Verdampfungsheizfläche (m²):	125,93
Vmax (km/h):	75 / 90
Leistung (Psi):	
Dienstmasse (o. Tender) (t):	58,3
Größte Radsatzfahrmasse (t):	14,1
Länge über Puffer (mm):	17.520
Treib-/Kuppelraddurchmesser (mm):	1.600
Laufraddurchmesser (v) (mm):	850
Laufraddurchmesser (h) (mm):	-
Wasserkasteninhalt (m³):	15,0
Brennstoffvorrat (t/m³):	5
Indienststellung:	1894-1901
Verbleib:	++

Foto: Blaschke

38.10-40 (preuß. P 8, DRG, DR, DB)

Nachdem der ab 1902 gelieferten P 6 auf Grund ihrer unglücklichen Konstruktion kein Erfolg beschieden war, benötigte die KPEV weiterhin einen kräftigen und schnellen Dreikuppler für den Personenzugdienst. 1905 legte Robert Garbe die Entwürfe der neuen 2'C-Maschine vor, mit der Fahrzeugnummer »Coeln 2401« verließ ein Jahr später die erste der als P 8 bezeichneten Lokomotiven die Werkshallen von Schwartzkopff. Weil Garbe die Lok ursprünglich als Schnellzugmaschine gedacht hatte, besaß die P 8 anfangs ein Windschneidenführerhaus. Da jedoch wegen des Masseausgleichs die Vmax auf 100 km/h begrenzt werden musste, wurde schon bald darauf verzichtet. Nach Beseitigung der Kinderkrankheiten wurde die P 8 zu einer der erfolgreichsten preußischen Lokkonstruktionen überhaupt. Allein für deutsche Bahnverwaltungen wurden bis 1923 über 3.500 Stück der 100 km/h schnellen und knapp 1.200 PS starken Maschinen gefertigt, am Bau waren nahezu alle deutschen Lokomotivfabriken beteiligt. Nach dem Ersten Weltkrieg mussten 628 Maschinen als Reparationsleistung abgegeben werden, die Fehlbestände versuchte die DRG durch Nachbestellungen wieder aufzufüllen. Bei der Reichsbahn erhielten die Lokomotiven die Baureihenbezeichnung 38.10-40, die letzte P 8 wurde von AEG bereits als 38 4051 im Jahr 1923 geliefert. Beheimatet waren die Lokomotiven in fast jedem Betriebswerk, sie zogen Personenzüge ebenso wie Güterzüge und nicht selten auch Schnellzüge.
Einen interessanten Versuch zur Verbesserung der Wärmewirtschaftlichkeit unternahm die DRG mit der 38 3255 zwischen 1927 und 1937. Die Lok erhielt einen Abdampfturbinen-Triebtender mit der Radsatzfolge 1B2'. Die dreistufige Hauptturbine im Tender lief an, sobald die herkömmliche Kolbendampfmaschine Dampf abgab. Trotz Einsparungen von bis zu 30 % Brennstoff wurde die Lok 1937 wegen häufiger Störungen in die Normalausführung zurückgebaut.
Auch nach dem Zweiten Weltkrieg konnten die beiden deutschen Staatsbahnen auf die P 8 noch jahrzehntelang nicht verzichten. Rund 700 Maschinen gelangten zur DR, etwa 1.200 Loks zur Bundesbahn. Zahlreiche Lokomotiven verblieben im Ausland. Die DR rüstete in den 60er-Jahren rund 70 Lokomotiven mit Giesl-Flachejektoren aus, um Kohle zu sparen. Bei der DB erhielten viele P 8 einen Wannentender 2'2'T30 an Stelle des preußischen Kastentenders. Ab Ende der 50er-Jahre begannen sich die Bestände bei beiden deutschen Bahnen spürbar zu lichten. Die letzte P 8 der DR wurde 1972 ausgemustert, bei der DB hielten sich die Maschinen noch zwei Jahre länger. Immer wieder totgesagt, dampfte 38 1772 (ab 1968: 038 772-0) bis zum 31. Dezember 1974 beim Bw Rottweil, ehe sie Anfang 1975, bereits z-gestellt, mit eigener Kraft nach Norddeutschland fuhr, wo sie museal erhalten wurde.
Zahlreiche P 8 werden für die Nachwelt aufbewahrt. Bis 1998 unter Dampf war die DR-Traditionslok 38 1182. Auch die letzte DB-P 8 lief nach einer Hauptuntersuchung einige Jahre im Museumsbetrieb, ebenso die vom Denkmalsockel geholte 38 2267. Derzeit betriebsfähig ist jedoch mit 38 3199 nur eine Lok, sie wurde 1999 aus Rumänien mit eigener Kraft nach Heilbronn überführt. Daneben gibt es zahlreiche Museums- und Denkmallokomotiven.

Technische Daten:

Baureihenbezeichnung:	38.10-40	T38 3255 (DRG)
Radsatzanordnung:	2'Ch2	2'Ch2+1B2'
Zylinderdurchmesser (mm):	575 (bis 1910: 590)	
Kolbenhub (mm):	630	
Verdampfungsheizfläche (m²):	143,9	
Vmax (km/h):	100	
Leistung (PSi):	1.180	
Dienstmasse (o. Tender) (t):	78,2	
Größte Radsatzfahrmasse (t):	15,7	
Länge über Puffer (mm):	18.590	22.917
Treib-/Kuppelraddurchmesser (mm):	1.750	Tender: 1.400
Laufraddurchmesser (v) (mm):	1.000	Tender: 850
Laufraddurchmesser (h) (mm):	-	
Wasserkasteninhalt (m³):	21,5	
Brennstoffvorrat (t/m³):	7	
Indienststellung:	1906-1923	Umbau 1927
Verbleib:	38 1182, 1444, 1772, 2267, 2383, 2425, 2884, 3650, bf.) 3711 (n. 38 3199 (bf.)	

Foto: Bellingrodt, Slg. Töpelmann, Archiv transpress

Foto: Blaschke

39.0-2 (preuß. P 10, DRG, DR, DB), 22, 39 (DR)

Mit der preußischen P 10 endete die Entwicklung von Personenzug-Dampflokomotiven in Preußen. Weil die Züge nach dem Ersten Weltkrieg länger und schwerer geworden waren, reichte in vielen Fällen die Zugkraft der P 8 nicht mehr aus. Um Vorspannfahrten möglichst zu vermeiden, benötigte man eine stärkere Maschine, die nun allerdings als Vierkuppler konzipiert werden musste , um die Radsatzfahrmasse von 17 Tonnen möglichst nicht zu überschreiten. Nach einem Entwurf von Borsig entstand so ab 1922 die 1'D1'-Maschine der Gattung P 10 mit Dreizylinder-Triebwerk und Antrieb auf den zweiten Kuppelradsatz. Mit 19 Tonnen mittlerer Radsatzfahrmasse waren sie allerdings schwerer als geplant, was ihre Einsatzgebiete zunächst erheblich beschränkte. Die rund 1.600 PS starken und 110 km/h schnellen Lokomotiven waren die leistungsstärksten Personenzug-Dampfloks der deutschen Länderbahnen. Bis 1927 wurden 260 Maschinen von verschiedenen Herstellern gebaut. Bei der DRG erhielten die Loks die Nummern 39 001-260. Zunächst liefen die Loks vor allem im schweren Schnellzugdienst im Mittelgebirge, erst in den 30er-Jahren kamen sie in die ihr eigentlich zugedachten Eil- und Personenzugdienste. Markante Einsatzstrecken waren u.a. die Strecken Erfurt–Schweinfurt und Stuttgart–Tuttlingen.

Bei der DB verblieben nach dem Zweiten Weltkrieg 154 Maschinen, die DR verfügte noch über 94 Lokomotiven. Die DB setzte ihre P 10 im Schnell- und Eilzugdienst bei den Direktionen Frankfurt, Augsburg, Köln, Karlsruhe und Stuttgart ein. Die letzten Einsätze erfolgten bis Juli 1967 vom Bw Stuttgart aus.

Auch die DR konnte auf die Dienste der P 10 zunächst noch nicht verzichten. Daher bezog sie die nach Ausmusterung von neun Loks noch verfügbaren 85 Maschinen in ihr Rekonstruktionsprogramm ein. Zwischen 1958 und 1962 erhielten alle im Raw Meiningen geschweißte Rekokessel mit Verbrennungskammer und Mischvorwärmeranlage. Wegen des längeren Reko-Kessels musste auch der Rahmen angepasst werden, dadurch veränderte sich ebenfalls der Radsatzstand. Die umgebauten Maschinen erhielten die Betriebsnummern 22 001-085 und wurden im schweren Personen- und Eilzugdienst in Sachsen und Thüringen eingesetzt. Die EDV-Nummerierung gab den Maschinen ihre alte Bezeichnung 39 zurück, doch die meisten Loks waren schon 1968 überflüssig geworden. Die letzten rekonstruierten P 10 verschwanden 1971, ihre Kessel wurden für die BR 03 weiterverwendet.

Erhalten geblieben sind 39 184 und 39 230 sowie einige zuletzt als Dampfspender genutzte Torsi der DR-Rekomaschinen.

Technische Daten:

Baureihenbezeichnung:	22 (DR)	39.0-2 (DRG)
Radsatzanordnung:	1'D1'h3	
Zylinderdurchmesser (mm):	3 x 520	
Kolbenhub (mm):	660	
Verdampfungsheizfläche (m²):	206,3	217,01
Vmax (km/h):	110	
Leistung (PSi):	1.690	1.620
Dienstmasse (o. Tender) (t):	107,5	110,4
Größte Radsatzfahrmasse (t):	19,1	19,4
Länge über Puffer (mm):	23.700	22.890
Treib-/Kuppelraddurchmesser (mm):	1.750	
Laufraddurchmesser (v) (mm):	1.000	
Laufraddurchmesser (h) (mm):	1.100	
Wasserkasteninhalt (m³):	34,0	31,5
Brennstoffvorrat (t/m³):	10	7
Indienststellung:	1958-1962	1922-1927
Verbleib:	22 029 (BEM), 39 184 (Werksmuseum LHB Salzgitter), 230 (VMN, Neuenmarkt-Wirsberg)	

Foto: Blaschke

Foto: Blaschke

41 (DRG, DB, DR)

Für schnellfahrende Güterzüge entwickelte die Lokomotivindustrie im Rahmen des Einheitslokprogramms die 1'D1'-Lokomotive der Baureihe 41. Die beiden Baumustermaschinen lieferte Schwartzkopff 1936. Das Fahrwerk war eine Neuentwicklung, der Kessel war der gleiche wie bei der Baureihe 03, allerdings wurde er bei der BR 41 für 20 bar ausgelegt. Die Achsfahrmasse konnte wahlweise auf 18 t oder 20 t eingestellt werden. Mit der Baureihe 41 entstand erstmals eine universell einsetzbare Mehrzwecklokomotive. Den beiden Vorserienmaschinen folgten 364 Serienlokomotiven, die geringfügig verbessert und von nahezu allen deutschen Lokomotivfabriken bis 1941 geliefert wurden. Die 90 km/h schnellen und rund 1.900 PS starken Lokomotiven kamen in fast allen Bereichen zum Einsatz. Wie bei anderen Maschinen zeigte auch der St47K-Kessel der BR 41 nach wenigen Jahren Ermüdungserscheinungen. Daher wurde zunächst der Kesseldruck auf 16 bar reduziert, außerdem wurden 1943/44 einige Ersatzkessel beschafft.

Nach dem Zweiten Weltkrieg blieben 220 Loks bei der DB, 124 bei der DR. Da beide Staatsbahnen auf die Baureihe 41 nicht verzichten konnten, wurden zahlreiche Maschinen mit neuen Kesseln versehen. Bei der DB wurden 99 Maschinen umgebaut, sie erhielten geschweißte Hochleistungskessel mit Verbrennungskammer, 40 Maschinen überdies Ölhauptfeuerung. Die nicht umgebauten Maschinen wurden größtenteils in den 60er-Jahren ausgemustert, bis 1971 folgten die rostgefeuerten Umbaumaschinen, die ab 1968 als 041 bezeichnet wurden. Die ölgefeuerten 41er (ab 1968: 042) hingegen blieben bis zum Ende der Dampftraktion bei der DB 1977 im Bw Rheine im Einsatz.

Die Rekonstruktion bei der DR betraf zunächst 80 Maschinen, diese erhielten ab 1961 den geschweißten Reko-Kessel mit Verbrennungskammer und Mischvorwärmeranlage. Anfang der 70er-Jahre wurde noch eine Maschine rekonstruiert. Wie bei der DB zählten auch die Reko-41 der DR zu den letzten eingesetzten Normalspurdampfloks überhaupt, ihr Planeinsatz endete erst 1987 in Güsten.

Zahlreiche Maschinen der beiden modernisierten Spielarten blieben als Museumslokomotiven erhalten, darunter die ex DB-Maschinen 41 018, 096, 105, 241 und 360 und die ex DR-Loks 41 1150, 1185 und 1231 in betriebsfähigem Zustand.

Foto: Estler

Technische Daten:

Baureihenbezeichnung:	41 (DRG)	41 (Umbau DB)	41 (Reko DR)
Radsatzanordnung:	1'D1'h2		
Zylinderdurchmesser (mm):	520		
Kolbenhub (mm):	720		
Verdampfungsheizfläche (m²):	203,65	177,54	206,3
Vmax (km/h):	90		
Leistung (PSi):	1.900	2.050 (bei Ölfeuerung: 2.139)	1.990
Dienstmasse (o. Tender) (t):	101,9	101,5	103.2
Größte Radsatzfahrmasse (t):	19,7	20,2	20
Länge über Puffer (mm):	23.905		
Treib-/Kuppelraddurchmesser (mm):	1.600		
Laufraddurchmesser (v) (mm):	1.000		
Laufraddurchmesser (h) (mm):	1.250		
Wasserkasteninhalt (m³):	34,0	34,0	32,0
Brennstoffvorrat (t):	10		
Indienststellung:	1936-1941	1957-1961	ab 1961
Verbleib:	bf: 41 018, 096, 105, 150, 185, 231, 241, 360		
	Mus: 41 024, 052, 073, 113, 137, 144, 186, 225, 271, 364		

Foto: Blaschke

42 (DRG, DB, DR)

Bereits 1941 stand für den Einsatz auf Strecken in Österreich und den besetzten Gebieten in Russland eine Kriegslokomotive zur Diskussion, die mit 18 t Achsfahrmasse, dem Kessel der Baureihe 44 und dem Fahrwerk der Baureihe 50 ausgestattet sein sollte. Aus 20 Projektvorschlägen für diese so genannte »Zweite Kriegsdampflok« (KDL 2) wurden schließlich zwei favorisiert. Danach sollten von dem als Baureihe 42 bezeichneten Typ zunächst 8.000 Maschinen (wenig später reduziert auf 5.000) gebaut werden. Schließlich legte der Hauptausschuss Konstruktion folgende Stückzahlen fest: 2.500 Lokomotiven mit Stehbolzenkessel und Barrenrahmen, 1.150 Lokomotiven mit Brotankessel und Blechrahmen, 650 Lokomotiven mit Brotankessel und Kondenstender. Die ersten beiden Maschinen lieferte Henschel 1943 mit Brotankessel und den Nummern 42 0001 und 42 0002. Die erste Maschine mit Stehbolzenkessel lieferte Schwartzkopff 1944 mit der Nummer 42 501. Die ursprünglich vorgesehenen Stückzahlen wurden wegen des Krieges nicht verwirklicht, insgesamt lieferte die Industrie 865 der 80 km/h schnellen und rund 1.800 PS starken Maschinen. Durch Nachbauten nach dem Zweiten Weltkrieg in Polen und Wien-Floridsdorf wuchs die Stückzahl schließlich auf 1.063 Maschinen an.
Zur DB gelangten 701 Lokomotiven, zur DR nur 49. Während die Bundesbahn ihre Maschinen schon Mitte der 50er-Jahre ausmusterte, liefen die Reichsbahn-Maschinen noch bis 1968/69.
Erhalten blieben in Deutschland mit 42 1504 (Speyer) und 42 »2768« (Nördlingen) zwei Maschinen, die aus Polen bzw. Bulgarien zurückgekauft wurden. Zwei weitere Maschinen sind noch in Österreich und Luxembourg vorhanden.

Technische Daten:

Baureihenbezeichnung:	42 (DRG)
Radsatzanordnung:	1'Eh2
Zylinderdurchmesser (mm):	630
Kolbenhub (mm):	660
Verdampfungsheizfläche (m²):	199,6
Vmax (km/h):	80
Leistung (PSi):	1.800
Dienstmasse (o. Tender) (t):	96,92
Größte Radsatzfahrmasse (t):	17,6
Länge über Puffer (mm):	23.000
Treib-/Kuppelraddurchmesser (mm):	1.400
Laufraddurchmesser (v) (mm):	850
Laufraddurchmesser (h) (mm):	-
Wasserkasteninhalt (m³):	30,0
Brennstoffvorrat (t):	10
Indienststellung:	1943-1949
Verbleib:	u.a. 42 1504 (Technikmuseum Speyer), 2768 (BEM)

42.90 (Umbau DB)

Steigende Kohlepreise waren 1950 für die DB der Anlass, bei Dampflokomotiven nach Wegen zu suchen, die wärmewirtschaftlichen Eigenschaften zu verbessern und gleichzeitig Brennstoff einzusparen. Eine Möglichkeit wurde in dem so genannten Franco-Crosti-Rauchgasvorwärmer gefunden, der 1926 von dem italienischen Ingenieur Attilo Franco (1873-1936) zum Patent angemeldet und nach seinem Tod von seinem Mitarbeiter Piero Crosti weiterentwickelt worden war. Mit diesem Vorwärmer konnten die Rauchgase zur Vorwärmung des Speisewassers genutzt werden. Die DB beauftragte daher 1951 die Firma Henschel, die beiden Kriegsloks 52 893 und 894 mit Franco-Crosti-Rauchgasvorwärmern auszurüsten. Um den Vorwärmer unter dem Kessel anbringen zu können, musste dieser um 250 mm angehoben werden. Zur Verschiebung des Temperaturgefälles in Richtung Vorwärmer wurde die Verdampfungsheizfläche des Langkessels deutlich verkleinert. Die Rauchgase wurden in der Rauchkammertür umgelenkt und durch die beiden Vorwärmertrommeln unter dem Langkessel geleitet. Abgeschlossen wurden die Vorwärmertrommeln durch je eine Rauchkammer mit einem dreidüsigen Blasrohr. Die Rauchgase entwichen daher nicht mehr durch den Schornstein, sondern durch je einen elliptischen Schornstein an jeder Seite des Kessels in Höhe des Treibradsatzes.

Foto: Bellingrodt, Slg. Töpelamnn, Archiv transpress

Durch den Umbau stieg die Kuppelradsatzfahrmasse auf über 18 Tonnen an, so dass sie der Baureihe 42 zugeordnet (42 9000 und 9001). Ausgiebige Versuchsfahrten und die Dauerbeobachtung im Planbetrieb zeigten bald, dass die nur 10- bis 15%ige Brennstoffeinsparung doch geringer war als erwartet. Der hohe Konstruktionsaufwand konnte daher nicht amortisiert werden. Beide Loks mussten schon 1959 den Dienst quittieren, die 42 9000 am 20. Juli, die 42 9001 am 30 September.

Technische Daten:

Baureihenbezeichnung:	42.90 (DB)
Radsatzanordnung:	1'Eh2
Zylinderdurchmesser (mm):	600
Kolbenhub (mm):	660
Verdampfungsheizfläche (m²):	121,2
Vmax (km/h):	80
Leistung (PSi):	1.630
Dienstmasse (o. Tender) (t):	98,7
Größte Radsatzfahrmasse (t):	18
Länge über Puffer (mm):	22.975
Treib-/Kuppelraddurchmesser (mm):	1.400
Laufraddurchmesser (v) (mm):	850
Laufraddurchmesser (h) (mm):	-
Wasserkasteninhalt (m³):	30,0
Brennstoffvorrat (t):	10
Indienststellung:	1951
Verbleib:	

Foto: Blaschke

43 (DRG, DR)

Für den schweren Güterzugdienst war bereits im ersten Typisierungsplan des DRG-Vereinheitlichungsbüros eine fünffach gekuppelte, schwere Schlepptenderlok vorgesehen. Ähnlich wie bei den Schnellzugmaschinen wurden von der 1'E-Type je zehn Probelokomotiven in Zwei- bzw. Dreizylinderbauart geliefert, um Aufschluss über die geeignetere Bauform zu erlangen. Die Zweizylindermaschinen lieferten Henschel und Schwartzkopff im Jahr 1927, sie erhielten die Nummern 43 001-010. Ihnen folgten bis 1928 weitere 25 Maschinen, wiederum von Henschel und Schwartzkopff gebaut und mit den Nummern 43 011-035 versehen. Mit Ausnahme des Triebwerks entsprachen sie der Ursprungsausführung der BR 44. Sie leisteten knapp 1.900 PS. Eingehende Messfahrten der LVA Grunewald mit der 43 007 wiesen nach, dass die BR 43 im Leistungsbereich um 1.100 PSi einen Gesamtwirkungsgrad von 10 % erreichte. Dies war der beste Wert aller Einheitslokomotiven überhaupt. Dennoch unterblieb ein Weiterbau, die DRG gab der dreizylindrigen BR 44 den Vorzug.
Die Lokomotiven kamen zunächst in den Direktionen Dresden, Erfurt und Karlsruhe zum Einsatz. Nach dem Zweiten Weltkrieg waren alle Maschinen in Mitteldeutschland. Die DR musterte 43 023 bereits 1950 aus, die übrigen Loks fanden in der Kohleabfuhr aus den Lausitzer Revieren eine angemessene Beschäftigung. Mit Ausnahme von 43 030 und 032 (ausgemustert 1965/66) waren die Loks noch bis Ende der 60er-Jahre bei den Betriebswerken Cottbus, Rostock und Wittenberge im Dienst. Als nicht betriebsfähige Museumslok ist 43 001 erhalten geblieben.

Techn. Daten siehe BR 44

Foto: Estler

44 (DRG, DB, DR)

Nach den ersten zehn Vorauslokomotiven der Drillingsvariante für den schweren Güterverkehr wurden zunächst wegen des geringeren Dampfverbrauchs die Zweizylindervariante BR 43 weiter beschafft. Erst 1937 ging dann die Drillingslok der BR 44 in Serie. Zunächst lieferten Krupp, Henschel und Schwartzkopff 53 Maschinen der so genannten Zwischenausführung, die sich in einigen Punkten von der Ursprungsausführung unterschied. So war der Kessel um 50 mm tiefer gelegt und der Zylinderdurchmesser von 600 mm auf 550 m verkleinert worden. Ab der Betriebsnummer 44 066 galt dann die Standardausführung, die einen geänderten Antrieb der Steuerung des Innenzylinders aufwies. Zwischen 1926 und 1944 entstanden insgesamt 1.753 Lokomotiven der Baureihe 44 für die DRG. Neben den deutschen Lokomotivfabriken waren am Bau ab 1942 auch Firmen in den okkupierten Ländern beteiligt. Kriegsbedingt wurden die Maschinen ab 1942 schrittweise vereinfacht und als »Übergangskriegslokomotiven« geliefert.
Im Rahmen des so genannten Mitteldruckprogramms wurden zwischen 1933 und 1939 auch die beiden Lokomotiven 44 011 und 012 mit einem Kesseldruck von 25 bar erprobt und besaßen dafür ein Vierzylinder-Verbundtriebwerk. Zwar erreichten die Lokomotiven bei Dampf- und Brennstoffverbrauch hervorragende Werte, doch forderte der höhere Druck einen enormen Unterhaltungsaufwand. Daher wurde der Druck zunächst auf 20 bar und schließlich auf 16 bar festgelegt. Als Einzelgänger ist 44 011 von der DB 1950 ausgemustert worden, 44 012 überlebte als Bremslok in Halle bis 1962.
Im schweren Güterzugdienst erfüllte die Baureihe 44 in ganz Deutschland die in sie gesetzten Erwartungen. Nach dem Zweiten Weltkrieg waren bei der DB 1.242 Lokomotiven, die DR verfügte über 335 Loks. Darüber hinaus liefen Maschinen in Polen, der Tschechoslowakei, in Österreich, in Frankreich, in Belgien und sogar in der Türkei.
Bei beiden deutschen Staatsbahnen war die Baureihe 44 einstweilen unverzichtbar. Daher wurden sie nicht nur weiterhin voll unterhalten, sondern teilweise auch umgebaut. Von den 335 DR-Maschinen wurden zwischen 1959 und 1967 95 Maschinen auf Ölhauptfeuerung umgebaut, zum Teil erhielten die Loks auch geschweißte Nachbaukessel. Weitere 22 Maschinen wurden schon zwischen 1951 und 1957 mit Kohlenstaubfeuerung System Wendler ausgerüstet. Mit Einführung der EDV-Nummern wurden die rostgefeuerten Maschinen zur Baureihe 44.2, die ölgefeuerten zur 44.0 und die staubgefeuerten zur 44.9. Der Einsatz der staubgefeuerten Maschinen endete 1975 im Bw Arnstadt, die ölgefeuerten Loks liefen bis 1981 in Saalfeld. Anschließend wurden einige Loks wieder auf Rostfeuerung umgebaut, kamen aber nicht mehr in den Streckendienst. Für das Braunkohlewerk Geiseltal wurden 1982/83 sogar noch einmal zwei Loks auf Kohlenstaubfeuerung umgerüstet.
Die DB versah 1950 einige Maschinen mit Verbrennungskammern und ab 1955 insgesamt 32 Loks mit Ölhauptfeuerung. Letztere trugen ab 1968 die Bezeichnung 043. Bis zum Ende der Dampftraktion bei der DB im Oktober 1977 blieben die letzten 043 beim Bw Rheine im Einsatz.
Als Museums- und Denkmalloks blieben zahlreiche Maschinen erhalten, darunter mit 44 0093 auch eine ölgefeuerte ex-Reichsbahn-Lok. Zurzeit betriebsfähig sind 44 404 (Darmstadt-Kranichstein), 44 1486 (Staßfurt) und 44 1595 (Niederlande).

Technische Daten:

Baureihenbezeichnung:	43 (DRG)	44 (DRG)	44 (Mitteldruck)	44 (Umbau DB)	44 (Umbau DR)
Radsatzanordnung:	1'Eh2	1'Eh3	1'Eh4v	1'Eh3	1'Eh3
Zylinderdurchmesser (mm):	720	3 x 550	2 x 440/700	3 x 550	3 x 550
Kolbenhub (mm):	660				
Verdampfungsheizfläche (m²):	237,0	237,0	220,4	195,44	238,0
Vmax (km/h):	70	70	80	80	80
Leistung (PSi):	1.880	1.910	2.540	Öl: 2.100	Öl: 2.100
Dienstmasse (o. Tender) (t):	110,8	114,1	114,9	110,0	109,8
Größte Radsatzfahrmasse (t):	19,3	19,3	19	19	19
Länge über Puffer (mm):	22.620	22.620	22.655	22.620	23.202
Treib-/Kuppelraddurchmesser (mm):	1.400				
Laufraddurchmesser (v) (mm):	850				
Laufraddurchmesser (h) (mm):	-				
Wasserkasteninhalt (m³):	32,0	32,0	32,0	30,0/34,0	24,0
Brennstoffvorrat (t):	10	10	10	10	21
Indienststellung:	1927-1928	1927-1949	1932	1950-1960	1951-1967
Verbleib:	u.a. 43 001 (VMD), 44 381 (BEM), 44 1093 (VMD Arnstadt), 44 1377 (DGEG)				

Foto: Blaschke

45 (DRG, DB, DR)

Als Ersatz für die G 12 und als Ergänzung der BR 44 entwickelte Henschel 1936/37 die schwere 1'E1'h3-Lokomotive der Baureihe 45 für den schweren Güterzugdienst. Die rund 2.800 PS starken Maschinen waren die stärksten deutschen Dampflokomotiven. Den beiden Vorauslokomotiven folgte erst 1940 eine Serie von 26 Lokomotiven. Zuvor waren die beiden Baumustermaschinen beim LVA Grunewald eingehend untersucht worden. Der ursprünglich auf 20 kp/cm² festgelegte Kesseldruck musste schon nach kurzer Zeit wegen Kesselschäden auf 16 kp/cm² reduziert werden.

Bis auf 45 024 gelangten alle Maschinen zur DB, 12 Maschinen kamen allerdings gar nicht mehr in Betrieb und wurden 1953 ausgemustert. Als Bremslokomotiven wieder hergerichtet wurden 45 003, 004, 011 und 020. Mit neuen geschweißten Hochleistungskesseln und mechanischer Rostbeschickung rüstete die DB 45 010, 016, 019, 021 und 023 aus, nur neue Stehkessel mit Verbrennungskammer erhielten 45 008, 009, 012, 014 und 022. Bis Anfang der 60er-Jahre waren die meisten Loks von den Gleisen verschwunden, als Bremsloks der BZA Minden und München überlebten bis 1968 lediglich die 45 010, 45 019 und 45 023. Als Museumsstück blieb die 45 010 erhalten.

Die bei der DR verbliebene 45 024 wurde 1951 zu einer Hochdrucklokomotive umgebaut. Sie erhielt einen für 42 kp/cm² ausgelegten Zwangsumlaufkessel Bauart La Mont, Kondensationsanlage und Kohlenstaubfeuerung System LOWA. Nachdem die als H 45 024 bezeichnete Lok in Leipzig ausgestellt war, erfolgten 1953 Probefahrten, die aber nicht erfolgreich waren. So stand die Maschine noch einige Jahre abgestellt, ehe sie verschrottet wurde. Ihre beiden äußeren Niederdruck-Zylinder, Schlepptradsatz und hinteres Rahmenteil fanden bei der 18 201 noch Verwendung.

Technische Daten:

Baureihenbezeichnung:	45 (DRG)	45 (Umbau DB)	H 45 024 (Umbau DR)
Radsatzanordnung:	1'E1'h3	1'E1'h3	1'E1'h3v
Zylinderdurchmesser (mm):	3 x 520	3 x 520	1 x 400 / 2 x 520
Kolbenhub (mm):	720		
Verdampfungsheizfläche (m²):	289,0	269,02	149,0
Vmax (km/h):	90	90	100
Leistung (PSi):	2.800 (ab 45 003: 3.020)	3.000	2.900
Dienstmasse (o. Tender) (t):	128,4	128,5/125,5	127,0
Größte Radsatzfahrmasse (t):	19,7	20	20
Länge über Puffer (mm):	25.645	25.645	27.350
Treib-/Kuppelraddurchmesser (mm):	1.600		
Laufraddurchmesser (v) (mm):	1.000		
Laufraddurchmesser (h) (mm):	1.250		
Wasserkasteninhalt (m³):	38,0	29,0	10,0
Brennstoffvorrat (t):	10	12	24
Indienststellung:	1936-1941	1951/50	1951
Verbleib:	45 010 (VMN)		

Foto: Blaschke

50.40 (Umbau DB)

Schon 1951 hatte die DB zwei Lokomotiven der Baureihe 52 versuchsweise mit Rauchgas-Vorwärmern der Bauart Franco-Crosti ausgerüstet, um die Wirtschaftlichkeit der Maschinen zu verbessern. Da die Betriebsergebnisse der beiden Lokomotiven zunächst vollauf befriedigten, erhielt Henschel den Auftrag, die 50 1412 mit einer verbesserten Franco-Crosti-Vorwärmeranlage auszurüsten. Die Lok war ab 1955 zu Versuchsfahrten beim BZA Minden. 1958 erhielt sie die Nummer 50 4001. Der Baumustermaschine folgten bis 1959 weitere 30 Lokomotiven, welche die Nummern 50 4002-4031 bekamen. Charakteristisch für die Umbaulokomotiven waren die beiden übereinander liegenden Kessel sowie der auf der Heizerseite angeordnete seitliche Schornstein. Der obere Kessel war der Verdampferkessel, darunter lag der Vorwärmerkessel. Die Rauchgase wurden aus der Rauchkammer des oberen Kessels durch die Rohre des Vorwärmers gelenkt und entströmten erst dann dem neuen Schornstein, der seitlich am Langkessel auf der Heizerseite angebracht war. Als einzige Lok besaß die 50 4011 versuchsweise eine Ölhauptfeuerung.

Die Loks waren zunächst in Oberlahnstein, Osnabrück und Kirchweyhe beheimatet, später in Bingerbrück und Hamm. Schließlich sorgte der hohe Unterhaltungsaufwand dafür, dass die Maschinen bis 1967 ausgemustert wurden.

Technische Daten:

Baureihenbezeichnung:	50.40 (Umbau DB)
Radsatzanordnung:	1'Eh2
Zylinderdurchmesser (mm):	600
Kolbenhub (mm):	660
Verdampfungsheizfläche (m²):	193,47
Vmax (km/h):	80
Leistung (PSi):	1.540
Dienstmasse (o. Tender) (t):	88,05
Größte Radsatzfahrmasse (t):	15,7
Länge über Puffer (mm):	22.940
Treib-/Kuppelraddurchmesser (mm):	1.400
Laufraddurchmesser (v) (mm):	850
Laufraddurchmesser (h) (mm):	-
Wasserkasteninhalt (m³):	26,0
Brennstoffvorrat (t):	8
Indienststellung:	1954-1959
Verbleib:	++

Foto: Estler

50 (DRG, DB, DR), 50.35-37, 50.50 (DR)

Als Ersatz für die Eh2-Güterzugdampfloks der Reihe 57.10-40 (preuß. G 10) entstand ab 1939 die 1'E-Lokomotive der Baureihe 50. Mit ihren rund 15 t Achsfahrmasse war sie auch auf Nebenbahnen mit leichtem Oberbau problemlos einzusetzen. Da an vielen Endbahnhöfen entweder gar keine Drehscheiben waren oder die vorhanden zu kurz, sollte die Maschine in beiden Richtungen gleich schnell sein. Daher erhielt der Tender zum Schutz des Lokpersonals bei Rückwärtsfahrt eine Schutzwand. Die rund 1.600 PS starke und 80 km/h schnelle Maschine entwickelte sich schnell zu einer universell einsetzbaren, robusten und zuverlässigen Lokomotive. So folgten den 12 Vorausloks, die Henschel 1939 geliefert hatte, im Lauf der nächsten Jahre über 3.000 Maschinen, an deren Bau nahezu alle europäischen Lokomotivschmieden beteiligt waren. Wie die Baureihe 44 wurde auch die Baureihe 50 im Zuge des Zweiten Weltkrieges schrittweise vereinfacht, so dass ab 1942 Lokomotiven als 50 ÜK ausgeliefert wurden. Über 300 Maschinen waren schließlich so weit vereinfacht worden, dass sie, obwohl als BR 50 geplant, der Kriegslok-Baueihe 52 zugeordnet wurden.
Trotz zahlreicher Kriegsverluste fanden sich nach 1945 allein bei den beiden deutschen Bahnen fast 3.000 Lokomotiven, davon verfügte die DR nach Abgaben und Ausmusterungen über 317, die DB über mehr als 2.000 Maschinen. Die DB-Maschinen waren in der gesamten Bundesrepublik zu Hause. Sie erhielten Witte-Bleche, die Umlaufschürze entfiel bei den meisten Maschinen. Ab 1961 erhielten die Tender von über 700 Loks Zugführerkabinen. Mit der Einführung der Computernummern wurden aus der BR 50 die Baureihen 050-053. Sie zählten zu den letzten Dampfloks der Deutschen Bundesbahn und standen bis 1977 im Einsatz.
Von den verbliebenen Reichsbahnlokomotiven wurden ab 1957 insgesamt 208 Maschinen rekonstruiert. Sie erhielten u.a. einen Reko-Kessel mit Verbrennungskammer, Mischvorwärmer Bauart IfS, Seitenzugregler und kleine Windleitbleche. Ein Teil der Maschinen bekam einen Giesl-Flachejektor. Die Reko-50 erhielten die Nummern 50 3501-3708. Ab 1966 wurden 72 Loks auf Ölhauptfeuerung umgerüstet und als 50 5001-5072 bezeichnet, ab 1970 liefen sie als 50 0001-0072.
Auch von den verbliebenen DR-Altbaumaschinen trugen einige Lokomotiven zeitweise den Giesl-Flachejektor. Als letzte nicht rekonstruierte 50 war 50 3145 im Erzgebirge bis 1987 im Einsatz. Ein Jahr länger hielten sich die rekonstruierten Maschinen. 50 3559 zog am 29. Oktober 1988 den letzten planmäßig mit einer Normalspurdampflok bespannten Zug auf deutschen Gleisen und beendete damit eine Ära. Zahlreiche Maschinen der Baureihe 50 in allen Spielarten blieben, teilweise betriebsfähig, erhalten.

Technische Daten:

Baureihenbezeichnung:	50 (DRG)	50.35-37 (DR)	50.50 (DR)
Radsatzanordnung:	1'Eh2		
Zylinderdurchmesser (mm):	600		
Kolbenhub (mm):	660		
Verdampfungsheizfläche (m²):	177,6	172,3	172,3
Vmax (km/h):	80		
Leistung (PSi):	1.700	1.760	1.760
Dienstmasse (o. Tender) (t):	88,05	88,2	88,2
Größte Radsatzfahrmasse (t):	15,2	15	15
Länge über Puffer (mm):	22.940		
Treib-/Kuppelraddurchmesser (mm):	1.400		
Laufraddurchmesser (v) (mm):	850		
Laufraddurchmesser (h) (mm):	-		
Wasserkasteninhalt (m³):	26,0		
Brennstoffvorrat (t):	8	8	Öl: 11,2 m³
Indienststellung:	1939-1944	1957-1962	1966-1967
Verbleib:	u.a. 50 001 (DTB), 2740 (AVG, privat), 2988 (Blumberg), 3545 (DBK), 3616 (VSE), 3636 (GES), 5072 (BEM)		

Foto: Estler

Foto: Blaschke

50.40 (Neubau DR)

Parallel zur DR-Neubaudampflok der Reihe 23.10 entwickelte das Institut für Schienenfahrzeuge auch eine Neubaudampflok für den Güterverkehr. Die beiden Baumusterlokomotiven lieferte der VEB Lokomotivbau Karl Marx in Babelsberg Ende 1956, sie erhielten die Nummern 50 4001 und 50 4002. Wie die Baureihe 50 hatte die Baureihe 50.40 eine Achsfahrmasse von 15 t, war allerdings etwas kürzer als die Einheitslok. Die Loks besaßen einen Blechrahmen, einen Verbrennungskammerkessel und die IfS-Mischvorwärmeranlage älterer Bauart . Ab 1959 wurden weitere 86 Serienlokomotiven gebaut, sie erhielten Nassdampfregler und IfS-Mischvorwärmer der neuen Bauart. Der Speisedom entfiel. Mit der Ablieferung der 50 4088 endete nicht nur der Bau der DR-Neubaudampfloks, sie war vielmehr die letzte neu gebaute Staatsbahndampflok in Deutschland überhaupt.
Die Lokomotiven kamen in den Norden der DDR, ihre Heimatbetriebswerke waren u.a. Güstrow, Wismar, Hagenow Land und Wittenberge. Während die Leistung der Maschine vollauf befriedigte, erwies sich der Blechrahmen auf die Dauer als sehr unterhaltungsaufwändig. Daher wurden die meisten Maschinen bereits nach weniger als 20 Jahren ausgemustert. Die letzten 50.40 verschwanden 1980 von den Reichsbahngleisen, dienten zum Teil allerdings noch ein paar Jahre als Heizloks. Letzte erhaltene Lokomotive ist 50 4073 (BEM Nördlingen). Sie wartet in Einzelteile zerlegt auf bessere Zeiten.

Technische Daten:

Baureihenbezeichnung:	50.40 (DR)
Radsatzanordnung:	1'Eh2
Zylinderdurchmesser (mm):	600
Kolbenhub (mm):	660
Verdampfungsheizfläche (m²):	193,47
Vmax (km/h):	80
Leistung (PSi):	1.760
Dienstmasse (o. Tender) (t):	88,2
Größte Radsatzfahrmasse (t):	14,8
Länge über Puffer (mm):	22.600
Treib-/Kuppelraddurchmesser (mm):	1.400
Laufraddurchmesser (v) (mm):	850
Laufraddurchmesser (h) (mm):	-
Wasserkasteninhalt (m³):	26,0
Brennstoffvorrat (t):	10,0
Indienststellung:	1956-1960
Verbleib:	50 4073 (BEM, z.Z. zerlegt)

52.70 (sächs. IIIb, DRG)

Zwischen 1871 und 1874 beschaffte die Sächsische Staatsbahn 1B-Personenzuglokomotiven bei den Firmen Hartmann in Chemnitz und Kessler in Esslingen. Während die letzten Mohikaner der 66 Hartmann-Loks (sächs. III) bei der DRG als Baureihe 34.76 geführt wurden, waren im vorläufigen Umzeichnungsplan von 1923 für sechs Exemplare der 21 Maschinen umfassenden Kessler-Lieferung die Betriebsnummern 52 7001-7006 vorgesehen. Damit wurden sie aus nicht mehr ganz nachvollziehbaren Gründen den Güterzugloks zugeordnet. Schließlich wurde 1925 (wahrscheinlich nur buchmäßig) noch eine Esslinger Lok, die ehemalige »BRANDIS«, in 52 7001 umgezeichnet. Kurz darauf folgte ihre Ausmusterung.
Anfangs war der vordere, hinter den Zylindern angeordnete Laufradsatz der Maschinen starr im Rahmen gelagert. Ab 1885 erhielten alle Loks ein Einachs-Drehgestell der Bauart Nowotny-Klien mit Keilrückstellung und mutierten zur Gattung »IIIb«. Charakteristisch war für die »Esslinger« neben den damals allgemein üblichen Radschutzkästen über den Kuppelrädern der Umlauf sowie der Dampfdom mit flacher Decke. Mit 8,5 bar war ihr Kesseldruck relativ niedrig. Das Zweizylinder-Nassdampftriebwerk wirkte auf den ersten Kuppelradsatz.

Foto: Archiv transpress

Technische Daten:

Baureihenbezeichnung:	52.70 (DRG)
Radsatzanordnung:	1Bn2 (ab 1885: 1'Bn2)
Zylinderdurchmesser (mm):	
Kolbenhub (mm):	
Verdampfungsheizfläche (m²):	
Vmax (km/h):	55
Leistung (PSi):	
Dienstmasse (o. Tender) (t):	36,6
Größte Radsatzfahrmasse (t):	13
Länge über Puffer (mm):	13.035
Treib-/Kuppelraddurchmesser (mm):	1.570
Laufraddurchmesser (v) (mm):	1.045
Laufraddurchmesser (h) (mm):	-
Wasserkasteninhalt (m³):	5,65
Brennstoffvorrat (t):	
Indienststellung:	1871-1874
Verbleib:	++

Foto: Estler

52 (DRG, DB, DR), 52.80 (DR), 52.90 (DR)

Mit dem Beginn des Zweiten Weltkrieges stieg der Bedarf an Güterzugdampfloks sprunghaft an. Die Forderungen des Militärs nach mehr Lokomotiven konnte die Fahrzeugindustrie mit den Einheitsloks jedoch nicht erfüllen. Zunächst gingen DRG und Industrie dazu über, die im Beschaffungsplan verbliebenen Baureihen 44, 50 und 86 schrittweise zu vereinfachen, um die Produktion zu beschleunigen und lieferte die Maschinen als Übergangskriegslokomotiven (ÜK) aus. Da auch dies nicht ausreichte, wurde die Industrie 1941 aufgefordert, eine Kriegslokomotive auf der Basis der Baureihe 50 zu konstruieren. Im September 1942 lieferte Borsig die erste Maschine, sie erhielt die Nummer 52 001. Die Vereinfachungen gegenüber der BR 50 waren enorm. Unter anderem entfiel der Oberflächenvorwärmer, die Steuerung war vereinfacht, auf Achslagerstellkeile wurde zunächst verzichtet, statt des Barrenrahmens verwendete man einen Blechrahmen. Das vollständig geschlossene und beheizbare Führerhaus besaß nur noch ein Seitenfenster. Rauchkammerzentralverschluss, Läutewerk und Rauchkammerstreben entfielen, statt des Kastentenders erhielt die Baureihe 52 einen Leichtbau-Wannentender 2'2'T30 oder einen Steifrahmentender 4T30.

In nur drei Jahren entstanden über 6.000 Lokomotiven der BR 52, beteiligt waren praktisch alle deutschen Lokomotivfabriken. Zahlreiche Loks besaßen für den Einsatz im Osten besondere Frostschutzeinrichtungen, auch zu Versuchen wurden einzelne Loks herangezogen (Wellrohrkessel, Ventilsteuerung). Speziell für den Einsatz im Osten mit langen Strecken durch Steppengebiete ohne Wasser beschaffte die Reichsbahn 178 Maschinen mit Kondensationseinrichtung. Die erste Kondenslok lieferte Henschel 1943 mit der Nummer 52 1850.

Durch die Kriegsereignisse war die BR 52 schließlich in ganz Europa zu finden. Die beiden deutschen Staatsbahnen verfügten nach Kriegsende über rund 2.400 Maschinen, wovon der größere Teil bei der Reichsbahn war. Die DB musterte ihre Maschinen bis Mitte der 60er-Jahre aus, da genügend Loks der Reihe 50 zur Verfügung standen. Die DR hingegen konnte auf die Baureihe 52 nicht verzichten. Um die Loks noch langfristig einsetzen zu können, wurden zahlreiche Maschinen ab 1958 einer Generalreparatur unterzogen. Sie erhielten Vorwärmer und Achslagerstellkeile sowie neue Stehkessel in geschweißter Ausführung. Zentraler Aspekt bei der Mehrzahl der Loks war der Einbau neuer Krauss-Helmholtz-Lenkgestelle. Zum Teil erhielten sie auch Giesl-Flachejektoren. Die generalreparierten Maschinen behielten ihre ursprüngliche Betriebsnummer und blieben teilweise bis weit in die 80er-Jahre im Einsatz.

Ab 1960 erhielten insgesamt 200 Loks einen Rekokessel, dessen Beschaffung und Einbau kaum teurer war als die aufwändige Generalreparatur. Die rekonstruierten Lokomotiven bekamen die Nummern 52 8001-8200. Als betriebsfähige Heizlokomotiven überlebten zahlreiche Reko-52 bis heute. Nur bis 1977 im Einsatz stand die kohlenstaubgefeuerte Variante der BR 52. Weil in der DDR Lokomotivkohle knapp war, baute die Reichsbahn Anfang der 50er-Jahre zahlreiche Lokomotiven verschiedener Baureihen auf Staubfeuerung System Wendler um. Die so umgerüsteten 52er behielten zunächst ihre Nummer, ab 1970 wurden sie als 52.90 bezeichnet. Ihr Heimat-Bw war Senftenberg.

Die Baureihe 52 ist noch heute als Museumslok allgegenwärtig. Sowohl die Ursprungsausführung als auch rekonstruierte und generalreparierte Maschinen blieben in großer Stückzahl in ganz Europa erhalten.

Technische Daten:

Baureihenbezeichnung:	52 (Kriegslok)	52.18-20 (Kondens)	52.80 (DR)	52.90 (DR)
Radsatzanordnung:	1'Eh2			
Zylinderdurchmesser (mm):	600			
Kolbenhub (mm):	660			
Verdampfungsheizfläche (m²):	177,6	171,3	177,6	172,3
Vmax (km/h):	80			
Leistung (PSi):	1.620	1.520	1.600	1.600
Dienstmasse (o. Tender) (t):	84,0	89,1	84,4	89,7
Größte Radsatzfahrmasse (t):	15,4	15,8	15	15
Länge über Puffer (mm):	22.975	27.535 / 26.205	22.975	22.975
Treib-/Kuppelraddurchmesser (mm):	1.400			
Laufraddurchmesser (v) (mm):	850			
Laufraddurchmesser (h) (mm):	-			
Wasserkasteninhalt (m³):	30,0	16,0/13,5	30,0	24,0
Brennstoffvorrat (t):	10	9	10	21
Indienststellung:	1942-1951	1943-1947	ab 1960	ab 1951
Verbleib:	u.a. 52 2195 (BEM), 5993 (Löbau), 6666 (VMD, Berlin), 8029 (HNG Röbel), 8079 (Neuoffingen), 8183 (VSE), 9900 (VMD, Halle P)			

Foto: Estler

53.70-71, 53.76 (preuß. G 3, G 4, G 4.1, DRG)

Um die enorme Vielfalt an vorhandenen Dreikupplern zu reduzieren, entstanden ab Mitte der 70er-Jahre des 19. Jahrhunderts in Preußen Lokomotiven, denen einheitliche Zeichnungen (so genannte Normalien) zu Grunde lagen. Die erste preußische Normal-Güterzuglokomotive war eine dreifach gekuppelte Nassdampf-Lokomotive. Die erste dieser zunächst als G 3 bezeichneten Gattung wurde 1877 geliefert. Spätere Lieferungen erhielten die Gattungsbezeichnung G 4 bzw. nach Erhöhung des Kesseldrucks auf 12 kp/cm² die Bezeichnung G 4.1. Bis zur Jahrhundertwende entstanden rund 2.200 solcher Normallokomotiven, am Bau waren 12 Lokomotivfabriken beteiligt. Je nach den Bedürfnissen erhielten die Lokomotiven wahlweise innen- oder außenliegende Allan-Steuerung. Trotz ihres teilweise schon hohen Alters gelangten immerhin noch 157 G 3/G 4-Maschinen zur DRG, die sie als 53 7001-7157 in ihren Bestand einreihte. Von den G 4.1 übernahm die DRG nur noch 17 Stück in ihren Bestand, sie bekamen die Nummern 53 7601-7617.

Foto: Hubert, Slg. Töpelamnn, Archiv transpress

Mit ihrer Höchstgeschwindigkeit von 45 km/h waren sie jedoch den gestiegenen Anforderungen schon bald nicht mehr gewachsen, so dass sie früh ausgemustert wurden. Umso erstaunlicher ist es, dass mit der G 3 »3143 Saarbrücken« bis heute eine Maschine erhalten geblieben ist, für die im Umzeichnungsplan der DRG die Nummer 53 7027 vorgesehen war. Diese Nummer wurde aber nicht mehr angeschrieben, da sie vor der Umzeichnung den Dienst quittieren musste. Sie diente dann Jahrzehnte lang als Kranprüfgewicht im AW Trier und wurde zum Eisenbahnjubiläum 1985 mustergültig museal aufgearbeitet. Heute steht sie im Verkehrsmuseum Nürnberg.

Technische Daten:

Baureihenbezeichnung:	53.70-71	53.76 (DRG)
Radsatzanordnung:	Cn2	
Zylinderdurchmesser (mm):	450	
Kolbenhub (mm):	630	
Verdampfungsheizfläche (m²):	116,0	
Vmax (km/h):	45	
Leistung (PSi):		
Dienstmasse (o. Tender) (t):	40,1	
Größte Radsatzfahrmasse (t):	14,4	
Länge über Puffer (mm):	15.375	
Treib-/Kuppelraddurchmesser (mm):	1.340	
Laufraddurchmesser (v) (mm):	-	
Laufraddurchmesser (h) (mm):	-	
Wasserkasteninhalt (m³):	10,5	12,0
Brennstoffvorrat (t):	4	5
Indienststellung:	ab 1877	ab 1897
Verbleib:	»3143 Saarbrücken« (VM Nürnberg)	

Foto: Maey, Slg. Töpelmann, Archiv transpress

53.80, 53.80-81 (bay. C IV, DRG)

Weil auch in Bayern in den 80er-Jahren des 19. Jahrhunderts die vorhandenen dreifach gekuppelten Maschinen an die Grenzen ihrer Leistungsfähigkeit stießen und überdies teilweise schon sehr alt waren, beschaffte die Bayerische Staatsbahn (K.Bay.Sts.B.) ab 1884 die Maschinen der Gattung C IV. Im Unterschied zu den Vorläufertypen C I, C II und C III verfügte die als C IV bezeichnete Maschine über einen innenliegenden Rahmen. Die ersten Maschinen lieferte Maffei, ab 1889 war auch Krauss am Bau der Lokomotiven. Bis 1893 entstanden zunächst 87 Lokomotiven in Zweizylinder-Nassdampf-Ausführung. Bereits 1889 lieferte Krauss mit den Bahnnummern 911 und 912 zwei C IV-Maschinen in Zweizylinder-Verbundausführung. Sie waren die ersten Lokomotiven der Bayerischen Staatsbahn mit Verbundtriebwerk. Den beiden Probelokomotiven folgten bis 1897 weitere 98 Maschinen mit Verbundtriebwerk, die sich von den zwei erstgebauten allerdings in einigen Bereichen unterschieden. So verfügten sie über 13 kp/cm² Kesseldruck an Stelle der 12 kp/cm² der Vorausloks. Auch die Kessellage unterschied sich von den Probelokomotiven, wodurch sich die Länge über Puffer auf 15.040 mm vergrößerte.
Alle Maschinen hatten eine innenliegende Allan-Steuerung. Bei der DRG erhielten die noch vorhandenen Zwillingsmaschinen die Nummern 53 8011-8076, die Verbundmaschinen wurden als 53 8081-8168 bezeichnet. Obwohl sie bereits Anfang des 20. Jahrhunderts in vielen Fällen den Ansprüchen nicht mehr genügt hatten, wurden die letzten Loks erst 1931 (Zwilling) bzw. 1932 (Verbund) ausgemustert.

Technische Daten:

Baureihenbezeichnung:	53.80	53.80-81 (DRG)
Radsatzanordnung:	Cn2	Cn2v
Zylinderdurchmesser (mm):	486	486 / 705 (ab 53 8083: 500 / 705)
Kolbenhub (mm):	630	
Verdampfungsheizfläche (m²):	111,8	
Vmax (km/h):	50	
Leistung (PSi):		
Dienstmasse (o. Tender) (t):	40,6	41,3 (ab 53 8083: 42,7)
Größte Radsatzfahrmasse (t):		
Länge über Puffer (mm):	14.630	15.040
Treib-/Kuppelraddurchmesser (mm):	1.340	
Laufraddurchmesser (v) (mm):	-	
Laufraddurchmesser (h) (mm):	-	
Wasserkasteninhalt (m³):	10,5	
Brennstoffvorrat (t):	5	
Indienststellung:	1884-1893	1889-1897
Verbleib:		

53.82 (sächs. V, DRG)

Unter der Gattungsbezeichnung »sächs. V« wurden rund 200 Lokomotiven geführt, die bereits ab 1859 von der Berlin-Dresdner Bahn, der Leipzig-Dresdner Bahn und der Sächsischen Staatsbahn beschafft worden waren. Der Beschaffungszeitraum der Lokomotiven erstreckte sich über fast 30 Jahre (1859-1887), entsprechend unterschiedlich waren die einzelnen Lieferserien. Allen Loks gemeinsam war das dreifach gekuppelte Nassdampf-Zwillingstriebwerk. Die Maschinen wurden von Hartmann, Esslingen, Henschel, Sigl, Union und Schwartzkopff geliefert.
Zur DRG gelangten nur noch elf Maschinen der Gattung V, dort erhielten sie die Nummern 53 8201-8211. Ihre Reichsbahnzeit währte allerdings nur kurz, die nicht mehr zeitgemäßen Veteranen wurden schon bald ausgemustert und verschrottet.

Foto: Archiv transpress

Technische Daten:

Baureihenbezeichnung:	53.82 (DRG)
Radsatzanordnung:	Cn2
Zylinderdurchmesser (mm):	457
Kolbenhub (mm):	610
Verdampfungsheizfläche (m²):	111,1 / 115,4 / 121,4 / 111,41
Vmax (km/h):	40 / 45
Leistung (PSi):	
Dienstmasse (o. Tender) (t):	37,3 / 38,9 / 38,2 / 40,6
Größte Radsatzfahrmasse (t):	13,7
Länge über Puffer (mm):	14.663
Treib-/Kuppelraddurchmesser (mm):	1.400
Laufraddurchmesser (v) (mm):	-
Laufraddurchmesser (h) (mm):	-
Wasserkasteninhalt (m³):	7,5
Brennstoffvorrat (t):	4
Indienststellung:	1859-1887
Verbleib:	

53.85 (bad. VIIa, VIIb, DRG)

Ab 1866 beschaffte die Badische Staatsbahn für den Güterverkehr die Gattung VIIa, eine dreifach gekuppelte Lokomotive mit Nassdampf-Zwillingstriebwerk, die in mehreren Serien bis 1891 weiter gebaut wurde. Die VIIa besaß einen Innenrahmen und Stephenson-Steuerung. Von den 17 unter der Bezeichnung VIIa geführten Unterbaureihen wurden bis 1891 insgesamt 171 Maschinen gebaut, es folgten ab 1891 zunächst vier Lokomotiven mit größerem Zylinderdurchmesser, sie erhielten die Bezeichnung VIIc.
Ab 1893 hielt auch in Baden das Verbundtriebwerk bei den Güterzugmaschinen Einzug. Die aus der VIIa/VIIc weiterentwickelte Cn2v-Maschine der Gattung VIId wurde bis 1902 in 109 Exemplaren beschafft.

Foto: Archiv transpress

Zur Reichsbahn gelangten jedoch nur noch Zwillingsmaschinen der Gattung VIIa (47 Stück) und VIIb (3Stück). Sie erhielten die Nummern 53 8501-8587 (mit Lücken), 53 8597 und 53 8598. Als Rangierlokomotiven hielten sich die letzten Vertreter dieser Gattung noch bis Anfang der 30er-Jahre in Mannheim.

Technische Daten:

Baureihenbezeichnung:	53.85 (DRG)
Radsatzanordnung:	Cn2
Zylinderdurchmesser (mm):	457
Kolbenhub (mm):	635
Verdampfungsheizfläche (m²):	23,86
Vmax (km/h):	45
Leistung (PSi):	
Dienstmasse (o. Tender) (t):	39,1
Größte Radsatzfahrmasse (t):	
Länge über Puffer (mm):	14.842
Treib-/Kuppelraddurchmesser (mm):	1.220
Laufraddurchmesser (v) (mm):	-
Laufraddurchmesser (h) (mm):	-
Wasserkasteninhalt (m³):	8,0
Brennstoffvorrat (t):	4
Indienststellung:	1866-1893
Verbleib:	

Foto: Slg. Töpelmann, Archiv transpress

54.0, 54.2-3, 54.6, 54.8-10, 54.10, 54.12 (preuß. G 5.1, G 5.2, G 5.3, G 5.4, G 5.5, meckl. G 5.4, DRG)

Als Weiterentwicklung der Gattung G 4 stellte die Preußische Staatsbahn ab 1892 die ersten Lokomotiven der G 5-Familie in Dienst. Im Gegensatz zur G 4 besaß die G 5 einen Vorlaufradsatz. Die Maschinen der Gattung G 5.1 waren damit die ersten Lokomotiven dieser Radsatzfolge (Mogultype) in Mitteleuropa. Der Kessel war größer als jener der G 4.1, dennoch war der Leistungsgewinn der G 5.1 unbedeutend. Insgesamt 268 Maschinen dieser 1'Cn2-Type wurden bis 1902 geliefert, am Bau waren die Firmen Vulcan, Schwartzkopff, Schichau, Humboldt, Jung, Henschel und Hanomag beteiligt. Zur Reichsbahn gelangten noch 71 Stück der 65 km/h schnellen Lokomotiven. Sie erhielten die Nummern 54 001-071, wurden aber bis 1930 ausgemustert.

Noch während die Zwillingsmaschinen gebaut wurden, erhielt 1894 Hanomag den Auftrag zum Bau einer aus der G 5.1 abgeleiteten Verbundmaschine. Ein Jahr später war die erste Maschine fertig und erhielt die Gattungsbezeichnung G 5.2. Bis 1901 wurden von der Verbundtype 491 Lokomotiven allein für Preußen gebaut, weitere 215 Maschinen entstanden 1900-1908 für die Reichseisenbahn Elsass-Lothringen. Da die Maschinen bereits mit Druckluftbremse ausgerüstet waren, konnten sie auch im Personenzugdienst eingesetzt werden. Zur Reichsbahn gelangten 167 Maschinen, allesamt preußischen Ursprungs. Sie erhielten die Nummern 54 201-367, doch wurden auch sie bis 1930 ausgemustert.

Während die beiden ersten G 5-Spielarten eine Adamsachse als Vorläufer besaßen, erhielten die ab 1901 gebauten Verbundmaschinen der Gattung G 5.4 ein Krauss-Helmholtz-Drehgestell um die Laufeigenschaften zu verbessern. Das Gleiche galt für die 1903 erstmals gebaute Zwillingsvariante der Gattung G 5.3. Die G 5.4 wurde bis 1910 in 748 Exemplaren beschafft, ihre Zwillings-Schwester brachte es bis 1906 auf 206 Einheiten. Im Gegensatz zu den Vorgängertypen besaßen die beiden Varianten nun eine Heusingersteuerung, auch war der Radsatzstand um 300 mm verkürzt worden.

Von beiden Ausführungen gelangten zahlreiche Exemplare zur Reichsbahn. Die 265 Verbundmaschinen der Gattung G 5.4 erhielten die Nummern 54 801-1066, die 71 Zwillingsmaschinen liefen nun unter den Nummern 54 601-671. Insgesamt 20 Maschinen beider Gattungen wurden von der DRG zu Heißdampfverbundmaschinen umgebaut. Die letzten Maschinen waren noch in den ersten Jahren nach dem Zweiten Weltkrieg im Einsatz.

Als preußische G 5.5 entstanden schließlich ab 1910 noch einmal Lokomotiven in Nassdampfverbundbauweise mit Adamsachse an Stelle des Krauss-Helmholtz-gestells. Die Maschinen dieser Bauform, die zur Reichsbahn gelangten, erhielten die Nummern 54 1067-1092. Neun Lokomotiven gleicher Bauform lieferte Linke-Hofmann 1906-1913 an die Mecklenburgische Friedrich-Franz-Eisenbahn für den Güterverkehr Richtung Skandinavien (via Trajekt). Nur noch drei dieser Lokomotiven gelangten zur Reichsbahn und erhielten dort die Nummern 54 1201-1203. Sie verschwanden bereits vor dem Zweiten Weltkrieg von den Gleisen.

Technische Daten:

Baureihenbezeichnung:	54.0	54.2-3	54.6	54.8-10	54.10, 54.12 (DRG)
Radsatzanordnung:	1'Cn2	1'Cn2v	1'Cn2	1'Cn2v	1'Cn2v
Zylinderdurchmesser (mm):	450	480 / 680	490	500 / 750	500 / 700
Kolbenhub (mm):	630				
Verdampfungsheizfläche (m²):	137,0				
Vmax (km/h):	65	65	65	65	60 / 65
Leistung (PSi):				780 (Heißdampf: 1.020)	
Dienstmasse (o. Tender) (t):	48,5	51,1	54,1	55,1	55,1 / 54,4
Größte Radsatzfahrmasse (t):	13,7	14,6	14,5	15,3	14
Länge über Puffer (mm):	15.990	16.168	16.168	16.168	16.168
Treib-/Kuppelraddurchmesser (mm):	1.350				
Laufraddurchmesser (v) (mm):	1.000				
Laufraddurchmesser (h) (mm):	-				
Wasserkasteninhalt (m³):	12,0				
Brennstoffvorrat (t):	5				
Indienststellung:	1892-1902	1895-1901	1903-1906	1903-1910	1906-1913
Verbleib:					

Foto: Hubert, Slg. Töpelmann, Archiv transpress

Foto: Slg. Töpelmann, Archiv transpress

54.13, 54.14 (bay. C VI, G 3/4 N, DRG)

Für den Güterzugdienst im Flachland und als Aushilfe im Personenzugverkehr lieferte die Firma Krauss im Jahr 1899 die erste Lokomotive der Klasse C VI an die Bayerische Staatsbahn. Die Lokomotiven waren als Zweizylinder-Nassdampfverbundmaschine ausgebildet, besaßen ein vorauslaufendes Krauss-Helmholtz-Drehgestell und eine Heusingersteuerung mit gerader Schwinge. Bis 1905 beschaffte die Bayerische Staatsbahn insgesamt 83 Maschinen der 60 km/h schnellen Type, neben Krauss war an der Lieferung auch Maffei beteiligt.
Zwischen 1907 und 1909 entstanden wiederum bei Krauss weitere 37 Maschinen dieses Typs, die nun allerdings als Klasse G 3/4 N bezeichnet wurden und gegenüber den Vorgängerinnen geringfügig geändert waren.
Zur DRG gelangten 1925 noch 96 Maschinen der beiden Varianten, davon 64 Loks der Klasse C VI und 32 Loks der Klasse G 3/4 N. Sie erhielten die Nummern 54 1301-1364 und 54 1401-1432. Während die letzte Lok der Reihe 54.13 bereits 1931 ausgemustert wurde, hielt sich die letzte G 3/4 H bis 1935.

Technische Daten:

Baureihenbezeichnung:	54.13	54.14 (DRG)
Radsatzanordnung:	1'Cn2v	
Zylinderdurchmesser (mm):	500 / 750	
Kolbenhub (mm):	630	
Verdampfungsheizfläche (m^2):	133,2	
Vmax (km/h):	60	
Leistung (PSi):		
Dienstmasse (o. Tender) (t):	55,2	55,8
Größte Radsatzfahrmasse (t):	14,2	
Länge über Puffer (mm):	17.435	17.457
Treib-/Kuppelraddurchmesser (mm):	1.340	
Laufraddurchmesser (v) (mm):	1.006	
Laufraddurchmesser (h) (mm):	-	
Wasserkasteninhalt (m^3):	18,0	
Brennstoffvorrat (t):	6,5	
Indienststellung:	1899-1905	1907-1909
Verbleib:		

Foto: Blaschke

54.15-17 (bay. G 3/4 H, DRG, DB, DR)

Zehn Jahre nach Ablieferung der letzten G 3/4 N entstand in Bayern erneut eine 1'C-gekuppelte Güterzugdampflok, dieses Mal allerdings in Heißdampf-Ausführung. Statt des Verbundtriebwerkes setzte man bei der als G 3/4 H bezeichneten Baureihe auf ein Zwillingstriebwerk, auch kehrte man bei der Konstruktion der Vorlaufachse zur Adamsachse zurück. Auch optisch unterschied sich die 65 km/h schnelle und rund 1.000 PS starke Maschine von ihren Vorgängerinnen durch den höher liegenden Kessel. Die erste Lok lieferte Maffei im Jahr 1919, ihr folgten bis 1923 noch 224 weitere Maschinen, an deren Bau auch Krauss beteiligt war. Die Lokomotiven verfügten über einen Überhitzer und Speisewasservorwärmung.
Alle 225 Lokomotiven wurden von der Reichsbahn übernommen und als 54 1501-1725 eingereiht. Sie blieben im Wesentlichen ihrer bayerisch-schwäbischen Heimat treu. Einige dieser leistungsfähigen Maschinen verschlug es jedoch auch in fremde Gefilde. So gelangte die Baureihe nach Norddeutschland und nach 1939 in die »Ostmark« (Österreich). Zwei Maschinen verblieben nach dem Zweiten Weltkrieg in Mitteldeutschland (54 1507 und 1554) und waren bis 1957 beim Bw Halle G im Einsatz. Der Großteil der übrigen Lokomotiven wurde nach dem Zweiten Weltkrieg weiter im angestammten Einsatzgebiet eingesetzt, nun unter der Ägide der DB. Erst Mitte der 60er-Jahre ging das Leben der G 3/4 H endgültig zu Ende, das letzte Exemplar (54 1632) wurde 1966 in Nürnberg ausgemustert. Leider blieb keine dieser für Güterzugloks ausgesprochen eleganten und formschönen Maschinen erhalten.

Technische Daten:

Baureihenbezeichnung:	54.15-17 (DRG)
Radsatzanordnung:	1'Ch2
Zylinderdurchmesser (mm):	520
Kolbenhub (mm):	630
Verdampfungsheizfläche (m^2):	128,5
Vmax (km/h):	65
Leistung (PSi):	1.040
Dienstmasse (o. Tender) (t):	61,4 (ab 54 1666 62,2)
Größte Radsatzfahrmasse (t):	16,7
Länge über Puffer (mm):	17.500
Treib-/Kuppelraddurchmesser (mm):	1.350
Laufraddurchmesser (v) (mm):	950
Laufraddurchmesser (h) (mm):	-
Wasserkasteninhalt (m^3):	18,2
Brennstoffvorrat (t):	6
Indienststellung:	1919-1923
Verbleib:	

Foto: Bellingrodt, Slg. Töpelmann, Archiv transpress

55.0-6, 55.7-13, 55.57, 55.72 (preuß. G 7.1, G 7.2, meckl. G 7.2, pfälz. G 4.1, LBE, DRG, DB, DR)

Als Ableitung aus der Gattung G 5 entstanden ab 1893 die vierfach gekuppelten preußischen Güterzugmaschinen der Gattung G 7. Wie bei der G 5 entstanden im Lauf der Zeit auch bei der G 7 verschiedene Bauarten. Die erste Ausführung war die Nassdampf-Zwillingsmaschine. Sie wurde als G 7.1 bezeichnet und war die erste vierfach gekuppelte Lokomotive der Preußischen Staatsbahn. Der Kessel entsprach weit gehende dem der G 5, ebenso verfügte auch die G 7.1 über eine innenliegende Allansteuerung, allerdings mit einschienigem Kreuzkopf. Ab 1906 erhielten der zweite und vierte Kuppelradsatz 10 mm Seitenspiel in beide Richtungen, um die Kurvenläufigkeit zu verbessern.

Über 1.200 Maschinen dieser Gattung gingen allein an die Preußische Staatsbahn, weitere Lokomotiven wurden für andere Bahnverwaltungen gebaut. Zur Linderung akuten Fahrzeugmangels wurden für Preußen 1916 sogar noch 200 Loks nachgebaut. Hersteller der Maschinen waren die Firmen Vulcan, Schwartzkopff, O&K, Jung, Hohenzollern, Schichau, Hartmann, Henschel, Borsig, Linke-Hofmann und Hanomag. Zur DRG kamen noch 660 preußische Maschinen, sie erhielten die Nummern 55 001-660. Weitere Maschinen übernahm die Reichsbahn von den Saarbahnen (55 661-673), der LBE (55 681-683) und der ehemaligen Pfalzbahn (55 7201-7215).

Trotz ihres zum Teil hohen Alters überlebten einige Lokomotiven auch den Zweiten Weltkrieg und blieben zum Teil noch jahrelang im Einsatz. Die DB musterte 1957 die letzte G 7.1 aus. Die letzte aktive G 7.1 auf deutschen Gleisen war 55 669, welche die DR erst 1966 ausmusterte. Sie ist als Museumsstück erhalten geblieben wie auch die ehemalige 55 274 in Polen.

Parallel zur Zwillingsmaschine entwickelte Vulcan ab 1895 auch eine Verbundlokomotive. Die Dn2v-Maschine erhielt die Gattungsbezeichnung G 7.2. Abgesehen vom Triebwerk und den sich daraus ergebenden Modifikationen entsprach die Lok weitgehend der G 7.1. Am Bau der über 1.600 Lokomotiven allein für Preußen waren die meisten deutschen Lokomotivfabriken beteiligt. Neben Preußen gingen auch von der Verbundvariante zahlreiche Maschinen an andere Bahnverwaltungen.

Die DRG übernahm von Preußen 691 Lokomotiven als 55 702-1392. Von den Saarbahnen kamen die 55 1393-1407, aus Elsass-Lothringen die 55 1408-1410 und aus Mecklenburg die 55 5701-5705. Den Zweiten Weltkrieg überstanden zwar noch einige Maschinen, doch musterten beide deutsche Staatsbahnen ihre Lokomotiven schon nach kurzer Zeit aus. Erhalten blieb in Polen die ehemalige 55 860".

Technische Daten:

Baureihenbezeichnung:	55.0-6	55.7-13	55.57	55.72 (DRG)
Radsatzanordnung:	Dn2	Dn2v	Dn2v	Dn2
Zylinderdurchmesser (mm):	520	570 / 750	530 / 750	530
Kolbenhub (mm):	630			
Verdampfungsheizfläche (m^2):	149,37	136,61	135,52	145,72
Vmax (km/h):	50 / 45	45	45	45
Leistung (PSi):	820	870	870	820
Dienstmasse (o. Tender) (t):	52,6 / 53,5	54,5	55,8	54,8
Größte Radsatzfahrmasse (t):	14,7	14,7	15	15
Länge über Puffer (mm):	16.613	16.620	16.620	16.770 (ab 55 7213: 16.970)
Treib-/Kuppelraddurchmesser (mm):	1.250			
Laufraddurchmesser (v) (mm):	-			
Laufraddurchmesser (h) (mm):	-			
Wasserkasteninhalt (m^3):	12,0			
Brennstoffvorrat (t):	5	5	5	6
Indienststellung:	1893-1916	1895-1911	1914-1916	1898-1899
Verbleib:	55 274 (Polen), 669 (VMD, Dresden-Altstadt), 860" (Polen)			

Foto: Maey, Slg. Kleine, Archiv transpress

Foto: Hubert, Slg. Töpelmann, Archiv transpress

55.16-22 (preuß. G 8, DRG, DB, DR)

Um die Jahrhundertwende war es möglich geworden, für Dampflokomotiven den Heißdampf zu nutzen. So entstand in Preußen neben den zahlreichen Nassdampfmaschinen ab 1902 auch eine Heißdampfgüterzuglok. Die ersten Maschinen dieser als G 8 bezeichneten Type lieferte Vulcan in Stettin. Die Gattung G 8 war die erste serienmäßige Heißdampf-Güterzuglokomotive der Welt und wurde allein in Preußen in 1.056 Exemplaren beschafft. Die rund 92 Tonnen schweren D-Kuppler waren 55 km/h schnell und leisteten rund 1.100 PS.

Neben Preußen setzten auch die Saarbahnen G 8 ein. Mindestens 25 ursprünglich preußische Maschinen verschlug es im Ersten Weltkrieg in die Türkei, wo sie von der Türkischen Staatsbahn zum Teil noch bis in die 80er-Jahre eingesetzt wurden.

Die DRG übernahm 656 preußische Lokomotiven und gab ihnen die Nummern 55 1601-2256. Unter den Nummern 55 2257-2268 liefen zwölf von den Saarbahnen stammende Loks. Zur DB gelangten rund 200 Maschinen, die DR verfügte nach dem Zweiten Weltkrieg über rund 50 Loks. Die letzten DB-G 8 gingen bereits 1955 den Weg des alten Eisens, die DR musterte die letzten Loks erst Ende der Sechzigerjahre aus.

Die 1916 in die Türkei gelangte G 8 »4981 Münster« erfuhr ein besonders bemerkenswertes Schicksal: Als zuletzt im Rangierdienst des Depot Catalagzi (Schwarzmeerküste) eingesetzte türkische »44 079« wurde sie 1987 in einer fünfwöchigen Odyssee auf dem Schienenweg von der Türkei nach Darmstadt-Kranichstein überführt und dort wieder betriebsfähig hergerichtet. In weitgehend ursprünglichem Zustand dampft sie mittlerweile vor Museumszügen. In Polen wird mit der ehemaligen 55 2199 eine weitere G 8 erhalten.

Technische Daten:

Baureihenbezeichnung:	55.16-22 (DRG)
Radsatzanordnung:	Dh2
Zylinderdurchmesser (mm):	600
Kolbenhub (mm):	660
Verdampfungsheizfläche (m²):	137,54
Vmax (km/h):	55
Leistung (PSi):	1.100
Dienstmasse (o. Tender) (t):	58,5
Größte Radsatzfahrmasse (t):	16,4
Länge über Puffer (mm):	17.968
Treib-/Kuppelraddurchmesser (mm):	1.350
Laufraddurchmesser (v) (mm):	-
Laufraddurchmesser (h) (mm):	-
Wasserkasteninhalt (m³):	16,5
Brennstoffvorrat (t):	7
Indienststellung:	1902-1913
Verbleib:	G 8 »4981 Münster« (DME), 55 2199 (Polen)

Foto: Hubert, Slg. Töpelmann, Archiv transpress

55.23-24 (preuß. G 9, DRG, DB, DR)

Obwohl mit der G 8 bereits eine vierfach gekuppelte Heißdampfmaschine existierte, erhielt Schichau 1908 von der Preußischen Staatsbahn den Auftrag, noch einmal einen Nassdampf-Vierkuppler zu entwickeln, weil es mit den Heißdampfmaschinen noch verschiedene Probleme gab. Unter Verwendung des Laufwerkes der G 7 entstand so die Gattung G 9, die gegenüber der G 7 einen leistungsfähigeren Kessel erhielt, wodurch sich die Achsfahrmasse auf 15 t erhöhte. Während die ersten zehn Maschinen noch die innenliegende Allan-Steuerung besaßen, wurde bei den nachfolgenden Lokomotiven der außenliegenden Heusinger-Steuerung der Vorzug gegeben. Bis 1913 lieferten Schichau, Henschel, Borsig und Hanomag 200 Lokomotiven an die Preußische Staatsbahn. Davon gelangten noch 133 Loks zur DRG, wo sie die Nummern 55 2301-2433 erhielten. Ab 1923 wurden 36 Lokomotiven auf Heißdampf umgebaut.

Den Zweiten Weltkrieg überlebten nur noch fünf Maschinen bei der DR und 14 bei der DB. Letztere waren bis 1949 ausgemustert, bei der DR hingegen stand 55 2461 noch bis 1961 im Dienst, danach gelangte sie als Heizlok nach Vetschau und blieb so noch einige Jahre erhalten.

Technische Daten:

Baureihenbezeichnung:	55.23-24 (DRG)
Radsatzanordnung:	Dn2 (ab 1923 auch: Dh2)
Zylinderdurchmesser (mm):	550
Kolbenhub (mm):	630
Verdampfungsheizfläche (m²):	197,58
Vmax (km/h):	45 (Heißdampf: 55)
Leistung (PSi):	1.025
Dienstmasse (o. Tender) (t):	59,0 (Heißdampf: 65,5)
Größte Radsatzfahrmasse (t):	15,2
Länge über Puffer (mm):	16.758
Treib-/Kuppelraddurchmesser (mm):	1.250
Laufraddurchmesser (v) (mm):	-
Laufraddurchmesser (h) (mm):	-
Wasserkasteninhalt (m³):	12,0
Brennstoffvorrat (t):	5
Indienststellung:	1909-1913
Verbleib:	

Foto: Blaschke

Foto: Maey, SLg, Töpelmann, Archiv transpress

55.25-56, 55.58 (preuß. G 8.1, meckl. G 8.1, DRG, DB, DR)

Die bis 1908 von der Preußischen Staatsbahn in Dienst gestellten verschiedenen D-Kuppler für den Güterverkehr erwiesen sich allesamt den Anforderungen des Betriebsdienstes immer nur kurzzeitig gewachsen. Die Zugkraft der Maschinen reichte für die nach wie vor steigenden Zuglasten nicht aus. So entstand als Weiterentwicklung der an sich gelungenen Gattung G 8 im Jahr 1913 die Gattung G 8.1. Ihr Kessel entsprach in der Grundbauart dem der G 8, doch durch die Verwendung dickerer Bleche und durch einen größeren Durchmesser war er schwerer als sein Vorgänger. Auch beim Rahmen wurden stärkere Bleche verwendet, so dass sich die Reibungsmasse der Maschine erhöhte. Eigens für die G 8.1 entstand der neue Tender der preußischen Bauart 3 T 16,5, der den Aktionsradius der Maschinen deutlich erweiterte.

Die G 8.1 ist eine der meistgebauten Dampflokomotiven Deutschlands geworden. In nur acht Jahren stellte allein Preußen fast 5.000 Maschinen in Dienst, etwa 150 weitere Maschinen gingen an andere deutsche Eisenbahnverwaltungen und noch einmal so viele ins Ausland. Angesichts dieser Stückzahl ist es kein Wunder, dass die 55 km/h schnellen und rund 1.260 PS starken Vierkuppler auf allen Strecken zu Hause waren. Zur DRG gelangten 3.119 preußische Maschinen, sie bekamen die Nummern 55 2051-2857 und 55 2861-5622. Die Nummern 55 5801-5810 und 55 5851-5852 trugen ehemals mecklenburgische Lokomotiven. Nach dem Zweiten Weltkrieg war der Bestand der Maschinen bei beiden deutschen Staatsbahnen auf zusammen rund 1.000 Exemplare geschrumpft. Die letzten Lokomotiven erlebten noch die Ära der Computernummern, dadurch wurde aus der 55 die 055 (DB), bei der DR wurde lediglich eine Kontrollziffer ergänzt. Im Jahr 1973 endete der Einsatz der G 8.1 in Deutschland, erhalten geblieben sind hier die 55 3345 in Bochum-Dahlhausen und die 55 3528 in Speyer. In Polen erinnert die ehemalige 55 4765 an bessere Zeiten.

Technische Daten:

Baureihenbezeichnung:	55.25-56	55.58 (DRG)
Radsatzanordnung:	Dh2	
Zylinderdurchmesser (mm):	600	
Kolbenhub (mm):	660	
Verdampfungsheizfläche (m²):	144,43	144,31
Vmax (km/h):	55	
Leistung (PSi):	1.260	
Dienstmasse (o. Tender) (t):	69,9	67,7
Größte Radsatzfahrmasse (t):	17,6	17
Länge über Puffer (mm):	18.290	
Treib-/Kuppelraddurchmesser (mm):	1.350	
Laufraddurchmesser (v) (mm):	-	
Laufraddurchmesser (h) (mm):	-	
Wasserkasteninhalt (m³):	16,5	
Brennstoffvorrat (t):	7	
Indienststellung:	1913-1921	1918-1919
Verbleib:	55 3345 (DGEG), 3528 (Technikmuseum Speyer), 4765 (Polen)	

55.59 (pfälz. G 5, DRG)

Als letzte eigenständige Entwicklung der Pfalzbahnen entstand im Jahr 1905 die erste Lokomotive der Gattung pfälzische G 5 bei Krauss in München. Die Lokomotive war als Zweizylinder-Nassdampf-Verbundmaschine ausgelegt. Auffällig war die außergewöhnlich hohe Kessellage. Dadurch konnte eine breite Feuerbüchse und eine große Rostfläche realisiert werden. Bei einem Kuppelraddurchmesser von nur 1.250 mm mussten die großvolumigen Zylinder stark geneigt angeordnet werden. Als erste deutsche Nassdampfmaschine erhielt die pfälzische G 5 Kolbenschieber.

Insgesamt 24 Maschinen wurden zwischen 1905 und 1906 gebaut. Alle Loks entstanden bei Krauss in München und kamen nach ihrer Fertigstellung in der Pfalz zum Einsatz. Zur DRG gelangten nur noch 22 Lokomotiven, zwei mussten nach dem Ersten Weltkrieg als Reparation an die Franzosen abgegeben werden. Die DRG teilte ihren Loks die Betriebsnummern 55 5901-5922 zu. Sie blieben nur bis in die zweite Hälfte der 20er-Jahre im Dienst. Die letzte pfälzische G 5 wurde 1929 ausgemustert.

Technische Daten:

Baureihenbezeichnung:	55.59 (DRG)
Radsatzanordnung:	Dn2v
Zylinderdurchmesser (mm):	540 / 810
Kolbenhub (mm):	660
Verdampfungsheizfläche (m²):	156,08
Vmax (km/h):	45
Leistung (PSi):	
Dienstmasse (o. Tender) (t):	56,7
Größte Radsatzfahrmasse (t):	15,0
Länge über Puffer (mm):	17.396
Treib-/Kuppelraddurchmesser (mm):	1.250
Laufraddurchmesser (v) (mm):	-
Laufraddurchmesser (h) (mm):	-
Wasserkasteninhalt (m³):	16,0
Brennstoffvorrat (t):	7
Indienststellung:	1905-1906
Verbleib:	

Foto: Archiv transpress

55.60 (sächs. I V, DRG)

Obwohl bereits einige deutsche Bahnverwaltungen mit Schlepptenderlokomotiven der Bauart Mallet schlechte Erfahrungen gemacht hatten, beschaffte die Sächsische Staatsbahn zwischen 1898 und 1903 insgesamt 30 B'Bn4v-Lokomotiven für den Güterzugdienst auf Hügelstrecken und bezeichnete sie als Gattung I V. Lieferant aller Loks war Hartmann in Chemnitz. Wie bei den anderen Bahnverwaltungen überzeugte auch die Mallet in Sachsen nicht. Der kurze feste Radsatzstand sorgte für einen unruhigen Lauf, die Triebwerke neigten zum Schleudern, so dass die Masse nicht vollständig genutzt werden konnte.

Nach Ende des Ersten Weltkriegs mussten sieben Stück als Reparation nach Frankreich abgegeben werden. Noch 13 Lokomotiven gelangten zur DRG und erhielten die Nummern 55 6001-6013. Es waren die einzigen Mallet-Maschinen mit Schlepptender, welche die Reichsbahn einsetzte. Doch sie blieben es nicht lange, denn schon kurz nach der Umzeichnung wurden die letzten Lokomotiven 1926 ausgemustert.

Technische Daten:

Baureihenbezeichnung:	55.60 (DRG)
Radsatzanordnung:	B'Bn4v
Zylinderdurchmesser (mm):	2 x 420 / 650
Kolbenhub (mm):	600
Verdampfungsheizfläche (m^2):	141,1
Vmax (km/h):	45
Leistung (PSi):	
Dienstmasse (o. Tender) (t):	60,0
Größte Radsatzfahrmasse (t):	15,1
Länge über Puffer (mm):	16.706 (ab 55 6012: 17.658)
Treib-/Kuppelraddurchmesser (mm):	1.260
Laufraddurchmesser (v) (mm):	-
Laufraddurchmesser (h) (mm):	-
Wasserkasteninhalt (m^3):	9,0
Brennstoffvorrat (t):	4
Indienststellung:	1898-1903
Verbleib:	

55.62 (old. G 7, DRG)

Eine der wenigen eigenen Lokomotivkonstruktionen der Oldenburgischen Staatsbahn war die vierfach gekuppelte Güterzuglok der Gattung G 7. Ansonsten ließ man vorwiegend bei Hanomag bewährte preußische Typen nachbauen. Die oldenburgische G 7 war der erste Vierkuppler dieser Bahn und entstand, verglichen mit anderen Bahnverwaltungen, relativ spät und eigentlich schon in veralteter Ausführung. Denn die ab 1912 beschaffte G 7 besaß noch ein Zweizylinder-Nassdampfverbundtriebwerk, obwohl zu dieser Zeit in Preußen schon vier- und fünffach gekuppelte Maschinen in Heißdampfausführung produziert wurden. Charakteristisch für die G 7 war der vergleichsweise hoch liegende Kessel und der Kuppelraddurchmesser von 1.350 mm. Entsprechend der oldenburgischen Gepflogenheiten hatte sie eine äußere Heusinger-Steuerung, welche über eine Lentz-Ventilsteuerung die Dampfverteilung besorgte. Die Ventile waren in vier einzelnen Töpfen an das Zylindergussstück angeschraubt. Ein eher üblicher, geschlossener Ventilkasten kam nicht zur Anwendung.

Zwischen 1912 und 1918 lieferte Hanomag insgesamt 22 Exemplare dieser Güterzugloks. Nach Ende des Ersten Weltkrieges mussten 1919 neun Maschinen als Reparationsleistung an Belgien abgegeben werden. Die restlichen 13 wurden 1925 von der DRG als 55 6201-6213 eingereiht und sukzessive auf Heißdampf umgebaut. Die zulässige Geschwindigkeit konnte danach von 45 auf 60 km/h erhöht werden. Schon Anfang der 30er-Jahre mussten die ersten Maschinen den Dienst quittieren und 1935 waren bis auf die 55 6213 alle ausgemustert.

Technische Daten:

Baureihenbezeichnung:	55.62 (DRG)
Radsatzanordnung:	Dn2v (ab 1925: Dh2v)
Zylinderdurchmesser (mm):	500 / 750
Kolbenhub (mm):	660
Verdampfungsheizfläche (m^2):	130,05
Vmax (km/h):	45 (ab 1925: 60)
Leistung (PSi):	
Dienstmasse (o. Tender) (t):	61,2
Größte Radsatzfahrmasse (t):	15
Länge über Puffer (mm):	17.395
Treib-/Kuppelraddurchmesser (mm):	1.350
Laufraddurchmesser (v) (mm):	-
Laufraddurchmesser (h) (mm):	-
Wasserkasteninhalt (m^3):	16,0
Brennstoffvorrat (t):	6
Indienststellung:	1912-1918
Verbleib:	

Foto: Hubert, Slg. Töpelmann, Archiv transpress

Foto: Blaschke

56.0, 56.2 (preuß., meckl. G 7.3, LBE, DRG)

Neben den beiden laufachslosen Varianten G 7.1 und G 7.2 beschaffte die Preußische Staatsbahn zwischen 1893 und 1895 einen weiteren Vierkuppler, der mit vorderem Laufradsatz ausgerüstet war. Die als G 7.3 bezeichnete Lokomotive war bei Hanomag entwickelt und gebaut worden, sie war als Zweizylinder-Nassdampfverbundlok konstruiert. Da auf Grund der geringen Belastung und der niedrigen Geschwindigkeit von nur 45 km/h der Laufradsatz kaum Führungskräfte übernehmen konnte, wurde auf einen Weiterbau der Lok zu Gunsten der laufradsatzlosen G 7.1 und G 7.2 zunächst verzichtet.
Erst der Erste Weltkrieg sorgte für einen echten Serienbau der Gattung G 7.3, da die Deutsche Heeresbahn eine unkomplizierte Lokomotive mit geringer Radsatzfahrmasse wünschte. Nach den vorhandenen Zeichnungen bauten 1917 Maffei, Esslingen und Krauss insgesamt 70 Maschinen in leicht verbesserter Ausführung (14 bar Kesseldruck, Speisewasservorwärmer und Knorr-Druckluftbremse) nach. Davon gingen einige nach Kriegsende zur Mecklenburgischen Friedrich-Franz-Eisenbahn (MFFE) und zur Lübeck-Büchener Eisenbahn (LBE).
Zur DRG gelangten zunächst noch elf Exemplare, sie erhielten die Nummern 56 001-005 und 56 201-205 (ex. Mecklenburg). Die elfte Maschine wurde mit der Nummer 55 701 falsch eingereiht. Schon bald nach der Umzeichnung waren alle G 7.3 ausgemustert. Als die LBE zum 1. Januar 1938 in der Reichsbahn aufging, gelangten noch zwei LBE-G 7.3 in den DRG-Bestand. Sie erhielten die Nummern 56 001 und 002 in zweiter Besetzung, weil die ursprünglichen Maschinen bereits ausgemustert waren. Die 56 002" ging im Zweiten Weltkrieg verschollen, während die 56 001" nach Kriegsende bei der Jugoslawischen Staatsbahn verblieb.

Technische Daten:

Baureihenbezeichnung:	56.0	56.2	56 001"-002" (DRG)
Radsatzanordnung:	1'Dn2v		
Zylinderdurchmesser (mm):	530 / 750		
Kolbenhub (mm):	630		
Verdampfungsheizfläche (m²):	144,0	147,0	147,0
Vmax (km/h):	45		
Leistung (PSi):	680	700	700
Dienstmasse (o. Tender) (t):	56,9 (ab 56 003: 59,6)	59,6	59,6
Größte Radsatzfahrmasse (t):	13,6		
Länge über Puffer (mm):	16.283 (*17.378)17.352	17.378	
Treib-/Kuppelraddurchmesser (mm):	1.250		
Laufraddurchmesser (v) (mm):	1.000		
Laufraddurchmesser (h) (mm):	-		
Wasserkasteninhalt (m³):	12,0	16,5	16,5
Brennstoffvorrat (t):	5	7	7
Indienststellung:	1893-1894	1917	1917
Verbleib:			

56.1, 56.20-29 (preuß. G 8.3, G 8.2, DRG, DR)

IAls sich nach dem Ende des Ersten Weltkrieges der Bedarf für eine moderne vierfach gekuppelte Güterzugdampflok mit Laufachse abzeichnete, entwickelte in Preußen aus der fünffach gekuppelten G 12 die um einen Kesselschuss und einen Kuppelradsatz verkürzte G 8.3. Abgesehen von den durch die Verkürzung notwendigen Änderungen änderte man gegenüber der G 12 wenig. So verfügten die Loks ebenfalls über ein Dreizylindertriebwerk, einen Barrenrahmen und auch die Anzahl der Heiz- und Rauchrohre war gleich. Insgesamt entstanden 1919/20 bei Henschel 85 Loks, die alle zur DRG (56 101-185). Ein Nachbau der Maschinen unterblieb, weil die Leistungen nicht restlos befriedigten. Zu Vergleichszwecken wurde ab Ende 1919 die gleiche Maschine von Henschel in Zweizylinderausführung geliefert und als Gattung G 8.2 bezeichnet. Sie bewährte sich besser, so dass bis 1928 insgesamt 846 Exemplare beschafft wurden. Bei der DRG erhielten sie die Nummern 56 2001-2485 und 2551-2916. Nach dem Zweiten Weltkrieg blieb der Löwenanteil von 60 G 8.3 in der sowjetisch besetzten Zone, fünf fanden sich in der Britischen Zone und 16 verschlug es nach Polen. Der Verbleib der restlichen vier Loks ist unsicher. Die fünf westlichen Loks (56 152, 169, 110, 167, 170) wurden 1946/47 an die OHE verkauft und dort als 56 101-105 noch bis 1964 eingesetzt, nachdem sie zu Zwillingsmaschinen umgebaut worden waren. Die letzten G 8.3 der DR blieben bis 1967 im Bestand.
Die meisten G 8.2, rund 530 Exemplare, kamen nach 1945 zur DB. Dort wurde die Mehrzahl bis Ende 1959 ausgemustert. Als letzter Mohikaner quittierte am 28. Oktober 1963 die 56 2637 den Dienst. Nur etwas 60 G 8.2 besaß nach 1945 die DR, wo als Letzte die 56 2009 Ende 1970 verschwand. In Deutschland blieb keine der beiden Gattungen erhalten, doch in Polen hat die 56 2795 als Museumslok überlebt.

Technische Daten:

Baureihenbezeichnung:	56.1	56.20-29 (DRG)
Radsatzanordnung:	1'Dh3	1'Dh2
Zylinderdurchmesser (mm):	3 x 520	630
Kolbenhub (mm):	660	
Verdampfungsheizfläche (m²):	167,05	167,43
Vmax (km/h):	65	
Leistung (PSi):	1.240	1.390
Dienstmasse (o. Tender) (t):	84,3	83,5
Größte Radsatzfahrmasse (t):	17,9	17,7
Länge über Puffer (mm):	16.995	16.795
Treib-/Kuppelraddurchmesser (mm):	1.400	
Laufraddurchmesser (v) (mm):	1.000	
Laufraddurchmesser (h) (mm):	-	
Wasserkasteninhalt (m³):	20,0	20,0
Brennstoffvorrat (t):	6	6
Indienststellung:	1919-1920	1919-1928
Verbleib:	56 2795 (Eisenbahnmuseum Warschau)	

Foto: Blaschke

Foto: Slg. Töpelmann, Archiv transpress

56.2-8 (preuß./meckl. G 8.1 mit Laufradsatz, DRG, DR, DB)

Die DRG verfügte über mehr als 3.000 Lokomotiven der preuß./meckl. Gattung G 8.1. Die Maschinen verfügten dank ihres leistungsfähigen Kessels über eine hohe Zugkraft, waren mit 17,5 Tonnen mittlerer Radsatzfahrmasse jedoch seinerzeit nur auf Hauptbahnen einsetzbar. Zudem sorgte das vierfach gekuppelte Fahrwerk ohne Laufradsatz für unruhigen Lauf und bedingte die niedrige Höchstgeschwindigkeit von nur 55 km/h. Daher rüstete die DRG zwischen 1934 und 1941 insgesamt 691 Maschinen mit einem vorauslaufenden Bissel-Gestell aus, wodurch nicht nur die Laufeigenschaften verbessert werden konnten, sondern auch die mittlere Radsatzfahrmasse auf rund 16 t gesenkt werden konnte. Die nun 70 km/h schnellen Maschinen erhielten wegen der geänderten Radsatzfolge die Nummern 56 201-891.
Den Zweiten Weltkrieg überlebten über 400 Lokomotiven, davon kamen etwa 350 zur DB. Dort blieben die Maschinen in zahlreichen Betriebswerken (u.a. Kassel, Hamburg, Münster, Mainz) noch bis Mitte der 60er-Jahre im Einsatz. Am längsten überlebte die 56 241 vom Bw Hohenbudberg, bei der erst am 27. Juli 1967 das Feuer erlosch. Einige Jahre länger hielten sich die Maschinen der DR in Betriebswerken im nördlichen Teil der DDR. Erst 1971 wurden als letzte die beiden Pasewalker 56 234 und 339 aus dem Verkehr gezogen. Erhalten blieb in Polen die ehemalige 56 511, welche nach dem Zweiten Weltkrieg dort eine neue Heimat gefunden hatte.

Technische Daten:

Baureihenbezeichnung:	56.2-8 (DRG)
Radsatzanordnung:	1'Dh2
Zylinderdurchmesser (mm):	600
Kolbenhub (mm):	660
Verdampfungsheizfläche (m²):	146,33
Vmax (km/h):	70
Leistung (PSi):	1.260
Dienstmasse (o. Tender) (t):	74,6
Größte Radsatzfahrmasse (t):	16,2
Länge über Puffer (mm):	18.296
Treib-/Kuppelraddurchmesser (mm):	1.350
Laufraddurchmesser (v) (mm):	850
Laufraddurchmesser (h) (mm):	-
Wasserkasteninhalt (m³):	16,5
Brennstoffvorrat (t):	7,1
Indienststellung:	Umbau 1934-1941
Verbleib:	56 511 (Polen)

56.4; 56 8-11 (bay. G 4/5 N, G 4/5 H, DRG)

Unter der Fabriknummer 5000 lieferte Krauss 1905 die erste Lok der Gattung G 4/5 N an die Bayerische Staatsbahn. Der Entwicklung dieser Zweizylinder-Nassdampfmaschine lagen Erfahrungen mit zwei aus Amerika stammenden 1'D-Loks zu Grunde. Um die Feuerbüchse noch über dem Rahmen anordnen zu können, wurde der Kessel ungewöhnlich hoch angeordnet. Der Musterlok folgten bis 1906 weitere sechs Maschinen. Mit ihnen fand der Bau von Nassdampfloks in Bayern seinen Abschluss. Drei Loks gingen im Ersten Weltkrieg verloren, so dass die Deutsche Reichsbahn noch vier Maschinen in ihren Fuhrpark übernahm und unter den Nummern 56 401-404 führte. Doch schon 1927 trennte sich die Reichsbahn von der letzten Maschine.
Nachdem sich die Bauart 1'D jedoch bewährt hatte, beschaffte die Bayerische Staatsbahn ab 1915 weitere Maschinen mit dieser Radsatzfolge. Allerdings waren auch in Bayern mittlerweile die Vorzüge des Heißdampfes bekannt, außerdem sollte die neue 1'D eine Verbundlok sein. So entstand bei Maffei in München 1915 die erste Lok der Gattung G 4/5 H. Mit Überhitzer und Vorwärmeranlage ausgerüstet, erwies sich die Bauart als außerordentlich leistungsfähig. Zwischen 1915 und 1919 stellte die Bayerische Staatsbahn insgesamt 230 Lokomotiven in Dienst. Die Loks kamen in ganz Bayern vor Güterzügen zum Einsatz, bewährten sich aber auch vor Personenzügen. Als Reparation mussten nach dem Vertragsabschluss von Versailles 62 Maschinen an Frankreich und Belgien abgegeben werden. Zur DRG gelangten schließlich noch 169 Lokomotiven, sie erhielten die Betriebsnummern 56 801-809, 901-1035 und 1101-1125. Die meisten Maschinen wurden bis 1935 ausgemustert, doch überlebten drei Lokomotiven sogar noch den Zweiten Weltkrieg. Als Splittergattung verschwanden jedoch auch sie bis 1947 von den Gleisen.

Technische Daten:

Baureihenbezeichnung:	56.4	56.8-11 (DRG)
Radsatzanordnung:	1'Dn2	1'Dh4v
Zylinderdurchmesser (mm):	540	400 / 620
Kolbenhub (mm):	610	610 / 640
Verdampfungsheizfläche (m²):	179,7	178,50
Vmax (km/h):	60	
Leistung (PSi):		
Dienstmasse (o. Tender) (t):	64,8	77,0
Größte Radsatzfahrmasse (t):	14,4	15,9
Länge über Puffer (mm):	18.354	18.250
Treib-/Kuppelraddurchmesser (mm):	1.270	1.300
Laufraddurchmesser (v) (mm):	1.006	880
Laufraddurchmesser (h) (mm):	-	
Wasserkasteninhalt (m³):	18,2	20,2
Brennstoffvorrat (t):	6,5	
Indienststellung:	1905-1906	1915-1919
Verbleib:		

Foto: Archiv transpress

56.5, 56.6 (sächs. IX V, IX HV, DRG)

Nachdem die Sächsische Staatsbahn mit den Malletmaschinen der Gattung I V keine guten Erfahrungen gemacht hatte, konzentrierte man sich in der Folge auf die Bauart 1'D. Im Jahr 1902 lieferte die Sächsische Maschinenfabrik, vormals Hartmann, die erste Lokomotive aus, sie erhielt die Gattungsbezeichnung IX V. Bis 1906 erhielt die Sächsische Staatsbahn insgesamt 20 der Nassdampfverbundmaschinen. Bemerkenswert war der als Klien-Lindner-Hohlachse ausgebildete vierte Kuppelradsatz, der radial einstellbar war und eine Seitenverschiebbarkeit von 30 mm aufwies. Auffällig war darüber hinaus das rund fünf Meter lange Dampfsammelrohr auf dem Kesselscheitel, das der Dampftrocknung diente.
Die Maschinen erhielten die Bahnnummern 751-770 und erfüllten offenbar die Erwartungen, denn zwischen 1907 und 1908 beschaffte die Sächsische Staatsbahn weitere 30 Lokomotiven, allerdings nun in Heißdampfversion (Gattung IX HV) mit Schmidtschem Rauchröhrenüberhitzer, 15 bar Kesseldruck sowie Kolbenschieber statt Flachschieber. Im endgültigen Umzeichnungsplan der DRG wurden 1925 allerdings nur noch 16 Nassdampf- und 25 Heißdampfmaschinen geführt. Sie erhielten die Nummern 56 501-516 und 56 601-625. Beide Spielarten blieben ihrer sächsischen Heimat treu und liefen vor Güterzügen im Bereich der RBD Dresden. Teilweise rüstete die Reichsbahn die Loks mit Westinghouse-Druckluftbremse, Speisewasservorwärmern und Kolbenspeisepumpen aus, doch trotz dieser Investitionen fuhr die letzte IX V bereits 1932 aufs Abstellgleis.

Technische Daten:

Baureihenbezeichnung:	56.5	56.6 (DRG)
Radsatzanordnung:	1'Dn2v	1'Dh2v
Zylinderdurchmesser (mm):	530 / 770	
Kolbenhub (mm):	630	
Verdampfungsheizfläche (m²):	180,56	154,8
Vmax (km/h):	50	
Leistung (PSi):	1.300	1.390
Dienstmasse (o. Tender) (t):	72,0	
Größte Radsatzfahrmasse (t):	15,0	
Länge über Puffer (mm):	17.410 (ab 56 503: 17.516)	18.241
Treib-/Kuppelraddurchmesser (mm):	1.260	
Laufraddurchmesser (v) (mm):	1.065	
Laufraddurchmesser (h) (mm):	-	
Wasserkasteninhalt (m³):	9,0	12,0
Brennstoffvorrat (t):	4	6
Indienststellung:	1902-1906	1907-1908
Verbleib:		

Foto: Archiv transpress

56.7 (bad. VIIIe, DRG)

Mit der badischen Gattung VIIIe fand die eigenständige Entwicklung von Güterzuglokomotiven im Großherzogtum ihren Abschluss. Ähnlich wie in Sachsen folgte auch in Baden der Malletbauart eine 1'D-Maschine. Die erste Lok der Gattung VIIIe wurde 1908 von Maffei geliefert, bis 1915 folgten in mehreren Serien weitere 69 Maschinen, größtenteils von der Maschinenbau-Gesellschaft Karlsruhe. Die Vierzylinder-Verbundmaschinen besaßen als erste in Deutschland gebaute Güterzuglokomotiven einen durchgehenden Barrenrahmen. Ungewöhnlich für die damalige Zeit war ferner die hohe Kessellage und der hohe Kesseldruck von 16 bar. Die ersten 39 Loks erhielten Dampftrockner der Bauart Clench, alle anderen waren mit Rauchröhrenüberhitzung der Bauart Schmidt ausgerüstet. Die Dampftrockner bewährten sich nicht und wurden später wieder ausgebaut, so dass diese Loks dann als Nassdampf-Verbundmaschinen liefen.
Von der Reichsbahn wurden noch 68 der insgesamt 70 Lokomotiven übernommen, sie erhielten die Nummern 56 701-785 (mit Lücken). Ihr Einsatzgebiet blieben die badischen Strecken. Schon bald genügten die Loks den gestiegenen Anforderungen nicht mehr, so dass sie bis 1931 sukzessive ausgemustert wurden.

Technische Daten:

Baureihenbezeichnung:	56.7 (DRG)
Radsatzanordnung:	1'Dh4v / 1'Dn4v
Zylinderdurchmesser (mm):	2 x 395 / 635
Kolbenhub (mm):	640
Verdampfungsheizfläche (m²):	195,0
Vmax (km/h):	65
Leistung (PSi):	
Dienstmasse (o. Tender) (t):	76,0
Größte Radsatzfahrmasse (t):	16,5
Länge über Puffer (mm):	18.784
Treib-/Kuppelraddurchmesser (mm):	1.350
Laufraddurchmesser (v) (mm):	850
Laufraddurchmesser (h) (mm):	-
Wasserkasteninhalt (m³):	20,0
Brennstoffvorrat (t):	7
Indienststellung:	1908-1915
Verbleib:	

Foto: Slg. Kenning

56.30 (LBE G 8.2, DRG, DB, DR)

Anfang der 20er-Jahre benötigte die Lübeck-Büchener Eisenbahn (LBE) dringend neue Güterzugloks, da sich ihr Fahrzeugpark nur aus dreifach gekuppelten Heißdampfmaschinen und Vierkupplern der Nassdampfbauart zusammensetzte. Die LBE orientierte sich bei ihrer neuen Güterzuglok an der preußischen G 8.2, eine der damals leistungsstärksten Maschinen mit der Radsatzfolge 1'D. Insgesamt acht Vierkuppler wurden bei Linke-Hofmann als eigenständige Konstruktion in Auftrag gegeben. Sie waren wegen ihres größeren Kuppelradsatzstandes fast 2.000 mm länger als die preußischen Vorbilder, erhielten aber bei der LBE ebenfalls die Gattungsbezeichnung G 8.2 und die Bahnnummern 91-98. Der Beschaffungszeitraum erstreckte sich von 1923 bis 1930, daher ergaben sich zwangsläufig kleine Änderungen. War die Höchstgeschwindigkeit der beiden zuerst geliefert auf 65 km/h begrenzt, durften die Maschinen ab Bahnnummer 93 mit bis zu 75 km/h unterwegs sein. Die »schnellen« G 8.2 wurden daher vor allem sonntags auch im Personenzugdienst eingesetzt und besaßen sogar Windleitbleche. Versuchsweise war die Bahnnummer 97 mit einer Feuerbüchs-Wasserkammer der Bauart Nicholson ausgerüstet worden, was eine rund 2 m² größere Strahlungsheizfläche zur Folge hatte.
Nach der Verstaatlichung der LBE 1938 gelangten die Maschinen als 56 3001-3008 in den Bestand der DRG. Nach Ende des Zweiten Weltkriegs blieb die 56 3002 in der sowjetisch besetzten Zone und wurde nach 1948 von der DR ausgemustert. Die übrigen blieben bis 1950/51 bei der DB, welche einige noch an Privatbahnen verkaufen konnte. Als Werklok einer Zeche blieb so die 56 3007 »CARL ALEXANDER« erhalten und kann heute bei der Deutschen Museumseisenbahn (DME) in Darmstadt-Kranichstein besichtigt werden.

Technische Daten:

Baureihenbezeichnung:	56.30 (DRG)
Radsatzanordnung:	1'Dh2
Zylinderdurchmesser (mm):	
Kolbenhub (mm):	
Verdampfungsheizfläche (m²):	
Vmax (km/h):	65 (ab 56 3003: 75)
Leistung (PSi):	
Dienstmasse (o. Tender) (t):	79,4
Größte Radsatzfahrmasse (t):	17
Länge über Puffer (mm):	18.645
Treib-/Kuppelraddurchmesser (mm):	1.400
Laufraddurchmesser (v) (mm):	1.000
Laufraddurchmesser (h) (mm):	-
Wasserkasteninhalt (m³):	16,5
Brennstoffvorrat (t):	
Indienststellung:	1923-1930
Verbleib:	56 3007 (DME)

Foto: Archiv transpress

57.0, 57.1, 57.2 (sächs. XI V, XI H, XI HV, DRG)

Anfang des 20. Jahrhunderts benötigte Sachsen eine leistungsfähige fünffach gekuppelte Güterzugmaschine für seine krümmungs- und steigungsreichen Strecken. Um die geeignetste Bauart zu finden, lieferte Hartmann die neuen Loks 1905 in drei Varianten - zwei Nassdampf-Verbundloks (XI V), acht Heißdampf-Zwillinge (XI H) und zwei Heißdampfverbundmaschinen (XI HV). Die Nassdampfmaschinen besaßen Dampftrockner der Bauart Klien, der Schornstein lag am Ende der Rauchkammer, wodurch sie sich von den Heißdampfloks auch äußerlich merkbar unterschieden.
Da beide Heißdampfvarianten zunächst nur eingeschränkt befriedigten, wurden ab 1909 weitere Nassdampfloks geliefert, deren Bestand bis 1915 auf 108 Maschinen anwuchs. Der Antrieb erfolgte nun auf den dritten Kuppelradsatz, bei den beiden Musterloks und den ersten beiden Serienmaschinen war noch der vierte Kuppelradsatz angetrieben. Der als Verbindungsrohr zwischen den beiden Dampfdomen ausgeführte Dampftrockner wurde später wieder entfernt.
Dagegen wurde die Heißdampf-Zwillingsmaschine nicht nachgebaut, von der Verbundvariante aber zwischen 1915 und 1918 noch einmal 31 Maschinen geliefert. Statt Rauchkammerüberhitzer kam nun ein Rauchrohrüberhitzer der Bauart Schmidt zum Einbau und der Antrieb wurde ebenfalls auf den dritten Kuppelradsatz verlegt.
Die DRG übernahm 1925 insgesamt 76 Loks der Gattung XI V, fünf Loks der Gattung XI H und 18 Loks der Gattung XI HV. Sie erhielten die Nummern 57 001-014, 021-083 (XI V), 57 101-105 (XI H) und 57 201-218 (XI HV). Die DRG ließ 47 Nassdampfloks auf Heißdampf umbauen und ab Oktober 1930 wurde bei insgesamt 67 Lokomotiven das Fahrwerk umgebaut, wobei der fünfte Kuppelradsatz festgelegt wurde. Bald danach jedoch begann die Ausmusterung, als Letzte rollte 1939 die 57 078 aufs Abstellgleis.

Technische Daten:

Baureihenbezeichnung:	57.0	57.1	57.2 (DRG)
Radsatzanordnung:	En2v	Eh2	Eh2v
Zylinderdurchmesser (mm):	590 / 860	620	2 x
Kolbenhub (mm):	660 / 630	630	630
Verdampfungsheizfläche (m²):	200,6	160,3	
Vmax (km/h):	50		
Leistung (PSi):	1.200	1.200	1.216
Dienstmasse (o. Tender) (t):	74,2	69,6	71,8
Größte Radsatzfahrmasse (t):	14,8		
Länge über Puffer (mm):	18.506	18.486	18.376
Treib-/Kuppelraddurchmesser (mm):	1.260		
Laufraddurchmesser (v) (mm):	-		
Laufraddurchmesser (h) (mm):	-		
Wasserkasteninhalt (m³):	12,0		
Brennstoffvorrat (t):	5		
Indienststellung:	1905-1915	1905	1905-1918
Verbleib:			

Foto: Slg. Rieger

57.3, 57.4 (württ. H, Hh, DRG)

Auch in Württemberg bestand Anfang des 20. Jahrhunderts Bedarf an einer fünffach gekuppelten modernen Güterzuglok. Daher entstanden zwischen 1905 und 1908 zunächst acht Zweizylinder-Nassdampfverbundlokomotiven bei der Maschinenfabrik Esslingen, welche die Württembergische Staatsbahn (KWStE) unter der Klassenbezeichnung H führte. Die Maschinen besaßen einen außerordentlich leistungsfähigen Kessel, charakteristisch war das Verbindungsrohr zwischen den Domen. Die adäquate Bogenläufigkeit wurde durch seitenverschiebbare Radsätze nach dem Prinzip von Gölsdorf erreicht. Der Antrieb erfolgte auf den vierten Kuppelradsatz, wobei eine überlange Treibstange durch das Zurücksetzen des Kreuzkopfes vermieden wurde. Dafür mussten die Konstrukteure aber der Kolbenstange eine zusätzliche Brillenführung geben. Ungewöhnlich hoch für die damalige Zeit war der Kesseldruck von 15 bar. Ihr charakteristisches Aussehen erhielten die Maschinen durch das Verbindungsrohr zwischen den beiden Dampfdomen, das zur Gewinnung trockenen Dampfes diente. Später wurde zwischen den Dampfdomen ein Sandkasten angebracht, durch welchen das Dampfsammelrohr dann hindurchführte.

Die acht Loks vermochten den Bedarf nicht zu decken, so dass die Staatsbahn ab 1909 weitere Maschinen bestellte, allerdings nun in Heißdampfausführung und mit reduziertem Kesseldruck von 13 bar. In mehreren Serien entstanden zwischen 1909 und 1920 insgesamt 26 Loks der nun als Klasse Hh bezeichneten Maschinen. Lieferant war weiterhin Esslingen. Vier Nassdampf- und 17 Heißdampfloks gelangten noch zur Reichsbahn und erhielten dort die Betriebsnummern 57 301-304 und 57 401-417. Sie blieben in Württemberg bis etwa 1935 im Einsatz.

Technische Daten:

Baureihenbezeichnung:	57.3	57.4 (DRG)
Radsatzanordnung:	Eh2v	Eh2
Zylinderdurchmesser (mm):	620 / 860	620
Kolbenhub (mm):	612	
Verdampfungsheizfläche (m²):	168,0	159,2
Vmax (km/h):	45	
Leistung (PSi):		
Dienstmasse (o. Tender) (t):	76,2	73,8
Größte Radsatzfahrmasse (t):	15,6	
Länge über Puffer (mm):	17.035	17.111
Treib-/Kuppelraddurchmesser (mm):	1.250	
Laufraddurchmesser (v) (mm):	-	
Laufraddurchmesser (h) (mm):	-	
Wasserkasteninhalt (m³):	15,5	
Brennstoffvorrat (t):	6	
Indienststellung:	1905-1909	1909-1920
Verbleib:		

57.5 (bay. G 5/5, DRG)

Für die bayerischen Steilrampen beschaffte die Bayerische Staatsbahn bereits 1911 insgesamt 15 Lokomotiven der Gattung G 5/5. Die fünffach gekuppelten Maschinen waren den bayerischen Traditionen folgend als Vierzylinder-Heißdampfverbundmaschinen ausgelegt. Sie leisteten rund 1.650 PSi und waren damit allen anderen Länderbahn-Bauarten deutlich überlegen. Modernes Zubehör war weiterhin ein Barrenrahmen. Je ein innerer Hochdruckzylinder und ein äußerer Niederdruckzylinder waren zu einem Gussstück zusammengefasst. Eine außenliegende Heusinger-Steuerung mit Hängeeisen besorgte über den gemeinsamen Kolbenschieber der Hoch- und Niederdruckzylinder die Dampfverteilung. Alle vier Zylinder wirkten auf den dritten Kuppelradsatz.

Im Jahr 1920 folgten den Maschinen der ersten Serie weitere Loks, die nun etwas verstärkt ausgelegt waren. Bis 1924 wurden insgesamt 80 Loks der Nachfolgeserie geliefert und in Dienst gestellt. Die DRG übernahm nur noch sieben Maschinen der ersten Serie, sie erhielten die Nummern 57 501-507. Die Nachbauserie gelangte hingegen komplett zur Reichsbahn, die Maschinen erhielten die Nummern 57 511-590. Nach dem Zweiten Weltkrieg waren nur noch rund 20 Maschinen im Bereich der späteren DB vorhanden. Die meisten wurden bereits bis 1947 ausgemustert, die letzte G 5/5 hielt sich noch bis 1953.

Foto: Slg. Töpelmann, Archiv transpress

Technische Daten:

Baureihenbezeichnung:	57.5 (DRG)
Radsatzanordnung:	Eh4v
Zylinderdurchmesser (mm):	425 / 650
Kolbenhub (mm):	610 / 640
Verdampfungsheizfläche (m²):	206,0
Vmax (km/h):	60
Leistung (PSi):	1.650
Dienstmasse (o. Tender) (t):	84,4
Größte Radsatzfahrmasse (t):	15-17
Länge über Puffer (mm):	19.974
Treib-/Kuppelraddurchmesser (mm):	1.270
Laufraddurchmesser (v) (mm):	-
Laufraddurchmesser (h) (mm):	-
Wasserkasteninhalt (m³):	21,8
Brennstoffvorrat (t):	
Indienststellung:	1911-1924
Verbleib:	

Foto: Blaschke

57.10-35 (preuß. G 10, DRG, DB, DR)

Für den Güterverkehr auf Hauptbahnen fehlte der Preußischen Staatsbahn Anfang des 20. Jahrhunderts eine leistungsfähiger Fünfkuppler. Zwar verfügte die KPEV über die Tenderloks der Gattung T 16, doch reichten deren begrenzte Vorräte nicht aus, um längere Strecken ohne Halt zurück zu legen. Unter Verwendung des Kessels der P 8 und des Fahrwerkes der T 16 sollte eine Güterzugschlepptenderlokomotive konstruiert werden. Nachdem der zunächst vorgesehene Antrieb auf den vierten Kuppelradsatz zu Gunsten eines Antriebes des dritten Radsatzes verworfen worden war, erhielt Henschel in Kassel schließlich 1908 den Auftrag zur Konstruktion der neuen Bauart. Die ersten Maschinen der G 10 standen ab 1910 zur Verfügung. Die positiven Ergebnisse mündeten schließlich in den Serienbau, der 1912 begann.
Bis 1925 beschaffte die KPEV 2.580 Maschinen, weitere 35 Maschinen erhielten die Reichseisenbahnen Elsass-Lothringen und 27 Stück gingen an die Saarbahnen. Über 350 Loks wurden ins Ausland geliefert. Mit ihrer Leistung von rund 1.100 PSi wurde die G 10 zum unersetzlichen Zugpferd im Güterzugdienst der KPEV, wenngleich sich der Unterhalt der G 8.1 als billiger erwies.
Die meisten Maschinen gelangten zur DRG und erhielten die Nummern 57 1001-3524. An ihrem Einsatz änderte sich nichts. Nach dem Zweiten Weltkrieg verblieben zahlreiche Loks in Norwegen, Belgien, Frankreich, Österreich, Polen und in Griechenland. Bei der DB fanden sich 749 Maschinen, die DR verfügte über 112 G 10. Die letzten Loks erlebten gerade noch die EDV-gerechte Umzeichnung zur Baureihe 057, wurden aber bis zum Jahr 1970 ausgemustert. Bei der DR endete der Einsatz 1972. Als nicht betriebsfähige Museumsloks sind die 57 3088 (Haltingen), die 57 3297 (VM Dresden) und die ehemalige 57 1658 in Polen erhalten geblieben.

Technische Daten:

Baureihenbezeichnung:	57.10-35 (DRG)
Radsatzanordnung:	Eh2
Zylinderdurchmesser (mm):	630
Kolbenhub (mm):	660
Verdampfungsheizfläche (m^2):	143,27
Vmax (km/h):	60
Leistung (PSi):	1.100
Dienstmasse (o. Tender) (t):	76,6
Größte Radsatzfahrmasse (t):	15,3
Länge über Puffer (mm):	18.910
Treib-/Kuppelraddurchmesser (mm):	1.400
Laufraddurchmesser (v) (mm):	-
Laufraddurchmesser (h) (mm):	-
Wasserkasteninhalt (m^3):	16,5
Brennstoffvorrat (t):	7
Indienststellung:	1910-1925
Verbleib:	57 1658 (Polen), 3088 (VMN, Haltingen), 3297 (VMD, Dresd.-Altstadt)

58.0, 58.1 (preuß. G 12.1, sä. XIII H, DRG)

Für die Bewältigung der immer größer werdenden Transportschwierigkeiten im Ersten Weltkrieg entwickelte Henschel eine schwere fünffach gekuppelte Heißdampf-Güterzuglokomotive, die ab 1915 in 21 Exemplaren an die Preußische Staatsbahn geliefert wurde und dort die Bezeichnung G 12.1 erhielt. Der größte bis dahin in Preußen verwendete Kessel mit 5.000 mm Rohrlänge erzwang einen vorderen Laufradsatz, der in einem Bissel-Gestell ruhte. Zur Erzielung eines gleichmäßigen Drehmoments wurden die Maschinen mit einem Dreizylinder-Triebwerk ausgestattet. Dabei arbeiteten die beiden äußeren Zylinder auf den dritten Kuppelradsatz, während der Innenzylinder auf den zweiten Kuppelradsatz wirkte. Ein »konservativer« Blechrahmen vervollständigte das wuchtige Erscheinungsbild. Die zu geringe Überhitzung in den langen Rohren wurde ab 1916 durch einen fünfreihigen Überhitzer korrigiert.
Zwölf identische Lokomotiven kamen zu den Reichseisenbahnen Elsass-Lothringen und 1917 lieferte Hartmann insgesamt 20 Maschinen ganz ähnlicher Bauart an die Sächsische Staatsbahn, die ihnen die Gattungsbezeichnung XIII H gab. Mit der sächsischen Variante überschritt erstmals eine deutsche Güterzuglokomotive die 100-t-Gewichtsgrenze.
Die DRG übernahm noch 15 preußische und 14 sächsische Maschinen und gab ihnen die Nummern 58 001-015 und 58 101-114. Doch schon 1935 rollten die letzten Maschinen aufs Abstellgleis. Allerdings konnten 1941 die sechs als Reparation nach Frankreich abgegebenen sächsischen G 12.1 wieder heimgeholt werden. Sie liefen bis 1951 beim Bw Zwickau.

Foto: Archiv transpress

Technische Daten:

Baureihenbezeichnung:	58.0	58.1 (DRG)
Radsatzanordnung:	1'Eh3	
Zylinderdurchmesser (mm):	3 x 560	
Kolbenhub (mm):	660	
Verdampfungsheizfläche (m^2):	195,63	210,51
Vmax (km/h):	60	
Leistung (PSi):	1.636	
Dienstmasse (o. Tender) (t):	98,8	101,1
Größte Radsatzfahrmasse (t):	17,1	17,1
Länge über Puffer (mm):	20.340	20.703
Treib-/Kuppelraddurchmesser (mm):	1.400	
Laufraddurchmesser (v) (mm):	1.000	
Laufraddurchmesser (h) (mm):	-	
Wasserkasteninhalt (m^3):	21,5	21,0
Brennstoffvorrat (t):	7	
Indienststellung:	1915-1917	1917
Verbleib:		

Foto: Blaschke

Foto: Estler

58.2-3, 4, 5, 10-21 (bad. G 12, sä. XIII H, wü. G 12, pr. G 12, DRG, DB, DR)

Eine wesentliche Erkenntnis des Ersten Weltkriegs war die Tatsache, dass die Vielzahl verschiedener Lokomotiven nicht nur den Betrieb stark beeinträchtigte, sondern auch die Unterhaltung. Daher forderte das Kriegsministerium 1915 die Entwicklung einer leistungsstarken Einheitsgüterzuglok mit möglichst geringer Achsfahrmasse. Um die Entwicklung schnell zum Abschluss zu bringen, wurde eine Kommission gebildet, der neben den Vertretern der Eisenbahnen auch Militärs angehörten. Die Vertreter der KPEV setzten schließlich den Bau einer 1'E-Heißdampflok durch.

Anfang 1917 erhielt Henschel den Auftrag, die Konstruktionsunterlagen für die neue Lok zu erstellen. In Anlehnung an eine 1'E-Lok für die Türkei, entwickelte Henschel binnen kürzester Zeit die neue »Einheitslok«. Die ersten Maschinen waren 1917 fertig gestellt und erhielten in Preußen, Württemberg und Baden die Bezeichnung G 12. In Sachsen wurden die G 12 als XIII H geführt. Über 1.300 Loks wurden zwischen 1917 und 1921 gebaut, die meisten gelangten zur DRG. Sie kamen in fast allen Reichsbahndirektionen zum Einsatz, lediglich im Flachland erwiesen sie sich als nur mäßig geeignet. Durch den Zweiten Weltkrieg verschlug es zahlreiche Maschinen ins Ausland, so u.a. nach Bulgarien, Österreich und Polen. Die bei der DB verbliebenen Maschinen wurden bis 1953 ausgemustert. Die bei der DR verbliebenen Loks hingegen waren noch auf längere Zeit unentbehrlich, so dass ein Teil von ihnen grundlegend rekonstruiert wurde. Die letzten G 12 in der Ursprungsversion liefen noch bis 1976 im Erzgebirge. Einige G 12 sind erhalten geblieben.

Technische Daten:

Baureihenbezeichnung:	58.2-3	58.4	58.5	58.10-21 (DRG)
Radsatzanordnung:	1'Eh3			
Zylinderdurchmesser (mm):	3 x 570			
Kolbenhub (mm):	660			
Verdampfungsheizfläche (m²):	192,19	192,13	194,96	194,96
Vmax (km/h):	65			
Leistung (PSi):	1.540			
Dienstmasse (o. Tender) (t):	93,6	96,5	94,3	95,7
Größte Radsatzfahrmasse (t):	16,7			
Länge über Puffer (mm):	18.475	18.567	18.475	18.495
Treib-/Kuppelraddurchmesser (mm):	1.400			
Laufraddurchmesser (v) (mm):	1.000			
Laufraddurchmesser (h) (mm):	-			
Wasserkasteninhalt (m³):	20,0	21,0	20,0	20,0
Brennstoffvorrat (t):	6			
Indienststellung:	1918-1921	1919-1925	1919-1922	1917-1921
Verbleib:	u.a. 58 261 (VMD, Chemnitz), 311 (UEF), 1226 (Slowenien), 1297 (Polen), 1616 (EM Hermeskeil)			

58.6 (LBE, DRG)

Für die Polnische Staatsbahn lieferte Schwartzkopff 1923 insgesamt fünfzehn 1'E-Güterzug-Schlepptenderloks der Baureihe Ty 23. Zwei weitere Maschinen baute Schwartzkopff 1924 in Erwartung weiterer Aufträge durch die Polnische Staatsbahn. Doch diese blieben aus und so harrten die beiden Loks neuer Käufer. Erst 1935 fand sich mit der Lübeck-Büchener Eisenbahn (LBE) ein potenzieller Kunde, der schnell einigermaßen leistungsfähige Güterzugloks benötigte. Die beiden Maschinen erschienen wohl für die Bedürfnisse der LBE ausreichend und so unterzeichnete die Bahnverwaltung den Kaufvertrag. Sie erhielten die LBE-Bahnnummern 99 und 100. Die »neuen« Loks besaßen wie die G 12 eine Barrenrahmen und einen Belpaire-Kessel. Doch damit erschöpften sich schon die Ähnlichkeiten. Die Kesselmitte lag um 100 mm höher als bei der G 12 und die beiden Maschinen waren mit einem Zweizylinder-Heißdampftriebwerk ausgerüstet.

Nach der Verstaatlichung der LBE zum 1. Januar 1938 erhielten die beiden Güterzugloks bei der DRG die Betriebsnummern 58 601 und 602. Schon 1941 erfolgte eine erneute Umzeichnung in 58 2301 und 2302. Im Zweiten Weltkriegs verlor sich die Spur der beiden Einzelgänger auf den östlichen Kriegsschauplätzen.

Technische Daten:

Baureihenbezeichnung:	58.6 (DRG)
Radsatzanordnung:	1'Eh2
Zylinderdurchmesser (mm):	
Kolbenhub (mm):	
Verdampfungsheizfläche (m²):	
Vmax (km/h):	75
Leistung (PSi):	
Dienstmasse (o. Tender) (t):	95,2
Größte Radsatzfahrmasse (t):	17
Länge über Puffer (mm):	20.065
Treib-/Kuppelraddurchmesser (mm):	1.450
Laufraddurchmesser (v) (mm):	1.000
Laufraddurchmesser (h) (mm):	-
Wasserkasteninhalt (m³):	21,5
Brennstoffvorrat (t):	
Indienststellung:	1924
Verbleib:	

58.30 (Rekolok DR)

Weil die DR auf die Maschinen der ehemaligen preußischen Gattung G 12 noch nicht verzichten konnte, beschloss sie, insgesamt 56 Stück der teilweise recht betagten Maschinen in ihr Modernisierungsprogramm aufzunehmen und grundlegend zu rekonstruieren. Dabei erhielten die Lokomotiven bis 1963 neue geschweißte Reko-Kessel mit Verbrennungskammer, neue Mittelzylinder, Druckausgleichkolbenschieber der Bauart Trofimoff, Mischvorwärmer, neue Führerhäuser und Windleitbleche sowie teilweise auch neue Tender. Darüber hinaus bedingte der Umbau eine Verlängerung des Rahmens sowie Änderungen am Fahrwerk und der Steuerung. Die zulässige Geschwindigkeit konnte dadurch auf 70 km/h erhöht werden. Die so entstandenen Maschinen hatten mit der Ursprungslok kaum noch Gemeinsamkeiten, daher war die neue Baureihenbezeichnung 58.30 durchaus gerechtfertigt.
Die Loks erhielten die Nummern 58 3001-3056 und wurden fortan im schweren Güterzugdienst vor allem in den Räumen Dresden, Leipzig und Gera eingesetzt. Sie verbrauchten 15 bis 25 % weniger Brennstoff als die preußische G 12 und waren bedingt durch den höheren Kesseldruck auch im Dampfverbrauch sparsamer. Erst 1981 verschwand die letzte Reko-G 12 von den Gleisen der DR, doch blieben zwei Maschinen erhalten. Die 58 3047 steht in Glauchau betriebsfähig für Sonderfahrten zur Verfügung, die 58 3049 befindet sich im Eisenbahnmuseum Schwarzenberg (Erzgebirge).

Foto: Blaschke

Technische Daten:

Baureihenbezeichnung:	58.30 (DR)
Radsatzanordnung:	1'Eh3
Zylinderdurchmesser (mm):	3 x 570
Kolbenhub (mm):	660
Verdampfungsheizfläche (m²):	172,3
Vmax (km/h):	70
Leistung (PSi):	1.615
Dienstmasse (o. Tender) (t):	97,2
Größte Radsatzfahrmasse (t):	17,4
Länge über Puffer (mm):	22.110
Treib-/Kuppelraddurchmesser (mm):	1.400
Laufraddurchmesser (v) (mm):	1.000
Laufraddurchmesser (h) (mm):	-
Wasserkasteninhalt (m³):	28,0
Brennstoffvorrat (t):	10
Indienststellung:	1958-1963
Verbleib:	58 3047 (VMD, Glauchau), 3049 (VSE Schwarzenberg)

Foto: Maey, Slg. Kleine, Archiv transpress

59.0 (württ. K, DRG, DB)

Um 1917 stand die Württembergische Staatsbahn einmal mehr vor dem Problem, eine leistungsfähige Maschine für die Geislinger Steige beschaffen zu müssen. Vorgabe war, dass die Maschine eine Radsatzfahrmasse von maximal 16 Tonnen haben durfte. Nachdem in Österreich bereits gute Erfahrungen mit sechsfach gekuppelten Maschinen gemacht worden waren, wählte man auch in Württemberg diese Bauart und beschritt damit einen für Deutschland einzigartigen Weg. Zur guten Bogenläufigkeit waren der erste und sechste Kuppelradsatz seitenverschiebbar gelagert sowie die Spurkränze der Räder des dritten und vierten Kuppelradsatzes um 15 mm geschwächt. Um eine möglichst wirtschaftliche Betriebsweise zu gewährleisten, wurde ein Vierzylinder-Verbundtriebwerk, Heißdampfausführung mit einem Überhitzer von 80 m² Heizfläche sowie eine Speisewasser-Vorwärmanlage vorgesehen. Der Antrieb erfolgte nach der Bauart de Glehn, wobei die äußeren Niederdruckzylinder auf den vierten Kuppelradsatz und die inneren Hochdruckzylinder auf den dritten Kuppelradsatz wirkten. Von 1917 bis 1924 lieferte die Maschinenfabrik Esslingen 44 Maschinen der Klasse K. Die Konstruktion erwies sich als überaus gelungen.
Alle Loks wurden von der DRG übernommen. Sie blieben zunächst auf der Hauptbahn Stuttgart–Ulm im Einsatz. Nachdem 1933 die Geislinger Steige elektrifiziert worden war, wanderten die Giganten zunächst auf andere Strecken ab, ehe sie schließlich ab 1942 nach Österreich auf den Semmering und später auch nach Jugoslawien umgesetzt wurden. Durch Rückgaben kam die DB nach dem Zweiten Weltkrieg noch einmal kurzzeitig in den Besitz einiger Loks, wo sie aber bis 1953 ausgemustert wurden. Etwas länger hielten sich die Loks in Österreich auf der Semmeringbahn und die letzte jugoslawische K ist erst Anfang der 70er-Jahre verschrottet worden.

Technische Daten:

Baureihenbezeichnung:	59.0 (DRG)
Radsatzanordnung:	1'Fh4v
Zylinderdurchmesser (mm):	2 x 500 / 750
Kolbenhub (mm):	650
Verdampfungsheizfläche (m²):	232,0
Vmax (km/h):	60
Leistung (PSi):	1.920
Dienstmasse (o. Tender) (t):	108,0
Größte Radsatzfahrmasse (t):	16,0
Länge über Puffer (mm):	10.190
Treib-/Kuppelraddurchmesser (mm):	1.350
Laufraddurchmesser (v) (mm):	943
Laufraddurchmesser (h) (mm):	-
Wasserkasteninhalt (m³):	20,0
Brennstoffvorrat (t):	6
Indienststellung:	1917-1924
Verbleib:	

Foto: Hubert, Sammlung Grundmann

60 (LBE, DRG, DR)

Die Lübeck-Büchener Eisenbahn (LBE) beschaffte für den Schnellverkehr mit Doppelstock-Wendezügen zwischen Hamburg und Lübeck bei Henschel zwei kleine 1'B1'-Stromlinien-Tenderlokomotiven. Die Lieferung erfolgte im Frühjahr 1936 unter den Fabriknummern 22814 und 22815 und am 7. April 1936 wurde der 72-t-Doppelstockzug der Öffentlichkeit vorgestellt. Um die Fahrtzeit von einer Stunde zwischen Hamburg und Travemünde einzuhalten, musste die Lok in 5,5 Minuten die Spitzengeschwindigkeit von 120 km/h (geschoben und gezogen) erreichen. Die Kuppelräder der Loks maßen 1.980 mm im Durchmesser, die Laufräder 1.000 mm. Die als Bisselachsen ausgeführten Laufradsätze waren im Bereich des VMEV normalerweise für derartige Geschwindigkeiten als führende Achsen nicht zugelassen, doch die Lokomotiven besaßen einen bemerkenswert ruhigen, fast schlingerfreien Lauf, so dass eine Ausnahmegenehmigung erteilt wurde. 1937 kam eine dritte, stärkere 1'B1'-Stromlinien-Tenderlok dazu (Fabriknummer 23382), die einen größeren Kessel und einen größeren Wasservorrat besaß. Auch äußerlich waren durch eine veränderte Verkleidung kleine Unterschiede zu erkennen.

Da 1938 die LBE von DRG übernommen wurde und zur RBD Schwerin kam, wurden die drei »Mickymäuse«, wie die Stromlinien-Tenderlokomotiven scherzhaft genannt wurden, umnummeriert (DRG-Betriebsnummern 60 001 bis 60 003, Gattungszeichen St 24.18 und St 25.19). Mit Kriegsbeginn wurde durch eine Verfügung des Reichsverkehrs-Ministeriums der Schnellverkehr eingestellt und die Maschinen sollten als Heizloks weiterverwendet werden. Dieses Schicksal ereilte nur die 60 001, die im November 1942 ausgemustert und noch im Krieg verschrottet wurde. Die beiden anderen Exemplare verblieben in der sowjetischen Zone und kamen in den Bestand der DR. Sie waren nach einer Instandsetzung bis 1954 in Stralsund (60 003) und bis 1958 im Berliner Nahverkehr (60 002) im Einsatz. Die 60 002 wurde schließlich als letzte im Jahr 1967 im Raw »Einheit« in Leipzig zerlegt.

Technische Daten:

Baureihenbezeichnung:	60 001-002	60 003 (DRG)
Radsatzanordnung:	1'B1'h2t	
Zylinderdurchmesser (mm):	400	
Kolbenhub (mm):	660	
Verdampfungsheizfläche (m²):	75,36	
Vmax (km/h):	120	
Leistung (PSi):	-	
Dienstmasse (t):	69,0	72,85
Größte Radsatzfahrmasse (t):	18,4	
Länge über Puffer (mm):	12.380	
Treib-/Kuppelraddurchmesser (mm):	1.980	
Laufraddurchmesser (v) (mm):	1.000	
Laufraddurchmesser (h) (mm):	1.000	
Wasserkasteninhalt (m³):		
Brennstoffvorrat (t):		
Indienststellung:	1936	1937
Verbleib:		

61 (DRG, DB, DR)

Die Firma Henschel entwickelte in den Jahren 1934/1935 eine Schnellfahr-Tenderlokomotive mit Stromlinienverkleidung (Betriebsnummer 61 001), die ab dem Sommerfahrplan 1936 vor dem ebenfalls neu konzipierten Henschel-Wegmann-Zug zwischen Berlin und Dresden als Schnellverbindung eingesetzt wurde. Die 176 km lange Strecke wurde bei einer Reisegeschwindigkeit von rund 108 km/h in sagenhaften 100 Minuten durchfahren. Die erzielbare Höchstgeschwindigkeit von 175 km/h konnte im Bahnbetrieb aber in der Regel nicht ausgenutzt werden, weil auf die »langsameren« Loks des jeweiligen Gegenzuges Rücksicht genommen werden musste.
Im Jahr 1939 kam eine zweite, verbesserte Schnellfahr-Tenderlokomotive (Dreizylinder-Triebwerk, dreiachsiges hinteres Drehgestell, größerer Wasserkasten) mit der Betriebsnummer 61 002 hinzu, so dass nunmehr die Fahrplangestaltung weiter verbessert hätte werden können. Jedoch mit dem Beginn des Zweiten Weltkrieges wurde der Schnellverkehr eingestellt und der Henschel-Wegmann-Zug in einen Lazarettzug umgewandelt.

Foto: Hubert, Slg. Kleine, Archiv transpress

Nach Kriegsende versah die 61 001 ihren Dienst in den Westzonen bei den Bahnbetriebswerken Hannover und Bielefeld. Nach einem Unfall im Jahr 1951 lohnte sich eine Instandsetzung nicht mehr; sie wurde 1952 ausgemustert und 1957 zerlegt.
In der sowjetische besetzten Zone blieb nach 1945 die 61 002 zurück. Sie wurde nach Triebwerksentkleidung und bei reduziertem Kesseldruck bis 1958 vorwiegend auf der Elbtalstrecke Dresden–Bad Schandau eingesetzt. Bekannt sind auch Einsätze vor dem Sonderzug des damaligen DDR-Verkehrsministers Kramer. 1960 wurde sie bei der VES-M Halle unter Verwendung von Baugruppen der Lok H 45 024 und eines Kessels der Baureihe 22 zu einer Schnellfahrlokomotive mit Schlepptender und Teilverkleidung umgebaut und erhielt die Betriebsnummer 18 201.

Technische Daten:

Baureihenbezeichnung:	61 001	61 002 (DRG)
Radsatzanordnung:	2'C2'h2t	2'C3'h3t
Zylinderdurchmesser (mm):	460	
Kolbenhub (mm):	750	
Verdampfungsheizfläche (m²):	151,9	
Vmax (km/h):	175	
Leistung (PSi):	1.450	
Dienstmasse (t):	129,1	146,3
Größte Radsatzfahrmasse (t):	19,0	
Länge über Puffer (mm):	18.475	18.825
Treib-/Kuppelraddurchmesser (mm):	2.300	
Laufraddurchmesser (v) (mm):	1.100	
Laufraddurchmesser (h) (mm):	1.100	
Wasserkasteninhalt (m³):	17,0	21,0
Brennstoffvorrat (t):	5,0	
Indienststellung:	1935	1939
Verbleib:		

Foto: Blaschke

62 (DRG, DB, DR)

Die Tenderloks der Baureihe 62 wurde 1927/1928 für Schnell-, Eil- und Personenverkehr in kurzen Distanzen auf Hauptstrecken entwickelt. Sie gehörten zur ersten Generation der DRG-Einheitslokomotiven mit 20 t Radsatzfahrmasse. Die Maschinen waren insbesondere dort vorgesehen, wo der Einsatz von Schlepptenderlokomotiven wegen des Wendens unwirtschaftlich war. Ihre Höchstgeschwindigkeit von 100 km/h erreichten sie in beiden Fahrtrichtungen. Bei Messfahrten konnte ein Schnellzug mit über 600 t auf ebener Strecke noch mit 100 km/h gefahren werden. Bei einer Steigung von 10 ‰ schaffte die BR 62 immerhin noch 385 t mit 60 km/h. Die Abnahme der 1928 von Henschel gebauten 15 Loks durch die DRG dauerte bis 1932. Die Reichsbahn-Direktionen Erfurt, Stettin und Wuppertal teilten sich die 15 Maschinen. Bis Kriegsende bediente die Baureihe 62 vor allem die Strecken Eisenach–Meiningen, Altefähr–Saßnitz, Düsseldorf–Remscheid und Düsseldorf–Wuppertal.
Nach Kriegsende verblieben acht Maschinen bei der DR und sieben bei der DB. Die Loks der DB waren in Dortmund, Düsseldorf, Essen und Krefeld stationiert. Sie wurden hauptsächlich im Ruhr-Schnellverkehr eingesetzt. Bis 1956 waren alle ausgemustert und wenig später auch verschrottet. Davon ausgenommen war die 62 003, die als Unterrichtsmodell diente. Aber auch diese wurde 1972 nach längerer Abstellzeit verschrottet.
Die acht DR-Maschinen durchliefen nacheinander verschiedene Bahnbetriebswerke, zuletzt waren sie im Bw Frankfurt (Oder) stationiert. Als letzte schied die 62 007 (ab 1970: 62 1007) am 4. Mai 1971 aus dem Betriebsdienst aus. Anschließend diente sie noch als Heizlok in ihrem Heimat-Bw. Ihre offizielle z-Stellung erfolgte erst im Januar 1973. Als einzige überlebte die 62 015, die von der DR als betriebsfähige Museumslokomotive erhalten wurde und diesen Status erst vor kurzem verloren hat.

Technische Daten:

Baureihenbezeichnung:	62 (DRG)
Radsatzanordnung:	2'C2'h2t
Zylinderdurchmesser (mm):	600
Kolbenhub (mm):	660
Verdampfungsheizfläche (m²):	195,25
Vmax (km/h):	100
Leistung (PSi):	1.680
Dienstmasse (t):	123,6
Größte Radsatzfahrmasse (t):	20,3
Länge über Puffer (mm):	17.140
Treib-/Kuppelraddurchmesser (mm):	1.750
Laufraddurchmesser (v) (mm):	850
Laufraddurchmesser (h) (mm):	850
Wasserkasteninhalt (m³):	14,0
Brennstoffvorrat (t):	4,3
Indienststellung:	1928-1932
Verbleib:	62 015 (VM Dresden)

Foto: Blaschke

64 (DRG, DB, DR)

Ab 1926 wurde die Baureihe 64 als 1'C1'h2-Tenderlok entwickelt und ab 1928 in Betrieb genommen. Alle deutschen Lokomotivfabriken beteiligten sich am Bau dieses Typs und bis zum Jahre 1940 wurden insgesamt 520 Stück (64 001-520) in Dienst gestellt. Als Einheitslok der ersten Generation für 15 t Radsatzfahrmasse brachte die Typisierung vieler Bauteile eine weitgehende Übereinstimmung mit den Baureihen 24 und 86. Sowohl der Kessel als auch Gruppen des Triebwerks entsprachen jenen der Baureihe 24 und konnten ausgetauscht werden. Mit einem Friedmann-Abdampf-injektor anstelle des üblichen Oberflächenvorwärmers waren die 64 233-234, 243-257 und 273-282 ausgestattet. Bei den letzten zehn Stück der Baureihe (64 511-520) ruhten die Laufradsätze in Krauss-Helmholtz-Lenkgestellen, alle anderen Maschinen waren mit Bissel-Gestellen ausgerüstet. Diese Loks erreichten eine 90 km/h und wurden vorwiegend im Flachland auf kurzen Nebenbahnstrecken ohne Wendemöglichkeit eingesetzt. Sie hatten in beiden Fahrtrichtungen gleich gute Laufeigenschaften.
Nach Kriegsende verblieben im Westen rund 280 Maschinen, im Osten wurden noch 115 Loks gezählt, so dass über 100 Stück im Krieg verloren gingen oder bei fremden Bahnverwaltungen (Tschechoslowakei, Polen) verblieben. Bei der DB waren 1968 noch 92 Maschinen vorhanden, 1971 nur noch 30 Stück. Die letzten Maschinen fuhren bis Ende 1974 im süddeutschen Raum. Diverse 64er blieben als Denkmals- oder Museumslokomotiven erhalten. Noch heute sind die 64 419 (DBK) und 491 (DFS) betriebsfähig. Bei der DR setzte ab 1970 die Ausmusterung in großem Umfang ein. Bis 1974 waren ebenfalls alle außer Dienst gestellt und wenig später verschrottet. Überlebt hat nur die 64 007, die dem Verkehrsmuseum Dresden gehört.

Technische Daten:

Baureihenbezeichnung:	64 (DRG)
Radsatzanordnung:	1'C1'h2t
Zylinderdurchmesser (mm):	500
Kolbenhub (mm):	660
Verdampfungsheizfläche (m²):	104,4
Vmax (km/h):	90
Leistung (PSi):	950
Dienstmasse (t):	74,9 (ab 64 511: 75,2)
Größte Radsatzfahrmasse (t):	15,3
Länge über Puffer (mm):	12.400 (ab 64 368: 12.500)
Treib-/Kuppelraddurchmesser (mm):	1.500
Laufraddurchmesser (v) (mm):	850
Laufraddurchmesser (h) (mm):	850
Wasserkasteninhalt (m³):	9,0
Brennstoffvorrat (t):	3,0
Indienststellung:	1928-1940
Verbleib:	u.a. 64 007 (VMD, Schwerin), 289 (EFZ, Tübingen), 491 (DBK, Gaildorf), 491 (DSF, Ebermannstadt)

Foto: Blaschke

65 (DB)

Das Neubauprogramm der DB sah eine Tenderlokomotive für den Personenverkehr im Vorortdienst vor. Vorstudien für diese Baureihe 65 waren gut zehn Jahre vorher noch zu DRG-Zeiten gemacht worden, daher resultierte auch die formale Ähnlichkeit mit der später gebauten DR-Baureihe 65.10. Beide waren als Ersatz für die Baureihen 93 (preuß. T 14 und T 14.1) und 78 (preuß. T 18) vorgesehen.
Die Krauss-Maffei AG in München lieferte im März 1951 die ersten beiden Prototypen 65 001 und 002, weitere elf Maschinen wurden noch im Laufe des Jahres in Dienst gestellt (65 003-013). Die letzten fünf Exemplare wurden erst in den Jahren 1955 und 1956 geliefert. Die Lokomotiven hatten nach den neuen Baugrundsätzen der DB vollständig geschweißte Hochleistungskessel mit Verbrennungskammern sowie einen geschweißten Blechrahmen erhalten. Die ersten 13 Exemplare waren mit Knorr-Oberflächenvorwärmern ausgerüstet, die andern erhielten Henschel-Mischvorwärmer. Die 65 012-018 wurden mit einer Steuereinrichtung für den Wendezugbetrieb versehen. Die zugelassene Höchstgeschwindigkeit betrug 85 km/h.
Die Baureihe 65 galt als sehr zuverlässige Maschinen, die allerdings nicht universell verwendbar war: Für Nebenbahnen waren sie nur bedingt einsatzfähig, für den Güterfernverkehr verfügten sie über zu kleine Vorräte. Als erste wurde die 65 007 bereits im Jahre 1966 ausgemustert. 1972 musste als letzte die 65 018 den Dienst quittieren. Sie fand zunächst im Deutschen Dampflokmuseum in Neuenmarkt-Wirsberg Unterschlupf, wurde aber 1981 an die niederländische Museumsbahn Stoom Stichting Nederland (SSN) in Rotterdam abgegeben, welche sie betriebsfähig aufarbeiten ließ. Dort kann sie noch heute bewundert werden.

Technische Daten:

Baureihenbezeichnung:	65
Radsatzanordnung:	1'D2'h2t
Zylinderdurchmesser (mm):	570
Kolbenhub (mm):	660
Verdampfungsheizfläche (m²):	139,93
Vmax (km/h):	85
Leistung (PSi):	1.480
Dienstmasse (t):	107,6
Größte Radsatzfahrmasse (t):	16,9
Länge über Puffer (mm):	15.475
Treib-/Kuppelraddurchmesser (mm):	1.500
Laufraddurchmesser (v) (mm):	850
Laufraddurchmesser (h) (mm):	850
Wasserkasteninhalt (m³):	14,3
Brennstoffvorrat (t):	4,8
Indienststellung:	1951-1956
Verbleib:	65 018 (SSN, Rotterdam)

Foto: Estler

Foto: Blaschke

65.10 (DR)

Auch für die DR in der DDR wurde nach dem Krieg mit der Baureihe 65.10 eine neue, leistungsfähige Tenderlokomotive entwickelt. Sie sollte als Mehrzweck-Tenderlok die Maschinen der Baureihen 74, 75, 78, 86, 93 und 94 ersetzen, sich bei Bedarf auch zur Bewältigung des Berufsverkehrs eignen und auf Hauptbahnen einsetzbar sein. Die ersten Exemplare wurden im Jahre 1955 geliefert. Bis 1957 wurden insgesamt 88 Maschinen (Betriebsnummern 65 1001-1088) in Dienst gestellt, sieben weitere gingen an die Leuna-Werke. Die Baureihe 65.10 hatte einen vollständig geschweißten Kessel und einen geschweißten Blechrahmen. Mischvorwärmer und moderne Führerhäuser waren weitere zeitgemäße Zugaben. Im Gegensatz zur Baureihe 65 der DB wurden die beiden Achsen des hinteren Drehgestells in einem Außenrahmen gelagert. Als einzige deutsche Tenderlok war die 65 1004 versuchsweise mit einer Kohlenstaubfeuerung des Systems Wendler ausgerüstet worden. Diese Maßnahme wurde 1962 wieder rückgängig gemacht. Ab 1967 wurden in alle Maschinen flache Giesl-Schornsteine eingebaut.
Anfängliche Schwierigkeiten beim Betrieb der Lokomotiven waren vor allem auf die unzureichende Erprobung vieler neuer Baugruppen zurückzuführen, was im Laufe der Jahre immer wieder zu technischen Änderungen und Verbesserungen führte. Die Loks bewährten sich recht gut, nachdem einige Mängel abgestellt worden waren. Sie waren universell einsetzbar und dank der großen Vorräte auch auf längeren Strecken verwendbar. Die letzten Loks schieden erst 1979 aus. Drei Exemplare blieben erhalten. Die 65 1008 wird im ehemaligen Bw Pasewalk von dem Regionalverein Pomerania betreut. Als Traditionslok fuhr die 65 1049 jahrelang durch die Lande. Erst 1999 musste sie abgestellt werden. Den Berlinern Eisenbahnfreunden (BEF) gehört die 65 1057.

Technische Daten:

Baureihenbezeichnung:	65.10 (DR)
Radsatzanordnung:	1'D2'h2t
Zylinderdurchmesser (mm):	600
Kolbenhub (mm):	660
Verdampfungsheizfläche (m²):	147,44
Vmax (km/h):	90
Leistung (PSi):	1.500
Dienstmasse (t):	121,7
Größte Radsatzfahrmasse (t):	17,5
Länge über Puffer (mm):	17.500
Treib-/Kuppelraddurchmesser (mm):	1.600
Laufraddurchmesser (v) (mm):	1.000
Laufraddurchmesser (h) (mm):	1.000
Wasserkasteninhalt (m³):	16,0
Brennstoffvorrat (t):	9,0
Indienststellung:	1954-1957
Verbleib:	65 1008 (Pasewalk), 1049 (VMD, Arnstadt), 1057 (BEF)

66 (DB)

Die Baureihe 66 war nach den Baureihen 23, 65 und 82 die vierte und vorletzte des Neubauprogramms der DB. Diese Universallokomotive sollte im leichten Personenzugdienst auf Haupt- und Nebenbahnen sowie im Eilgüterzugdienst Verwendung finden. Beste Voraussetzungen hierfür boten die Höchstgeschwindigkeit von 100 km/h und die geringe Radsatzfahrmasse von 15 t. Eigentlich sollte diese Maschine die Baureihen 38.10 und 78 ablösen, jedoch der Wandel in der Zugförderung und die verstärkte Beschaffung von Dieselloks machten dieses Vorhaben zunichte. Deshalb wurden von der Baureihe lediglich zwei Exemplare gebaut, die Henschel im Oktober 1955 lieferte. Diese allerdings verkörperten den letzten Entwicklungsstand im Dampflokbau der DB. Sie erfüllten alle Erwartungen und zählten zu den gelungensten DB-Konstruktionen, weil bei ihrem Bau genügend Erfahrungswerte aus den Nachkriegs-Baureihen vorhanden waren.
Die 66er erhielten einen geschweißten Hochleistungskessel mit Verbrennungskammer, einen geschweißten Blechrahmen und eine Mischvorwärmeranlage. Wartungsfreundlich liefen alle Radsatz- und Stangenlager sowie die Steuerung in Rollenlagern. Vor allem wurde auch Wert gelegt auf die Arbeitsbedingungen des Lokpersonals in Form von völlig geschlossenem Führerhaus, Oberlichtfenster, Fußbodenheizung sowie gepolsterte Sitze mit Rückenlehnen. Beide Maschinen waren ab Herbst 1956 mit Einrichtungen für den Wendezugbetrieb ausgerüstet.
Die 66 001 wurde in Gießen nach eine Triebwerksschaden 1967 ausgemustert, ein Jahr später auch die 66 002. Letztere wurde von der Deutschen Gesellschaft für Eisenbahngeschichte erworben und steht heute in Bochum-Dahlhausen.

Technische Daten:

Baureihenbezeichnung:	66
Radsatzanordnung:	1'C2'h2t
Zylinderdurchmesser (mm):	70
Kolbenhub (mm):	660
Verdampfungsheizfläche (m²):	87,46
Vmax (km/h):	100
Leistung (PSi):	1.170
Dienstmasse (t):	93,9
Größte Radsatzfahrmasse (t):	15,8
Länge über Puffer (mm):	14.798
Treib-/Kuppelraddurchmesser (mm):	1.600
Laufraddurchmesser (v) (mm):	1.000
Laufraddurchmesser (h) (mm):	850
Wasserkasteninhalt (m³):	14,3
Brennstoffvorrat (t):	5,0
Indienststellung:	1955
Verbleib:	66 002 (DGEG)

Foto: Blaschke

70.0 (bay. Pt 2/3, DRG, DB), 70.1 (bad. I g1-2 und Nachbau DRG, DB, DR)

Zur Beförderung leichter Züge auf Nebenbahnen nahm die Bayerische Staatsbahn von 1909 bis 1916 insgesamt 97 Lokomotiven mit der Gattungsbezeichnung »Pt 2/3« in Betrieb. Diese Tenderloks hatten in der Ausführung des Laufwerks in Deutschland bisher kein Vorbild: Der Achsstand zwischen dem vorderen Laufradsatz und dem ersten Kuppelradsatz betrug 4.000 mm, während der Abstand zwischen erstem und zweitem Kuppelradsatz nur 1.450 mm aufwies. Die Pt 2/3 war eine Heißdampfmaschine und erreichte eine Höchstgeschwindigkeit von 65 km/h. Bei den letzten sechs Maschinen (1915/1916) wurde der Laufraddurchmesser von 850 auf 1.006 mm vergrößert.
Die DRG übernahm 1925 alle Maschinen.
Bei der DB standen 1947 noch 89 Lokomotiven im Einsatz. Als letzte wurde 1963 die 70 083 ausgemustert und als Denkmal in Mühldorf erhalten. Vier Maschinen blieben nach dem Zweiten Weltkrieg in Österreich. Die 770.86 blieb erhalten und steht heute betriebsfähig bei Brenner+Brenner (B+B) für Sonderfahrten zur Verfügung.
Die Pt 2/3 bewährte sich so gut, dass auch die Badische Staatsbahn 20 dieser Maschinen kaufte. Diese »I g1-2« übernahm die DRG als 70 101-105 und 111-125. Die DRG veranlasste 1927/1928 einen modernisierten Nachbau, der genau eigentlich eine Mischung der badischen I g2 und der bayerischen Pt 2/3 darstellte. Zwischen 1936 und 1941 mussten vier 70.1 den Dienst quittieren, der Rest überlebte den Zweiten Weltkrieg. Die 70 125 verschlug es zur DR und fiel 1955 dem Schneidbrenner zum Opfer. 23 Stück kamen in den Bestand der DB und wurden größtenteils bis 1953 ausgemustert. Als letzte verschwand 1955 die 70 122 von den Schienen.

Technische Daten:

Baureihenbezeichnung:	70.0	70.1 (DRG)
Radsatzanordnung:	1'Bh2t (anfangs: 1Bh2t)	1Bh2t
Zylinderdurchmesser (mm):	375	375
Kolbenhub (mm):	500	500
Verdampfungsheizfläche (m²):	58,10	58,28 (ab 70 126: 58,27)
Vmax (km/h):	65	65 (ab 70 126: 70)
Leistung (PSi):	460	460
Dienstmasse (t):	39,5	42,0 (ab 70 126: 45,1)
Größte Radsatzfahrmasse (t):	14,1	14,3 (ab 70 126: 15,2)
Länge über Puffer (mm):	9.165	9.225 (ab 70 126: 9.640)
Treib-/Kuppelraddurchmesser (mm):	1.250	1.260 (ab 70 126: 1.250)
Laufraddurchmesser (v) (mm):	850 (ab 70 092: 1.006)	850
Laufraddurchmesser (h) (mm):	-	-
Wasserkasteninhalt (m³):	6,0	6,0
Brennstoffvorrat (t):	1,3	1,7 (ab 70 126: 2,0)
Indienststellung:	1909-1916	1914-1928
Verbleib:	70 083 (in Aufarbeitung), 086 (als 770.86, B+B Österreich)	

70.2 (ELE, DRG)

Bis in die 90er-Jahre des 19. Jahrhunderts genügten der Eutin-Lübecker Eisenbahn (ELE) für den Personen- und Güterzugverkehrs einfache 1B-Tenderloks. Eine leichte Verbesserung brachten acht Maschinen, die zwischen 1892 und 1909 von Henschel entsprechend der preußischen T 4.1 geliefert wurden. Dies waren 1'B-Nassdampftenderloks mit einem Zweizylinder-Triebwerk. Zwar war der vordere Laufradsatz als seitenbewegliche Adamsachse ausgebildet, lag aber hinter den Zylindern. Damit ergaben sich vorne und hinten erheblich überhängende Massen. Zwischen 1921 und 1928 wurden die meisten Maschinen ausgemustert. Nur die 1909 gebaute Bahnnummer 4" kam in den Genuss einer zweiten Karriere, denn sie wurde 1924 bei Henschel auf Heißdampf umgebaut. So erlebte sie sogar noch die Verstaatlichung der ELE 1941 und erhielt auf ihre alten Tage noch kurzzeitig die DRG-Betriebsnummer 70 201. Bald darauf verkauft, verliert sich noch während des Zweiten Weltkriegs ihre Spur.

Technische Daten:

Baureihenbezeichnung:	70.2 (DRG)
Radsatzanordnung:	1'Bh2t
Zylinderdurchmesser (mm):	
Kolbenhub (mm):	
Verdampfungsheizfläche (m²):	
Vmax (km/h):	75
Leistung (PSi):	
Dienstmasse (t):	42,0
Größte Radsatzfahrmasse (t):	
Länge über Puffer (mm):	10.010
Treib-/Kuppelraddurchmesser (mm):	1.600
Laufraddurchmesser (v) (mm):	975
Laufraddurchmesser (h) (mm):	-
Wasserkasteninhalt (m³):	
Brennstoffvorrat (t):	
Indienststellung:	1909 (Umbau 1924)
Verbleib:	

70.71 (bay. D IX, DRG)

Für den leichten Personenzugdienst auf der Strecke Reichenhall–Freilassing–Salzburg beschaffte die Bayerische Staatsbahn 1Bn2-Tenderlokomotiven der Gattung D IX. In den Jahren 1888 bis 1899 lieferte Maffei insgesamt 55 dieser Maschinen. Die einzelnen Lieferungen wiesen kaum Unterschiede auf, nur bei den Heizflächen, bei den Massen und bei den Vorräten gab es ab 1896 leichte Änderungen. In der Leistung kamen die Maschinen dieses Typs nicht ganz an die der in Preußen bereits seit längerer Zeit sich im Einsatz befindlichen Loks heran. Sowohl die starre Anordnung der Treibradsätze und des Laufradsatzes als auch die Anordnung der Zylinder vor dem Laufradsatz erwiesen sich als nicht besonders glücklich. Nachdem sich die Lokomotiven der Gattung D VIII auf der Strecke zwischen Freilassung und Berchtesgaden gut bewährt hatten, wurde die bayerische D IX vorwiegend im Flachland und hier vor allem im Vorortverkehr von München, Augsburg und Nürnberg eingesetzt. Die Lokomotiven konnten auf ebener Strecke 170 t mit 65 km/h, auf Steigungen mit 20 ‰ Lasten von 95 t mit 20 km/h befördern.
Eine Maschine dieser Bauart schied bereits vor 1925 aus, die anderen 54 Exemplare wurden von der DRG übernommen (Betriebsnummern 70 7101-7154). Einzelne Loks wurden schon kurz nach der Umzeichnung im Jahre 1925 außer Dienst gestellt, die anderen folgten nach und nach. Bis zum Jahre 1932 waren alle Exemplare dieser Baureihe von der Bildfläche verschwunden.

Foto: Archiv transpress

Technische Daten:

Baureihenbezeichnung:	70.71 (DRG)
Radsatzanordnung:	1Bn2t
Zylinderdurchmesser (mm):	330
Kolbenhub (mm):	500
Verdampfungsheizfläche (m^2):	60,2 (bis 70 7118: 61,9)
Vmax (km/h):	65
Leistung (PSi):	-
Dienstmasse (t):	35,8 (bis 70 7118: 34,0)
Größte Radsatzfahrmasse (t):	12,4 (bis 70 7118: 11,9)
Länge über Puffer (mm):	8.440
Treib-/Kuppelraddurchmesser (mm):	1.340 (bis 70 7118: 1.320)
Laufraddurchmesser (v) (mm):	1.048 (bis 70 7118: 1.030)
Laufraddurchmesser (h) (mm):	-
Wasserkasteninhalt (m^3):	5,2 (bis 70 7118: 4,1)
Brennstoffvorrat (t):	1,1
Indienststellung:	1888-1899
Verbleib:	

Foto: Archiv transpress

71.0 (preuß. T 5.1, DRG), 71.3 (sä. IV T, DRG, DR), 71.4 (old. T 5.1, DRG)

Um den steigenden Anforderungen des Berliner Stadtverkehrs gerecht zu werden, waren leistungsfähige, gut beschleunigende Lokomotiven gefragt. Die neuen 1'B1-Tenderloks der Gattung T 5.1 wurden von Henschel erstmals 1895 geliefert. Man verzichtete auf seitliche Wasserkästen und verlegte den Wasservorrat in einen Kasten vor dem vorderen Laufradsatz. Die beiden Kuppelradsätze hatten nur einen Radstand von 2.000 mm, was zwar eine gute Bogenläufigkeit bewirkte, jedoch bei höheren Geschwindigkeiten einen unruhigen Lauf verursachte. Die preußische Staatsbahn nahm zwischen 1895 und 1905 insgesamt 309 der T 5.1 ab. Von der DRG wurden nurnoch 26 Stück übernommen (71 001-026), die alle bis zum Jahre 1930 ausgemustert waren. Von 1907 bis 1921 beschaffte die Oldenburgische Staatsbahn 20 Personenzug-Tenderlokomotiven, die von der Hanomag nach dem Vorbild der preußischen T 5.1 gebaut wurden. Die bekannten Mängel der preußischen Maschine versuchte man durch vergrößerten Radsatzstand, höhere Kessellage und andere Anordnung der Bremsen zu beheben. Die oldenburgischen T 5.1 sind als 71 401-420 von der DRG übernommen und ebenfalls in den Jahren 1927 bis 1930 außer Betrieb genommen worden.
Die Sächsische Staatsbahn übernahm ebenfalls das Konzept der T 5.1. Aber auch bei der »IV T« wurde der unruhige Lauf bei höheren Geschwindigkeiten bemängelt. Zwischen 1897 und 1909 bezog die Sächsische Staatsbahn von Hartmann 91 Loks, swobei immer wieder kleinere Änderungen erfolgten. So wurden ab 1902 seitliche Wasserkästen angebracht, um den Wasservorrat zu erhöhen. Die DRG nahm als Baureihe 71.3 noch 85 Maschinen. Die letzten Exemplare wurden 1955 ausgemustert.

Technische Daten:

Baureihenbezeichnung:	71.0	71.3	71.4 (DRG)
Radsatzanordnung:	1'B1'n2t		
Zylinderdurchmesser (mm):	430		
Kolbenhub (mm):	600		
Verdampfungsheizfläche (m^2):	95,05	93,98 (ab 71 341: 94,01)	100,68
Vmax (km/h):	75		
Leistung (PSi):	510		
Dienstmasse (t):	53,2	56,3 (ab 71 341: 60,1)	54,8
Größte Radsatzfahrmasse (t):	15,7	14,9 (ab 71 341: 15,3)	15,3
Länge über Puffer (mm):	11.685	11.770	11.685
Treib-/Kuppelraddurchmesser (mm):	1.600	1.590	1.600
Laufraddurchmesser (v) (mm):	1.000	1.065	1.000
Laufraddurchmesser (h) (mm):	1.000	1.065	1.000
Wasserkasteninhalt (m^3):	5,5	7,5	5,5
Brennstoffvorrat (t):	1,6	2,0	1,6
Indienststellung:	1895-1905	1897-1909	1907-1921
Verbleib:			

Foto: Bellingrodt, Slg. Kleine, Archiv transpress

71.0" (DRG, DB)

Das Aufgabengebiet dieser Einheitslok war die Beförderung von schnellen Personenzügen auf Nebenbahnen. Im Einsatz war sie gegenüber einigen Schwächen des Triebwagenverkehrs (geringere Flexibilität im Platzangebot, begrenzte Möglichkeit des Gütertransports) im Vorteil. Schwartzkopff lieferte 1934 die ersten beiden Maschinen der Baureihe 71.0 in zweiter Besetzung. Jeweils zwei Lokomotiven dieses Typs bauten 1936 Krupp und Borsig. Die Hoffnung, durch einen Kesseldruck von 20 bar bei günstigem Verbrauch eine erhöhte Leistung zu erzielen, erfüllte sich nicht, weshalb der Kesseldruck später auf 16 bar gesenkt wurde. Bei den später gebauten vier Exemplaren wurde der Kuppelraddurchmesser von 1.500 auf 1.600 mm und der Zylinderdurchmesser von 310 mm auf 330 mm vergrößert. Alle sechs Maschinen waren mit einer mechanischen Rostbeschickung ausgestattet, die einen Einmannbetrieb erlaubte. Abweichend von üblichen Gepflogenheiten erhielten die Loks einen Blechrahmen. Angetrieben war der zweite Kuppelradsatz, die Laufradsätze ruhten in Bisselgestellen.
Da die preußischen 1'B1'-Loks bereits ausgemustert waren, konnte die Baureihe 71 erneut belegt werden und so erhielten die sechs Exemplare die Betriebsnummern 71 001-006. Nach dem Zweiten Weltkrieg waren die Lokomotiven zunächst beim Bahnbetriebswerk Nürnberg stationiert, später kamen sie nach Kaiserslautern und Landau. Bis zum Jahre 1956 waren alle Maschinen ausgemustert.

Technische Daten:

Baureihenbezeichnung:	71" (DRG)
Radsatzanordnung:	1'B1'h2t
Zylinderdurchmesser (mm):	310 (ab 71 003: 330)
Kolbenhub (mm):	660
Verdampfungsheizfläche (m²):	67,43 (ab 71 003: 67,79)
Vmax (km/h):	90 (ab 71 003: 100)
Leistung (PSi):	570
Dienstmasse (t):	58,6
Größte Radsatzfahrmasse (t):	15,0
Länge über Puffer (mm):	11.800
Treib-/Kuppelraddurchmesser (mm):	1.500 (ab 71 003: 1.600)
Laufraddurchmesser (v) (mm):	850
Laufraddurchmesser (h) (mm):	850
Wasserkasteninhalt (m³):	7,0
Brennstoffvorrat (t):	3,0 (ab 71 003: 2,8)
Indienststellung:	1934-1936
Verbleib:	

Foto: Slg. Töpelmann, Archiv Transpress

71.2 (bay. Pt 2/4 H, DRG)

Diese 1'B1'-Maschinen waren bei der Bayerischen Staatsbahn für den leichten Personenzugdienst auf Hauptbahnen und für schwere Züge auf Nebenbahnen vorgesehen. Die in den Jahren von 1906 bis 1909 von der Firma Krauss erbauten 12 Maschinen waren so konstruiert, dass unter bestimmten Voraussetzungen ein Einmannbetrieb möglich war. So waren alle Armaturen und Bedienhebel auf die rechte Führerstandsseite verlegt worden. Übergangsbrücken an den Lokomotivenden ermöglichten dem Zugführer den Zugang zum Führerhaus und es gab einen gesicherten Laufgang auf der rechten Lokomotivseite sowie eine zusätzliche Tür an der Vorderwand des Führerhauses. So war es dem Zugführer möglich, zumindest zeitweise auf dem Führerstand die Strecke zu beobachten und den Zug bei Bedarf (z.B. bei Dienstunfähigkeit des Lokomotivführers oder während der Heizphase) notfalls anhalten zu können. Alle Maschinen waren mit einer Schüttfeuerung mit Fülltrichter ausgerüstet. Im Verlauf der Lieferungen blieben Radsatzanordnung, Rahmen, Laufwerk und Federung gleich. Verbesserungen gab es bei der Ausgestaltung des Führerhauses und weiteren Details. Die bayerischen Lokomotiven waren gegenüber den vergleichbaren preußischen Maschinen nicht nur in der Laufruhe überlegen, sondern auch in ihrer Leistungsfähigkeit. Die Zugmaschinen konnten auf ebener Strecke mühelos bis zu 250 t Zuglast bei einer Geschwindigkeit von 75 km/h bewegen. Sie zählten somit zu den leistungsfähigsten Loks in dieser Bauart.
Die DRG übernahm alle zwölf Maschinen als Baureihe 71.2 (71 201-212). 1933 waren noch zehn Loks in München und Augsburg stationiert, die letzten wurden erst 1948 ausgemustert.

Technische Daten:

Baureihenbezeichnung:	71.2 (DRG)
Radsatzanordnung:	1'B1'h2t
Zylinderdurchmesser (mm):	440
Kolbenhub (mm):	540
Verdampfungsheizfläche (m²):	77,16
Vmax (km/h):	75
Leistung (PSi):	
Dienstmasse (t):	60,0
Größte Radsatzfahrmasse (t):	16,0
Länge über Puffer (mm):	10.650
Treib-/Kuppelraddurchmesser (mm):	1.546
Laufraddurchmesser (v) (mm):	1.006
Laufraddurchmesser (h) (mm):	1.006
Wasserkasteninhalt (m³):	8,0
Brennstoffvorrat (t):	1,8
Indienststellung:	1906-1909
Verbleib:	

Foto: Kirchhoff, Slg. Töpelmann, Archiv transpress

72.0 (preuß. T 5.2, DRG), 72 001-002" (ELE, DRG, DR)

Die Mängel beim Einsatz der T 5.1 im Berliner Vorortverkehr veranlassten 1898 die Preußische Staatsbahn, bei den Firmen Henschel und Grafenstaden eine Serie von 2'B-Nassdampf-Tenderlokomotiven in Auftrag zu geben, die diese Nachteile ausräumten. Die vor allem auf der Strecke Berlin–Potsdam eingesetzte T 5.2 (»Wannsee-Typ«) war bezüglich Kesselgröße, Heizfläche, Vorräten und Dienstmasse der T 5.1 überlegen. Der hintere Kuppelradsatz war weit nach hinten gerutscht und befand sich unter dem Führerstand. Trotz dem größerem Radstand von 2.600 mm war die Lok insgesamt kürzer als die T 5.1. Für die Rückwärtsfahrt war sie mit ihren großen Treibrädern weniger geeignet, deshalb beschränkte sich ihr Einsatz vor allen auf die Ringstrecken. Sie erreichte 60 km/h mit 550 t in der Ebene. Der Kessel war dem Triebwerk deutlich überlegen und so konnte die eigentlich vorhandene Leistung letztendlich nicht ganz ausgenutzt werden. Insgesamt 44 Maschinen wurden geliefert. Versuchsweise wurden zwei mit Rauchkammerüberhitzer ausgestattet. Die DRG übernahm nur zwei Loks (72 001 und 002) der Nassdampfausführung. Beide wurden im Jahre 1930 ausgemustert. 1942 wurden die genannten Betriebsnummern zum zweiten Mal besetzt: Die Eutin-Lübecker Eisenbahn (ELE) bestellte in den Jahren 1911/12 bei der Firma Henschel zwei Maschinen desselben Typs. Beide Loks wurden 1924 bzw. 1930 auf Heißdampf umgerüstet. Nach der Übernahme durch die DRG 1941 bekamen diese Maschinen die Nummern 72 001 und 002 in zweiter Besetzung. 1942/43 gingen sie als Werkslok in Privatbesitz über. Nach dem Zweiten Weltkrieg tauchte eine dieser ELE-Lokomotiven beim Bw Berlin Anhalter Bf wieder auf. Nach einer Aufarbeitung bei LEW Hennigsdorf wurde sie noch kurz als 72 001 in den Betriebspark der DR übernommen, aber schon 1955 ausgemustert und wenig später verschrottet.

Technische Daten:

Baureihenbezeichnung:	72.0	72 001-002" (DRG)
Radsatzanordnung:	2'Bn2t	2'Bh2t
Zylinderdurchmesser (mm):	440	
Kolbenhub (mm):	600	
Verdampfungsheizfläche (m²):	121,1	
Vmax (km/h):	75	90
Leistung (PSi):	590	
Dienstmasse (t):	56,4	56,7
Größte Radsatzfahrmasse (t):	16,45	
Länge über Puffer (mm):	10.856	
Treib-/Kuppelraddurchmesser (mm):	1.600	
Laufraddurchmesser (v) (mm):	850	
Laufraddurchmesser (h) (mm):	-	
Wasserkasteninhalt (m³):	6,0	
Brennstoffvorrat (t):	2,0	
Indienststellung:	1899-1900	1911 (Umbau 1924/1930)
Verbleib:		

72.1 (bay. Pt 2/4 N, DRG)

Die Bayerische Staatsbahn stellte 1909 mit der Pt 2/3 (DRG-Baureihe 70.0) eine leistungsfähige Tenderlokomotive in Dienst, die sich in der Praxis gut bewährte und sogar später von anderen Bahnverwaltungen nachgebaut wurde. Ungewöhnlich an dieser Maschine war der große Abstand zwischen dem fest im Rahmen gelagerten Laufradsatz und den weit nach hinten verschobenen Kuppelradsätzen. Gleichzeitig mit der Inbetriebnahme dieser Gattung hatte die Bayerische Staatsbahn zu Versuchen zwei 2'Bn2-Tenderloks ähnlicher Bauart, aber mit Zweizylinder-Nassdampftriebwerk entwickeln lassen. Die Kesselabmessungen entsprachen jenen der Pt 2/3, anstelle des festen Laufradsatzes war aber ein Drehgestell mit einem Seitenspiel von 20 mm verwendet worden. Diese gravierende Änderung in der Konzeption erwies sich als Flop, was allein schon die Tatsache belegt, dass überhaupt nur zwei Maschinen dieses Typs gebaut wurden. Einfache Laufradsätze wären ausreichend und weniger aufwändig gewesen. Auch die Leistung blieb deutlich hinter vergleichbaren Lokomotiven zurück, auf einen Nachbau der Pt 2/4 wurde deshalb verzichtet. Beide Loks wurden von der DRG übernommen (72 101 und 102), aber bereits im Jahre 1929 ausgemustert.

Technische Daten:

Baureihenbezeichnung:	72.1 (DRG)
Radsatzanordnung:	2'Bn2t
Zylinderdurchmesser (mm):	350
Kolbenhub (mm):	500
Verdampfungsheizfläche (m²):	73,58
Vmax (km/h):	65
Leistung (PSi):	
Dienstmasse (t):	39,0
Größte Radsatzfahrmasse (t):	13,1
Länge über Puffer (mm):	9.065
Treib-/Kuppelraddurchmesser (mm):	1.250
Laufraddurchmesser (v) (mm):	800
Laufraddurchmesser (h) (mm):	-
Wasserkasteninhalt (m³):	6,0
Brennstoffvorrat (t):	1,1
Indienststellung:	1909
Verbleib:	

Foto: Slg. Kenning

79.0" (BLE, DRG)

Nachdem die Folgen der Weltwirtschaftskrise weitgehend überwunden waren und sich auch bei der Braunschweigischen Landesbahn (BLE) die wirtschaftliche Lage wieder gebessert hatte, konnte die BLE die Modernisierung ihres Fahrzeugparks fortführen. Für den gemischten Verkehr bestellte die BLE eine 1'D1'-Tenderlok bei Krupp, die 1934 geliefert wurde und die Bahnnummer 44 erhielt. Die Tenderlok besaß ein Zweizylinder-Heißdampftriebwerk, der Antrieb erfolgte auf den dritten Kuppelradsatz. Während die beiden Laufradsätze in Bissel-Gestellen ruhten, waren die vier Kuppelradsätze fest im Rahmen gelagert. Auf dem Kessel saßen ein Speisedom und ein Dampfdom, denen jeweils unter gemeinsamer Verkleidung ein Sandkasten zugeordnet war. Die Lok hatte sogar Windleitbleche erhalten, die nahtlos an die seitlichen Wasserkästen anschlossen.
Bei der BLE war die bullige Maschine vorwiegend im Braunschweiger Ringverkehr vor Personen- und Güterzügen unterwegs. Mit der Übernahme der BLE durch die DRG zum 1. Januar 1938 kam auch die Nr. 44 in den Bestand der DRG, erhielt dort in zweiter Besetzung die Betriebsnummer 79 001" und fuhr zunächst weiter auf ihren Stammstrecken. Nach Ende des Zweiten Weltkriegs befand sich die 79 001" in den Westzonen, wurde aber schon 1947 an die Deutsche Eisenbahn-Gesellschaft verkauft. Dort erhielt sie die Bahnnummer 261 und war zunächst auf der Braunschweig-Schöninger Eisenbahn im Einsatz. Bald darauf wurde sie zur Kleinbahn Frankfurt-Höchst–Königstein (FK) umgesetzt. Nach einem Zwischenspiel auf der Teutoburger Wald-Eisenbahn in den Jahren 1961-1966 kehrte sie wieder zur FK zurück. Dort wurde sie 1968 abgestellt und schließlich 1973 verschrottet.

Technische Daten:

Baureihenbezeichnung:	79.0" (DRG)
Radsatzanordnung:	1'D1'h2t
Zylinderdurchmesser (mm):	
Kolbenhub (mm):	
Verdampfungsheizfläche (m²):	
Vmax (km/h):	75
Leistung (PSi):	
Dienstmasse (t):	88,3
Größte Radsatzfahrmasse (t):	
Länge über Puffer (mm):	12.370
Treib-/Kuppelraddurchmesser (mm):	1.350
Laufraddurchmesser (v) (mm):	900
Laufraddurchmesser (h) (mm):	900
Wasserkasteninhalt (m³):	
Brennstoffvorrat (t):	
Indienststellung:	1934
Verbleib:	

Foto: Slg. Töpelmann, Archiv transpress

79.0''' (AL T 20, Umbaulok DR)

Die Tenderlok 242 TA 602 der ehemaligen AL (Elsass-Lothringischen Eisenbahnen), eine 2'D2'h4v-Maschine, war nach Kriegsende 1945 in der sowjetisch besetzten Zone stehen geblieben und wurde dort 1952 von der DR generalüberholt. Die Lokomotive verfügte über ein Vierzylinder-Heißdampfverbund-Triebwerk mit außenliegenden waagerechten Hochdruck- und innenliegenden geneigten Niederdruck-Zylindern. Die Hochdruckzylinder wirkten dabei auf den zweiten Kuppelradsatz, die Niederdruckzylinder auf den ersten Kuppelradsatz. Die Maschine war bereits mit Rechtssteuerung ausgestattet. Beim Umbau erhielt sie eine Verbundluftpumpe. Die Verbundspeisepumpe und Dampfstrahlpumpe wurden ausgetauscht und wie Dampfpfeife, Turbogenerator, Bremsen und Vorwärmer durch Normteile der Reichsbahn ersetzt. Zwei seitlich angebrachte und nach vorn abgeschrägte Wasserkästen konnten 14 Kubikmeter Wasser aufnehmen. Der Kohlekasten hinter dem Führerhaus wurde durch einen Blechaufsatz bis unter das Führerhausdach erhöht.
Nach dem Umbau erhielt die Maschine von der DR in Drittbesetzung die Betriebsnummer 79 001. Weder im Versuchsdienst bei der Fahrzeugversuchsanstalt Halle/Saale noch beim Einsatz vor Reisezügen im Raum Halle konnte die Lokomotive überzeugen. Ihr Lauf war so unruhig, dass sie nie bis zur zulässigen Höchstgeschwindigkeit von 100 km/h ausgefahren werden konnte. Scherzhaft wurde sie vom Personal als »Gurkenhobel« bezeichnet. So war es nicht verwunderlich, dass ihr niemand so richtig nachweinte, als sie 1963 ausgemustert wurde.

Technische Daten:

Baureihenbezeichnung:	79.0''' (DR)
Radsatzanordnung:	2'D2'h4vt
Zylinderdurchmesser (mm):	2 x 420 / 630
Kolbenhub (mm):	650
Verdampfungsheizfläche (m²):	156,70
Vmax (km/h):	100
Leistung (PSi):	
Dienstmasse (t):	121,75
Größte Radsatzfahrmasse (t):	17,0
Länge über Puffer (mm):	17.745
Treib-/Kuppelraddurchmesser (mm):	1.660
Laufraddurchmesser (v) (mm):	1.100
Laufraddurchmesser (h) (mm):	1.100
Wasserkasteninhalt (m³):	14,4
Brennstoffvorrat (t):	8,0
Indienststellung:	1929 (Umbau 1952)
Verbleib:	

Foto: Maey, Slg. Kleine, Archiv transpress

80 (DRG, DB, DR)

Die Tenderloks der BR 80 gehörten zum ersten Typisierungsplan der DRG und waren für den Rangierdienst in großen Personenbahnhöfen vorgesehen. Neben diesen Dreikupplern für 17,5 t Radsatzfahrmasse waren auch Vier- und Fünfkuppler geplant, die zeitgleich als Baureihen 81 und 87 verwirklicht wurden. Mit der Entwicklung dieser einfachen und sparsamen Typen sollten die Kosten im Rangierbetrieb gesenkt werden, daher wurde auch der Heißdampfausführung der Vorzug gegeben. Bei der Konstruktion der Baureihe 80 wurde darauf Wert gelegt, so viel wie möglich an Masse einzusparen zugunsten eines leistungsfähigen Kessel.
Das standardisierte Typenprogramm ermöglichte es, dass vier verschiedene Firmen zwischen 1927 und 1929 insgesamt 39 Maschinen (80 001-039) lieferten, die sofort auf vielen Bahnhöfen ihren Dienst aufnahmen. Alle Loks überstanden den Krieg: 22 kamen zur DR, 17 verblieben bei der DB. Anfang der 60er-Jahre war die Mehrzahl der DR-Maschinen in Leipzig eingesetzt, wo sie ab 1962/63 überflüssig wurden. Die meisten 80er fanden eine neue Beschäftigung als Werkloks in den Ausbesserungswerken. Als letzte überlebte in diesen Diensten die 80 019, die erst im November 1984 im Raw Engelsdorf abgestellt und im Mai 1987 verschrottet wurde. Die letzten DB-Maschinen waren in Schweinfurt stationiert und mussten bis 1964 den Dienst quittieren. Zehn Exemplare erhielten eine neue Chance als Werkloks bei Bergbaubetrieben und Zechen in Nordrhein-Westfalen und Niedersachsen. Als letzte stand dort die ehemalige 80 039 bis August 1977 unter Dampf. Insgesamt sieben Stück blieben erhalten, sechs in Deutschland und die 80 036 bei der holländischen Museumsbahn VSM in Apeldoorn.

Technische Daten:

Baureihenbezeichnung:	80 (DB)
Radsatzanordnung:	Ch2t
Zylinderdurchmesser (mm):	450
Kolbenhub (mm):	550
Verdampfungsheizfläche (m²):	69,6
Vmax (km/h):	45
Leistung (PSi):	575
Dienstmasse (t):	54,4
Größte Radsatzfahrmasse (t):	18,1
Länge über Puffer (mm):	9.670
Treib-/Kuppelraddurchmesser (mm):	1.100
Laufraddurchmesser (v) (mm):	-
Laufraddurchmesser (h) (mm):	-
Wasserkasteninhalt (m³):	5,0
Brennstoffvorrat (t):	2,0
Indienststellung:	1928-1929
Verbleib:	80 009 (Berlin, privat), 013 (DDM), 014 (BEM), 023 (VMD, Dresden-Altstadt), 030 (DGEG), 036 (VSM Apeldoorn, NL), 039 (EF Hamm)

Foto: Blaschke

81 (DRG, DB)

Bei den Vierkupplern der Baureihe 81 aus dem ersten Typisierungsplan der DRG galt das gleiche Prinzip wie bei der Baureihe 80: Klasse statt Masse. Die Heizfläche konnte vergrößert, der Kessel um 1.000 mm verlängert und die Vorräte erhöht werden. Auch sie wurden als Heißdampfloks. Vorgesehen waren diese Maschinen für den mittelschweren Rangierdienst. Sehr vorteilhaft wirkten sich im Betrieb die großen Vorräte aus. Die 81er waren den 80ern nicht nur sehr ähnlich, eine erhebliche Anzahl von Bauteilen waren zwischen den beiden Typen austauschbar. Lediglich zehn Exemplare wurden 1928 als 81 001-010 von der Firma Hanomag geliefert. Erst über zehn Jahre später (1939) waren weitere 60 Loks zur Beschaffung vorgesehen. Die sich bei Krupp bereits im Bau befindlichen Maschinen wurden wegen dem beginnenden Zweiten Weltkrieg nicht mehr fertiggestellt.
Nach ihrer Abnahme wurden die zehn Loks den Bahnbetriebswerken Goslar (81 001-005) und Oldenburg (81 006-010) zugeteilt. Die Goslarer 81er kamen 1935 nach Bayern (Hof und Regensburg), wo sie sich aber nicht behaupten konnten, so dass sie um 1943 ebenfalls zur RBD Münster versetzt wurden. Alle 81er überstanden den Krieg und wurden hauptsächlich im Großraum Oldenburg eingesetzt. Zwischen 1961 und 1963 musterte die DB alle zehn Loks aus. Die 81 005 fuhr nach ihrer Ausmusterung noch einige Zeit als Werklok im AW Nied. Die 81 004 entging als einzige der Verschrottung. Zunächst jahrelang in Oldenburg und Emden abgestellt, war sie für das Museum der Steamtown Foundation in den USA vorgesehen. Ein Verschiffung erfolgte jedoch wegen der hohen Transportkosten nicht. Nach einigen Jahren als vor sich hinrostendes Denkmal kam die 81 004 im Jahr 1996 zum Arbeitskreis »Hessencourier« nach Naumburg bei Kassel, wo sie eine entsprechende Pflege fand.

Technische Daten:

Baureihenbezeichnung:	81 (DB)
Radsatzanordnung:	Dh2t
Zylinderdurchmesser (mm):	500
Kolbenhub (mm):	550
Verdampfungsheizfläche (m²):	95,9
Vmax (km/h):	45
Leistung (PSi):	860
Dienstmasse (t):	67,5
Größte Radsatzfahrmasse (t):	17,0
Länge über Puffer (mm):	11.080
Treib-/Kuppelraddurchmesser (mm):	1.100
Laufraddurchmesser (v) (mm):	-
Laufraddurchmesser (h) (mm):	-
Wasserkasteninhalt (m³):	8,0
Brennstoffvorrat (t):	3
Indienststellung:	1928
Verbleib:	81 004 (Hessencourier, Naumburg)

Foto: Blaschke

82, 082 (DB)

Ende der 40er-Jahre verfügte die Deutsche Bundesbahn über einen in großen Teilen überalterten Fahrzeugpark. Da auf die Dampflok zunächst noch nicht verzichtet werden konnte, andererseits ein Nachbau der Vorkriegskonstruktionen nicht vertretbar erschien, entstand unter Federführung von Friedrich Witte das Neubaudampflok-Typenprogramm. Die erste Lok dieses Typenprogramms war die Baureihe 82. Sie sollte im schweren Rangierdienst und im Streckendienst vor Güterzügen und die noch aus Länderbahnzeiten stammenden Maschinen ablösen. 1950 kam mit der 82 023 die erste Maschine auf die Gleise, ihr folgten bis 1955 weitere 40 Lokomotiven. Gebaut wurden sie von Krupp (82 001-022), Henschel (82 023-032) und der Maschinenfabrik Esslingen (82 033-041). Der Fünfkuppler verfügte wie alle DB-Neubaudampfloks über einen vollständig geschweißten Blechrahmen. Fest im Rahmen gelagert war nur der Treibradsatz (3. Kuppelradsatz), die beiden vorderen bzw. hinteren Kuppelradsätze waren jeweils zu Beugniot-Gestellen zusammengefasst, um den Kurvenlauf in engen Radien zu gewährleisten. Der Kessel war ebenfalls vollständig geschweißt und trug auf dem zweiten Kesselschuss den Dampfdom. Die beiden letzten Loks (82 040 und 041) erhielten eine Riggenbach-Gegendruckbremse für den Einsatz auf Steilstrecken.
Die ersten Lokomotiven gelangten im Oktober 1950 zu den Betriebswerken Siegen und Ratingen West. In der Folge erhielten auch Bremen-Walle, Soest, Hamm und Hamburg-Wilhelmsburg Maschinen der BR 82. Die beiden Steilstreckenmaschinen kamen zum Bw Freudenstadt für den Einsatz auf der Murgtalbahn nach Klosterreichenbach (–Rastatt). Schon Ende der 60er-Jahre sank der Stern der ersten DB-Neubaudampflok, die letzten Maschinen setzten die Betriebswerke Emden und Koblenz-Mosel ein. Am 1. Mai 1972 endete mit der Abstellung der Koblenzer 082 035 die Ära der Baureihe 82. Als Denkmal blieb die 82 008 in Lingen/Emsland erhalten.

Technische Daten:

Baureihenbezeichnung:	82 (DB)
Radsatzanordnung:	Eh2t
Zylinderdurchmesser (mm):	600
Kolbenhub (mm):	660
Verdampfungsheizfläche (m²):	122,21
Vmax (km/h):	70
Leistung (PSi):	1.290
Dienstmasse (t):	91,8
Größte Radsatzfahrmasse (t):	18,4
Länge über Puffer (mm):	14.060
Treib-/Kuppelraddurchmesser (mm):	1.400
Laufraddurchmesser (mm):	-
Wasserkasteninhalt (m³):	11,0
Brennstoffvorrat (t):	4,0
Indienststellung:	1950-1955
Verbleib:	82 008 (Denkmal Lingen/Ems)

Foto: Slg. Kleine, Archiv transpress

83.10 (DR)

Für den Nebenbahnbetrieb in der DDR fehlte Anfang der 50er-Jahre eine leistungsfähige und wirtschaftliche Lokomotive. Verschärft wurde die Situation durch die Übernahme der Privatbahnen 1949 durch die DR, welche ihr einen vielfältigen und höchst uneinheitlichen Lokomotivpark bescherte. Das Neubauprogramm der DR sah zur Abhilfe eine 1'D2'-Tenderlok als Baureihe 83.10 vor, die nach den neuen Baugrundsätzen weitgehend geschweißt ausgeführt wurde und als moderne, nicht erprobte Zutaten einen Heißdampfregler, einen Mischvorwärmer und dezentrale Sandkästen erhielt. Ihre Konstruktion orientierte sich an der Baureihe 65.10. Analog erhielt die Baureihe 83.10 einen Blechrahmen. Als Mehrzweck-Maschine für den Personenzug- und Güterzugdienst auf Nebenbahnen erschien eine Höchstgeschwindigkeit von 60 km/h ausreichend. In der Ebene konnte sie bei dieser Geschwindigkeit eine Last von 1.000 t ziehen.
Der VEB Lokomotivbau »Karl Marx« (LKM) in Potsdam-Babelsberg lieferte im April 1955 mit der 83 1001 die erste Maschine aus, welche sofort von der Fahrzeug-Versuchsanstalt Halle erprobt wurde. Dabei ergaben sich zahlreiche Mängel. Vor allem der Mischvorwärmer und der Heißdampfregler bereiteten erhebliche Probleme. Doch dies konnte bei der Serienlieferung nicht mehr berücksichtigt werden, denn die restlichen 26 Maschinen (83 1002-1027) waren bis Ende Oktober 1955 komplett ausgeliefert. So mussten die diversen Probleme in den Folgejahren mühsam durch Nachbesserungen beseitigt werden. Der erhoffte Einsatzzweck (Ablösung der alten Länderbahnloks, Typenvereinheitlichung) blieb aus und schließlich führte auch der einsetzende Strukturwandel zugunsten von Dieselloks dazu, dass es bei den 27 vorhandenen Exemplaren blieb. Sie wurden fast alle Anfang der 70er-Jahren ausgemustert.

Technische Daten:

Baureihenbezeichnung:	83.10 (DR)
Radsatzanordnung:	1'D2'h2t
Zylinderdurchmesser (mm):	500
Kolbenhub (mm):	660
Verdampfungsheizfläche (m²):	106,16
Vmax (km/h):	60
Leistung (PSi):	1.080
Dienstmasse (t):	99,7
Größte Radsatzfahrmasse (t):	15,0
Länge über Puffer (mm):	15.000
Treib-/Kuppelraddurchmesser (mm):	1.250
Laufraddurchmesser (v) (mm):	850
Laufraddurchmesser (h) (mm):	850
Wasserkasteninhalt (m³):	14,0
Brennstoffvorrat (t):	8,0
Indienststellung:	1955-1956
Verbleib:	

Foto: Bellingrodt, Slg. Kleine, Archiv transpress

84 (DRG, DR)

Für die Bewältigung des gestiegenen Ausflugsverkehrs auf der steilen und kurvenreichen Müglitztalbahn Heidenau–Altenberg im Osterzgebirge, die zwischen 1935 und 1938 auf Normalspur umgebaut wurde, war eine leistungsstarke Lokomotive gefordert. Die Berliner Maschinenbau AG (vormals Schwartzkopff) und Orenstein & Koppel (O&K) lieferten 1935 zur Erprobung je zwei der von ihnen entwickelten Lokomotiven, die zwar gleiche Achsfolge 1'E1' und gleiche Kessel, aber unterschiedliche Triebwerke besaßen. Die Schwartzkopff-Maschinen (84 001 und 002) waren mit einem Dreizylinder-Heißdampftriebwerk ausgestattet. Die Lok hatte keinen festen Radstand und besaß Schwartzkopff-Eckhardt-Lenkgestelle. Die O&K-Maschinen (84 003 und 004) hatten ein Zweizylinder-Triebwerk und zahnradgekuppelte Endradsätze der Bauart Luttermöller. Nach ausgiebigem Probebetrieb entschied man sich für die Dreizylinder-Maschinen, die insgesamt die besseren Laufeigenschaften aufwiesen und bei gleicher Leistung einen geringeren Energiebedarf hatten. Mit dem Bau der nächstfolgenden acht Lokomotiven (84 005-012) wurde 1937 Schwartzkopff beauftragt.
Bis kurz vor Ende des Zweiten Weltkriegs fuhren die 84er hauptsächlich von Dresden aus nach Altenberg oder im Dresdener Vorortverkehr. Nach Kriegsende war die Mehrzahl der Maschinen zum Teil beschädigt abgestellt. Sukzessive erfolgte ihre Aufarbeitung. Wegen defekter Getriebe lief die 84 004 ab Dezember 1946 als 2'C2'-Maschine und wurde im Juni 1947 abgestellt. Die übrigen elf Maschinen fanden zwischen 1949 und 1951 auf der Strecke Schwarzenberg–Johanngeorgenstadt ein neues Einsatzgebiet. Bedingt durch den im Interesse der sowjetischen Besatzer in großem Stil laufenden Uranbergbau wurden leistungsfähige Loks zur Abfuhr benötigt. Bis 1960 verschwanden die letzte 84er aus dem Betriebsdienst.

Technische Daten:

Baureihenbezeichnung:	84 001-002	84 003-004	84 005-012 (DRG)
Radsatzanordnung:	1'E1'h3t	1'E1'h2t	1'E1'h3t
Zylinderdurchmesser (mm):	3 x 480	600	3 x 500
Kolbenhub (mm):	660		
Verdampfungsheizfläche (m²):	210,1		
Vmax (km/h):	70	70	80
Leistung (PSi):	1.940		
Dienstmasse (t):	125,5	125,2	125,5
Größte Radsatzfahrmasse (t):	18,3	18,0	18,3
Länge über Puffer (mm):	15.550	15.950	15.550
Treib-/Kuppelraddurchmesser (mm):	1.400		
Laufraddurchmesser (v) (mm):	850		
Laufraddurchmesser (h) (mm):	850		
Wasserkasteninhalt (m³):	14,0		
Brennstoffvorrat (t):	3,0		
Indienststellung:	1935-1936	1935-1936	1936-1937
Verbleib:			

Foto: Blaschke

85 (DRG, DB)

Die DRG bestellte Firma Henschel 1931 insgesamt zehn Lokomotiven als 85 001-010, die vor allem im Reisezug- und Güterzugdienst, aber auch als Schiebelokomotiven auf der Höllentalbahn Freiburg/Breisgau–Neustadt/Schwarzwald eingesetzt werden sollten. Sie waren Voraussetzung für die Aufhebung des Zahnradbetriebs im Abschnitt Hirschsprung–Hinterzarten. Mit der 95.0 hatte man auf den Steilstrecken im Thüringer Wald gute Erfahrungen gemacht, allerdings waren nicht genug dieser Maschinen verfügbar, um den gesamten Bedarf abzudecken. Die zwischenzeitlich erfolgte Typisierung von Bauteilen bei den Einheitslokomotiven war auch beim Bau dieser 1'E1'-Tenderlok von Vorteil. Das Dreizylinder-Heißdampftriebwerk und das Fahrwerk, erweitert um die hintere Laufachse, waren identisch mit Baureihe 44, ebenso die Steuerung. Der Kessel wurde mit geringfügigen Änderungen von der Baureihe 62 übernommen. Haupteinsatzgebiet der 85er waren Zeit ihres Lebens die Höllental- und die angrenzende Dreiseenbahn. Stationiert waren die zehn Maschinen seit 1933 beim Bw Freiburg/Breisgau. Auch die Elektrifizierung der Höllental- und Dreiseenbahn für den Versuchsbetrieb mit 20 kV / 50 Hz im Jahr 1936 änderte wenig. Die vier neuen Elloks (E 244) konnten bei weitem nicht alle Leistungen abdecken und fielen häufig wegen kleiner Schäden aus. Die 85 004 war ein Opfer des Zweiten Weltkriegs, die übrigen neun versahen bis zur Umstellung der Höllental- und Dreiseenbahn auf das normale Stromsystem am 20. Mai 1960 unentwegt ihren Dienst. Acht Maschinen wurden daraufhin abgestellt und im Jahre 1961 ausgemustert. Die 85 007 kam noch zum Bw Wuppertal-Vohwinkel und betätigte sich für ein knappes Jahr als Schublok auf der Steilrampe Erkrath–Hochdahl. Dann war Schluss, aber sie blieb wenigstens erhalten. Äußerlich restauriert präsentiert sich die 85 007 heute im ehemaligen Bw Freiburg.

Technische Daten:

Baureihenbezeichnung:	85 (DRG)
Radsatzanordnung:	1'E1'h3t
Zylinderdurchmesser (mm):	3 x 600
Kolbenhub (mm):	660
Verdampfungsheizfläche (m²):	195,31
Vmax (km/h):	80
Leistung (PSi):	1.500
Dienstmasse (t):	133,6
Größte Radsatzfahrmasse (t):	20,1
Länge über Puffer (mm):	16.200
Treib-/Kuppelraddurchmesser (mm):	1.400
Laufraddurchmesser (v) (mm):	850
Laufraddurchmesser (h) (mm):	850
Wasserkasteninhalt (m³):	14,0
Brennstoffvorrat (t):	5,0
Indienststellung:	1932-1933
Verbleib:	85 007 (VMN, Freiburg/Breisgau)

Foto: Blaschke

Foto: Bellingrodt, Slg. Töpelmann, Archiv transpress

86, 086 (DRG, DB, DR)

Zur Beförderung schwerer Güterzüge auf Strecken mit geringer Steigung und von Personenzügen und gemischten Zügen auf Strecken mit größeren Steigungen war nach dem Einheits-Typenprogramm der DRG die BR 86 vorgesehen. Die ersten sieben Maschinen übernahm die DRG 1928, wobei die Standardisierung es erlaubte, viele Bauteile aus anderen Baureihen zu übernehmen. Anfangs waren die Loks mit den wenig befriedigenden Bissel-Laufachsen ausgerüstet. Die 86 293-296 und 336-875 erhielten aber die bewährten Krauss-Helmholtz-Lenkgestelle. Mit einer Radsatzfahrmasse von 15 Tonnen und einem Kuppelraddurchmesser von 1.400 mm wiesen sie sowohl vorwärts als auch rückwärts gute Fahreigenschaften auf.
Auch noch während des Zweiten Weltkrieges wurden die 86er weiter gebaut, allerdings in vereinfachter Form. Bis 1943 waren fast alle deutschen Lokomotivfabriken am Bau der insgesamt 774 Maschinen beteiligt. Die 86 966 entstand in diesem Jahr bei Krupp aus noch vorhandenen Ersatzteilen, das restliche Baulos wurde storniert.
Rund zwanzig Maschinen gingen während des Krieges verloren und eine große Anzahl verblieb nach Kriegsende bei ausländischen Bahnverwaltungen. 385 Lokomotiven der Baureihe 86 übernahm die DB. Ab 1968 als Baureihe 086 bezeichnet, verschwanden die letzten DB-Vierkuppler 1974 von den Schienen. 175 Loks gingen an die DR, die vor allem im Erzgebirge Verwendung fanden. Einige verschlug es auch auf die Insel Usedom. Bis 1976 zog die DR ihre Maschinen aus dem planmäßigen Dienst zurück. Auf der Erzgebirgsstrecke Schlettau–Crottendorf erlebten Mitte der 80er-Jahre ein paar Maschinen eine Renaissance, die allerdings 1987 endgültig beendet war.

Technische Daten:

Baureihenbezeichnung:	86 (DRG)
Radsatzanordnung:	1'D1'h2
Zylinderdurchmesser (mm):	570
Kolbenhub (mm):	660
Verdampfungsheizfläche (m²):	117,3
Vmax (km/h):	80 (bis 86 233: 70)
Leistung (PSi):	1.030
Dienstmasse (t):	83,0-88,5
Größte Radsatzfahrmasse (t):	15,2
Länge über Puffer (mm):	13.920 (bis 86 230: 13.820)
Treib-/Kuppelraddurchmesser (mm):	1.400
Laufraddurchmesser (v) (mm):	850
Laufraddurchmesser (h) (mm):	850
Wasserkasteninhalt (m³):	9,0
Brennstoffvorrat (t):	4,0
Indienststellung:	1928-1943
Verbleib:	86 001 (VMD, Chemnitz-Hilbersdorf), 049 (VSE), 056 (ÖGEG), 283 (DDM), 333 (Wutachtal), 346 (UEF), 348 (GES), 457 (VMN), 501 (Österreich), 607 (VMD, Adorf), 744 (MEM)

87 (DRG, DB)

Die Vorgaben für eine Lokomotive speziell für die Hamburger Hafenbahn stellten die Planer der DRG unter Berücksichtigung der Vereinheitlichungsbestrebungen vor keine leichte Aufgabe: Sie sollte höchstens eine Radsatzfahrmasse 17,5 t haben, sie sollte Gleisbögen von 100 m Radius bewältigen können und sie sollte sehr stark sein. Daraus ergab sich die Notwendigkeit von fünffach gekuppelten Maschinen, die von der Firma Orenstein & Koppel gebaut wurden. Diese Rangier-Sonderlokomotive besaß ein Zweizylinder Heißdampftriebwerk mit außenliegenden, waagerecht angeordnete Zylindern. Der Antrieb erfolgte auf den dritte Kuppelradsatz. Die beiden Endradsätze waren nicht durch Stangen, sondern durch ein Zahnradgetriebe der Bauart Luttermöller gekuppelt. Viele Bauteile und Baugruppen dieser Konstruktion waren baugleich bzw. austauschbar mit einer Reihe von anderen Typen des ersten Einheitsprogramms. Nach der Leistungsvorgabe sollte die Maschine 1.510 t Wagenzugmasse mit 45 km/h und 2.250 t mit 35 km/h bewegen können.
Insgesamt 16 Maschinen (Betriebsnummern 87 001-016) wurden im Jahr 1928 in Dienst gestellt, deren Heimatbahnhof nahezu ausschließlich Hamburg-Wilhelmsburg war. Haupteinsatzbereich waren immer die Gleisanlagen des Hamburger Hafens. Einsätze am Ablaufberg oder gar im Streckendienst waren die absolute Ausnahme. Wegen fehlender Ersatzteile für die Zahnradgetriebe liefen während und nach dem Zweiten Weltkrieg einige Lokomotiven auch als 1'C1'-, 1'D- und D1'-Maschinen. Schon in den Jahren 1951 bis 1955 wurden die etwas komplizierten »Rangierhobel« abgestellt, ausgemustert und durch die Baureihe 82 abgelöst.

Technische Daten:

Baureihenbezeichnung:	87 (DRG)
Radsatzanordnung:	Eh2t
Zylinderdurchmesser (mm):	600
Kolbenhub (mm):	550
Verdampfungsheizfläche (m²):	117,3
Vmax (km/h):	45
Leistung (PSi):	940
Dienstmasse (t):	85,6
Größte Radsatzfahrmasse (t):	17,4
Länge über Puffer (mm):	13.300
Treib-/Kuppelraddurchmesser (mm):	1.100
Laufraddurchmesser (v) (mm):	-
Laufraddurchmesser (h) (mm):	-
Wasserkasteninhalt (m³):	9,0
Brennstoffvorrat (t):	3,0
Indienststellung:	1928
Verbleib:	

Foto: Slg. Töpelmann, Archiv transpress

88.70, 88.76 (LBE, Hf Brm, DRG, DR)

Mit der Übernahme der Hafenbahn Bremen 1930 durch die DRG kam auch eine kleine, zweifach gekuppelte Tenderlok in den Bestand der Reichsbahn, die 1892 von Henschel gebaut worden war. Sie wurde als 88 7601 eingereiht und entsprach einer preußischen T 2 nach dem Musterblatt III 4 b. Die Maschine war mit einem dreischüssigen Langkessel ausgestattet. Auf dem vorderen Ende des ersten Kesselschusses thronte ein Regleraufsatz. Die Reglerstange führte man mitten durch den Sandkasten auf dem mittleren Kesselschuss hindurch zum Führerhaus. Der Lokrahmen war als Wasserkasten ausgebildet, die Kohlevorräte lagerten in kurzen Kästen rechts und links vor dem Führerhaus. Die 88 7601 besaß ein Zweizylinder-Nassdampftriebwerk. Schon kurz nach ihrer Umzeichnung musste die Tenderlok den Dienst quittieren.
Mit der Verreichlichung der Lübeck-Büchener Eisenbahn (LBE) 1938 erhielt die DRG noch einmal zwei ähnliche Maschinen und gab ihnen die Betriebsnummern 88 7001 und 7002. Sie stammten aus einer zwischen 1888 und 1892 in vier Exemplaren von Henschel gelieferten Serie, die bei der LBE als Gattung T 1 geführt wurde. Sie waren für den Dienst auf der damals noch als Nebenbahn betriebenen Strecke Lübeck–Travemünde vorgesehen. Ab 1900 wanderten sie in den Rangierdienst ab, 1923 wurden die »TRAVEMÜNDE« und die »SCHWARTAU« ausgemustert. Die »PRIWALL« (88 7002) war zeitweise mit einem Tender gekuppelt, um ihren Aktionsradius zu vergrößern. Beide Maschinen fanden sich nach Ende des Zweiten Weltkriegs im Bestand der DR wieder. Die 88 7002 verschwand relativ schnell als Werklok im Raw Rostock, wurde aber nach dessen Schließung als 98 7087 wieder in den Betriebspark übernommen und schließlich 1957 ausgemustert. Im gleichen Jahr konnte die 88 7001 als Werklok verkauft werden.

Technische Daten:

Baureihenbezeichnung:	88.70	88.76 (DRG)
Radsatzanordnung:	Bn2t	
Zylinderdurchmesser (mm):	330	
Kolbenhub (mm):	550	
Verdampfungsheizfläche (m²):	57,50	
Vmax (km/h):	40	
Leistung (PSi):		
Dienstmasse (t):	27,5	27,1
Größte Radsatzfahrmasse (t):	13,8	13,6
Länge über Puffer (mm):	8.089	
Treib-/Kuppelraddurchmesser (mm):	1.080	
Laufraddurchmesser (v) (mm):	-	
Laufraddurchmesser (h) (mm):	-	
Wasserkasteninhalt (m³):		
Brennstoffvorrat (t):		
Indienststellung:	1888-1892	1892
Verbleib:		

Foto: Slg. Töpelmann, Archiv transpress

88.71-72, 88.73 (bay. D IV, pfälz. T 1, DRG)

Für den Rangierdienst auf bayerischen Bahnhöfen lieferte Maffei ab 1875 die zweifach gekuppelten Tenderloks der Gattung D IV. Ihre besondere Kennzeichen waren die im Innenrahmen eingehängten Wasserkästen. Der Antrieb erfolgte auf den zweiten Kuppelradsatz. Im Laufe der gesamten Beschaffungsperiode von 1875 bis 1897, während Maffei und Krauss insgesamt 132 Maschinen herstellen, blieben zwar Zylinderdurchmesser, Kolbenhub, Rostfläche und Kesseldruck gleich, Veränderungen gab es jedoch bei der Verdampfungsheizfläche und bei der Größe der Vorratsbehälter. Daher stieg die Radsatzfahrmasse entsprechend der Bauartänderungen leicht an. Auch der Raddurchmesser wurde bei späteren Lieferungen von 985 auf 1.006 mm vergrößert. Die Loks erreichten eine Höchstgeschwindigkeit von 45 km/h. Der lange Beschaffungszeitraum zeigt, dass die zweifach gekuppelte Maschine durchaus als Erfolgsmodell gelten kann, obwohl schon 1877 mit dem Nachfolgemodell D V (DRG-Baureihe 89.81) erstmals eine dreifach gekuppelte Tenderlok konzipiert wurde.
Von den 132 gebauten Maschinen der Gattung D IV zeichnete die DRG 1925 noch 101 Exemplare (88 7101-7201). Diese Loks waren bis 1930 im Einsatz. Die Pfälzische Eisenbahn beschafften zwischen 1892 und 8197 insgesamt 31 Stück der erfolgreichen D IV. Die als pfälzische T 1 bezeichnete Serie unterschied sich nur unwesentlich von den bayerischen Schwestern. Auch in der Pfalz bewährte sich diese unverwüstliche Tenderlok. Nach der Ausmusterung von zehn Maschinen übernahm die DRG 1925 noch 21 Stück (88 7301-7321). Als letzte musste 1936 die 88 7306 zwar offiziell den Dienst quittieren, blieb aber bis 1961 beim Bw Ludwigshafen als Verschub-Gerät im Einsatz. Nach einem längeren Zwischenspiel als Denkmal in Stegen (Breisgau) ist die letzte pfälzische T 1 heute im DGEG-Museum in Neustadt/Weinstraße zu bewundern.

Technische Daten:

Baureihenbezeichnung:	88.71-72	88.73 (DRG)
Radsatzanordnung:	Bn2t	
Zylinderdurchmesser (mm):	330	
Kolbenhub (mm):	508	
Verdampfungsheizfläche (m²):	64,3	64,5
Vmax (km/h):	45	
Leistung (PSi):		
Dienstmasse (t):	24,3 (ab 88 7155: 28,8)	29,0
Größte Radsatzfahrmasse (t):	12,1 (ab 88 7155: 14,4)	14,5
Länge über Puffer (mm):	8.005	
Treib-/Kuppelraddurchmesser (mm):	985 (ab 88 7155: 1.006)	985
Laufraddurchmesser (v) (mm):	-	
Laufraddurchmesser (h) (mm):	-	
Wasserkasteninhalt (m³):	3,75 (ab 88 7155: 4,0)	3,5
Brennstoffvorrat (t):	1,0 (ab 88 7155: 1,5)	0,9
Indienststellung:	1875-1897	1892-1897
Verbleib:	88 7306 (DGEG Neustadt/Weinstraße)	

Foto: Hubert, Slg. Töpelmann, Archiv transpresss

90.0-2 (preuß. T 9.1, Hf Brm, LBE, DRG, DB, DR); 90 116, 232-233 (preuß. T 9 »Elberfeld«, »Langenschwalbach«, Hf Brm, DRG)

Die preußische C1'n2-Tenderlokomotive mit der späteren Bauartbezeichnung T 9.1, gedacht zur Verwendung im schweren Güterzugdienst, hatte zwei Vorbilder. Zum einen die für die steile und kurvenreiche Strecke von Elberfeld nach Cronenberg beschaffte, mit Krauss-Helmholtz-Lenkgestell ausgestattete C1'n2-Lokomotive, eine der bayerischen D VIII (DRG 98.6) ähnlichen Maschine. Von diesen »Elberfeld«-Loks wurden vier Stück von der Firma Krauss & Co. in München in den Jahren 1891 und 1893 hergestellt, weitere 33 dieses Typs in den Jahren 1895 bis 1899 von der Firma Henschel. Nur eine kam noch als 90 116 zur DRG.

Das andere Vorgängermodell wurde für die Strecke Wiesbaden_Langenschwalbach im Taunus beschafft. 1892 lieferte die Maschinenfabrik Esslingen acht C1'n2-Tender-Loks, in den Jahren 1893 bis 1895 baute die Firma Schwartzkopff weitere elf Maschinen in gleicher Ausführung. Von dieser Bauart »Langenschwalbach« kamen nach der Übernahme der Hafenbahn Bremen im Jahr 1930 noch zwei Exemplare als 90 232 und 233 zur DRG.

Der Normaltyp der T 9.1 wurde aber aus der T 7 heraus entwickelt. Man verwendete deren Laufwerk, verlängerte den Rahmen und fügte einen hinteren Laufradsatz hinzu. Deshalb konnte man den Kessel um zehn Prozent vergrößern und damit auch die Wasser- und Kohlevorräte steigern. Zur Ausstattung gehörte ein genieteter Langkessel aus drei Schüssen, eine Dreipunktabstützung des Laufwerks, ein Kuppelraddurchmesser von 1.350 mm sowie ein Zweizylinder-Nassdampftriebwerk mit Antrieb auf den zweiten Kuppelradsatz und Allan-Steuerung. Der Wasservorrat befand sich in zwei seitlichen, genieteten und in Höhe des zweiten Kuppelradsatzes nach vorn abgeschrägten Wasserkästen, der Kohlevorrat war hinter dem Führerhaus platziert. Obwohl das Krauss-Helmholtz-Lenkgestellt längst ausreichend erprobt war, wurde der Laufradsatz der T 9.1 als Adamsachse ausgebildet. Mit den Laufeigenschaften dieser Maschine war man daher nicht in vollem Umfang zufrieden. Die zulässige Geschwindigkeit lag bei 60 km/h mit 350 Tonnen Anhängelast in der Ebene.

In den Jahren 1892 bis 1901 beschaffte die Preußische Staatsbahn insgesamt 426 Stück von der T 9.1. Zunächst lieferte die Firma Borsig in Berlin-Tegel, später auch die Firmen Union, Hanomag, Hohenzollern, Henschel, Grafenstaden und Schichau. Die DRG übernahm noch 231 Maschinen (90 001 bis 90 231). Von der Bremer Hafenbahn kam 1930 die 90 234 hinzu und nach der Übernahme der Lübeck-Büchener Eisenbahn (LBE) wurden 1938 noch fünf Exemplare als 90 241-245 eingereiht. Die letzte Vertreterinnen dieses Typs bei der DB waren die 90 241, 243 und 244, die 1946 an Privatbahnen verkauft wurden. Bei der DGEG in Bochum-Dahlhausen steht heute noch die »CÖLN 7270«, die allerdings nie eine DRG-Nummer getragen hatte, da sie vor der vorgesehenen Umzeichnung in 90 009 als Werklok verkauft worden war. Betriebsfähig wird die »1857 CÖLN« (ex 90 042) von den Braunschweiger Verkehrsfreunden (VBV) erhalten. Bei der DR musste die letzte T 9.1 (90 108) im November 1953 ausscheiden.

Technische Daten:

Baureihenbezeichnung:	90.0-2	90 116	99 232-233 (DRG)
Radsatzanordnung:	C1'n2t		
Zylinderdurchmesser (mm):	430	440	
Kolbenhub (mm):	630	550	
Verdampfungsheizfläche (m²):	107,76	121,7	
Vmax (km/h):	60	45	50
Leistung (PSi):	450		620
Dienstmasse (t):	54,5	52,87	52,7
Größte Radsatzfahrmasse (t):	13,8	13,4	13
Länge über Puffer (mm):	11.320 (90 241-245: 11.536)	10.570	10.380
Treib-/Kuppelraddurchmesser (mm):	1.350	1.100	1.250
Laufraddurchmesser (v) (mm):	-		
Laufraddurchmesser (h) (mm):	1.000	850	800
Wasserkasteninhalt (m³):	5,83	7,37	
Brennstoffvorrat (t):	1,5	2,35	
Indienststellung:	1893-1903	1891-1899	1892-1895
Verbleib:	90 009 (DGEG), 042 (VBV)		

91.0-1 (preuß. T 9.2, Hf Brm, BLE, DRG)

Mit den Laufeigenschaften der T 9.1 (C1'n2) war die Preußische Staatsbahn nicht zufrieden und so ließ man eine neue 1´Cn2-Tenderlok entwicklen. Die Union-Gießerei in Königsberg lieferte 1893 die ersten neuen T 9.2. Zylinderdurchmesser, Kolbenhub und Steuerung waren unverändert. Man verblieb auch hier bei der Adamsachse. Obwohl die T 9.2 wegen ihrer Vierpunktabstützung des Laufwerks und der größeren Länge

Foto: Maey, Slg. Töpelmann, Archiv transpress

bessere Laufeigenschaften als die T 9.1 erbrachte, wurden bis zum Jahre 1900 nur 229 davon gebaut. Erstaunlicherweise wurde von dem Vorgängermodell auch danach noch weitere nachbestellt, obwohl inzwischen klar war, dass die 1'C-Maschine sich als die bessere erwiesen hatte.
Die DRG übernahm 115 Maschinen dieses Typs (91 001-115). Hinzu kamen 1930 eine T 9.2 von der Bremer Hafenbahn (91 116) und weitere fünf 1935 von den Saarbahnen (91 117-121). Nach der Verstaatlichung der Braunschweigischen Landeseisenbahn (BLE) 1938 wurden sechs T 9.2 als 91 131-136 eingereiht. Bis auf die BLE-Maschinen waren alle T 9.2 bis 1945 ausgemustert oder an Privatbahnen oder Betriebe verkauft. Im Bereich der DB waren nach Kriegsende noch die 91 132 und 135 vorhanden, die 1946 und 1948 an Privatbahnen verkauft wurden. Bei der DR verblieben die 91 133 und 134, die noch bis 1966 im Einsatz waren. Letztere wurde sogar als Museumsstück für das Verkehrsmuseum in Dresden betriebsfähig aufgearbeitet und leistete noch jahrelang gute Dienste vor Sonderzügen. Heute steht die 91 134 abgestellt in Schwerin.

Technische Daten:

Baureihenbezeichnung:	91.0-1 (DRG)
Radsatzanordnung:	1'Cn2t
Zylinderdurchmesser (mm):	430
Kolbenhub (mm):	630
Verdampfungsheizfläche (m²):	106,82
Vmax (km/h):	60
Leistung (PSi):	460
Dienstmasse (t):	52,6
Größte Radsatzfahrmasse (t):	13,7
Länge über Puffer (mm):	10.650
Treib-/Kuppelraddurchmesser (mm):	1.350
Laufraddurchmesser (v) (mm):	1.000
Laufraddurchmesser (h) (mm):	-
Wasserkasteninhalt (m³):	5,75
Brennstoffvorrat (t):	2,0
Indienststellung:	1892-1900
Verbleib:	91 134 (VMD, Schwerin)

91 201-202, 211-212 (BLE, PE, DRG, DR)

Von der aus kriegswichtigen Gründen zum 1. Januar 1938 verstaatlichten Braunschweigischen Landes-Eisenbahn (BLE) gelangten u.a. auch zwei 1'C-Tenderloks der ELNA-Typenreihe als 91 201 und 202 in den Bestand der DRG. Der »Engere Lokomotiv-Normen-Ausschuss« (ELNA) war nach Ende des Ersten Weltkriegs von deutschen Lokomotiv-Herstellern ins Leben gerufen worden, um genormte Maschinen für Klein- und Privatbahnen anbieten zu können. Schon 1921 konnten sechs ELNA-Gattungen vorgestellt werden, die in der Folge noch technisch verfeinert und durch Heißdampfvarianten ergänzt wurden. Die beiden BLE-Maschinen mit den Bahnnummern 32 und 33 entsprachen weitgehend dem ELNA-Typ 5 H (= Heißdampf) und waren 1928 von Henschel für den gemischten Dienst geliefert worden. Charakteristisch waren der Blechrahmen mit seinem T-förmigen Rahmenwasserkasten und der frei darüber liegende einschüssige Kessel. Die Spuren der 91 201 verlieren sich im Zweiten Weltkrieg. Dagegen überlebte die 91 202 (ex BLE 33) überlebte den Krieg, gelangte zur DR und wurde erst am 4. Oktober 1967 ausgemustert.
Zwei weitgehend der Standardausführung ELNA 5 H entsprechende Tenderloks konnte die DRG nach der Verstaatlichung der Prignitzer Eisenbahngesellschaft (PE) zum 1. Januar 1941 als 91 211 und 212 übernehmen. Die PE hatte die beiden Maschinen mit den Bahnnummern 4" und 5" im Jahre 1929 von Linke-Hofmann beschafft und setzte sie auf Grund ihrer Zugkraft und ihres Beschleunigungsvermögens sowohl im Personen- als auch im Güterzugdienst ein. Nach dem Zweiten Weltkrieg blieb die 91 211 verschollen, während sich die 91 212 nach Kriegsende im Bereich der Direktion Hamburg befand. Dort wurde sie zwar am 25. Juni 1946 ausgemustert, doch durfte ihr Können als Werklok Nr. 2 des EAW Glückstadt unter Beweis stellen.

Technische Daten:

Baureihenbezeichnung:	91 201-202	91 211-212 (DRG)
Radsatzanordnung:	1'Ch2t	
Zylinderdurchmesser (mm):	435	450
Kolbenhub (mm):	550	550
Verdampfungsheizfläche (m²):	70,4	70,4
Vmax (km/h):	65	55
Leistung (PSi):		
Dienstmasse (t):	55,2	
Größte Radsatzfahrmasse (t):	14	15
Länge über Puffer (mm):	10.010	
Treib-/Kuppelraddurchmesser (mm):	1.200	1.200
Laufraddurchmesser (v) (mm):	800	850
Laufraddurchmesser (h) (mm):	-	-
Wasserkasteninhalt (m³):	8,0	6,0
Brennstoffvorrat (t):	2,0	1,6
Indienststellung:	1928	1929
Verbleib:		

Foto: Slg. Töpelmann, Archiv transpress

91 221-222, 231-232 (WPE, MFWE, DRG, DR)

Die Wittenberge-Perleberger Eisenbahn (WPE) beschaffte 1924/25 von Henschel zwei 1´Ch2-Tenderloks. Bemerkenswert war der zweischüssige Langkesse lmit Speise- und Dampfdom. An letzteren war vorne und hinten je ein viereckiger Sandkasten angefügt, welcher die Räder des ersten Kuppelradsatzes von vorne, die Räder des zweiten Kuppelradsatzes von hinten sandete. Bei der WPE erhielten die beiden Dreikuppler zunächst die Bahnnummern 9 und 10, im Jahr 1932 erfolgte die Umzeichnung in 109 und 110. Nach Verstaatlichung der WPE reihte die DRG sie als 91 221 und 222 in ihren Bestand ein. Schon 1944 wurden sie an Privatbahnen verkauft. Die 91 221 gelangte als 151 zur Kiel-Schöneberger Eisenbahn (KSE), die 91 222 als 1151 zur benachbarten Kleinbahn Kiel-Segeberg. In den Jahren 1966/67 erlosch in ihren Kesseln.
Von der Mecklenburgischen Friedrich-Wilhelm-Eisenbahn (MFWE) gelangten nach deren Verstaatlichung zum 1. Januar 1941 ebenfalls zwei 1'C-Heißdampftenderloks in den Bestand der DRG, welche die Nummern 91 231 und 232 erhielten. Sie waren im September 1925 von AEG unter den Bahnnummern 27 und 28 geliefert worden. Die Loks mit dem relativ großen Kuppelraddurchmesser von 1.350 mm erwiesen sich als überaus brauchbar und übertrafen sogar die geforderten Leistungen. Die 91 231 blieb nicht lange im Bestand der DRG, sondern wurde noch 1941 an die »Centralverwaltung für Secundairbahnen Hermann Bachstein GmbH« verkauft. Mit der Bahnnummer 40 fuhr sie zunächst bei Greußen-Ebeleben-Keulaer Eisenbahn, später bei der Osterwieck-Wasserlebener Eisenbahn. Nach deren Übernahme 1949 durch die DR erhielt die ehemalige 91 231 die Nummer 91 6676. Bis 1961 leistete sie unauffällig ihren Dienst und wurde am 1. Dezember 1961 an die VEB EisenwerkeThale verkauft. Direkt in den Bestand der DR kam die 91 232, welche ihren Dienst erst 1965 quittierte.

Technische Daten:

Baureihenbezeichnung:	91 221-222	91 231-232 (DRG)
Radsatzanordnung:	1'Ch2t	
Zylinderdurchmesser (mm):		520
Kolbenhub (mm):		630
Verdampfungsheizfläche (m²):		96
Vmax (km/h):	45	60
Leistung (PSi):		
Dienstmasse (t):		57,5
Größte Radsatzfahrmasse (t):	16	16
Länge über Puffer (mm):		
Treib-/Kuppelraddurchmesser (mm):	1.200	1.350
Laufraddurchmesser (v) (mm):	800	900
Laufraddurchmesser (h) (mm):	-	-
Wasserkasteninhalt (m³):		6,0
Brennstoffvorrat (t):		2,0
Indienststellung:	1924-1925	1925
Verbleib:		

91.3-18, 91.20 (preuß. T 9.3, wü. T 9, DRG, DB, DR)

Da weder die Laufeigenschaften der preußischen T 9.1 (DRG 90.0-2) noch der T 9.2 (DRG 91.0-1) so recht befriedigten, entschloss sich die Preußische Staatsbahn, eine verbesserte Nachfolgebauart entwickeln zu lassen. Als direkte Nachfahrin der T 9.2 entstand so 1901 bei der Union-Gießerei in Königsberg die Gattung T 9.3. Sie ihrer Vorgängerin erheblich überlegen. Die T 9.3 war erfolgreiche Maschine und darf für sich das Prädikat beanspruchen, die meistgebaute Tenderlok Deutschlands zu sein. In gut 13 Jahren (1901 bis 1913) verließen über 2.200 Exemplare die Fabrikhallen. In Preußen waren die T 9.3 praktisch auf allen Nebenbahnen anzutreffen, wobei ihr Haupteinsatzgebiet in der Beförderung leichter Güterzüge lag. Aber auch im Rangierdienst und gelegentlich auf Hauptstrecken konnte diese Tenderlok überzeugen. Nach dem Ersten Weltkrieg mussten viele Maschinen als Reparationsleistungen an Belgien, Frankreich und Polen abgegeben werden. So konnte die DRG nur 1.503 T 9.3 übernehmen, welche als 91 303-1805 eingereiht wurden. Die zehn württembergischen T 9 erhielten die Nummern 91 2001-2010. Ersten Ausmusterungen standen auch einige Zugänge gegenüber: So wurden 1935 von den Saar-Bahnen 31 Maschinen (91 1806-1836) übernommen. Nach der Besetzung Polens wurden 1941 rund 270 Loks mit den Nummern bereits ausgemusterter T 9.3 in den DRG-Bestand eingereiht.
Mit Ende des Zweiten Weltkriegs fanden sich die meisten Loks in den vier deutschen Besatzungszonen und in Polen wieder. Die DB musterte den Großteil ihres Bestandes schon in den 50er-Jahren aus. Als letzte Maschine wurde beim Bw Krefeld am 11. Januar 1964 die 91 1595 abgestellt. Die DR musterte mit der 91 1971 des Bw Magdeburg ihre letzte T 9.3 am 22. Februar 1971 aus.

Technische Daten:

Baureihenbezeichnung:	91.3-18	91.20 (DRG)
Radsatzanordnung:	1'Cn2t	
Zylinderdurchmesser (mm):	450	
Kolbenhub (mm):	630	
Verdampfungsheizfläche (m²):	107,30	112,0
Vmax (km/h):	65	60
Leistung (PSi):	440	460
Dienstmasse (t):	59,9	59,6
Größte Radsatzfahrmasse (t):	15,0	
Länge über Puffer (mm):	10.700	10.620
Treib-/Kuppelraddurchmesser (mm):	1.350	
Laufraddurchmesser (v) (mm):	1.000	
Laufraddurchmesser (h) (mm):	-	
Wasserkasteninhalt (m³):	7,0	
Brennstoffvorrat (t):	2,0	
Indienststellung:	1900-1914	1906-1907
Verbleib:	91 319 (Denkmal Münster), 494 (als Tki 3-119, Warschau), 896" (VMD, Dresden-Friedrichstadt), 936" (DTB)'	

Foto: Slg. Töpelmann, Archiv transpress

91.19 (meckl. T 4, DRG, DB, DR)

Für die Mecklenburgische Friedrich-Franz-Eisenbahn (MFE) reichten mittelschwere Tenderlokomotiven aus, um den Personen- und Güterzug-Verkehr zu bewältigen. Bei der Projektierung von Lokomotiven lehnte man sich meist an bereits bewährte Entwicklungen in anderen Ländern, vor allem Preußen, an. Mit der Vorgabe, eine dreifach gekuppelte 1'Cn2-Tenderlokomotive mit einfachem Aufbau, einfacher Wartung und mit maximal 12 t Radsatzfahrmasse zu entwickeln, wurde 1906 die Firma Henschel & Co. beauftragt. Ein direktes Vorbild für diese mecklenburgische »T 4« gab es nicht. 1907 lieferte Henschel die beiden ersten Exemplare der T 4, 1908 folgten vier weitere und bis zum Jahre 1922 wurden von den Firmen Henschel (37 Stück) und Orenstein & Koppel (13 Stück) insgesamt 50 Lokomotiven fertiggestellt.
Die T 4 war bestückt mit einem genieteten Langkessel und einem Zweizylinder-Naßdampftriebwerk. Ab dem Baujahr 1915 wurde der Kuppelraddurchmesser von 1.150 auf 1.200 mm vergrößert und die Höchstgeschwindigkeit von 45 auf 50 km/h erhöht. Die Lokomotive schaffte 720 Tonnen Anhängelast in der Ebene mit 45 km/h.
Bei der Übernahme durch die DRG waren alle 50 Loks noch einsatzfähig.(91 1901-1950) versehen. 35 Stück davon überlebten den Zweiten Weltkrieg, 31 kamen zur DR und vier zur DB. Die DB-Maschinen waren beim Bw Heiligenhafen stationiert und schieden bis 1950 aus. Bei der DR waren im Jahre 1966 beim Bw Wittenberge noch elf Lokomotiven im Einsatz. Die beiden letzten Maschinen wurden 1970 erst aus dem Verkehr gezogen. Insofern hatte die mecklenburgische T 4 eine ziemlich lange und erfolgreiche Lebenszeit.

Technische Daten:

Baureihenbezeichnung:	91.19 (DRG)
Radsatzanordnung:	1'Cn2t
Zylinderdurchmesser (mm):	410
Kolbenhub (mm):	580
Verdampfungsheizfläche (m^2):	99,94
Vmax (km/h):	45 (ab 91 1931: 50)
Leistung (PSi):	470
Dienstmasse (t):	45,6-46,8
Größte Radsatzfahrmasse (t):	11,8-12,2
Länge über Puffer (mm):	10.375
Treib-/Kuppelraddurchmesser (mm):	1.150 (ab 91 1931: 1200)
Laufraddurchmesser (v) (mm):	800
Laufraddurchmesser (h) (mm):	-
Wasserkasteninhalt (m^3):	4,3-5,6
Brennstoffvorrat (t):	1,5
Indienststellung:	1907-1922
Verbleib:	

Foto: Bellingrodt, Slg. Töpelmann, Archiv transpress

92.0 (wü. T 6, DRG, DB)

Die württembergische T 6 war die einzige deutsche vierfach gekuppelte Tenderlokomotive mit Heißdampf-Triebwerk. In den Jahren 1916/17 beschaffte die Württembergische Staatsbahn von der Maschinenfabrik Esslingen die ersten sechs Maschinen, weitere sechs folgten im Jahre 1918. Die Lok besaß ein Zweizylinder-Heißdampf-Triebwerk mit außenliegenden, geneigt angeordneten Zylindern und außenliegender Heusinger-Steuerung, einen Crampton-Langkessel aus zwei Schüssen und dazu einen Kleinrohrüberhitzer nach Bauart Schmidt.
Eine von den zwölf gebauten Lokomotiven musste nach dem Ersten Weltkrieg als Reparationsleistung an die Siegermächte abgegeben werden, so dass insgesamt elf T 6 zur DRG übergingen. Sie reihte diese Maschinen als 92 001-011 in ihren Maschinenpark ein. Bis zum Ende des Zweiten Weltkrieges kamen die T 6-Loks im Großraum Stuttgart zum Einsatz, nur die 92 007 musste schon 1936/37 den Dienst quittieren. Zwischen 1946 und 1950 wurden alle Maschinen ausgemustert und zu einem großen Teil an Privatbahnen verkauft. Die 92 001 landete im Dezember 1948 bei der Hersfelder Kreisbahn, wurde aber schon 1951ausgemustert. Die 92 002 und 004 kamen zur Württembergischen Eisenbahngesellschaft (WEG) und waren bis 1963 noch im Einsatz. Zumindest die 92 003 und 011 gelangten zur Süddeutschen Eisenbahngesellschaft (SEG). Erstere wurde 1956 ausgemustert, die andere versah bei der Kaiserstuhlbahn noch bis 1974 ihren Dienst und steht heute als Denkmalslok im Europapark in Rust. Die Osthannoversche Eisenbahn (OHE) erwarb im Oktober 1947 die 92 008 und 010, verkaufte sie jedoch alsbald weiter. Die 92 008 beendete 1963 ihr Dasein auf der badischen Privatbahn Wiesloch–Waldangelloch, während die 92 010 bis 1953 im hohen Norden bei der Altona-Kaltenkirchen-Neumünster Eisenbahn fuhr.

Technische Daten:

Baureihenbezeichnung:	92.0 (DRG)
Radsatzanordnung:	Dh2t
Zylinderdurchmesser (mm):	500
Kolbenhub (mm):	560
Verdampfungsheizfläche (m^2):	71,4
Vmax (km/h):	50
Leistung (PSi):	500
Dienstmasse (t):	60,0
Größte Radsatzfahrmasse (t):	15,0
Länge über Puffer (mm):	10.600
Treib-/Kuppelraddurchmesser (mm):	1.150
Laufraddurchmesser (v) (mm):	-
Laufraddurchmesser (h) (mm):	-
Wasserkasteninhalt (m^3):	8,0
Brennstoffvorrat (t):	3,5
Indienststellung:	1916-1918
Verbleib:	92 011 (Denkmal Rust)

Foto: Maey, Slg. Töpelmann, Archiv transpress

92.1 (wü. T 4, DRG, DB)

Nachdem die Dreikuppler der Gattung »württembergische T 3« im Schiebedienst auf der Geislinger Steige nicht mehr den gestiegenen Anforderungen entsprachen, entschied sich die Württembergische Staatsbahn für den Bau einer stärkeren und schwereren Tenderlokomotive. Mit dem Bau dieser neuen Dn2-Maschine der Gattung T 4 wurde die Maschinenfabrik Esslingen beauftragt. Die erste Lieferung im Jahre 1907 umfasste fünf Exemplare, im Jahre 1909 folgten weitere drei Stück. Mit 16 Tonnen Radsatzfahrmasse war diese Lok vor dem Ersten Weltkrieg die schwerste vierfach gekuppelte Tenderlokomotive in Deutschland.

Auffallend an ihr waren ihre verhältnismäßig großen Kuppelräder: Mit 1.380 mm Durchmesser waren sie für den ihr zugedachten Zweck eigentlich zu groß. Nach dem Rückzug aus dem Schiebedienst wurde diese in den 30er-Jahren durch eine Druckluftbremse der Marke Westinghouse ersetzt. Zur besseren Streckensicht waren die seitlich angebrachten Wasserkästen (insgesamt 6 m³ Fassungsvermögen) im vorderen Teil abgeschrägt.

Zunächst waren alle acht Maschinen im Bw Ulm stationiert. Die DRG übernahm alle Loks und gab ihnen die Betriebsnummern 92 101-108. Nach dem Rückzug aus dem Schubdienst machten sie sich bei den Bw Reutlingen und Tübingen nützlich. Im Herbst 1944 verschlug es die 92 103 und 106 nach Hamm, die 92 102 und 104 nach Hamburg. Alle acht Dampfloks überstanden den Zweiten Weltkrieg, wurden aber bereits zwischen 1946 und 1948 ausgeschieden. Die meisten begannen eine zweite Karriere als Werksloks in diversen Ausbesserungswerken. Hingegen wurde die 92 107 im Juni 1948 an die Mindener Kreisbahn verkauft, wo sie erst 1961 den Dienst quittierte.

Technische Daten:

Baureihenbezeichnung:	92.1 (DRG)
Radsatzanordnung:	Dn2t
Zylinderdurchmesser (mm):	530
Kolbenhub (mm):	612
Verdampfungsheizfläche (m²):	143,4
Vmax (km/h):	52
Leistung (PSi):	580
Dienstmasse (t):	64,5
Größte Radsatzfahrmasse (t):	16,1
Länge über Puffer (mm):	11.000
Treib-/Kuppelraddurchmesser (mm):	1.380
Laufraddurchmesser (v) (mm):	-
Laufraddurchmesser (h) (mm):	-
Wasserkasteninhalt (m³):	6,0
Brennstoffvorrat (t):	1,5
Indienststellung:	1906-1909
Verbleib:	

Foto: Maey, Slg. Töpelmann, Archiv transpress

92.2-3 (bad. X b1-7, DRG, DB, DR)

Steigende Zuglasten im Güterverkehr veranlassten die Badische Staatsbahn als erste deutsche Bahnverwaltung schon Anfang des 20. Jahrhunderts zur Entwicklung einer vierfach gekuppelten Tenderlok für den Einsatz auf großen Verschiebebahnhöfen. Mit der Gattung »X b« konnte sie bereits 1907 die ersten Vierkuppler für den Rangierdienst in Betrieb nehmen, welche zunächst in 20 Exemplaren von der Badischen Maschinenbau-Gesellschaft (BMAG) in Karlsruhe geliefert wurden. Bis 1919 folgten in fünf weiteren Baulosen 48 Maschinen von der BMAG. Eine letzte Serie mit 30 Einheiten lieferte 1921 Maffei in München. Mit ihren insgesamt 98 Einheiten war die badische »X b« eine überaus erfolgreiche Maschine. Ihr charakteristischen Aussehen die »X b« ferner durch das Verbindungsrohr zwischen den beiden Domen, welches speziell den Anforderungen im Rangierdienst mit seiner oft stoßweisen Dampfentnahme diente.

Nach Ende des Ersten Weltkriegs mussten 1919 aus der fünften Bauserie zwei Loks als Reparationsleistung nach Frankreich und sechs nach Belgien abgegeben worden. Die restlichen 90 Maschinen übernahm die DRG und reihte sie mit den Nummern 92 201-320 (mit Lücken) in ihren Bestand ein. Bis 1945 mussten sechs »X b« den Dienst quittieren. Zwei der badischen Vierkuppler (92 214 und 310) fanden sich nach Ende des Zweiten Weltkriegs in der Sowjetzone wieder, wurden aber 1947 bzw. 1955 als Werkloks verkauft. Alle übrigen Rangierhobel verblieben in den Westzonen. 1950 zählte die DB noch 74 Maschinen in ihrem Bestand. Erst gegen Ende der 50er-Jahre setzten größere Ausmusterungswellen ein. Letzte »X b« war die 92 319 des Bw Radolfzell, welche am 25. April 1966 ausgemustert und 1968 verschrottet wurde. Eine »X b« blieb erhalten: Das Deutsche Technik-Museum in Berlin konnte eine der belgischen Reparationsloks (ex SNCB 9184 ex bad. X b 175) erwerben.

Technische Daten:

Baureihenbezeichnung:	92.2-3 (DRG)
Radsatzanordnung:	Dn2t
Zylinderdurchmesser (mm):	480
Kolbenhub (mm):	630
Verdampfungsheizfläche (m²):	110,66
Vmax (km/h):	45
Leistung (PSi):	500
Dienstmasse (t):	58,1
Größte Radsatzfahrmasse (t):	14,5
Länge über Puffer (mm):	10.650 (ab 92 241: 10.694)
Treib-/Kuppelraddurchmesser (mm):	1.262
Laufraddurchmesser (v) (mm):	-
Laufraddurchmesser (h) (mm):	-
Wasserkasteninhalt (m³):	7,0
Brennstoffvorrat (t):	2,5
Indienststellung:	1907-1921
Verbleib:	92 »272« (DTB)

Foto: Blaschke

92.4 (old./preuß. T 13.1), 92.5-10 (preuß. T 13, ZFE, DRG, DB, DR)

Auch die Preußische Staatsbahn sah sich zu Beginn des 20. Jahrhunderts gezwungen, den Anforderungen des immer unfangreicheren Verschubbetriebs auf den großen Rangierbahnhöfen, vor allem im Ruhrgebiet und Oberschlesien, mit der Entwicklung einer leistungsfähigen, vierfach gekuppelten und laufradsatzlosen Rangierlok zu genügen. Dem Bau der preußischen T 13 gingen allerdings erhebliche Auseinandersetzungen voraus, ob sie als Heißdampfmaschine mit Rauchrohrüberhitzer oder als Nassdampflok zu bauen sei. Während die Konstrukteure die Heißdampfvariante favorisierten, entschied sich das Ministerium für die vermeintlich »billigere« Nassdampflok. Ihre Kesselkonstruktion konnte fast unverändert von der preußischen T 11 (DRG 74.0-3) übernommen werden. Der Wasservorrat lagerte im Rahmenwasserkasten und in den beiden seitlichen, genieteten Wasserkästen. Das Zweizylinder-Triebwerk wirkte auf den zweiten Kuppelradsatz, was nur recht kurze Treibstangen erforderte. Fest im Rahmen gelagert waren die ersten drei Kuppelradsätze, nur der vierte Kuppelradsatz besaß 20 mm Seitenspiel. Diese Lauf- und Triebwerksausführung bescherte der T 13 einen recht unruhigen Lauf und machte sie für den Streckendienst weitgehend untauglich.

Insgesamt 667 Maschinen wurden zwischen 1910 und 1923 gebaut, davon für die Preußische Staatsbahn allein 587. Ab 1916 rüstete die Preußische Staatsbahn einzelne T 13 mit Kleinrohrüberhitzer der Bauart Schmidt und Speisewasservorwärmer aus. Diese Heißdampfumbauten erwiesen sich deutlich leistungsfähiger als die Nassdampfloks. Auch die Oldenburgische Staatsbahn, welche bereits ab 1911 die T 13 in Dienst gestellt hatte, beschaffte 1921 vom Hauslieferanten Hanomag vier Heißdampf T 13 mit Ventilsteuerung als neue Gattung T 13.1. Sie waren für den leichten Personenzugdienst vorgesehen. Neun entsprechende T 13.1 lieferte Hanomag 1921/22 nach Preußen. Weitere fünf T 13.1 lieferte Krauss in München 1923 an die seit 1920 eigenständigen Saarbahnen.

Da 1918/19 fast 100 Loks der Gattung T 13 an die Siegermächte des Ersten Weltkriegs als Reparation abgegeben werden mussten, konnte die DRG 1925 noch insgesamt 485 Maschinen als 92 501-913 sowie 92 1001-1072 in ihren Bestand einreihen. Letztere entstammten der Nachlieferung von 1921-1923 und hatten eine um 1 Tonne höhere Radsatzfahrmasse. Als 92 401-404 wurden die oldenburgischen T 13.1, als 92 405-413 die preußischen T 13.1 übernommen. Nach der Wiederangliederung des Saarlandes 1935 erhielten die T 13.1 der Saarbahnen die Betriebsnummern 92 414-418. Die T 13 der Saarbahnen kamen als 92 919-950 in den DRG-Bestand. Während des Zweiten Weltkrieges stockte die DRG ihren Bestand mit Maschinen aus dem besetzten Polen (92 951-990 und 996) und der Tschechoslowakei (92 1101-1112) weiter auf. Von der 1943 verstaatlichten Zschipkau-Finsterwalder Eisenbahn (ZFE) gelangten die 92 991-995 zur DRG. Diese fünf Maschinen waren zwischen 1922 und 1929 von Orenstein & Koppel in Anlehnung an die T 13 für die ZFE gebaut worden.

Rund 200 T 13 wurden während des Zweiten Weltkriegs zum Osteinsatz abkommandiert, von denen die meisten nicht mehr zurückkehrten. Nach Kriegsende waren T 13 in Frankreich, Luxemburg, Jugoslawien, Österreich, Polen, der Tschechoslowakei und in der UdSSR zu finden. Die DB konnte 179 Loks der Gattung T 13 und 17 der Gattung T 13.1 übernehmen, die überwiegend in nördlichen Direktionsbezirken zu finden waren. Während die T 13.1 bis 1950 alle verkauft oder ausgemustert waren, begann der Stern der T 13 erst Mitte der 50er-Jahre rapide zu sinken. Dennoch konnten sich einzelne Exemplare bis Mitte der 60er-Jahre halten. Beim Bw Kassel musste im Dezember 1965 als letzte die 92 739 den Dienst quittieren. Sie blieb erhalten und steht heute im Fahrzeugmuseum der Deutschen Gesellschaft für Eisenbahngeschichte (DGEG) in Neustadt/Weinstraße.

Foto: Blaschke

In der DDR liefen die Loks einige Jahre länger als bei der DB, obwohl die DR nur 45 T 13 und eine T 13.1 nach Kriegsende übernehmen konnte. Als letzte wurde am 17. Dezember 1970 die 92 657 des Bw Roßlau ausgemustert. Dagegen wurde die 92 503 von der DR erhalten und bereichert heute den Bestand des Dresdener Verkehrsmuseums. Bei der Erfurter Industriebahn überlebte die 92 638. Sie wurde 1977 an die Museums-Eisenbahn Minden (MEM) verkauft, welche sie noch heute vor Sonderzügen einsetzt.

Technische Daten:

Baureihenbezeichnung:	92.4	92.5-10 (DRG)
Radsatzanordnung:	Dh2t	Dn2t
Zylinderdurchmesser (mm):	530	500
Kolbenhub (mm):	600	
Verdampfungsheizfläche (m²):	92,51	116,4
Vmax (km/h):	45	
Leistung (PSi):	950	500
Dienstmasse (t):	65,4	59,9
Größte Radsatzfahrmasse (t):	16,35	15,0
Länge über Puffer (mm):	11.100	
Treib-/Kuppelraddurchmesser (mm):	1.250	
Laufraddurchmesser (v) (mm):	-	
Laufraddurchmesser (h) (mm):	-	
Wasserkasteninhalt (m³):	7,0	
Brennstoffvorrat (t):	2,5	
Indienststellung:	1921-1923	1910-1922
Verbleib:	92 503 (VMD, Dresden-Altstadt), 638 (MEM), 739 (DGEG, Neustadt/Weinstraße)	

Foto: Slg Kenning

92 421 (BLE, DRG, DR)

Für den schweren Güterzug- und Rangierdienst beschaffte die Braunschweigische Landes-Eisenbahn (BLE) 1925 von Henschel einen Heißdampf-Vierkuppler, welcher die Bahnnummer 31 erhielt. Angetrieben wurde der dritte Kuppelradsatz. Für die Kesselspeisung standen neben der Strahlpumpe auch eine Kolbenspeisepumpe und ein Oberflächenvorwärmer der Bauart Knorr zur Verfügung. Letzterer befand sich längs auf dem Kesselscheitel zwischen Schornstein und Dampfdom. Unter gemeinsamer Verkleidung mit dem Dampfdom vervollständigten je ein Sandkasten davor und dahinter die Ausrüstung auf dem Langkesselscheitel. Die zum Zeitpunkt ihrer Beschaffung stärkste Maschine der BLE war in der Lage, in der Ebene einen Zug mit 1.365 Tonnen Anhängelast noch mit 40 km/h zu befördern. Bei einer Steigung von 5 ‰ konnten immerhin noch 695 Tonnen Last mit 30 km/h gezogen werden.
Die DRG reihte nach der Verstaatlichung der BLE zum 1. Januar 1938 diesen Vierkuppler als 92 421 in ihren Bestand ein. Nach Ende des Zweiten Weltkriegs fand sich die Maschine in der Sowjetzone wieder. Sie gelangte noch in den Bestand der DR, welche die 92 421 bis Anfang der 50er-Jahre als Werklok im Raw Stendal einsetzte.

Technische Daten:

Baureihenbezeichnung:	92 421 (DRG)
Radsatzanordnung:	Dh2t
Zylinderdurchmesser (mm):	550
Kolbenhub (mm):	540
Verdampfungsheizfläche (m²):	98,16
Vmax (km/h):	40
Leistung (PSi):	
Dienstmasse (t):	64,0
Größte Radsatzfahrmasse (t):	16
Länge über Puffer (mm):	10.948
Treib-/Kuppelraddurchmesser (mm):	1.100
Laufraddurchmesser (v) (mm):	-
Laufraddurchmesser (h) (mm):	-
Wasserkasteninhalt (m³):	8,0
Brennstoffvorrat (t):	2,0
Indienststellung:	1925

92 431-437 (LBE, DRG, DR)

Im Jahre 1925 lieferte die Linke-Hofmann-Lauchhammer AG vier Heißdampf-Vierkuppler an die Lübeck-Büchener Eisenbahn (LBE), welche für den schweren Rangierdienst im Raum Lübeck und auf dem Rangierbahnhof Lübeck-Moisling benötigt wurden. Sie erhielten die Bahnnummer 123-126. In ihrem Aufbau erinnerten sie durchaus an den ELNA-Typ 6. Versuchsweise erhielt die Nr. 124 eine Lentz-Ventilsteuerung. Diese scheint sich aber nicht sonderlich bewährt zu haben, denn 1936 erfolgte der Rückbau auf die normale Kolbenschiebersteuerung. 1930 beschaffte die LBE mit den Bahnnummern 127-129 drei weitere Vierkuppler von Linke-Hofmann mit geringfügigen Unterschieden. So betrug z.B. der Kesseldruck nun 14 statt 13 bar.
Nach der Verstaatlichung der LBE zum 1. Januar 1938 verpasste die DRG diesen Vierkupplern die Betriebsnummern 92 431-437. Während des Krieges vermietete die RBD Schwerin die 92 435-437 an die Bachstein GmbH zur Verwendung auf der Anschlussbahn zum Konzentrationslager Buchenwald (Weimar-Großrudestedter Eisenbahn). Der Betreiber, die Thüringische Eisenbahn AG, konnte sie zum 1. Januar 1945 käuflich erwerben. Später fuhren sie auf der Weimar-Berka-Blankenhainer Eisenbahn, ab November 1946 als 92 0096-0098. Mit der Übernahme der Privatbahnen 1949 durch die DR erfolgte die erneute Umzeichnung in 92 6876-6678. Die 92 6876 und 6877 liefen immer in Thüringen und wurden schließlich 1964 als Werkloks in den Kalibergbau (VEB Kalikombinat »Werra«, Merkers/Rhön) verkauft. Die 92 6678 wechselte schon Anfang der 50er-Jahre nach Frankfurt/Oder. Sie wurde am 1. Januar 1965 als Werklok für den dortigen Hafen verkauft. Nach Österreich verschlug es während des Krieges die 92 431-434. Dort blieben sie auch nach Kriegsende und erhielten 1953 sogar noch die neuen ÖBB-Betriebsnummern 692 431-434.

Technische Daten:

Baureihenbezeichnung:	92 431-437 (DRG)
Radsatzanordnung:	Dh2t
Zylinderdurchmesser (mm):	600
Kolbenhub (mm):	660
Verdampfungsheizfläche (m²):	105,3
Vmax (km/h):	50
Leistung (PSi):	
Dienstmasse (t):	73,2
Größte Radsatzfahrmasse (t):	18
Länge über Puffer (mm):	11.600 (ab 99 435: 11.050)
Treib-/Kuppelraddurchmesser (mm):	1.350
Laufraddurchmesser (v) (mm):	-
Laufraddurchmesser (h) (mm):	-
Wasserkasteninhalt (m³):	7,2
Brennstoffvorrat (t):	3,5
Indienststellung:	1925-1930
Verbleib:	

Foto: Estler

92 441-442 (KOE, DRG, DB, DR)

Zwei interessante Heißdampf-Vierkuppler mit den Bahnnummern 10 und 11 beschaffte die Kreis Oldenburger Eisenbahn (KOE) in den Jahren 1927 und 1928 von der AEG. Sie wurden offensichtlich nach den Vorgaben der KOE konstruiert, denn sie entsprachen weder Länderbahn- noch Reichsbahn-Typen. Auch ließen sie keinerlei Ähnlichkeit mit den ELNA-Loks erkennen und besaßen kein Vorbild in vergleichbaren AEG-Lieferungen an andere Bahnen. Selbst beide Maschinen waren nicht vollkommen identisch. Die Nr. 10 trug ihren Speisewasservorwärmer quer auf dem Rahmen über dem ersten Kuppelradsatz, bei der Nr. 11 befand er sich auf dem Rahmen vor der Rauchkammer. Ferner erhielt die Nr. 11 seitliche Wasserkästen, die bis zum Speisedom reichten und 6 m³ Wasser fassten. Bei der Nr. 10 endeten die Wasserkästen schon auf Höhe des Dampfdoms und konnten nur 4,4 m³ Wasser aufnehmen. Nach der Verstaatlichung der KOE zum 1. August 1941 gelangten die beiden Maschinen als 92 441 und 442 in den DRG-Bestand. Beide überlebten den Zweiten Weltkrieg. Die 92 441 fand sich in der Sowjetzone wieder und lief noch lange Jahre bei der DR. Sie wurde am 19. Januar 1966 beim Bw Frankfurt/Oder P ausgemustert. Die 92 442 erlebte das Kriegsende in ihrem alten Einsatzgebiet im Bw Heiligenhafen und kam noch in den Bestand der DB. Schon konnte 1949 sie an die Hohenzollerische Landesbahn AG (HzL) verkauft werden. Dort erhielt sie die Bahnnummer 16 und versah noch über 20 Jahre ihren Dienst. Als letzte Dampflok der HzL wurde sie am 24. Mai 1970 abgestellt und im darauffolgenden Jahr an die Gesellschaft zur Erhaltung von Schienenfahrzeugen (GES) verkauft. Dort zeigte sie noch vor vielen Sonderzügen ihre Leistungsfähigkeit. Derzeit ist sie außer Betrieb und erhält eine neue Hauptuntersuchung.

Technische Daten:

Baureihenbezeichnung:	92 441-442 (DRG)
Radsatzanordnung:	Dh2t
Zylinderdurchmesser (mm):	480
Kolbenhub (mm):	550
Verdampfungsheizfläche (m²):	75,8
Vmax (km/h):	40
Leistung (PSi):	
Dienstmasse (t):	47,9 (92 442: 50,65)
Größte Radsatzfahrmasse (t):	13
Länge über Puffer (mm):	10.000
Treib-/Kuppelraddurchmesser (mm):	1.100
Laufraddurchmesser (v) (mm):	-
Laufraddurchmesser (h) (mm):	-
Wasserkasteninhalt (m³):	4,40 (92 442: 6,0)
Brennstoffvorrat (t):	1,4
Indienststellung:	1927-1928
Verbleib:	99 442 (als GES 16, Neuffen)

92 914-918 (Hf Brm, DRG)

Nach der am 13. September 1930 erfolgten Verstaatlichung der Hafenbahn Bremen übernahm die DRG auch fünf Nassdampf-Vierkuppler mit den Bahnnummern 20-24, welche 1922 von Jung geliefert worden waren. Die DRG reihte sie nicht ganz verständlich direkt im Anschluss an die preußischen T 13 als 92 914-918 ein. Auf den ersten Blick besaßen die Bremer Maschinen zwar eine gewisse Ähnlichkeit mit der T 13, doch im Endeffekt hatten sie wenig mit ihr gemeinsam. Im Gegensatz zur T 13 hatten sie einen symmetrischen Radsatzstand und angetrieben wurde der dritte Kuppelradsatz. Ferner thronten auf dem Kesselscheitel zwei Sandkästen. Vom vorderen Sandkasten wurde der erste Kuppelradsatz von vorne, vom hinteren Sandkasten der dritte Kuppelradsatz von hinten gesandet. Um dem Lokführer eine bessere Streckensicht zu ermöglichen, waren die beiden seitlichen Wasserkästen nach vorne abgeschrägt. Merkwürdigerweise gibt es über das Schicksal der fünf Maschinen nach der Übernahme durch die DRG keine Informationen.

Technische Daten:

Baureihenbezeichnung:	92 914-918 (DRG)
Radsatzanordnung:	Dn2t
Zylinderdurchmesser (mm):	
Kolbenhub (mm):	
Verdampfungsheizfläche (m²):	
Vmax (km/h):	
Leistung (PSi):	
Dienstmasse (t):	
Größte Radsatzfahrmasse (t):	
Länge über Puffer (mm):	
Treib-/Kuppelraddurchmesser (mm):	
Laufraddurchmesser (v) (mm):	-
Laufraddurchmesser (h) (mm):	-
Wasserkasteninhalt (m³):	
Brennstoffvorrat (t):	
Indienststellung:	1922
Verbleib:	

Foto: Slg. Töpelmann, Archiv transpress

92 1081 (BLE, DRG, DB)

Zu Vergleichszwecken mit dem Heißdampf-Vierkuppler von Henschel (DRG 92 421) bestellte die Braunschweigische Landes-Eisenbahn (BLE) eine vierfach gekuppelte Nassdampf-Lokomotive bei Linke-Hofmann, die ebenfalls 1925 geliefert wurde und die Bahnnummer 30 erhielt. Gewisse Ähnlichkeiten mit den ELNA-Typen ließen sich bei dieser Maschine nicht leugnen. Kennzeichnend war u.a. der T-förmige Rahmenwasserkasten unter dem Langkessel. Zusätzlich waren noch zwei kurze seitliche Wasserkästen vorhanden. Der Langkessel bestand aus drei Schüssen. Auf ihm thronten unter gemeinsamer Verkleidung der Dampfdom und der Sandkasten. Der Oberflächenvorwärmer fand seinen Platz links vorne neben dem ersten Kesselschuss. Angetrieben wurde der dritte Kuppelradsatz. Vergleichsfahrten zeigten schnell die Überlegenheit der Heißdampflok, denn die Nr. 30 konnte in der Ebene nur 720 Tonnen Anhängelast mit 40 km/h bewältigen. Auf einer Steigung mit 5 ‰ waren es noch 510 Tonnen mit 30 km/h. Trotz dieser bescheideneren Leistungen war sie zu jener Zeit immer noch eine der stärksten BLE-Güterzugloks.
Die DRG übernahm die Nr. 30 nach der 1938 erfolgten 'Verstaatlichung der BLE als 92 1081. Nach Ende des Zweiten Weltkriegs fand sich die Maschine im Besitz der Niederländischen Staatsbahn wieder, wo sie die Bahnnummer 9001 erhalten hatte. Im Mai 1947 erfolgte über das Bw Rheine die Rückgabe nach Deutschland. Buchmäßig wurde die 92 1081 der Direktion Hamburg zugeordnet und dort am 2. Februar 1948 ausgemustert. Anschließend fand sie als Werklok zunächst im AW Köln-Nippes, später im AW Paderborn ein neues Betätigungsfeld. Dort endete ihre Karriere.

Technische Daten:

Baureihenbezeichnung:	92 1081 (DRG)
Radsatzanordnung:	Dn2t
Zylinderdurchmesser (mm):	
Kolbenhub (mm):	
Verdampfungsheizfläche (m²):	
Vmax (km/h):	45
Leistung (PSi):	
Dienstmasse (t):	63,4
Größte Radsatzfahrmasse (t):	16
Länge über Puffer (mm):	10.500
Treib-/Kuppelraddurchmesser (mm):	1.250
Laufraddurchmesser (v) (mm):	-
Laufraddurchmesser (h) (mm):	-
Wasserkasteninhalt (m³):	8,5
Brennstoffvorrat (t):	
Indienststellung:	1925
Verbleib:	

92.20, 92.24 (pfälz., bay. R 4/4, LEAG, DRG, DB, DR)

Mit den bewährten Dreikupplern der Gattung »D II« bzw. »R 3/3« (DRG 89.6-8) waren eigentlich genügend Verschubloks für die bayerischen Bahnhöfe vorhanden, doch für den schweren Rangierdienst reichte ihr Reibungsgewicht nicht ganz aus. So beschaffte die Bayerische Staatsbahn zunächst für die unter bayerische Verwaltung gekommenen pfälzischen Strecken von der Firma Krauss in München in den Jahren 1914 und 1915 neun vierfach gekuppelte Verschubloks der Reihe R 4/4. Sie orientierten sich an den vier Vierkupplern, die Krauss zwischen 1904 und 1912 für die Lausitzer Eisenbahn AG (LEAG), eine Tochter der Localbahn AG München (LAG), geliefert hatte. Die R 4/4 bewährten sich gut, so dass 1918/19 für das bayerische Netz 33 Maschinen der Bauart R 4/4 von Krauss unverändert nachgebaut wurden. 1924/25 folgten nochmals neun nun leicht veränderte Maschinen. Die DRG reihte sieben der neun pfälzischen R 4/4 als 92 2001-2007 in ihren Fahrzeugpark ein. Die bayerischen R 4/4 wurden komplett als 92 2008-2040 von der DRG übernommen, die Nachbauten von 1924/25 erhielten die Betriebsnummern 92 2041-2049. Mit der Übernahme der LEAG durch die DRG 1938 wurden die R 4/4-ähnlichen Loks als 92 2401-2404 eingereiht.
Die R 4/4 waren vor dem Zweiten Weltkrieg in Bayern vor allem in Augsburg, München, Nürnberg und Regensburg sowie bis 1943 auch in der Pfalz zu finden. Nach Kriegsende waren noch alle 49 Exemplare vorhanden, doch mussten drei mit Schäden ausgemustert werden. Ab Ende 1954 begannen sich dann die Reihen der 92.20 langsam zu lichten. Ende der 50er-Jahre setzten die Ausmusterungen verstärkt ein und schon am 9. Januar 1962 quittierte als letzte Maschine die 92 2024 beim Bw Nürnberg Hbf den Dienst. Keine blieb für die Nachwelt erhalten. Nur zwei LEAG-Loks überlebten den Zweiten Weltkrieg.

Technische Daten:

Baureihenbezeichnung:	92.20	92.24 (DRG)
Radsatzanordnung:	Dn2t	
Zylinderdurchmesser (mm):	530	
Kolbenhub (mm):	650	
Verdampfungsheizfläche (m²):	125,1	
Vmax (km/h):	45	40
Leistung (PSi):	570	700
Dienstmasse (t):	65,0-70,0	57,2
Größte Radsatzfahrmasse (t):	16,25-17,5	
Länge über Puffer (mm):	10.840 (92 2028-2040: 11.042)	10.540
Treib-/Kuppelraddurchmesser (mm):	1.216	1.110
Laufraddurchmesser (v) (mm):	-	
Laufraddurchmesser (h) (mm):	-	
Wasserkasteninhalt (m³):	7,5-9,0	
Brennstoffvorrat (t):	1,7-2,2	
Indienststellung:	1913-1925	1904
Verbleib:		

Foto: Maey, Slg. Töpelmann, Archiv transpress

93.0-4, 93.5-12 (preuß. T 14, T 14.1, FVE, MFWE, PE, DRG, DB, DR)

Vor allem für den schweren Nahgüterverkehr, aber auch für den schweren Personenzugdienst im Nahbereich, entwickelte 1914 die Union-Gießerei in Königsberg für die Preußische Staatsbahn die Zweizylinder-Heißdampftenderlok der Gattung T 14. Ihr Triebwerk entsprach weitgehend der bewährten preußischen G 8 (DRG 55.16-22). Das Laufwerk ergänzte ein vorderer und hinterer Laufradsatz, der jeweils als Adamsachse ausgebildet war. Zur besseren Kurvenläufigkeit waren die Spurkränze der Räder des zweiten und dritten Kuppelradsatzes um 15 mm geschwächt. Bedauerlicherweise wies die T 14 einige konstruktive Mängel auf: Vor allem das zu schwach bemessene Triebwerk, die ungleichen Radsatzlasten, der unruhige Lauf im oberen Geschwindigkeitsbereich, ein hoher Verbrauch an Schmierstoffen, zu knappe Vorräte und die schlechte Zugänglichkeit vieler Teile bereiteten im Betrieb erhebliche Probleme. Diese Mängel sollten mit der T 14.1 als überarbeitete T 14 beseitigt werden, welche 1919 erstmals von der Union-Gießerei geliefert wurde. Die Mängelbeseitigung gelang aber nur teilweise. Anstatt der Adamsachsen gelangten nun bei den Laufradsätzen Deichselgestelle der Bauart Bissel zur Anwendung. Zur Unterbringung von mehr Vorräten wurde der Rahmen verlängert. Problematisch war weiterhin die ungünstige Masseverteilung. Vor allem der hintere Laufradsatz war über Gebühr belastet, was der Betrieb durch die Stilllegung des hinteren Wasserkastens unter dem Kohlekasten zu kompensieren versuchte. Dies ging natürlich zu Lasten des Aktionsradius. Ansonsten gab es keine großen konstruktive Unterschiede zur T 14, doch waren viele Einzelheiten bei der T 14.1 besser durchdacht worden.

Beide Spielarten wurden sowohl im gemischten Streckendienst als auch im Rangierdienst verwendet. Der Bedarf an diesen starken Tenderloks war derart groß, dass von der T 14 bis 1919 zunächst insgesamt 547 Exemplare an die Preußische Staatsbahn und 40 an die Reichseisenbahnen in Elsaß-Lothringen geliefert wurden. Von der verbesserten T 14.1 wurden zwischen 1919 und 1927 nochmals 768 Maschinen gebaut. Darunter waren auch 39 Exemplare für Württemberg, die zwischen 1921 und 1923 von der Maschinenfabrik Esslingen in Lizenz hergestellt wurden.

Aufgrund des Versailler Vertrages mussten nach Ende des Ersten Weltkriegs rund 135 T 14 an Frankreich, Belgien und Polen abgegeben werden. Die T 14.1 kam mit sieben Reparationslok an Polen noch glimpflich davon. Die DRG reihte 1925 die noch verbliebenen T 14 als 93 001-406 in ihren Bestand ein, die T 14.1 wurden als 93 501-1261 geführt. Ersten Zuwachs gab es 1927, als die beiden T 13 der privaten Farge-Vegesacker Eisenbahn GmbH (FVE) von der DRG als 93 407 und 408 gekauft wurden. Nach der Rückgliederung des Saarlandes 1935 kamen von den Saarbahnen deren T 13 als 93 409-417 zur DRG. Die Mecklenburgische Friedrich-Wilhelm-Eisenbahn (MFWE) erwarb 1934/35 von der DRG die 93 006, 010, 040 und 107, die Prignitzer Eisenbahn AG (PE) 1935 die 93 406. Nach der »Verreichlichung« beider Bahnen zum 1. Januar 1941 kehrten die T 13 unter ihren ursprünglichen Betriebsnummern in den DRG-Bestand zurück. Während des Zweiten Weltkriegs wurden mit den Nummern 93 418-540 und 1262-1264 belgische und polnische Reparationsmaschinen in den DRG-Bestand übernommen.

Mit Kriegsende 1945 zeigte sich in den Besatzungszonen ein sehr unterschiedliches Bild: Während bei der späteren DB die T 14.1 mit rund 435 Exemplaren ihrer älteren Schwester (rund 130 Loks) zahlenmäßig weit überlegen war, waren beide Bauarten in der späteren DDR in etwa gleicher Anzahl (rund 145 bzw. 130 Loks) vertreten. Bedingt durch die Kriegsereignisse waren die 93er außerdem über halb Europa verstreut und fuhren in Belgien (bis 1965), Frankreich (bis 1958), Jugoslawien (60er-Jahre), Luxemburg (bis 1959), Österreich (bis 1958), Polen (bis 1972), in der Sowjetunion (bis 1969) und der Tschechoslowakei (1950/51 an UdSSR).

Foto: Blaschke

Bei der DB verschwanden die T 14 relativ schnell von den Schienen. Bis 1956 war der Bestand auf zehn betriebsfähige Maschinen reduziert. Zäh hielt sich die 93 026 des Bw Frankfurt Ost, die erst am 16. April 1960 abgestellt wurde. Der Bestand an T 14.1 nahm dagegen deutlich langsamer ab, da deren Ablösung weder mit der Baureihe 86 noch mit der 65 gelang. Erst die V 100 und die zweimotorigen Schienenbusse (VT 98) konnten sie verdrängen. Als letzte wurde die 93 526 am 23. August 1968 aus dem Verkehr gezogen, welche 1968 sogar noch die EDV-gerechte Baureihenbezeichnung 093 angemalt bekam. Sie blieb erhalten und steht heute im Deutschen Dampflok-Museum in Neuenmarkt-Wirsberg.

Bei der DR liefen die T 14 sogar länger als die T 14.1. Im Oktober 1971 schied im Bw Halberstadt die 93 916 als letzte 93.5 aus dem aktiven Dienst, am 23. Januar 1972 ebenfalls in Halberstadt als letzte 93.0 die 93 318. Erhalten blieb die 93 230 für das Verkehrsmuseum in Dresden. Sie ist heute im Betriebshof Dresden-Altstadt hinterstellt.

Technische Daten:

Baureihenbezeichnung:	93.0-4	93.5-12 (DRG)
Radsatzanordnung:	1'D1'h2t	
Zylinderdurchmesser (mm):	600	
Kolbenhub (mm):	660	
Verdampfungsheizfläche (m²):	129,01	
Vmax (km/h):	65	
Leistung (PSi):	1.000	
Dienstmasse (t):	97,6	104,0
Größte Radsatzfahrmasse (t):	15,8	17,5
Länge über Puffer (mm):	13.800	14.500
Treib-/Kuppelraddurchmesser (mm):	1.350	
Laufraddurchmesser (v) (mm):	1.000	
Laufraddurchmesser (h) (mm):	1.000	
Wasserkasteninhalt (m³):	11,0	14,0
Brennstoffvorrat (t):	4,0	4,5
Indienststellung:	1914-1918	1918-1924
Verbleib:	93 108 (Polen), 230 (VMD, Dresden-Altstadt), 526 (DDM)	

93 1601-1602 (MFWE, DRG, DR)

Obwohl die Mecklenburgische Friedrich-Wilhelm-Eisenbahn (MFWE) schon 1925 zwei leistungsstarke 1'C-Tenderloks (DRG 91 231 und 232) beschafft hatte, verlangten weiter steigendes Verkehrsaufkommen und höhere Zuglasten die Beschaffung noch leistungsfähigerer Maschinen. Die Bahnverwaltung bestellte daher Anfang 1927 bei AEG zwei entsprechende Heißdampf-Tenderloks. AEG verlängerte das vorhandene 1'C-Basismodell um einen Kuppelradsatz sowie einen hinteren Schleppradsatz und setzte einen leistungsfähigeren Kessel darauf. Der Antrieb erfolgte auf den dritten Kuppelradsatz. Die fest im Rahmen gelagerten vier Kuppelradsätze mussten zur Einhaltung eines maximalen Radsatzstandes von 4.500 mm eng zusammengerückt werden. Auf dem zweischüssigen Langkessel thronten ein Speisedom mit Winkelrost-Schlammabscheider, ein Dampfdom und ein Sandkasten. Diese beiden modernen Konstruktionen konnten in der Ebene 560 Tonnen Anhängelast mit 65 km/h und bei 6 ‰ Steigung immer noch 550 Tonnen mit 40 km/h ziehen.
Schon im August 1927 konnten mit den beiden neuen Loks (Bahnnummern 33 und 34) erste Probefahrten unternommen werden. Bis zur Verstaatlichung der MFWE zum 1. Januar 1941 fuhren sie dort bevorzugt im schweren Güterzugdienst. Nach der Übernahme durch die DRG erhielten die Maschinen die Betriebsnummern 93 1601 und 1602. Beide überstanden den Zweiten Weltkrieg und fanden sich in der Sowjetzone wieder. Bei der DR leisteten sie noch lange Jahre gute Dienste, denn ihre Ausmusterung erfolgte beim Bw Nordhausen erst am 30. November 1967 (93 1601) bzw. am 18. November 1968 (93 1602).

Technische Daten:

Baureihenbezeichnung:	93 1601-1602 (DRG)
Radsatzanordnung:	1'D1'h2t
Zylinderdurchmesser (mm):	
Kolbenhub (mm):	
Verdampfungsheizfläche (m²):	
Vmax (km/h):	65
Leistung (PSi):	
Dienstmasse (t):	
Größte Radsatzfahrmasse (t):	16
Länge über Puffer (mm):	13.462
Treib-/Kuppelraddurchmesser (mm):	1.350
Laufraddurchmesser (v) (mm):	900
Laufraddurchmesser (h) (mm):	900
Wasserkasteninhalt (m³):	
Brennstoffvorrat (t):	
Indienststellung:	1927
Verbleib:	

93 1611-1612 (PE, DRG, DR)

Mitte der 30er-Jahre war die Prignitzer Eisenbahn AG (PE) gezwungen, zur Bewältigung des gestiegen Verkehrsaufkommens neue leistungsfähige Lokomotiven zu beschaffen. Neben zwei Personenzug-Tenderloks (DRG 75 611 und 612) bestellte die PE bei Henschel auch zwei leistungsfähige Güterzug-Tenderloks. Henschel offerierte zunächst die relativ teure Baureihe 86 der DRG mit Barrenrahmen. Der hohe Preis zwang die PE zur Ablehnung dieses Angebots. Doch flugs zauberte Henschel ein neues Angebot aus dem Hut, das eine wesentlich einfachere und preisgünstigere Konstruktion vorsah. Diese 1'D1'-Lok entsprach zwar in ihren Hauptabmessungen weitgehend der Baureihe 86.
Die erste Maschine mit der Bahnnummer 7" konnte 1936 ausgeliefert werden, die zweite mit der Bahnnummer 22 folgte 1938. Nach der Verstaatlichung der PE zum 1. Januar 1941 verpasste die DRG ihnen die Betriebsnummern 93 1611 und 1612, wusste aber wohl nichts Rechtes mit den beiden Vierkupplern anzufangen. Ab 1942 war die 93 1611 an die Thüringische Eisenbahn AG zum Betrieb auf der Weimar-Berka-Blankenhainer Eisenbahn verliehen. Ihre Schwester folgte im Oktober 1944. Schließlich wurden sie zum 1. Januar 1945 an die Thüringische Eisenbahn AG verkauft. Dort fuhren sie zunächst unter den Bahnnummern 20 und 21, ab November 1946 als 93 0020 und 0021. Mit der Übernahme der Privatbahnen 1949 durch die DR erfolgte die erneute Umzeichnung in 93 6676 und 6677. Nach Stationierungen in Weimar, Vacha und Eisenach gelangten sie 1962/63 nach Haldensleben, wo beide im Januar 1970 abgestellt wurden. Kurz nach ihrer Ausmusterung am 29. Oktober 1970 hieß die Endstation Schrottplatz.

Technische Daten:

Baureihenbezeichnung:	93 1611-1612 (DRG)
Radsatzanordnung:	1'D1'h2t
Zylinderdurchmesser (mm):	570
Kolbenhub (mm):	660
Verdampfungsheizfläche (m²):	117,3
Vmax (km/h):	70
Leistung (PSi):	
Dienstmasse (t):	86
Größte Radsatzfahrmasse (t):	16
Länge über Puffer (mm):	13.700
Treib-/Kuppelraddurchmesser (mm):	1.400
Laufraddurchmesser (v) (mm):	850
Laufraddurchmesser (h) (mm):	850
Wasserkasteninhalt (m³):	10,2
Brennstoffvorrat (t):	3,5
Indienststellung:	1936-1938
Verbleib:	

Foto: Slg. Töpelmann, Archiv transpress

94.0 (pfälz. T 5, DRG)

Zur Beförderung von schweren Kohlezügen auf der Steilstrecke zwischen Biebermühle und Pirmasens beschaffte die Pfälzische Staatsbahn 1907 eine fünffach gekuppelte Tenderlokomotive. Es war die letzte Eigenentwicklung einer Tenderlokomotive der Pfalzbahn vor der Übernahme durch die Bayerische Staatsbahn. Mit dem Bau dieser fünffach gekuppelten Maschine betrat die Pfalz Neuland, man konnte aber auf bereits gemachte, gute Erfahrungen in Sachsen und Württemberg zurückgreifen.
Das Zweizylinder-Naßdampftriebwerk der pfälzischen T 5 wirkte auf den vierten Kuppelradsatz. Der Langkessel aus zwei Kesselschüssen hatte einen Abstand von 4.350 mm zwischen den Rohrwänden. Sandkasten und Dampfdom befanden sich auf dem vorderen Kesselschuss. Die T 5 war ausgerüstet mit außenliegender Heusinger-Steuerung und mit einer Druckluftbremse der Marke Schleifer. Zwischen Kessel und Rahmen war der breite Wasserkasten mit 6 m3 Inhalt untergebracht, der Kohlevorrat (2,5 t) lagerte im Kasten hinter dem Führerhaus.
Insgesamt vier T 5 lieferte die Firma Krauss 1907 an die Pfälzische Staatsbahn. Alle vier wurden von der DRG übernommen, welche für sie im Umzeichnungsplan von 1925 die Betriebsnummern 94 001-004 vorsah. Zur endgültigen Umzeichnung kam es wohl nicht mehr, da die Maschinen bereits im September 1926 ausgemustert und verkauft wurden. Eine davon, die »94 002«, war noch bis 1974 als Nr. 3 »CARL ALEXANDER« der gleichnamigen Steinkohlenzeche in Baesweiler im Aachener Steinkohlenrevier im Einsatz und konnte erhalten werden. Sie ist heute in der Fahrzeugsammlung Pfalz der Deutschen Gesellschaft für Eisenbahngeschichte (DGEG) in Neustadt/ Weinstraße zu bewundern.

Technische Daten:

Baureihenbezeichnung:	94.0 (DRG)
Radsatzanordnung:	En2t
Zylinderdurchmesser (mm):	560
Kolbenhub (mm):	560
Verdampfungsheizfläche (m²):	169,0
Vmax (km/h):	40
Leistung (PSi):	
Dienstmasse (t):	72,0
Größte Radsatzfahrmasse (t):	14,4
Länge über Puffer (mm):	12.020
Treib-/Kuppelraddurchmesser (mm):	1.180
Laufraddurchmesser (v) (mm):	-
Laufraddurchmesser (h) (mm):	-
Wasserkasteninhalt (m³):	6,0
Brennstoffvorrat (t):	2,5
Indienststellung:	1907
Verbleib:	94 002 (DGEG, Neustadt/Weinstraße)

94.1 (wü. Tn, DRG, DB)

Nach dem Ersten Weltkrieg benötigten die württembergischen Staatsbahnen dringend eine leistungsfähige Ersatzmaschine für den Nebenbahndienst, der bis dahin mit den überalterten Lokomotiven der Klasse A (DRG-Baureihe 34.81) sowie drei und vierfach gekuppelten Tenderloks auskommen musste. Da auf vielen Nebenbahnen Württembergs der Oberbau damals noch recht schwach war, durfte die neue Gattung »Tn« eine durchschnittliche Radsatzlast von 13 Tonnen nicht überschreiten und musste daher als Fünfkuppler ausgeführt werden, um die nötige Leistung zu bringen. Mit der »Tn« entstand so der leichteste und kleinste deutsche Fünfkuppler auf Normalspur. Zudem wählten die Konstrukteure wegen der zu befahrenden engen Kurvenradien die Gölsdorfsche Radsatzanordnung, bei der nur der zweite und vierte Radsatz fest im Rahmen gelagert waren. Verschiedene Bauteile waren mit derT 5 (DRG 75.0) tauschbar. Auch der Kessel war in Anlehnung an den der T 5 entworfen worden.
Als Hauslieferant für die Württembergische Staatsbahn lieferte die Maschinenfabrik Esslingen 1921/22 insgesamt 30 Heißdampfmaschinen der Gattung Tn. Die Loks gelangten mit den Betriebsnummern 94 101-130 vollständig in den Bestand der DRG. Nach der Verstärkung des Oberbaus der württembergischen Nebenstrecken wanderten sie mehr und mehr in den Rangier- und Schubdienst ab. Alle 30 Loks überlebten den Zweiten Weltkrieg und waren auch bei der DB noch im Einsatz, fast ohne Ausnahme in der BD Stuttgart bei den Bw Aalen, Freudenstadt, Kornwestheim, Plochingen, Stuttgart und Tübingen. Erste Ausmusterungen erfolgten ab 1956. Allein 25 Exemplare schieden in den Jahren 1958 bis 1960 aus. Zu Beginn des Jahres 1961 war nur noch die 94 113 übrig, welche am 26. April 1961 beim Bw Tübingen den Dienst quittieren musste und im Februar 1963 verschrottet wurde.

Technische Daten:

Baureihenbezeichnung:	94.1 (DRG)
Radsatzanordnung:	Eh2t
Zylinderdurchmesser (mm):	500
Kolbenhub (mm):	560
Verdampfungsheizfläche (m²):	106,13
Vmax (km/h):	50
Leistung (PSi):	770
Dienstmasse (t):	64,5
Größte Radsatzfahrmasse (t):	12,9
Länge über Puffer (mm):	11.030
Treib-/Kuppelraddurchmesser (mm):	1.150
Laufraddurchmesser (v) (mm):	-
Laufraddurchmesser (h) (mm):	-
Wasserkasteninhalt (m³):	8,0
Brennstoffvorrat (t):	3,0
Indienststellung:	1921-1922
Verbleib:	

Foto: Hubert, Slg. Töpelmann, Archiv transpress

Foto: Estler

94.2-4, 94.5-17, 094 (preuß. T 16, T 16.1, ELE, DRG, DB, DR)

Noch im 19. Jahrhundert beschaffte die Preußische Staatsbahn ihre ersten fünffach gekuppelten Tenderloks (Gattung T 15), welche zur besseren Kurvenläufigkeit ein aufwändiges Schwingentriebwerk der Bauart Hagans besaßen. Der bekannte preußische Lokdezernent Robert Garbe regte daher 1904 die Entwicklung eines Fünfkupplers an, dessen Lauf- und Triebwerk nach dem Prinzip von Gölsdorf aufgebaut sein sollte. Dabei waren erster, dritter und fünfter Kuppelradsatz mit Seitenspiel gelagert und der Antrieb erfolgte auf den vierten Kuppelradsatz. Schon 1905 lieferte die Berliner Maschinenbau AG (BMAG, vorm. Schwartzkopff) die beiden ersten Prototypen nach diesem Prinzip. Der Antrieb des vierten Kuppelradsatzes erforderte neben einer langen Treibstange eine sehr lange Kolbenstange in einer sogenannten Brillenführung. Schnell folgten weitere Maschinen der neuen Gattung T 16. Auf Grund der nicht ganz befriedigenden Laufeigenschaften erfolgte ab Baujahr 1910 die Verlegung des Antriebs auf den nun festgelagerten dritten Kuppelradsatz.

1913 kam es zu gründlichen Veränderungen: Ein vierreihiger Überhitzer kam zum Einbau. Statt der Hängeeisensteuerung besorgte nun eine Steuerung mit Kuhnscher Schleife die Dampfverteilung. Obligatorisch wurde die Ausrüstung mit Abdampfvorwärmer, welcher zunächst in Längsrichtung auf und später neben dem Langkessel angebracht war. Dienstmasse und Radsatzlast lagen dadurch höher als bei früheren Versionen. Mit dieser »verstärkten« T 16 war der Übergang zur T 16.1 vollzogen.

Zwischen 1905 und 1913 lieferte die BMAG insgesamt 343 Exemplare der T 16 an die Preußische Staatsbahn, dazu kamen noch 12 Stück von Grafenstaden für die Reichseisenbahnen Elsaß-Lothringen. Die Beschaffung der T 16.1 erstreckte sich bis in das Jahr 1924, also noch weit bis in die Zeit der DRG. Gebaut wurden insgesamt 1.236 Maschinen für Preußen und die DRG, wobei ab 1921 neben der BMAG auch Hanomag, Henschel und Linke-Hofmann zum Zuge kamen. Grafenstaden lieferte 1915 noch sechs weitere 16.1 für Elsaß-Lothringen. Als Reparationen mussten nach Ende des Ersten Weltkrieges über 180 T 16/16.1 abgegeben werden: 59 an Polen, 56 an Frankreich, 53 an Belgien, 10 an Bulgarien und 2 an Italien. Vier T 16.1 verblieben bei den unter französischer Verwaltung stehenden Saarbahnen. Daneben waren noch ein paar Kriegsverluste zu beklagen. Bei der DRG erhielten die verbliebenen T 16 die Betriebsnummern 94 201-467 und 94 501, wobei die 94 465-467 falsch eingereihte T 16.1 waren und 1934 in 94 1378-1380 umgezeichnet wurden. Die Nummern 94 502-1377 und 94 1501-1740 standen den noch vorhandenen T 16.1 zur Verfügung.

Für den Betrieb auf Steilstrecken wurde ab den 20er-Jahren eine Anzahl von T 16.1 mit einer Riggenbach-Gegendruckbremse ausgerüstet. Sie kamen dann teils in Thüringen, teils in West- und Süddeutschland zum Einsatz und lösten dort den Zahnradbetrieb mit seinen Zahnradlokomotiven ab. Mit der Rückgliederung des Saarlandes ergänzten 1935 die 94 1381-1384 den DRG-Bestand. Nach der Verstaatlichung der Eutin-Lübecker Eisenbahn (ELE) zum 1. Mai 1941 kam die 1931 verkaufte 94 366 wieder in die Reihen der DRG zurück. Im besetzten Polen wurden ab 1941 an einstige Reparationsloks die Nummern 94 1385-1416 vergeben. Bedingt durch die Kriegsereignisse fanden nach dem Zweiten Weltkrieg zahlreiche Maschinen in Polen, Österreich, Jugoslawien, Ungarn, in der Tschechoslowakei und in der UdSSR eine neue Heimat. Die Mehrzahl der T 16/16.1 verblieb jedoch in den Westzonen. Nach der Ausmusterung von kriegsbeschädigten Maschinen besaß die DB 1950 noch 91 T 16 und 679 T 16.1. Rasch trennte sich die DB von ihren T 16, als letzte wurde die 94 446 am 8. Januar 1955 beim Bw Ludwigshafen ausgemustert. Dagegen hielten sich die T 16.1 noch recht lange. Rund 140 Maschinen erhielten 1968 noch die EDV-gerechte Baureihenbezeichnung 094. Erst die forcierte Auslieferung der schweren Rangierdieselloks der Baureihen 290/291 konnte die letzten Fünfkuppler verdrängen, so dass im Dezember 1974 die letzten T 16.1 den Dienst quittieren mussten.

Die DR konnte nach Kriegsende noch 15 T 16 und 249 T 16.1 verbuchen. Die wenigen T 16 hielten sich bis Mitte der 60er-Jahre. Immerhin konnte mit der 94 249 ein Exemplar in Deutschland erhalten werden, welches heute am Bahnhof Heiligenstadt Ost vom dortigen Eisenbahnverein betreut wird. Nur wenig länger als bei der DB blieben die T 16.1 der DR im Einsatz. Die letzten Exemplare wurden 1975 ausgemustert. Mindestens zwölf T 16.1 blieben erhalten. Betriebsfähig sind in Deutschland derzeit die 94 1292 im Traditionsbahnbetriebswerk Arnstadt und die 94 1538, welche lange Jahre in Gönnern als Denkmal stand und u.a. heute auf der Eifelbahn vor Sonderzügen zum Einsatz kommt.

Technische Daten:

Baureihenbezeichnung:	94.2-4	94.5-17 (DRG)
Radsatzanordnung:	Eh2t	
Zylinderdurchmesser (mm):	610	
Kolbenhub (mm):	660	
Verdampfungsheizfläche (m^2):	133,02	126,99
Vmax (km/h):	50	60
Leistung (PSi):	1.070	
Dienstmasse (t):	75,6	84,9
Größte Radsatzfahrmasse (t):	16,5	17,2
Länge über Puffer (mm):	12.500	12.660
Treib-/Kuppelraddurchmesser (mm):	1.350	
Laufraddurchmesser (v) (mm):	-	
Laufraddurchmesser (h) (mm):	-	
Wasserkasteninhalt (m^3):	7,0	8,0
Brennstoffvorrat (t):	2,0	3,0
Indienststellung:	1905-1913	1913-1924
Verbleib:	94 249 (VMD, Heiligenstadt), 405 (Bulgarien), 477 (Polen), 503 (ÖGEG, Österreich), 649 (Rumänien), 729 (Polen), 1184 (Gaildorf), 1283 (Denkmal Lünen), 1292 (VMD, Arnstadt), 1538 (Eifelbahn, Gerolstein), 1616 (Denkmal Minden), 1640 (Niederlande), 1692 (FdE, Hamb.-Wilhelmsburg), 1697 (BEM), 1730 (DDM)	

Foto: Maey, Slg. Töpelmann, Archiv transpress

94.19-21 (sächs. XI HT, DRG, DR)

Wie in andern Ländern auch, so auch in Sachsen, bedurfte es nach der Jahrhundertwende für das gestiegene Aufkommen im Personen- und Güterverkehr leistungsfähigerer Maschinen. Für den Rangierdienst reichte die dreifach gekuppelte sächsische VT nicht mehr aus und so bestellte die Sächsische Staatsbahn 1907 bei Hartmann eine fünffach gekuppelte Eh2-Tenderlok als Gattung »XI HT«. Hartmann lieferte im Jahre 1908 zunächst zehn Maschinen, weitere acht wurden folgten in 1909 und bis zum Jahre 1923 wurden in mehreren Teillieferungen insgesamt 163 Exemplare produziert. Da die ersten XI HT für einige Strecken zu schwer waren, wurde 1910 auch eine etwas leichtere Ausführung mit nur 15 Tonnen Radsatzfahrmasse hergestellt (10 Stück), was durch Verkürzung des Kessels und durch Reduzierung der Vorräte erreicht wurde. Die Wasserkästen wurden ab 1915 zur besseren Streckensicht nach vorn abgeschrägt.
Durch Kriegseinwirkungen und Reparationsleistungen gingen 16 Loks verloren. Die DRG vergab an die von ihr übernommenen 139 Maschinen mit einer Radsatzfahrmasse von 16 t die Betriebsnummern 94 2001-2139. Die noch verbliebenen acht Maschinen mit 15 t Radsatzfahrmasse wurden als 94 1901-1908. Letztere mussten bereits 1936 den Dienst quittieren. Alle nach dem Zweiten Weltkrieg noch übrig gebliebenen Maschinen (über 110 Stück) kamen zur DR; hinzu kamen noch zwei Exemplare im Verlauf des Krieges zurück aus Frankreich (94 2151 und 2152). Der verstärkte Einsatz von Diesel-Lokomotiven seit 1966 hatte eine vermehrte Ausmusterung der Maschinen der Gattung XI HT zur Folge. Letztes Bw, das noch über 94.20-21 verfügte, war Aue (Sachsen), das sie auf der Eibenstocker Steilstrecke verwendete. 1975/76 war hier Schluss. Lediglich die 94 2105 blieb erhalten und befindet sich heute in der Obhut des Vereins sächsischer Eisenbahnfreunde (VSE) in Schwarzenberg.

Technische Daten:

Baureihenbezeichnung:	94.19-21 (DRG)
Radsatzanordnung:	Eh2t
Zylinderdurchmesser (mm):	620
Kolbenhub (mm):	630
Verdampfungsheizfläche (m²):	136,43 (ab 94 2018: 136,55)
Vmax (km/h):	45 (ab 94 2018: 40)
Leistung (PSi):	977
Dienstmasse (t):	77,3 (ab 94 2018: 79,4)
Größte Radsatzfahrmasse (t):	15,46 (ab 94 2018: 15,88)
Länge über Puffer (mm):	12.200 (ab 94 2018: 12.390, ab 94 2023: 12.560)
Treib-/Kuppelraddurchmesser (mm):	1.400
Laufraddurchmesser (v) (mm):	850
Laufraddurchmesser (h) (mm):	850
Wasserkasteninhalt (m³):	7,5 (ab 94 2018: 8,5)
Brennstoffvorrat (t):	2,2
Indienststellung:	1908-1925
Verbleib:	94 2105 (VSE Schwarzenberg)

95.0 (preuß. T 20, DRG, DB, DR)

Nach dem erfolgreichen Einsatz der Tenderloks der »Tierklasse« (DR 95.66) durch die Halberstadt-Blankenburger Eisenbahn (HBE) entschied sich auch die Preußische Staatsbahn für eine fünffach gekuppelte Tenderlokomotive, um sie als Zug- und Schiebelokomotive auf den Steilstrecken der Mittelgebirge und vor allem auch zur Ablösung des Zahnradbetriebs durch den Reibungsbetrieb einzusetzen.
Die zu den Giganten unter den deutschen Tenderlokomotiven zählende preußische T 20 war bestückt mit einem Zweizylinder-Heißdampftriebwerk, einem Barrenrahmen und einem Langkessel aus einem Schuss. Neben einer Druckluftbremse Bauart Knorr war zusätzlich eine Gegendruckbremse Bauart Riggenbach vorhanden. Mit 95,3 t Reibungsmasse übertraf die T 20 die HBE-Lok um über 20 Tonnen, lag aber um etwa 30 Tonnen niedriger als die mächtige bayerische Gt 2x4/4 (DRG 96.0). Ihre Vorteile lagen aber in der wesentlich kostengünstigeren Unterhaltung und leichteren Handhabung. In den Jahren 1923/24 lieferten Borsig 18 Stück und Hanomag 27 Stück. Die DRG übernahm alle 45 Maschinen und gab ihnen Betriebsnummern 95 001-045. Eingesetzt wurden sie vor allem auf den Steilstrecken des Thüringer Waldes, des Frankenwaldes, der Geislinger Steige und auf der Schiefen Ebene bei Neuenmarkt-Wirsberg. Nach 1945 kamen 14 dieser Lokomotiven zur DB und waren im Bw

Foto: Slg. Koppisch, Archiv transpress

Aschaffenburg stationiert. Die letzten sechs Exemplare wurden 1958 ausgemustert. Die anderen 31 Loks waren bei der DR im Raum Probstzella und bis 1966 auch auf der Rübelandbahn im Harz eingesetzt. Ab 1966 wurden 24 Lokomotiven auf Ölfeuerung umgestellt. In den Jahren 1980/81 kam auch bei der DR das Aus für die T 20. Insgesamt fünf Maschinen werden museal erhalten.

Technische Daten:

Baureihenbezeichnung:	95.0 (DRG)
Radsatzanordnung:	1'E1'h2t
Zylinderdurchmesser (mm):	700
Kolbenhub (mm):	660
Verdampfungsheizfläche (m²):	200,0
Vmax (km/h):	65
Leistung (PSi):	1.620
Dienstmasse (t):	127,4
Größte Radsatzfahrmasse (t):	19,1
Länge über Puffer (mm):	15.100
Treib-/Kuppelraddurchmesser (mm):	1.400
Laufraddurchmesser (v) (mm):	850
Laufraddurchmesser (h) (mm):	850
Wasserkasteninhalt (m³):	12,0
Brennstoffvorrat (t):	4,0 (Öl: 4,5 m³)
Indienststellung:	1922-1924
Verbleib:	95 009 (EM Dieringhausen), 016 (DDM), 020 (Technik-Museum Speyer), 027 (VMD Arnstadt), 028 (DGEG)

95.66 (HBE »Tierklasse«, DR)

Um 1917 stellte sich die Halberstadt-Blankenburger Eisenbahn (HBE) erste Überlegungen an, wie der schwerfällige und unwirtschaftliche Zahnradbetrieb auf ihrer Strecke Blankenburg–Tanne durch den wesentlich günstigeren Reibungsbetrieb ersetzt werden könnte. Erste Versuche mit »normalen« Tenderloks zeigten ermutigende Ergebnisse, so dass 1917 in Zusammenarbeit mit der Firma Borsig unter ihrem Chefkonstrukteur August Meister der Entwurf einer schweren 1'E1'-Tenderlok entstand, deren Abmessungen bis dahin in Europa einzigartig waren. Der Erste Weltkrieg verhinderte jedoch den sofortigen Bau. Daher konnten die ersten beiden Maschinen erst 1920 abgeliefert werden, denen 1921 zwei weitere folgten.
Erstmals kam bei einer deutschen Tenderlok ein Barrenrahmen zur Anwendung, wobei zur Übertragung der zu erwartenden Zug- und Stoßkräfte kräftige Stützen und besondere Versteifungen eingebaut wurden. Ein leistungsfähiger Kessel vervollständigte das Gesamtbild. Zusätzlich zur normalen Druckluftbremse der Bauart Knorr sorgte eine Riggenbach-Gegendruckbremse für die Sicherheit auf der Steilstrecke.
Bei der HBE erhielten die vier Loks die Namen »Mammut«, »Wisent«, »Büffel« und »Elch«. Sie bewährten sich ausgezeichnet. Der Zahnradbetrieb war damit Geschichte. Nach der Übernahme der HBE durch die DR im Jahre 1949 wurden die vier Loks der »Tierklasse« als 99 6676-6679 eingereiht. Schon am 4. Mai 1951 war das Leben der 99 6679 beendet, da an diesem Tag nach erfolgter Ausbesserung im Raw Meiningen dort ihr Kessel zerknallte. Die restlichen drei Maschinen wurden mit der Aufnahme des elektrischen Betriebes zwischen Blankenburg und Königshütte überflüssig und 1965/68 abgestellt. Erhalten blieb die 95 6676 (ex Mammut), die heute in Rübeland bewundert werden kann.

Foto: Archiv transpress

Technische Daten:

Baureihenbezeichnung:	95.66 (DR)
Radsatzanordnung:	1'E1'h2t
Zylinderdurchmesser (mm):	700
Kolbenhub (mm):	550
Verdampfungsheizfläche (m²):	180,86
Vmax (km/h):	50
Leistung (PSi):	
Dienstmasse (t):	98,8
Größte Radsatzfahrmasse (t):	16,7
Länge über Puffer (mm):	12.450
Treib-/Kuppelraddurchmesser (mm):	1.100
Laufraddurchmesser (v) (mm):	850
Laufraddurchmesser (h) (mm):	850
Wasserkasteninhalt (m³):	8,8
Brennstoffvorrat (t):	3,0
Indienststellung:	1920-1921
Verbleib:	95 6676 (VMD, Rübeland)

Foto: Bellingrodt, Slg. Töpelmann, Archiv transpress

96.0 (bay. Gt 2x4/4, DRG, DB, DR)

Im Gebiet der Bayerischen Staatsbahn waren es insbesondere drei Steilstrecken (Laufach–Heigenbrücken, Frankenwaldrampe, Schiefe Ebene), die in den ersten Jahren des 20. Jahrhunderts infolge erheblich gestiegener Zuglasten besondere Probleme bereiteten. Die zur Verfügung stehenden Loks waren nicht in der Lage, die ankommenden Güterzüge ungeteilt weiterzubefördern. Es musste ständig nachgeschoben werden. Deshalb wurde im Jahre 1913 bei Maffei eine starke Mallet-Lok entwickelt, welche die Gattungsbezeichnung Gt 2 x 4/4 erhielt und zur damaligen Zeit als die größte und stärkste Tenderlok in Europa galt.
Die Maschine besaß zwei Triebwerke mit je vier gekuppelten Radsätzen. Der Antrieb erfolgte jeweils über den dritten Kuppelradsatz. Der Radsatzstand maß insgesamt 12.200 mm. Die Heißdampf-Verbundausführung erforderte für das vordere Drehgestell flexible Dampfleitungen zu den Niederdruck-Zylindern.
Die 15 in den Jahren 1913/14 gelieferten Maschinen waren wesentlich schneller und bis zu dreimal so leistungsfähig wie die bisher verfügbaren Güterzugloks, so dass spürbare Einsparungen bei Lokomotiven und Personal möglich waren. Mit der preußischen T 20 erwuchs der Gt 2 x 4/4 im Jahre 1922 eine ernsthafte Konkurrentin, die bei 30 t geringerer Masse mindestens die gleiche Leistung erbringen konnte.
Alle 25 Maschinen wurden von der DRG mit den Betriebsnummern 96 001-025 in den Bestand eingereiht. Zum Teil wurden sie auch außerhalb Bayerns eingesetzt. 1933 mussten drei und 1940 zwei Loks den Dienst quittieren. Nach dem Zweiten Weltkrieg kamen von den verbliebenen Exemplaren 18 zur DB und zwei zur DR. Die DB-Maschinen wurden alle bereits im Jahre 1948 ausgemustert, die beiden DR-Loks überlebten nicht betriebsfähig bis 1954.

Technische Daten:

Baureihenbezeichnung:	96.0 (DRG)
Radsatzanordnung:	D'Dh4vt
Zylinderdurchmesser (mm):	2 x 520 / 800 (ab 96 016: 2 x 600 / 800)
Kolbenhub (mm):	640
Verdampfungsheizfläche (m²):	230,89 (ab 96 016: 195,64)
Vmax (km/h):	50
Leistung (PSi):	1.630
Dienstmasse (t):	123,2 (ab 96 016: 131,1)
Größte Radsatzfahrmasse (t):	15,4 (ab 96 016: 16,4)
Länge über Puffer (mm):	17.550 (ab 96 016: 17.700)
Treib-/Kuppelraddurchmesser (mm):	1.216
Laufraddurchmesser (v) (mm):	-
Laufraddurchmesser (h) (mm):	-
Wasserkasteninhalt (m³):	11,0 (ab 96 016: 12,3)
Brennstoffvorrat (t):	4,5 (ab 96 016: 5,0)
Indienststellung:	1913-1924
Verbleib:	

Foto: Maey, Slg. Töpelmann, Archiv transpress

97.0 (preuß. T 26, DRG)

Für den Betrieb auf ihren kurz nach der Jahrhundertwende eröffneten Zahnradstrecken nach dem System Abt in den Bereichen der Direktionen Erfurt, Mainz, Frankfurt/Main, Köln und Kassel benötigten die Preußischen Staatsbahnen entsprechende Maschinen. Die ersten drei Zahnradtenderloks der Gattung T 26 mit der Radsatzfolge C1'n2(4) lieferte im Jahre 1902 die Maschinenfabrik Esslingen für die Direktion Erfurt. In den Jahren 1904 bis 1921 folgten weitere 32 Exemplare, die nun von der Firma Borsig hergestellt wurden.

Die etwas pummelig wirkenden T 26 besaßen für den Reibungsbetrieb ein Zweizylinder-Nassdampftriebwerk mit außenliegenden, etwas geneigt angebrachten Zylindern mit Antrieb auf den zweiten Kuppelradsatz. Das aus zwei Zahnradpaaren bestehende Zahnradtriebwerk wurde von den beiden Innenzylindern angetrieben. Die Kuppelradsätze waren fest im Rahmen verankert, der Laufradsatz war als Bisselachse mit 36 mm Seitenspiel ausgebildet. Zur Ausstattung gehörte auch eine extersche Wurfhebelbremse für die Lokomotive, Druckluftbremse für den Wagenzug und eine Schraubenbremse für die Zahnradmaschine. 5,5 m^3 Wasser waren in zwei seitlichen Wasserkästen, 2,1 t Kohle im Kohlekasten hinter dem Führerhaus untergebracht.

Mit dem Erscheinen der preußischen T 20 (DRG 95.0) verloren die Zahnradlokomotiven ihre Bedeutung und wurden nach und nach von dieser ersetzt, nachdem Zug um Zug vom Zahnrad- auf Reibungsbetrieb umgestellt worden war. Die DRG versah 1925 immerhin noch 30 Maschinen mit den Betriebsnummern 97 001-030. Bis 1933 waren alle T 26 entbehrlich und ausgemustert worden. Sieben Maschinen konnten nach Ausbau des Zahnradtriebwerks an Privat- und Werksbahnen verkauft werden und überlebten zum Teil sogar noch den Zweiten Weltkrieg.

Technische Daten:

Baureihenbezeichnung:	97.0 (DRG)
Radsatzanordnung:	C1'h2(4)tz
Zylinderdurchmesser (mm):	470 / 420
Kolbenhub (mm):	500 / 450
Verdampfungsheizfläche (m^2):	123,36
Vmax (km/h):	50 / 20
Leistung (PSi):	-
Dienstmasse (t):	59,1
Größte Radsatzfahrmasse (t):	14,7
Länge über Puffer (mm):	10.300
Treib-/Kuppelraddurchmesser (mm):	1.080
Laufraddurchmesser (v) (mm):	-
Laufraddurchmesser (h) (mm):	800
Wasserkasteninhalt (m^3):	5,5
Brennstoffvorrat (t):	2,1
Indienststellung:	1902-1921
Verbleib:	

Foto: Hubert, Slg. Töpelmann, Archiv transpress

97.1 (bay. PtzL 3/4, DRG, DB)

Die Bayerische Staatsbahn eröffnete 1909 die Strecke von Erlau nach Obernzel. Gut drei Jahre später ging im Dezember 1912 auch die Weiterführung nach Wegscheid in Betrieb. Die starken Steigungen von bis zu 70 ‰ konnten hier nur durch zwei Zahnstangenabschnitte des Systems Strub zwischen Obernzell und Untergriesbach (3,8 km) sowie zwischen Mitterwasser und Wegscheid (2,4 km) bewältigt werden. Für diese Strecke lieferte Krauss in München 1912 drei Zahnradloks der Gattung PtzL 3/4. Die PtzL 3/4 waren Vierzylinderloks. Jeweils zwei Zylinder waren auf jeder Seite übereinander angeordnet. Für den Reibungsbetrieb genügte ein Zwillingstriebwerk, bei dem die unteren Zylinder den zweiten Radsatz des Dreikupplers antrieben. Im Zahnstangenbetrieb wirkten die oberen Zylinder über eine komplizierte Übersetzung aus Treibstangen, Kurbelscheiben und Zwischenzahnrädern auf die beiden Zahnräder. Die beiden übereinander liegenden Triebwerke bedingten eine relativ hohe Kessellage. 1923 fertigte Krauss eine äußerlich ähnliche, aber verstärkte Maschine. Sie erhielt einen größeren Zylinderdurchmesser, höheren Kesseldruck, mehr Heizrohre und eine vergrößerte Rostfläche. Leistung, Länge und Gewicht hatten zugenommen.

Alle vier Loks übernahm die DRG als 97 101-104 in ihren Bestand. Mit einer Ausnahme blieben die vier einzigen bayerischen Zahnradloks ihrer Stammstrecke treu. Von 1943 bis 1946 weilte die 97 104 in Österreich. Bis zum Erscheinen der ersten zweimotorigen Schienenbusse (VT 98 901-903) im Jahr 1953 bewältigten die vier 97.1 den Gesamtverkehr auf ihrer Hausstrecke und liefen oft bis Passau durch, wo sich ihr Heimat-Bw befand. Als erste schied daraufhin 1954 die 97 102 aus, die restlichen blieben für den spärlichen Güterverkehr im Bestand. Am 23. April 1963 mussten die drei Passauer »Zahnradbockerl« schließlich den Dienst quittieren.

Technische Daten:

Baureihenbezeichnung:	97.1 (DRG)
Radsatzanordnung:	C1'h2(4v)t
Zylinderdurchmesser (mm):	2 x 460 / 460 (97 104: 2 x 480 / 480)
Kolbenhub (mm):	508 / 508
Verdampfungsheizfläche (m^2):	70,0 (97 104: 81,06)
Vmax (km/h):	45 / 12 (97 104: 45 / 18)
Leistung (PSi):	530 (97 104: 560)
Dienstmasse (t):	57,8 (97 104: 59,6)
Größte Radsatzfahrmasse (t):	15,4 (97 104: 15,6)
Länge über Puffer (mm):	10.490 (97 104: 10.640)
Treib-/Kuppelraddurchmesser (mm):	1.006
Laufraddurchmesser (v) (mm):	-
Laufraddurchmesser (h) (mm):	800
Wasserkasteninhalt (m^3):	4,0
Brennstoffvorrat (t):	1,6 (97 104: 1,7)
Indienststellung:	1912-1923
Verbleib:	

Foto: Maey, Slg. Töpelmann, Archiv transpress

97.2 (bad. IX b1, IX b2, DRG)

Die Badische Staatsbahn beschaffte im Jahre 1910 von der Maschinenfabrik Esslingen für den Betrieb auf der Steilstrecke der Höllentalbahn im Schwarzwald zwischen Hirschsprung und Hinterzarten vier Zahnradlokomotiven als Gattung »IX b.1«, um die zu schwach gewordenen, bisher verwendeten Loks der Gattung »IX a« (DRG 89.83) ablösen zu können. Die Maschinen verfügten ab Werk über ein Vierzylinder-Heißdampfverbundtriebwerk, doch schon 1916 wurde der Überhitzer der Bauart Clench-Gölsdorf ausgebaut, so dass sie nur noch im Nassdampfbetrieb liefen. Die außenliegenden Hochdruckzylinder der Reibungsmaschine mit Antrieb auf den zweiten Kuppelradsatz arbeiteten im Zwillings-Modus. Die darüber liegenden Zylinder der Zahnrad-Maschine fungierten als Niederdruckzylinder, so dass im Zahnstangenbetrieb alle vier Zylinder im Verbund arbeiteten. Die seitlichen Wasserkästen mit insgesamt 5 m³ Inhalt waren der Streckensicht wegen vorn abgeschrägt.

Weitere drei Maschinen dieses Typs beschaffte die Badische Staatsbahn im Jahre 1921 als Gattung »IX b.2«, ebenfalls von der Maschinenfabrik Esslingen, diesmal aber sogleich in Nassdampf-Version, ansonsten in den Baumerkmalen nur geringfügig verändert und nur geringfügig stärker in der Leistung.

Die DRG übernahm alle sieben Maschinen und reihte die im Bw Freiburg/Breisgau stationierten Lokomotiven als 97 201-204 (IX b.1) und 97 251-253 (IX b.2) in ihren Bestand ein. Als Anfang der 30er-Jahre die Einheitslokomotiven der Baureihe 85 einsatzbereit waren und der »Ravenna-Viadukt« durch eine tragfähigere Brücke ersetzt war, konnte auch auf der Höllentalbahn der Reibungsbetrieb mit diesen neuen Zugmaschinen Einzug halten und die Zahnrad-Verbund-Loks ersetzen. So musste die Baureihe 97.2 bald darauf nach erfolgreich getaner Arbeit ausgeschieden und verschrottet werden.

Technische Daten:

Baureihenbezeichnung:	97.2 (DRG)
Radsatzanordnung:	C1'n2(4v)t
Zylinderdurchmesser (mm):	450 / 450
Kolbenhub (mm):	550
Verdampfungsheizfläche (m²):	97,59 (ab 97 251: 115,7)
Vmax (km/h):	45 / 23
Leistung (PSi):	680
Dienstmasse (t):	56,7 (ab 97 251: 57,0)
Größte Radsatzfahrmasse (t):	14,3
Länge über Puffer (mm):	10.900
Treib-/Kuppelraddurchmesser (mm):	1.080
Laufraddurchmesser (v) (mm):	-
Laufraddurchmesser (h) (mm):	850
Wasserkasteninhalt (m³):	5,0
Brennstoffvorrat (t):	1,5
Indienststellung:	1910-1921
Verbleib:	

97.3 (württ. Fz, DRG)

Für den Zugbetrieb auf der steilen Zahnradstrecke Honau–Lichtenstein beschaffte die Württembergische Staatsbahn im Jahre 1893 vier Naßdampf-Verbundlokomotiven als Gattung »Fz« mit der Radsatzfolge 1'C und vergab für diese neben den Bahnnummern 691 bis 694 die Namen »ACHALM«, »LICHTENSTEIN«, »GRAFENECK« und »MUENSINGEN«. Für die 1901 eröffnete Strecke Freudenstadt– Klosterreichenbach wurden zwischen 1899 und 1904 weitere fünf Exemplare dieser Bauart bestellt, die sich von der ersten Lieferung durch das Verbindungsrohr zwischen beiden Dampfdomen unterschieden. Das Triebwerk für die Reibungsmaschine arbeitete bei der »Fz« im Adhäsionsbetrieb getrennt von der Zahnradmaschine. Die Reibungsmaschine war bestückt mit zwei außenliegenden, waagerecht angeordneten Zylindern mit Antrieb auf den zweiten Kuppelradsatz. Die innenliegenden Zylinder der Zahnradmaschine waren um einen halben Kolbenhub nach vorn versetzt und zwischen den Außenzylindern angeordnet. Alle vier Zylinder hatten den gleichen Durchmesser. Beim Zahnradbetrieb wurden die Innenzylinder zugeschaltet, die äußeren Zylinder arbeiteten dann als Hochdruck-, die inneren als Niederdruck-Maschinen.

Die »Fz« für die Strecke Honau–Lichtenstein waren im Bw Reutlingen, die Loks für die Strecke Freudenstadt–Klosterreichenbach im Bw Freudenstadt stationiert. Im Jahre 1920 waren noch alle neun Maschinen im Einsatz. Sieben davon wurden 1925 von der DRG mit den Betriebsnummern 97 301-304 und 97 305-307 versehen. Die Honauer Lokomotiven mussten Mitte der 20er-Jahre den leistungsstärkeren Maschinen der Baureihe 97.5 weichen und wurden dann nur noch einige Zeit als Reserve vorgehalten. Die Freudenstädter »Fz« wurden nach Einführung des Reibungsbetriebs um das Jahr 1936 ausgemustert.

Foto: Slg. Töpelmann, Archiv transpress

Technische Daten:

Baureihenbezeichnung:	97.3 (DRG)
Radsatzanordnung:	C1'n2(4v)t
Zylinderdurchmesser (mm):	420 / 420
Kolbenhub (mm):	612 / 540
Verdampfungsheizfläche (m²):	112,4
Vmax (km/h):	50 / 20
Leistung (PSi):	
Dienstmasse (t):	53,3 (ab 97 305: 54,1)
Größte Radsatzfahrmasse (t):	13,8 (ab 97 305: 14,0)
Länge über Puffer (mm):	9.490 (ab 97 305: 9.512)
Treib-/Kuppelraddurchmesser (mm):	1.230
Laufraddurchmesser (v) (mm):	945
Laufraddurchmesser (h) (mm):	-
Wasserkasteninhalt (m³):	4,2
Brennstoffvorrat (t):	1,0
Indienststellung:	1893-1904
Verbleib:	

Foto: Slg. Kenning

Foto: Blaschke

97.4 (preuß. T 28, DRG, DR)

Die Preußische Staatsbahn bestellte 1920 bei Borsig ein stärkeres Nachfolgemodell für die Zahnradlokomotiven der Gattung T 26, weil diese den gestiegenen Anforderungen nicht mehr genügten. Die T 28 mit der Radsatzfolge 1'D1' und mit 16 Tonnen mittlerer Kuppelradsatzfahrmasse galt als die schwerste deutsche Zahnradlok. Allerdings blieb es bei einem einzigen Einzelstück, da Anfang der 20er-Jahre zunehmend vom Zahnrad- auf den Reibungsbetrieb umgestellt wurde und sie zum Zeitpunkt ihrer Inbetriebnahme eigentlich schon überholt war. Angetrieben wurde die Lok von einem Vierzylinderverbund-Heißdampftriebwerk mit außenliegenden, waagerecht angeordneten Zylindern. Auf jeder Seite waren je ein Hochdruck- und ein Niederdruckzylinder mit gleichem Durchmesser und mit gleichem Kolbenhub in einem Gussstück übereinander angebracht. Im Reibungsstrecke wurde im Zwillingsbetrieb gearbeitet, auf der Zahnradstrecke übertrugen die zusätzlich die obenliegenden Niederdruckzylinder ihre Kraft über Kuppelstangen und Kurbelscheiben auf die beiden Triebzahnräder.
Die T 28 war zunächst mehrere Jahre auf den thüringischen Zahnradstrecken eingesetzt. Bei der DRG erhielt sie 1925 die Betriebsnummer 97 401. Nach Umstellung der einstigen preußischen Strecken auf Reibungsbetrieb wechselte die Maschine 1928 auf der Strecke von Linz am Rhein nach Seifen im Westerwald. Auch dort war die T 28 bald entbehrlich, so dass sie 1929 an die Eutin-Lübecker Eisenbahn (ELE) veräußert wurde. Dort wurde das Zahnradtriebwerk ausgebaut und die Lok als Reibungsmaschine eingesetzt. Über den Umweg über die Berliner Schrottfirma Erich am Ende kam die Maschine 1939 zur Brandenburgischen Städtebahn (BStB), wo sie im schweren Güterzugdienst ihren Dienst versah. 1949 übernahm die DR die BStB und somit auch die T 28, welche nun die Nummer 93 6576 erhielt und 1954 ausgemustert wurde.

Technische Daten:

Baureihenbezeichnung:	97.4 (DRG)
Radsatzanordnung:	1'D1'h2(4v)t
Zylinderdurchmesser (mm):	520 / 520
Kolbenhub (mm):	500 / 500
Verdampfungsheizfläche (m²):	119,7
Vmax (km/h):	55 / 20
Leistung (PSi):	977
Dienstmasse (t):	94,3
Größte Radsatzfahrmasse (t):	16,6
Länge über Puffer (mm):	12.700
Treib-/Kuppelraddurchmesser (mm):	977
Laufraddurchmesser (v) (mm):	800
Laufraddurchmesser (h) (mm):	800
Wasserkasteninhalt (m³):	7,0
Brennstoffvorrat (t):	3,0
Indienststellung:	1921
Verbleib:	

97.5 (wü. Hz, DRG, DB)

Auf dem 1,79 km langen Zahnradabschnitt Honau–Lichtenstein waren nach dem Ersten Weltkrieg die Zahnradloks der Gattung »Fz« (DRG 97.3) an der Grenze ihrer Leistungsfähigkeit angelangt. Daher begann 1921 die Direktion Stuttgart in Zusammenarbeit mit der Maschinenfabrik Esslingen eine fünffach gekuppelte Zahnradtenderlok der Gattung »Hz« zu entwickeln. Die fünf Kuppelradsätze waren erforderlich, um die zulässige Radsatzfahrmasse von 16 Tonnen nicht zu überschreiten. Schließlich lieferte 1923 bzw. 1925 die Maschinenfabrik Esslingen je zwei Zahnradloks, welche von Anbeginn die DRG-Nummern 97 501-504 trugen.
Bei den 97.5 wählten die Erbauer zwei Hochdruckzylinder für das normale Triebwerk und zwei Niederdruckzylinder für das zwischen dem zweiten und dritten Kuppelradsatz angeordnete Antriebszahnrad, wobei hier die Kraftübertragung über zwei kurze Treibstangen, eine hochliegende Blindwelle und ein Vorgelege erfolgte. Ausführliche Untersuchungen hatten ergeben, dass auf der Riggenbachschen Leiterzahnstange der Bauart Bissinger-Klose ein Zahnrad günstiger war als zwei, vor allem in den Krümmungen. Ein zweites Zahnrad auf dem ersten Kuppelradsatz diente als Bremszahnrad. Diese leistungsfähigen Loks lösten sogleich die älteren »Fz« ab. Sie galten als die leistungsfähigsten Zahnrad-Dampfloks Deutschlands. Alle vier 97.5 überstanden den Zweiten Weltkrieg und kamen noch in den Bestand der DB. Wegen ihres schlechten Zustandes musste die 97 503 bereits am 27. November 1956 den Dienst quittieren. Mit dem Einsatz von Zahnradschienenbussen der Baureihe VT 97.9 ab 1961/62 schlug auch die Stunde der übrigen Maschinen. Sie wurden am 13. August 1962 ausgemustert. Alle drei blieben aber erhalten.

Technische Daten:

Baureihenbezeichnung:	97.5 (DRG)
Radsatzanordnung:	Eh2(4v)t
Zylinderdurchmesser (mm):	560 / 560
Kolbenhub (mm):	560 / 560
Verdampfungsheizfläche (m²):	117,1
Vmax (km/h):	50 / 10
Leistung (PSi):	830 (bei Zahnradbetrieb: 850)
Dienstmasse (t):	74,9
Größte Radsatzfahrmasse (t):	15,0
Länge über Puffer (mm):	11.870
Treib-/Kuppelraddurchmesser (mm):	1.150
Laufraddurchmesser (v) (mm):	-
Laufraddurchmesser (h) (mm):	-
Wasserkasteninhalt (m³):	7,0
Brennstoffvorrat (t):	3,0
Indienststellung:	1923-1925
Verbleib:	97 501 (EF Reutlingen), 502 (DGEG, Bochum-Dahlhausen), 504 (DTB)

Foto: H. Müller, Slg. Kenning

98.0 (sä. I TV, DRG, DR)

In Sachsen war es schon immer ein Problem, Lokomotiven zu konstruieren, die sowohl für die Bewältigung der dortigen steilen und kurvenreichen Strecken geeignet als auch entsprechend leistungsstark waren. Die Sächsische Staatsbahn versuchte es auch mit zwei bei Hartmann in Chemnitz bereits im Jahre 1890 entwickelten B'B'-Tenderlokomotiven der Gattung MI TV, bei denen entsprechend der Bauart Meyer beide Triebwerke in Drehgestellen untergebracht waren. Der erhoffte Durchbruch gelang mit diesen beiden Maschinen aber nicht.

In verstärkter und verbesserter Fassung folgte ab 1910 eine zweite Bauserie mit zehn Exemplaren, jetzt als Gattung I TV bezeichnet, und ebenfalls von der Firma Hartmann geliefert. Mit zwei weiteren Baulosen in den Jahren 1913 (3 Stück) und 1914 (5 Stück) war schließlich ein Bestand von 18 Lokomotiven erreicht. Der Haupteinsatzort dieser Maschinen war die sogenannte »Windbergbahn«, die sich steil und kurvenreich von Freital nach Possendorf an den Hängen des Windberges hinaufzog.

Zur DRG zeichnete 1925 noch 15 Lokomotiven um, die mit den Betriebsnummern 98 001-015 versehen wurden. Bis zum Jahre 1933 waren vier Exemplare (98 003, 007, 008 und 015) bereits ausgemustert. Eine Lok wurde 1940 von der Kohleanschlussbahn Oberhohndorf–Reinsdorf übernommen und unter der Betriebsnummer 98 015 in Zweitbesetzung eingereiht. Nach Kriegsende 1945 kamen noch zwölf Dampfloks zur DR und waren im Bw Dresden-Altstadt stationiert. Bis 1968 wurden sie dann alle Zug um Zug von Diesellokomotiven abgelöst. Nach der Ausmusterung der gesamten Baureihe blieb nur noch die 98 001 für das Verkehrsmuseum in Dresden erhalten, welche heute in Chemnitz-Hilbersdorf bewundert werden kann.

Technische Daten:

Baureihenbezeichnung:	98.0 (DRG)
Radsatzanordnung:	B'B'n4vt
Zylinderdurchmesser (mm):	2 x 360 / 570
Kolbenhub (mm):	630
Verdampfungsheizfläche (m²):	97,98
Vmax (km/h):	50
Leistung (PSi):	540
Dienstmasse (t):	60,5
Größte Radsatzfahrmasse (t):	15,1
Länge über Puffer (mm):	11.624
Treib-/Kuppelraddurchmesser (mm):	1.260
Laufraddurchmesser (v) (mm):	-
Laufraddurchmesser (h) (mm):	-
Wasserkasteninhalt (m³):	5,0
Brennstoffvorrat (t):	2,2
Indienststellung:	1910-1914
Verbleib:	98 001 (VMD, Chemnitz)

Foto: Overbosch, Slg. Kenning

98.1 (old. T 2, DRG)

Die Oldenburgische Staatsbahn beschaffte für den Rangier- und Güterzugdienst zweiachsige Tenderloks, die sich von der Konzeption her die preußische T 2 zum Vorbild nahmen. Hanomag lieferte in der Zeit von 1896 bis 1913 in mehreren Baulosen insgesamt 38 solcher als oldenburgische T 2 bezeichneten Lokomotiven, die neben den üblichen Bahnnummern auch mit Tiernamen versehen wurden (z.B. Ross, Bär, Widder, Dogge usw.). Der Antrieb erfolgte über ein Zweizylinder-Nassdampftriebwerk mit außenliegenden, waagerecht angeordneten Zylindern, welches den zweiten Kuppelradsatz antrieb. Äußerlich unterschied sich die oldenburgische T 2 gegenüber ihrem preußischen Vorbild vor allem durch den Verzicht auf einen Reglerdom verzichtet. Entsprechend oldenburgischer Gepflogenheiten war der Regler in der Rauchkammer untergebracht. Um eine Anzahl von Loks für den Nebenbahndienst einsatzfähig zu machen, wurde diesen eine Druckluftbremse Bauart Westinghouse verpasst, deren Druckluftbehälter dann domartig auf dem Stehkesselscheitel vor dem Führerhaus platziert wurde.

Bis auf eine einzige Maschine übernahm die DRG alle übrigen 37 Dampfloks als Baureihe 98.1 und vergab die Betriebsnummern 98 101-137, wobei die 98 110-116 und 131-132 mit der schon erwähnten Druckluftbremse ausgestattet waren. Die meisten dieser Loks wurden schon bald nach der Übernahme ausgemustert. Nur wenige Exemplare waren noch in den 30er-Jahren eingesetzt, aber einige davon waren immerhin bis zum Jahre 1953 aktiv: So z.B. die Maschinen mit den Nummern 98 112, 113, 115 und 116 als Werkslokomotiven in DR- oder DB-Ausbesserungswerken. Bei der Kleinbahn Lohne–Dinklage waren bis 1955 bzw. 1956 die ehemaligen 98 132 und 109 im Einsatz, welche die Kleinbahn 1931 von der DRG erworben hatte.

Technische Daten:

Baureihenbezeichnung:	98.1 (DRG)
Radsatzanordnung:	Bn2t
Zylinderdurchmesser (mm):	324
Kolbenhub (mm):	550
Verdampfungsheizfläche (m²):	57,2
Vmax (km/h):	50
Leistung (PSi):	270
Dienstmasse (t):	28,0
Größte Radsatzfahrmasse (t):	14,0
Länge über Puffer (mm):	8.089
Treib-/Kuppelraddurchmesser (mm):	1.100
Laufraddurchmesser (v) (mm):	-
Laufraddurchmesser (h) (mm):	-
Wasserkasteninhalt (m³):	3,5
Brennstoffvorrat (t):	0,85
Indienststellung:	1896-1913
Verbleib:	98 110 (EF Wetterau, Bad Nauheim)

Foto: Blaschke

98.3 (bay. PtL 2/2, DRG, DB)

Zu Beginn des 20. Jahrhunderts benötigte die Bayerische Staatsbahn für den Personenverkehr auf ihren Lokalbahnen eine leichte Maschine mit möglichst geringen Betriebskosten. Die mit Bau und Entwicklung beauftragten Münchener Lokfabriken Krauß & Comp. sowie J. A. Maffei entwickelten jeweils einen Zweikuppler für den Einmannbetrieb, eine »Motorlokomotive« (ML). Die Einsparung des Heizers gelang durch eine vom Lokführer zu betätigende Schüttgutfeuerung. Die ersten drei Loks der Gattung PtL 2/2 (anfangs noch ML 2/2) lieferte Krauß 1905. Ihr Kessel war vom Führerhaus vollständig umschlossen. Maffei lieferte zwischen 1906 und 1908 insgesamt 22 Loks der Gattung PtL 2/2. Sie hatten die Zylinder zwischen den beiden Radsätzen. Beide Bauarten wurden zwischen 1922 und 1924 ausgemustert.
Krauss entwickelte seine Konstruktion weiter und lieferte 1908/09 weitere 29 Exemplare. Sie unterschieden sich vor allem durch das neu gestaltete Führerhaus. Ihr Aufbau trug den Loks sehr schnell den Spitznamen »Glaskasten« ein. Krauß überarbeitete seine Version ein weiteres Mal, indem die Blindwelle wegfiel und dafür der zweite Radsatz angetrieben wurde. In dieser ansonsten unveränderten Ausführung lieferte Krauß 1911 neun Exemplare und 1914 nochmals vier Loks. Diese letzte Variante übernahm die DRG komplett als 98 310-322. Die 98.3 war stets auf den Nebenbahnen in Bayern im Einsatz. 1942 wurden die 98 320 und 322 an Industriebetriebe verkauft. Mit der Wehrmacht gelangte die 98 305 im Jahr 1943 nach Norwegen und blieb nach Kriegsende dort zurück. Die 98 304 verblieb nach Kriegsende in Österreich, wo sie als 688.01 (ab 1953) bis 1959 gute Dienste leistete. Die 98 321 wurde 1946 ausgemustert und verkauft. Die restlichen 17 Loks mussten bei der DB zwischen 1950 und 1963 den Dienst quittieren. Als letzte Lok versah die 98 307 bis 1962 ihren Dienst.

Technische Daten:

Baureihenbezeichnung:	98.3 (DRG)
Radsatzanordnung:	Bh2t
Zylinderdurchmesser (mm):	320
Kolbenhub (mm):	400
Verdampfungsheizfläche (m²):	28,90
Vmax (km/h):	50
Leistung (PSi):	210
Dienstmasse (t):	22,7 (ab 98 310: 22,1)
Größte Radsatzfahrmasse (t):	11,35 (ab 98 310: 11,05)
Länge über Puffer (mm):	7.004 (ab 98 310: 6.800)
Treib-/Kuppelraddurchmesser (mm):	1.006
Laufraddurchmesser (v) (mm):	-
Laufraddurchmesser (h) (mm):	-
Wasserkasteninhalt (m³):	2,0 (ab 98 310: 2,2)
Brennstoffvorrat (t):	0,55 (ab 98 310: 0,6)
Indienststellung:	1908-1914
Verbleib:	98 307 (VMN, Neuenmarkt-Wirsberg), »319« (VMN)

Foto: Bellingrodt, Slg. Kleine, Archiv transpress

98.4, 98.4-5, 98.5 (pfälz. T 4", bay. D XI, PtL 3/4, DRG, DB)

Als Weiterentwicklung der bayerischen Lokalbahnloks der Gattungen »D VIII« (DRG 98.6) und »D X« (DRG 98.77) wurden 1895 von Krauss in München erstmals drei Exemplare der neuen Gattung »D XI« geliefert. Bis 1912 wurde die »D XI« mit nur geringen Abweichungen gebaut. Krauss lieferte dabei den größeren Anteil mit 94 Exemplaren, von Maffei kamen 48. An die Bayerische Staatsbahn gingen zunächst nur 131 Loks, weitere elf übernahm sie in den Jahren 1901/02 (acht Stück als D XI) und 1908 (drei Stück als PtL 3/4) von Privatbahnen. Drei weitgehend baugleiche Loks beschaffte die Bayerische Staatsbahn im Jahr 1900 von Krauss als Gattung T 4" für ihr linksrheinisches Netz in der Pfalz. Eine letzte Kleinserie mit fünf Exemplaren lieferte Krauss 1914 als Gattung PtL 3/4.
Alle 150 Maschinen wurden 1925 von der DRG umgezeichnet: Die pfälzischen T 4" erhielten die Nummern 98 401-403, die »D XI« wurden als 98 411-423 sowie 431-556 eingereiht und die PtL 3/4 fuhren nun als 98 561-568. Nach Anlieferung der Baureihen 64 und 86 musste zwischen 1931 und 1935 rund die Hälfte des Bestandes den Dienst quittieren. Nach Ende des Zweiten Weltkriegs kamen die verbliebenen Loks fast ausnahmslos zur DB. In den 50er-Jahren mussten sie sich von den Schienen verabschieden und bis März 1957 waren alle bis auf die 98 507 des Bw Nürnberg Rbf abgestellt. Nach Einstellung des Personenverkehrs auf dem Teilstück Greißelbach–Freystadt wurde die 98 507 nicht mehr benötigt und daher am 18. Juli 1960 außer Dienst gestellt. Nach langer Abstellzeit im AW Weiden erhielt sie eine äußerliche Aufarbeitung und steht seit dem 8. Mai 1968 als Denkmal gegenüber dem Ingolstädter Hauptbahnhof.

Technische Daten:

Baureihenbezeichnung:	98 401-403	98 411-556	98 561-568 (DRG)
Radsatzanordnung:	C1'n2t		
Zylinderdurchmesser (mm):	375		
Kolbenhub (mm):	508		
Verdampfungsheizfläche (m²):	67,35	67,41	67,41
Vmax (km/h):	45		
Leistung (PSi):	320		
Dienstmasse (t):	39,6	39,4-41,0	39,7-41,4
Größte Radsatzfahrmasse (t):	10,5	10,5-10,7	10,76-10,8
Länge über Puffer (mm):	9.294	9.288 (ab 98 431: 9.306)	9.306
Treib-/Kuppelraddurchmesser (mm):	996	1.006	1.006
Laufraddurchmesser (v) (mm):	-	-	-
Laufraddurchmesser (h) (mm):	790	800	800
Wasserkasteninhalt (m³):	4,3		
Brennstoffvorrat (t):	1,5		
Indienststellung:	1900	1895-1912	1899-1914
Verbleib:	98 507 (Denkmal Ingolstadt)		

Foto: Slg. Töpelmann, Archiv transpress

98.6 (pfälz. T 4', bay., pfälz. D VIII, DRG, DB)

Zum Ende der 80er-Jahre des 19. Jahrhunderts benötigte die Bayerische Staatsbahn dringend neue und leistungsfähigere Lokomotiven für die Strecke Freilassing– Berchtesgaden, welche eine Neigung von 40 ‰ und mehrere Gleisbögen von nur 180 m Halbmesser aufwies. Gefordert war, Zuglasten von 60 bis 70 t bei einer Geschwindigkeit von 15 km/h bergwärts zu bewältigen und bei der Talfahrt bei 45 km/h noch einen ruhigen Lauf zu gewährleisten.

Die Firma Krauss in München baute dafür im Jahre 1888 eine Lokomotive mit der Radsatzfolge C1' und kreierte dabei auf Vorschlag von Richard von Helmholtz eine Neuheit, indem der dritte Kuppelradsatz mit dem hinteren Laufradsatz zu einem »Krauss-Helmholtz-Drehgestell« vereinigt wurde. Dies erwies sich in der Folge für die Erfüllung der Vorgaben als sehr vorteilhaft, zumal beide Radsätze darüber hinaus auch noch seitenverschiebbar waren. Auf die Bremsen wurde besonderes Augenmerk gelegt: Die Lok war ausgestattet mit einer Dampf-Klotzbremse, mit einer Wurfhebelbremse und einer Riggenbach-Gegendruckbremse. Der Wagenzug wurde mit einer Druckluftbremse Bauart Westinghouse gebremst, deren Luftbehälter auf dem Langkessel vor dem hohen Dampfdom untergebracht war und genau dessen gleiche Verkleidung hatte. Auf dem Stehkesselscheitel befand sich vor und hinter den beiden hohen Domen außerdem je ein Sandkasten. Die als »D VIII« bezeichnete Gattung erhielt ein Zweizylinder-Nassdampftriebwerk mit außenliegenden, nach hinten leicht geneigten Zylindern, welches den zweiten Kuppelradsatz antrieb.

Krauss lieferte 1888 zunächst drei Lokomotiven, 1890 kamen zwei weitere hinzu. Alle fünf waren nicht nur mit Bahnnummern sondern auch mit Ortsnamen versehen. Eine dritte Lieferung mit fünf Maschinen erfolgte im Jahre 1893. Von der DRG wurden 1925 noch neun Exemplare als 98 661-669 eingereiht. Bis 1935 waren alle ausgemustert, nachdem sie zuletzt nur noch als Rangierlokomotiven zum Einsatz kamen.

Die erfolgreiche Bewährung der D VIII veranlasste die Bayerische Staatsbahn kurz vor der Jahrhundertwende zur Anschaffung weiterer solcher Maschinen, um den gestiegenen Anforderungen im Personen- und Güterzugdienst der vielen Lokalbahnen zu genügen. Krauss lieferte 1898 vier Loks als Nachbau der ersten Bauserien. Kessel und Triebwerksabmessungen blieben die gleichen, die Radsatzstände wurden aber leicht verändert. Der Kohlevorrat, der sich bisher links vor dem Führerhaus am Hinterkessel befunden hatte, war nun im Kohlekasten hinter dem Führerhaus untergebracht. Auf dem Kesselscheitel war nur noch der Dampfdom und ein Sandkasten angeordnet. Auch wurde keine Riggenbach-Gegendruckbremse mehr eingebaut. 1903 wurden noch weitere fünf solcher Maschinen mit den gleichen Baumerkmalen in Dienst gestellt. Die DRG übernahm alle Lokomotiven unter der gleichen Baureihenbezeichnung mit den Betriebsnummern 98 671-679. Die meisten mussten ebenfalls bis Mitte der 30er-Jahren den Dienst quittieren. Am längsten bei einer Staatsbahn überlebte die 98 671, die nach Ende des Zweiten Weltkrieges bei der Österreichischen Bundesbahn verblieben war. Sie wurde unter der ÖBB-Betriebsnummer 891.01 erst im November 1958 ausgemustert.

Auch die Pfalzbahn bezog von der Firma Krauss Lokomotiven, deren Konstruktionsmerkmale mit denen der bayerischen D VIII weitgehend übereinstimmten. So wurden 1895 bis 1897 zunächst sieben Maschinen (pfälz. T 4') und von 1908 bis 1910 noch weitere acht Exemplare (pfälz. D VIII) geliefert. Die pfälzische Weiterentwicklung der bayerischen »Ursprungs-D VIII« hatte ebenfalls den Kohlekasten hinter dem Führerhaus und die seitlichen Wasserkästen waren nach vorne verlängert. Auch hatten die Vorratsbehälter ein größeres Fassungsvermögen. Zylinder- und Raddurchmesser waren leicht abgeändert, die Radsatzstände leicht vergrößert. Alle Maschinen wurden von der DRG übernommen und erhielten die Betriebsnummern 98 651-657 (T 4') und 98 681-688 (D VIII). Sechs T 4' mussten bis 1935 den Dienst quittieren, für die 98 653 war 1940 Schluss. Von den D VIII gelangten die 98 682 und die 98 686 noch zur DB und fuhren bis 1950 beim Bw Passau. Am längsten überlebte die 98 681 als Werkslok in diversen Ausbesserungswerken sogar bis 1954.

Technische Daten:

Baureihenbezeichnung:	98 651-657	98 661-669	98 671-679	98 681-688 (DRG)
Radsatzanordnung:	C1'n2t			
Zylinderdurchmesser (mm):	406	390	406	406
Kolbenhub (mm):	508	508	508	508
Verdampfungsheizfläche (m²):	81,77	90,4	89,61	81,77
Vmax (km/h):	45			
Leistung (PSi):	400	430	430	390
Dienstmasse (t):	47,2	43,3-44,3	47,5	51,4
Größte Radsatzfahrmasse (t):	12,2	12,0-12,1	12,23	13,4
Länge über Puffer (mm):	9.700	9.170	9.670	10.090
Treib-/Kuppelraddurchmesser (mm):	996	1.006	1.006	996
Laufraddurchmesser (v) (mm):	-	-	-	-
Laufraddurchmesser (h) (mm):	780	800	800	790
Wasserkasteninhalt (m³):	6,5	4,5	6,3	8,0
Brennstoffvorrat (t):	2,2	1,2	1,7	2,7
Indienststellung:	1895-1897	1888-1893	1898-1903	1908-1910
Verbleib:				

98.7 (bay. BB II, DRG)

Um den gestiegenen Ansprüchen für die Bewältigung des Zugdienstes auf den Nebenstrecken mit geringen Gleisradien gerecht zu werden, entschied sich die Bayerische Staatsbahn Ende des 19. Jahrhunderts für den Bau einer vierfach gekuppelten Maschine der Bauart Mallet. Auftragnehmer war die Firma Maffei hergestellt, welche in den Jahren 1899 bis 1903 vier Bauserien mit insgesamt 29 Stück gelieferte. Im Jahre 1908 wurden noch zwei Maschinen nachgebaut, die geringfügig länger und schwerer waren. Die Loks der Gattung »BB II« waren Vierzylinderverbund-Naßdampfmaschinen. Die Dampfrohrverbindung zwischen den beiden Triebwerken und die Abdampfrohre der Niederdruckzylinder mussten bauartbedingt beweglich ausgeführt werden. Dies erwies sich in der Folge wegen undichter Stellen als besonderer Schwachpunkt. Weitere Nachteile waren der unruhige Lauf sowie die Schleuderneigung, zu welcher das Mallet-Triebwerk neigte. Gelobt wurde dagegen der relativ geringe Dampfverbrauch.

Foto: Slg. Töpelmann, Archiv transpress

Zur DRG kamen alle 31 Maschinen. Sie wurden 1925 mit den Betriebsnummern 98 701-731 versehen und vornehmlich in bayerischen Regionen eingesetzt. Doch die Leistungen der »BB II« entsprachen weiterhin nicht den Erwartungen, so dass die Maschinen bald aus dem Streckendienst zurückgezogen wurden. Bis 1938 waren die meisten Loks von der Bildfläche verschwunden und bis 1944 war das Kapitel »BB II« bei der DRG abgeschlossen. Einige verblieben bei Industriebetrieben. So auch die 98 727, welche 1943 von der Zuckerfabrik Regensburg erworben werden konnte. Als Werklok Nr. 4 (»Zucker-Susi«) versah sie dort bis 1972 ihren Dienst. Heute bereichert sie die Fahrzeugsammlung des Eisenbahnmuseums in Darmstadt-Kranichstein.

Technische Daten:

Baureihenbezeichnung:	98.7 (DRG)
Radsatzanordnung:	B'Bn4vt
Zylinderdurchmesser (mm):	2 x 310 / 490
Kolbenhub (mm):	530
Verdampfungsheizfläche (m²):	67,7
Vmax (km/h):	45
Leistung (PSi):	380
Dienstmasse (t):	42,6 (98 730-731: 43,8)
Größte Radsatzfahrmasse (t):	10,65 (98 730-731: 11,0)
Länge über Puffer (mm):	10.040 (98 730-731: 10.235)
Treib-/Kuppelraddurchmesser (mm):	1.006
Laufraddurchmesser (v) (mm):	-
Laufraddurchmesser (h) (mm):	-
Wasserkasteninhalt (m³):	4,3
Brennstoffvorrat (t):	1,5
Indienststellung:	1899-1908
Verbleib:	98 727 (DME Darmstadt-Kranichstein)

Foto: Blaschke

98.8, 98.8-9, 98.16 (bay. GtL 4/4, LAG, DRG, DB), 098 (DB)

Der stetig wachsende Güterverkehr auf den Lokalbahnen Anfang des 20. Jahrhunderts veranlasste die Bayerischen Staatsbahnen, eine vierfach gekuppelte Güterzugtenderlok in Auftrag zu geben. Die beiden ersten der als Gattung GtL 4/4 bezeichneten Maschinen lieferte 1911 die Firma Krauss in München. Den ersten beiden Loks folgte 1914 eine Serie von elf und nach kriegsbedingter Unterbrechung erst 1921/22 eine weitere Serie von vierzig Maschinen. Mit einem abgeänderten Führerhaus und vergrößerten Vorräten erhöhte sich 1923 der Bestand um 30 und 1924 um 17 oks. Diese 100 Maschinen wurden 1925 von der DRG in 98 801-900 umgezeichnet. Die Lieferung der 98 901-917 im Jahr 1927 bildete den Abschluss. Ab 1934 erhielten alle Loks der letzten Lieferung sowie zwölf weitere der Baujahre 1923/24 einen vorderen Laufradsatz und mutierten zur Baureihe 98.11. Nach der Verstaatlichung der LAG 1938 wurden deren GtL 4/4 als 98 1601 und 1602 übernommen.

Im Zweiten Weltkrieg gingen die 98 806, 822, 824, 862 und 865 verloren. Nach Kriegsende verblieben drei in der Tschechoslowakei, während die 98 810 an eine Privatbahn verkauft wurde. Die übrigen Maschinen gelangten alle zur DB, die sie vorwiegend im fränkischen und oberpfälzischen Raum einsetzte. Nach 1960 ging es mit der GtL 4/4 rasch bergab, doch die 98 812 und 888 erlebten 1968 noch die EDV-gerechte Umzeichnung zur Baureihe 098. Als letzte quittierte die 098 812 im Juni 1970 den Dienst. Sie ging in den Besitz der Ulmer Eisenbahnfreunde (UEF) über. Ihre Schwester 98 886, bis 1998 Denkmal in Schweinfurt, ist wieder betriebsfähig.

Technische Daten:

Baureihenbezeichnung:	98.8	98.8-9	98.16 (DRG)
Radsatzanordnung:	Dh2t		
Zylinderdurchmesser (mm):	460		
Kolbenhub (mm):	508		
Verdampfungsheizfläche (m²):	61,41	61,41	60,99
Vmax (km/h):	40		
Leistung (PSi):	450		
Dienstmasse (t):	43,0	45,3-46,7	44,3
Größte Radsatzfahrmasse (t):	10,8	11,3-11,7	11,3
Länge über Puffer (mm):	9.250		
Treib-/Kuppelraddurchmesser (mm):	1.006		
Laufraddurchmesser (v) (mm):	-		
Laufraddurchmesser (h) (mm):	-		
Wasserkasteninhalt (m³):	5,0	5,3-5,4	5,3
Brennstoffvorrat (t):	1,7	1,7-1,9	1,7
Indienststellung:	1911-1914	1921-1927	1922
Verbleib:	98 812 (UEF, Gerstetten), 886 (Fränk. Freilandmuseum Fladungen)		

Foto: Blaschke

98.10, 98.17 (bay. GtL 4/5, LAG, DRG, DB)

Obwohl die bayerische GtL 4/4 (DRG 98.8-9) eine gelungene Maschine war, besaß jedoch zwei entscheidende Nachteile. Zum einen war ihre Höchstgeschwindigkeit mit 40 km/h nicht sehr hoch und zum zweiten forderte der Betrieb größere Vorräte. Da auch Ende der 20er-Jahre die bayerischen Lokalbahnen stetig wachsendes Verkehrsaufkommen vermelden konnten, benötigte die DRG entsprechende Maschinen. Da im Einheitslokprogramm der DRG keine Lokalbahnmaschine vorgesehen war, wurde von Krauss in München eine verbesserte GtL 4/4 als Baureihe 98.10 entwickelt, die typisch bayerische Baumerkmale aufwies und keinerlei Einflüsse der Einheitsloks erkennen lies. Zwischen 1929 und 1933 lieferte Krauss (ab 1932 nach der Fusion Krauss-Maffei) insgesamt 45 Exemplare der »bayerischen GtL 4/5«, welche die Betriebsnummern 98 1001-1045 erhielten. Triebwerk, Kessel, Zylinder und Führerhaus wurden weitgehend von der GtL 4/4 übernommen.
Die DRG setzte die Loks ausschließlich in Bayern ein. 1938 wurde der Bestand nach der Verstaatlichung der Localbahn AG München (LAG) um drei weitere Exemplare aufgestockt, welche als 98 1701-1703 eingereiht wurden. Ihre wesentlichsten Unterschiede zur Baureihe 98.10 bestanden im geringfügig größeren Kuppelraddurchmesser und der Höchstgeschwindigkeit von 60 km/h durch ein etwas verändertes Laufwerk. Nach dem Zweiten Weltkrieg konnte die DB alle 98.10 und 98.17 in ihren Bestand übernehmen. Erst ab 1958 begann die Ausmusterung. Bis Ende 1961 schrumpfte der Bestand auf zwölf Maschinen. Als letzter Mohikaner musste am 22. November 1966 die 98 1005 beim Bw Schwandorf den Dienst quittieren. Die letzte einstige LAG-Maschine (98 1701) hatte schon am 28. Oktober 1961 den Ausmusterungsbescheid erhalten. Bis Ende 1967 waren alle Loks verschrottet.

Technische Daten:

Baureihenbezeichnung:	98.10	98.17 (DRG)
Radsatzanordnung:	D1'h2t	
Zylinderdurchmesser (mm):	460	
Kolbenhub (mm):	508	
Verdampfungsheizfläche (m²):	61,41	60,99
Vmax (km/h):	45	60
Leistung (PSi):	450	400
Dienstmasse (t):	54,5	46,7
Größte Radsatzfahrmasse (t):	11,5	11,8
Länge über Puffer (mm):	10.050	10.182
Treib-/Kuppelraddurchmesser (mm):	1.006	1.100
Laufraddurchmesser (v) (mm):	-	
Laufraddurchmesser (h) (mm):	850	
Wasserkasteninhalt (m³):	6,3	
Brennstoffvorrat (t):	2,7	
Indienststellung:	1929-1931	1935-1936
Verbleib:		

Foto: Blaschke

98.11 (Umbau DRG, DB, DR)

Da die Beschleunigung des bayerischen Lokalbahnverkehrs mit der ab 1929 in Dienst gestellten Baureihe 98.10 nicht so recht gelungen war, unternahm die DRG 1934 einen zweiten Versuch, den Nachteil der zu geringen Höchstgeschwindigkeit der ansonsten wohlgelungenen und zuverlässigen GtL 4/4 zu beseitigen. Versuchsweise stattete das RAW Weiden die 98 906 mit einem vorderen Laufradsatz aus, um die Laufeigenschaften zu verbessern. Versuchsfahrten zeigten sehr schnell den Erfolg des Umbaus, denn auch bei 60 km/h lief die modifizierte 98 906 noch erstaunlich ruhig. Daher wurde ihre Höchstgeschwindigkeit auf 55 km/h festgelegt. Mit den um 0,7 Tonnen größeren Kohlevorrat konnte auch der Aktionsradius erweitert werden. In den Folgejahren wurden daher weitere Maschinen entsprechend umgebaut, was bis 1939 im wesentlichen abgeschlossen war. Erst in diesem Jahr erhielten die Umbauloks ihre neue Baureihenbezeichnung 98.11.
Zum Einsatz kamen die Umbaumaschinen auf den bayerischen Lokalbahnen. Daher landeten nach Ende des Zweiten Weltkriegs bis auf die 98 1108 alle Exemplare bei der DB. Während die 98 1108 bei der DR bis 1965 lief, zuletzt beim Bw Probstzella, begann bei der DB ab Ende 1959 die planmäßige Ausmusterung. Nur die 98 1101 hatte nach einem Unfall bereits 1954 den Dienst quittieren müssen. Mit der Ausmusterung der 98 1105 und 98 1118 im März 1965 war das Ende der 98.11 so gut wie besiegelt, doch die 98 1125 hielt sich zäh beim Bw Schweinfurt. Sie wurde noch über zwei Jahre vorwiegend auf der Nebenbahn von Bad Neustadt/Saale nach Königshofen im Grabfeld eingesetzt. Als letzte ihrer Art wurde sie am 12. März 1968 ausgemustert und ein Jahr später in Frankfurt zerlegt.

Technische Daten:

Baureihenbezeichnung:	98.11 (DRG)
Radsatzanordnung:	1'Dh2t
Zylinderdurchmesser (mm):	460
Kolbenhub (mm):	508
Verdampfungsheizfläche (m²):	61,00
Vmax (km/h):	55
Leistung (PSi):	450
Dienstmasse (o. Tender) (t):	50,7
Größte Radsatzfahrmasse (t):	10,6
Länge über Puffer (mm):	10.200
Treib-/Kuppelraddurchmesser (mm):	1.006
Laufraddurchmesser (v) (mm):	800
Laufraddurchmesser (h) (mm):	-
Wasserkasteninhalt (m³):	5,1
Brennstoffvorrat (t/m³):	2,6
Indienststellung:	Umbau 1934-1941
Verbleib:	

Foto: Bellingrodt, Slg. Ramsenthaler

98.15, 98.76", 98.77 (LAG, LEAG, bay. D X, DRG, DB)

Kurze Zeit nach der Inbetriebnahme der bayerischen »D VIII« (1888) entwarf die Firma Krauss in München ein etwas kleineres und leichteres Abbild dieser Lokomotive. Diese neue C1'-Lok mit der Gattungsbezeichnung »D X« sollte die Nebenbahnen im Bayerischen Wald und in Niederbayern bedienen. Krauss lieferte im Jahre 1890 sechs Stück mit den Fabriknummern 2237-2242. Drei weitere Lokomotiven mit kleineren Abweichungen wurden 1893 nachgeliefert, sie erhielten aber keine Namen mehr. Alle neun »D X« wurden von der DRG übernommen und erhielten die Betriebsnummern 98 7701 bis 7709. Zwei davon, die 98 7706 und 7707, mussten aber bereits 1925 ausscheiden. Die übrigen ereilte die Ausmusterung im Jahre 1931.
In den Jahren von 1897 bis 1909 lieferte Firma Krauss, Mitgründerin und Mitgesellschafterin der Münchner Localbahn AG (LAG), 16 Lokomotiven mit identischer Radsatzfolge an diese Privatbahn. Die Maschinen glichen bis auf das Zweizylinder-Verbundtriebwerk im wesentlichen der bayerischen Gattung »D X«. Zehn Stück davon waren auf den bayerischen LAG-Strecken eingesetzt und wurden nach Verstaatlichung der LAG im Jahr 1938 von der DRG mit den Betriebsnummern 98 1501-1510 übernommen. Die anderen sechs Exemplare verkehrten bei der Lausitzer Eisenbahn AG (LEAG), die auch im Besitz der LAG war. Diese wurden 1939 von der DRG mit den Betriebsnummern 98 7601-7606 (in zweiter Besetzung) versehen. Die 98 7601 schon 1939 verkauft und die Spuren der 98 1502 verloren sich im Zweiten Weltkrieg. Die 98 1501 gelangte nach Österreich und wurde dort 1956 als 991.01 ausgeschieden. Alle anderen Lokomotiven befanden sich nach Kriegsende in den Westzonen und waren mit Ausnahme der 1947 verkauften 98 7603 bis 1950 in München, Rosenheim und Garmisch-Partenkirchen eingesetzt.

Technische Daten:

Baureihenbezeichnung:	98.15, 98.76"	98.77 (DRG)
Radsatzanordnung:	C1'n2vt	C1'n2t
Zylinderdurchmesser (mm):	375 / 620	390
Kolbenhub (mm):	500	508
Verdampfungsheizfläche (m²):	67,40	71,71
Vmax (km/h):	45 (98 7601-7606: 40)	45
Leistung (PSi):	300	300
Dienstmasse (t):	41,5 (98 7605-7606: 42,4)	42,7
Größte Radsatzfahrmasse (t):	11	11,0
Länge über Puffer (mm):	9.692	9.310
Treib-/Kuppelraddurchmesser (mm):	996	1.006
Laufraddurchmesser (v) (mm):	-	-
Laufraddurchmesser (h) (mm):	780	800
Wasserkasteninhalt (m³):		4,2
Brennstoffvorrat (t):		2,5
Indienststellung:	1897-1909	1890-1893
Verbleib:		

Foto: Slg. Kenning

98.18 (LAG, DRG, DB)

Im Mai 1935 lieferte Krauss-Maffei an die private Tegernseebahn (TAG) eine völlig neu entwickelte, vierfach gekuppelte Tenderlok, welche dort die Bahnnummer 7 erhielt. Diese Konstruktion kann als Abschluss der bayerischen Lokalbahnentwicklung angesehen werden. Sie zeichnete sich durch einen hervorragenden Kurvenlauf und eine Höchstgeschwindigkeit von 70 km/h aus, welche durch einen vorderen und hinteren Laufradsatz ermöglicht wurden. Die Laufradsätze waren mit dem jeweils anschließenden Kuppelradsatz zu einem Krauss-Helmholtz-Gestell zusammengefasst. Die guten Erfahrungen der Tegernseebahn mit ihrer neuen Lok veranlassten die Localbahn AG München (LAG), für ihre Strecke von Marktoberdorf nach Füssen zwei baugleiche Maschinen zu bestellen. Krauss-Maffei lieferte die beiden Exemplare 1937 an die LAG aus, wo sie die Bahnnummern 87 und 88 erhielten und gleichzeitig die größten Loks der LAG darstellten. Durch die Verstaatlichung der LAG zum 1. August 1938 gelangten auch die beiden »LAG-Edelrenner« als 98 1801 und 1802 in den Bestand der DRG.
Beide 98.18 überstanden den Zweiten Weltkrieg und kamen in den Bestand der DB. Sie bewährten sich zwar im Betrieb ausgezeichnet, doch war ihre Unterhaltung als Splittergattung zu aufwändig. Daher strich sie die DB 1959 aus dem Unterhaltungsbestand. Die umfangreiche Ausmusterungsverfügung vom 30. September 1960, von der über 900 Dampfloks betroffen waren, bedeutete auch das Ende für die beiden LAG-Loks, welche zuletzt in Kempten beheimatet waren. Betriebsfähig erhalten blieb dagegen die gleichartige Lok der Tegernseebahn, welche sich heute in der Obhut des Bayerischen Localbahn-Vereins (BLV) befindet und für Sonderfahrten zur Verfügung steht.

Technische Daten:

Baureihenbezeichnung:	98.18 (DRG)
Radsatzanordnung:	1'D1'h2t
Zylinderdurchmesser (mm):	460
Kolbenhub (mm):	508
Verdampfungsheizfläche (m²):	66,11
Vmax (km/h):	70
Leistung (PSi):	470
Dienstmasse (t):	60,80
Größte Radsatzfahrmasse (t):	11,70
Länge über Puffer (mm):	11.600
Treib-/Kuppelraddurchmesser (mm):	1.100
Laufraddurchmesser (v) (mm):	850
Laufraddurchmesser (h) (mm):	850
Wasserkasteninhalt (m³):	6,30
Brennstoffvorrat (t):	2,7
Indienststellung:	1937
Verbleib:	

Foto: Slg. Kleine, Archiv transpress

98.70 (sächs. VII TS, VII T, DRG, DR)

Für die Sächsische Staatsbahn und die sächsischen Privatbahnen bauten verschiedene Lokomotivfabriken in den Jahren zwischen 1873 bis 1894 eine große Anzahl zweifach gekuppelter Tenderlokomotiven, welche bei der Staatsbahn unter der Gattung »VII T« bzw. »VII TS« (T=Tenderlokomotive, S=Sekundärbahn) zusammengefasst waren. Hersteller waren neben Hartmann in Chemnitz auch die Maschinenbaugesellschaft Karlsruhe, Schichau in Elbing, Wöhlert in Berlin oder die Hanomag in Hannover. Im Laufe der Jahre ergaben sich auch bei den einzelnen Firmen mehr oder weniger große Unterschiede in den Baumerkmalen der einzelnen Typen. Allen Maschinen gemeinsam war die äußerst robuste Bauweise und eine relativ geringe Radsatzfahrmasse bis maximal 14 Tonnen. Weitere Beispiele für die weit auseinander klaffenden technischen Details waren die unterschiedliche Gestaltung der Führerhäuser oder die zwischen 885 und 1.360 mm liegenden Treibraddurchmesser. Nur die Loks von Karlsruhe und Wöhlert besaßen Dampfdome, ansonsten kamen Regleraufsätze zur Anwendung. Angetrieben wurde immer der zweite Kuppelradsatz und die Blechrahmen waren meist als Wasserkasten ausgebildet. 32 Exemplare der Gattung »VII T« und eine »VII TS« wurden 1925 von der DRG noch umgezeichnet. Die 98 7051-7079 waren weitgehend identische mit den Bauserien der Firma Hartmann aus den Jahren 1882/83, 1886, 1890, 1891 und 1894. Rund zehn dieser Maschinen gab die DRG bis 1930 als Werkloks ab. Die übrigen verschwanden mit wenigen Ausnahmen bis zum Zweiten Weltkrieg aus den Bestandslisten, doch einige gelangten nach Kriegsende noch zur DR. Als letzte musste 1967 die 98 7069 den Dienst quittieren. Für das Verkehrsmuseum in Dresden blieb die bereits 1964 abgestellte 98 7056 erhalten.

Technische Daten:

Baureihenbezeichnung:	98 7011	98 7031	98 7041	98 7051-7079	98 7091 (DRG)
Radsatzanordnung:	Bn2t				
Zylinderdurchmesser (mm):		270	279	300	340
Kolbenhub (mm):		550	533	533	575
Verdampfungsheizfläche (m²):		40,23	46,7	43,50	57,29
Vmax (km/h):	30	45	40	40	45
Leistung (PSi):					
Dienstmasse (t):	22,4	21,8	26,7	26,70	28,5
Größte Radsatzfahrmasse (t):	10	10	13	13,40	14
Länge über Puffer (mm):	6.463	7.160	7.680	7.878	8.311
Treib-/Kuppelraddurchmesser (mm):	885	1.220	1.100	1.100	1.360
Laufraddurchmesser (v) (mm):	-	-	-	-	-
Laufraddurchmesser (h) (mm):	-	-	-	-	-
Wasserkasteninhalt (m³):		2,7	2,0		2,67
Brennstoffvorrat (t):		1,5	0,6		0,9
Indienststellung:	1890	1885	1873	1882-1894	1874
Verbleib:	98 7056 (VMD, Dresden-Altstadt)				

98 7111-7113 (sächs. VII, DRG)

Die Sächsische Staatsbahn bezog in den Jahren 1868/69 von den Firmen Schwartzkopff und Hartmann eine Anzahl von zweifach gekuppelten Schlepptenderloks. Die private Chemnitz-Komotauer Bahn beschaffte 1875 vier Lokomotiven der gleichen Bauart von der Firma Hartmann. Auch die private Chemnitz-Aue-Adorfer Bahn kaufte 1874/75 acht solcher Maschinen von Hartmann, ebenso gingen zwei Stück an die private Zwickau-Falkensteiner Bahn.
Nach Übernahme der Privatbahnen durch die Sächsische Staatsbahnen liefen ab 1876 alle diese Bauserien trotz einiger Unterschiede in der Ausführung unter der sächsischen Gattungsbezeichnung »VII«. Insgesamt handelte es sich um 32 Schlepptenderloks ohne Laufradsatz, welche vorwiegend im gemischten Dienst verwendet wurden. Ihr typisches Aussehen erhielten diese Maschinen durch den tiefliegenden Kessel, die großen Radsätze und den fehlenden Umlauf. Der Antrieb erfolgte über den zweiten Kuppelradsatz durch ein außenliegendes Zweizylinder-Nassdampftriebwerk. Der Radsatzstand betrug 2.600 mm, der Kuppelraddurchmesser 1400 mm. Auf dem Langkessel fehlte der Dampfdom, ein Sandkasten kam erst später hinzu. Die zweiachsigen Tender fassten 5,5 bzw. mit 5,65 m³ Wasservorrat und rund 3 Tonnen Kohle. Die Maschinen wanderten bald schon nach ihrer Indienststellung in Nebenbahndienst ab. Die meisten wurden bereits bis zur Jahrhundertwende wieder ausgemustert. Nur drei Lokomotiven wurden noch von der DRG mit den Betriebsnummern 98 7111-7113 versehen, mussten jedoch schon im Jahre 1925 den Dienst quittieren.

Technische Daten:

Baureihenbezeichnung:	98.71 (DRG)
Radsatzanordnung:	Bn2
Zylinderdurchmesser (mm):	406
Kolbenhub (mm):	559
Verdampfungsheizfläche (m²):	92,70
Vmax (km/h):	50
Leistung (PSi):	
Dienstmasse (t):	29,30
Größte Radsatzfahrmasse (t):	14
Länge über Puffer (mm) mit Tender:	7.620
Treib-/Kuppelraddurchmesser (mm):	1.400
Laufraddurchmesser (v) (mm):	-
Laufraddurchmesser (h) (mm):	-
Wasserkasteninhalt (m³):	5,65
Brennstoffvorrat (t):	3
Indienststellung:	1874-1876
Verbleib:	

Foto: Bellingrodt, Slg. Ramsenthaler

98 7101-7102 (LAG, DRG)

Zur Verstärkung des Lokomotivparks auf ihrer Strecke Marktoberdorf–Füssen beschaffte die Localbahn AG München (LAG) 1895 bei Krauss in München zwei laufradsatzlose Dreikuppler als LAG 42 und 43. In ihrer Leistung entsprachen sie den sechs Jahre zuvor gelieferten LAG 9 und 10 (DRG 98 7691 und 7692), jedoch nicht in den Abmessungen. Auch gehörte nun die Ausstattung mit Verbundtriebwerk zum Standard, da sich diese zwischenzeitlich erfolgreich bewährt hatten. Die Maschinen zeichneten sich durch eine recht lange Rauchkammer aus. Auf dem Kessel thronten ein runder Dampfdom und ein rechteckiger Sandkasten. Später gesellte sich noch der Luftbehälter für die Druckluftbremse der Bauart Westinghouse hinzu. Ursprünglich waren die Dreikuppler nur mit einer Hardy-Saugluftbremse für den Wagenzug und einer Handbremse für die Lok ausgerüstet. Der knapp bemessene Wasservorrat befand sich anfangs nur im Rahmenwasserkasten. Um den Aktionsradius zu erweitern, wurde später der Kohlekasten links am Langkessel verlängert.

Zunächst fuhren die beiden Maschinen nur zwischen Marktoberdorf und Füssen, doch als dort die Zuglasten zunahmen, wurden sie zwischen den einzelnen LAG-Bahnen herumgereicht. Bekannt sind Einsätze zwischen Fürth und Cadolzburg sowie als Reservelok auf der elektrifizierten Strecke von Bad Aibling nach Feilnbach. Ab 1937/38 waren beide Loks in der LAG-Hauptwerkstätte in München-Thalkirchen abgestellt. Dort erlebten sie auch die 1938 erfolgte Verstaatlichung und ihre Umzeichnung auf die DRG-Betriebsnummern 98 7101 (LAG 43) und 7102 (LAG 42). Wahrscheinlich ohne sie je in Betrieb zu nehmen, verkaufte die DRG beide Maschinen 1941 an die Augsburger Localbahn. Dort kamen sie wieder in Fahrt und standen unter den Bahnnummern 7 und 8 bis zum Ende des Dampfbetriebes im Jahre 1956 im Einsatz.

Technische Daten:

Baureihenbezeichnung:	98.71 (DRG)
Radsatzanordnung:	Cn2vt
Zylinderdurchmesser (mm):	360 / 550
Kolbenhub (mm):	500
Verdampfungsheizfläche (m^2):	54,10
Vmax (km/h):	30
Leistung (PSi):	175
Dienstmasse (t):	29,10
Größte Radsatzfahrmasse (t):	9,9
Länge über Puffer (mm):	7.680
Treib-/Kuppelraddurchmesser (mm):	920
Laufraddurchmesser (v) (mm):	-
Laufraddurchmesser (h) (mm):	-
Wasserkasteninhalt (m^3):	3,50
Brennstoffvorrat (t):	1,46
Indienststellung:	1895
Verbleib:	

98 7201-7202, 7301-7307, 98.74" (LAG, LEAG, DRG, DB)

Zwischen 1890 und 1897 beschaffte die Localbahn AG München (LAG) insgesamt 15 Tenderloks mit der Radsatzfolge 1'C, welche auf ihren süddeutschen Strecken sowie in der Lausitz bei der Tochtergesellschaft Lausitzer Eisenbahn AG (LEAG) zu Einsatz kommen sollten. 15 Exemplare erhielten ein Zweizylinder-Nassdampfverbundtriebwerk, zwei Stück aus dem Jahr 1892 zu Vergleichszwecken ein »normales« Zweizylindertriebwerk, entsprachen aber sonst in ihren Abmessungen den Verbundmaschinen. Die Verbundloks bekamen die Bahnnummern 17, 18, 19, 20, 23, 24, 25, 40, 41, 44, 47, 48 und 49, wobei der LEAG die Bahnnummern 40, 41, 44 und 49 zugeordnet waren. Die beiden Zweizylinderloks von 1892 fuhren unter den Bahnnummern 27 und 28. Sie kamen nur in Bayern zum Einsatz.

Zwei bayerische Verbundloks (Nr. 18 und 20) wurden 1917 an die BASF verkauft. Alle übrigen Maschinen übernahm die DRG nach der Verstaatlichung von LAG und LEAG in den Jahren 1938/39. Die bei Zweizylinderloks erhielten die Betriebsnummern 98 7201 und 7202, die bayerischen Verbundloks wurden als 98 7301-7307 und die Lausitzer schließlich als 98 7401-7404 in zweiter Besetzung eingereiht. Im Jahre 1942 wurde die 98 7307 in einen Schneepflug umgebaut. Zum Osteinsatz abkommandiert blieb sie an der Ostfront verschollen. Alle anderen Maschinen erlebten das Kriegsende in Bayern. Schon 1946 wurde die 98 7301 ausgemustert, alle übrigen mussten 1950 als Splittergattung den Dienst quittieren.

Technische Daten:

Baureihenbezeichnung:	98 7201-7102	98 7301-7307	98 7401-7404 (DRG)
Radsatzanordnung:	1'Cn2t	1'Cn2vt	1'Cn2vt
Zylinderdurchmesser (mm):	360	360 / 550	360 / 550
Kolbenhub (mm):	500		
Verdampfungsheizfläche (m^2):	65,70		
Vmax (km/h):	50	50	40
Leistung (PSi):	250		
Dienstmasse (t):	34,9		
Größte Radsatzfahrmasse (t):	9,1		
Länge über Puffer (mm):	8.090	8.090	8.100
Treib-/Kuppelraddurchmesser (mm):	1.090		
Laufraddurchmesser (v) (mm):	780	780	770
Laufraddurchmesser (h) (mm):	-		
Wasserkasteninhalt (m^3):	4,0		
Brennstoffvorrat (t):	1,7		
Indienststellung:	1892	1890-1897	1895-1896
Verbleib:			

Foto: Bellingrodt, Slg. Ramsenthaler

98.72 (sächs. IIIb T, DRG)

Für die 1875 eröffnete Muldentalbahn von Glauchau nach Großbothen lieferte die Firma Schwartzkopff im Jahre 1874 sechs zweifach gekuppelte Tenderloks mit der Radsatzfolge B1'. Nachdem 1878 die Muldentalbahn von der Sächsischen Staatsbahn übernommen worden war, bekamen diese Maschinen die Gattungsbezeichnung »IIIb T« und die Bahnnummern 1301 bis 1306. Weitere 16 Lokomotiven mit fast den gleichen Baumerkmalen baute 1875/76 die Firma Hartmann für die Chemnitz-Aue-Adorfer Eisenbahn. Auch sie wurden bald danach von der Sächsischen Staatsbahn übernommen (Bahnnummern 1307 bis 1322).
Die beiden Kuppelradsätze dieser »IIIb T« hatten einen Durchmesser von 1.400 mm und lagen weit vorn unter dem Langkessel. Der zweite Kuppelradsatz wurde von dem Zweizylinder-Nassdampftriebwerk angetrieben. Der hintere Laufradsatz, zunächst als Adams-Achse und später als Nowotny-Lenkachse ausgebildet, befand sich unter dem Führerhaus. Die Höchstgeschwindigkeit der Lokomotiven war mit 50 km/h angegeben. Sie waren vor allem im Vorortverkehr eingesetzt.
Noch etwas später, in den Jahren 1889 bis 1892, bezog die Sächsische Staatsbahn selbst als dritte Bauserie von der Firma Hartmann weitere 20 Maschinen derselben Bauart in leicht verstärkter Ausführung (Bahnnummern 1323 bis 1342). Die Durchmesser von Kuppel- und Laufrädern wurden vergrößert, der Kesseldruck auf 10 bar erhöht. Von den Maschinen der Muldentalbahn kamen keine mehr zur DRG. Von der Chemnitz-Aue-Adorfer Eisenbahn wurden noch zwei Exemplare mit den Betriebsnummern 98 7211 und 7212 übernommen. Aus der dritten Bauserie ab 1889 verblieben der DRG noch sieben Loks, die sie mit den Bahnnummern 98 7221 bis 7227 versah. Spätestens im Jahre 1930 waren alle Loks ausgemustert.

Technische Daten:

Baureihenbezeichnung:	98 7211-7212	98 7221-7227 (DRG)
Radsatzanordnung:	B1'n2t	
Zylinderdurchmesser (mm):	415	
Kolbenhub (mm):	559	
Verdampfungsheizfläche (m²):	76,57	76,46
Vmax (km/h):	50	
Leistung (PSi):		
Dienstmasse (t):	38,7	41,6
Größte Radsatzfahrmasse (t):	14	15,3
Länge über Puffer (mm):	8.573	8.773
Treib-/Kuppelraddurchmesser (mm):	1.400	1.420
Laufraddurchmesser (v) (mm):	-	
Laufraddurchmesser (h) (mm):	935	1.065
Wasserkasteninhalt (m³):	3,6	
Brennstoffvorrat (t):	1,0	
Indienststellung:	1875-1876	1889-1892
Verbleib:		

98 7308-7309 (LAG, DRG, DB)

Im Jahre 1900 beschaffte die LAG von Krauss zwei weitere 1'C-Nassdampf-Verbundloks, welche die Bahnnummern 59 und 60 erhielten. In ihrer Konzeption wichen sie von den bisher beschafften Maschinen deutlich ab. Die seitlichen Wasserkästen waren weit nach vorne gerückt und saßen nun auf Höhe der Rauchkammer über dem Laufradsatz. Dies gab den Loks ein eigentümliches, kopflastiges Aussehen. Der Kohlevorrat lagerte nun im Kohlekasten hinter der Führerhausrückwand. Auch das Laufwerk wies andere Parameter auf. Zwar besorgte wieder ein Krauss-Helmholtz-Gestell die Führung im Gleis, doch mit einem Radsatzstand von 5.300 mm und einer Gesamtlänge von 9.670 mm waren diese Maschinen deutlich größer als die zuvor beschafften. Der Durchmesser der Treibräder war dagegen um 94 mm verringert. Der Kessel besaß eine um 9 % vergrößerte Heizfläche, was sich in einer höheren Leistung bemerkbar machte. Nicht verzichtet wurde auf die LAG-typische Blechummantelung der Einströmrohre, welche wiederum vom Kesselscheitel zu den Zylindern reichte.
Nach ihrer Anlieferung fuhren die beiden Maschinen zunächst auf der Isartalbahn und waren im Bw Thalkirchen beheimatet. Ab 1911 wechselten sie auf die Strecke Marktoberdorf–Füssen. Dort ereilte sie auch die Verstaatlichung der LAG zum 1. August 1938, welche ihnen die DRG-Betriebsnummern 98 7308 und 7309 bescherte. Beide Loks überstanden den Zweiten Weltkrieg und kamen noch in den Bestand der DB. Als Splittergattung schlug schon 1950 ihre Stunde, als sie beim Bw Nürnberg ausgemustert wurden.

Technische Daten:

Baureihenbezeichnung:	98 7308-7309 (DRG)
Radsatzanordnung:	1'Cn2vt
Zylinderdurchmesser (mm):	400 / 620
Kolbenhub (mm):	500
Verdampfungsheizfläche (m²):	71,70
Vmax (km/h):	45
Leistung (PSi):	300
Dienstmasse (t):	41,7
Größte Radsatzfahrmasse (t):	10
Länge über Puffer (mm):	9.670
Treib-/Kuppelraddurchmesser (mm):	996
Laufraddurchmesser (v) (mm):	780
Laufraddurchmesser (h) (mm):	-
Wasserkasteninhalt (m³):	
Brennstoffvorrat (t):	
Indienststellung:	1900
Verbleib:	

98 7311-7312 (sächs. II, DRG)

Im Jahre 1874 lieferte die Firma Schichau an die Sächsisch-Thüringische Eisenbahn für die Strecke von Wolfsgefährt nach Weischlitz eine Serie von acht 1B-Schlepptenderlokomotiven mit den Fabriknummern 111 bis 118. Bei der Sächsisch-Thüringischen Eisenbahn trugen die Lokomotiven keine Bahnnummern, sondern erhielten Stadt- und Landnamen wie BERGA, DRESDEN, ELSTERBERG, GREIZ, PLAUEN, OSTERLAND, VOIGTLAND und WEIMAR. Nach der Übernahme der Sächsisch-Thüringischen Eisenbahn durch die Sächsische Staatsbahn wurden sechs der acht Maschinen umbenannt in CASSEL, FALKENAU, FRANKENSTEIN, HEIDELBERG, WEISCHLITZ und WOLFSGEFÄHRT. Bei der BERGA und der ELSTERERG wurden die bisherigen Namen belassen.

Sie verfügten über ein Zweizylinder-Nassdampftriebwerk mit außenliegenden, waagerecht angeordneten Zylindern, welche den ersten Kuppelradsatz antrieben und noch vor den vorderen Laufrädern angebracht waren. Der Durchmesser der Kuppelradsätze, die sehr eng nebeneinander lagen, betrug 1.535 mm, jener des Laufradsatzes 1.030 mm. Bei einem Gesamtradsatzstand von nur 3.295 mm waren vorn und hinten große Überhänge vorhanden, was beim Einsatz der Maschinen zu heftigen Schlingerbewegungen führte. Bemerkenswert im äußeren Erscheinungsbild waren die Radkästen für die Kuppelradsätze und das nach hinten offene Führerhaus.

Eigentlich waren noch sechs dieser Lokomotiven für die Übernahme durch die DRG vorgesehen. Nach weiteren Ausmusterungen berücksichtigte der Umzeichnungsplan von 1925 nur noch zwei Stück (WEISCHLITZ = 98 7311, BERGA = 98 7312). Aber auch diese beiden dürften ihre DRG-Nummern wohl kaum mehr getragen haben, denn sie wurden noch im selben Jahr ausgemustert.

Technische Daten:

Baureihenbezeichnung:	98.73 (DRG)
Radsatzanordnung:	1Bn2
Zylinderdurchmesser (mm):	432
Kolbenhub (mm):	559
Verdampfungsheizfläche (m²):	109,61
Vmax (km/h):	50
Leistung (PSi):	
Dienstmasse (t) ohne Tender:	34,60
Größte Radsatzfahrmasse (t):	13
Länge über Puffer (mm):	
Treib-/Kuppelraddurchmesser (mm):	1.535
Laufraddurchmesser (v) (mm):	1.030
Laufraddurchmesser (h) (mm):	-
Wasserkasteninhalt (m³):	8,25
Brennstoffvorrat (t):	
Indienststellung:	1874
Verbleib:	

98.74 (old. T 1.2, DRG)

Bei Nassdampf-Zweikupplern der Gattung »T 1.2« handelt es sich um eine Eigenentwicklung der Oldenburgischen Staatsbahn. Weil dieser die Preise der herkömmlichen Lokomotivfabriken zu teuer waren, wurden die Maschinen nach eigenen Entwürfen in der Hauptwerkstätte Oldenburg gefertigt. 1871/1872 baute man zunächst fünf Maschinen mit den Fabriknummern 1 bis 5, 1873 folgten weitere sieben Exemplare mit den Fabriknummern 6 bis 12. Außerdem bekamen diese schnuckeligen Zweizylinder-Maschinen noch Namen wie SCHNIPP, SCHNAPP oder SCHNURR verpasst. Weitere drei dieser Loks wurden 1871 von Krauss bezogen, eine vierte gelangte über die Eutin-Lübecker Eisenbahn (ebenfalls von Krauss gebaut) in den Bestand.
Von 1888 bis 1892 beschaffte dann die Oldenburgische Staatsbahn von der Hohenzollern AG in Düsseldorf weitere 18 Maschinen dieser Gattung in verstärkter Ausführung. Der Kesseldruck war höher, Zylinderdurchmesser und Kuppelraddurchmesser waren größer und die Vorratsbehälter hatten ein größeres Fassungsvermögen. Damit waren diese wendigen Maschinen schneller und leistungsfähiger und konnten im Rangierdienst und bei der Beförderung von Bauzügen noch erfolgreicher eingesetzt werden. Auch diese Loks hatten zu den Bahnnummern zusätzlich Namen, welche sich auf die friesische Landschaft bezogen (z.B. GEEST, MARSCH). Bemerkenswert war die Form der Führerhausdächer, die nicht nach den Seiten, sondern nach vorn und hinten abgerundet waren. Außerdem war es im Führerhaus ziemlich eng und der Heizer hatte Mühe, die Kohle, die links neben dem Kessel verstaut war, in die Feuerbüchse zu befördern, ohne anzustoßen. Von der zweiten Bauserie wurden immerhin noch fünf Lokomotiven von der DRG übernommen und mit den Betriebsnummern 98 7401-7405 versehen. Sie haben das Jahr 1933 nicht überlebt.

Technische Daten:

Baureihenbezeichnung:	98.74 (DRG)
Radsatzanordnung:	Bn2t
Zylinderdurchmesser (mm):	255
Kolbenhub (mm):	500
Verdampfungsheizfläche (m²):	36,00
Vmax (km/h):	45
Leistung (PSi):	
Dienstmasse (t):	19,4
Größte Radsatzfahrmasse (t):	9,8
Länge über Puffer (mm):	6,700
Treib-/Kuppelraddurchmesser (mm):	1.130
Laufraddurchmesser (v) (mm):	-
Laufraddurchmesser (h) (mm):	-
Wasserkasteninhalt (m³):	
Brennstoffvorrat (t):	
Indienststellung:	1888-1892
Verbleib:	

Foto: Slg. Kieper

99.02 (DRG, DB), old. B

Auf der ostfriesischen Insel Wangerooge hatte die Oldenburgische Staatsbahn 1897 einen festen Anleger für die Bäderschiffe sowie eine 3,4 lange Meterspurstrecke vom Anleger zum Ort gebaut. 1904 wurde die Inselbahn um 5 km zum neuen Ostanleger verlängert. Anfangs waren für den Verkehr zwei kleine zweifach gekuppelte Nassdampftenderloks vorhanden. Der zwischenzeitlich eingeführte ganzjährige Betrieb und das gestiegene Verkehrsaufkommen veranlassten die Oldenburgische Staatsbahn 1904 zum Gelegenheitskauf einer dritten Maschine, welche als Nr. 3 eingereiht wurde. Sie war von Freudenstein & Co in Berlin-Tempelhof gebaut worden und ebenfalls als zweifach gekuppelte Nassdampftenderlok ausgeführt.
Mit der zunehmend strategischen Bedeutung der Insel entstand bis zu Beginn des Ersten Weltkrieges ein Netz von Anschlussgleisen zu den Befestigungsanlagen der Marine. Schon 1909 war als Ersatz für die dem gestiegenen Verkehr nicht mehr gewachsenen Loks der Anfangsausstattung eine weitere zweifach gekuppelte Tenderlok bei Hanomag in Hannover bestellt worden. Als Bahnnummer 4 konnte sie 1910 in Betrieb genommen werden. Gesamtlänge und Radsatzstand waren etwas größer gewählt worden und erstmals kam eine außenliegende Heusinger-Steuerung zur Anwendung. Mit der Bahnnummer 5 wurde 1913 eine baugleiche Lok in Dienst gestellt. Die Lokomotiven mit den Nummern 3, 4 und 5 wurden von der DRG als 99 021-023 eingereiht. Bis zum Zweiten Weltkrieg versahen sie unauffällig ihren Dienst auf der Wangerooger Inselbahn. Die 99 023 gelangte noch in den Bestand der DB und wurde auch bis zum Ende des planmäßigen Dampfbetriebes im Herbst 1957 benötigt. Am 22. November 1957 erfolgte ihre Ausmusterung und bald darauf ihre Verschrottung.

Technische Daten:

Baureihenbezeichnung:	99.021	99 022-023 (DB)
Spurweite (mm):	1.000	
Radsatzanordnung:	Bn2t	
Zylinderdurchmesser (mm):	185	235
Kolbenhub (mm):	300	400
Verdampfungsheizfläche (m^2):	17,60	21,10
Vmax (km/h):	40	30
Leistung (PSi):	100	
Dienstmasse (t):	9,4	12,2
Größte Radsatzfahrmasse (t):	4,7	6,1
Länge über Kupplung/Puffer (mm):	4.958	5.350
Treib-/Kuppelraddurchmesser (mm):	800	
Laufraddurchmesser (mm):	-	
Wasserkasteninhalt (m^3):	1,20	1,00
Brennstoffvorrat (t):	0,35	
Indienststellung:	1904	1910-1913
Verbleib:		

Foto: Slg. Kieper

99.03-06 (DRG, DB), preuß. T 33

In Thüringen unterstanden der Preußischen Staatsbahn drei Meterspurstrecken: die Feldabahn Dorndorf–Kaltennordheim, die Hildburghausen–Heldburg–Lindenauer Eisenbahn und die Linie Eisfeld–Unterneubrunn (später Schönbrunn). Für diese Bahnen wurden 1908 bei Hagans in Erfurt zwei dreifach gekuppelte Nassdampftenderloks beschafft. Ab 1909 wurde sie als Gattung T 30 geführt. Ein Jahr später erhielten sie als Baureihe T 32 die Nummern 9201 und 9202. Die endgültige Reihenbezeichnung T 33 aus dem Jahr 1911 bescherte den beiden Maschinen die Nummern ERFURT 51 und 52. Nach ihrer grundsätzlichen Bewährung folgten 1912 fünf weitere Loks als ERFURT 53 bis 57. Als ERFURT 58 und 59 lieferte 1913 Hagans die dritte Kleinserie und im Jahr darauf mit den ERFURT 60 bis 62 die vierte und letzte Serie. Zwischen den Lieferserien gab es kleine Unterschiede. Allen Maschinen gemeinsam waren die relativ großen Überhänge, die Heusinger-Steuerung, der Antrieb auf den dritten Kuppelradsatz, der Blechrahmen und der genietete Langkessel. Der Wasservorrat befand sich in den zwei seitlichen Wasserkästen, die oberhalb der Rahmenwangen eine Aussparung hatten, um eine bessere Zugänglichkeit der Tragfedern zu gewährleisten. Der Kohlevorrat war auf dem linken Wasserkasten vor dem Führerhaus untergebracht. Die DRG reihte die vier Lieferserien als 99 031-032, 041-045, 051-052 und 061-063 ein. Mit dem 1934 abgeschlossen Umbau der Feldabahn Dorndorf–Kaltennordheim auf Normalspur war das Schicksal der meisten Maschinen besiegelt und sie wurden bis auf die 99 041, 044 und 045 im Jahre 1935 ausgemustert. Die drei restlichen T 33 fanden eine neue Heimat auf den pfälzischen Meterspurstrecken und kamen in den Bestand des Bw Neustadt/Weinstraße. Dort überlebten sie auch den Zweiten Weltkrieg und mussten bis 1957 (99 041 und 045) den Dienst quittieren.

Technische Daten:

Baureihenbezeichnung:	99.03-06 (DB)
Spurweite (mm):	1.000
Radsatzanordnung:	Cn2t
Zylinderdurchmesser (mm):	350
Kolbenhub (mm):	400 (99 031-032: 450)
Verdampfungsheizfläche (m^2):	50,13 (99 031-032: 51,02)
Vmax (km/h):	30
Leistung (PSi):	
Dienstmasse (t):	29,7 (99 031-032: 24,8)
Größte Radsatzfahrmasse (t):	9,9 (99 031-032: 8,3)
Länge über Kupplung/Puffer (mm):	7.000
Treib-/Kuppelraddurchmesser (mm):	875
Laufraddurchmesser (mm):	-
Wasserkasteninhalt (m^3):	3,0 (99 061-063: 3,45)
Brennstoffvorrat (t):	1,0 (99 061-063: 1,25)
Indienststellung:	1909-1914
Verbleib:	

Foto: Slg. Kieper

99.07 (DRG), bay. LE

Zur Anfangsausstattung der zwischen 1885 und 1898 eröffneten Strecke Eichstätt Bahnhof–Eichstätt Stadt–Kinding (1.000 mm) gehörten zwei kleine dreiachsige Tenderloks der Bauart LE. Die von Krauss-Maffei gelieferten 100-PS-Loks hatten insbesondere den schwachen Oberbau der teilweise im Straßenplanum verlaufenden Strecke zu berücksichtigen und mussten daher mit einer geringen Radsatzfahrmasse ausgeführt werden. Im engen Führerhaus waren links und rechts neben dem Stehkessel die Kohlevorräte in kleinen Behältern untergebracht. Die Maschinen waren mit einer Allan-Trick-Steuerung ausgerüstet. Die lange Treibstange wirkte auf diedreitte Achse. Anfangs war das Fahrwerk wegen der Straßendurchfahrten mit einer Verkleidung abgedeckt. Für den Betrieb auf der am 15. September 1885 eröffneten 5,17 km langen Stammstrecke Eichstätt Bahnhof–Eichstätt Stadt genügten zunächst die LE I und LE II. Dem wachsenden Verkehrsaufkommen entsprechen folgte schon 1892 zur Verstärkung die LE III. Mit der Inbetriebnahme der 30,1 km langen Weiterführung nach Kinding kam 1898 die LE IV ins Altmühltal. Der Höchstbestand von fünf Dreikupplern war schließlich 1900 mit der Lieferung der LE V erreicht. Der kurze Radsatzstand von 1.800 mm verbunden mit den großen Überhängen ließ die Loks leicht Nicken und Schlingern, vor allem wenn der Oberbau nicht in Ordnung war. Daher waren die Maschinen sehr entgleisungsanfällig. Bei der DRG wurden die fünf Loks als 99 071-075 eingereiht. Mit der Aufnahme des Normalspurbetriebes zwischen Kinding und Eichstätt Stadt am 15. Dezember 1932 konnte auf die 99 071 und 072 verzichtet werden. Ihre Ausmusterung erfolgte im gleichen Jahr. Die drei verbliebenen Loks erhielten noch eine Gnadenfrist bis zum 6. Oktober 1934, an dem der letzte Schmalspurzug zwischen Eichstädt Bahnhof und Eichstädt Stadt verkehrte.

Technische Daten:

Baureihenbezeichnung:	99.07 (DRG)
Spurweite (mm):	1.000
Radsatzanordnung:	Cn2t
Zylinderdurchmesser (mm):	260
Kolbenhub (mm):	400
Verdampfungsheizfläche (m²):	32,20
Vmax (km/h):	30
Leistung (PSi):	100
Dienstmasse (t):	18,5
Größte Radsatzfahrmasse (t):	6,17
Länge über Kupplung/Puffer (mm):	6.100
Treib-/Kuppelraddurchmesser (mm):	800
Laufraddurchmesser (mm):	-
Wasserkasteninhalt (m³):	1,77
Brennstoffvorrat (t):	0,65
Indienststellung:	1885-1900
Verbleib:	

Foto: Slg. Kieper

99.08-09 (DRG, DB), pfälz. L 1, Pts 3/3 N

Die Pfalzbahnen beschafften für ihre meterspurigen Lokalbahnen von Ludwigshafen nach Großkarlbach bzw. nach Dannstadt sowie von Speyer nach Neustadt/Weinstraße ab 1888 einheitliche, dreifach gekuppelte Nassdampftenderloks. Wegen der häufigen und engen Ortsdurchfahrten entsprachen die Maschinen in ihrem Aussehen Trambahnlokomotiven. Um die Gefahr für Mensch und Tier zu minimieren sowie das Triebwerk vor Straßenstaub zu schützen, waren sie mit einem kastenförmigen, ringsum verglasten Aufbau ausgestattet, der auch das durch Klappen zugängliche Triebwerk bedeckte. Als Gattung L 1 lieferte Krauss in München bis 1899 zwölf Exemplare, welche die Bahnnummern XI bis XXII sowie die Namen von Pfälzer Ortschaften erhielten. 1907 folgte mit der Bahnnummer XXVII »SCHWEGENHEIM« eine weitere Maschine. 1909 wurden die Pfalzbahnen von der bayerischen Staatsbahn übernommen und die Baureihenbezeichnung in Pts 3/3, später in Pts 3/3 N geändert. Eine letzte baugleiche Lok lieferte Krauss 1910. Sie erhielt die Bahnnummer XXIX.
Die Feuerbeschickung erfolgte durch eine rechtsseitig liegende Feuertür. Der Arbeitsplatz des Lokführers befand sich auf der anderen Maschinenseite in Fahrzeugmitte. Der Rahmen nahm gleichzeitig den Wasservorrat auf, während die Kohle zwischen Rückwand und Stehkessel gelagert wurde.
Im Ersten Weltkrieg ging die Lok mit der Bahnnummer XX verloren, alle anderen kamen als 99 081 bis 093 zur Deutschen Reichsbahn. Mit der Ausmusterung der 99 082-085 und 088 verminderte sich 1931 der Bestand um fünf Maschinen. sDie 99 089 und 090 mussten schon 1948 den Dienst quittieren. Bis auf die 99 093 wurden die restlichen vier Maschinen zwischen 1953 und 1955 abgestellt. Mit der Ausmusterung der 99 093 am 16. August 1957 verschwand die letzte Trambahnlok aus dem DB-Bestand.

Technische Daten:

Baureihenbezeichnung:	99.08-09 (DB)
Spurweite (mm):	1.000
Radsatzanordnung:	Cn2t
Zylinderdurchmesser (mm):	320
Kolbenhub (mm):	350
Verdampfungsheizfläche (m²):	43,75 (99 092-093: 43,64)
Vmax (km/h):	30
Leistung (PSi):	145
Dienstmasse (t):	22,7 (99 092-093: 23,4)
Größte Radsatzfahrmasse (t):	7,6 (99 092-093: 7,8)
Länge über Kupplung/Puffer (mm):	6.000
Treib-/Kuppelraddurchmesser (mm):	845
Laufraddurchmesser (mm):	-
Wasserkasteninhalt (m³):	2,10 (99 092-093: 1,9)
Brennstoffvorrat (t):	1,10
Indienststellung:	1888-1910
Verbleib:	

Foto: Slg. Kieper

99.10 (DRG, DB), pfälz. Pts 3/3 H

Bis Anfang der 20er-Jahre waren auf den pfälzischen Meterspurstrecken C-gekuppelte Nassdampftenderloks eingesetzt, die auf Grund der vielen Ortsdurchfahrten in Straßenlage als vollverkleidete Trambahndampfloks ausgeführt waren. War ihre Leistung durchaus ausreichend bemessen, so gab es viele Klagen über die vom Dampfkessel ausstrahlende Wärme und die ungünstige Lage des Kohlenvorrats. Noch von der Bayerischen Staatsbahn wurden daher nach Ende des Ersten Weltkriegs bei Krauss in München eine modifizierte Heißdampfvariante in drei Exemplaren bestellt. Bei diesen Dreikupplern erstreckte sich der Kastenaufbau nur noch über Lang- und Stehkessel. Die Rauchkammer mit ihrer hohen Wärmeabstrahlung blieb so außerhalb des Aufbaus. Der Kohlenkasten an der Rückseite der Loks war ebenfalls außerhalb des Aufbaus und nun von oben gut befüllbar. Die seitlichen Fenster des Aufbaus konnten nach herabgelassen werden. Das Fahrwerk war mit Blechklappen vollverkleidet.
Erst nach Gründung der DRG konnten die Maschinen 1923 ausgeliefert werden. Sie erhielten aber noch die bayerische Baureihenbezeichnung Pts 3/3 H und die pfälzischen Betriebsnummern XXXI-XXXIII. Erst im Verlauf des Jahres 1925 bekamen die Loks im Rahmen des endgültigen Umzeichnungsplans die Nummern 99 101-103. Zeit ihres Lebens fuhren die recht modern wirkenden Kastenloks auf den pfälzischen Meterspurstrecken und überstanden auch den Zweiten Weltkrieg unbeschadet. Ihr Haupteinsatzgebiet war die Strecke Ludwigshafen-Mundenheim–Meckenheim Doch mit der am 2. Oktober 1955 erfolgten Einstellung des Gesamtverkehrs auf dieser Bahn nahte auch das Ende dieser Dreikuppler. Als erste musste die 99 101 am 18. April 1956 den Dienst quittieren. Mit der Ausmusterung der beiden anderen zum 16. August 1957 war das Kapitel dieser Baureihe beendet.

Technische Daten:

Baureihenbezeichnung:	99.10 (DB)
Spurweite (mm):	1.000
Radsatzanordnung:	Ch2t
Zylinderdurchmesser (mm):	320
Kolbenhub (mm):	350
Verdampfungsheizfläche (m^2):	35,02
Vmax (km/h):	30
Leistung (PSi):	145
Dienstmasse (t):	22,7
Größte Radsatzfahrmasse (t):	8,07
Länge über Kupplung/Puffer (mm):	6.000
Treib-/Kuppelraddurchmesser (mm):	845
Laufraddurchmesser (mm):	-
Wasserkasteninhalt (m^3):	2,10
Brennstoffvorrat (t):	1,10
Indienststellung:	1923
Verbleib:	

Foto: Slg. Kieper

99.12 (DRG), wü. Ts 3

Die 1891 eröffnete Meterspurstrecke der Württembergischen Staatsbahn von Nagold nach Altensteig entwickelte sich im Personen- und Güterverkehr überaus zufriedenstellend. Nach der Jahrhundertwende erforderte das wachsende Verkehrsaufkommen vor allem im Güterverkehr die Beschaffung einer leistungsfähigen Maschine. Dem dringenden Bedarf konnte die Staatsbahn 1904 mit dem Ankauf eines fast neuwertigen Dreikupplers der Württembergischen Eisenbahngesellschaft (WEG) entsprechen, der 1900 von Borsig geliefert und von WEG als Nr. 4s eingereiht worden war.
Die als Gattung Ts 3 mit der Betriebsnummer 9 eingereihte Lokomotive hatte eine durch Klappen zugängliche Triebwerksverkleidung aus Blech, die wegen des straßenbahnähnlichen Charakters der Strecke Nagold–Altensteig beibehalten wurde. Der genietete Blechrahmen war in seinem vorderen Teil als Wasserkasten ausgebildet. Weitere Wasservorräte befanden sich in den kurzen Wasserkästen vor dem Führerhaus. Auf dem Führerhaus war ein großer querliegender Lüftungsaufsatz angebracht. Angetrieben wurde der dritte Kuppelradsatz. Die Dampfverteilung des Zweizylinder-Nassdampftriebwerks erfolgte durch eine Allan-Steuerung mit Flachschiebern. Alle drei Radsätze waren ohne Seitenspiel im Blechrahmen gelagert.
Die Maschine wurde hauptsächlich im Rollbock-Güterverkehr verwendet. Bei der DRG erhielt sie die Betriebsnummer 99 121. Als 1925 die fünffach gekuppelten 99 191-193 erschienen, war ihre Karriere weitgehend beendet. Bis zu ihrer Ausmusterung 1930 diente sie nur noch als Reservelok. Erhalten blieb aber eine baugleiche Schwesterlok, die WEG 2s. Sie war bis 1961 im Einsatz, stand dann lange Zeit als Denkmal in Laichingen und befindet sich heute in einem privaten Fahrzeugmuseum in Marxzell bei Karlsruhe.

Technische Daten:

Baureihenbezeichnung:	99.12 (DRG)
Spurweite (mm):	1.000
Radsatzanordnung:	Cn2t
Zylinderdurchmesser (mm):	320
Kolbenhub (mm):	500
Verdampfungsheizfläche (m^2):	47,00
Vmax (km/h):	30
Leistung (PSi):	
Dienstmasse (t):	28,50
Größte Radsatzfahrmasse (t):	9,5
Länge über Kupplung/Puffer (mm):	7.470
Treib-/Kuppelraddurchmesser (mm):	920
Laufraddurchmesser (mm):	-
Wasserkasteninhalt (m^3):	3,0
Brennstoffvorrat (t):	1,20
Indienststellung:	1900
Verbleib:	

99.13 (DRG), bay. Pts 3/4

1906 eröffnete die Bayerische Staatsbahn ihre zweite Meterspurbahn, die als Dampfstraßenbahn konzipierte, 4,9 km lange Strecke von Neuötting nach Altötting. Für den Betrieb standen drei von Krauss in München gelieferte Heißdampftenderloks der Gattung Pts 3/4 zur Verfügung. Die Dreikuppler mit den Nummern 1101-1103 besaßen als einzige Schmalspurloks der bayerischen Staatsbahn eine vorderen Laufradsatz. Die Bogenläufigkeit verbessern sollte auch das 25-mm-Seitenspiel des zweiten Kuppelradsatzes. Die mit Blechklappen ausgestattete Triebwerksverkleidung wurde schon bald nach der Anlieferung entfernt. Auf dem zweischüssigen Kessel mit dem eingebauten Überhitzer befanden nur sich eine Reglerbüchse und ein hoher Sanddom. Charakteristische Baumerkmale waren der mit einem Geländer gesicherte Umlauf, die Türen in der linken Führerhausfront und in der Rückwand sowie die Übergangseinrichtungen. Ungewöhnlich war auch die Unterbringung eines großen Teils des Wasservorrats in einem hohen, den unteren Kesselbereich umschließenden Kasten. Ferner war ein kleiner Wasserkasten rechts neben dem Führerhaus vorhanden. Der bescheidene Kohlevorrat musste im Führerhaus gelagert werden.
In den Wirren des Ersten Weltkriegs ging die Lok mit der Nummer 1102 verloren. Als Ersatz wurde 1922 eine vierte Lok mit der Betriebsnummer 1104 beschafft. Bei der

Foto: Slg. Kieper

DRG erhielten die Maschinen die Nummern 99 131-133 und fuhren bis 1930 auf ihrer Stammstrecke. Dann wurde der Betrieb eingestellt und die Loks 1931 ausgemustert. Während die beiden älteren anschließend verschrottet wurden, fand die 99 133 noch 1931 eine neue Heimat bei der privaten Kleinbahn Wallersdorf (bei Plattling)– Münchshöfen. Dort endete 1946 ihre Karriere.

Technische Daten:

Baureihenbezeichnung:	99.13 (DRG)
Spurweite (mm):	1.000
Radsatzanordnung:	1'Ch2t
Zylinderdurchmesser (mm):	380
Kolbenhub (mm):	340
Verdampfungsheizfläche (m^2):	36,65
Vmax (km/h):	30
Leistung (PSi):	
Dienstmasse (t):	27,70
Größte Radsatzfahrmasse (t):	7,9
Länge über Kupplung/Puffer (mm):	6.650
Treib-/Kuppelraddurchmesser (mm):	800
Laufraddurchmesser (mm):	500
Wasserkasteninhalt (m^3):	2,50
Brennstoffvorrat (t):	0,50
Indienststellung:	1906
Verbleib:	

Foto: Slg. Kieper

99.15 (DRG), bay. Gts 4/4

Auf der 1898 bis nach Kinding verlängerten Eichstädter Meterspurbahn war das ständig steigende Verkehrsaufkommen mit den vorhandenen Dreikupplern der Gattung LE (DRG 99.07) bald nicht mehr zu bewältigen. Daher sah sich die Bayerische Staatsbahn gezwungen, eine wesentlich stärkere Maschine in Auftrag zu geben. Krauss entwickelte eine vierfach gekuppelte Zweizylinder-Naßdampftenderlok, die zwar viele Gemeinsamkeiten mit den LE aber auch einige Besonderheiten aufwies. Bedingt durch die engen Radien musste der Radsatzstand mit 2.600 mm gering gehalten werden. Groß waren daher die Überhänge vorne und hinten. Das Fahrwerk war verkleidet und durch Klappen zugänglich. Der genietete Blechrahmen war zwischen Stehkessel und Rauchkammer als Wasserbehälter ausgebildet. Eine Besonderheit stellte die halbautomatische Schüttgutfeuerung dar. Ungewöhnlich war auch das sehr geräumige, vollständig geschlossene Führerhaus, das zusätzlich durch Türen in der Führerhausrückwand und vorne an der Heizerseite zugänglich war. Über den mit Sicherheitsgeländer versehen Umlauf konnte man zum vorderen Übergang gelangen.
Sieben Jahre nach der Inbetriebnahme wurde die Schüttfeuerung aus Sicherheitsgründen ausgebaut. Sie hatte sich zwar bewährt, reduzierte aber zu sehr die Aufmerksamkeit des Lokführers im betriebstechnisch schwierigen Abschnitt zwischen Eichstätt Bahnhof und Eichstätt Stadt. Das Führerhausdach wurde verschlossen und vor die linke Stirntür ein Kohlenkasten gesetzt. Als betriebsbehindernd erwiesen sich auch der vordere und hintere Schienenräumer sowie die Triebwerksverkleidung, welche ebenfalls entfernt wurden. Von der DRG wurde die Maschine als 99 151 eingereiht und bis zur Umspurung auf ihrer Stammstrecke eingesetzt. Zusammen mit der 99 075 beförderte sie am 6. Oktober 1934 den letzten Schmalspurzug.

Technische Daten:

Baureihenbezeichnung:	99.15 (DRG)
Spurweite (mm):	1.000
Radsatzanordnung:	Dn2t
Zylinderdurchmesser (mm):	320
Kolbenhub (mm):	400
Verdampfungsheizfläche (m^2):	48,30
Vmax (km/h):	30
Leistung (PSi):	150
Dienstmasse (t):	26,0
Größte Radsatzfahrmasse (t):	6,5
Länge über Kupplung/Puffer (mm):	8.447
Treib-/Kuppelraddurchmesser (mm):	800
Laufraddurchmesser (mm):	-
Wasserkasteninhalt (m^3):	2,2
Brennstoffvorrat (t):	1,2 (nach Umbau: 1,44)
Indienststellung:	1909
Verbleib:	

Foto: Hubert, Slg. Kleine, Archiv transpress

99.16 (DRG, DR), sä. I M

Eine Sonderstellung unter den sächsischen Schmalspurbahnen hatte die 5,4 km lange Strecke von Reichenbach nach Oberheinsdorf, die am 15. Dezember 1902 als Meterspurbahn eröffnet wurde. Um Rollbockverkehr auf den engen Kurvenradien zu ermöglichen, musste zur Erschließung der Reichenbacher Industrie sowie der Betriebe im benachbarten Heinersdorfer Grund Meterspur gewählt werden. Daher mussten auch besonders kurvengängige Loks beschafft werden. Hartmann in Chemnitz lieferte drei Dampfloks der Bauart Fairlie, die als Baureihe I M mit den Betriebsnummern 251-253 bei der Sächsischen Staatsbahn eingereiht wurden. Fairlie-Loks sind eigentlich spiegelbildlich aneinander gesetzte, fest miteinander verbundene Doppelloks.Wie bei Trambahn-Dampfloks waren die Triebwerke verkleidet. Fernen besaßen die Maschinen ein Dach und eine von Führerstand zu Führerstand umlaufende Galerie.
Von der Reichsbahn wurde die drei Loks als 99 161-163 übernommen und alsbald einem Umbau unterzogen. Im Oktober 1943 musste die 99 163 aus kriegswichtigen Gründen in Richtung Krim abgegeben werden. Die beiden übrigen Maschinen versahen weiter den Dienst auf ihrer Stammstrecke bis zu deren Stilllegung zum 22. September 1962. Schon im Februar 1962 war die 99 161 abgestellt worden. Ihre Ausmusterung erfolgte am 9. September 1963, anschließend wurde sie zerlegt. Ein besseres Schicksal hatte die 99 162. Sie wurde 1963 zunächst nach Klingenthal gebracht, wo sie als Denkmal aufgestellt werden sollte. Diese Pläne zerschlugen sich zwar, doch die DR hatte inzwischen den historischen Wert dieser Lok erkannt. 1970/71 wurde sie im Raw Görlitz äußerlich wieder in den Ursprungszustand zurückversetzt und gehört seinen zum Bestand des VM Dresden.

Technische Daten:

Baureihenbezeichnung:	99.16 (DR)
Spurweite (mm):	1.000
Radsatzanordnung:	B'B'n4vt
Zylinderdurchmesser (mm):	2 x 280/430
Kolbenhub (mm):	380
Verdampfungsheizfläche (m²):	79,05
Vmax (km/h):	30
Leistung (PSi):	330
Dienstmasse (t):	41,8
Größte Radsatzfahrmasse (t):	10,45
Länge über Kupplung/Puffer (mm):	10.480
Treib-/Kuppelraddurchmesser (mm):	760
Laufraddurchmesser (mm):	-
Wasserkasteninhalt (m³):	3,2
Brennstoffvorrat (t):	1,36
Indienststellung:	1902
Verbleib:	99 162 (VM Dresden)

99.17 (DRG), wü. Ts 4

Für den Betrieb auf der Meterspurstrecke Nagold-Altensteig beschafften die Württembergisch Staatseisenbahnen zwei Loks der Bauart Ts4. Bis der Eröffnung am 29. Dezember 1891 war nur die Bahnnummer 1 »ALTENSTEIG« ausgeliefert, welche auch den Eröffnungszug führte. Anfang 1892 folgte die Nr. 2 »BERNECK«. Um die entsprechenden Zugkräfte zu erhalten, waren auf Grund der geringen zulässigen Radsatzlast vierfach gekuppelte Maschinen erforderlich. Sie erhielten wegen der engen Radien ein Klose-Triebwerk. Die radial einstellbaren Endradsätze wurden durch das Klose-Hebelsystem über den dritten Radsatz gesteuert. Dies gewährleistete eine guten Bogenlauf. Der aufwändige, vielteilige Mechanismus erforderte eine große Aussparung zwischen den Wasserkästen. Über die innen liegenden Zylinder wurde der spurkranzlose, fest im Rahmen gelagerte zweite Kuppelradsatz angetrieben. Die Luftpumpe für die Druckluftbremse der Bauart Westinghouse befand sich rechts vorne an der Rauchkammer. Ein Kohlentender war nicht vorhanden, die Kohle musste im Führerhaus gelagert werden.

Foto: Slg. Kieper

Steigendes Verkehrsaufkommen erforderte schon bald die Beschaffung einer weiteren Maschine, welche 1899 als Nr. 3 »EBHAUSEN« ihren Dienst aufnahm. Trotz des komplizierten und unterhaltsintensiven Triebwerks bewährten sich die Loks ausgezeichnet. Gelobt wurde vor allem ihr ruhiger Lauf. Von der DRG wurden noch alle drei Maschinen übernommen und als 99 171-173 eingereiht. Zunehmend machten sich in den 20er-Jahren Verschleißerscheinungen bemerkbar, die zu häufigen Reparaturen und entsprechenden Betriebsausfällen führten. Mit dem Eintreffen der neuen Fünfkuppler 99 191-193 waren die Ts 4 ab 1927 entbehrlich und wurden bis 1931 ausgemustert.

Technische Daten:

Baureihenbezeichnung:	99.17 (DRG)
Spurweite (mm):	1.000
Radsatzanordnung:	Dn2t
Zylinderdurchmesser (mm):	340
Kolbenhub (mm):	500
Verdampfungsheizfläche (m²):	70,20
Vmax (km/h):	30
Leistung (PSi):	
Dienstmasse (t):	29,44
Größte Radsatzfahrmasse (t):	7,5
Länge über Kupplung/Puffer (mm):	8.130
Treib-/Kuppelraddurchmesser (mm):	900
Laufraddurchmesser (mm):	-
Wasserkasteninhalt (m³):	2,4
Brennstoffvorrat (t):	0,75
Indienststellung:	1891-1899
Verbleib:	

Foto: Kieper

99.18 (DRG, DR), (preuß. T 40)

Nach dem Ersten Weltkrieg benötigte die Preußische Staatsbahn für ihre meterspurige Feldabahn Dorndorf–Kaltennordheim dringend leistungsfähige Loks. Bei Orenstein & Koppel (O&K) wurden drei fünffach gekuppelte Heißdampf-Maschinen der Gattung T 40 bestellt, welche erst 1923 nach Gründung der Deutschen Reichsbahn ausgeliefert wurden. Ab 1925 liefen sie unter den DRG-Betriebsnummern 99 181-183. Um eine gute Kurvenläufigkeit zu gewährleisten, wählte O&K den Luttermöller-Antrieb. Dabei wurden die beiden Endradsätze nicht durch Kuppelstangen sondern durch Zahnräder angetrieben. Nur die drei mittleren Radsätze wurden durch Kuppelstangen angetrieben. Um die Triebwerksabmessungen klein zu halten, wirkte die Treibstange nicht auf einen Treibzapfen, sondern auf einen gesonderten Bolzen in einem Auge des Stangenkopfes des dritten Radsatzes. Auf dem genieteten Langkessel mit Rauchrohrüberhitzer der Bauart Schmidt saßen ein Dampfdom und ein Sandkasten.
Bis zur Umnagelung der Feldabahn auf Normalspur in den Jahren 1933/34 fuhren die Maschinen ausschließlich dort. Anschließend wurden sie zur Hildburghausen–Heldburg–Lindenauer Eisenbahn umgesetzt. Nach Ende des Zweiten Weltkriegs musste diese Bahn 1946 als Reparationsleistung für die sowjetische Besatzungsmacht abgebaut werden. Auch die 99 181 und 182 verschwanden im Oktober 1946 als Beutegüter in der Sowjetunion. Die 99 183 wurde zunächst zur Strecke Eisfeld–Schönbrunn umgesetzt und fuhr ab 1956 bei der Spreewaldbahn. Dort erfolgte auch der Ausbau des verschlissenen Luttermöller-Antriebs, so dass die Maschine dann mit der Radsatzfolge 1'C1' fuhr. Ab 1962 war sie auf der Schmalspurbahn Gera-Pforten–Wuitz-Mumsdorf im Einsatz. Dort wurde der Einzelgänger nach der unwetterbedingten Einstellung der Strecke 1969 arbeitslos und noch im gleichen Jahr als Heizlok verkauft.

Technische Daten:

Baureihenbezeichnung:	99.18 (DR)
Spurweite (mm):	1.000
Radsatzanordnung:	Eh2t
Zylinderdurchmesser (mm):	400
Kolbenhub (mm):	450
Verdampfungsheizfläche (m²):	36,00
Vmax (km/h):	30
Leistung (PSi):	250
Dienstmasse (t):	37,30
Größte Radsatzfahrmasse (t):	7,46
Länge über Kupplung/Puffer (mm):	8.926
Treib-/Kuppelraddurchmesser (mm):	850
Laufraddurchmesser (mm):	-
Wasserkasteninhalt (m³):	5,0
Brennstoffvorrat (t):	2,50
Indienststellung:	1923
Verbleib:	

Foto: Blaschke

99.19 (DRG, DB), (wü. Ts 5)

Die Pläne der Württembergischen Staatsbahn für die Ablösung der Gattungen Ts 3 und Ts 4 auf der Strecke Nagold–Altensteig reichten bis in die Zeit vor dem Ersten Weltkrieg zurück. Auf Basis der sächsischen VI K sollte eine meterspurige Variante entstehen, die als württembergische Ts 5 geplant war. Erst 1927 griff die DRG diese Pläne wieder auf und bestellte bei der Maschinenfabrik Esslingen vier Fünfkuppler. Noch im gleichen Jahr wurden die 99 191-194 ausgeliefert. Der zweite und der vierte waren fest im Rahmen gelagert. Neben den beiden großen seitlichen Wasserkästen war auch der genietete Blechrahmen teilweise als Wasserkasten ausgebildet. Auf dem genieteten Langkessel saß ein großer Dampfdom und ein rechteckiger Sandkasten.
Alle vier Maschinen fuhren nach ihrer Inbetriebnahme zunächst zwischen Nagold und Altensteig. Während des Zweiten Weltkrieges mussten die 99 191 und 194 ihre angestammte Heimat verlassen. Die 99 194 kam 1944 zur Slawonischen Drautalbahn und wurde nach Kriegsende von den Jugoslawischen Staatsbahnen (JDŽ) übernommen. Die 99 191 fand dagegen im Juni 1944 bei der RBD Erfurt ein neues Auskommen. Sie fuhr zunächst auf der Strecke Eisfeld–Schönbrunn. Nach Kriegsende blieb sie in der sowjetischen Zone, wurde von der DR übernommen und verdiente sich bis 1955 ihr Brot auf dieser Thüringer Schmalspurbahn. Dann kam sie zur Strecke Gera-Pforten–Wuitz-Mumsdorf und machte sich bis zu deren Stilllegung 1970 dort nützlich. Die beiden anderen Maschinen dienten weiter auf ihrer Stammstrecke. Nach Eintreffen der Diesellok V 29 952 war eine bald überflüssig, daher musste die 99 192 am 15. Mai 1959 den Dienst quittieren. Ihre Schwesterlok hielt länger durch und war sogar noch beim Streckenabbau 1967 eingesetzt. Sie wurde erst am 30. November 1967 ausgemustert und anschließend von der EUROVAPOR erworben

Technische Daten:

Baureihenbezeichnung:	99.19 (DB, DR)
Spurweite (mm):	1.000
Radsatzanordnung:	Eh2t
Zylinderdurchmesser (mm):	400
Kolbenhub (mm):	430
Verdampfungsheizfläche (m²):	64,20
Vmax (km/h):	30
Leistung (PSi):	480
Dienstmasse (t):	43,50
Größte Radsatzfahrmasse (t):	8,7
Länge über Kupplung/Puffer (mm):	8.436
Treib-/Kuppelraddurchmesser (mm):	800
Laufraddurchmesser (mm):	-
Wasserkasteninhalt (m³):	4,66
Brennstoffvorrat (t):	2,50
Indienststellung:	1927
Verbleib:	99 193 (EUROVAPOR, Chamby)

Foto: Blaschke

99.20 (DRG), bay. Gts 2 x 3/3

Auch beim Lokomotivpark der meterspurigen Eichstätter Schmalspurbahn hatte der Erste Weltkrieg deutliche Spuren hinterlassen. Erhebliche Verschleißerscheinungen auf Grund mangelnder Wartung waren nach Kriegsende zu verzeichnen. Durch den verstärkten Güterverkehr (u.a. Holzabfuhr für Reparationsleistungen) war eine leistungsstarke Maschine aber dringend erforderlich. So traf es sich günstig, dass beim Reichsverwertungsamt in Berlin eine große Heeresfeldbahn-Lokomotive zum Verkauf anstand. Dabei handelte es sich um eine sechsachsige Mallet-Lok, die mit 19 weiteren 1917 von Henschel für den Heeresfeldbahndienst in Frankreich gebaut worden war. Die meisten dieser Maschinen blieben auf den Kriegsschauplätzen, nur zwei kehrten nach Deutschland zurück. Henschel hatte sich für sechs gekuppelte Radsätze entschieden, um auf die Radsatzlast relativ gering zu halten. Um auch engere Radien durchfahren zu können, war es erforderlich, die Bauart Mallet anzuwenden.
Im Februar 1920 kaufte die Bayerische Staatsbahn die angebotene Mallet, die nach einigen Anpassungsarbeiten im Mai 1920 mit der neuen Bahnnummer 996 in Eichstätt einsatzbereit war. Anfangs gestaltete sich der Einsatz der für damalige Verhältnisse riesigen Maschine nicht ganz unproblematisch. Der kriegsbedingt vernachlässigte Oberbau führte zu häufigen Entgleisungen. Erst nach einer entsprechenden Durcharbeitung des Oberbaus konnte die Maschine ihre hohe Leistung zur Zufriedenheit aller ausspielen. Nach der Übernahme durch die DRG erhielt sie die Nummer 99 201. Bis kurz vor der Umspurung fuhr die Mallet auf ihrer Stammstrecke. Einen Monat vor der Fahrt des letzten Schmalspurzuges wurde die 99 201 im September 1934 abgestellt, kurz darauf ausgemustert und wenig später verschrottet.

Technische Daten:

Baureihenbezeichnung:	99.20 (DRG)
Spurweite (mm):	1.000
Radsatzanordnung:	C'Ch4vt
Zylinderdurchmesser (mm):	2 x 400 / 620
Kolbenhub (mm):	450
Verdampfungsheizfläche (m²):	82,71
Vmax (km/h):	30
Leistung (PSi):	700
Dienstmasse (t):	54,0
Größte Radsatzfahrmasse (t):	9,0
Länge über Kupplung/Puffer (mm):	11.832
Treib-/Kuppelraddurchmesser (mm):	900
Laufraddurchmesser (mm):	-
Wasserkasteninhalt (m³):	4,50
Brennstoffvorrat (t):	1,50
Indienststellung:	1917
Verbleib:	

Foto: Blaschke

99.21 (DRG, DB)

Der zunehmende Bäderverkehrauf der Insel Wangerooge zwang Mitte der 20er-Jahre die zur Beschaffung einer leistungsfähigeren Dampflokomotive. Die DRG bestellte daher bei Henschel in Kassel eine einfache, robuste Naßdampfmaschine. Im Juli 1929 stand die 99 211 für den Planeinsatz bereit. Sie verfügte über einen leistungsfähigen, zweischüssigen Kessel, auf dem sich ein Dampfdom, ein Dampfläutewerk und ein Sandkasten befanden. Ihr genieteter Blechrahmen war im vorderen Teil als Wasserkasten ausgebildet. Weitere Wasservorräte konnten in den seitlichen Vorratsbehältern mitgeführt werden. Dort wurden zum Führerstand hin auch die Kohlenvorräte aufbewahrt. Die drei Kuppelradsätze waren fest im Rahmen gelagert, angetrieben wurde der dritte Radsatz. Zur besseren Kurvenläufigkeit blieb der mittlere Radsatz ohne Spurkränze. Die Dampfverteilung erfolgte durch eine außenliegende Heusinger-Steuerung mit Flachschiebern.
Mit einer um 40 % höheren Leistung als die seither eingesetzten Lokomotiven war die 99 211 in der Lage, problemlos die an sie gestellten Anforderungen zu erfüllen. Im Zweiten Weltkrieg blieb die Maschine ihrer Stammstrecke treu und überstand auch den Bombenhagel vom 25. April 1945. Erst 1947 konnte sie wieder ihre Aufgaben wahrnehmen. Als 1952 die erste Diesellok bei der Inselbahn ihren Einzug hielt, war die 99 211 noch nicht gefährdet. 1953 bekam sie eine Hauptuntersuchung. Erst mit dem Eintreffen zweier weiterer Dieselloks im Jahr 1957 neigte sich ihre Karriere dem Ende zu. Von Juli 1957 bis zu ihrer Ausmusterung am 18. August 1960 diente sie nur noch als Reservelok. Nach einigen Jahren Abstellzeit kam sie am 21. Juli 1968 zu Denkmalsehren beim alten Leuchtturm am Bahnhof von Wangerooge, wo sie bis heute an die einstige Dampflokherrlichkeit auf der Insel erinnert.

Technische Daten:

Baureihenbezeichnung:	99.21 (DB)
Spurweite (mm):	1.000
Radsatzanordnung:	Cn2t
Zylinderdurchmesser (mm):	310
Kolbenhub (mm):	400
Verdampfungsheizfläche (m²):	29,06
Vmax (km/h):	40
Leistung (PSi):	140
Dienstmasse (t):	18,3
Größte Radsatzfahrmasse (t):	6,1
Länge über Kupplung/Puffer (mm):	6.400
Treib-/Kuppelraddurchmesser (mm):	800
Laufraddurchmesser (mm):	-
Wasserkasteninhalt (m³):	1,80
Brennstoffvorrat (t):	0,60
Indienststellung:	1929
Verbleib:	99 211 (Denkmal Wangerooge)

Foto: Endisch

99.22 (DRG, DR)

Aus dem vereinheitlichten Beschaffungsprogramm für regelspurige Dampfloks der DRG wurden Ende der 20er-Jahre auch Schmalspurdampfloks nach den Einheitsbaugrundsätzen abgeleitet. 1930 lieferte Schwartzkopf drei Maschinen als 99 221-223 und stärkste Schmalspurlok der DRG aus.
Ausgerüstet waren die 99.22 mit dem Kessel der Einheitsloks der Baureihe 81, bei dem lediglich die Dome und die Rauchkammer etwas verändert worden waren. Wie fast alle Einheitsloks der DRG erhielten auch die Schmalspurmaschinen einen Barrenrahmen. Eine gute Kurvenläufigkeit wurde durch 20 mm Seitenspiel des zweiten und fünften Kuppelradsatzes sowie durch eine Spurkranzschwächung um 13 mm beim Treibradsatz erzielt. Die außenliegende Heusinger-Steuerung für Inneneinströmung und Kuhnscher Schleife sicherte eine gleichgute Dampfverteilung für beide Fahrtrichtungen.
Nach ihrer Indienststellung kamen alle drei Loks zur Strecke Eisfeld–Unterneubrunn (später Schönbrunn). 1944 mussten die 99 221 und 223 zum Einsatz im besetzten Norwegen abgegeben werden und fuhren dort auf der Strecke Thamshaven–Lökken. Beide blieben nach Kriegsende in Norwegen und wurden dort später zerlegt. Die 99 222 blieb bis zum Verkehrsträgerwechsel (Einstellung des Personenverkehrs) ihrer Stammstrecke treu und kam im August 1966 zur Harzquer- und Brockenbahn. 1973 büßte die ab 1970 als 99 7222 bezeichnete Maschine ihr elegantes Aussehen ein, denn ihr Knorr-Oberflächenvorwärmer wurde durch einen IfS-Mischvorwärmer ersetzt. Seit 1. Februar 1993 gehört die Maschine zum Betriebspark der privatisierten Harzer Schmalspurbahnen (HSB). Seit 1999 fährt sie wieder mit einem Oberflächenvorwärmer der Bauart Knorr und somit weitgehend im Originalzustand.

Technische Daten:

Baureihenbezeichnung:	99.22 (DR)
Spurweite (mm):	1.000
Radsatzanordnung:	1'E1'h2t
Zylinderdurchmesser (mm):	500
Kolbenhub (mm):	500
Verdampfungsheizfläche (m²):	95,90
Vmax (km/h):	40
Leistung (PSi):	735
Dienstmasse (t):	65,8
Größte Radsatzfahrmasse (t):	10,1
Länge über Kupplung/Puffer (mm):	11.636
Treib-/Kuppelraddurchmesser (mm):	1.000
Laufraddurchmesser (mm):	550
Wasserkasteninhalt (m³):	8,0
Brennstoffvorrat (t):	3,0
Indienststellung:	1930
Verbleib:	99 222 (HSB)

Foto: Endisch

99.23-24 (DR)

Zum Ersatz des überalterten Fahrzeugparks auf den Meterspurstrecken im Harz und in Thüringen benötigte die Reichsbahn der DDR Anfang der 50er-Jahre dringend neue und leistungsfähige Dampfloks. Daher erteilte die DR im Herbst 1950 dem VEB Lokomotivbau »Karl Marx« (LKM) in Potsdam-Babelsberg den Auftrag, in enger Anlehnung an die Einheitsloks der Baureihe 99.22 eine Maschine unter der Anwendung der neuen Baugrundsätze zu konstruieren. Äußerlich kaum von den Einheitsloks zu unterscheiden, entstand eine Neubaudampflok mit vollständig geschweißtem Kessel und vollständig geschweißtem Blechrahmen. Anstelle des Oberflächenvorwärmers wurde eine Mischvorwärmeranlage eingebaut. Die Laufradsätze liefen nicht mehr in Bisselgestellen sondern in Krauss-Helmholtz-Gestellen, zum Teil durch Beugniot-Hebel zwischen erstem und zweitem Kuppelradsatz ergänzt. Angetrieben wurde wie auch bei den Einheitsmaschinen der mittlere Radsatz, der aber nun spurkranzlos ausgeführt und wie der vierte Kuppelradsatz fest im Rahmen gelagert war.
Zwischen 1954 und 1956 wurden von LKM insgesamt 17 dieser Maschinen ausgeliefert. Zehn Loks, alle mit Beugniot-Hebel, kamen sofort zur Harzquer- und Brockenbahn. Drei fuhren zunächst auf der Strecke Gera-Pforten–Wuitz-Mumsdorf und vier waren zwischen Eisfeld und Schönbrunn eingesetzt. Ab März 1973 waren alle Neubauloks im Harz zu finden und kurze Zeit darauf komplett mit Beugniot-Hebeln nachgerüstet. Im Betrieb bewährten sich die Maschinen ausgezeichnet, vor allem die verbesserte Bogenläufigkeit machte sich positiv bemerkbar. Probleme bereitete im Laufe der Jahre nur der Blechrahmen. Alle 17 Maschinen wurden zum 1. Februar 1993 von den privatisierten Harzer Schmalspurbahnen (HSB) übernommen und sind auch heute dort noch vorhanden.

Technische Daten:

Baureihenbezeichnung:	99.23-24 (DR)
Spurweite (mm):	1.000
Radsatzanordnung:	1'E1'h2t
Zylinderdurchmesser (mm):	500
Kolbenhub (mm):	500
Verdampfungsheizfläche (m²):	95,50
Vmax (km/h):	40
Leistung (PSi):	700
Dienstmasse (t):	64,5
Größte Radsatzfahrmasse (t):	9,5
Länge über Kupplung/Puffer (mm):	11.730
Treib-/Kuppelraddurchmesser (mm):	1.000
Laufraddurchmesser (mm):	550
Wasserkasteninhalt (m³):	8,0
Brennstoffvorrat (t):	4,0
Indienststellung:	1954-1956
Verbleib:	HSB

Foto: Kieper

99 241 (DB), 99 5633 (DR), Pillkaller Kleinbahn

Als Einzelstücke mit besonderer Vergangenheit liefen bei der Deutschen Bundesbahn die 99 241 und bei der Reichsbahn der DDR die baugleiche 99 5633. Sie waren 1917 mit drei weiteren Maschinen von Jung in Jungenthal für die Deutschen Heeresfeldbahnen gebaut worden. Als Gelegenheitskauf konnte die 1917 in 1.000-mm-Spur wiederaufgebaute Pillkaller Kleinbahn im nordöstlichen Ostpreußen diese Maschinen erwerben und reihte sie mit den Bahnnummern 21-25 in ihren Bestand ein. Im Zweiten Weltkrieg konnten kurz vor der Besetzung Ostpreußens durch die Rote Armee noch einige Fahrzeuge der Pillkaller Kleinbahn gen Westen abgefahren werden. Die Nr. 21 der Pillkaller Kleinbahn fand sich nach Kriegsende in den Westzonen. Bei der DB wurde die Maschine bis Juli 1952 wiederaufgearbeitet und erhielt im August 1953 zunächst die Betriebsnummer 99 2700. Erst 1955 erfolgte die Umzeichnung in 99 241, obwohl diese Nummer bereits von der DR vergeben worden war. Die Nr. 23 der Pillkaller Kleinbahn tauchte nach Kriegsende in Cottbus auf. Da die Spreewaldbahn dringend Ersatz benötigte, wurde die Lok instandgesetzt. Die DR teilte ihr nach der Übernahme der Spreewaldbahn 1949 zunächst die Nummer 99 5631 zu. Erst 1954 erhielt sie ihre endgültige Betriebsnummer 99 5633.
Bei der DB kam die 99 241 bis Ende 1956 auf den Meterspurbahnen in der Pfalz zum Einsatz. Ausgemustert wurde sie am 16. August 1957 und bald darauf verschrottet. Bei der DR wurde die spätere 99 5633 für ihren weiteren Einsatz auf der Spreewaldbahn 1952/53 mit einer Knorr-Druckluftbremse ausgerüstet. Bis zur Stilllegung der letzten Strecke der ehemaligen Spreewaldbahn am 3. Januar 1970 blieb die 99 5633 im Einsatz. 1971 wurde sie an den Deutschen Eisenbahn-Verein (DEV) für den Einsatz auf der Museumsbahn Bruchhausen-Vilsen–Asendorf verkauft.

Technische Daten:

Baureihenbezeichnung:	99 241 (DB)	99 5633 (DR)
Spurweite (mm):	1.000	
Radsatzanordnung:	1'Cn2t	
Zylinderdurchmesser (mm):	300	
Kolbenhub (mm):	400	
Verdampfungsheizfläche (m²):	38,27	
Vmax (km/h):	40	35
Leistung (PSi):		
Dienstmasse (t):	22,3	22,0
Größte Radsatzfahrmasse (t):	6,2	6,1
Länge über Kupplung/Puffer (mm):	7.150	7.030
Treib-/Kuppelraddurchmesser (mm):	900	
Laufraddurchmesser (mm):	650	
Wasserkasteninhalt (m³):	2,39	
Brennstoffvorrat (t):	1,3	1,0
Indienststellung:	1917	
Verbleib:	99 5633 (DEV, Bruchhausen-Vilsen)	

Foto: Kleine, Archiv transpress

99.25 (DRG, DB), LAG

Das erste Teilstück der »Walhalla-Bahn« von (Regensburg-)Stadtamhof bis Donaustauf war von der Lokalbahn AG München (LAG) am 23. Juni 1889 eröffnet worden. Die Verlängerung nach Wörth an der Donau folgte am 1. Mai 1903. Die anfangs eingesetzten Tramway-Lokomotiven waren dem Verkehr bald nicht mehr gewachsen und so beschaffte die LAG schon 1902 bei Krauss in München einen Dreikuppler mit hinterem Laufradsatz. Die Maschine wurde als LAG 61 in den Bestand eingereiht. Schon 1904 folgte als LAG 67 eine zweite und schließlich 1908 eine dritte, die als Zweitbelegung die Nummer LAG 62" erhielt.
Die Loks besaßen einen langen Kessel, auf dem sich ein hoher Dampfdom mit Sicherheitsventilen und ein eckiger Sandkasten befanden. Typisch für LAG-Loks war der schlanke Schornstein mit einer Krempe. Die Wasservorräte wurden zunächst ausschließlich im Rahmen mitgeführt, doch sie waren knapp bemessen. Der hintere Laufradsatz lief in einem Bissel-Gestell. Trotzdem waren die Laufeigenschaften so gut, dass bald die Höchstgeschwindigkeit von 25 auf 35 km/h erhöht werden konnte.
Mit der 1938 erfolgten Übernahme der LAG durch die DRG wurden die drei Maschinen als 99 251 (LAG 61), 99 252 (LAG 67) und 99 253 (LAG 62") eingereiht. Am Einsatz auf ihrer Hausstrecke änderte sich nichts und so gelangten alle drei nach Ende des Zweiten Weltkriegs in den Bestand der DB. Mit der Umsetzung von zwei Dieselloks der Baureihe V 29 auf die »Walhalla-Bahn« im Jahre 1955 begann ihr Stern zu sinken. Als der Personenverkehr in den letzten Zügen lag, musste am 15. Oktober 1957 die 99 252 den Dienst quittieren. Knapp ein Jahr später wurde als letzte die 99 253 am 8. August 1960 aus dem Bestand gestrichen. Sie blieb als Denkmal erhalten. Seit 1976 steht sie direkt neben ihrem alten Arbeitsplatz an der Stadtamhofer Hauptstraße bei der Schleuse des Europakanals.

Technische Daten:

Baureihenbezeichnung:	99.25 (DB)
Spurweite (mm):	1.000
Radsatzanordnung:	C1'n2t
Zylinderdurchmesser (mm):	290
Kolbenhub (mm):	280
Verdampfungsheizfläche (m²):	31,21
Vmax (km/h):	35
Leistung (PSi):	100
Dienstmasse (t):	17,4
Größte Radsatzfahrmasse (t):	
Länge über Kupplung/Puffer (mm):	7.600
Treib-/Kuppelraddurchmesser (mm):	720
Laufraddurchmesser (mm):	560
Wasserkasteninhalt (m³):	2,30
Brennstoffvorrat (t):	0,80
Indienststellung:	1902-1908
Verbleib:	99 253 (Denkmal Regensburg)

Foto: Bellingrodt, Slg. Grundmann

99.26 (DRG, DB), LAG

Für den zunehmenden Güterverkehr auf der »Walhalla-Bahn« beschaffte die LAG 1926 bei Maffei in München eine leistungsfähige vierfach gekuppelte Heissdampfmaschine und reihte sie als LAG 64" in ihren Bestand ein. Sie präsentierte sich in einer glatten, kompakten Bauausführung mit hochliegendem Kessel. Auf dem einschüssigen Langkessel thronten ein Dampfdom und ein im Aussehen angepasster Sanddom. Der Rahmen nahm einen Teil der Wasservorräte auf, weitere befanden sich in den seitlichen Vorratskästen. Zum Führerhaus hin hatten dort auch die Kohlevorräte ihren Platz. Angetrieben wurde der dritte Kuppelradsatz. Um eine bessere Bogenläufigkeit zu erreichen, war der zweite Radsatz spurkranzlos ausgeführt und der vierte hatte ein Seitenspiel von 20 mm erhalten. Die Dampfverteilung übernahm eine außenliegende Heusinger-Steuerung mit Hängeeisen und Kolbenschiebern.
Nach der Übernahme der LAG durch die DRG zum 1. August 1938 erhielt der Vierkuppler die Betriebsnummer 99 261. Die Kriegszeit überstand die Lok unbeschadet auf ihrer Hausstrecke. Mit dem Eintreffen der beiden Dieselloks V 29 951 und 953 Mitte der 50er-Jahre wurde die 99 261 zur Reservelok degradiert. Mit gelegentlichen Einsätzen hielt sie sich bis zu ihrer Ausmusterung am 23. Januar 1961 über Wasser und wurde bald darauf verschrottet.

Technische Daten:

Baureihenbezeichnung:	99.26 (DB)
Spurweite (mm):	1.000
Radsatzanordnung:	Dh2t
Zylinderdurchmesser (mm):	380
Kolbenhub (mm):	400
Verdampfungsheizfläche (m²):	50,10
Vmax (km/h):	30
Leistung (PSi):	280
Dienstmasse (t):	29,0
Größte Radsatzfahrmasse (t):	
Länge über Kupplung/Puffer (mm):	7.390
Treib-/Kuppelraddurchmesser (mm):	800
Laufraddurchmesser (mm):	-
Wasserkasteninhalt (m³):	3,50
Brennstoffvorrat (t):	1,20
Indienststellung:	1926
Verbleib:	

99.27, 99.28, 99.29 (DB), Wehrmacht

Während des Zweiten Weltkrieges kam auch der Nordseeinsel Wangerooge eine strategische Bedeutung zu. Ende 1943 wurde das sogenannte Küstenbauprogramm angeordnet, welches auch auf der Insel zu intensiven Bauarbeiten führte. Aus diesem Grund wurden der Reichsbahn im Juli 1944 drei »Beuteloks« zugewiesen und durch die Organisation Todt nach Wangerooge überführt. Auf der Inselbahn kamen diese Fremdloks aber kaum zum Einsatz. Alle drei Loks blieben nach Kriegsende zunächst auf der Insel und wurden dann von der DB als 99 271, 281 und 291 eingereiht.
Die 99 271 war ein kleiner Zweikuppler, der 1918 von Jung in Jungenthal an die holländische »Zeeuwsch-Vlaamsche Tramweg Maatschappij (ZVTM) geliefert worden war und dort die Betriebsnummer 21 erhalten hatte. Soweit bekannt, war die Maschine bei der Inselbahn nie eingesetzt und wurde schließlich am 1. März 1951 ausgemustert.
Französischer Herkunft war die 99 281, die 1940 von der Wehrmacht in Frankreich requiriert worden war. Gebaut wurde der kleine Dreikuppler 1910 von der Firma Weidknecht in Paris. 1949 wurde die 99 281 durch das EAW Aalen wiederaufgearbeitet und anschließend der Walhalla-Bahn zugewiesen. Dort diente sie als Reservelok, kam aber kaum zum Einsatz und wurde schließlich am 25. August 1955 ausgemustert.
Bei der südostfranzösischen Schmalspurbahn Boulicault-Tramway de l´Ardèche lief ursprünglich die 99 291. Der Dreikuppler war 1911 von Orenstein & Koppel dorthin geliefert worden. sAuf dem Langkessel thronte ein hoher Dampfdom mit zwei Pop-Sicherheitsventilen und ein eckiger Sandkasten. Diese Lok war zunächst nachweislich auf der Wangerooger Inselbahn im Einsatz. Wie auch die 99 281 wurde sie 1949 im EAW Aalen aufgearbeitet und kam zunächst zur Walhalla-Bahn. Im September 1952 wurde sie zur Schmalspurbahn von Mosbach nach Mudau umgesetzt und dort schließlich am 22. November 1955 ausgemustert. Auch ihr Lebensweg endete auf dem Schrottplatz.

Technische Daten:

Baureihenbezeichnung:	99.27	99.28	99.29 (DB)
Spurweite (mm):	1.000		
Radsatzanordnung:	Bn2t	Cn2t	Cn2t
Zylinderdurchmesser (mm):			310
Kolbenhub (mm):			400
Verdampfungsheizfläche (m²):			42,30
Vmax (km/h):	37	25	40
Leistung (PSi):			140
Dienstmasse (t):	12,0	11,8	19,5
Größte Radsatzfahrmasse (t):	6,0	3,95	6,5
Länge über Kupplung/Puffer (mm):		5.500	6.500
Treib-/Kuppelraddurchmesser (mm):	820	700	800
Laufraddurchmesser (mm):	-		
Wasserkasteninhalt (m³):			1,90
Brennstoffvorrat (t):			1,0
Indienststellung:	1918	1910	1911
Verbleib:			

99.30 (DRG), meckl. T 7

Als erste Schmalspurbahn (900 mm) des öffentlichen Verkehrs in Mecklenburg war das Teilstück Doberan–Heiligendamm der heutigen »Molli« am 7. Juli 1886 eröffnet worden. Nach der Jahrhundertwende drängten die Ostseebäder Arendsee und Brunshaupten (nach Zusammenschluss 1938: Ostseebad Kühlungsborn) auf die Weiterführung der Bahn. Zur Eröffnung dieser Verlängerung am 12. Mai 1912 sowie der Aufnahme des Güterverkehrs und des ganzjährigen Personenverkehrs wurden auch neue, stärkere Lokomotiven benötigt. Die Großherzoglich Mecklenburgische Friedrich Franz Eisenbahn (MFFE) als Betriebsführerin der Strecke beschaffte dafür zwischen 1910 und 1914 drei dreifach gekuppelte Tenderloks. Von Henschel in Kassel geliefert wurden die Maschinen bei der MFFE als Baureihe T 7 mit den Betriebsnummern 1005-1007 eingereiht. Angetrieben wurde der dritte Kuppelradsatz, die Steuerung nach Bauart Stephenson erfolgte außenliegend über Flachschieber. Wegen der Stadtdurchfahrt in Bad Doberan war das Triebwerk zunächst verkleidet. Nach der Übernahme durch die DRG wurde diese Verkleidung aber entfernt. Eine Zweikammer-Druckluftbremse der Bauart Knorr sowie eine Wurfhebel-Handbremse vervollständigten die Ausrüstung. Abweichend von den beiden erstgelieferten hatte die 1007 eine höhere Kessellage und eine größere Schornsteinhöhe.

Foto: Slg. Kieper

Von der DRG wurden die drei Maschinen als 99 301-303 eingereiht. Als ab 1923/24 leistungsstärkere Maschinen zur Verfügung standen, wurden die 99 301 und 303 zur Neubuckower Rübenbahn umgesetzt. Die 99 302 diente bis zur ihrer Ausmusterung 1932 als Reserve der »Molli«. Die beiden anderen fuhren bis 1946 auf der Rübenbahn. Dann wurde diese demontiert und im April 1948 samt den beiden Loks als Reparationsleistung in die Sowjetunion verfrachtet.

Technische Daten:

Baureihenbezeichnung:	99.30 (DRG)
Spurweite (mm):	900
Radsatzanordnung:	Cn2t
Zylinderdurchmesser (mm):	260
Kolbenhub (mm):	400
Verdampfungsheizfläche (m^2):	30,05
Vmax (km/h):	31
Leistung (PSi):	125
Dienstmasse (t):	16,2
Größte Radsatzfahrmasse (t):	5,4
Länge über Kupplung/Puffer (mm):	5.650
Treib-/Kuppelraddurchmesser (mm):	700
Laufraddurchmesser (mm):	-
Wasserkasteninhalt (m^3):	1,70
Brennstoffvorrat (t):	1,75
Indienststellung:	1910-1914
Verbleib:	

99.31 (Neubau DRG, DR), (meckl. T 42)

Um dem ständig steigenden Bäder- und Güterverkehr auf der »Molli« (Bad Doberan–Kühlungsborn) gerecht zur werden, leitete 1922 die DRG als neue Eigentümerin die Beschaffung stärkerer, vierfach gekuppelter Maschinen ein. 1923 kamen von Henschel die ersten beiden Loks, 1924 folgte eine weitere. Vorläufig wurden sie als mecklenburgische T 42 bezeichnet, nach Inkrafttreten des Umzeichnungsplans von 1925 dann als 99 311-313 eingereiht. Gegenüber den meckl. T 7 hatten die neuen Loks fast das doppelte Leistungsvermögen. Die Loks waren mit einem genieteten Langkessel aus einem Schuss, zwei saugenden Dampfstrahlpumpen, einem genieteten Blechrahmen und einem Zweizylinder-Nassdampftriebwerk mit außenliegender Heusinger-Steuerung ausgerüstet. Im Interesse eines guten Bogenlaufs war die vierte Kuppelachse seitenverschiebbar gelagert. Zwei Besonderheiten waren speziell für die Straßendurchfahrt in Bad Doberan vorhanden. Der Kobelschornstein sollten den Funkenflug verhindern und die beiden Dampfläutewerke dem Personal das ständige Betätigen der Handglocke ersparen.

Foto: Slg. Kieper

Auch nach der Beschaffung von drei noch stärkeren Loks (99 321-323) im Jahr 1932 blieben die drei Vierkuppler bei der Bäderbahn. Erst im Krieg verließ die 99 311 ihre angestammten Gefilde. Sie wurde um 1942 von der DRG an die Rostocker Firma Rathjens verliehen, welche sie bei einer dänischen Filiale einsetzte. Dort verblieb die Lok nach Kriegsende und wurde verschrottet. Die beiden anderen kamen in den Bestand der DR fuhren bis 1961 auf der »Molli« vorwiegend im Güterverkehr oder dienten als Reserve. Da ihre Kessel noch nicht verschlissen waren, konnten sie als örtliche Dampfspender an den VEB Bauunion Rostock verkauft werden.

Technische Daten:

Baureihenbezeichnung:	99.31 (DRG)
Spurweite (mm):	900
Radsatzanordnung:	Dn2t
Zylinderdurchmesser (mm):	350
Kolbenhub (mm):	400
Verdampfungsheizfläche (m^2):	50,01
Vmax (km/h):	30
Leistung (PSi):	210
Dienstmasse (t):	31,9
Größte Radsatzfahrmasse (t):	8,0
Länge über Kupplung/Puffer (mm):	7.900
Treib-/Kuppelraddurchmesser (mm):	830
Laufraddurchmesser (mm):	-
Wasserkasteninhalt (m^3):	3,50
Brennstoffvorrat (t):	1,50
Indienststellung:	1923-1924
Verbleib:	

Foto: Blaschke

99.32 (Neubau DRG, DR)

Zu Beginn der 30er-Jahre waren auch die Vierkuppler der Baureihe 99.31 mit dem ständig steigenden Verkehr auf der »Molli« (Bad Doberan– Kühlungsborn) überfordert. Ihre geringe Höchstgeschwindigkeit von 30 km/h erwies bei der geplanten Beschleunigung des Bäderverkehrs als Hindernis. Daher beauftragte die DRG die Firma Orenstein & Koppel mit der Entwicklung von drei leistungsfähigen Heißdampflokomotiven, bei denen soweit als möglich die Baugrundsätze der Einheitslokomotiven angewendet werden sollten. So entstand bis 1932 die bemerkenswerte Konstruktion einer Tenderlok mit der Radsatzfolge 1'D1'. Mit ihrem großen Kuppelraddurchmesser von 1.100 mm war eine Höchstgeschwindigkeit von 50 km/h in beiden Richtungen möglich. Im Gegensatz zu den meisten Einheitsloks erhielten die schnellsten Schmalspurmaschinen der DRG keinen Barrenrahmen sondern einen genieteten Blechrahmen. Ihr unverwechselbares Aussehen erhielten die Maschinen durch die im oberen Bereich stark abgeschrägten Führerhäuser, welche durch die Profileinschränkungen auf der »Molli« verursacht wurden.
Bei der DRG erhielten die 1932 gelieferten Maschinen die Betriebsnummern 99 321-323. Den Zweiten Weltkrieg überstanden sie unbeschadet. Bei der DR wurden sie ab 1970 EDV-gerecht als 99 2321-2323 geführt. Ab Mitte der 70er-Jahre erhielten sie anstelle ihrer verschlissenen Grauguss-Zylinder neue geschweißte Stahl-Zylinder. Schon vorher waren die Regelkolbenschieber durch Druckausgleichschieber der Bauart Müller und später durch Trofimoff-Schieber der Bauart Görlitz ersetzt worden. Im gemeinsamen Umzeichnungsplan von DB und DR erhielten die Loks die neuen Betriebsnummern 099 901-903. Seit der Privatisierung der Strecke als Bäderbahn »Molli« GmbH tragen die Maschinen wieder ihre alten DR-Nummern von 1970.

Technische Daten:

Baureihenbezeichnung:	99.32 (DR)
Spurweite (mm):	900
Radsatzanordnung:	1'D1'h2t
Zylinderdurchmesser (mm):	380
Kolbenhub (mm):	550
Verdampfungsheizfläche (m²):	60,54
Vmax (km/h):	50
Leistung (PSi):	460
Dienstmasse (t):	43,7
Größte Radsatzfahrmasse (t):	7,95
Länge über Kupplung/Puffer (mm):	10.595
Treib-/Kuppelraddurchmesser (mm):	1.100
Laufraddurchmesser (mm):	550
Wasserkasteninhalt (m³):	4,25
Brennstoffvorrat (t):	1,70
Indienststellung:	1932
Verbleib:	»Molli« GmbH

Foto: Blaschke

99.33 (DR), SDAG Wismut

Um auf der »Molli« die in die Jahre gekommenen Vierkuppler der Baureihe 99.31 zu ersetzen, erwarb die DR 1958 von der Sowjetisch-Deutschen Aktiengesellschaft (SDAG) Wismut zwei dort entbehrlich gewordene Vierkuppler, denen ein Jahr später eine dritte Maschine folgte. Diese Loks rekrutierten sich aus dem 1949 aufgestellten Typenprogramm der VVB Lokomotiv- und Waggonbau (LOWA) für Industrie- und Werksbahnen. Wegen einer kostengünstigen Produktion waren viele Bau- und Ausrüstungsteile genormt. Aus Kostengründen wurden in der Regel auch nur Nassdampfmaschinen produziert. Die von DR erworbenen Loks waren 1950/51 vom VEB Lokomotivbau »Karl Marx« (LKM) in Potsdam-Babelsberg an die SDAG geliefert worden und fuhren dort unter den Bahnnummern 1, 22 und 44. Bevor sie auf der »Molli« zum Einsatz kommen konnten, mussten sie im Raw Görlitz an die speziellen Bedingungen der Bäderbahn angepasst werden.
Die ursprünglich geraden Führerhauswände wurden auf Grund des eingeschränkten Lichtraumprofils der »Molli« im oberen Teil abgeschrägt. Angetrieben wurde der dritte Kuppelradsatz, die Dampfverteilung besorgte eine Heusinger-Steuerung.
Bei der DR erhielten sie die Betriebsnummern 99 331-333. Schon 1961 baute das Raw Görlitz die 99 331 und 332 auf Heißdampf um. Die nicht umgebaute 99 333 diente ab Mitte der 60er-Jahre nur noch als Reservelok und wurde bereits 1968 ausgemustert. 1970 erhielten die beiden verbliebenen Maschinen die neuen Nummern 99 2331-2332. Im Umzeichnungsplan von 1992 waren sie als 099 904 und 905 berücksichtigt. Mit der Privatisierung der »Molli« verschwanden diese Nummern wieder. Die 99 2331 ist heute noch betriebsfähig, während die abgestellte 99 2332 zukünftig das »Molli«-Museum im Bahnhof Kühlungsborn West bereichern soll.

Technische Daten:

Baureihenbezeichnung:	99.33 (DR)
Spurweite (mm):	900
Radsatzanordnung:	Dn2t/h2t
Zylinderdurchmesser (mm):	370
Kolbenhub (mm):	400
Verdampfungsheizfläche (m²):	42,89
Vmax (km/h):	35
Leistung (PSi):	230 / 320
Dienstmasse (t):	32,4
Größte Radsatzfahrmasse (t):	8,1
Länge über Kupplung/Puffer (mm):	8.860
Treib-/Kuppelraddurchmesser (mm):	800
Laufraddurchmesser (mm):	-
Wasserkasteninhalt (m³):	3,40
Brennstoffvorrat (t):	2,20
Indienststellung:	1950-1951, Umbau 1958-1960
Verbleib:	99 331, 332 (»Molli« GmbH)

Foto: Slg. Kieper

99.40 (DRG), preuß. T 37

Ab 1851 entstand in Oberschlesien ein Netz von Schmalspurbahnen in einer Spurweite von 785 mm, das nur dem Güterverkehr diente. Um die Jahrhundertwende hatte dieses Netz eine Ausdehnung von fast 170 km erreicht und verband 163 Gruben- und Hüttenbetriebe. Seit 1884 waren die oberschlesischen Schmalspurbahnen im Besitz des preußischen Staates und ab 1904 übernahm die Preußische Staatsbahn die Betriebsführung. Steigungen von bis zu 35 ‰ und enge Radien von 35 m erforderten schon früh leistungsfähige und bedarfsgerechte Maschinen. Die dort eingesetzten Dreikuppler waren bis zur Jahrhundertwende an der Grenze ihrer Leistungsfähigkeit angekommen. Die benötigten Vierkuppler stellten jedoch besondere Anforderungen an die Kurvenläufigkeit.
1902 lieferte die Sächsische Maschinenfabrik (vormals R. Hartmann) zwei Vierkuppler, die ein Laufwerk mit Endradsätzen der Bauart Klien-Lindner besaßen. Dabei waren die Endradsätze über Deichseln mit den Mittelradsätzen verbunden. Die weitere Bauweise mit Hohl- und Kernachsen, Kurbeln und Kuppelstangen ermöglichte die Seitenverschiebbarkeit aller vier Radsätze. Die Endradsätze waren zusätzlich radial einstellbar. Der Antrieb erfolgte auf den dritten Radsatz, die Dampfverteilung besorgte eine außenliegende Heusinger-Steuerung mit Flachschiebern.
Da sich diese relativ komplizierte Konstruktion durchaus bewährte, wurden die Maschinen von Orenstein & Koppel (16 Exemplare) und Hagans (2 Exemplare) bis 1912 nachgebaut. Die preußische Staatsbahn gab ihnen die Gattungsbezeichnung T 37. Die DRG übernahm von den 20 Maschinen 1925 noch acht als 99 401-408 in ihren Bestand. Bis 1933 waren aber alle ausgemustert.

Technische Daten:

Baureihenbezeichnung:	99.40 (DRG)
Spurweite (mm):	785
Radsatzanordnung:	Dn2t
Zylinderdurchmesser (mm):	340
Kolbenhub (mm):	400
Verdampfungsheizfläche (m²):	49,21
Vmax (km/h):	25
Leistung (PSi):	
Dienstmasse (t):	27,9
Größte Radsatzfahrmasse (t):	7,0
Länge über Kupplung/Puffer (mm):	7.735
Treib-/Kuppelraddurchmesser (mm):	810
Laufraddurchmesser (mm):	-
Wasserkasteninhalt (m³):	2,50
Brennstoffvorrat (t):	1,30
Indienststellung:	1902-1912
Verbleib:	

Foto: Slg. Kieper

99.41-42 (DRG), preuß. T 38

Weiter steigendes Transportaufkommen auf dem oberschlesischen Schmalspurnetz (785 mm) führte 1914 zur Indienststellung leistungsfähigerer Heißdampfmaschinen. Bei den Vierkupplern der Gattung T 38 musste wie bei ihren Vorgängern (DRG 99.40) den schwierigen Strecken- und Krümmungsverhältnissen in Form einer besonderen Triebwerkskonstruktion Rechnung getragen werden. Die mit der Konstruktion beauftragte Firma Orenstein & Koppel entschied sich ebenfalls für radial einstellbare Endradsätze, die als Hohlachsen ausgebildet waren. Auf Grund der Profilbeschränkung mussten die Zylinder möglichst weit innen angeordnet werden. Dies führte zur ungewöhnlichen Lage der Treibstangen hinter den Kuppelstangen. Neben dem bei Heißdampfausführung notwendigen Kleinrohrüberhitzer (Bauart Schmidt) kam auch eine Einrichtung zur Speisewasservorwärmung durch Abdampf zur Anwendung. Neben den beiden seitlichen Wasserkästen war zusätzlich ein Wasserkasten zwischen den Rahmenwangen des Blechaußenrahmens vorhanden.
Zwischen 1914 und 1919 stellte die Preußische Staatsbahn insgesamt 27 Maschinen der Bauart T 38 in Dienst. 1920 mussten nach den Bestimmungen des Versailler Vertrages 16 Exemplare an die neugegründeten Polnischen Staatsbahnen (PKP) abgegeben werden, die dort als Baureihe Tx 6 geführt wurden. Die restlichen elf T 38 übernahm die DRG und reihte sie als 99 411-421 in ihren Bestand ein. Sie liefen zunächst weiter auf ihren verbliebenen Stammstrecken, waren aber bis 1939 größtenteils schon ausgemustert. Nach der Besetzung Polens durch die Wehrmacht gelangten die polnischen Maschinen ebenfalls in den Bestand der DRG und erhielten die Betriebsnummern 99 401"-413" und 419"-421". Die bei Kriegsende noch vorhandenen Lokomotiven gingen in den Bestand der PKP über.

Technische Daten:

Baureihenbezeichnung:	99.41-42 (DRG)
Spurweite (mm):	785
Radsatzanordnung:	Dh2t
Zylinderdurchmesser (mm):	400
Kolbenhub (mm):	400
Verdampfungsheizfläche (m²):	36,45
Vmax (km/h):	25
Leistung (PSi):	
Dienstmasse (t):	32,25
Größte Radsatzfahrmasse (t):	8,1
Länge über Kupplung/Puffer (mm):	7.546
Treib-/Kuppelraddurchmesser (mm):	820
Laufraddurchmesser (mm):	-
Wasserkasteninhalt (m³):	3,50
Brennstoffvorrat (t):	1,50
Indienststellung:	1914-1919
Verbleib:	

Foto: Slg. Kieper

99.43-44 (DRG), preuß. T 39, Nachbau DRG

Auch der Erste Weltkrieg konnte den Aufschwung des oberschlesischen Industrie-reviers nicht bremsen. Der Ruf nach leistungsfähigeren Maschinen verstummte nicht. Daher bestellten die Preußischen Staatsbahnen der T 38 eine fünffach gekuppelte Lokomotive bei Orenstein & Koppel (O&K). Wie schon bei den zuvor beschafften Bauarten war auch bei der neuen T 39 ein Sonderkonstruktion erforderlich, um die extremen Steigungs- und Krümmungsverhältnisse der oberschlesischen Schmalspurbahnen zu bewältigen. O&K setzte bei der T 39 auf den Luthermöller-Antrieb. Dabei erfolgte die Kraftübertragung zu den Endradsätzen nicht über Kuppelstangen sondern über ein Zahnradgetriebe. Auf Grund der Profilbeschränkung musste auch für den Antrieb eine Sonderlösung gefunden werden. Daher wirkte die Treibstange zwar auf den mittleren Radsatz, aber die benachbarten Kuppelradsätze wurden über besondere Anlenkungen direkt vom mittleren Stangenkopf angetrieben.
Als OPPELN 251 und 252 lieferte O&K 1919 die ersten beiden Maschinen. Im Jahr darauf folgten fünf weitere Exemplare. Nach den Bestimmungen des Versailler Vertrages mussten die beiden Erstgelieferten als Reparationsleistung an Polen abgegeben werden, so dass die DRG nur die restlichen fünf als 99 431-435 einreihen konnte. Um den Reparationsverlust auszugleichen und mehr leistungsfähige Loks zur Verfügung zu haben, bestellte die DRG 1925 noch einmal sechs Exemplare. Eine größerer Treibraddurchmesser von 850 mm und eine Gewichtserhöhung um vier Tonnen waren die wesentlichen Unterschiede der Nachlieferungen, die als 99 441-446 bezeichnet wurden. Nach der Besetzung Polens übernahm die DRG die beiden polnischen Maschinen als 99 436-437. Bei Kriegsende blieben die Loks in ihrem Einsatzgebiet zurück. Fünf liefen bis längstens bis 1960 bei der PKP als Tw 3-2434 bis Tw 3-2438.

Technische Daten:

Baureihenbezeichnung:	99.43-44 (DRG)
Spurweite (mm):	785
Radsatzanordnung:	Eh2t
Zylinderdurchmesser (mm):	450
Kolbenhub (mm):	450
Verdampfungsheizfläche (m²):	49,52
Vmax (km/h):	25
Leistung (PSi):	
Dienstmasse (t):	40,0 (99 441-446: 44,0)
Größte Radsatzfahrmasse (t):	8,0 (99 441-446: 8,8)
Länge über Kupplung/Puffer (mm):	9.304
Treib-/Kuppelraddurchmesser (mm):	820 (99 441-446: 850)
Laufraddurchmesser (mm):	-
Wasserkasteninhalt (m³):	4,50
Brennstoffvorrat (t):	1,75
Indienststellung:	1919-1926
Verbleib:	

Foto: Slg. Kieper

99.50 (DRG), wü. Tss 3

Auf den württembergischen Schmalspurstrecken Lauffen/Neckar–Güglingen und Schussenried–Buchau mit einer Spurweite von 750 mm wurde 1896 mit je zwei Lokomotiven der Bauart Tss 3 der Betrieb aufgenommen. Geliefert wurden die Dreikuppler mit den Bahnnummern 21-24 von der Maschinenfabrik Esslingen. Entsprechend den damaligen württembergischen Gepflogenheiten waren auch diese Nassdampf-Loks zur Erzielung einer guten Kurvenläufigkeit mit einem vielteiligen Klose-Triebwerk ausgerüstet. Ungewöhnlich war die Anordnung der Zylinder mit den Schieberkästen über den Rahmenblechen seitlich neben der Rauchkammer. Eine kurze Treibstange wirkte auf eine Schwinge, an deren unterem Ende sich die eigentliche Treibstange befand, die zweiteilig ausgeführt war. Sie arbeitete auf den zweiten Radsatz und diente gleichzeitig als verstellbare Parallelogrammführung für den Längenausgleich der Kuppelstangen. Auf dem zweischüssigen genieteten Langkessel saß ein großer runder Dampfdom und ein kleiner eckiger Sandkasten. Anfangs besaßen die Maschinen noch einen Kobelschornstein. Der Wasservorrat wurden in den beiden seitlichen Wasserkästen mitgeführt, die Kohle lagerte dagegen im Führerhaus. Im Betrieb bewährten sich die Dreikuppler ausgezeichnet, vor allem wurden ihre guten Laufeigenschaften gelobt. Aufwändig war aber der Wartungs- und Unterhaltungsaufwand für das Klose-Triebwerk. Alle vier Lokomotiven wurden zwar noch von der DRG übernommen und sollten die Betriebsnummern 99 501-504 erhalten. Ob sie diese aber tatsächlich erhielten ist zweifelhaft, da sie wegen der hohen Verschleißerscheinungen des Triebwerks schon 1927 ausgemustert wurden.

Technische Daten:

Baureihenbezeichnung:	99.50 (DRG)
Spurweite (mm):	750
Radsatzanordnung:	Cn2t
Zylinderdurchmesser (mm):	300
Kolbenhub (mm):	500
Verdampfungsheizfläche (m²):	37,94
Vmax (km/h):	30
Leistung (PSi):	
Dienstmasse (t):	20,68
Größte Radsatzfahrmasse (t):	6,89
Länge über Kupplung/Puffer (mm):	7.126
Treib-/Kuppelraddurchmesser (mm):	900
Laufraddurchmesser (mm):	-
Wasserkasteninhalt (m³):	1,80
Brennstoffvorrat (t):	0,90
Indienststellung:	1896
Verbleib:	

Foto: Blaschke

99.51-60 (DRG, DR), sä. IV K

Ende des 19. Jahrhunderts betrieb die Sächsische Staatsbahn das umfangreichste 750-mm-Schmalspurnetz Deutschlands mit rund 20 Schmalspurstrecken von etwa 384 km Länge. Für deren steigendes Verkehrsaufkommen waren dringend neue leistungsfähige Lokomotiven erforderlich. Die Dreikuppler der Gattungen I K und III K genügten nicht mehr den gestiegenen Anforderungen. Daher entwickelte der Hauslieferant der Staatsbahn, die Sächsische Maschinenfabrik (vormals R. Hartmann) in Chemnitz, eine Nassdampf-Maschine der Gattung IV K mit einem größeren leistungsfähigen Kessel und vier gekuppelten Radsätzen. Auf Grund der engen Krümmungen der Schmalspurstrecken entschied sich Hartmann nicht für eine Einrahmen-Maschine sondern entwarf eine Drehgestell-Lok der Bauart Günther-Meyer. Bei dieser Konstruktion waren beide Radsatzgruppen als zweiachsige Triebdrehgestelle ausgeführt, im Gegensatz zur Bauart Mallet, wo nur die vordere Radsatzgruppe als Triebdrehgestell fungierte. Beide Triebwerke arbeiteten im Verbundverfahren, wobei das vordere, im Außenrahmen gelagerte Triebwerk von den Niederdruck-Zylindern, das hintere, im Innenrahmen gelagerte von den Hochdruck-Zylindern angetrieben wurde. Die Zylindergruppen waren in Lokmitte einander gegenüberliegend angeordnet, so dass die Triebwerke gegenläufig arbeiteten. Die beiden Triebdrehgestelle waren mit einem Zugeisen verbunden. Die Dampfverteilung erfolgte für bei Triebwerksgruppen durch eine außenliegende Heusinger-Steuerung mit Flachschiebern und gemeinsamer Umsteuerung.

Zwischen 1892 und 1921 wurden insgesamt 96 Exemplare geliefert. Damit war die IV K die größte Serie der für deutsche Bahnen beschafften Schmalspurlokomotiven. Trotz des langen Beschaffungszeitraums waren die Unterschiede zwischen den einzelnen Bauserien gering. Wesentliche Änderungen waren die Erhöhung des Kesselüberdrucks von 12 auf 14 bar und der Einbau größerer Niederdruck-Zylinder.

Bei der DRG wurden 1925 noch 91 IV K als 99 511–608 (mit Lücken) eingereiht, da fünf Maschinen von den südöstlichen Kriegsschauplätzen des Ersten Weltkrieges nicht mehr zurückgekehrt waren. Einigen Loks mussten schon bei der DRG ihren Dienst quittieren. Weitere Lücken riss der Zweite Weltkrieg. Vier Exemplare blieben nach Kriegsende in den Weiten der Sowjetunion verschollen. Sieben Maschinen mussten nach Kriegsende 1946 als Reparationsleistung an die sowjetische Besatzungsmacht abgegeben werden und zwei Stück kamen zur tschechoslowakischen Staatsbahn. Die DR konnte noch 57 einsatzfähige IV K in ihren Bestand übernehmen. Fuhren die Loks bis 1950 von kriegsbedingten Auslandsaufenthalten abgesehen ausschließlich in Sachsen, kamen bei der DR durch die Übernahme der vielen Privatbahnen bald neue Einsatzgebiete hinzu. So kamen auch neun Maschinen auf die Insel Rügen und wurden dafür extra mit Knorr-Druckluftbremsen ausgerüstet. Die erforderlichen drei Luftbehälter mussten auf dem Langkessel vor dem Dampfdom montiert werden, was diesen Loks ein schwerfälligeres Erscheinungsbild bescherte. Anfang der 60er zeigte sich, dass auf die Maschinen noch längere Zeit nicht verzichtet werden konnte. Daher entschloss sich die DR zur Generalreparatur von 30 Exemplaren und ließ sie mit geschweißten Nachbaukesseln und zum Teil sogar mit neuen Rahmen ausrüsten. 33 IV K erlebten 1970 noch die EDV-gerechte Umzeichnung und erhielten eine »1« vor ihrer Ordnungsnummer. Im Umzeichnungsplan von 1992 wurden noch 13 Maschinen als 099 701-713 aufgeführt. Mindestens 22 Lokomotiven sind bis heute, zum Teil betriebsfähig, erhalten geblieben.

Technische Daten:

Baureihenbezeichnung:	99.51-55 99.56-60 (DR)	
Spurweite (mm):	750	
Radsatzanordnung:	B'B'n4vt	
Zylinderdurchmesser (mm):	2 x 240 / 370	2 x 240 / 400
Kolbenhub (mm):	380	
Verdampfungsheizfläche (m²):	49,87	
Vmax (km/h):	30	
Leistung (PSi):	200 / 220 220 / 240	
Dienstmasse (t):	26,6-28,5 28,5-29,6	
Größte Radsatzfahrmasse (t):	6,65-7,1 7,1-7,4	
Länge über Kupplung/Puffer (mm):	9.000	
Treib-/Kuppelraddurchmesser (mm):	760	
Laufraddurchmesser (mm):	-	
Wasserkasteninhalt (m³):	2,40	
Brennstoffvorrat (t):	1,02	
Indienststellung:	1892-1908	1909-1921
Verbleib:	u.a. 99 539 (VMD Radebeul), 99 542 (Jöhstadt), 99 582 (Schönheide)	

Foto: Slg. Kieper

99.61 (DRG), sä. V K

Für die am 18. November 1890 eröffnete, 36,1 km lange Erzgebirgsstrecke von Mügeln (ab 1920: Heidenau) nach Geising-Altenberg reichten die anfangs eingesetzten Maschinen der Gattungen I K, III K und IV K schon bald nicht mehr aus. Die krümmungsreiche und stetig ansteigende Strecke mit stärkster Neigungen von 1:30 erforderte besondere Maschinen, da auch die leistungsfähigen IV K auf Grund der Schleuderneigung wegen ihres geteilten Triebwerks dort nur bedingt brauchbar waren. Daher ließen die Sächsischen Staatsbahnen bei Hartmann in Chemnitz die Einrahmenloks der Bauart V K entwickeln, welche den gleichen Kessel wie die IV K erhalten sollten. Die Vierkuppler wurden zur Erzielung einer guten Bogenläufigkeit mit radial einstellbaren Endradsätzen der Bauart Klien-Lindner ausgestattet. Die Endradsätze waren als Hohlradsätze ausgebildet und erhielten 10 mm Seitenspiel. Fest im Außenrahmen gelagert waren die beiden mittleren Radsätze. Das Triebwerk arbeitete als Zweizylinder-Verbundmaschine, rechts befand sich der Hochdruck- und links der Niederdruckzylinder.

1901 lieferte Hartmann ein erstes Baulos von drei Maschinen aus. Zwei weitere Kleinserien mit ebenfalls je drei Exemplaren folgten in den Jahren 1905 und 1907. Alle neun Loks gingen 1925 in den Bestand der DRG über und erhielten die Betriebsnummern 99 611-619. Bis 1934 fuhren die meisten V K auf der Müglitztalbahn, die 1923 noch um gut 5 km von Geising nach Altenberg verlängert worden war. Ein Teil der Maschinen wurde dann ausgemustert. Fünf dienten noch einige Zeit auf den Schmalspurnetzen von Thum und Mügeln. Die letzten mussten 1942 den Dienst quittieren.

Technische Daten:

Baureihenbezeichnung:	99.61 (DRG)
Spurweite (mm):	750
Radsatzanordnung:	Dn2vt
Zylinderdurchmesser (mm):	340 / 530
Kolbenhub (mm):	430
Verdampfungsheizfläche (m²):	49,96
Vmax (km/h):	30
Leistung (PSi):	215
Dienstmasse (t):	28,8
Größte Radsatzfahrmasse (t):	7,2
Länge über Kupplung/Puffer (mm):	8.950
Treib-/Kuppelraddurchmesser (mm):	855
Laufraddurchmesser (mm):	-
Wasserkasteninhalt (m³):	2,40
Brennstoffvorrat (t):	0,96
Indienststellung:	1901-1907
Verbleib:	

99.62 (DRG), wü. Tss 4

Zur Eröffnung des ersten Abschnittes der schmalspurigen Bottwartalbahn von Marbach nach Beilstein am 10. Mai 1894 beschafften die KWStE drei Maschinen der Bauart Tss4. Sie entsprachen im wesentlichen den drei Jahre zuvor gelieferten Loks der Bauart Ts4 (siehe auch 99.17) für die meterspurige Strecke Nagold–Altensteig. Hersteller war auch hier Württembergs Hauslieferant, die Maschinenfabrik Esslingen. Neben den Bahnnummern 11 bis 13 trugen die Maschinen die Namen »GROSSBOTTWAR«, »OBERSTENFELD« und »BEILSTEIN«. Die vierfach gekuppelten Tenderloks waren ebenfalls mit dem Klose-Triebwerk und seiner unsymmetrischen Radsatzanordnung ausgerüstet. Die radial einstellbaren Endradsätze wurden durch das Klose-Hebelsystem über den dritten Radsatz gesteuert. Der aufwändige, vielteilige Mechanismus erforderte eine große Aussparung zwischen den Wasserkästen. Über die innen liegenden Zylinder wurde der spurkranzlose, fest im Rahmen gelagerte zweite Kuppelradsatz angetrieben. Zunächst besaßen die Loks noch Kobelschornsteine, welche später durch lange, konische Schornsteine ersetzt wurden. Gebremst wurde schon mit einer Druckluftbremse der Bauart Westinghouse. Ein Kohlentender war nicht vorhanden, die Kohle musste im Führerhaus mitgeführt werden.

Alle drei Tenderloks waren immer auf der Bottwartalbahn im Einsatz. Schon 1923 musste die »GROSS BOTTWAR« den Dienst quittieren. Die beiden anderen wurden von der DRG noch übernommen und in 99 621 und 622 umgezeichnet. Mit dem Eintreffen neuer Fünfkuppler schlug 1928 auch ihre Stunde.

Technische Daten:

Baureihenbezeichnung:	99.62 (DRG)
Spurweite (mm):	750
Radsatzanordnung:	Dn2t
Zylinderdurchmesser (mm):	340
Kolbenhub (mm):	500
Verdampfungsheizfläche (m²):	58,7
Vmax (km/h):	30
Leistung (PSi):	
Dienstmasse (t):	27,8
Größte Radsatzfahrmasse (t):	6,95
Länge über Kupplung/Puffer (mm):	8.115
Treib-/Kuppelraddurchmesser (mm):	900
Laufraddurchmesser (mm):	-
Wasserkasteninhalt (m³):	3,0
Brennstoffvorrat (t):	1,0
Indienststellung:	1894
Verbleib:	

Foto: Blaschke

99.63 (DRG, DB), wü. Tssd

Für die Zugförderung auf ihren vier 750 mm-Schmalspurbahnen beschaffte die K.W.St.E. zwischen 1899 und 1913 neun Mallet-Gelenklokomotiven der Klasse Tssd. Die ersten Maschinen kamen rechtzeitig zur Streckeneröffnung fabrikneu zur Strecke Warthausen–Ochsenhausen, die Nummern 44-46 zur Bottwartal-und Zabergäubahn (Marbach–Heilbronn Süd; Lauffen–Leonbronn). Alle neun Maschinen wurden von der Reichsbahn übernommen und erhielten die Nummern 99 631-99 639. Im Jahr 1937 wurde mit 99 631 die erste Tssd ausgemustert, es folgten 99 632 (4.3.1939), 99 634 (10.4.1940), 99 636 (10.4.1940) und 99 635 (30.5.1940). Die übrigen vier Maschinen gelangten nach dem Krieg zur DB und wurden weiterhin eingesetzt. Während 99 638 und 99 639 beim Bw Heilbronn stationiert waren und dort am 18.10.1954 bzw.27.11.1956 ausgemustert wurden, blieben 99 633 und 99 637 beim Bw Aulendorf noch ein gutes Jahrzehnt länger in Dienst. Zur letzten Stammstrecke wurde nun die Federseebahn Schussenried–Buchau–Riedlingen, dort endete am 25.3.1965 die Karriere der 99 637. Als letzte Tssd blieb 99 633 als Reserve bis 18.3.69 im Bestand, sie half bei Bedarf auf der Federseebahn bzw. dem benachbarten Öchsle aus.

Nach ihrer Ausmusterung gelangte sie in den Besitz der DGEG, während ihre Schwester 99 637 in Buchau als Denkmal aufgestellt wurde und dort noch heute an die Schmalspurbahn erinnert. 99 633 wurde in jahrelanger Arbeit wieder aufgearbeitet und kam zwischen 1983 und 1985 vor Museumszügen auf der Jagsttalbahn Möckmühl–Dörzbach zum Einsatz. Nach deren Stilllegung kehrte sie 1985 nach Ochsenhausen zurück und fuhr dort bis 1992 ebenfalls im Museumsbetrieb. Zur Zeit ist sie unzugänglich abgestellt.

Technische Daten:

Baureihenbezeichnung:	99.63 (DRG)
Spurweite (mm):	750
Radsatzanordnung:	B'Bn4vt
Zylinderdurchmesser (mm):	2 x 275 / 420
Kolbenhub (mm):	450
Verdampfungsheizfläche (m²):	56,4
Vmax (km/h):	30
Leistung (PSi):	250
Dienstmasse (t):	28,7
Größte Radsatzfahrmasse (t):	7,2
Länge über Kupplung/Puffer (mm):	8.226
Treib-/Kuppelraddurchmesser (mm):	900
Laufraddurchmesser (mm):	-
Wasserkasteninhalt (m³):	2,50 (99 637-639: 3,00)
Brennstoffvorrat (t):	1,00
Indienststellung:	1899-1913
Verbleib:	99 633 (DGEG), 99 637 (Denkmal Buchau)

Foto: Blaschke

99.64-65, 67-71 (DRG, DB, DR), Heeresfeldbahn, sä. VI K, Nachbau DRG

Kurz vor Ende des Ersten Weltkrieges bestellten die Heeresfeldbahnen bei Henschel in Kassel 15 fünffach gekuppelte Heißdampftenderloks. Sie kamen aber für einen Kriegseinsatz zu spät. Da die Sächsischen Staatsbahnen leistungsfähige Loks für ihre steigungsreichen 750-mm-Schmalspurstrecken benötigte, übernahm sie kurzentschlossen die 15 Loks als Baureihe VI K und teilte ihnen die Nummern 210-224 zu. Bei der DRG erhielten die Fünfkuppler die Nummern 99 641-655. Da sie sich ausgezeichnet bewährten, orderte die Reichsbahn 47 weitere Maschinen, welche zwischen 1923 und 1927 als 99 671-717 von Henschel, der Sächsischen Maschinenfabrik in Chemnitz und der Maschinenfabrik Karlsruhe geliefert wurden. Nach dem Zweiten Weltkrieg waren neun Loks (99 649, 674, 676, 677, 681, 683, 698, 709 und 712) als Kriegsverluste auszubuchen. Weitere 15 Fünfkuppler verschwanden als Beutegut in der Sowjetunion. Zur DB kamen noch zehn Maschinen, während die DR insgesamt 27 in ihren Bestand einreihen konnte. Bei der DB erhielt die 99 651 als letzte ihrer Gattung 1968 sogar noch die computergerechte Bezeichnung 099 651. Sie wurde am 19. September 1969 ausgemustert und an der Bottwartalbahn in Steinheim/Murr als Denkmal aufgestellt. Bei der DR erhielten sieben Loks ab 1963 neue geschweißte Kessel und Wasserkästen. Sieben weitere wurden im Rahmen einer Generalreparatur gründlich saniert. Nach massiven Schmalspursterben konnte die DR Ende 1973 auf ihre Loks verzichten. Betriebsfähig ist die 99 716 beim Öchsle. Erhalten sind ebenfalls die betriebsfähige 99 713 in Radebeul und die 99 715, die in Zittau gerade wiederaufgearbeitet wird.

Technische Daten:

Baureihenbezeichnung:	99.64-65 (DB, DR)	99. 67-71 (DB, DR)	99. 64-71 (Reko DR)
Spurweite (mm):	750		
Radsatzanordnung:	Eh2t		
Zylinderdurchmesser (mm):	430	430	
Kolbenhub (mm):	400		
Verdampfungsheizfläche (m²):	64,32	64,31	
Vmax (km/h):	30		
Leistung (PSi):	480		
Dienstmasse (t):	40,4	42,25	
Größte Radsatzfahrmasse (t):	8,1	8,45	
Länge über Kupplung/Puffer (mm):	8.860	8.990	8.200
Treib-/Kuppelraddurchmesser (mm):	800		
Laufraddurchmesser (mm):	-		
Wasserkasteninhalt (m³):	4,50		
Brennstoffvorrat (t):	2,00	2,5	
Indienststellung:	1918	1923-1927	
Verbleib:	99 651 (Denkmal Steinheim/Murr), 713 (Radebeul), 715 (Zittau), 716 (Öchsle)		

Foto: Endisch

Foto: Endisch

99.73-76 (DRG, DR)

Die erste Einheitslokomotive für Schmalspurbahnen entstand auf Bestreben der RBD Dresden, auf ihren 750-mm-Strecken die vorhandenen sächsischen Maschinen durch eine leistungsfähigere Maschine zu ergänzen. Der Neubau sollte in der Lage sein, allen betrieblichen Anforderungen hinsichtlich Kesselleistung und Laufeigenschaften ausreichend zu genügen. Ein Entwurf von Hartmann wurde daher bis 1928 vom Vereinheitlichungsbüro entsprechend den Baugrundsätzen für Einheitsloks überarbeitet.
Zwischen 1928 und 1933 lieferten Hartmann und Schwartzkopf insgesamt 32 Maschinen, welche die Betriebsnummern 99 731-762 erhielten. Die zuletzt gebauten 99 751-762 waren ab Werk mit einem Friedmann-Abdampfinjektor ausgerüstet worden. Bis 1938 erhielten sie aber wie alle anderen Maschinen einen Oberflächenvorwärmer der Bauart Knorr. Den Zweiten Weltkrieg überstanden alle Lokomotiven. Jedoch vereinnahmten die sowjetischen Besatzer nach Kriegsende zehn Loks als Beutegut und verschleppten sie 1945/46 in die Sowjetunion. Zwischen 1963 und 1966 ließ die DR 14 Maschinen mit nachgebauten Ersatzkesseln ausrüsten. Acht behielten ihre Originalkessel und wurden zwischen 1967 und 1973 ausgemustert. Die EDV-gerechte Umzeichnung bescherte den Loks ab 1970 eine »1« vor der Ordnungsnummer. Nach dem gemeinsamen Nummernplan von DB und DR fuhren sie ab 1992 als 099 722-735. Die auf den Zittauer Schmalspurstrecken eingesetzten 99 735, 749, 750, 758 und 760 erhielten ab 1992 eine Leichtölfeuerung, sind aber zwischenzeitlich fast alle wieder auf Rostfeuerung zurückgebaut worden. Bei der privatisierten Sächsisch-Oberlausitzer Eisenbahngesellschaft (SOEG) sind heute sieben Maschinen zu finden, bei der Weißeritztalbahn Freital-Hainsberg–Kurort Kipsdorf sechs Exemplare und im Sächsischen Schmalspurbahn-Museum Rittersgrün die 99 759.

Technische Daten:

Baureihenbezeichnung:	99.73-76 (DRG)
Spurweite (mm):	750
Radsatzanordnung:	1'E1'h2t
Zylinderdurchmesser (mm):	450
Kolbenhub (mm):	400
Verdampfungsheizfläche (m^2):	80,30
Vmax (km/h):	30
Leistung (PSi):	600
Dienstmasse (t):	56,7
Größte Radsatzfahrmasse (t):	9,2
Länge über Kupplung/Puffer (mm):	10.540
Treib-/Kuppelraddurchmesser (mm):	800
Laufraddurchmesser (mm):	550
Wasserkasteninhalt (m^3):	5,80
Brennstoffvorrat (t):	2,50
Indienststellung:	1928-1933
Verbleib:	SOEG, Weißeritztalbahn, Fichtelbergbahn

99.77-79 (DR)

Nach Ende des Zweiten Weltkrieges herrschte auf den sächsischen Schmalspurstrecken ein empfindlicher Mangel an leistungsfähigen Maschinen, da der vorhandene Lokomotivpark überaltert und in hohem Maße durch Reparationen an die sowjetische Besatzungsmacht dezimiert worden war. Die Reichsbahn der DDR beschloss daher, die Einheitslokomotiven der Baureihe 99.73-76 unter Berücksichtigung ihrer neuen Baugrundsätze nachzubauen. Der VEB Lokomotivbau »Karl Marx« (LKM) in Potsdam-Babelsberg wurde mit der Entwicklung beauftragt und lieferte zwischen 1952 und 1957 insgesamt 24 Fünfkuppler, welche die DR als 99 771-794 einreihte.
Bei ihrer Konstruktion und Produktion wurden die Erkenntnisse des modernen Lokomotivbaus berücksichtigt. Anstelle des Barrenrahmens der Einheitslok erhielten die Neubaumaschinen einen geschweißten Blechrahmen.
Da die Neubauloks ohne Baumuster gleich in Serie produziert wurden, gab es anfangs viele Probleme, die erst in jahrelanger Kleinarbeit weitgehend beseitigt werden konnten. Als wenig glücklich erwies sich die Wahl der Blechrahmen, die schon nach 15 Betriebsjahren erhebliche Verbiegungen aufwiesen. Wegen ihres verschlissenen Rahmens wurde bereits 1972 die 99 792 als Heizlok verkauft. 1976 musste die 99 774 mit Kesselschäden abgestellt werden. Im Raw Görlitz wurde sie 1980 verschrottet. Mit der Umsetzung der 99 784 und 782 nach Rügen in den Jahren 1983 und 1984 kamen die Neubauloks erstmals außerhalb ihrer sächsischen Heimat zum Einsatz. Erst nach der Wende konnten 1991/92 bei 14 Maschinen die verschlissenen Rahmen und Kessel durch Neubauten ersetzt werden. Seit Dezember 1992 steht die 99 781 im Verkehrsmuseum in Nürnberg. Heute verteilen sich die Neubauloks wie folgt: Rügen (3), SOEG (1), Fichtelbergbahn (6), Weißeritztalbahn (5) und Lößnitzbahn (6).

Technische Daten:

Baureihenbezeichnung:	99.77-79 (DR)
Spurweite (mm):	750
Radsatzanordnung:	1'E1'h2t
Zylinderdurchmesser (mm):	450
Kolbenhub (mm):	400
Verdampfungsheizfläche (m^2):	76,90
Vmax (km/h):	30
Leistung (PSi):	565
Dienstmasse (t):	55,0
Größte Radsatzfahrmasse (t):	8,6
Länge über Kupplung/Puffer (mm):	11.300
Treib-/Kuppelraddurchmesser (mm):	800
Laufraddurchmesser (mm):	550
Wasserkasteninhalt (m^3):	5,80
Brennstoffvorrat (t):	3,60
Indienststellung:	1952-1957
Verbleib:	RüKB, SOEG, Weißeritztalbahn, Fichtelbergbahn, Lößnitzbahn

99.140 (DR), Prignitzer KKB, ex GR 001

Bald nach Ende des Zweiten Weltkriegs musste in der sowjetisch besetzten Zone die Lokomotiv- und Waggonbauindustrie in großem Umfang Fahrzeuge als Reparationsleistung an die Besatzungsmacht liefern. Der VEB Brandenburg, Lokomotivfabrik Orenstein & Koppel (später VEB Lokomotivbau »Karl Marx«) in Potsdam-Babelsberg produzierte ab 1946 für die sowjetischen Waldeisenbahnen eine vierfach gekuppelte Heißdampf-Schlepptenderlokomotive mit einer Spurweite von 750 mm. Schon am 30. April 1947 konnte der erste Prototyp als GR (= Germanski Reparation) 001 vorgestellt werden. Im Herbst 1947 fanden mit dieser Maschine umfangreiche Testfahrten auf der sächsischen Weiseritztalbahn Freital-Hainsberg–Kurort Kipsdorf statt. Die Versuche zeigten positive Ergebnisse und so konnte ohne größere Änderungen die Serienfertigung anlaufen. Der Prototyp blieb in der DDR und wurde 1948 an die Generaldirektion der Landesbahnen in Brandenburg vermietet. Diese benötigte für die in 750-mm-Spurweite wiederaufgebaute und am 3. September 1948 eröffnete Strecke Glöwen–Havelberg dringend eine leistungsfähige Lok. Beim dreiachsigen Tender der ursprünglich für Holzfeuerung ausgelegten Maschine entfernte man den Gitteraufbau und ersetzte ihn durch einen Kohlekasten.

Foto: Kieper

Bei der Verstaatlichung der Privatbahnen 1949 kam die Maschine in den Bestand der DR, erhielt aber erst 1953 die Nummer 99 1401. Zeit ihres Lebens fuhr die 99 1401 auf dem Prignitzer Schmalspurnetz. Kurz vor dem Verkehrsträgerwechsel auf den im Volksmund »Pollo« genannten Bahnen wurde die Lok am 11. Januar 1968 ausgemustert. 1996 erwarb der Mansfelder Bergwerksbahn-Verein eine baugleiche Lok (GR 320) in Estland und ließ sie zwischenzeitlich wieder betriebsfähig aufarbeiten.

Technische Daten:

Baureihenbezeichnung:	99.140 (DR)
Spurweite (mm):	750
Radsatzanordnung:	Dh2+3T
Zylinderdurchmesser (mm):	370
Kolbenhub (mm):	400
Verdampfungsheizfläche (m²):	42,89
Vmax (km/h):	35
Leistung (PSi):	300
Dienstmasse (t):	59,6
Größte Radsatzfahrmasse (t):	6,4
Länge über Kupplung/Puffer (mm):	12.014
Treib-/Kuppelraddurchmesser (mm):	800
Laufraddurchmesser (mm):	-
Wasserkasteninhalt (m³):	5,5
Brennstoffvorrat (t):	3,0
Indienststellung:	1947
Verbleib:	

Foto: Slg. Kieper

99.300 (DR), MPSB, ex Werklok Typ »MONTA«

1945 ließ die sowjetische Besatzungsmacht viele Strecken der vorpommerschen Kleinbahnen rigoros demontieren und abtransportieren. Dazu gehörte auch die 750-mm-Strecke Demmin–Schmarsow–Jarmen Nord der Demminer Kleinbahn Ost (DKBO). Einige Bahnen wurden aber bald darauf wiederaufgebaut, da sie lebensnotwendig waren. So sollte auch die 600-mm-Strecke Dennin–Jarmen der Mecklenburg-Pommerschen Schmalspurbahnen (MPSB) wiederaufgebaut werden. Dies unterblieb, dafür bekam das Teilstück Jarmen Nord– Schmarsow der DKBO wieder sein Gleis zurück, allerdings in einer Spurweite von 600 mm. Am 22. April 1949 war der Wiederaufbau mit der Eröffnung beendet und man benötigte dringend Lokomotiven. Fündig wurde man im Raw Chemnitz, wo sich jede Menge Anfang 1945 aus Schlesien rückgeführter Lokomotiven befanden. Darunter auch eine Serien-Baulok des Typs »MONTA« von Henschel, die 1924 an die Hütten AG in Berlin ausgeliefert worden war. Im Raw Chemnitz erhielt der kleine Zweikuppler für seine neue Verwendung ein Dampfläutewerk und eine Lichtmaschine. Typische Merkmale einer einfachen, robusten Baulokomotive waren der Blechinnenrahmen mit dem kurzen Radsatzstand, die Kuppelradsätze mit Lochscheibenrädern und der kleine mit seiner sehr kurzen Rauchkammer. Ende Januar 1950 kam die Maschine auf ihre neue Einsatzstrecke. Um einen ausreichenden Wasservorrat zu besitzen, erhielt die Lok einen zweiachsigen Hilfs-Wassertender aus dem Bestand der ehemaligen MPSB. Nach der Übernahme der Privatbahnen durch die DR erhielt die Maschine die Nummer 99 3001. Schon am 15. Oktober 1958 endete der Zugbetrieb zwischen Schmarsow und Jarmin. Die 99 3001 wurde zwar noch zum Lokbahnhof Anklam der ehemaligen MSPB umgesetzt, blieb aber bis zur ihrer Ausmusterung am 12. August 1966 abgestellt.

Technische Daten:

Baureihenbezeichnung:	99.300 (DR)
Spurweite (mm):	600
Radsatzanordnung:	Bn2t+2T
Zylinderdurchmesser (mm):	235
Kolbenhub (mm):	300
Verdampfungsheizfläche (m²):	19,7
Vmax (km/h):	20
Leistung (PSi):	80
Dienstmasse (ohne Tender) (t):	9,7
Größte Radsatzfahrmasse (t):	4,85
Länge über Kupplung/Puffer (mm):	8.470 (mit Tender)
Treib-/Kuppelraddurchmesser (mm):	630
Laufraddurchmesser (v/h) (mm):	-
Wasservorrat (m³):	3,76 (mit Tender)
Kohlevorrat (t):	0,55
Indienststellung:	1924
Verbleib:	

99.330 (DR), Waldeisenbahn Muskau

Die Standesherrschaft Muskau errichtete ab 1895 unter Graf Arnim ein ganzes Netz von 600-mm-Strecken im Muskauer Forst, welches ausschließlich dem Abtransport der dort vorgefundenen Bodenschätze, der Holzabfuhr sowie der Versorgung von Industriebetrieben diente. Die Graf Arnimsche Kleinbahn, im Volksmund bald Waldeisenbahn Muskau genannt, wurde nach Kriegsende 1945 verstaatlicht und 1951 der Reichsbahn der DDR unterstellt. Zur Anfangsausstattung der Waldeisenbahn gehörten drei kleine Nassdampf-Dreikuppler, welche 1895 bzw. 1899 von Krauss in München geliefert worden waren. Die zuerst gelieferte Maschine hatte den Namen »GRAF ARNIM« erhalten und war bei der Übernahme durch die DR noch vorhanden. Sie wurde als 99 3301 eingereiht.

Foto: Kieper

Die Tenderlok war für Einmannbedienung ausgelegt und entsprach weitgehend dem Typ, den Krauss an verschiedene Kolonialbahnen in Afrika lieferte. Verschiedene Merkmale stimmten auch mit den damals gelieferten Heeresfeldbahnloks überein. Die Dampfverteilung erfolgte über eine Stephenson-Steuerung mit Flachschiebern. Auf dem kleinen, aber recht leistungsfähigen Kessel befand sich ein großer Dampfdom und ein hoher eckiger Sandkasten. Später erhielt die Maschine bei der Waldeisenbahn einen zweiachsigen Hilfstender, um die recht knappen Betriebsvorräte zu vergrößern.
Nach der Übernahme durch die DR war die 99 3301 stets auf der Strecke Weißwasser–Ruhlmühle eingesetzt. Am 4. Januar 1966 wurde die Lok mit der Einstellung des Inselbetriebes arbeitslos. Die DR stellte sie daher der Pioniereisenbahn (ab 1990 Parkeisenbahn) Cottbus zur Verfügung, wo sie ab 1969 zunächst unter ihrer DR-Nummer lief. Später erhielt sie die Nummer 04, unter der sie auch heute noch ihre Runden dreht.

Technische Daten:

Baureihenbezeichnung:	99.330 (DR)
Spurweite (mm):	600
Radsatzanordnung:	Cn2t+2T
Zylinderdurchmesser (mm):	200
Kolbenhub (mm):	300
Verdampfungsheizfläche (m²):	18,76
Vmax (km/h):	25
Leistung (PSi):	75
Dienstmasse (ohne Tender) (t):	9,0
Größte Radsatzfahrmasse (t):	2,66
Länge über Kupplung/Puffer (mm):	8.720 (mit Tender)
Treib-/Kuppelraddurchmesser (mm):	560
Laufraddurchmesser (v/h) (mm):	-
Wasservorrat (m³):	1,90
Kohlevorrat (t):	0,70
Indienststellung:	1895
Verbleib:	Parkeisenbahn Cottbus (als 04)

Foto: Blaschke

99.331 (DR), Waldeisenbahn Muskau

Nach dem Ersten Weltkrieg bediente sich die Waldeisenbahn Muskau aus dem reichlich vorhandenen Bestand der vierfach gekuppelten Heeresfeldbahn-Lokomotiven, die zwischen 1914 und 1918 von verschiedenen deutschen Herstellern fast baugleich in über 2.500 Exemplaren produziert worden waren. 1919 erwarb die Waldeisenbahn fünf dieser auch als Brigadeloks bekannten Maschinen. Zum besseren Bogenlauf waren die Endradsätze ursprünglich als Klien-Lindner-Hohlachsen ausgeführt. Bei der Muskauer Waldbahn wurde sie durch normale Radsätze ersetzt, um das Schlingern einzudämmen. Die Höchstgeschwindigkeit konnte danach von 15 auf 25 km/h angehoben werden. Charakteristisch für die Brigadeloks waren die bis zur Rauchkammer vorgezogenen Wasserkästen, der schlanke Kessel sowie das recht große Führerhaus. Bei der Übernahme durch die DR im Jahre 1951 wurde die Brigadeloks der Waldbahn als 99 3311 und 3313-3316 eingereiht. Im Oktober 1953 wurden zwei baugleiche Maschinen vom Braunkohlenwerk Welzow als 99 3317 und 3318 übernommen. Im April 1956 erwarb die DR mit der 99 3310 noch eine weitere Maschine von diesem Braunkohlenwerk. Mit der sukzessiven Stilllegung von Strecken und schließlich der 1978 erfolgten Einstellung des Betriebes auf der Waldeisenbahn mussten ab 1973 auch die ehemaligen Brigadeloks den Dienst quittieren. Alle blieben jedoch erhalten. Die 99 3310 wurde 1976 nach Schweden verkauft, die 99 3311 im Dezember 1977 in die Schweiz an die Schinznacher Baumschulbahn. Bei der Dampfkleinbahn Mühlenstroth bei Gütersloh landeten die 99 3315 und 3318, beim Frankfurter Feldbahnmuseum die 99 3313 und beim Auto- und Technikmuseum in Sinsheim die 99 3316. Privat wird in Emmerich die 99 3314 erhalten. Für den Museumsbetrieb auf den Reststücken der Waldeisenbahn Muskau (WEM) steht die 99 3317 zur Verfügung.

Technische Daten:

Baureihenbezeichnung:	99.331 (DR)
Spurweite (mm):	600
Radsatzanordnung:	Dn2t
Zylinderdurchmesser (mm):	240
Kolbenhub (mm):	240
Verdampfungsheizfläche (m²):	16,40
Vmax (km/h):	25
Leistung (PSi):	65
Dienstmasse (t):	12,0
Größte Radsatzfahrmasse (t):	3,0
Länge über Kupplung/Puffer (mm):	5.885
Treib-/Kuppelraddurchmesser (mm):	600
Laufraddurchmesser (v/h) (mm):	-
Wasservorrat (m³):	1,10
Kohlevorrat (t):	0,70
Indienststellung:	1914-1918
Verbleib:	u.a. 99 3317 (WEM)

Foto: Estler

99 3312 (DR), Waldeisenbahn Muskau

Die Graf Arnimsche Kleinbahn (später Waldeisenbahn Muskau) erwarb 1912 für ihr ausgedehntes 600-mm-Netz eine leistungsfähige, vierfach gekuppelte Tenderlok von Borsig, welche den Namen »DIANA« erhielt. Die Maschine gehörte zum dem Typ von Feldbahnlokomotiven, die von Borsig bis in den Ersten Weltkrieg hinein in größeren Stückzahlen produziert worden war. Obwohl die Lok bei der Übernahme der Waldbahn durch die DR 1951 die Betriebsnummer 99 3312 erhielt, also in der Nummernreihe der Brigadeloks verschwand, hatte sie mit diesen nicht allzuviel gemeinsam. Zwar besaß sie wie die Brigadeloks einen Außenrahmen und der Antrieb erfolgte ebenfalls auf den dritten Kuppelradsatz, doch die Dampfverteilung besorgte eine Heusinger-Steuerung. Ihr Kessel lag wesentlich höher und frei über dem Rahmen. Mit dem Kobelschornstein und Funkenfänger der Bauart Rose war die »DIANA« schon ab Werk ausgestattet. Ihren Kohlevorrat für die Maschine im Gegensatz zu den Brigadeloks in einem Kohlekasten an der Führerhausrückwand mit sich. Die Wasserkästen waren zwar kürzer aber höher.

Bis zur Einstellung des Betriebes auf der Waldeisenbahn im März 1978 versah die 99 3312 zuverlässig ihren Dienst. Noch im gleichen Jahr erhielt die Lok einen Platz auf einem Denkmalssockel in Oberodewitz. Dort schlummerte sie 15 Jahre vor sich hin, bis sie 1993 an ihre alte Wirkungsstätte zurückkehren durfte. Vom Museumsverein Waldbahn Muskau wurde sie wieder betriebsfähig aufgearbeitet und hält heute vor Museumszügen die Erinnerung an das einst über 80 km lange Waldbahnnetz wach.

Technische Daten:

Baureihenbezeichnung:	99.331 (DR)
Spurweite (mm):	600
Radsatzanordnung:	Dn2t
Zylinderdurchmesser (mm):	240
Kolbenhub (mm):	300
Verdampfungsheizfläche (m^2):	23,60
Vmax (km/h):	25
Leistung (PSi):	85
Dienstmasse (t):	14,0
Größte Radsatzfahrmasse (t):	3,55
Länge über Kupplung/Puffer (mm):	5.770
Treib-/Kuppelraddurchmesser (mm):	600
Laufraddurchmesser (v/h) (mm):	-
Wasservorrat (m^3):	1,40
Kohlevorrat (t):	0,60
Indienststellung:	1912
Verbleib:	99 3312 (WEM)

Foto: Blaschke

99.335 (DR), MPSB

Am 1. Oktober 1892 eröffnete die Mecklenburg-Pommersche Schmalspurbahn AG (MPSB) ihre erste Strecke in einer Spurweite von 600 mm. Bis 1911 war daraus ein rund 200 km langes Streckennetz entstanden, das sich um Anklam und Friedland konzentrierte. Zwischen 1906 und 1913 beschaffte die MPSB bei Jung in Jungenthal insgesamt sieben Dreikuppler mit einem hinteren Laufradsatz, welche neben den Bahnnummern auch Namen erhielten. Die Maschinen waren als Nassdampf-Tenderloks gebaut worden, wurden aber bald nach ihrer Indienststellung mit zweiachsigen Hilfstendern gekupppelt. Mit zusätzlich drei Kubikmeter Wasser und einer Tonne Kohle konnte der Aktionsradius entscheidend vergrößert und die unwirtschaftlichen Betriebshalte minimiert werden.

Gleich nach Kriegsende wurde der größte Teil des Schmalspurnetzes von der sowjetischen Besatzungsmacht als Reparationsleistung demontiert und abtransportiert. Zwischen 1946 und 1947 mussten dann einige lebensnotwendige Abschnitte wiederaufgebaut werden. Doch nicht nur die Anlagen sondern auch ein Teil des Rollmaterials verschwand in den Weiten der Sowjetunion. So konnte die DR nur noch drei von den einst sieben Maschinen übernehmen. Die MPSB 1 »JACOBI«, 4 »KAYSER« und 5 »GRAF SCHWERIN-LÖWITZ« wurden als 99 3551-3553 eingereiht. Alle drei Loks erlebten das Ende der MPSB im Ende September 1969 nicht mehr. Sie wurden zwischen Oktober 1968 und Juni 1969 abgestellt, blieben aber alle erhalten. Die 99 3551 wurde an ein Eisenbahnmuseum in den USA verkauft, steht aber seit 1998 im Frankfurter Feldbahnmuseum (FFM). Die 99 3553 ging an die Llanberis Lake Railway in Wales und fährt heute bei der Brecon Mountain Railway in Wales. Die 99 3352 erinnert im Heimatmuseum Friedland an die glorreichen Zeiten der MPSB.

Technische Daten:

Baureihenbezeichnung:	99.335 (DR)
Spurweite (mm):	600
Radsatzanordnung:	C1'n2t+2T
Zylinderdurchmesser (mm):	215
Kolbenhub (mm):	300
Verdampfungsheizfläche (m^2):	20,67
Vmax (km/h):	25
Leistung (PSi):	90
Dienstmasse (ohne Tender) (t):	13,20
Größte Radsatzfahrmasse (t):	3,0
Länge über Kupplung/Puffer (mm):	9.480 (mit Tender)
Treib-/Kuppelraddurchmesser (mm):	630
Laufraddurchmesser (v/h) (mm):	500
Wasservorrat (m^3):	3,60 (mit Tender)
Kohlevorrat (t):	1,55 (mit Tender)
Indienststellung:	1906-1913
Verbleib:	99 3351 (FFM), 3352 (Denkmal Friedland), 3353 (Wales)

Foto: Blaschke

99.336 (DR), MPSB

Als letzte Neubauten stellte die Mecklenburg-Pommersche Schmalspurbahn AG (MPSB) 1937/38 zwei vierfach gekuppelte Heißdampf-Schlepptenderloks in Dienst, welche von Orenstein & Koppel geliefert wurden. Bei der MPSB erhielten sie die Bahnnummern 13" und 14". Charakteristisch war der hoch über dem Blechaußenrahmen liegende Kessel mit Dampfläutewerk, Dampfdom und Sandkasten. Angetrieben wurde der dritte Radsatz und die Dampfverteilung übernahm eine Heusingersteuerung mit Kolbenschiebern. Ungewöhnlich war der Masseausgleich, denn die Kuppelradsätze besaßen keine eingegossenen Gegenmassen. Vielmehr waren am Treibzapfen und an den Kuppelzapfen kreissegmentförmige, umlaufende Masseausgleichsstücke befestigt.
1945 wurde die Bahnnummer 13" von der sowjetischen Besatzungsmacht als Reparationsgut verschleppt. Die Nr. 14" konnte hingegen nach der Übernahme der MPSB 1949 von der DR als 99 3361 eingereiht werden. Eine spätere Zutat der DR war die Ausrüstung mit elektrischer Beleuchtung, wobei ein AEG-Turbogenerator als Stromerzeuger angebaut wurde. Am 27. September 1969 endete auf der letzten MPSB-Teilstrecke der Betrieb. Doch die 99 3361 wurde erst ein Jahr später abgestellt, denn sie musste noch beim Abbau der Gleisanlagen zwischen Friedland und Anklam mithelfen. Im Mai 1971 wurde sie an das George Mohun Outdoor Steam Museum in Novata, Kalifornien verkauft. Seit Sommer 1987 fährt sie bei der »La Porte County Historical Steam Society« in Michigan, USA.

Technische Daten:

Baureihenbezeichnung:	99.336 (DR)
Spurweite (mm):	600
Radsatzanordnung:	Dh2+2T
Zylinderdurchmesser (mm):	270
Kolbenhub (mm):	300
Verdampfungsheizfläche (m^2):	19,63
Vmax (km/h):	25
Leistung (PSi):	140
Dienstmasse (ohne Tender) (t):	13,25
Größte Radsatzfahrmasse (t):	3,5
Länge über Kupplung/Puffer (mm):	9.678
Treib-/Kuppelraddurchmesser (mm):	650
Laufraddurchmesser (v/h) (mm):	-
Wasservorrat (m^3):	3,50
Kohlevorrat (t):	1,50
Indienststellung:	1937-1938
Verbleib:	99 3361 (USA)

99.345 (DR), MPSB

Eine geradezu revolutionäre Bestellung gab die Mecklenburg-Pommersche Schmalspurbahn AG (MPSB) 1914 bei Jung in Jungenthal auf. Sie orderte die erste Heißdampfmaschine in einer Spurweite von 600 mm. In ihrer Fahrwerkskonstruktion entsprach die MPSB 8" »VON DER LANCKEN« weitgehend der späteren DR-Baureihe 99.335. Wie jene besaß sie einen Blechaußenrahmen, nur die Räder der Kuppelradsätze hatten einen um 20 mm größeren Laufkreisdurchmesser. Die Dampfverteilung erfolgte ebenfalls über eine Heusinger-Steuerung mit Kuhnscher Schleife und Kolbenschieber. Ursprünglich war die Lok mit einem großen Kobelschornstein mit Funkenfänger ausgestattet, der jedoch bald gegen einen langen, schmalen Prüsmann-Schlot getauscht wurde. Dabei wurde der Funkenfänger in die Rauchkammer verlegt. Weitere Zugaben waren der Anbau eines Kohlenkastens an der Führerhausrückwand und die Kupplung mit einem zweiachsigen Hilfstender zur Vergrößerung der Wasser- und Kohlenvorräte.

Foto: Kieper

Mit dieser Maschine konnte der überzeugende Beweis erbracht werden, das die Ausrüstung von 600-mm-Schmalspurloks mit einem Schmidtschen Rauchrohrüberhitzer sowohl eine beachtliche Leistungssteigerung als auch eine deutliche Ersparnis an Wasser und Kohle gegenüber Nassdampfmaschinen ermöglichte. In der Folge beschafften die MPSB nur noch Heißdampflokomotiven. 1949 erfolgte die Übernahme der MPSB durch die DR. Die »VON DER LANCKEN« wurde als 99 3451 eingereiht und erhielt kurz darauf elektrische Beleuchtung mit Turbogenerator rechts auf der Rauchkammer. Schon im Oktober 1964 wurde die 99 3451 abgestellt und schließlich am 11. Oktober 1966 ausgemustert. Zusammen mit der 99 3553 konnte sie nach langer Abstellzeit 1972 an die Llanberis Lake Railway in Wales verkauft werden.

Technische Daten:

Baureihenbezeichnung:	99.345 (DR)
Spurweite (mm):	600
Radsatzanordnung:	C1'h2t+2T
Zylinderdurchmesser (mm):	255
Kolbenhub (mm):	300
Verdampfungsheizfläche (m^2):	20,70
Vmax (km/h):	25
Leistung (PSi):	140
Dienstmasse (ohne Tender) (t):	14,0
Größte Radsatzfahrmasse (t):	4,0
Länge über Kupplung/Puffer (mm):	9.620 (mit Tender)
Treib-/Kuppelraddurchmesser (mm):	650
Laufraddurchmesser (v/h) (mm):	500
Wasservorrat (m^3):	3,55 (mit Tender)
Kohlevorrat (t):	1,60 (mit Tender)
Indienststellung:	1914
Verbleib:	

Foto: Blaschke

Foto: Kieper

99 3461 (DR), MPSB

Für ihre Streckenerweiterung von Brohm nach Groß Daberkow (eröffnet 1.4.1926) beschaffte die Mecklenburg-Pommersche Schmalspurbahn AG (MPSB) erstmals eine Schlepptenderlokomotive, um mehr Betriebsvorräte mitführen zu können. Die vierfach gekuppelte Heißdampfmaschine mit der Bahnnummer 9" wurde im Oktober 1925 von Vulcan in Stettin geliefert und gehörte zu den letzten dort hergestellten Dampfloks. In ihrem gesamten Erscheinungsbild wirkte die Maschine recht »preußisch« mit ihren Kesselaufbauten, dem leicht konischen Schornstein und dem Führerhaus, dessen Dach bis über die Tenderbrücke hinausragte. Auch der Schlepptender wirkte wie eine verkleinerte Normalspurausgabe. Das Fahrgestell besaß den bei Feldbahnloks gebräuchlichen Außenrahmen. Angetrieben wurde der dritte Kuppelradsatz. Die Einströmrohre zu den leicht geneigten Zylindern hatten eine »preußisch« orientierte Verkleidung. Der lange schmale Kessel saß hoch auf dem Rahmen und trug einen großen runden Dampfdom sowie eine viereckigen Sandkasten. Auf der Rauchkammer hinter dem Schornstein befand sich ein Dampfläutewerk der Bauart Latowski.

Die DR reihte die Nr. 9" nach der Übernahme der MPSB 1949 als 99 3461 ein. Wie alle übernommenen MPSB-Maschinen erhielt auch sie kurz nach der Übernahme elektrische Beleuchtung, welche ein AEG-Turbogenerators mit Strom versorgte. In ihren letzten Betriebsjahren fuhr die 99 3461 ausschließlich zwischen Friedland und Anklam. Erst kurz vor der endgültigen Stilllegung der letzten MPSB-Strecke wurde die Maschine im Juni 1969 abgestellt. 1972 konnte sie nach Großbritannien verkauft werden. Seit 1980 befindet sich die Lok bei der französischen Museumsbahn Froissy–Dompierre in der Nähe von Amiens und zieht dort als Touristenattraktion die Museumszüge.

Technische Daten:

Baureihenbezeichnung:	99.346 (DR)
Spurweite (mm):	600
Radsatzanordnung:	Dh2+2T
Zylinderdurchmesser (mm):	290
Kolbenhub (mm):	300
Verdampfungsheizfläche (m²):	21,66
Vmax (km/h):	25
Leistung (PSi):	150
Dienstmasse (ohne Tender) (t):	14,7
Größte Radsatzfahrmasse (t):	4,2
Länge über Kupplung/Puffer (mm):	9.790
Treib-/Kuppelraddurchmesser (mm):	650
Laufraddurchmesser (v/h) (mm):	-
Wasservorrat (m³):	3,80
Kohlevorrat (t):	1,20
Indienststellung:	1925
Verbleib:	99 3461 (Frankreich)

99 3462 (DR), MPSB

Zwischen 1930 und 1934 beschaffte die Mecklenburg-Pommersche Schmalspurbahn AG (MPSB) in drei Exemplaren ihre größten, schwersten, längsten und leistungsfähigsten Lokomotiven. Geliefert wurden die Bahnnummern 10, 11 und 12 von Orenstein & Koppel. Es handelte sich um vierfach gekuppelte Heißdampf-Schlepptenderloks. Die Radsätze waren in einem Blechaußenrahmen gelagert und jeweils mit einem Paar Blattfedern abgefedert, das oberhalb der Radsatzlager angeordnet war. Charakteristisch war der Masseausgleich der Radsätze, der über umlaufene Kurvenscheiben erfolgte, die an Treib- und Kurbelzapfen angelenkte waren. Wegen des kleinen Raddurchmessers hatte man auf die üblichen, in die Räder eingegossener Gegenmassen verzichtet. Angetrieben wurde der dritte Radsatz. Die Zylinder mit einem Durchmesser von 310 mm waren am Rahmen angeschraubt. Eine außenliegende Heusinger-Steuerung mit Hängeeisen besorgte die Dampfverteilung über Regel-Kolbenschieber. In der Mitte des Kessels thronte ein großer Dampfdom mit zwei Pop-Sicherheitsventilen. Dahinter befand sich der Sandkasten, von dem aus der erste und vierte Radsatz von vorn gesandet werden konnten.

Nach Kriegsende requirierte noch 1945 die sowjetische Besatzungsmacht die Bahnnummern 10 und 11 als Beutegut und verschleppte sie in die Sowjetunion. Die verbliebene Nr. 12 erhielt nach der Übernahme durch die DR 1949 die Bezeichnung 99 3462, obwohl wenig Gemeinsamkeiten mit der in diese Baureihe eingereihten 99 3461 vorhanden waren. Sie war bis zur Stilllegung am 27. September 1969 im Einsatz. 1970 konnte sie nach Großbritannien verkauft werden und befand sich ab 1972 bei der Vale of Rheidol Railway in Wales. Seit 1978 ist die 99 3462 wieder auf deutschem Boden bei der Dampfkleinbahn Mühlenstroth (DKBM) in der Nähe von Gütersloh. Betriebsfähig stellt sie heute eines der Paradestücke dieser Museumsbahn dar.

Technische Daten:

Baureihenbezeichnung:	99.346 (DR)
Spurweite (mm):	600
Radsatzanordnung:	Dh2+2T
Zylinderdurchmesser (mm):	310
Kolbenhub (mm):	300
Verdampfungsheizfläche (m²):	27,10
Vmax (km/h):	25
Leistung (PSi):	200
Dienstmasse (ohne Tender) (t):	16,5
Größte Radsatzfahrmasse (t):	4,5
Länge über Kupplung/Puffer (mm):	10.325
Treib-/Kuppelraddurchmesser (mm):	650
Laufraddurchmesser (v/h) (mm):	-
Wasservorrat (m³):	3,50
Kohlevorrat (t):	1,50
Indienststellung:	1930-1934
Verbleib:	99 3462 (DKBM)

Foto: Kieper

99.365 (DR), MPSB

Nach Kriegsende wurde nicht nur der größte Teil des Schmalspurnetzes der Mecklenburg-Pommerschen Schmalspurbahn AG (MPSB) von der sowjetischen Besatzungsmacht als Reparationsleistung demontiert und abtransportiert sondern auch ein Teil des Rollmaterials verschwand in den Weiten der Sowjetunion. Als ab 1946 mit Genehmigung der Besatzungsmacht einige lebensnotwendige Abschnitte wiederaufgebaut werden durften, musste der Lokomotivpark dringend ergänzt werden. So traf es sich gut, dass sich auf einer Baustelle bei Woldegk zwei nahezu identische, abgestellte Baulokomotiven fanden. Die zweifach gekuppelten Nassdampfmaschinen wurden zur Hauptwerkstatt Friedland transportiert, dort wieder betriebsfähig hergerichtet und als MPSB 21 und 22 in den Bestand übernommen.

Die Nr. 21 war 1941 von Jung in Jungenthal gebaut und an das Bauunternehmen B. Brangsch in Leipzig geliefert worden. Die Nr. 22 baute 1940 Krauss-Maffei für das Bauunternehmen Fritz Kirchhoff in München. Beide waren typische Bauloks. Angetrieben wurde der hintere Kuppelradsatz und die Steuerung entsprach der Bauart Heusinger. Mit ihren geringen Betriebsvorräten waren sie wenig tauglich für den Streckendienst. Daher erhielten beide einen zweiachsigen Wassertender.

Die heruntergekommenen Maschinen kamen 1947 (Nr. 21) und 1949 (Nr. 22) wieder auf die Strecke. Nach der Übernahme der MPSB durch die DR erhielten sie die Nummern 99 3651 (ex 22) und 3652 (ex 21). Die 99 3651 fuhr zusammen mit der 99 3001 vorwiegend auf der Strecke Jarmen Nord–Schmarsow, die nach ihrem Wiederaufbau unter der Betriebsführung der ehemaligen MSPB stand. Die 99 3652 machte sich dagegen auf dem Stammnetz nützlich und war zeitweise an die Zuckerfabrik Anklam vermietet. Bei Loks wurden 1957/58 abgestellt und konnten im September 1958 an den VEB Märkische Sand- und Kieswerke Doberlug-Kirchhain verkauft werden.

Technische Daten:

Baureihenbezeichnung:	99.365 (DR)
Spurweite (mm):	600
Radsatzanordnung:	Bn2t
Zylinderdurchmesser (mm):	240
Kolbenhub (mm):	300
Verdampfungsheizfläche (m²):	21,40
Vmax (km/h):	18
Leistung (PSi):	65
Dienstmasse (t):	12,0
Größte Radsatzfahrmasse (t):	6,0
Länge über Kupplung/Puffer (mm):	5.570 (mit Tender: 8.600)
Treib-/Kuppelraddurchmesser (mm):	630
Laufraddurchmesser (v/h) (mm):	-
Wasservorrat (m³):	0,80 (mit Tender: 1,80)
Kohlevorrat (t):	0,60
Indienststellung:	1940-1941
Verbleib:	

99.430 (DR), Kleinbahn Kreis Jerichow I, ex Werklok O&K

Ab 1947 firmierten die ehemaligen »Kleinbahnen des Kreises Jerichow I zu Burg bei Magdeburg« (KJI, 750 mm) als »Kreisbahn Burg«. Sie blieben von Reparationen der sowjetischen Besatzer verschont, nicht jedoch die Zuckerfabrik Gommern, die nach Kriegsende demontiert wurde. Diese Zuckerfabrik hatte einen kleinen Dreikuppler als Verschublok zur KJI besessen, welche nach der Demontage im Mai 1948 von der Kreisbahn Burg mit der Betriebsnummer 23 übernommen wurde.

Die Nassdampftenderlok war 1920 von Orenstein & Koppel gebaut worden. Die relativ kleine Maschine besaß einen Innenrahmen, in dem die drei Kuppelradsätze fest gelagert waren. Der Radsatzstand von nur 1.500 mm führte zu großen überhängenden Massen vorne und hinten. Angetrieben war der dritte Radsatz. Die Dampfverteilung besorgte eine Heusinger-Steuerung. Auf dem zierlichen Kessel saßen ein Dampfdom mit Flachschieberregler und ein eckiger Sandkasten.

Nach der Übernahme der Kreisbahn Burg 1949 durch die DR sollte der Dreikuppler die Nummer 99 4301 erhalten. Tatsächlich wurde die Maschine aber fälschlicherweise mit der Nummer 99 4401 versehen. Erst 1956 wurde dieser Irrtum korrigiert und die Lok fuhr ab diesem Zeitpunkt als 99 4301. Auf Grund ihrer geringen Höchstgeschwindigkeit war sie wenig geeignet für den Streckendienst, daher besorgte sie vorwiegend den Rangierdienst im Bahnhof Burg. Nach der Stilllegung der letzten Strecken des Burger Netzes im September 1965 konnte die Maschine an den Werksteil Pretzien der Transportgesellschaft Ballenstedt verkauft werden und wurde bis 1967 noch auf deren Werksbahn zwischen Gommern und Pretzien für Kies- und Sandtransporte eingesetzt. Nach achtjähriger Abstellzeit konnte die äußerlich restaurierte 99 4301 am 14. Juli 1975 als Denkmal vor dem Bahnhof Gommern aufgestellt werden.

Technische Daten:

Baureihenbezeichnung:	99.430 (DR)
Spurweite (mm):	750
Radsatzanordnung:	Cn2t
Zylinderdurchmesser (mm):	210
Kolbenhub (mm):	300
Verdampfungsheizfläche (m²):	17,63
Vmax (km/h):	15
Leistung (PSi):	70
Dienstmasse (t):	9,8
Größte Radsatzfahrmasse (t):	3,25
Länge über Kupplung/Puffer (mm):	5.630
Treib-/Kuppelraddurchmesser (mm):	600
Laufraddurchmesser (mm):	-
Wasserkasteninhalt (m³):	0,80
Brennstoffvorrat (t):	0,50
Indienststellung:	1920
Verbleib:	99 4301 (Denkmal Gommern)

Foto: Kieper

Foto: Otte, Slg. Grundmann

99 4501-4503 (DR), Prignitzer Kreiskleinbahnen

In den Kreisen Ost- und Westprignitz in der Mark Brandenburg entstand zwischen 1897 und 1912 ein 750-mm-Schmalspurnetz mit rund 100 km Streckenlänge, das zunächst aus fünf selbstständigen Kleinbahnen bestand. Nach dem Ersten Weltkrieg oblag die Betriebsführung dem Landesverkehrsamt Brandenburg. 1941 wurde diese zu den Ost- und Westprignitzer Kreiskleinbahnen (OWPK) zusammengeschlossen. Für diese Schmalspurstrecken wurden in den Jahren 1897 bis 1900 vier Nassdampf-Dreikuppler beschafft, welche von der Sächsischen Maschinenfabrik (vormals Hartmann) in Chemnitz geliefert wurden. Bei den Kleinbahnen erhielten diese Maschinen die Namen »DANNENWALDE« »KYRITZ«, »BERNSTORFF« und »WITTENBERGE«. Das Landesverkehrsamt Brandenburg teilte ihnen später die Nummer 07-20, 07-21, 07-22 und 08-21 zu.
Die »KYRITZ« (07-21) musste 1945 als Beutegut an die sowjetischen Besatzer abgegeben werden. Die anderen drei Maschinen wurden nach der Übernahme durch die DR 1949 als 99 4501-4503 eingereiht. Ab Mitte der 50er-Jahre gaben die Maschinen auch Gastspiele auf anderen Schmalspurbahnen. So fuhren die 99 4502 und 4503 einige Zeit zwischen Nauen und Kriele. Die 99 4501 kam weit herum und stand in Jerichow, Putbus und Pasewalk im Dienst. Mitte der 60er-Jahre erhielt die 99 4503 einen vollständig geschweißten Ersatzkessel. Bis zur ihrer Abstellung im November 1969 fuhr sie vorwiegend zwischen Glöwen und Havelberg. Schließlich wurde sie 1974 an einen Eisenbahnfreund verkauft. Seit 1996 steht sie als Dauerleihgabe im Brandenburgischen Museum für Klein- und Privatbahn in Gramzow (Uckermark). Die beiden anderen wurden schon im Mai 1966 ausgemustert und wenig später verschrottet.

Technische Daten:

Baureihenbezeichnung:	99.450 (DR)
Spurweite (mm):	750
Radsatzanordnung:	Cn2t
Zylinderdurchmesser (mm):	250
Kolbenhub (mm):	380
Verdampfungsheizfläche (m²):	26,71
Vmax (km/h):	30
Leistung (PSi):	110
Dienstmasse (t):	20,0
Größte Radsatzfahrmasse (t):	6,1
Länge über Kupplung/Puffer (mm):	6.200
Treib-/Kuppelraddurchmesser (mm):	750
Laufraddurchmesser (mm):	-
Wasserkasteninhalt (m³):	2,0
Brennstoffvorrat (t):	0,50
Indienststellung:	1897-1900
Verbleib:	99 4303 (Museum Gramzow)

99 4504-4505 (DR), Prignitzer Kreiskleinbahnen

Durch das wachsende Streckennetz der späteren Prignitzer Kreiskleinbahnen (750 mm) wurden nach der Jahrhundertwende weitere leistungsfähige Loks benötigt. Orenstein & Koppel (O&K) lieferte daher 1906 und 1907 je einen Dreikuppler für den Bau und Betrieb auf der Strecke Lindenberg–Pritzwalk, welche am 29. Juli 1909 schließlich eröffnet werden konnte. Zumindest die 1906 gebaute Maschine erhielt einen Namen und lief als »VON DÖRFEL«. Das Landesverkehrsamt Brandenburg (LVB) führte sie später als 07-25, ihre Schwesterlok wurde als 07-24 eingereiht.
Im Gegensatz zu den ein paar Jahre zuvor gelieferten Dreikupplern von Hartmann (DR 99 4501-4503) waren diese beiden Maschinen leistungsfähiger und wiesen deutlich moderne Züge auf. Für den Betrieb auf der am 2. Juli 1912 eröffneten Strecke Lindenberg–Kreuzweg lieferte Borsig eine dreifach gekuppelte Nassdampfmaschine, welche den Namen »LINDENBERG« erhielt und später vom LVB als 07-26 eingereiht wurde. Sie war etwas weniger leistungsfähig als die O&K-Loks, besaß aber eine moderne Heusinger-Steuerung. Auf Grund geringerer überhängender Massen waren ihre Laufeigenschaften besser. Da der Kessel frei über dem Blechrahmen lag, waren auch die zur Abfederung verwendeten Blattfedern gut zugänglich.
Nach Ende des Zweiten Weltkriegs musste noch 1945 die 07-24 als Beutegut an die sowjetischen Besatzer abgegeben werden. Die DR teilte 1949 der verbliebenen O&K-Lok die Betriebsnummer 99 4504 (ex 07-35) zu. Die Borsig-Maschine kam als 99 4505 (ex 07-26) in den DR-Bestand. Beide Dreikuppler fuhren bis zu ihrer Abstellung ausschließlich auf dem Prignitzer Netz. Die 99 4505 war bis Januar 1962 unter Dampf, bei der 99 4504 erlosch das Feuer erst im September 1966. Beide Maschinen wurden kurz nach ihrer Ausmusterung verschrottet.

Technische Daten:

Baureihenbezeichnung:	99 4504	99 4505 (DR)
Spurweite (mm):	750	
Radsatzanordnung:	Cn2t	
Zylinderdurchmesser (mm):	300	240
Kolbenhub (mm):	350	400
Verdampfungsheizfläche (m²):	33,00	26,00
Vmax (km/h):	30	
Leistung (PSi):	135	105
Dienstmasse (t):	15,5	
Größte Radsatzfahrmasse (t):	5,2	
Länge über Kupplung/Puffer (mm):	6.400	6.059
Treib-/Kuppelraddurchmesser (mm):	750	800
Laufraddurchmesser (mm):	-	
Wasserkasteninhalt (m³):	1,75	1,50
Brennstoffvorrat (t):	0,80	0,60
Indienststellung:	1906	1912
Verbleib:		

99 4511 (DR), Westhavelländische Kreisbahnen

Zur Eröffnung der Eisenbahn Rathenow–Senzke–Paulinenaue (ab 1902 Kreisbahn Rathenow-Senzke-Nauen) am 2. April 1900 standen drei Nassdampfmaschinen zur Verfügung, die Krauss in München 1899 mit der Radsatzfolge C1' geliefert hatte. Die Lokomotiven erhielten die Bahnnummern 1-3. Ab dem 1. Oktober 1901 fuhren sie auch auf der neu eröffneten Zweigstrecke von Senzke nach Nauen, die den Anschluss zur dortigen Zuckerfabrik herstellte. Die Krauss-Loks besaßen einen Innenrahmen, der sich nach dem letzten Kuppelradsatz zum Außenrahmen erweiterte und den Laufradsatz umschloss. Dieser war mit dem letzten Kuppelradsatz zu einem Krauss-Helmholtz-Gestell vereinigt. Kuppel- und Laufräder waren als Scheibenräder mit ovalen Aussparungen ausgeführt. Angetrieben wurde der mittlere Kuppelradsatz. Die Flachschieber bayerischer Bauart wurden von einer Heusinger-Steuerung bewegt.

Foto: Slg. Kieper

Nach Ende des Zweiten Weltkriegs demontierten die sowjetischen Besatzer noch 1945 die Teilstrecke Rathenow–Kriele und verschleppten zwei Loks der Anfangsausstattung (Nr. 1 und 2). Die restliche Strecke blieb als wichtiger Zubringer zur Zuckerfabrik Nauen erhalten. Die Nr. 3 der im Volksmund »Pusteliese« genannten Maschinen war bei der Übernahme der Kreisbahn durch die DR 1949 noch vorhanden und wurde als 99 4511 eingereiht. Bis zur Stilllegung am 1. April 1961 blieb die 99 4511 auf ihrer Stammstrecke und wurde dann nach Rügen umgesetzt. Dort fuhr sie bis 1965. Bei der fälligen Hauptuntersuchung im Raw Görlitz wurde die Maschine nicht mehr aufgearbeitet, sondern als »Rekonstruktion« (siehe 99 4511") neu aufgebaut. Die »alte« 99 4511 wanderte wenige Jahre später auf den Schrott.

Technische Daten:

Baureihenbezeichnung:	99 4511 (DR)
Spurweite (mm):	750
Radsatzanordnung:	C1'n2t
Zylinderdurchmesser (mm):	260
Kolbenhub (mm):	300
Verdampfungsheizfläche (m²):	29,50
Vmax (km/h):	25
Leistung (PSi):	120
Dienstmasse (t):	14,2
Größte Radsatzfahrmasse (t):	4,5
Länge über Kupplung/Puffer (mm):	6.530
Treib-/Kuppelraddurchmesser (mm):	680
Laufraddurchmesser (mm):	560
Wasserkasteninhalt (m³):	1,75
Brennstoffvorrat (t):	0,60
Indienststellung:	1899
Verbleib:	

Foto: Kieper

99 4511" (DR), Rekonstruktion

Eigentlich ist die 99 4511 (in zweiter Besetzung) die letzte Neubaudampflok der DR. Sie war als Ersatz für die völlig verschlissene und auf Rügen beheimatete 99 4511 gedacht, die 1965 zur Ausbesserung ins Raw Görlitz einrücken musste. Bei der Voruntersuchung stellte man fest, dass eine Erneuerung fast aller Hauptbauteile bei der 66 Jahre alten Maschine erforderlich war. Eine betriebsfähige Wiederaufarbeitung hätte so hohe Kosten verursacht, dass es zweckmäßiger erschien, die 1964 bei der 99 4701 durchgeführte Rekonstruktion zum Vorbild zu nehmen. Diese »Rekonstruktion« führte schließlich zu einem völligen Neubau.
Alle neuen Großbauteile wie der Blechrahmen, das Führerhaus und die Vorratsbehälter entstanden in Schweißkonstruktion. Vom Raw Halberstadt wurde ein neuer geschweißter Kessel geliefert. Neu war auch das Triebwerk mit den Zylinderblöcken sowie Treib- und Kuppelstangen. Selbst die drei Kuppelradsätze mit 780 mm Laufkreisdurchmesser waren eine Neuanfertigung. Der Antrieb erfolgte auf den dritten Kuppelradsatz. Die Dampfverteilung besorgte eine Heusinger-Steuerung mit Druckausgleich-Kolbenschiebern der Bauart Trofimoff. Die Einströmrohre zu den Zylindern wurden verkleidet.
Die »neue« 99 4511 kehrte nach ihrer Wiedergeburt noch für kurze Zeit nach Rügen zurück, wurde aber noch 1966 auf das Prignitzer Netz umgesetzt. Nach dessen Stilllegung am 31. Mai 1969 fuhr sie bis zu ihrer Ausmusterung 1971 auf der Strecke Glöwen–Havelberg. 1973 wanderte sie nach ihrem Verkauf in den Westen aus und fand als Denkmal im Holiday-Park von Haßloch bei Neustadt/Weinstraße ein neues Domizil. Seit Ende 1998 befindet sich die 99 4511 wieder im Osten und wird bei der IG Preßnitztalbahn in Jöhstadt wieder betriebsfähig aufgearbeitet.

Technische Daten:

Baureihenbezeichnung:	99 4511" (DR)
Spurweite (mm):	750
Radsatzanordnung:	Cn2t
Zylinderdurchmesser (mm):	250
Kolbenhub (mm):	330
Verdampfungsheizfläche (m²):	25,10
Vmax (km/h):	25
Leistung (PSi):	
Dienstmasse (t):	18,7
Größte Radsatzfahrmasse (t):	6,25
Länge über Kupplung/Puffer (mm):	6.045
Treib-/Kuppelraddurchmesser (mm):	780
Laufraddurchmesser (mm):	-
Wasserkasteninhalt (m³):	1,80
Brennstoffvorrat (t):	0,75
Indienststellung:	1966
Verbleib:	99 4511" (Jöhstadt)

Foto: Otte, Slg. Grundmann

Foto: Kieper

99 4512 (DR), Westhavelländische Kreisbahnen

Die 750-mm-Strecke Rathenow–Senzke–Paulinenaue wurde am 1. Oktober 1901 mit der Zweigstrecke von Senzke nach Nauen erweitert. Dafür beschaffte die spätere Kreisbahn Rathenow-Senzke-Nauen zwei Nassdampfmaschinen von Orenstein & Koppel (O&K), welche die Bahnnummern 4 und 5 erhielten. Wie schon ihre Vorgänger waren es Dreikuppler mit einem hinteren Laufradsatz und ähnlichen Hauptabmessungen. Doch damit erschöpften sich schon die Ähnlichkeiten. Die O&K-Maschinen besaßen einen durchgehenden Außenrahmen. Der hintere Laufradsatz lief in einem Bissel-Gestell. Als Treibradsatz fungierte der dritte Kuppelradsatz. Als besondere Zutat hatten sie ein Lenkersteuerung nach einem Patent von O&K erhalten. Diese arbeitete aber nicht einwandfrei und bewirkte eine schlechte Dampfverteilung. Die daraus resultierenden ungleichmäßigen Auspuffschläge brachten den Loks schnell den Spitznamen »Röchel-Anna« ein. Auf der kurzen Rauchkammer thronte ursprünglich ein Kobelschornstein, der bald durch einen Schornstein der Regelausführung ersetzt wurde. Auf dem Langkessel saß vorne ein Dampfdom, auf dem hinteren Teil ein viereckiger Sandkasten. Der Kohlevorrat befand sich anfangs im Führerhaus. Später brachte die Kreisbahn an der Führerhausrückwand einen Kohlekasten an, zu dessen Abstützung der Rahmen verlängert werden musste. Dadurch verschlechterten sich aber die Laufeigenschaften und die Maschinen neigten zu häufigen Entgleisungen.
Im Zweiten Weltkrieg musste die Bahnnummer 4 zum Osteinsatz an die Wehrmacht abgegeben werden. Sie kehrte von dort nicht mehr zurück. Die Bahnnummer 5 wurde nach der Übernahme durch die DR 1949 als 99 4512 eingereiht und blieb auf dem Abschnitt Kriele–Nauen im Einsatz. Im Oktober 1958 wurde die »Röchel-Anna« abgestellt, aber erst am 18. März 1964 ausgemustert. Wenig später war die Lok zerlegt.

Technische Daten:

Baureihenbezeichnung:	99 4512 (DR)
Spurweite (mm):	750
Radsatzanordnung:	C1'n2t
Zylinderdurchmesser (mm):	250
Kolbenhub (mm):	350
Verdampfungsheizfläche (m²):	31,20
Vmax (km/h):	25
Leistung (PSi):	125
Dienstmasse (t):	14,5
Größte Radsatzfahrmasse (t):	4,8
Länge über Kupplung/Puffer (mm):	6.150
Treib-/Kuppelraddurchmesser (mm):	700
Laufraddurchmesser (mm):	450
Wasserkasteninhalt (m³):	1,60
Brennstoffvorrat (t):	0,60
Indienststellung:	1901
Verbleib:	

99.452 (DR), Lenz-Typ nn, RüKB

Die Firma Lenz & Co. war zwischen 1895 und 1899 auf der Insel Rügen ein 750-mm-Schmalspurnetz erbaut worden, das aus den nicht miteinander verbundenen Netzteilen Altefähr–Putbus–Göhren und Bergen Ost–Altenkirchen bestand. Eigentümer war die Rügensche Kleinbahnen AG (RüKB), den Betrieb führte bis 1910 Lenz & Co. durch. Für den rasch anwachsenden Verkehr wurden bald vierfach gekuppelte Maschinen notwendig. Da man aber der Kurvenläufigkeit von Vierkupplern mit starrem Rahmen nicht traute, beschaffte man für die RüKB 1902 eine erste Mallet-Lok von Vulcan in Stettin. Bis 1908 folgten von Vulcan drei weitere Exemplare, eine fünfte nahezu identische Maschine lieferte Hanomag 1911.
Wie bei Mallet-Loks üblich stützte sich der Kessel hinten auf den als Außenrahmen ausgebildeten Hauptrahmen und vorne auf das Triebdrehgestell auf. Das vordere Triebdrehgestell wurde von den Niederdruck-Zylindern, das hintere, im Hauptrahmen fest gelagerte Triebwerk von den Hochdruck-Zylindern angetrieben. Ursprünglich besaß der Schornstein einen Funkenfängerkobel, der aber bald entfernt wurde. Wasser- und Kohlevorräte waren in den Kästen beidseits des Langkessels untergebracht. Im Unterschied zu den Vulcan-Maschinen besaß die Hanomag-Mallet einen hohen Lüftungsaufsatz auf dem Führerhausdach.
Nach der Übernahme der Privatbahnen 1949 reihte die DR diese fünf Lokomotiven als 99 4521-4525 in ihren Bestand ein. Zeit ihres Lebens fuhren die Mallets ausschließlich auf den Schmalspurstrecken Rügens. Zwischen Dezember 1961 und Juni 1965 wurde alle abgestellt, als letzte die 99 4525. Sie konnte noch an den Betriebsteil Betonwerk des VEB Wohnungsbaukombinat Neubrandenburg als Heizlok verkauft werden, landete aber einige Jahre später wie ihre Schwestern auf dem Schrottplatz.

Technische Daten:

Baureihenbezeichnung:	99.452 (DR)
Spurweite (mm):	750
Radsatzanordnung:	B'Bn4vt
Zylinderdurchmesser (mm):	2 x 225 / 340
Kolbenhub (mm):	360
Verdampfungsheizfläche (m²):	34,90
Vmax (km/h):	30
Leistung (PSi):	145
Dienstmasse (t):	20,8
Größte Radsatzfahrmasse (t):	5,2
Länge über Kupplung/Puffer (mm):	7.063
Treib-/Kuppelraddurchmesser (mm):	700
Laufraddurchmesser (mm):	-
Wasserkasteninhalt (m³):	2,0
Brennstoffvorrat (t):	0,70
Indienststellung:	1902-1911
Verbleib:	

Foto: Endisch

Foto: Slg. Kleine, Archiv transpress

99.453 (DR), Trusebahn

Am 25. Juli 1899 war die schmalspurige Trusebahn (750 mm) von Wernshausen nach Herges-Vogtei (ab 1950 Trusetal) eröffnet worden. Neben dem Personenverkehr war ein wichtiges Standbein die Abfuhr von Eisenmanganerz und von Schwerspat. Schon wenige Jahre nach der Eröffnung musste das steigende Verkehrsaufkommen durch die Beschaffung einer weiteren, leistungsfähigeren Lokomotive befriedigt werden. 1908 lieferte Orenstein & Koppel (O&K) einen Naßdampf-Vierkuppler, der bei der Trusebahn-AG den Namen »GLÜCK AUF« erhielt. Diese Maschine bewährte sich und so folgte 16 Jahre später von O&K ein zweites Exemplar, die »TRUSETAL«.
Auf Grund der krümmungsreichen Strecke waren die Maschinen zur besseren Kurvenläufigkeit mit radial einstellbaren Endradsätzen der Bauart Klien-Lindner ausgestattet worden. Diese Hohlachsen bedingten die Verwendung eines Blechaußenrahmens. Angetrieben wurden die Radsätze über Hallsche Kurbeln, als Treibradsatz fungierte der dritte Radsatz. Mit der Übernahme der Privatbahnen durch die DR 1949 konnten die beiden Maschinen als 99 4531 und 4532 eingereiht werden. Beide Vierkuppler wurden im Herbst 1958 abgestellt. Die 99 4531 ging nicht mehr in Betrieb ging, wurde am 28. Februar 1962 ausgemustert und wenig später verschrottet. Dagegen erhielt die ehemalige »TRUSETAL« eine Hauptuntersuchung, die sich bis zum März 1962 hinzog. Nach beendeter HU kam die Lok nach Rügen. Dort konnte man mit ihr nicht viel anfangen und so wurde sie im Juli 1963 dem Bw Zittau für den Rangierdienst zugewiesen. Sie erfreute sich beim Personal großer Beliebtheit und erhielt schnell den Spitznamen »Hofdame«. Erst im Oktober 1989 wurde die 99 4532 abgestellt und wartet heute, inzwischen im Bestand der Sächsisch-Oberlausitzer Eisenbahngesellschaft (SOEG), abgestellt im Zittauer Lokschuppen auf bessere Zeiten.

Technische Daten:

Baureihenbezeichnung:	99.453 (DR)
Spurweite (mm):	750
Radsatzanordnung:	Dn2t
Zylinderdurchmesser (mm):	300
Kolbenhub (mm):	400
Verdampfungsheizfläche (m^2):	35,86
Vmax (km/h):	25
Leistung (PSi):	150
Dienstmasse (t):	21,0
Größte Radsatzfahrmasse (t):	5,25
Länge über Kupplung/Puffer (mm):	6.934
Treib-/Kuppelraddurchmesser (mm):	750
Laufraddurchmesser (mm):	-
Wasserkasteninhalt (m^3):	2,0
Brennstoffvorrat (t):	0,80
Indienststellung:	1908-1924
Verbleib:	99 4352 (SOEG)

99.454 (DR), ex Waldbahnen UdSSR

Nach dem Zweiten Weltkrieg befanden sich eine ganze Reihe rückgeführter oder beschlagnahmter Fremdlokomotiven in Deutschland. In Sachsen fanden sich in desolatem Zustand drei vierfach gekuppelte Heißdampf-Schlepptenderloks für eine Spurweite von 750 mm. Sie waren zwischen 1934 und 1936 für den Einsatz auf den Waldbahnen bei der Kraftmaschinenfabrik Kriskingo bei Podolsk (UdSSR) erbaut worden. War zunächst geplant auf Grund des großen Lokmangels alle drei Maschinen wiederaufzuarbeiten, blieb es schließlich bei einem Exemplar, wobei Teile der beiden anderen Verwendung fanden. Bei der DR erhielt diese Lok zunächst die Nummer 99 4052.
Ihr Fahrgestell besaß einen Blechinnenrahmen. Angetrieben wurde der dritte Kuppelradsatz. Die Dampfverteilung übernahm eine Walschaert-Steuerung über Kolbenschieber. Diese Steuerung entsprach prinzipiell der deutschen Bauart Heusinger. Der russische Überhitzer musste beim Wiederaufbau einem Überhitzer der Bauart Schmidt weichen. Auf dem schlanken, relativ niedrigen Kessel thronte ein großer runder Dampfdom, dahinter ein runder Sandkasten. Mit den kleinen seitlichen Wasserkästen hätte die Lok auch ohne Tender eingesetzt werden können.
Nach ihrer Fertigstellung im Februar 1949 fuhr die 99 4052 ein Jahr lang beim Bw Wilsdruff. Dann kam sie auf die Strecke Goßdorf-Kohlmühle–Hohnstein. Dort blieb sie bis zu deren Einstellung am 28. Mai 1951 und half sogar noch beim Abbau. Nach zweijährigem Gastspiel beim Bw Thum wurde die 99 4052 auf die Trusebahn versetzt. 1958 gelangte sie auf die Strecke Nauen–Kriele und wurde in 99 4541 umgezeichnet. Bis zu ihrer Abstellung im Oktober 1964 waren das Netz bei Dahme und die Strecken der ehemaligen Kreisbahn Jerichow I weitere Stationen. Am 4. November 1965 wurde sie schließlich ausgemustert und wenig später zerlegt.

Technische Daten:

Baureihenbezeichnung:	99.454 (DR)
Spurweite (mm):	750
Radsatzanordnung:	Dh2+2T
Zylinderdurchmesser (mm):	285
Kolbenhub (mm):	300
Verdampfungsheizfläche (m^2):	33,31
Vmax (km/h):	25
Leistung (PSi):	225
Dienstmasse (mit Tender) (t):	20,5
Größte Radsatzfahrmasse (t):	
Länge über Kupplung/Puffer (mm):	9.450
Treib-/Kuppelraddurchmesser (mm):	600
Laufraddurchmesser (v/h) (mm):	-
Wasservorrat (m^3):	4,50
Kohlevorrat (t):	2,50
Indienststellung:	1934
Verbleib:	

Foto: Blaschke

99.460 (DR), Lenz-Typ m

Ab 1896 beschaffte das Eisenbahnbau- und Betriebsunternehmen Lenz & Co. für den Betrieb auf seinen 750-mm-Strecken insgesamt 40 Zweikuppler seines Typs »m«, die von Vulcan in Stettin geliefert wurden. Im Umzeichnungsplan der Reichsbahn der DDR waren 1949 noch für zwei Maschinen die Betriebsnummern 99 4601 und 4602 vorgesehen. Die 99 4601 trug ihre DR-Nummer wohl nie. Sie war ab 1949 an die Zuckerfabrik Jarmen verliehen und wurde 1954 an die Zuckerfabrik verkauft. Die Lok entstand 1947 aus dem Zusammenbau zweier kriegsbeschädigter Maschinen der Demminer Kleinbahnen Ost. Kessel und Führerhaus spendeten deren Nr. 2m, Rahmen und Laufwerk kamen von der 4m. Die 99 4602 fuhr ursprünglich bei der Stolper Kreisbahn unter der Bahnnummer 1m und wurde später nach Rügen umgesetzt, wo sie die Nr. 7m erhielt. Nach der Übernahme durch die DR blieb sie auf Rügen und war ausschließlich auf der Strecke Fährhof–Altenkirchen der einstigen Rügenschen Kleinbahnen eingesetzt. Abgestellt wurde sie im Dezember 1963. Nach ihrer Ausmusterung am 4. November 1965 erfolgte wenig später die Verschrottung.
Die Firma Henschel & Sohn in Kassel produzierte ab 1912 eine verstärkte und verbesserte Ausführung des Lenz-Typs »m«. Drei Exemplare waren 1912 an die Demminer Kleinbahnen West geliefert worden und erhielten die Bahnnummern 111m-113m. Die 113m wurde 1932 an die Rügenschen Kleinbahnen verkauft und dort als 9m eingereiht. Die DR übernahm sie 1949 als 99 4603. Vorwiegend zwischen Fährhof und Altenkirchen eingesetzt, hielt sie bis zum Januar 1965 durch. Auch sie wanderte nach ihrer Ausmusterung am 1. November 1966 auf den Schrott.

Technische Daten:

Baureihenbezeichnung:	99 4601-4602	99 4603 (DR)
Spurweite (mm):	750	
Radsatzanordnung:	Bn2t	
Zylinderdurchmesser (mm):	230	
Kolbenhub (mm):	360	
Verdampfungsheizfläche (m²):	21,50	26,30
Vmax (km/h):	30	
Leistung (PSi):	80	95
Dienstmasse (t):	12,5	
Größte Radsatzfahrmasse (t):	6,25	
Länge über Kupplung/Puffer (mm):	5.860	6.070
Treib-/Kuppelraddurchmesser (mm):	720	
Laufraddurchmesser (mm):	-	
Wasserkasteninhalt (m³):	1,30	
Brennstoffvorrat (t):	0,50	
Indienststellung:	1896	1912
Verbleib:		

99 4611 (DR), Trusebahn

Tief in die deutsche Schmalspurgeschichte reicht die Vergangenheit der 99 4611, welche 1949 durch die DR von der Trusebahn (750 mm) übernommen werden konnte. Der Dreikuppler wurde 1891 von Jung in Jungenthal gebaut und an die erste deutsche Schmalspurbahn mit öffentlichem Verkehr, die 785-mm-spurige Bröltalbahn geliefert. Dort trug sie die Bahnnummer 1. Mit der Übernahme der Bröltalbahn durch die Rhein-Sieg-Eisenbahn AG erhielt sie die Bahnnummer 6. Im September 1925 konnte sie die Trusebahn als Gelegenheitskauf erwerben, musste sie jedoch von 785 mm auf 750 mm umspuren lassen. Ihre Nr. 6 dagegen durfte sie behalten.
Die Maschine hatte einen Außenrahmen, in dem die Radsätze gelagert waren. Angetrieben wurde der mittlere Radsatz. Die Dampfverteilung erfolgte durch eine Exzentersteuerung der Bauart Allan. Auf dem Langkessel thronten ein Sandkasten und ein großer Dampfdom mit Flachschieberregler und zwei Pop-Sicherheitsventilen. Ursprünglich besaß die Lok nur eine Handbremse. Später kam eine Knorr-Druckluftbremse hinzu. Die zweistufige Luftpumpe wurde rechts neben der Rauchkammer platziert, die beiden Hauptluftbehälter vor und links neben dem Sandkasten. Der Stehkessel entsprach der Bauart Crampton. Die Laufeigenschaften der Lok waren nicht besonders gut, da sie auf Grund der überhängenden Massen zum Nicken und Wanken neigte.

Foto: Slg. Kieper

Bis Mai 1957 fuhr die 99 4611 auf der Trusebahn. Nach kurzem, erfolglosem Gastspiel wegen zu hoher Radsatzlast auf der Strecke Nauen–Kriele gelangte die Maschine nach Burg auf das Schmalspurnetz der ehemaligen Kleinbahnen des Kreises Jerichow I. Dort blieb sie bis zu ihrer Abstellung im Dezember 1962. Am 17. Mai 1965 wurde die 99 4611 schließlich ausgemustert und bald darauf verschrottet.

Technische Daten:

Baureihenbezeichnung:	99 4611 (DR)
Spurweite (mm):	750
Radsatzanordnung:	Cn2t
Zylinderdurchmesser (mm):	300
Kolbenhub (mm):	350
Verdampfungsheizfläche (m²):	41,50
Vmax (km/h):	30
Leistung (PSi):	170
Dienstmasse (t):	18,5
Größte Radsatzfahrmasse (t):	6,2
Länge über Kupplung/Puffer (mm):	6.534
Treib-/Kuppelraddurchmesser (mm):	720
Laufraddurchmesser (mm):	-
Wasserkasteninhalt (m³):	2,50
Brennstoffvorrat (t):	0,70
Indienststellung:	1891
Verbleib:	

99 4612-4613 (DR), Kleinbahn Klockow-Pasewalk

Als reine Güterbahn war die Kleinbahn Klockow-Pasewalk (KKP, 750 mm) von Pasewalk Ost nach Klockow ab dem 8. Juni 1909 in voller Länge betriebsbereit. Ein erstes Teilstück war schon am 7. Oktober 1908 eröffnet worden. Dabei handelte es sich nur um den Ausbau der seit 1893 bestehenden Pferdebahn Pasewalk–Klockow für den Lokomotivbetrieb. Dafür wurden 1908 von Orenstein & Koppel zwei Naßdampf-Dreikuppler beschafft und als KKB 1 und KKB 2 eingereiht.

Foto: Slg. Kieper

Die Maschinen wiesen unverkennbar preußische Baugrundsätze auf . Sie besaßen eine Blechinnenrahmen, der in seinem hinteren Teil Aussparungen zur Massereduzierung aufwies. Der Antrieb erfolgte auf den dritten Kuppelradsatz, die Dampfverteilung übernahm eine Allan-Trick-Steuerung mit Flachschiebern der Regelbauart. Auf dem Langkessel saß ein hoher Dampfdom mit zwei Pop-Sicherheitsventilen und einem Ventilregler.
Nach dem Zweiten Weltkrieg wurde die KKB auf Anordnung der sowjetischen Besatzer den Prenzlauer Kreiskleinbahnen angegliedert. Die neue Verwaltung führte am 1. Februar 1948 erstmals den Reiseverkehr auf der KKB ein. Nach der Übernahme 1949 durch die DR erhielten die beiden KKB-Maschinen die Nummern 99 4612 und 4613. Sie blieben mit einer Ausnahme ihrer im Volksmund »Marie Klockow« genannten Stammstrecke immer treu. Nur 1952/53 wurde die 99 4613 ein Jahr lang nach Rügen ausgeliehen. Sie musste schon im November 1959 abgestellt werden. Ihre Schwesterlok hielt noch bis Gesamtstilllegung der Hausstrecke am 4. Oktober 1963 durch und half auch noch beim Abbau. Abgestellt wurde sie schließlich im Mai 1964. Bis 1975 diente sie noch bei einem Landwirtschaftsbetrieb in Steinmocker im Kreis Anklam als Heizlok. Dann wanderte auch die 99 4612 auf den Schrott.

Technische Daten:

Baureihenbezeichnung:	99 4612-4613 (DR)
Spurweite (mm):	750
Radsatzanordnung:	Cn2t
Zylinderdurchmesser (mm):	300
Kolbenhub (mm):	450
Verdampfungsheizfläche (m²):	33,00
Vmax (km/h):	25
Leistung (PSi):	140
Dienstmasse (t):	20,5
Größte Radsatzfahrmasse (t):	6,8
Länge über Kupplung/Puffer (mm):	5.880
Treib-/Kuppelraddurchmesser (mm):	750
Laufraddurchmesser (mm):	-
Wasserkasteninhalt (m³):	3,20
Brennstoffvorrat (t):	0,55
Indienststellung:	1908
Verbleib:	

Foto: Otte, Slg. Grundmann

99 4614-4615 (DR), Kleinbahn Kreis Jerichow I

1896 eröffneten die »Kleinbahnen des Kreises Jerichow I zu Burg bei Magdeburg« (KJI) knapp 80 km schmalspuriger Strecken (750 mm). Zur Anfangsausstattung gehörten fünf Dreikuppler von Jung. Im April 1903 konnten zwei weitere Linien eröffnet werden und das Netz der KJI umfasste nun in seiner größten Ausdehnung von 101,64 km. Auf Grund der positiven Entwicklung des Verkehrs und der Netzerweiterung beschafften die KJI im Jahre 1902 drei leistungsfähigere Dreikuppler bei Hagans, welche die Nummern 6-8 erhielten. 1909 und 1910 folgte noch je eine Maschine, welche als KJI 9 und 10 eingereiht wurden. Diese beiden Loks waren auch nach Ende des Zweiten Weltkriegs noch vorhanden und wurden von der DR (99 4614 und 4615) übernommen.
Die Hagans-Loks besaßen einen Außenrahmen. Angetrieben wurde der dritte Kuppelradsatz. Die Enden der Radsatzschenkel waren mit Hallschen Kurbeln ausgestattet. Die Dampfverteilung übernahm eine Stephenson-Steuerung mit Flachschiebern, wobei die Ableitung der Steuerung mittels Gegenkurbel und nicht wie sonst üblich durch Exzenter erfolgte.
Die Umzeichnung der KJI 10 in 99 4615 dürfte nur buchmäßig erfolgt sein, die Lok war bei der Übernahme durch die DR schon abgestellt und wurde mit ihrer Ausmusterung am 31. Mai 1951 aus den Bestandslisten gestrichen. Die 99 4614 setzte die DR stets auf der Strecke Loburg–Gommern ein. Dort endete zwar am 28. Mai 1960 der Personenverkehr und am 1. Januar 1961 auch der Güterverkehr zwischen Leitzkau und Gommern. Doch erst ein Unfall Ende September 1961 schickte die 99 4614 aufs Abstellgleis. Ausgemustert wurde sie am 10. August 1965 und wenig später verschrottet.

Technische Daten:

Baureihenbezeichnung:	99 4614-4615 (DR)
Spurweite (mm):	750
Radsatzanordnung:	Cn2t
Zylinderdurchmesser (mm):	300
Kolbenhub (mm):	400
Verdampfungsheizfläche (m²):	35,90
Vmax (km/h):	30
Leistung (PSi):	150
Dienstmasse (t):	18,5
Größte Radsatzfahrmasse (t):	6,2
Länge über Kupplung/Puffer (mm):	6.160
Treib-/Kuppelraddurchmesser (mm):	800
Laufraddurchmesser (mm):	-
Wasserkasteninhalt (m³):	2,50
Brennstoffvorrat (t):	0,60
Indienststellung:	1902-1910
Verbleib:	

Foto: Blaschke

Foto: Kieper

99.465 (DR), LJK, Heeresfeldbahn

MIt der Übernahme der Luckenwalde–Jüterboger Kleinbahn (LJK) durch die DR gelangten 1949 auch drei kleine Schlepptenderloks als 99 4651-4653 in ihren Bestand. Dies waren jedoch keine für Kleinbahnen gebaute Loks. Vielmehr handelte es sich um schmalspurige Heeresfeldmaschinen des Typs HF 110 C, die von Jung und Henschel für die Heeresfeldbahn im Zweiten Weltkrieg entwickelt worden waren und sowohl auf 600 mm wie auch auf 750 mm breiten Gleisen eingesetzt werden konnten. Die einfachen robusten Dreikuppler waren mit Außenrahmen-Fahrgestell, Zylinder mit Kolbenschiebern sowie einer Heusinger-Steuerung ausgestattet.
Die Jüterbog-Luckenwalder Kreiskleinbahnen mit ihren von Dahme (Mark) ausgehenden Strecken waren zunächst 1939 stillgelegt worden, wurden aber während des Krieges zu Militärzwecken weitergenutzt. Ende 1945 wurden die 750-mm-Strecken von Dahme nach Jüterbog und Luckenwalde wieder für den öffentlichen Verkehr reaktiviert und firmierten nun als Luckenwalde–Jüterboger Kleinbahn (LJK). Von der sowjetischen Militärverwaltung konnte für den Betrieb eine einsatzfähige Heeresbahnlok (Henschel 1941) erworben werden und bekam die Betriebsnummer 1. Zwei weitere Maschinen gleicher Bauart folgten 1948 als Nummer 4 (Henschel 1941) und 5 (Jung 1944). Auch nach der Verstaatlichung blieben die drei Loks auf ihren Hausstrecken. 1965 erfolgte deren Einstellung und die Loks wurden nach Rügen umgesetzt. 1968/69 wurde alle drei ausgemustert. Während ihre Schwestern verschrottet wurden, konnte die 99 4652 nach Aufarbeitung und Umspurung auf 600 mm 1973 in den Westen verkauft werden. Ab 1974 dampfte sie als Nr. 4 (FRANK S.) auf der Dampfkleinbahn Mühlenstroth bei Gütersloh.Seit April 1994 steht der Dreikuppler als Denkmal im Kleinbahnhof von Putbus (Rügen).

Technische Daten:

Baureihenbezeichnung:	99.465 (DR)
Spurweite (mm):	750
Radsatzanordnung:	Cn2t+2T
Zylinderdurchmesser (mm):	300
Kolbenhub (mm):	350
Verdampfungsheizfläche (m²):	30,2
Vmax (km/h):	30
Leistung (PSi):	110
Dienstmasse (mit Tender) (t):	29,5
Größte Radsatzfahrmasse (t):	6,0
Länge über Kupplung/Puffer (mm):	9.940 (mit Tender: 10.180)
Treib-/Kuppelraddurchmesser (mm):	700 (99 4653: 730)
Laufraddurchmesser (v/h) (mm):	-
Wasservorrat (m³):	6,60
Kohlevorrat (t):	3,0
Indienststellung:	1941
Verbleib:	99 4652 (Denkmal Putbus)

99.470 (DR), Prignitzer Kreiskleinbahnen

Gestiegene Verkehrsleistungen sowie die Aussonderung der kleinen Zweikuppler veranlassten die Prignitzer Eisenbahngesellschaft 1913 zur Bestellung von zwei Cn2t-Loks bei Henschel. Sie erhielten die Betriebsnummern 18-19 und fuhren ab 1914 auf den Strecken der Kreise Ost- und Westprignitz (später Prignitzer Kreiskleinbahnen, 750 mm). 1943 teilte ihnen das Landesverkehrsamt Brandenburg die Nummern 07-23 (ex Nr. 18, Ostprignitzer KKB) und 08-20 (ex. Nr. 19, Westprignitzer KKB) zu. Die Loks besaßen einen innenliegenden Blechrahmen. Der Antrieb erfolgte auf den dritten Kuppelradsatz. Zur besseren Bogenläufigkeit waren die Spurkränze des mittleren Radsatzes geschwächt. Die Dampfverteilung besorgte eine Heusinger-Steuerung mit Hängeeisen über Flachschieber.
Nach dem Zweiten Weltkrieg verschwand die 07-23 noch im Jahre 1945 als Beutegut der sowjetischen Besatzer. Die 08-20 blieb dagegen in der Prignitz und erhielt 1949 nach der Übernahme durch die DR die Betriebsnummer 99 4701. Anlässlich einer 1964 fälligen Hauptuntersuchung ließ sich die Erneuerung von diversen Großbauteilen nicht mehr umgehen, was zu einem weitgehenden Umbau führte. Neben einer Teilerneuerung von Kessel und Rahmen erhielt die Lok neue Wasserkästen, ein neues Führerhaus und einen Kohlekasten an der Führerhausrückwand. Auch nach ihrem Umbau fuhr sie weiter auf dem Prignitzer Netz, vorzugsweise kam sie auf der erst 1948 in 750-mm-Spur wiederaufgebauten Strecke Glöwen–Havelberg zum Einsatz. Mit dem Verkehrsträgerwechsel auf dieser Strecke zum 26. September 1971 war der Schmalspurbetrieb in der Prignitz beendet und auch die 99 4701 wurde abgestellt. 1973 wurde sie in den Westen verkauft und steht noch heute als Denkmal im Betonwerk Jungk in Wöllstein bei Bad Kreuznach.

Technische Daten:

Baureihenbezeichnung:	99.470 vor Umbau	nach Umbau (DR)
Spurweite (mm):	750	
Radsatzanordnung:	Cn2t	
Zylinderdurchmesser (mm):	265	
Kolbenhub (mm):	360	
Verdampfungsheizfläche (m²):	26,38	
Vmax (km/h):	35	
Leistung (PSi):	110	
Dienstmasse (t):	18,2	
Größte Radsatzfahrmasse (t):	6,1	6,8
Länge über Kupplung/Puffer (mm):	6.410	
Treib-/Kuppelraddurchmesser (mm):	800	
Laufraddurchmesser (mm):	-	
Wasserkasteninhalt (m³):	1,80	
Brennstoffvorrat (t):	0,85	
Indienststellung:	1914	Umbau 1964
Verbleib:	99 4701 (Denkmal Wöllstein)	

Foto: Kieper

Foto: Otte, Slg. Grundmann

99 4711 (DR), Prignitzer Kreiskleinbahnen

Speziell für ihre Strecke Lindenberg–Pritzwalk (750 mm) beschaffte die Ostprignitzer Kreiskleinbahnen 1920 einen Naßdampf-Dreikuppler mit hinterem Laufradsatz. Geliefert wurde die Bahnnummer 20 von Hartmann in Chemnitz. 1943 erhielt sie vom Landesverkehrsamt Brandenburg die neue Nummer 07-80.
Die Maschine hatte einen innenliegenden Blechrahmen. Angetrieben wurde der dritte Kuppelradsatz. Der radial einstellbare Laufradsatz war als Adamsachse ausgebildet und lag nur 1.220 mm hinter dem dritten Kuppelradsatz. Die Dampfverteilung erfolgte durch eine Heusinger-Steuerung mit Hängeeisen. Der zweischüssige Langkessel lag frei über dem Rahmen und trug eine großen runden Dampfdom sowie einen runden Sandkasten. Die Böden der seitlichen Wasserkästen saßen nicht auf dem Rahmen auf, so dass durch den vorhandenen Spalt die Tragfedern zugänglich blieben.
Nach der Übernahme der Privatbahnen 1949 durch die DR erhielt die Lok die Betriebsnummer 99 4711. Dies verhalf ihr schnell zu den Spitznamen »Kölnisch Wasser« oder »4711«. Zeit ihres Lebens verließ die Maschine nie ihr angestammtes Prignitzer Netz. Abgestellt wurde die 99 4711 schließlich im Juli 1966. Schon einen Monat später erfolgte ihre Ausmusterung am 23. August 1966 und kurz darauf hieß die Endstation Schrottplatz.

Technische Daten:

Baureihenbezeichnung:	99 4711 (DR)
Spurweite (mm):	750
Radsatzanordnung:	C1'n2t
Zylinderdurchmesser (mm):	250
Kolbenhub (mm):	400
Verdampfungsheizfläche (m²):	30,32
Vmax (km/h):	35
Leistung (PSi):	125
Dienstmasse (t):	25,0
Größte Radsatzfahrmasse (t):	7,0
Länge über Kupplung/Puffer (mm):	7.190
Treib-/Kuppelraddurchmesser (mm):	780
Laufraddurchmesser (mm):	480
Wasserkasteninhalt (m³):	2,40
Brennstoffvorrat (t):	0,80
Indienststellung:	1920
Verbleib:	

99 4712 (DR), Österreich Reihe U

Eng mit der deutschen Geschichte verknüpft ist der Lebensweg der 99 4712. Die Friedländer Bezirksbahn (750 mm) in Nordböhmen beschaffte 1899 bei Krauss in Linz drei Maschinen, welche weitgehend der Baureihe U der damaligen Österreichischen Staatsbahn (kkStB) entsprachen. Bei der Friedländer Bezirksbahn erhielten sie die Bahnnummern 11, 12 und 13 sowie Namen. Die spätere 99 4712 trug den Namen »EHRLICH« (Nr. 11). Nach Ende des Ersten Weltkrieges und der Gründung der Tschechoslowakei kam die Friedländer Bezirksbahn mit ihren Lokomotiven unter die Fittiche der neugegründeten tschechoslowakischen Staatsbahn CSD. Die Bahnnummern 11-13 wurden als U.37.007-U.37.009 in den Bestand eingereiht. Nach der Abtretung des Sudetenlandes an das Deutsche Reich im Oktober 1938 übernahm die DRG diese Loks als 99 791-793. Das Ende des Zweiten Weltkrieges erlebte die 99 791 auf der Strecke Hetzdorf–Großwaltersdorf und kam so in den Bestand der Reichsbahn der DDR. Ab Anfang der 50er-Jahre lief die 99 791 auf dem Prignitzer Netz und wurde im März 1956 umgezeichnet in 99 4712. Bis zu ihrer Abstellung im Oktober 1964 blieb sie in der Prignitz. Die Ausmusterung erfolgte am 15. November 1965.
Typisches Baumerkmal der 99 4712 war ihr Blechrahmen, welcher im Bereich der drei Kuppelradsätze als Innenrahmen, im Bereich des hinteren Laufradsatz aber als Außenrahmen ausgebildet war. Der Laufradsatz und der hintere Kuppelradsatz waren zu einem Krauss-Helmholtz-Lenkgestell vereinigt. Die ursprünglichen Kuppelräder waren als Scheibenräder mit Aussparungen ausgeführt, bei der DR wurden sie durch normale Speichenradsätze ersetzt. Die Dampfverteilung besorgte eine Heusinger-Steuerung mit Kuhnscher Schleife über Flachschieber. Der Stehkessel entsprach der Bauart Crampton, auf dem Langkessel saß ein großer Dampfdom.

Technische Daten:

Baureihenbezeichnung:	99 4712 (DR)
Spurweite (mm):	750
Radsatzanordnung:	C1'n2t
Zylinderdurchmesser (mm):	290
Kolbenhub (mm):	400
Verdampfungsheizfläche (m²):	41,40
Vmax (km/h):	35
Leistung (PSi):	190
Dienstmasse (t):	24,3
Größte Radsatzfahrmasse (t):	7,2
Länge über Kupplung/Puffer (mm):	7.500
Treib-/Kuppelraddurchmesser (mm):	845
Laufraddurchmesser (mm):	580
Wasserkasteninhalt (m³):	3,20
Brennstoffvorrat (t):	1,36
Indienststellung:	1899
Verbleib:	

Foto: Slg. Endisch

99.472 (DR), Kleinbahn Kreis Jerichow I, ex Werklok Henschel

In Magdeburgerforth, der Abzweigestation zweier Strecken der »Kleinbahnen des Kreises Jerichow I« (KJI), fand sich nach Ende des Zweiten Weltkrieges eine Bn2t-Lok, die beim Bau der Reichsautobahn Berlin–Hannover eingesetzt worden war. Diese Werklok aus der Henschel-Serienfertigung war 1922 an die Baufirma Polenzky & Zöllner geliefert worden. Von der KJI wurde die Maschine für den öffentlichen Verkehr hergerichtet und ab April 1948 mit der Bahnnummer 22 bei der nun als »Kreisbahn Burg« firmierende Kleinbahn eingesetzt. Preußische Baumerkmale kennzeichneten den Henschel-Zweikuppler. Die Lok besaß einen Blechinnenrahmen, der zugleich als Wasserkasten ausgebildet war. Weitere Wasservorräten befanden sich in den kurzen seitlichen Wasserkästen, wobei der linke oben den Kohlevorrat trug.
Nach der Übernahme der Kreisbahn Burg 1949 durch die DR erhielt der Zweikuppler die Nummer 99 4401 erhalten. Damit war aber diese Betriebsnummer doppelt besetzt, denn die spätere 99 4301 war fälschlicherweise ebenfalls als 99 4401 bezeichnet worden. Mit der Umzeichnung im Februar 1956 konnte Klarheit geschaffen werden und die Lok fuhr ab diesem Zeitpunkt als 99 4721. Eingesetzt war sie vorwiegend im Rangierdienst des Bahnhofs Burg, doch ab und zu kam sie auch zu Hilfszugehren. Nach der Stilllegung der letzten Strecken des Burger Netzes am 25. September 1965 half die Maschine noch beim Abbau. Ihre Abstellung erfolgte schließlich im September 1966. Nach ihrer Ausmusterung am 2. Mai 1967 wurde sie dem Klub Junger Techniker in Halberstadt als Ausstellungs- und Demonstrationsobjekt überlassen. Verrottung durch mangelnde Pflege führte 1984/85 zu ihrer Verschrottung.

Technische Daten:

Baureihenbezeichnung:	99.472 (DR)
Spurweite (mm):	750
Radsatzanordnung:	Bn2t
Zylinderdurchmesser (mm):	280
Kolbenhub (mm):	360
Verdampfungsheizfläche (m²):	31,50
Vmax (km/h):	25
Leistung (PSi):	140
Dienstmasse (t):	15,1
Größte Radsatzfahrmasse (t):	7,55
Länge über Kupplung/Puffer (mm):	6.360
Treib-/Kuppelraddurchmesser (mm):	700
Laufraddurchmesser (mm):	-
Wasserkasteninhalt (m³):	2,0
Brennstoffvorrat (t):	0,50
Indienststellung:	1922
Verbleib:	

Foto: Blaschke

99.480 (DR), Kleinbahn Kreis Jerichow I

Die »Kleinbahnen des Kreises Jerichow I« (KJI) beschafften 1938 bei Henschel & Sohn in Kassel ihre ersten und einzigen Heißdampf-Maschinen. Mit den Bahnnummer 20 und 21 waren dies zwei leistungsfähige Vierkuppler mit einem vorderen Laufradsatz. Sie waren speziell für die Einsatzbedingungen der Kleinbahn entworfen worden und sollten die Attraktivität der KJI spürbar erhöhen. Die modernen Maschinen besaßen einen robusten Blechinnenrahmen. Der Laufradsatz lief in einem Bissel-Gestell. Eine Heusinger-Steuerung mit Kuhnscher Schleife besorgte über Kolbenschieber der neuesten Bauart die Dampfverteilung. Da der gering belastete vordere Laufradsatz der Maschinen zu Entgleisungen neigte, ließ Ende der 40er-Jahre die Kleinbahn ihre Nr. 21 umbauen. Laufradsatz und Bisselgestell wurden entfernt, der Rahmen im vorderen Teil gekürzt und Kessel sowie Führerhaus etwas nach hinten versetzt. Bei der Übernahme 1949 durch die DR wurden daher die Loks mit unterschiedlichen Radsatzfolgen als 99 4801 (ex Nr. 20) und 4802 (ex Nr. 21) eingereiht. Da sich die Laufeigenschaften der umgebauten 99 4802 deutlich verschlechtert hatten, erfolgte der Rückbau 1964. Dabei erhielten beide Loks neue geschweißte Führerhäuser mit oben eingezogenen Seitenwänden sowie neue geschweißte Vorratsbehälter.
Nach dem Verkehrsträgerwechsel (Gesamtstillegung) auf dem Burger Netz am 25. September 1965 kamen beide Maschinen nach Rügen. Dort erlebten sie 1992 noch die Umzeichnung in 099 780 und 781 nach dem gemeinsamen Umzeichnungsplan von DB und DR. 1993 und 1994 erhielten sie im Rahmen einer Generalreparatur neue geschweißte Ersatzkessel. Mit der Privatisierung der Schmalspurbahn auf Rügen im Januar 1996 gelangten die Loks in den Bestand der neugegründeten Rügenschen Kleinbahn und versehen bis heute dort ihren Dienst.

Technische Daten:

Baureihenbezeichnung:	99.480 (DR)
Spurweite (mm):	750
Radsatzanordnung:	1'Dh2t
Zylinderdurchmesser (mm):	360
Kolbenhub (mm):	410
Verdampfungsheizfläche (m²):	44,59
Vmax (km/h):	40
Leistung (PSi):	320
Dienstmasse (t):	29,7
Größte Radsatzfahrmasse (t):	7,5
Länge über Kupplung/Puffer (mm):	9.440
Treib-/Kuppelraddurchmesser (mm):	850
Laufraddurchmesser (mm):	500
Wasserkasteninhalt (m³):	3,50
Brennstoffvorrat (t):	1,25
Indienststellung:	1938
Verbleib:	RüKB

Foto: Kieper

Foto: Slg. Kieper

99.500 (DR), Spremberger Stadtbahn

Zum Anschluss des abseitsgelegenen Spremberger Bahnhofes ließ die Stadt Spremberg (Lausitz) zwischen 1896 und 1898 ihre sogenannte »Stadtbahn« erbauen, ein Netz von Normal- und Meterspurstrecken, das für die zahlreichen Fabriken und Kohlegruben die Schienenbeförderung sicherstellte. Nach dem Ersten Weltkrieg beschaffte die Spremberger Stadtbahn 1925 bei Borsig ihre einzige Heißdampf-Maschine. Der bullige Zweikuppler erhielt die Bahnnummer 11 und erinnerte äußerlich durchaus an die späteren Einheitsrangierloks der DRG. Ungewöhnlich für diese Größenklasse besaß die Maschine einen Barrenrahmen. Angetrieben wurde der zweite Kuppelradsatz. Auf dem leistungsfähigen Kessel mit einem Rauchrohrüberhitzer der Bauart Schmidt saßen ein runder Dampfdom und ein runder Sandkasten. Der ursprüngliche Schornstein mit Kobelfunkenfänger musste später einem normalen Schornstein weichen, wobei der Funkenfänger in die Rauchkammer verlegt wurde. Ebenfalls eine nachträgliche Zutat war der Kohlekasten an der Führerhausrückwand.
Nach dem Zweiten Weltkrieg verlor die Spremberger Stadtbahn nicht ihre Selbstständigkeit, sie blieb weiter kommunaler Eigenbetrieb der Stadt. Doch ab Mitte der 50er-Jahre bildete der Rollbockverkehr ein immer größeres Verkehrshindernis, so dass zum 31. Dezember 1956 der Betrieb eingestellt wurde. Kurz davor wurde die Nr. 11 an die DR verkauft und als 99 5001 eingereiht. Nach einer Hauptuntersuchung gelangte die Maschine zur Harzquer- und Brockenbahn. Dort diente sie zunächst als Rangierlok im Bahnhof Nordhausen Nord. Später übernahm sie die Bedienung von Anschlüssen in Wernigerode. Nach rund zehn Jahren in Diensten der DR wurde die 99 5001 im Juli 1967 abgestellt. Weitere sechs Jahre gingen ins Land, bis Ende 1973 die Maschine nach Frankreich an die Museumsbahn Dunières–Tence–St. Agrève verkauft wurde.

Technische Daten:

Baureihenbezeichnung:	99.500 (DR)
Spurweite (mm):	1.000
Radsatzanordnung:	Bh2t
Zylinderdurchmesser (mm):	340
Kolbenhub (mm):	400
Verdampfungsheizfläche (m^2):	40,30
Vmax (km/h):	25
Leistung (PSi):	290
Dienstmasse (t):	21,0
Größte Radsatzfahrmasse (t):	10,5
Länge über Kupplung/Puffer (mm):	6.150
Treib-/Kuppelraddurchmesser (mm):	850
Laufraddurchmesser (mm):	-
Wasserkasteninhalt (m^3):	1,40
Brennstoffvorrat (t):	0,85
Indienststellung:	1925
Verbleib:	99 5001 (Frankreich)

99.520 (DR), Spremberger Stadtbahn

1938 benötigte die meterspurige Spremberger Stadtbahn eine weitere leistungsfähige Maschine. Aus Kostengründen entschied man sich für einen Nassdampf-Zweikuppler, obwohl sich die Borsig-Heißdampflok von 1925 (DR 99 5001) gut bewährt hatte. Lieferant der neuen Bahnnummer 12 war die Firma Orenstein & Koppel, welche sich bei der Gestaltung der Lok am Borsig-Vorbild orientierte. Ihr Radsatzstand von 1.500 mm war mit der Borsig-Lok identisch. Doch die Nr. 12 war geringfügig länger und besaß einen Blechinnenrahmen, der gleichzeitig als Wasserkasten diente. Weitere Wasservorräte nahmen die seitlichen Wasserkästen auf, während die Kohle im Kohlekasten an der Führerhausrückwand lagerte. Angetrieben wurde ebenfalls der zweite Kuppelradsatz und wiederum erfolgte die Dampfverteilung durch eine Heusinger-Steuerung mit Kuhnscher Schleife über Kolbenschieber. Der Kessel lag 200 mm höher als bei der Borsig-Lok und trug ein Latowski-Dampfläutewerk, einen großen runden Dampfdom und einen runden Sandkasten. Weitgehend identisch war wiederum das geräumige Führerhaus mit dem großen Lüftungsaufsatz.
Auch diese Maschine konnte kurz vor der Stilllegung der Spremberger Stadtbahn (31. Dezember 1956) an die DR veräußert werden und erhielt dort die Nummer 99 5201. Die darauffolgende Hauptuntersuchung bescherte der Lok eine Knorr-Druckluftbremse, eine Körting-Saugluftbremse sowie elektrische Beleuchtung. Danach war sie fit für den Einsatz im Rangierdienst bei der Harzquer- und Brockenbahn. 1965 wurde die 99 5201 nicht mehr im Betriebsdienst benötigt und konnte als Heizlok an die Möbelfabrik Wernigerode vermietet werden. Ausgemustert wurde sie am 6. November 1968, doch erst fünf Jahre später verschrottet.

Technische Daten:

Baureihenbezeichnung:	99.520 (DR)
Spurweite (mm):	1.000
Radsatzanordnung:	Bn2t
Zylinderdurchmesser (mm):	340
Kolbenhub (mm):	400
Verdampfungsheizfläche (m^2):	45,80
Vmax (km/h):	30
Leistung (PSi):	195
Dienstmasse (t):	23,8
Größte Radsatzfahrmasse (t):	11,9
Länge über Kupplung/Puffer (mm):	6.720
Treib-/Kuppelraddurchmesser (mm):	860
Laufraddurchmesser (mm):	-
Wasserkasteninhalt (m^3):	3,0
Brennstoffvorrat (t):	0,90
Indienststellung:	1938
Verbleib:	

Foto: Blaschke

99.560 (DR), Lenz-Typ i, FKB

Das bekannte Eisenbahnbau- und Betriebsunternehmen Lenz & Co. hatte für seine Bahnen diverse Loktypen in Serie bauen lassen. Für den Betrieb auf den Meterspurstrecken der Franzburger Kreisbahnen AG (FKB) von Stralsund nach Barth und Ribnitz-Damgarten beschaffte Lenz 1893/94 als Anfangsausstattung sechs B-gekuppelte Tenderloks seines Typs »i« von Vulcan in Stettin. Sie erhielten bei der FKB die Betriebsnummern 1-6. Die soliden und einfachen Nassdampf-Tenderloks besaßen ein Heusinger-Steuerung. Auf dem zweifach gekuppelten Fahrgestell ruhte ein innenliegender Blechrahmen, der gleichzeitig den Wasservorrat aufnahm.

Beim Aufbau der meterspurigen FKB-Strecken halfen schon die ersten drei Maschinen mit. Zur Inbetriebnahme des ersten Streckenabschnitts folgten die restlichen drei. Beide Weltkriege sowie die Zwischenkriegszeit ließen die Maschinen ungeschoren, sie versahen brav und treu ihren Dienst auf der FKB. Auch nach Ende des Zweiten Weltkriegs änderte sich nicht viel, bei der Verstaatlichung 1949 wurden die Maschinen als 99 5601-5606 von der DR eingereiht. Mit der 5604 wurde 1957 die erste Maschine ausgemustert. 1961 folgte die 99 5603, ihren gut erhaltenen Kessel erhielt die 99 5606. Im April 1963 quittierten die 99 5601 und 5602 ihren Dienst. Der noch gute Kessel der erstgenannten konnte auf der 99 5605 weiterverwendet werden, die 99 5602 diente noch bis 1967 bei einer Ziegelei auf Rügen als Heizlok. Die beiden letzten B-Kuppler mussten schließlich im April 1968 das Dampfen einstellen. Beide blieben erhalten und wurden 1970 in den Westen verkauft. Vor dem Eingang der Nürnberger Modellbahnfirma Lehmann hält immer noch die 99 5606 Wacht, während die 99 5605 heute als »FRANZBURG« des Deutschen Eisenbahn-Vereins (DEV) bei der Museumsbahn in Bruchhausen-Vilsen ihre Runden dreht.

Technische Daten:

Baureihenbezeichnung:	99.560 (DR)
Spurweite (mm):	1.000
Radsatzanordnung:	Bn2t
Zylinderdurchmesser (mm):	210
Kolbenhub (mm):	400
Verdampfungsheizfläche (m²):	20,48
Vmax (km/h):	30
Leistung (PSi):	85
Dienstmasse (t):	12,0
Größte Radsatzfahrmasse (t):	6,0
Länge über Kupplung/Puffer (mm):	5.800
Treib-/Kuppelraddurchmesser (mm):	800
Laufraddurchmesser (mm):	-
Wasserkasteninhalt (m³):	1,0
Brennstoffvorrat (t):	0,35
Indienststellung:	1893-1894
Verbleib:	99 5605 (DEV), 99 5606 (Denkmal Nürnberg)

99.561 (DR), Lenz-Typ o, FKB

Als Gelegenheitskauf für ihre Meterspurstrecken erwarb die Franzburger Kreisbahnen AG (FKB) 1928 einen Nassdampf-Dreikuppler von der Salzwedeler Kleinbahn, welcher dort durch die Umnagelung auf Normalspur überflüssig geworden war. 1903 war die Lok von Henschel an diese Kleinbahn geliefert worden. Bei der FKB erhielt sie die Bahnnummer 9 in zweiter Besetzung und wurde entsprechend der Lenz-Klassifizierung als Typ »o« bezeichnet.

Ähnlichkeiten mit der preußischen T 3 waren unverkennbar. Die Maschine besaß ein Innenrahmenfahrgestell. Angetrieben wurde der dritte Kuppelradsatz. Eine außenliegende Allan-Trick-Steuerung besorgte die Dampfverteilung über Flachschieber. Auf dem Langkessel thronten ein runder Dampfdom, ein viereckiger Sandkasten und ein Latowski-Dampfläutewerk. Ein hoher konischer Schornstein befand sich auf der sehr kurzen Rauchkammer. Die seitlichen Vorratskästen dienten nur zur Aufnahme von Kohle, der Wasservorrat wurde im Rahmenwasserkasten mitgeführt.

Foto: Blaschke

Die FKB setzte ihre Nr. 9" vorwiegend im Rangierdienst ein. Erst nach der Übernahme 1949 durch die DR fuhr die nun als 99 5611 bezeichnete Lok vermehrt im Zugdienst. Mit ihrer Abstellung im April 1970 hielt sie fast bis zur Stilllegung der FKB-Teilstrecke am 3. Januar 1971 durch. Nach ihrer Ausmusterung wurde sie nicht verschrottet, sondern 1973 im Bw Wernigerode-Westerntor wiederaufgearbeitet und Ende des Jahres nach Frankreich an die Museumsbahn Dunières–Tence–St. Agrève verkauft.

Technische Daten:

Baureihenbezeichnung:	99.561 (DR)
Spurweite (mm):	1.000
Radsatzanordnung:	Cn2t
Zylinderdurchmesser (mm):	300
Kolbenhub (mm):	430
Verdampfungsheizfläche (m²):	37,58
Vmax (km/h):	30
Leistung (PSi):	175
Dienstmasse (t):	20,8
Größte Radsatzfahrmasse (t):	6,9
Länge über Kupplung/Puffer (mm):	6.600
Treib-/Kuppelraddurchmesser (mm):	860
Laufraddurchmesser (mm):	-
Wasserkasteninhalt (m³):	1,70
Brennstoffvorrat (t):	0,60
Indienststellung:	1903
Verbleib:	99 5611 (Frankreich)

Foto: Blaschke

99.562 (DR), Lenz-Typ ii, FKB

Zu Beginn des 20. Jahrhunderts waren die Zweikuppler der Franzburger Kreisbahnen AG (FKB) mit dem steigenden Güterverkehr, vor allem während der Zuckerrübenernte überfordert. Vierfach gekuppelte Maschinen waren für die gestiegenen Zuglasten erforderlich. Das betriebsführende Unternehmen Lenz & Co. beschaffte wegen der besseren Kurvenläufigkeit für seine Bahnen ab 1902 Lokomotiven der Bauart Mallet in ähnlicher Ausführung für 750 mm Spurweite und für Meterspur. Die ersteren erhielten die Lenz-Typenbezeichnung »nn«, die letzteren liefen als Typ »ii«. 1902 erhielt die meterspurige FKB ihre erste »ii« von Vulcan in Stettin und reihte sie unter der Bahnnummer 7 in ihren Bestand ein. Mit der Nummer 8 folgte 1910 eine zweite Mallet. Wie bei allen Mallets stützte sich auch bei den FKB-Maschinen der Kessel hinten auf den als Außenrahmen ausgebildeten Hauptrahmen und vorne auf das Triebdrehgestell auf. Niederdruck-Zylinder wirkten auf das vordere Triebdrehgestell, Hochdruck-Zylinder trieben die hinteren, im Hauptrahmen fest gelagerten Radsätze an. Beide Triebwerke arbeiteten im Verbundverfahren, angetrieben war jeweils der hintere Radsatz. Jede Triebwerksgruppe besaß ihre eigene außenliegende Heusinger-Steuerung. Für die getrennte Besandung jeder Radsatzgruppe war zwei viereckige Sandkästen vorhanden, einer auf dem Langkessel vor dem Dampfdom und einer auf dem Stehkessel.
Nach der Übernahme der Privatbahnen 1949 erhielten die beiden Mallets bei der DR die Betriebsnummern 99 5621 und 5622. Zeit ihres Lebens fuhren die beiden Maschinen ausschließlich auf den Meterspurstrecken der ehemaligen FKB. Im Februar 1967 (99 5622) und im November 1968 (99 5621) erfolgte ihre Abstellung. Nach der Ausmusterung einige Zeit später landeten auch sie auf dem Schrottplatz.

Technische Daten:

Baureihenbezeichnung:	99.562 (DR)
Spurweite (mm):	1.000
Radsatzanordnung:	B'Bn4vt
Zylinderdurchmesser (mm):	2 x 225 / 340
Kolbenhub (mm):	360
Verdampfungsheizfläche (m²):	34,90
Vmax (km/h):	30
Leistung (PSi):	145
Dienstmasse (t):	20,6
Größte Radsatzfahrmasse (t):	5,15
Länge über Kupplung/Puffer (mm):	7.164
Treib-/Kuppelraddurchmesser (mm):	720
Laufraddurchmesser (mm):	-
Wasserkasteninhalt (m³):	2,0
Brennstoffvorrat (t):	0,60
Indienststellung:	1902-1910
Verbleib:	

Foto: Kielstein, Slg. Grundmann

99.563 (DR), NWE, ex Frankreich

Nach dem Zweiten Weltkrieg suchte die meterspurige Nordhausen-Wernigeroder Eisenbahn (NWE) dringend Loks zur Aufstockung ihres heruntergewirtschafteten Fahrzeugparks. So traf es sich ausgezeichnet, dass im Bahnhof Hildburghausen zwei meterspurige Nassdampfloks herumstanden. Die beiden Dreikuppler mit hinterem Laufradsatz waren durch die Kriegswirren dorthin verschlagen worden. Beide Maschinen wurden 1890 von Schneider & Cie. in Le Creusot für die Tramway de la Côte d'Or im östlichen Zentralfrankreich gebaut. Während des Krieges requirierte die Wehrmacht die Loks und schickte sie nach Polen. Bei der Flucht vor der näherrückenden Sowjetarmee landeten die Maschinen schließlich bei der meterspurigen Hilburghausen-Heldburger Eisenbahn. Die NWE übernahm sie mit den Bahnnummern 71 und 72 in ihren Bestand, konnte sie aber auf Grund der verschlissenen Kessel nicht einsetzen. Erst nach der Übernahme der NWE 1949 durch die DR entsann man sich wieder dieser Exoten. Ab 1952 wurden sie im Raw Blankenburg wiederaufgearbeitet und mit neuen Nachbaukesseln ausgerüstet.
Im April 1953 gingen beide Maschinen unter den Nummern 99 5631 und 5632 bei der Harzquerbahn in Betrieb, waren aber auf Grund ihrer geringen Leistung vorwiegend im Verschubdienst eingesetzt. Bereits drei Jahre nach der aufwändigen Restaurierung wurde die 99 5632 im Januar 1956 abgestellt, am 12. Dezember 1958 ausgemustert und 1960 verschrottet. Besser traf es die 99 5631, die ab 1958 auf den Meterspurstrecken der ehemaligen Franzburger Kreisbahnen fuhr. Dort lief sie bis zur ihrer Abstellung im März 1965. Ihre Ausmusterung erfolgte am 1. November 1966 und wenig später die Verschrottung.

Technische Daten:

Baureihenbezeichnung:	99.563 (DR)
Spurweite (mm):	1.000
Radsatzanordnung:	C1'n2t
Zylinderdurchmesser (mm):	320
Kolbenhub (mm):	380
Verdampfungsheizfläche (m²):	53,12
Vmax (km/h):	25
Leistung (PSi):	200
Dienstmasse (t):	23,5
Größte Radsatzfahrmasse (t):	6,0
Länge über Kupplung/Puffer (mm):	6.970
Treib-/Kuppelraddurchmesser (mm):	800
Laufraddurchmesser (mm):	590
Wasserkasteninhalt (m³):	2,50
Brennstoffvorrat (t):	1,50
Indienststellung:	1890
Verbleib:	

Foto: Blaschke

Foto: Kieper

99.570 (DR), Spreewaldbahn

Zwischen 1897 und 1899 erschlossen die Lübben-Cottbuser Kreisbahnen (ab 1923 Spreewaldbahn AG) mit ihren 1.000-mm-Strecken das Gebiet des nördlichen Spreewaldes. Zur Eröffnung der ersten Teilstrecke von Lübben nach Straupitz am 29. Mai 1898 standen fünf Dreikuppler zur Verfügung, die von Hohenzollern geliefert worden waren. Sie erhielten die Namen »LIEBEROSE«, »STRAUPITZ«, »LÜBBEN«, »BURG« und »COTTBUS«. Die Eröffnung weiterer Strecken sowie die positive Verkehrsentwicklung führten 1899 und 1903 zur Beschaffung von zwei identischen Maschinen, welche die Namen »GOYATZ« und »WERBEN« erhielten.
Nach der Übernahme der Spreewaldbahn 1949 durch die DR erhielten die Maschinen die Nummern 99 5701-5707. In den Jahren 1952/53 rüstete die DR die Loks mit einer Druckluftbremse der Bauart Knorr aus. Die zweistufige Luftpumpe fand links neben der Rauchkammer ihren Platz, der große Hauptluftbehälter wurde auf dem rechten Umlauf montiert. Eine weitere Zutat war die Ausrüstung mit elektrischer Beleuchtung, wobei der Dampfturbogenerator rechts neben dem Schornstein untergebracht wurde. Charakteristisches Kennzeichen fast aller Maschinen waren die von der Norm abweichenden Ziffern der Nummernschilder, welche im Bw Straupitz von Hand gefertigt worden waren. Einige Loks liefen zeitweise mit der Radsatzfolge 1B, da die Kuppelstangen zwischen erstem und zweitem Radsatz wegen zu großer Lagerspiele abgebaut werden mussten. Bis auf die 99 5703 und 5704 wurden 1968/69 alle Maschinen abgestellt. Die 99 5703 führte in der Nacht vom 3. auf den 4. Januar 1970 den letzten Zug auf der Spreewaldbahn, die 99 5704 half dann noch beim Abbau. Erhalten blieb nur die 99 5703, die zusammen mit einem Wagen im Spreewaldmuseum Lübbenau die Erinnerung an eine liebenswerte Schmalspurbahn bewahrt.

Technische Daten:

Baureihenbezeichnung:	99.570 (DR)
Spurweite (mm):	1.000
Radsatzanordnung:	Cn2t
Zylinderdurchmesser (mm):	300
Kolbenhub (mm):	200
Verdampfungsheizfläche (m²):	34,90
Vmax (km/h):	35
Leistung (PSi):	
Dienstmasse (t):	21,0
Größte Radsatzfahrmasse (t):	7,0
Länge über Kupplung/Puffer (mm):	6.600
Treib-/Kuppelraddurchmesser (mm):	900
Laufraddurchmesser (mm):	-
Wasserkasteninhalt (m³):	2,40
Brennstoffvorrat (t):	1,0
Indienststellung:	1897-1903
Verbleib:	99 5703 (Spreewaldmuseum Lübbenau)

99.571 (DR), GMWE

Zur Abfuhr der umfangreichen Braunkohlenvorräte des Meuselwitzer Reviers wurde am 12. November 1901 die 31,2 km lange Meterspurstrecke von Gera-Pforten nach Wuitz-Mumsdorf eröffnet. In Gera-Pforten war ein direkter Übergang zur städtischen Straßenbahn vorhanden, während sich in Wuitz-Mumsdorf der Anschluss zur Normalspur befand. Die Bahnverwaltung (GMWE) entschied sich auf Grund der schweren Kohlentransporte zur Beschaffung von vierfach gekuppelten Maschinen, die wegen der krümmungsreichen Strecke in der Bauart Mallet bestellt wurden. Geliefert wurden sie im Jahre 1900 von Borsig in Berlin-Tegel und erhielten die Bahnnummern 1-3. Schon 1902 folgte eine weitere identische Mallet von Borsig mit der Bahnnummer 4.
Entsprechend der Mallet-Bauart wiesen die Maschinen zwei geteilte, zweifach gekuppelte Triebwerke auf. Auf dem genieteten zweischüssigen Langkessel saß ein runder Dampfdom, flankiert von zwei viereckigen Sandkästen.
Steigendes Verkehrsaufkommen erforderte 1907 die Beschaffung einer fünften Mallet, die allerdings um 450 mm länger war als ihre Schwestern. Sie erhielt die Bahnnummer 6. Im Ersten Weltkrieg musste 1915 die Nr. 1 an die Heeresfeldbahn abgegeben werden. Daher bestellte die Bahn bei Borsig eine weitere Mallet, welche 1919 fertiggestellt war. Sie war um 800 mm länger als die Loks der Anfangsausstattung. 1926 musste die Nr. 3 ausgemustert werden. Zur Aufnahme des Rollbockverkehrs erhielten die verbliebenen vier Mallets 1929/30 eine Druckluftbremse. Die beiden Druckluftbehälter mussten mangels Platz auf dem Führerhausdach untergebracht werden und zur Aufnahme der Luftpumpe wurde der rechte Wasserkasten gekürzt.
Nach der Übernahme der GMWE durch die DR 1949 erhielten die Maschinen die Betriebsnummern 99 5711-5714. Die Abstellung aller Mallets erfolgte zwischen 1962 und 1967. Als letzte wurde am 12. März 1968 die 99 5714 ausgemustert.

Technische Daten:

Baureihenbezeichnung:	99 5711-5712	99 5713	99 5714 (DR)
Spurweite (mm):	1.000		
Radsatzanordnung:	B'B'n4vt		
Zylinderdurchmesser (mm):	2 x 265 / 400	2 x 265 / 400	2 x 265 / 405
Kolbenhub (mm):	400		
Verdampfungsheizfläche (m²):	49,40	63,90	63,90
Vmax (km/h):	35		
Leistung (PSi):			
Dienstmasse (t):	28,0		
Größte Radsatzfahrmasse (t):	7,0		
Länge über Kupplung/Puffer (mm):	7.400	7.850	8.200
Treib-/Kuppelraddurchmesser (mm):	820		
Laufraddurchmesser (mm):	-		
Wasserkasteninhalt (m³):	2,5		
Brennstoffvorrat (t):	1,4		
Indienststellung:	1900-1902	1907	1919
Verbleib:			

99 5801-5802 (DR), HHE

Zur normalspurigen Halle-Hettstedter Eisenbahn (HHE) gehörte auch die ebenfalls normalspurige Hafenbahn in Halle/Saale. Zur Bedienung zahlreicher Industrieanschlüsse in Halle wurde am 9. Januar 1895 die meterspurige Industriebahn Halle eröffnet, welche vom Betriebsbahnhof Halle Turmstraße der Hafenbahn aus mit engen Bögen durch fast jedes Fabriktor führte. Diese Industriebahn mit ihrem Rollbockverkehr war ebenfalls im Besitz der HHE. Zur Bedienung der Industrieanschlüsse standen zwei kleine Naßdampf-Zweikuppler zur Verfügung, welche 1894 von Hagans in Erfurt gebaut worden waren und die Betriebsnummern 3 und 4 erhalten hatten.
Die einfachen, robusten Zweikuppler besaßen einen genieteten Blechinnenrahmen, der zugleich als Wasserkasten ausgebildet war. Die Kuppelradsätze waren fest im Rahmen gelagert, angetrieben wurde der hintere Radsatz. Die seitlichen Vorratskästen dienten zur weiteren Aufnahme von Wasser und nahmen auch den Kohlevorrat auf. Da die Maschinen ausschließlich im Rollbockverkehr eingesetzt wurden, hatten sie keine der üblichen Mittelpufferkupplungen erhalten. Lediglich gefederte Kuppelösen nahmen den Kuppelbaum als Verbindung zwischen Lok und Rollbock auf.

Foto: Slg. Kieper

Mit der Übernahme der HHE 1949 durch die DR kam auch die Industriebahn Halle mit ihren Loks unter Reichsbahnhoheit und wurde die einzige Schmalspurbahn der Rbd Halle. Die Zweikuppler erhielten die Betriebsnummern 99 5801 und 5802. Ihre überalterten Kessen wurden den Maschinen in den 60er-Jahren zum Verhängnis. Schon im April 1963 musste die 99 5802 abgestellt werden, Ende Januar 1967 folgte schließlich ihre Schwesterlok. Ausmusterung und Verschrottung ließen nicht lange auf sich warten, den Betrieb auf der Industriebahn übernahmen Diesellokomotiven.

Technische Daten:

Baureihenbezeichnung:	99 5801, 5802 (DR)
Spurweite (mm):	1.000
Radsatzanordnung:	Bn2t
Zylinderdurchmesser (mm):	265
Kolbenhub (mm):	400
Verdampfungsheizfläche (m²):	28,20
Vmax (km/h):	20
Leistung (PSi):	110
Dienstmasse (t):	15,1
Größte Radsatzfahrmasse (t):	7,55
Länge über Kupplung/Puffer (mm):	4.635
Treib-/Kuppelraddurchmesser (mm):	800
Laufraddurchmesser (mm):	-
Wasserkasteninhalt (m³):	2,50
Brennstoffvorrat (t):	0,80
Indienststellung:	1894
Verbleib:	

Foto: Kielstein, Slg. Grundmann

99 5803-5804 (DR), NWE

Am 12. Juli 1897 eröffnete die Nordhausen-Wernigeroder Eisenbahn-Gesellschaft (NWE) ihren ersten Streckenabschnitt von Nordhausen nach Ilfeld. Zur Anfangsausstattung gehörten drei kleine Naßdampf-Zweikuppler, die1896 von der Mecklenburgischen Waggonfabrik in Güstrow geliefert worden waren. Die Lokomotiven mit den Bahnnummer 1-3 machten sich zunächst beim Streckenbau nützlich und waren später vorwiegend im Rangierdienst eingesetzt.
Die Zweikuppler besaßen einen Außenrahmen, der gleichzeitig als Wasserkasten ausgeführt war. Ursprünglich befand sich auf der relativ kurzen Rauchkammer ein Schornstein mit Funkenfängerkobel. Um 1900 wurde der Kobel entfernt, der Funkenfänger in die Rauchkammer verlegt und ein normaler konischer Schornstein aufgebaut.
Schon in der zweiten Hälfte der 30er-Jahre musste die Bahnnummer 2 wegen starker Kesselschäden ausgemustert werden. Die beiden anderen erhielten nach der Übernahme der NWE 1949 durch die DR die Betriebsnummern 99 5803 (ex Nr. 3) und 5804 (ex Nr. 1). Kurzzeitig waren sie nach der Übernahme im Zugdienst auf der Selketalbahn eingesetzt, verdienten sich dann aber ihr Brot als Rangierloks in Wernigerode (99 5803) und Nordhausen Nord (99 5804). Anfang der 60er-Jahre wurden die Maschinen überflüssig. Die Abstellung der 99 5804 erfolgte im Oktober 1960, ihre Ausmusterung erst fünf Jahre später am 15. Mai 1965. Hingegen kam die 99 5803 noch weit herum. Zwischen Dezember 1961 und November 1963 fuhr sie auf der sächsischen Rollbockbahn Reichenbach–Oberheinsdorf, anschließend wurde sie zur Industriebahn Halle/Saale umgesetzt. Mit ihrer Abstellung im April 1964 endete dort ihr aktiver Dienst. Ausgemustert wurde sie am 12. Juli 1967.

Technische Daten:

Baureihenbezeichnung:	99 5803, 5804 (DR)
Spurweite (mm):	1.000
Radsatzanordnung:	Bn2t
Zylinderdurchmesser (mm):	300
Kolbenhub (mm):	450
Verdampfungsheizfläche (m²):	38,00
Vmax (km/h):	30
Leistung (PSi):	155
Dienstmasse (t):	16,0
Größte Radsatzfahrmasse (t):	8,0
Länge über Kupplung/Puffer (mm):	6.343
Treib-/Kuppelraddurchmesser (mm):	900
Laufraddurchmesser (mm):	-
Wasserkasteninhalt (m³):	1,83
Brennstoffvorrat (t):	1,50
Indienststellung:	1896
Verbleib:	

Foto: Kieper

99.581 (DR), GHE

Zum Anfangsbestand der meterspurigen Gernrode-Harzgeroder Eisenbahn-Gesellschaft (GEH) gehörten drei Nassdampf-Dreikuppler, welche 1897 von Henschel zur Eröffnung des ersten Streckenabschnitts zwischen Gernrode und Mägdesprung (7. August 1887) geliefert worden waren. Sie erhielten die Namen »SELKE«, »GERNRODE« und »HARZGERODE«. Der weitere Ausbau des Streckennetzes führte bis 1890 zur Beschaffung von drei weiteren, identischen Maschinen, die wiederum von Henschel kamen und mit den Namen »GÜNTHERSBERGE«, »ALEXISBAD« und »HASSELFELDE« in Betrieb gingen. Die anspruchslosen Dreikuppler besaßen einen genieteten Blechinnenrahmen, der als Wasserkasten ausgebildet war. Die drei Kuppelradsätze lagerten fest im Rahmen, angetrieben wurde der letzte Kuppelradsatz.

Nach Ende des Zweiten Weltkrieges betrachteten die sowjetischen Besatzer die GHE als Beutegut, ließen die Strecken Gernrode–Stiege und Alexisbad–Harzgerode demontieren und verschleppten auch mit einer Ausnahme alle Lokomotiven in die UdSSR. Zum Abtransport des wichtigen Flussspates wurde der Wiederaufbau der Strecken Gernrode–Straßberg und Alexisbad–Harzgerode genehmigt und zwischen 1947 und 1949 durchgeführt. Als einzige Lokomotive war die »GERNRODE« übriggeblieben, die nach der Übernahme durch die DR 1949 die Betriebsnummer 99 5811 erhielt. Von der Harzquer- und Brockenbahn kamen zwar weitere Loks auf die Selketalbahn, doch die 99 5811 war lange Zeit unverzichtbar. Noch 1956 erhielt sie einen Nachbaukessel mit stählerner Feuerbüchse, auf dem nun ein geschweißter viereckiger Sandkasten und ein runder Dampfdom mit flacher Decke thronten. Nach 76 Dienstjahren wurde die ehemalige »GERNRODE« mit ihrer Abstellung im Juli 1963 in den Ruhestand geschickt. Ihre Ausmusterung erfolgte am 29. Mai 1967.

Technische Daten:

Baureihenbezeichnung:	99.581 (DR)
Spurweite (mm):	1.000
Radsatzanordnung:	Cn2t
Zylinderdurchmesser (mm):	300
Kolbenhub (mm):	500
Verdampfungsheizfläche (m²):	41,70
Vmax (km/h):	30
Leistung (PSi):	200
Dienstmasse (t):	25,0
Größte Radsatzfahrmasse (t):	8,3
Länge über Kupplung/Puffer (mm):	7.800
Treib-/Kuppelraddurchmesser (mm):	910
Laufraddurchmesser (mm):	-
Wasserkasteninhalt (m³):	3,0
Brennstoffvorrat (t):	0,50
Indienststellung:	1887-1890
Verbleib:	

99.590 (DR), NWE 11-22, 41

Die Wahl der richtigen Lokomotiven war schon bei der Projektierung der meterspurigen Harzquer- und Brockenbahn von entscheidender Bedeutung. Die Strecken der Nordhausen-Wernigeroder Eisenbahngesellschaft (NWE) zeichneten durch lange Steigungen verbunden mit engen Gleisbögen aus. Daher erhielt die Firma Arnold Jung in Jungenthal den Auftrag für den Bau von drei Mallet-Tenderlokomotiven, welche 1897 ausgeliefert wurden. Bis 1901 folgten sechs weitere von Jung und drei von der mecklenburgischen Waggonfabrik Güstrow. Bei der NWE erhielten die Loks die Nummern 11-22. Im Ersten Weltkrieg mussten sechs Maschinen (Nr. 12, 13, 15, 16, 17 und 19) an die Heeresfeldbahnen abgegeben werden. Sie kehrten von ihrem Einsatz in Frankreich nicht mehr zurück. Die übrigen Maschinen wurden ab 1918 als NWE 11-16 geführt. 1920 erwarb die NWE eine ähnliche Mallet-Lok, die 1918 von der Maschi-nenbaugesellschaft Karlsruhe für die Heeresfeldbahnen gebaut worden war. Sie erhielt die Bahnnummer 41. Wesentliche Unterschiede waren die größere Länge sowie die Lagerung der vorderen und hinteren Triebwerksgruppe in einem Innenrahmen.

Foto: Endisch

Da ihre Kessel verschlissen waren, erhielten die sechs verbliebenen Original-Mallets zwischen 1924 und 1928 neue Kessel mit geringfügigen Modifikationen. 1927 verunglückte die NWE 14" (ex NWE 20) im Thumkuhlental. Die restlichen Maschinen überstanden auch den Zweiten Weltkrieg und wurden von der DR als 99 5901-5906 eingereiht. Mitte der 50er-Jahre wurden die Loks zur Selketalbahn umgesetzt. 1971 wurde die 99 5905 ausgemustert, wegen schlechtem Allgemeinzustand folgte 1985 die 99 5904. Die restlichen Maschinen übernahm mit der Regionalisierung zum 1. Februar 1993 die Harzer Schmalspurbahnen GmbH (HSB). Bis auf die 99 5903 sind bei der HSB noch alle betriebsfähig und werden vor Traditionszügen eingesetzt.

Technische Daten:

Baureihenbezeichnung:	99 5901-5905	99 5906 (DR)
Spurweite (mm):	1.000	
Radsatzanordnung:	B'B'n4vt	
Zylinderdurchmesser (mm):	2 x 285 / 425	2 x 280 / 425
Kolbenhub (mm):	500	
Verdampfungsheizfläche (m²):	61,34	64,87
Vmax (km/h):	30	
Leistung (PSi):	255	270
Dienstmasse (t):	36,0	
Größte Radsatzfahrmasse (t):	9,0	
Länge über Kupplung/Puffer (mm):	8.874	9.400
Treib-/Kuppelraddurchmesser (mm):	1.000	
Laufraddurchmesser (mm):	-	
Wasserkasteninhalt (m³):	5,0	3,8
Brennstoffvorrat (t):	1,5	1,1
Indienststellung:	1897-1901	1918
Verbleib:	99 5901, 5903, 5906 (HSB), 5902 (IG Harzer Schmalspurbahnen)	

Foto: Kieper

Foto: Endisch

99.591 (DR), GMWE

Anfang der 20er-Jahre benötigte die Gera-Meuselwitz-Wuitzer Eisenbahn (GMWE) dringend leistungsfähigere Loks, da die Braunkohlentransporte aus den Meuselwitzer Gruben umfangreicher wurden. Die Leistungsgrenze der vorhandenen Mallet-Maschinen war erreicht. In Abkehr von der Bauart Mallet entschied sich die Bahnverwaltung für zwei Heißdampf-Vierkuppler in Steifrahmenausführung. 1922 lieferte Borsig die modernen Loks, welche die Bahnnummern 7 und 8 erhielten.
Borsig adaptierte mit kleinen Änderungen eine Konstruktion, welche zwei Jahre zuvor für die ebenfalls meterspurigen Herforder Kleinbahnen in drei Exemplaren produziert worden war. Im Barrenrahmen waren der erste und dritte Radsatz festgelagert, der zweite und vierte Radsatz besaßen Seitenspiel. Als Treibradsatz fungierte der dritte Kuppelradsatz. Zum Rangieren normalspuriger Wagen auf den Dreischienengleisen von Wuitz-Mumsdorf erhielten die Loks Holzbohlen mit Puffertellern. Mit der Einführung des Rollbockverkehrs 1929/30 kam ein Druckluftbremse hinzu.
Nach der Übernahme der GMWE 1949 durch die DR erhielten die Vierkuppler die Betriebsnummern 99 5911 und 5912. Sie fuhren ausschließlich auf ihrer Hausstrecke. Unerwartet kam am das Ende dieser Bahn, als am 3. Mai 1969 ein Unwetter über Gera große Teile der Bahnanlagen beschädigte. Zwischen Gera und Kayna wurde sofort der Gesamtverkehr eingestellt, lediglich der Abschnitt Kayna–Wuitz-Mumsdorf durfte noch bis zum Jahresende zum Abtransport von Quarzsand genutzt werden. Die 99 5911 ging im Dezember 1969 als Dampfspender an den VEB Meliorationsbetrieb Karl-Marx-Stadt (Chemnitz). Beim Streckenabbau half noch die 99 5912, die erst im August 1970 abgestellt wurde. Fünf Jahre wartete der Vierkuppler dann vergeblich auf einen Käufer und wurde schließlich Mitte 1975 verschrottet.

Technische Daten:

Baureihenbezeichnung:	99.591 (DR)
Spurweite (mm):	1.000
Radsatzanordnung:	Dh2t
Zylinderdurchmesser (mm):	400
Kolbenhub (mm):	400
Verdampfungsheizfläche (m^2):	63,93
Vmax (km/h):	35
Leistung (PSi):	
Dienstmasse (t):	34,0
Größte Radsatzfahrmasse (t):	8,5
Länge über Kupplung/Puffer (mm):	8.380
Treib-/Kuppelraddurchmesser (mm):	850
Laufraddurchmesser (mm):	-
Wasserkasteninhalt (m^3):	3,50
Brennstoffvorrat (t):	1,20
Indienststellung:	1922
Verbleib:	x

99.600 (DR), NWE

Mitte der 30er-Jahre planten die meterspurigen Harzbahnen ihren Lokomotivpark von Grund auf zu erneuern. 1937 beauftragten die drei Bahnverwaltungen die Firma Krupp in Essen mit der Entwicklung einer Typenreihe moderner Heißdampf-Maschinen mit den Radsatzfolgen 1'C1', 1'D1' und 1'E1', die mit der weitgehenden Vereinheitlichung aller Bauteile auf dem Baukastenprinzip basieren sollten. Mit der NWE 21" lieferte Krupp 1939 einen ersten Prototyp mit der Radsatzfolge 1'C1' aus. Dabei sollte es auch bleiben, denn der Weiterbau wurde mit Beginn des Zweiten Weltkrieges storniert. Die Rüstungsproduktion hatte absoluten Vorrang. Die Maschine verkörperte den Stand den Lokomotivbau der späten 30er-Jahre. Rahmen, Wasserkästen und Kessel waren vollständig geschweißt. Nur der Langkessel war mit der Rauchkammer durch eine genietete Rundnaht verbunden. Angetrieben wurde der dritte Kuppelradsatz. Die beiden Laufradsätze liefen in Bissel-Gestellen. Das relativ geräumige Führerhaus war vollständig geschlossen. Der hochliegende Kessel und eine ausgewogene Gewichtsverteilung ermöglichten hervorragen Laufeigenschaften, welche sich auch in der Höchstgeschwindigkeit von 50 km/h bemerkbar machten.
Nach der Übernahme der NWE 1949 durch die DR erhielt die Lok die Betriebsnummer 99 6001. Sie kam weiterhin im Reise- und Güterzugdienst auf der Harzquer- und Brockenbahn zum Einsatz, fuhr aber zeitweise auch auf der Selketalbahn. Anlässlich der Wiedereröffnung der Brockenstrecke im Jahr 1991 erhielt die Maschine ihre alte NWE-Betriebsnummer und einen »historischen« grünen Anstrich, den sie allerdings vorher nie besessen hatte. Seit der Privatisierung der Harzquer-, Brocken- und Selketalbahn im Februar 1993 gehört die 99 6001 zum Bestand der Harzer Schmalspurbahnen GmbH (HSB).

Technische Daten:

Baureihenbezeichnung:	99.600 (DR)
Spurweite (mm):	1.000
Radsatzanordnung:	1'C1'h2t
Zylinderdurchmesser (mm):	420
Kolbenhub (mm):	500
Verdampfungsheizfläche (m^2):	72,00
Vmax (km/h):	50
Leistung (PSi):	540
Dienstmasse (t):	47,6
Größte Radsatzfahrmasse (t):	10,0
Länge über Kupplung/Puffer (mm):	8.910
Treib-/Kuppelraddurchmesser (mm):	1.000
Laufraddurchmesser (mm):	600
Wasserkasteninhalt (m^3):	5,0
Brennstoffvorrat (t):	2,0
Indienststellung:	1939
Verbleib:	HSB

Foto: Malsch, Slg. Kieper

Foto: Endisch

99.601 (DR), NWE

Als Ersatz für die zu schweren sechsachsigen Mallets, die 1921 nach Bolivien verkauft worden waren, beschaffte die NWE 1922 und 1924 bei Borsig je eine sechsachsige Mallet-Heißdampfmaschine mit vorderem und hinterem Laufradsatz. Bauartüblich war die vordere, zweifach gekuppelte Triebwerksgruppe mit den Niederdruckzylindern als Drehgestell ausgebildet, wobei der vordere Laufradsatz zusätzlich seitenverschiebbar war. Der hintere Laufradsatz war wiederum seitenverschiebbar ausgeführt. Angetrieben wurde jeweils der zweite Radsatz einer jeden Triebwerksgruppe.
Die NWE reihte die beiden Maschinen unter den Betriebsnummern 51 und 52 in ihren Bestand ein. Obwohl sie nominell die stärksten Lokomotiven der NWE waren, konnten sie nicht so recht befriedigen. Zwar resultierte aus der Laufwerkskonstruktion eine gute Bogenläufigkeit, erforderte aber auch eine hervorragende Gleislage, die nicht immer gegeben war. Erschwerend kam hinzu, dass auf Grund der beiden Laufradsätze nicht die volle Lokmasse als Reibungsmasse zur Verfügung stand.
Bevorzugtes Einsatzgebiet der beiden großen Mallets war die Brockenstrecke. Nach der Übernahme der NWE 1949 durch die DR erhielten sie die Betriebsnummern 99 6011 und 6012. Mit dem Erscheinen der 1'E1'-Neubauloks Mitte der 50er-Jahre begann ihr Stern rapide zu sinken. Als erste wurde im September 1959 die 99 6012 abgestellt und bis zu ihrer Verschrottung Anfang 1967 nicht mehr reaktiviert. Die 99 6011 wurde im November 1959 noch zur Strecke Gera-Pforten–Wuitz-Mumsdorf umgesetzt. Wegen ihres hohen Gewichts, ihrer Schleuderneigung und mehrmaligem Entgleisen des vorderen Laufradsatzes blieb es bei sporadischen Einsätzen. Bereits im Juni 1961 wurde sie abgestellt.

Technische Daten:

Baureihenbezeichnung:	99.601 (DR)
Spurweite (mm):	1.000
Radsatzanordnung:	(1'B)'B1'h4vt
Zylinderdurchmesser (mm):	2 x 360 / 560
Kolbenhub (mm):	400
Verdampfungsheizfläche (m²):	85,89
Vmax (km/h):	30
Leistung (PSi):	650
Dienstmasse (t):	53,0
Größte Radsatzfahrmasse (t):	10,1
Länge über Kupplung/Puffer (mm):	10.350
Treib-/Kuppelraddurchmesser (mm):	850
Laufraddurchmesser (mm):	600
Wasserkasteninhalt (m³):	6,0
Brennstoffvorrat (t):	2,50
Indienststellung:	1922-1924
Verbleib:	

99.610 (DR), NWE

Im Auftrag der »Heerestechnischen Prüfungskommission der Heeresfeldbahnen« lieferte 1914 Henschel in Kassel zwei weitgehend baugleiche, meterspurige Dreikuppler. Eine davon war eine Heißdampflokomotive, die andere in Naßdampfausführung hergestellt worden. Beide Maschinen wurden dem Königlich-Württembergischen Eisenbahn-Regiment zur Erprobung zugeteilt. Noch während des Ersten Weltkrieges konnte die Nordhausen-Wernigeroder Eisenbahn-Gesellschaft (NWE) 1917 die Heißdampflok erwerben und reihte sie mit der Bahnnummer 6 in ihren Bestand ein. Die Nassdampflok lief ab 1917 zunächst unter der Bahnnummer 15 bei den Nassauischen Kleinbahnen, konnte aber 1921 von der NWE gekauft werden und erhielt die Bahnnummer 7. Wesentlicher äußerlicher Unterschied zwischen beiden Loks waren die unterschiedlich langen, seitlichen Wasserkästen. Die Naßdampflok hatte längere Wasserkästen erhalten, da man bei ihr einen größeren Wasserverbrauch erwartete. Der Kohlevorrat war im linken Vorratskasten vor dem Führerhaus untergebracht. Weitere Wasservorräte nahm der Rahmenwasserkasten des Innenrahmens auf. Alle drei Kuppelradsätze waren fest im Rahmen gelagert. Auf dem zweischüssigen Langkessel saß der runde Dampfdom mit der markanten, halbkugeligen Haube.
Bei der DR erhielten die Maschinen 1949 die Nummern 99 6101 (ex Nr. 6) und 6102 (ex Nr. 7). Meistens besorgten die Dreikuppler den Rangier- und Güterzugdienst auf der Harzquerbahn. Bei Bedarf fuhr die 99 6101 auch Reisezüge auf der Selketalbahn, doch dafür waren die Maschinen wegen ihres geringen Raddurchmessers und der fest im Rahmen gelagerten Radsätze weniger geeignet. Beide Dreikuppler übernahm ams 1. Februar 1993 die Harzer Schmalspurbahnen GmbH (HSB) in ihren Bestand. Noch heute stehen sie betriebsfähig für Sonderleistungen zur Verfügung.

Technische Daten:

Baureihenbezeichnung:	99 6101	99 6102 (DR)
Spurweite (mm):	1.000	
Radsatzanordnung:	Ch2t	Cn2t
Zylinderdurchmesser (mm):	430	400
Kolbenhub (mm):	400	
Verdampfungsheizfläche (m²):	51,36	69,65
Vmax (km/h):	30	
Leistung (PSi):	380	300
Dienstmasse (t):	32,0	
Größte Radsatzfahrmasse (t):	10,7	
Länge über Kupplung/Puffer (mm):	7.734	
Treib-/Kuppelraddurchmesser (mm):	800	
Laufraddurchmesser (mm):	-	
Wasserkasteninhalt (m³):	4,0	4,40
Brennstoffvorrat (t):	1,10	
Indienststellung:	1914	
Verbleib:	HSB	

Foto: Slg, Grundmann

99.710 (DRG), preuß. T 31

Das Fürstentum Sachsen-Weimar in Thüringen beauftragte 1877 die Münchner Lokfabrik Krauss & Comp. mit dem Bau der schmalspurigen Feldabahn von Salzungen nach Vacha und einer Zweigstrecke von Dorndorf nach Kaltennordheim. Der Bau von 44 km Meterspurstrecken war am 24. Juni 1880 abgeschlossen. Als Anfangsausstattung lieferte Krauss drei kleine Nassdampftenderloks mit drei gekuppelten Radsätzen, welche die Namen »FELDA», »WERRA« und »RHÖN« erhielten. 1881 folgte mit der »WEIMAR« eine vierte Maschine und 1883 noch eine fünfte. Diese fuhr nach dem Verkauf der »RHÖN« im Jahre 1884 unter dem gleichen Namen in zweiter Besetzung. Weitere Meterspurbahnen folgten in Thüringen mit den Strecken Hildburghausen–Heldburg–Lindenau-Friedrichshall (1888) und Eisfeld–Unterneubrunn (1890). An die erstgenannte lieferte Krauss drei gleiche Maschinen, an letztere 1889 zwei Dreikuppler mit leichten Abweichungen. Die Preußische Staatsbahn übernahm Hildburghausener und die Eisfelder Strecke im Jahr 1895, die Feldabahn erst 1904. Die sieben zuerst gelieferten Krauss-Loks erhielten 1906 die Bezeichnung T 28, die beiden 1889 gelieferten die Bezeichnung T 29. Ab 1911 fuhren alle Krauss-Maschinen als T 31. Bis 1916 waren die meisten ausgemustert. Von der DRG sollten noch zwei Loks als 99 7101 (ehemalige T 28) und 7102 (ehemalige T 29) übernommen werden. Erstere wurde aber 1924 ausgemustert und nicht mehr umgezeichnet. Nur die 99 7102 kam formell noch in den Genuss einer DRG-Nummer, musste aber 1926 ebenfalls den Dienst quittieren. Wie erwähnt, bestanden zwischen T 28 und T 29 diverse Unterschiede. Die T 28 besaßen eine Allan-Steuerung, die Dampfverteilung der T 29 erfolgte durch eine Heusinger-Steuerung. Waren die T 28 noch mit Scheibenrädern mit runden Durchbrüchen ausgestattet, liefen die T 29 schon mit Speichenrädern.

Technische Daten:

Baureihenbezeichnung:	99.710 (DRG)
Spurweite (mm):	1.000
Radsatzanordnung:	Cn2t
Zylinderdurchmesser (mm):	265
Kolbenhub (mm):	400
Verdampfungsheizfläche (m^2):	35,17
Vmax (km/h):	25
Leistung (PSi):	210
Dienstmasse (t):	15,6
Größte Radsatzfahrmasse (t):	5,2
Länge über Kupplung/Puffer (mm):	6.800
Treib-/Kuppelraddurchmesser (mm):	945
Laufraddurchmesser (mm):	-
Wasserkasteninhalt (m^3):	1,50
Brennstoffvorrat (t):	0,65
Indienststellung:	1879-1889
Verbleib:	

Foto: Blaschke

99.720 (DRG, DB), bad. C

Am 3. Juni 1905 wurde die einzige Schmalspurbahn (1.000 mm) im Bereich der Großherzoglich Badischen Staatseisenbahn eröffnet. Sie führte von Mosbach nach Mudau im Odenwald und war 28,19 km lang. Betrieben wurde die Strecke im Auftrag der Badischen Staatsbahn von der Deutschen Eisenbahn-Bau- und Betriebsgesellschaft (DBEG) als Privatbahn. Für den Betrieb standen vier 1904 von Borsig gebaute Nassdampf-Tenderloks zur Verfügung. Diese Dreikuppler konnten ihre Verwandtschaft mit der preußischen T 3 nicht verleugnen und besaßen viele preußische Baumerkmale.

Am 1. Mai 1931 übernahm die DRG diese Schmalspurbahn und reihte die Dreikuppler als 99 7201-7204 in ihren Bestand ein. Alle vier Maschinen überstanden den Krieg und fuhren auch bei der Bundesbahn weiter auf ihrer Stammstrecke. Erst mit dem Eintreffen von zwei Dieselloks der Baureihe V 52 im Jahre 1964 begann ihr Stern schlagartig zu verlöschen. Als erste musste die 99 7903 am 26. Oktober 1964 den Dienst quittieren. Sie wurde an die Albtal-Verkehrs-Gesellschaft (AVG) verkauft und half dort beim Abbau der meterspurigen Strecke von Busenbach nach Ittersbach. Heute ist sie Stammlok auf der Museumsbahn von Amstetten nach Oppingen. Die Ausmusterung der drei übrigen Maschinen erfolgte am 10. März 1965. Auch sie blieben alle erhalten. Während die 99 7201 und 7202 als Denkmäler in Passau und Mudau ihr Dasein fristen, befindet sich die 99 7204 nach langen Jahren als Denkmal in Unterbernbach/Niederbayern heute bei der Märkischen Museums-Eisenbahn (MME) in Herscheid-Hüinghausen.

Technische Daten:

Baureihenbezeichnung:	99.720 (DB)
Spurweite (mm):	1.000
Radsatzanordnung:	Cn2t
Zylinderdurchmesser (mm):	320
Kolbenhub (mm):	420
Verdampfungsheizfläche (m^2):	47,15
Vmax (km/h):	30
Leistung (PSi):	
Dienstmasse (t):	23,0
Größte Radsatzfahrmasse (t):	7,7
Länge über Kupplung/Puffer (mm):	7.060
Treib-/Kuppelraddurchmesser (mm):	900
Laufraddurchmesser (mm):	-
Wasserkasteninhalt (m^3):	2,40
Brennstoffvorrat (t):	0,95
Indienststellung:	1904
Verbleib:	99 7201 (Denkmal Passau), 7202 (Denkmal Mudau), 7203 (UEF), 7204 (MME)

Foto: Estler

101 (DB AG)

Im September 1994 stellte ABB Henschel sein neues Triebfahrzeugkonzept »Eco 2000« vor, dessen Hauptkomponenten seit 1992 erprobt worden waren. Die wesentlichen Neuerungen bestanden im Wegfall der Relaistechnik, besonders gleisschonenden Flexifloat-Drehgestellen mit Einzelradsatzsteuerung und integriertem Antrieb, einem kabelsparenden »Integrierten Fahrzeug-Bus«, des prozessorgesteuerten Leitsystems MICAS-S zur Fahrzeugsteuerung und -diagnose, sowie ein modularer, kundengerechter Aufbau auf der Basis erprobter Baugruppen. Im November 1994 orderte die DB als Ablösung für die Baureihe 103 im EC/IC/IR-Verkehr insgesamt 145 vierachsige Maschinen aus der »Eco 2000«-Familie mit der neuen Bezeichnung 101.
Der Fahrzeugkasten entstand in solider, geschweißter Stahlbauweise aus Blechen und Profilen. Die drei Dachhauben sind einschließlich der in der Dachschräge liegenden Lüftungsgitter abnehmbar. Zwei Flexifloat-Drehgestelle mit relativ kurzen Radsatzständen von 2.650 mm und geringen ungefederten Massen sorgen auch in engen Kurven für hervorragende Fahreigenschaften. Auf jeden Radsatz wirkt ein integrierter Gesamtantrieb (IGA), in dem ein Drehstrom-Asynchron-Fahrmotor, ein Getriebe und die innenbelüftete Scheibenbremse zu einer Einheit zusammengefasst sind. Das Drehmoment zwischen Getriebe und Radsatz überträgt eine Gelenkhohlwelle. Eine Geschwindigkeitsmessung durch Radar gewährleistet zusammen mit der elektronischen Schlupf- und Gleitregelung der Einzelradsatzsteuerung stets optimale Fahrt an der Reibungsgrenze. Hauptkomponenten der Starkstromausrüstung sind der mit 13 Tonnen schwerste, jemals in einer DB-Lok verwendete Haupttransformator sowie die Stromrichter mit den GTO-Thyristoren. Die Fahr- und Bremssteuerung erfolgt durch das aus Sicherheitsgründen doppelt vorhandene Leitsystem MICAS-S mit 16-Bit-Rechner. Das daran angeschlossene Diagnosesystem DAVIS sorgt für höchste Verfügbarkeit und reduziert den Wartungsaufwand zusätzlich.
Vom 1. Juli 1996 bis zum 18. Juni 1999 lieferte ADtranz (nach der Übernahme von ABB Henschel) die 101 101-145 aus, die heute in ganz Deutschland vor hochwertigen Reisezügen zu finden sind.

Technische Daten:

Baureihenbezeichnung:	101 (DB AG)
Radsatzanordnung:	Bo'Bo'
Stromsystem:	16 2/3 Hz, 15 kV
Vmax (km/h):	220
Stundenleistung (kW):	6.600
Dauerleistung (kW):	6.400
Dienstmasse (t):	83
Größte Radsatzfahrmasse (t):	21
Länge über Puffer (mm):	19.100
Treibraddurchmesser (mm):	1.250
Indienststellung:	1996-1999
Verbleib:	

Foto: Estler

E 03.0, 103.0, 103.1 (DB)

Anfang der 60er-Jahre entschloss sich die DB zu einem großen Schritt nach vorn mit der Entwicklung einer leistungsfähigen Maschine für hohe Geschwindigkeiten im hochwertigen Reisezugverkehr. Nach erfolgreichen Hochgeschwindigkeitsversuchen mit zwei modifizierten Maschinen der Baureihe E 10 (E 10 299 und 300) wurden Ende 1962 vier Probelokomotiven der neuen Baureihe E 03 bei Henschel (mech. Teil) und Siemens-Schuckert (elektr. Teil) in Auftrag gegeben, die noch rechtzeitig zur Internationalen Verkehrsausstellung 1965 in München fertiggestellt werden konnten. Während eine Lok als Ausstellungsstück diente, absolvierte die E 03 001 Demonstrationsfahrten zwischen München und Augsburg, bei denen erstmals eine planmäßige Höchstgeschwindigkeiten von 200 km/h erreicht wurde. Die Stromlinienform des Aufbaus war im Windkanal ermittelt worden. Erprobt wurden zwei Arten der Kraftübertragung: Die E 03 001 und 003 erhielten den drehelastischen Henschel-Verzweigerantrieb, die E 03 002 und 004 den von der E 10 300 bekannten Siemens-Gummiringfeder-Kardanantrieb, der dann auch für die Serie übernommen wurde.
Für den ab 1971 geplanten InterCity-Verkehr wurde ab 1969 die Serienproduktion der Baureihe 103 aufgenommen. Bis 1974 kamen 145 deutlich leistungsstärkere Maschinen mit den Nummern 103 101-245 auf die Schienen. Sie wichen in einigen Punkten von den Prototypen ab. Äußerlich fiel sofort das zweite Lüfterband auf. Die letzten dreißig Exemplare erhielten einen um 700 mm verlängerten Rahmen mit einem vergrößerten Führerstand.
Nach dreißig Jahren Einsatz im schweren, hochwertigen Reisezugdienst mit höchsten Laufleistungen sind die Maschinen heute am Ende ihrer Karriere angelangt. Zwischen 1986 und 1997 mussten die vier Prototypen den Dienst quittieren. Drei blieben erhalten, wobei seit November 1998 die E 03 001 als betriebsfähige DB-Museumslok beim Betriebshof Frankfurt/Main 1 vorgehalten wird. Mit der Ablieferung der Nachfolger (Baureihe 101) konnten ab 1997/98 auch die Serienmaschinen aufs Abstellgleis geschickt werden. Ihre Ausmusterung soll bis 2002 beendet sein.

Technische Daten:

Baureihenbezeichnung:	E 03	103.1 (DB)
Radsatzanordnung:	Co'Co'	Co'Co'
Stromsystem:	16 2/3 Hz, 15 kV	
Vmax (km/h):	200	200
Stundenleistung (kW):	6.420	7.780
Dauerleistung (kW):	5.950	7.440
Dienstmasse (t):	112,0	114,0
Größte Radsatzfahrmasse (t):	18,8	
Länge über Puffer (mm):	19.500	19.500 (ab 103 216: 20.200)
Treibraddurchmesser (mm):	1.250	1.250
Indienststellung:	1965	1970-1974
Verbleib:	103 001 (DB, Frankfurt/Main), 002 (VMN, Neuenmarkt-Wirsberg), 004 (BSW, Lichtenfels)	

Foto: Kleine, Archiv transpress

E 04, 104, 204 (DRG, DB, DR)

Aufbauend auf den guten Erfahrungen mit der Baureihe E 17 lieferte AEG in den Jahren 1932/33 zehn Maschinen ähnlicher Grundkonzeption als Baureihe E 04, jedoch mit nur drei angetriebenen Radsätzen und weiterentwickelten Motoren. Die E 04 01-10 sollten die E 17 im mitteldeutschen Flachland ablösen, wo sie nicht ausgelastet waren. Die E 17 wurden auf der 1933 neu elektrifizierten Strecke Augsburg–Ulm–Stuttgart dringend benötigt. Die Maschinen waren zwar konstruktiv für 130 km/h ausgelegt, aber bis auf die E 04 09 und 10 nur für 110 km/h Höchstgeschwindigkeit zugelassen. Diese beiden besaßen eine geänderte Getriebeübersetzung sowie verstärkte Bremsen und waren für 130 km/h zugelassen. Anlässlich von Schnellfahrversuchen erreichte die E 04 09 bei einer Versuchsfahrt auf der Strecke München–Stuttgart am 28. Juni 1933 eine Geschwindigkeit von 151,5 km/h. Da nun auch die Leistungsfähigkeit der E 04 bei anspruchsvollen Streckenprofilen nachgewiesen war, bestellte die DRG noch 1933 elf weitere Maschinen für die süddeutschen Strecken. Der letzte Auftrag über zwei Lokomotiven (E 04 22 und 23) erfolgte 1934. Mit deren Auslieferung zum Jahresende 1935 war die Beschaffung der E 04 abgeschlossen.

Nach Kriegsende kamen die E 04 17-22 zur DB. Von 1950 bis 1968 waren sie in München beheimatet. Computergerecht als Baureihe 104 bezeichnet, fanden sie dann in Osnabrück eine neue Heimat, bis ihr Einsatz im Jahre 1981 endete. Die E 04 20 wird als Museumslok erhalten. Die anderen 17 Maschinen blieben nach Kriegsende in der sowjetisch besetzten Zone. Einige waren 1945/46 noch im Einsatz. Ende März 1946 mussten fast alle E 04 an die Sowjets abgegeben werden. 1952/53 kehrten alle wieder zurück. 14 Maschinen (E 04 01-03, 05-11, 14-16 und 23) arbeitete das Raw Dessau bis 1961 auf. Einsätze erfolgten zunächst von Magdeburg, Halle und Leipzig. Ab Mai 1968 liefen alle E 04 (ab 1970: 204) beim Bw Leipzig Hbf West, waren aber bis zu ihrer Außerdienststellung Ende 1976 auf dem gesamten elektrischen Netz der DR zu finden. Als betriebsfähige Traditionslok hat die E 04 01 überlebt.

Technische Daten:

Baureihenbezeichnung:	E 04 (DRG)
Radsatzanordnung:	1'Co1'
Stromsystem:	16 2/3 Hz, 15 kV
Vmax (km/h):	110 (ab E 04 09: 130)
Stundenleistungleistung (kW):	2.190
Dauerleistung (kW):	2.010
Dienstmasse (t):	92,0
Größte Radsatzfahrmasse (t):	20,5
Länge über Puffer (mm):	15.120 (E 04 17-22 bei DB: 15.620)
Treibraddurchmesser (mm):	1.600
Laufraddurchmesser (mm):	1.000
Indienststellung:	1932-1935
Verbleib:	E 04 01 (VMD, Leipzig West), 07 (Staßfurt), 11 (Thür. EV, Weimar), 20 (VMN)

Foto: Slg. Kleine, Archiv transpress

E 05, E 05.1 (DRG, DR)

Bereits Mitte der 20er-Jahre propagierten die Siemens-Schuckert-Werke (SSW) den Tatzlagerantrieb. Als 1931 die Beschaffung der E 04 anstand, bot SSW eine 1'Co1'-Schnellzuglokomotive mit Tatzantrieb an. Um einen Vergleich mit dem Federtopf-Antrieb zu ermöglichen, reduzierte die DRG den E 04-Auftrag um zwei Maschinen und bestellte drei Lokomotiven der Baureihe E 05 mit Tatzlagerantrieb. Den mechanischen Teil sollte Henschel, den elektrisch Teil SSW liefern. Ursprünglich war eine Höchstgeschwindigkeit von 110 km/h vorgehen, doch Ende 1932 modifizierte die DRG den Auftrag und ließ eine Maschine mit 130 km/h Höchstgeschwindigkeit bauen. 1933 wurden die »langsamen« Loks als E 05 001 und 002 in Dienst gestellt, die »schnelle« erhielt die Betriebsnummer E 05 103.

Nach der Anlieferung beim Bw Leipzig West folgten umfangreiche Vergleichsfahrten mit den E 04. Obwohl die E 05 103 dabei bis zu 163 km/h erreicht haben soll, befriedigten die Laufeigenschaften aller E 05 im Bereich über 100 km/h nicht sonderlich, die E 04 war hier eindeutig besser. Daher kam der Tatzlagerantrieb bei Schnellzugloks nicht mehr zum Zug, wohl aber bei den »langsamen« Baureihen E 44, E 93 und E 94. Alle drei E 05 überlebten den Zweiten Weltkrieg und fuhren bis Ende März 1946 auf ihren mitteldeutschen Stammstrecken.

Zusammen mit allen elektrischen Anlagen und Fahrzeugen wurden auch die E 05 als Reparationsleistung in die Sowjetunion abgefahren. Von dort kehrten 1952 nur die E 05 002 und 103 zurück. Nach der Wiederaufnahme des elektrischen Zugbetriebes bei der DR ab 1955 bestand bald erheblicher Bedarf an schnelllaufenden Maschinen. Daher entschloss sich die DR zur Aufarbeitung der E 05 103 unter Verwendung von Teilen der E 05 002. Ab September 1959 stand die E 05 103 dem Betriebsdienst zur Verfügung, doch auf Grund ihrer hohen Schadanfälligkeit wurde sie im Oktober 1964 schon wieder abgestellt. Einige Jahre diente sie noch als stationäre Trafostation in Halle Hbf und wurde schließlich 1969 verschrottet.

Technische Daten:

Baureihenbezeichnung:	E 05	E 05.1 (DRG)
Radsatzanordnung:	1'Co1'	1'Co1'
Stromsystem:	16 2/3 Hz, 15 kV	
Vmax (km/h):	110	130
Stundenleistung (kW):	2.160	
Dauerleistung (kW):	1.785	
Dienstmasse (t):	89,0	90,0
Größte Radsatzfahrmasse (t):	19,8	20,1
Länge über Puffer (mm):	15.400	
Treibraddurchmesser (mm):	1.400	
Laufraddurchmesser (mm):	1.000	
Indienststellung:	1933	1933
Verbleib:		

Foto: Slg. Kleine, Archiv transpress

E 06 (preuß. ES 51-57, DRG), E 06.1 (DRG)

Für den Schnellzugdienst auf den mitteldeutschen elektrifizierten Strecken bestellte 1922 die DRG fünf 2'C2'-Schnellzuglokomotiven, welche schon von den Preußischen Staatsbahnen geplant worden waren. Geliefert wurden die ES 51-55 »Halle« in den Jahren 1924/25 von der Berliner Maschinenbau AG (BMAG, mechanischer Teil) und von der Bergmann-Elektrizitäts-Werke AG (BEW, elektrischer Teil). Ausgestattet waren die ab 1926 als E 06 01-05 bezeichneten Maschinen mit dem zu dieser Zeit bereits technisch überholten Parallelkurbel-Stangenantrieb über zwei Blindwellen. Die Räder aller drei Kuppelradsätze besaßen um 15 mm geschwächte Spurkränze. Durch die Ausstattung der Laufrad-Drehgestelle mit seitenverschiebbaren Drehzapfen wurde eine gute Führung im Gleis erreicht. Der Aufbau besaß an der vorderen Stirnfront einen Endführerstand, am hinteren Ende dagegen einen langen schmalen Vorbau. Bei den E 06 02-05 war dort die Druckluftausrüstung eingebaut, bei der E 06 01 zunächst der Heizkessel für die Zugheizung. 1927 verlor die E 06 01 bei einem Umbau den Heizkessel und wurde entsprechend angepasst. Den Innenraum füllte der damals zweitgrößte Wechselstrom-Bahnmotoren der Welt aus. Sein Ständerdurchmesser betrug 3.360 mm, der Ankerdurchmesser 2.580 mm. Er wog 22,3 Tonnen. Die Regelung der Betriebsspannung des Motors erfolgte durch eine elektro-pneumatische Schützensteuerung mit 16 Dauerfahrstufen. Der Haupttransformator war als fremdbelüfteter Öltransformator in Kernbauweise ausgeführt.

Im September 1924 bestellte die DRG zur Ablösung der leistungsschwachen E 01 zwei weitere Exemplare bei BMAG und BEW. Diese wurden 1926 noch als ES 56-57 »Halle« in Dienst gestellt und erhielten kurz darauf die Nummern E 06 06-07. Diese Maschinen wiesen verschiedene Änderungen und Verbesserungen auf: Statt des Öltransformators besaßen sie einen Trockentransformator in Mantelbauart sowie eine Schützensteuerung mit 18 Dauerfahrstufen. Motorkühlung und Kühlluftführung waren verbessert. Auf Grund des Transformators und des höheren Kühlluftbedarfs musste die Innenraumaufteilung geändert werden. Durch die Anbringung von DRG-Einheitspufferträgern vor den Stirnplatten vergrößerte sich die Länge um 580 mm.

Da die sieben E 06 immer noch nicht Ablösung der leistungsschwachen E 01 ausreichten, bestellte die DRG 1927 fünf weitere Exemplare als Baureihe E 06.1 beim BMAG und BEW. Sie wurden zwischen Juni und September 1928 als E 06 08-12 in Dienst gestellt. Im elektrischen Teil sowie im Antrieb entsprachen sie weitgehend den E 06 06-07. Ihr Äußeres wirkte aber durch den modernen Kastenaufbau mit den beiden Endführerständen, den abgeschrägten Ecken und dem über die Stirnfront vorgezogenen Dach wesentlich gefälliger. Die Luftansaugöffnungen lagen nun im oberen Teil zwischen den Maschinenraumfenstern, um die Verschmutzung des Maschinenraums zu vermindern.

Zeit ihres Lebens fuhren alle E 06 in Mitteldeutschland. Kamen sie anfangs vorwiegend im Schnellzugdienst zum Einsatz, sah man sie nach dem Eintreffen von E 17 und später E 04 vermehrt vor schweren Personenzügen und im Güterzugdienst. Im Zweiten Weltkrieg wurden die E 06 02 und 03 bei einem Fliegerangriff auf Leipzig am 3. Dezember 1943 schwer beschädigt und mussten daraufhin ausgemustert werden. Wenig später erlitt die E 06 05 bei einem Fliegerangriff auf Magdeburg das gleiche Schicksal. Auch nach Kriegsende fuhren die verbliebenen E 06 bis zur Einstellung des elektrischen Zugbetriebs in der sowjetischen Besatzungszone am 29. März 1946. Wie alle dort verbliebenen elektrischen Fahrzeuge wurden auch sie als Reparationsleistung in die UdSSR abgefahren. Zwischen 1952 und 1953 kehrten die neun E 06 in die DDR zurück, wurden aber von der DR nicht mehr aufgearbeitet sondern 1955/56 verschrottet.

Technische Daten:

Baureihenbezeichnung:	E 06	E 06.1 (DRG)
Radsatzanordnung:	2'C2'	2'C2'
Stromsystem:	16 2/3 Hz, 15 kV	
Vmax (km/h):	110	110
Stundenleistung (kW):	2.780	2.780
Dauerleistung (kW):	2.330	2.330
Dienstmasse (t):	111,6 (E 06 06-07: 109,4)	110,0
Größte Radsatzfahrmasse (t):	20,0	20,0
Länge über Puffer (mm):	15.750 (E 06 06-07: 16.330)	16.330
Treibraddurchmesser (mm):	1.600	1.600
Laufraddurchmesser (mm):	1.000	1.000
Indienststellung:	1924-1926	1928
Verbleib:		

Foto: Koppisch, Archiv transpress (Farbe)

E 10.0, 110.0 (DB)

Bereits 1948 griff die spätere DB die Pläne der DRG von 1940 zur Weiterentwicklung der Bo'Bo'-Elektrolokomotive E 44 wieder auf. Das als E 46 bezeichnete Projekt sah zunächst eine Universallokomotive für Reisezüge (bis 120 km/h) und mittelschwere Güterzüge vor, schwere Güterzüge sollten doppelt bespannt werden. Vorbild für die E 46 waren die laufachslosen Ae 4/4 der BLS bzw. Re 4/4 der SBB. Anfang Dezember 1950 bestellte die DB vier laufachslose vierachsige Drehgestelllokomotiven, wegen der auf 130 km/h erhöhten Geschwindigkeit nun als E 10 bezeichnet. Im Antrieb und der Steuerung unterschieden sie sich. Bestellt wurden E 10 001 (Alsthom-Hohlwellenantrieb mit Gelenkkupplung und Niederspannungssteuerung) bei AEG/KM, E 10 002 (BBC-Scheibenantrieb und Hochspannungssteuerung) bei BBC/Krupp, E 10 003 (SSW-Gummiringfederantrieb und SSW-Hochspannungssteuerung) bei SSW/Henschel und E 10 004 (Sechéron-Antrieb mit Torsionsstab und Lamellenkupplung und Hochspannungssteuerung) bei AEG/BBC/Henschel. Eine zweite Maschine gleicher Bauart wurde als E 10 005 nachbestellt.
Am 23. August 1952 wurde als erste Lok E 10 001 in Dienst gestellt, es folgten E 10 003 (13. November 1952, zunächst Bw Nürnberg Hbf), E 10 004 (3.Dezember 1952), E 10 002 (13. Dezember 1952) und E 10 005 (23. März 1953). E 10 001 bis 004 wurden zunächst von München aus eingehenden Probe- und Versuchsfahrten unterzogen, E 10 005 kam beim Bw München Hbf, ab 22. Juli 1953 beim Bw Nürnberg Hbf direkt in den Betriebsdienst. Die übrigen Maschinen gelangten bis Mai 1955 ebenfalls nach Nürnberg, das bis zur Ausmusterung Heimat der Maschinen blieb.
Alle fünf Maschinen besaßen einen geschweißten Brückenrahmen. Auch die übrigen Bauteile und Baugruppen aller Maschinen waren weitgehend geschweißt, durch verschiedene konstruktive Maßnahmen gelang es, bei E 10 004 und E 10 005 Material und damit Gewicht einzusparen. Äußerlich unterschieden sich E 10 002-005 kaum, lediglich die Anordnung der Fenster und Lüftergitter war verschieden. E 10 001 hatte durch ihre tiefliegenden Lampen hingegen ein unverwechselbares Gesicht. Auf E 10 001 und E 10 003-005 fanden Scherenstromabnehmer SBS 56 Verwendung, die E 10 002 trug die Bauform SBS 57. Alle Maschinen erhielten Sicherheitsfahrschaltung und Indusi sowie eine weitgehend übereinstimmende Führerstandsausrüstung.
Weil die DB noch vor Abschluss der Erprobung das Konzept der Universallokomotive verwarf, wurde keine der fünf Vorausmaschinen nachgebaut, doch fanden die in den E 10-Prototypen erprobten und bewährten Komponenten bei den Einheits-Elektrolokomotiven Verwendung.
Von Nürnberg aus zogen sie schnelle Reisezüge u.a. nach München, Regensburg/Passau, Würzburg und Frankfurt, später wanderten sie in den Personen- und Eilzugdienst nach Bamberg, Coburg und Treuchtlingen ab. Schnellzüge bespannten die Maschinen allerdings weiterhin bis zur Ausmusterung auf der alten Magistrale Nürnberg–Lichtenfels–Ludwigsstadt (–Probstzella).
Am 26. Juni 1975 wurde als erste 110.0, wie die Maschinen ab 1968 bezeichnet wurden, die 110 001 ausgemustert. Es folgten 110 003 (28.10.76), 110 004 (27.01.77), 110 002 (27.10.77) und 110 005 (30.08.79). Museal, aber nicht betriebsfähig blieben 110 002 und 110 005 beim VM Nürnberg erhalten.

Technische Daten:

Baureihenbezeichnung:	E 10 001	E 10 002	E 10 003	E 10 004/005 (DB)
Radsatzanordnung:	Bo'Bo'			
Stromsystem:	16 2/3 Hz, 15 kV			
Vmax (km/h):	130			
Stundenleistung (kW):	3.800	3.280	3.800	3.440
Dauerleistung (kW):	3.680	3.020	3.600	3.280
Dienstmasse (t):	83,3	82,1	80,3	80,0
Größte Radsatzfahrmasse (t):	20,8	20,5	20,1	20,0
Länge über Puffer (mm):	16.100	16.650	15.900	15.900
Gesamtradsatzstand (mm):	11.200	11.300	11.300	11.300
Treibraddurchmesser (mm):	1.350	1.250	1.250	1.250
Indienststellung:	1952	1952	1952	1952-1953
Verbleib:	E 10 002 (VMN, Nördlingen), 005 (VMN, Passau)			

Foto: Slg. Koppisch, Archiv transpress

Foto: Estler

E 10.1, E 10.3, E 10.12-13; E 40, E 40.11, 110, 112, 113, 114, 139, 140 (DB)

Das 1954 von der DB festgelegte Einheits-Typenprogramm für Elektrolokomotiven sah für den Einsatz im Schnell- und Eilzugdienst die Baureihe E 10 vor. Die 150 km/h schnellen Serienmaschinen sollten Schnellzüge von 500 t Gewicht auf 5 ‰ Steigung noch mit 140 km/h befördern können. Im Oktober 1954 bestellte die DB die ersten der als Baureihe E 10.1 bezeichneten Maschinen, für die Konstruktion zeichneten Krauss-Maffei (mechan. Teil) und SSW (el. Teil) verantwortlich, am Bau beteiligt waren daneben auch Henschel, Krupp, AEG und BBC. Am 4.Dezember 1956 erhielt die DB mit E 10 101 die erste Serienmaschine, ihr folgten bis 1963 weitere 286 Maschinen (E 10 101-264; E 10 271-287). Aus der laufenden Serie entnahm die DB im Mai 1962 vorübergehend sechs Maschinen für die Beförderung des Paradezuges »Rheingold«, diese waren durch Veränderung der Übersetzung 160 km/h schnell und erhielten die Nummern E 10 1239-1244 sowie das Farbkleid Blau/Elfenbein des Rheingoldzuges. Schon vom Herbst 1962 wurden sie jedoch in die Regelausführung zurückgebaut und fortan als E 10 239-244 geführt. Für den »Rheingold« standen nun die dank einer Getriebeänderung 160 km/h schnellen Lokomotiven E 10 1265-1270 zur Verfügung. Den bei diesen Fahrzeugen erstmals verwendeten strömungsgünstigeren Kasten mit der charakteristischen »Bügelfalte« an den Stirnseiten erhielten ab 1963 alle Serien-E 10 verwendet. Die so gestalteten Maschinen bildeten die Unterbaureihe E 10.3, die erste Serienmaschine mit Bügelfalte war E 10 288. Den sechs Rheingold-E 10.12 folgten 1964 mit E 10 1308-1312 fünf weitere Maschinen, die letzte Serie der 160 km/h schnellen Maschinen wurde 1968 bereits als 112 485-504 abgeliefert. Insgesamt erhielt die DB 379 Serienmaschinen der Reihe E 10.1/E 10.3 sowie 31 Maschinen der Reihe E 10.12.

Für leichte bis mittelschwere Güterzüge sah das Typenprogramm die E 40 vor, die erste Lok (E 40 004) wurde am 21. Januar 1957 abgeliefert. Sie ist mit der E 10 nahezu baugleich, lediglich die Getriebeübersetzung wurde geändert, auf den serienmäßigen Einbau einer elektrischen Bremse wurde verzichtet. Für den Einsatz auf Steilstrecken erhielten ab 1960 die Maschinen E 40 131-137 und E 40 163-166 eine elektrische Widerstandsbremse. Die als E 40.11 bezeichnete Unterbaureihe erhielt später noch durch E 40 309-316 und E 40 552-563 Zuwachs. Aus der E 40 wurde 1968 EDV-gerecht die Baureihe 140, aus der E 40.11 die Baureihe 139. Beide Baureihen zusammen brachten es auf insgesamt 879 Maschinen. 1984 wurde die Vmax von 100 km/h auf 110 km/h erhöht.

Brückenrahmen und Profilstahl-Kastengerippe sind eine Schweißkonstruktion, auf welche die Bekleidungsbleche aufgeschweißt sind. Die Verkleidung bildet mit Brückenträger und Dachkonstruktion eine selbsttragende Einheit. Die vier Fahrmotoren leisten 3620 kW, als Antrieb dient der SSW-Gummiringfederantrieb. Die Stromabnehmer wurden neu entwickelt und erhielten die Bezeichnung DBS 54a. Mittlerweile veränderte sich das Aussehen der meisten Maschinen durch zahllose Umbauten, erwähnt seien nur der Abbau der Schürzen (E 10.3), der Umbau der Lüfter, der Wegfall der Dachrinnen u.v.a.

Die Fahrzeuge sind noch immer im gesamten elektrifizierten DB-Netz zu finden. Im Laufe ihrer Einsatzjahre veränderten die Maschinen immer wieder ihre Farbe und nicht selten auch die Baureihennummern. So wurden aus den 112 485-504 im Jahr 1988 die 114 485-504, seit 1991 tragen sie die Bezeichnung 110 485-504. Die restlichen 112 wurden 1992 zur Baureihe 113, aus insgesamt 18 Kasten-110.1 wurden durch Umbau 1992 Loks der Reihe 139. Einige Lokomotiven erhielten Wendezugsteuerungen. Als Museumsmaschinen sind E 10 121 (Köln/blau) und 110 348 (Frankfurt/blau) und E 40 128 (Köln) im Einsatz.

Technische Daten:

Baureihenbezeichnung:	E 10.1	E 10.3	E 10.12	E 40 (DB)
Radsatzanordnung:	Bo'Bo'			
Stromsystem:	16 2/3 Hz, 15 kV			
Vmax (km/h):	150/140	150/140	160	100/110
Stundenleistung (kW):	3.700			
Dauerleistung (kW):	3.620			
Dienstmasse (t):	84,6	86,0	86,0	83,0 (E 40.11: 86,0)
Größte Radsatzfahrmasse (t):	21,2	21,5	21,5	20,9 (E 40.11: 21,5)
Länge über Puffer (mm):	16.490	16.440	16.440	16.490
Gesamtradsatzstand (mm):	11.300			
Treibraddurchmesser (mm):	1.250			
Indienststellung:	1956-1963	1963-1969	1962-1968	1957-1973
Verbleib:				

Foto: Estler

Foto: Endisch

E 11, E 42, 211, 242 (DR), 109, 142 (DB AG)

Am 1. September 1955 konnte in der DDR zwischen Halle/Saale und Köthen der elektrische Zugbetrieb wieder aufgenommen werden. Ende 1957 hatte die DR schon 85 Kilometer unter Draht und weitere 220 Kilometer waren im Bau. Zum Einsatz gelangten zunächst instandgesetzte Altbau-Elektrolokomotiven der Baureihen E 04, E 44 und E 94, doch war absehbar, dass diese Maschinen für das geplante Elektrifizierungsprogramm nicht ausreichen würden. Daher bekam Ende 1956 der VEB Lokomotivbau - Elektrotechnischen Werke »Hans Beimler« (LEW) Hennigsdorf den Auftrag zur Entwicklung einer neuen Bo'Bo'-Lokomotive. Da eine Lizenznahme der DB-Baureihe E 10 scheiterte, war die Entwicklung und Fertigung der elektrischen Ausrüstung Neuland für die DDR-Industrie. Als Vorbild mussten daher die Hauptkomponenten der vorhandenen Altbau-Elloks wie Transformator, Schaltwerk, Steuerung und Fahrmotoren dienen. Immerhin konnte LEW beim Fahrzeugteil auf die Erfahrungen mit an die PKP gelieferten Gleichstromloks der Baureihe EU 04 aufbauen.
Zum Jahresbeginn 1961 trafen die Prototypen E 11 001 und 002 im Raw Dessau ein. Anschließend erfolgte eine umfangreiche Erprobung durch die Versuchs- und Entwicklungsstelle der Maschinenwirtschaft (VES-M), wobei festgestellt wurde, dass die Lokomotiven nach Beseitigung einiger kleiner Mängel das geforderte Betriebsprogramm erfüllten. Versuchsweise wurde dabei die E 11 002 mit einem elastischen Gummiringantrieb ausgerüstet. Mit der E 11 003 begann im November 1962 die Auslieferung der Serienloks, allerdings in zwei Varianten. Neben 40 Maschinen der Baureihe E 11 vorwiegend für den Schnellzugdienst, mit einer Höchstgeschwindigkeit von 120 km/h aber geringerer Anzugkraft, wurden 22 Exemplare der langsameren E 42 gebaut. Sie glich der E 11 im elektrischen Teil sowie optisch vollständig. Durch eine andere Getriebeübersetzung hatte die E 42 eine größere Anfahrzugkraft aber geringere Höchstgeschwindigkeit (100 km/h) und war deshalb für den Güterzug- und schweren Personenzugdienst vorgesehen.
Die Maschinen besaßen einen Aufbau in Stahlleichtbaukonstruktion, der mit dem Brückenrahmen verschweißt war. Die Dachteile über dem Maschinenraum waren abnehmbar. Die geschweißten, längsgekuppelten Drehgestelle besaßen einen Rahmen aus kastenförmigen Stahlblechträgern. Am Querträger für den seitenbeweglichen Drehzapfen waren auch die Fahrmotoren aufgehängt, die als zwölfpolige Einphasen-Reihenschlussmotoren in Tatzlagerbauart ausgeführt waren. Die vier Radsätze wurden über ein beiderseitiges, schrägverzahntes Stirnradgetriebe mit einer Übersetzung von 27:72 (E 11) oder 21:77 (E 42) angetrieben. Der zentral angeordnete Haupttransformator war ein fremdbelüfteter Manteltransformator mit zwangsweisem Ölumlauf. Zur Spannungsregelung der Fahrmotoren diente ein elektromotorisch betätigtes Nockenschaltwerk, das mechanisch mit einem Feinschaltwerk gekuppelt war, welches durch einen Zusatztransformator die feinstufige Spannungsänderung zwischen den 14 Fahrstufen ermöglichte.

Nach der Auslieferung der ersten Serie E 11/E 42 beschaffte die DR bis zum Sommer 1969 nur noch die E 42 in 151 weiteren Exemplaren. Ab 1970 wurden beide Baureihen computergerecht als 211 (E 11) und 242 (E 42) geführt und wieder in beiden Ausführungen hergestellt. Bis zum Jahresende 1976 konnten die 211 043 bis 096 und die 242 174 bis 292 ausgeliefert werden. Dann endete die Beschaffung. Natürlich gab es während der 15jährigen Lieferzeit auch einige Änderungen. Am auffälligsten war der Ersatz der vier Doppel-Lüftungsöffnungen mit vertikalen Mehrfachdüsengittern durch sechs einzelne Lüftungsöffnungen. Zwischen 1985 und 1992 erfolgten diverse Umbauten, Rückbauten und Umzeichnungen. So mutierten zunächst 242er zur 211ern, ein paar Jahre später erfolgte der Rückbau sowie der Umbau von 211ern in die Baureihe 242.3. Doppeltraktionsfähige 211er erhielten ab 1989 die Bezeichnung 211.8. Im gemeinsamen Umzeichnungsplan von DB und DR wurden 1992 die 211 zur Baureihe 109, die 242 zur Baureihe 142. Auf Grund des rapiden Verkehrsrückgangs begann der Stern der »Holzroller« nun schnell zu sinken. Diesen Spitznamen erhielten die Loks wegen den Laufstegen aus Holzbrettern auf dem Dach und wegen ihrer holzradähnlichen Speichenräder. Bis 1994 waren mit der Ausnahme von vier Maschinen alle 109 ab gestellt. Ihr Einsatz endete am 31. Mai 1998. Die 142er hielten etwas länger durch, die letzten mussten erst im Sommer 1999 den Dienst quittieren.
Diverse Maschinen erlebten einen zweiten Frühling. Die Schweizer Firma Lokoop, von den Schweizer Bahnverwaltungen SOB, MThB und RTM gegründet, erwarb 1995 20 Loks und rüstete sie auf Schweizer Normen um. Auch private Eisenbahnverkehrsunternehmen in Deutschland haben zwischenzeitlich die »Holzroller« entdeckt. Daneben werden einige von Museen und Eisenbahnfreunden zum Teil betriebsfähig erhalten.

Technische Daten:

Baureihenbezeichnung:	E 11 001/002	E 11	E 42 (DR)
Radsatzanordnung:	Bo'Bo'	Bo'Bo'	Bo'Bo'
Stromsystem:	16 2/3 Hz, 15 kV		
Vmax (km/h):	120	120	100
Stundenleistung (kW):	2.800	2.920 (bis E 11 008: 2.760)	2.920 (bis E 42 002: 2.760)
Dauerleistung (kW):	2.600	2.740 (bis E 11 008: 2.600)	2.740 (bis E 42 002: 2.760)
Dienstmasse (t):	82,5	82,5	82,5
Größte Radsatzfahrmasse (t):	20,6	20,6	20,6
Länge über Puffer (mm):	16.260	16.260	16.260
Treibraddurchmesser (mm):	1.350	1.350	1.350
Indienststellung:	1961	1962-1976	1963-1976
Verbleib:	u.a. E 11 001 (VM Dresden), 028 (BSW Leipzig West), E 42 001 (BSW Glauchau), 151 (Thür. EV, Weimar)		

Foto: Estler

212, 243 (DR), 112, 114, 143 (DB AG)

Anfang der 80er-Jahre wurde das Elektrifizierungsprogramm der Deutschen Reichsbahn (DR) stark beschleunigt. Daher musste auch eine größere Anzahl neuer Elektrolokomotiven beschafft werden. Die Baureihen 211/242 (DB AG: 109/142) kamen langsam »in die Jahre« kamen und entsprachen technisch nicht mehr dem neuesten Stand. Daher erteilte 1980 die DR dem VEB Lokomotivbau - Elektrotechnischen Werke »Hans Beimler« (LEW) in Hennigsdorf den Auftrag, mit Erfahrungen aus der Baureihe 155 eine neue, energiewirtschaftlich günstige Lokomotivgeneration zu entwickeln. Die Konstruktion sollte nach bewährtem Muster so erfolgen, dass problemlos eine Schnellzugvariante mit 140 km/h und eine Mehrzweckvariante mit 120 km/h Höchstgeschwindigkeit abgeleitet werden können. Zunächst wurde ein Drehstromantrieb erwogen, LEW gab aber letztlich einer ausgereiften konventionellen Wechselstromausrüstung den Vorzug. 1982 konnte die erste Lok mit der Betriebsnummer 212 001 auf der Leipziger Frühjahrsmesse präsentiert werden. Ihr weißer Lokkasten mit den breiten roten Streifen an den Seitenwänden verhalfen ihr schnell zum dem Beinamen »Weiße Lady«. Im Oktober 1983 erhielt sie neue Drehgestelle mit Radsätzen und Getrieben für 120 km/h. Umgezeichnet in 243 001 wurde die Erprobung fortgesetzt, welche mit der Serienbestellung der Mehrzweckvariante endete.

Die Serienlieferung begann im Oktober 1984 mit der 243 002 und endete 1990 nach 646 gebauten Maschinen mit der 243 659. Ab der 243 299 wurde die Stirnfront leicht abgeändert: Zur Verringerung des Luftwiderstandes ersetzte LEW die Schräge über den Stirnscheiben durch eine strömungsgünstigere Rundung. Die Nummern 243 371-550 wurden nicht besetzt. Statt dessen stellte die DR die doppeltraktionsfähigen 243 801-968 in Dienst, da kurzfristig keine schweren Güterzuglokomotiven produziert werden konnten.

Die Maschinen wurden erstmals mit einer Geschwindigkeitsregelung und unterlagerter Zugkraftregelung ausgestattet. Zur Verbesserung der Arbeitsbedingungen der Lokführer wurde auf eine ergonomische Anordnung der Bedienelemente und der Führerstandsausrüstung erheblicher Wert gelegt. Das gleiche gilt für die Ausstattung mit einer Klimaanlage. Der Einbau einer Zugbeeinflussungseinrichtung (PZ 80) von Anfang vorgesehen und wurde ab der 243 086 auch eingebaut. Alle zuvor gebauten Maschinen wurden nachgerüstet. Aufforderungs-Sifa und MESA 2000 waren weitere Zutaten. Durch das Hochspannungsstufenschaltwerk mit nachgeschalteten Thyristorsteller war ein stufenloses Verstellen der Fahrmotorspannung und dadurch ein sehr komfortables Beschleunigen ohne Schaltrucke möglich. Als erste DR-Elloks erhielten sie serienmäßig Einholmstromabnehmer.

Nach der Wende machte sich die Baureihe 243 (ab 1992: 143) sehr schnell auch in den alten Bundesländern breit. Ab 1992 wurden Umbauten für S-Bahn-Verkehr mit entsprechender Lackierung vorgenommen. Dabei wurde ergänzend eine ZWS-Wendezugsteuerung, eine seitenselektive Türsteuerung, ein Fahrgastinformationssystem und meist die Indusi I 60 R installiert. Aus Kostengründen wird seit Ende 1999 die konventionelle Wendezugsteuerung Bauart DB (36-polig) für den Einsatz im alten Bundesgebiet anstatt der DR-Wendezugsteuerung eingebaut.

Als nach der Wende ein Bedarf an schnelleren Elloks bestand, war LEW im Jahr 1990 kurzfristig in der Lage, aus der laufenden Serie der 243 vier Maschinen herauszunehmen und für 160 km/h Höchstgeschwindigkeit umzurüsten. Im Oktober 1990 stellte die DR diese Loks als 212 002 bis 005 in Dienst. Nach ausführlicher Erprobung dieser Vorserie lieferte LEW (ab November 1991: AEG) zwischen August 1991 und Januar 1992 insgesamt 35 Loks der BR 212.0 (ab 1992: 112.0). Anfang 1995 wurde die 112 025 des FTZ Halle/Saale als Bahndienstfahrzeug in 755 025 umgezeichnet. Auf Grund des überwiegenden Einsatzes durch DB Regio erhielten die 112.0 zum 1. April 2000 die neue Baureihenbezeichnung 114.

Die Zusammenführung der beiden deutschen Bahnen führte zu einer Gemeinschaftsbestellung der nun folgenden BR 112.1, die in 90 Exemplaren zwischen Ende 1992 und Mai 1994 je zur Hälfte an die DR (112 101-145) und die DB (112 146-190) ausgeliefert wurden. Leichte Änderungen ergaben sich durch die Ausrüstung mit ZWS/ZDS, MFA, Halogenstirnlampen, veränderten Lüftergittern und MESA 2002. Des weiteren wurden alle 112.1er mit LZB (I 80), ep-Bremse, HDP-Führerbremsventilanlage und selektivem Schleuderschutz ausgestattet. Um die 112.0 mit den 112.1 gemischt einsetzen zu können, wurden sie in den Jahren 1996 bis 1997 mit ZWS und ZDS nachgerüstet. Bis auf die Getriebeübersetzung, eine verbesserte Isolation der Fahrmotoren und dadurch bedingte höhere Leistung sind die Baureihen 112.1 und 114 ansonsten identisch mit der Baureihe 143.

Die »Weiße Lady« (143 001) blieb immer im Eigentum des Herstellers. Nach diversen Umstrukturierungen firmiert LEW heute als ADtranz. Die 143 ist in den sogenannten ADtranz-Lokpool eingestellt und kann bei Bedarf an Eisenbahnverkehrsunternehmen vermietet werden.

Foto: Blaschke

Technische Daten:

Baureihenbezeichnung:	143 001 (212 001)	112/114	143 (DB AG)
Radsatzanordnung:	Bo'Bo'	Bo'Bo'	Bo'Bo'
Stromsystem:	16 2/3 Hz, 15 kV		
Vmax (km/h):	120 (140)	160	120
Stundenleistung (kW):	3.720	4.220	3.720
Dauerleistung (kW):	3.540 (3.500)	4.000	3.540
Dienstmasse (t):	82,5	82,0	82,0
Größte Radsatzfahrmasse (t):	20		
Länge über Puffer (mm):	16.640		
Treibraddurchmesser (mm):	1.250		
Indienststellung:	1982	1990-1994	1984-1990
Verbleib:			

Foto: Slg. Koppisch, Archiv transpress

111 (DB)

Schon bald nach Auslaufen der 110-Fertigung im Jahre 1969 zeigte sich ein zusätzlicher Bedarf an Lokomotiven infolge der immer weiter fortschreitenden Elektrifizierung sowie zur Ablösung der Altbau-Elloks. Zunächst plante die DB einen Nachbau der 110 mit nur geringen konstruktiven Änderungen, doch der technische Fortschritt bedingte eine Überarbeitung der Konstruktion.
So entstand die Baureihe 111, welche auf den ersten Blick zwar als Neukonstruktion erscheint, die elektrische Ausrüstung (Trafo, Schaltwerk, Motoren) ist jedoch weitgehend identisch mit jener der Baureihe 110. Die wesentlichen Verbesserungen waren beim Laufwerk mit weiterentwickelten Drehgestellen und einer geänderten Abstützung des Lokkastens, bei der Kühlluftführung, den modernen Führerständen sowie der Wendezug- und Mehrfachsteuerung finden. Alle Maschinen sollten ab Werk Einholmstromabnehmer erhalten. Doch da diese dringend für die Baureihe 103 benötigt wurden, erhielten die 111er anfangs zum Teil Scherenstromabnehmer.
Am 16. Dezember 1974 stellten Krauss-Maffei und Siemens mit der 111 001 den ersten Nachfolger der Baureihe 110 vor. Bis November 1984 lieferten Krauss-Maffei, Henschel, Krupp, Siemens, AEG und BBC an die DB insgesamt 227 Maschinen. Für den S-Bahn-Einsatz im Verkehrsverbund Rhein-Ruhr erhielten die ab 1978 gelieferten 111 111-188 eine S-Bahn-Ausrüstung, zeitmultiplexe Wendezugsteuerung (ZWS) sowie die S-Bahn-Farbgebung orange/lichtgrau.
Im Mai 1980 konnte für den Einsatz vor IC-Zügen auf Grund der guten Laufeigenschaften und der leistungsstarken Widerstandsbremse die zulässige Höchstgeschwindigkeit von 150 auf 160 km/h erhöht werden. Für den Einsatz vor Doppelstockzügen wurden zwischenzeitlich die 111 111-227 mit zeitmultiplexer Wendezug- und Doppeltraktionssteuerung (ZWS/ZDS) nach- bzw. ausgerüstet.
Die S-Bahn-Lokomotiven im Rhein-Ruhr-Verbund sind inzwischen durch die Baureihe 143 ersetzt worden. Das Hauptbetätigungsfeld der Baureihe 111 ist heute der Einsatz vor Doppelstock-Wendezügen. Stationiert sind sie in den Betriebshöfen Dortmund Bbf, Frankfurt/Main 1, Nürnberg Hbf und München West.

Technische Daten:

Baureihenbezeichnung:	111 (DB)
Radsatzanordnung:	Bo'Bo'
Stromsystem:	16 2/3 Hz, 15 kV
Vmax (km/h):	160
Stundenleistung (kW):	3.700
Dauerleistung (kW):	3.620
Dienstmasse (t):	83,0
Größte Radsatzfahrmasse (t):	21
Länge über Puffer (mm):	16.750
Treibraddurchmesser (mm):	1.250
Indienststellung:	1975-1984
Verbleib:	

Foto: Slg. Kleine, Archiv transpress

E 15 (DRG)

Als eine der Versuchsbauarten von Elloks mit Einzelradsatzantrieb gilt die E 15 01, die 1927 als E 18 01 von den Siemens-Schuckert-Werken und Borsig an die DRG geliefert wurde. Ursprünglich sollte die Schnellzuglok einen hochgelagerten Motor, ein Vorgelege und Hohlwellenantrieb erhalten. Doch da sich zwischenzeitlich der Tatzantrieb mit seinen Gewichtsvorteilen bewährt hatte, kam dieser zur Anwendung. Ungewöhnlich war das Laufwerk der E 18 01: Sie besaß zwei Außenrahmen-Drehgestelle aus Stahlblech, in denen je zwei festgelagerte Treibradsätze mit ihren Tatzlagermotoren sowie ein Laufradsatz in einem Bisselgestell mit 80 mm Seitenspiel ruhten. Diese »doppelten« Drehgestelle sorgten zwar für einen guten Bogenlauf, doch in der Geraden war im oberen Geschwindigkeitsbereich eine deutliche Schlingerneigung feststellbar. Die Abstützung des Hauptrahmens mit drei gefederten Gleitpfannen auf jedes Drehgestell trug auch nicht gerade zur Verbesserung der Laufeigenschaften bei. Erst der Einbau von Federpuffern zwischen jedes Drehgestell im November 1931 sorgte für zufriedenstellenden Fahrzeuglauf.
Im November 1927 nahm die E 18 01 beim Bw Leipzig Hbf West ihren Dienst im mitteldeutschen Netz auf. Anfang der 30er-Jahre kam sie für einige Zeit zum Versuchseinsatz auf den Gebirgsstrecken des schlesischen Netzes. Anschließend fuhr sie wieder im Reisezugdienst in Mitteldeutschland. Mit der Indienststellung der neuen Schnellzuglokomotiven der Baureihe E 18 im Jahr 1935 wurde die neue Betriebsnummer E 15 01 angebracht. Die Maschine überlebte den Zweiten Weltkrieg und war sogar nach Kriegsende noch im Einsatz. Die Einstellung des elektrischen Zugbetriebs in Mitteldeutschland erlebte die E 15 01 schadhaft abgestellt im Raw Dessau. Sie teilte das Schicksal fast aller in der sowjetisch besetzten Zone verblieben Elloks. Als Reparationsleistung wurde sie im September 1946 in die UdSSR abtransportiert. Im November 1952 kam sie zwar wieder in die DDR zurück, blieb aber abgestellt, wurde schließlich 28. Februar 1961 ausgemustert und war bis Juli 1963 verschrottet.

Technische Daten:

Baureihenbezeichnung:	E 15 (DRG)
Radsatzanordnung:	(1'Bo)'(Bo1')'
Stromsystem:	16 2/3 Hz, 15 kV
Vmax (km/h):	110
Stundenleistung (kW):	2.760
Dauerleistung (kW):	2.280
Dienstmasse (t):	103,5
Größte Radsatzfahrmasse (t):	18,8
Länge über Puffer (mm):	16.836
Treibraddurchmesser (mm):	1.400
Laufraddurchmesser (mm):	1.000
Indienststellung:	1927
Verbleib:	

Foto: Kleine, Archiv transpress

E 16, E 16.1, 116 (bay. ES 1, DRG, DB)

In Bayern konnte schon 1915/16 der elektrische Betrieb zwischen München und Salzburg aufgenommen werden. Ab 1923 wurde die Elektrifizierung der Strecken von München nach Garmisch, Regensburg und Kufstein in Angriff genommen. Für den schweren Schnellzugdienst auf diesen Strecken bestellte die DRG (Gruppenverwaltung Bayern) zehn 1'Do1'-Elektroloks bei Krauss (mech. Teil) und BBC (elektr. Teil). Die ersten sechs Maschinen wurden 1926/27 noch unter der alten Länderbahn-Nummer ES 1 21001-006 ausgeliefert, die vier restlichen folgten als E 16 07-10. Für die anstehende Elektrifizierung der Strecke München–Augsburg beschaffte die DRG 1928/29 sieben weitere Loks als E 16 11-17 mit erhöhter Motorleistung. Alle E 16 besaßen als Besonderheit und unverwechselbares Kennzeichen den Buchli-Einzelradsatzantrieb. Bei dieser Konstruktion lagen Motorritzel und Großzahnrad in einem ölgefüllten Gehäuse außerhalb des Rahmens. Der einseitige Buchli-Antrieb erlaubte ein Seitenspiel von 15 mm bei allen vier Treibradsätzen.
Nach den guten Erfahrungen mit den ersten 17 Maschinen bestellte die DRG 1930 noch einmal vier Exemplare. Sie wurden als E 16 18-21 zwischen März 1932 und Mai 1933 ausgeliefert. Neben vielen Detailverbesserungen besaßen diese Lokomotiven Motoren mit abermals erhöhter Leistung, einen leistungsfähigeren Haupttransformator sowie als äußeres Kennzeichen einen Hilfsrahmen für die Großzahnräder des Buchli-Getriebes. Auf Grund ihrer abweichenden Ausführung bezeichnete die DRG diese Loks als Unterbaureihe E 16.1. Abgesehen von einem Versuchseinsatz in Schlesien blieben die Loks immer im bayerischen Raum. Durch Kriegseinwirkungen gingen E 16 11 und 13 verloren. Zwischen 1948 und 1951 wurden die verbliebenen 19 Maschinen einer Generalreparatur unterzogen. Die E 16.1 verloren dabei ihren markanten Hilfsrahmen. Ab September 1958 waren alle E 16 (ab 1968: 116) beim Bw Freilassing beheimatet. Als letzte musste dort die 116 009 am 27. Juni 1979 den Dienst quittieren. Mit den 116 003, 007, 008 und 009 blieben gleich vier Maschinen erhalten.

Technische Daten:

Baureihenbezeichnung:	E 16 01-10	E 16 11-17	E 16 18-21 (DRG)
Radsatzanordnung:	1'Do1'		
Stromsystem:	16 2/3 Hz, 15 kV		
Vmax (km/h):	120		
Stundenleistung (kW):	2.340	2.580	2.944
Dauerleistung (kW):	2.020	2.400	2.655
Dienstmasse (t):	110,8		
Größte Radsatzfahrmasse (t):	20,1		
Länge über Puffer (mm):	16.300		
Treibraddurchmesser (mm):	1.640		
Laufraddurchmesser (mm):	1.000		
Indienststellung:	1926	1927	1931
Verbleib:	E 16 03 (BSW Koblenz-Lützel), 07 (Deut. Museum München), 08 (VMN, Darmstadt-Kranichstein), 09 (privat, Garmisch)		

Foto: Slg. Koppisch, Archiv transpress

E 16.5 (DRG, DR)

Zu den Versuchsbauarten mit Tatzlagerantrieb (siehe auch E 15 01) zählte ebenfalls die E 16 101, welche 1926 von der DRG bei Borsig (mech. Teil) und den Siemens-Schuckert-Werken (SSW, elektr. Teil) in Auftrag gegeben worden war. Da die Baureihenbezeichnung E 16.1 schon vergeben war, erhielt die 1'Do1'-Maschine die vom Schema abweichende Bezeichnung E 16.5. Antriebsbedingt erhielt sie einen Außenrahmen in Stahlblechkonstruktion, in welchem die vier Treibradsätze gelagert waren. Die beiden Laufradsätze lagerten in einem Bisselgestell und waren durch Längsausgleichshebel jeweils mit den beiden folgenden Treibradsätzen verbunden. Der Kastenaufbau war identisch mit der E 15 01 und die elektrische Ausrüstung entsprach bis auf den Haupttransformator und den Richtungswender der E 15 01. Statt eines fremdbelüfteten, ölgekühlten Manteltransformator kam bei der E 16 101 ein fremdbelüfteter Trockentransformator in Mantelbauweise zur Anwendung.
Ab Ende Oktober 1928 wurde die E 16 101 im Schnell- und Personenzugdienst beim Bw Leipzig Hbf West erprobt. Zwischen Januar 1929 und Herbst 1930 fuhr sie im planmäßigen Reisezugdienst auf den mitteldeutschen Strecken. Im Vergleich mit der E 15 01 hatte die Maschine einen wesentlich ruhigeren Lauf im geraden Gleis, doch wegen des starren Hauptrahmens war besonders bei höheren Geschwindigkeiten die Kurvenläufigkeit nicht sehr gut. In Gleisbögen traten bedingt durch die Fahrzeuglänge und die einfachen Laufradsätze Schlingerbewegungen auf. Trotzdem erhöhte die DRG 1934 ihre zulässige Höchstgeschwindigkeit auf 120 km/h. Den Zweiten Weltkrieg überstand die E 16 101 in Mitteldeutschland ohne Schaden und fuhr dort bis zur Einstellung des elektrischen Betriebes Ende März 1946. Als Reparationsleistung verschwand auch sie anschließend in der UdSSR. Von dort kehrte sie im November 1952 zurück, blieb aber als Schadlokomotive abgestellt. 1957/58 wurde die Lok vom Raw Dessau äußerlich wiederaufgearbeitet und in der Hochschule für Verkehrswesen in Dresden als Studienobjekt zur Verfügung aufgestellt. Dort verkam sie ab Mitte der 60er-Jahre zusehends und wurde schließlich 1972 verschrottet.

Technische Daten:

Baureihenbezeichnung:	E 16.5 (DRG)
Radsatzanordnung:	1'Do1'
Stromsystem:	16 2/3 Hz, 15 kV
Vmax (km/h):	120 (bis 1934: 110)
Stundenleistung (kW):	2.800
Dauerleistung (kW):	2.300
Dienstmasse (t):	106,6
Größte Radsatzfahrmasse (t):	19,2
Länge über Puffer (mm):	16.960
Treibraddurchmesser (mm):	1.400
Laufraddurchmesser (mm):	1.000
Indienststellung:	1928
Verbleib:	

Foto: Estler

Foto: Estler

E 17, 117 (DRG, DB, DR)

Schon bald nach ihrer Gründung beschäftigte sich die DRG mit der Weiterentwicklung der Antriebstechnik bei den Elloks, denn der bisher hauptsächlich verwendete Stangenantrieb erschien wenig zukunftsträchtig. 1922 wurde mit de Bau der Baureihe E 16 mit Buchli-Antrieb ein erster Schritt in diese Richtung getan. AEG lieferte 1926/27 zwei Loks (E 21 01 und 02) mit dem von Kleinow weiterentwickelten Westinghouse-Federtopfantrieb. Nach zufriedenstellender Erprobung dieser Maschinen folgte noch im Oktober 1927 der Auftrag über eine Serienlieferung mit 33 Loks der Baureihe E 17. Ihr Leistungskatalog sah die Beförderung schwerer Schnellzüge im Flach- und im Hügelland vor. Gegenüber der E 21 ergab die konstruktive Überarbeitung eine Gewichtsverminderung um rund 10 Tonnen, so dass ein Laufradsatz entfallen konnte. Der um 150 mm reduzierte Treibraddurchmesser erforderte die Entwicklung neuer Fahrmotoren für die 1'Do1'-Maschinen. Jeder der vier Treibradsätze wurde von einem hochgelagerten, in Serie geschalteten Doppelmotor angetrieben.
Die ersten E 17 wurden 1928 ausgeliefert. Mit einer noch 1929 erfolgten Nachbestellung von fünf Maschinen standen bis Mitte 1930 alle 38 Loks im Dienst. Die Betriebsnummern wurden nach den Einsatzgebiete vergeben: In Bayern fuhren die E 17 01-18, in Mitteldeutschland die E 17 101-112 und in Schlesien die E 17 113-120. Insgesamt acht Maschinen (E 17 01, 02, 06, 08, 09, 11, 117, 119) gingen im Zweiten Weltkrieg durch Bombenangriffe oder Unfälle verloren. In der Sowjetzone verblieben vier E 17, die 1946 als Beutegut in die UdSSR abtransportiert wurden. Die E 17 10 blieb in der UdSSR, während 1952/53 die drei anderen (E 17 101, 123 und 124) zurückkamen. Die DR setzte die E 17 123 und 124 in den Jahren 1958/59 wieder instand. Wegen ihrer Störanfälligkeit wurden sie schon 1963 abgestellt. In den Bestand der DB kamen 26 Maschinen, die ab Dezember 1967 alle beim Bw Augsburg zusammengefasst waren und dort bis 1978 im Plandienst standen. Ansätze zu einer Modernisierung wie probeweise bei E 17 110 blieben in den Anfängen stecken. Mit der Ausmusterung der 117 106 und 113 am 24. April 1980 war das Kapitel dieser Baureihe beendet.

Technische Daten:

Baureihenbezeichnung:	E 17 (DRG)
Radsatzanordnung:	1'Do1'
Stromsystem:	16 2/3 Hz, 15 kV
Vmax (km/h):	120 (bis 1934: 110)
Stundenleistung (kW):	2.800
Dauerleistung (kW):	2.300
Dienstmasse (t):	111,7
Größte Radsatzfahrmasse (t):	20,2
Länge über Puffer (mm):	15.950
Treibraddurchmesser (mm):	1.600
Laufraddurchmesser (mm):	1.000
Indienststellung:	1928-1930
Verbleib:	E 17 103 (VMN, Lichtenfels), 113 (DGEG, Neustadt/Weinstr.)

E 18, 118, 218 (DRG, DB, DR)

Für den schweren Schnellzugdienst bestellt die DRG 1993 bei AEG eine 1'Do1'-Lokomotive. Das erste Exemplar der neuen Baureihe E 18 konnte im Mai 1935 ausgeliefert werden und kam unverzüglich in den Versuchsbetrieb. Die Lok übertraf alle Erwartungen und erreichte bei Testfahrten sogar 165 km/h. Als stärkste elektrische Einrahmenlokomotive der Welt wurde die E 18 22 auf der Pariser Weltausstellung präsentiert und errang dort drei Grand Prix. Neu war bei diesen Loks die windschnittige Form und die erstmalige Anwendung der Schweißtechnik in größerem Umfang.
Bis Januar 1940 wurden die E 18 01-44 und 045-053 ausgeliefert. Auch die Bahnen Österreichs bestellten von diesem erfolgreichen Typ acht Maschinen in leicht modifizierter Ausführung. Diese liefen bei der DRG nach dem 1938 erfolgten Anschluss Österreichs als Baureihe E 18.2. Bei Kriegsende waren zahlreiche Maschinen durch Bombentreffer ausgebrannt oder durch Unfall zerstört. Neben den österreichischen E 18.2 blieben nach 1945 auch die E-18 42 und 046 bei den ÖBB. In der sowjetisch besetzten Zone waren elf Maschinen vorhanden. Nach Einstellung des elektrischen Zugbetriebes wurden sie 1946 in die UdSSR abgefahren und kamen 1952 wieder zurück. Die DB konnte in jahrelanger Arbeit wieder 39 Maschinen in Betrieb nehmen, einschließlich der fünf von der DR erworbenen Loks. Zusätzlich wurden 1955 noch zwei Nachbauten (E 18 054 und 055) aus vorhandenen Großteilen von Krupp fertiggestellt. Die 41 Maschinen fuhren in ganz Süddeutschland. Ab Sommer 1974 waren die nun computergerecht als 118 geführten Loks beim Bw Würzburg konzentriert Anfang der 80er-Jahre begann ihr Stern rapide zu sinken und Anfang Sommer 1984 endete der Planeinsatz. Die letzten 118 wurden am 31. Juli 1984 ausgemustert.
Die DR baute zwischen 1958 und 1960 aus ihrem Schadbestand die E 18 19, 31 und 40 wieder auf. Zwischen 1967 und 1969 mutierten die E 18 19 und 31 zu 180 km/h-Schnellfahrlokomotiven für die VES-M in Halle. Ab Herbst 1977 standen beide E 18 (ab 1970: 218) nur noch als Reserve und für Sonderfahrten zur Verfügung.

Technische Daten:

Baureihenbezeichnung:	E 18 (DRG)
Radsatzanordnung:	1'Do1'
Stromsystem:	16 2/3 Hz, 15 kV
Vmax (km/h):	150 (DR: 180)
Stundenleistung (kW):	3.040
Dauerleistung (kW):	2.840
Dienstmasse (t):	108,5 (DR: 111,3)
Größte Radsatzfahrmasse (t):	19,6
Länge über Puffer (mm):	16.920
Treibraddurchmesser (mm):	1.600
Laufraddurchmesser (mm):	1.000
Indienststellung:	1935-1955
Verbleib:	u.a. E 18 08 (BSW, Garmisch), E 18 31 (VMD, Halle P), E 18 047 (VMN, Würzburg)

Foto: Estler

Foto: Estler

E 19, 119 (DRG, DB)

In der zweiten Hälfte der 30er-Jahre rückte die Verknüpfung des bayerischen und des mitteldeutschen elektrischen Netzes in greifbare Nähe. Geplant war von der DRG ein durchgehend elektrischer Betrieb zwischen München und Berlin. Für den schweren Schnellzugdienst auf dieser Magistralen ließ die DRG ab 1937 je zwei Probelokomotiven von AEG (E 19 01 und 02) und von Henschel/SSW (E 19 11 und 12) entwickeln. Beide Firmen griffen auf das Konzept der erfolgreichen E 18 zurück, doch bekamen alle vier E 19 erheblich stärkere Motoren, robustere Antriebselemente sowie Laufräder größeren Durchmessers. Im elektrischen Teil unterschieden sich die beiden Bauarten erheblich, die AEG-Maschinen besaßen vier neu entwickelte Wechselstrom-Reihenschlussmotoren, die SSW-Loks vier achtpolige Doppelmotoren. Besonders Augenmerk wurde auf die Entwicklung einer wirksamen Bremse für die schnellen Fahrzeuge gelegt und so erhielten die E 19 eine elektrischen Widerstandsbremse.
Zwischen Januar 1939 und Juli 1940 wurde die vier E 19 ausgeliefert. Sie trugen eine exklusive, weinrote Lackierung. Die SSW-Maschinen ließen sich von den AEG-Loks durch den höheren, kantigeren Dachaufbau leicht unterscheiden. Der Ausbruch des Zweiten Weltkrieges verhinderte eine ausgiebige Erprobung. Nach Kriegsende blieben alle vier Maschinen in den Westzonen und wurden von der DB Anfang der 50er-Jahre auf 140 km/h degradiert. Mit einer Ausnahme fuhren die E 19 (ab 1968: 119) zeit ihres Lebens beim Bw Nürnberg Hbf. 1968 mussten »Edelhirsche« zum Bw Hagen-Eckesey wechseln. Von dort kehrten sie 1970 schwer angeschlagen nach Nürnberg zurück, wo die mit ihnen vertrauten Personale dank guter Pflege wieder bessere Laufleistungen erzielten. Als erste musste 1975 die 119 011 nach einem Trafoschaden den Dienst quittieren. Zwischen 1977 und 1978 folgten auch die drei anderen Maschinen. Zwei »Edelhirsche« werden der Nachwelt erhalten: Die Firma AEG kaufte die E 19 01 zurück, ließ sie weitgehend in den weinroten Ursprungszustand und stellte sie dem Deutschen Technikmuseum in Berlin als Leihgabe zur Verfügung. Ebenfalls im Ursprungszustand steht die E 19 12 im Nürnberger Verkehrsmuseum.

Technische Daten:

Baureihenbezeichnung:	E 19.0	E 19.1 (DRG)
Radsatzanordnung:	1'Do1'	
Stromsystem:	16 2/3 Hz, 15 kV	
Vmax (km/h):	180 (DB: 140)	
Stundenleistung (kW):	4.000	4.080
Dauerleistung (kW):	3.720	3.460
Dienstmasse (t):	113,0	110,7
Größte Radsatzfahrmasse (t):	20,2	20,4
Länge über Puffer (mm):	16.920	
Treibraddurchmesser (mm):	1.600	
Laufraddurchmesser (mm):	1.100	
Indienststellung:	1939	1939-1940
Verbleib:	E 19 01 (AEG, Deutsches Technikmuseum Berlin), 12 (VMN)	

120 (DB)

Mit den 1979/80 gelieferten fünf Vorserienlokomotiven der Baureihe 120 kam weltweit zum ersten Mal bei elektrischen Vollbahnlokomotiven der Drehstrom-Asynchronmotor zur Anwendung, der stufenlos geregelt werden kann. Vorläufer und Erprobungsträger für die Baureihe 120 waren die Dieselloks der Baureihe 202. Den Vorteilen der Drehstrommotoren standen lange unlösbare Schwierigkeiten entgegen. Erst mit Hilfe der elektronischen Schalt- und Regeltechnik konnte der Drehstrommotor flexibel und damit für den praktischen Betrieb nutzbar gemacht werden.
Äußerlich imponieren die 120er durch ihre Länge von 19.200 mm, mit der sie fast an die Baureihen 103, 150 und 151 herankommen. Im Unterschied dazu besitzen sie aber nur zweiachsige, völlig neu konstruierte Drehgestelle. Zur Leistungsübertragung dient ein BBC-Hohlwellen-Kardangelenkantrieb. Hauptrahmen und Leichtbau-Lokomotivkasten bilden eine selbsttragende Konstruktion. Nach umfangreichen Versuchsfahrten konnten alle Maschinen für 200 km/h zugelassen werden. 1984 erreichte die 120 001 sogar die Rekordgeschwindigkeit von 265 km/h. Die anfangs vorhandene kombinierte elektrische Netz- und Widerstandsbremse konnte 1982 vereinfacht werden, die Widerstandsbremse entfiel, da die Netzbremse äußerst zuverlässig arbeitete.
Zwischen 1987 und 1989 entstanden bei AEG, BBC, Siemens, Krauss-Maffei, Krupp und Henschel die Serienlokomotiven 120 101-160 mit zahlreichen Verbesserungen wie zeitmultiplexe Wendezug- und Doppeltraktionssteuerung, verstärkte Netzbremse, zusätzliche elektropneumatische Bremse sowie eine automatische Fahr- und Bremssteuerung mit Schleuderschutz. Mangelnde Druckdichte für den Einsatz auf den Neubaustrecken sowie Schwierigkeiten mit der Elektronik erforderten einige Nachbesserungen und verzögerten die Inbetriebnahme. Heute fährt die Baureihe 120.1 vom Betriebshof München West aus fast ausschließlich im IR/IC- und EC-Dienst, vereinzelt stehen nachts schnelle Güterzüge auf dem Programm. Die Vorauslokomotiven 120 001-005 dienen seit der Inbetriebnahme der Serienloks als Erprobungsträger für neue Technologien und laufen unter den Bahndienstnummern 752 001-005 bei der FTZ München und der NTB Minden.

Technische Daten:

Baureihenbezeichnung:	120.0	120.1 (DB)
Radsatzanordnung:	Bo'Bo'	Bo'Bo'
Stromsystem:	16 2/3 Hz, 15 kV	
Vmax (km/h):	200	
Dauerleistung (kW):		
Dauerleistung (kW):	5.600	
Dienstmasse (t):	83,2	
Größte Radsatzfahrmasse (t):	21	
Länge über Puffer (mm):	19.200	
Treibraddurchmesser (mm):	1.250	1.250
Indienststellung:	1979-1980	1987-1989
Verbleib:		

E 21 (DRG, DR)

Als erste Schnellzuglokomotiven mit Einzelradsatzantrieb wurden von der DRG Anfang der 20er die E 16 beschafft. Um auch andere Antriebsarten als den Buchli-Antrieb zu erproben, forderte die DRG verschieden Firmen zur Abgabe eines Angebots über eine Schnellzuglok mit vier einzeln angetriebenen Radsätzen und einer Höchstgeschwindigkeit von 110 km/h auf. Von AEG kam der Entwurf einer Maschine mit dem von Kleinow weiterentwickelten Westinghouse-Antrieb. AEG erhielt den Auftrag zum Bau eines Prototypen, welcher unter der Betriebsnummer E 21 01 im Oktober 1926 der DRG übergeben werden konnte.
Charakteristisch für die Maschine waren der unsymmetrische Lokkasten und die Radsatzfolge 2'Do1', welche sich aus der Platzierung des schweren Transformators am vorderen Ende ergab. Daher bestand das Laufwerk aus dem vorderen Drehgestell mit zwei Laufradsätzen, den vier Antriebsradsätzen und einem hinteren, in einem Bisselgestell gelagerten Laufradsatz.

Foto: Maey, Slg. Kleine, Archiv transpress

Die ersten Versuchsfahrten der E 21 01 zeigten ausgezeichnete Ergebnisse und so wurde sogleich eine weitere Maschine mit kleinen Änderungen nachbestellt. Die im Mai 1928 ausgelieferte E 21 02 besaß ein geändertes Fahrwerk (statt Bisselgestell ein Krauss-Helmholtzgestell der Bauart AEG) und drei statt zwei Fenster an den Stirnfronten. Nach ihrer Erprobung in Mitteldeutschland kam die E 21 01 im April 1927 auf die schlesischen Gebirgsstrecken, während die E 21 02 gleich dort in Betrieb ging. Bis Februar 1945 fuhren sie im Reisezugdienst in Schlesien, vorwiegend zwischen Breslau und Görlitz. Dann konnten sie noch rechtzeitig ausgelagert werden und fanden in Leipzig eine neue Heimat. Nach der zwangsweisen Einstellung des elektrischen Betriebes Ende März 1946 mussten sie als Reparationsleistung an die sowjetischen Besatzer abgegeben werden. Ende 1952 kamen sie aus der UdSSR zurück und wurden 1959/60 wieder in Betrieb genommen. Wegen ihrer hohen Schadanfälligkeit erfolgte schon 1961/62 die Abstellung. Am 2. August 1966 wurden sie schließlich ausgemustert und waren bald darauf verschrottet.

Technische Daten:

Baureihenbezeichnung:	E 21 (DRG)
Radsatzanordnung:	2'Do1'
Stromsystem:	16 2/3 Hz, 15 kV
Vmax (km/h):	110
Stundenleistung (kW):	2.840
Dauerleistung (kW):	2.040
Dienstmasse (t):	121,8
Größte Radsatzfahrmasse (t):	19,6
Länge über Puffer (mm):	16.500
Treibraddurchmesser (mm):	1.750
Laufraddurchmesser (mm):	1.000
Indienststellung:	1926-1928
Verbleib:	

Foto: Maey, Slg. Kleine, Archiv transpress

E 21.5 (DRG)

An dem Bau von Versuchsmustern mit Einzelradsatzantrieb beteiligten sich auch die Bergmann-Elektrizitätswerke (BEW) in Berlin und lieferten im Oktober 1927 die E 21 51 an die DRG. Das Fahrzeugteil entstand bei den Linke-Hofmann-Werken (LHW) in Breslau. Der Lokkasten bestach durch seine relativ moderne, gefällige Form mit abgerundeten Kanten und geräumigen Endführerständen. Die asymmetrische Radsatzfolge 2'Do1' war wiederum durch die außermittige Anordnung des Haupttransformators über dem Laufdrehgestell vorgegeben. Der Antrieb war eine Eigenentwicklung von BEW: Je zwei hochgelagerten Fahrmotoren wirkten über eine einseitige elastische Gelenkarmkupplung und Blindzahnrad auf jeden Treibradsatz. Mit 3.500 kW Stundenleistung war die E 21 51 die leistungsfähigste aller Versuchslokomotiven und zugleich sogar die preisgünstigste. Dies war aber nicht unbedingt ein Vorteil, denn schon nach der Abnahmeprobefahrt musste der Haupttransformator umgebaut werden. Ferner sorgte der BEW-Antrieb mit seiner großen statischen Belastung der Treibradsätze für Probleme. Neben nicht zufriedenstellenden Laufeigenschaften traten schnell Getriebeschäden auf. Daher wurde 1928 ein von LHW entwickelter Alternativ-antrieb eingebaut, der die statische Belastung verminderte. Damit verbesserten sich zwar die Laufeigenschaften, Getriebeschäden führten aber nach wie vor zu häufigen Ausfällen. Erst der Einbau neuer Stahlgusskupplungen beseitigte auch dieses Problem.
Eingesetzt war die E 21 51 seit ihrer Anlieferung im Reisezugdienst auf der schlesischen Gebirgsbahn. Als 1943 ihre Höchstgeschwindigkeit auf 75 km/h herabgesetzt wurde, waren vor allem Personenzüge ihr tägliches Brot. Im Februar 1945 konnte der Einzelgänger vor der heranrückenden Front nach Mitteldeutschland in Sicherheit gebracht werden. Die von den sowjetischen Besatzern verordnete Einstellung des elektrischen Betriebes Ende März 1946 erlebte die E 21 51 im RAW Dessau. Von dort wurde sie im September 1946 als Beutegut in die UdSSR verschleppt. Im Oktober 1952 kehrte sie in die DDR zurück, blieb aber als Schadlokomotive abgestellt und wurde schließlich im Juni 1966 ausgemustert.

Technische Daten:

Baureihenbezeichnung:	E 21.5 (DRG)
Radsatzanordnung:	2'Do1'
Stromsystem:	16 2/3 Hz, 15 kV
Vmax (km/h):	110 (ab 1943: 75)
Stundenleistung (kW):	3.500
Dauerleistung (kW):	2.650
Dienstmasse (t):	121,9
Größte Radsatzfahrmasse (t):	19,8
Länge über Puffer (mm):	14.940
Treibraddurchmesser (mm):	1.400
Laufraddurchmesser (mm):	1.000
Indienststellung:	1927
Verbleib:	

Foto: Estler

127 (DB)

Als Höhepunkt einer rund 20jährigen Entwicklung stellten Krauss-Maffei und Siemens Verkehrstechnik im November 1992 mit dem »Euro-Sprinter« eine modular aufgebaute, vielseitig anpassungsfähige Lokomotive vor. Für den Einsatz bei der DB erhielt der Euro-Sprinter die Betriebsnummer 127 001 und war zum Zeitpunkt seiner Präsentation die leistungsfähigste vierachsige Lok der Welt.
Die Konzeption und Konstruktion des Euro-Sprinters basieren auf Erfahrungen mit den Elloks der Baureihe 120, den ICE-Triebköpfen der ersten Generation, den Hochleistungslokomotiven S 252 für die Spanischen Staatsbahnen (RENFE) sowie den LE 5600 für die Portugiesischen Eisenbahnen (CP). Der technische Fortschritt konnte in allen Teilbereichen voll berücksichtigt werden. Die Regelung der Fahrmotoren erfolgte durch das Mikrocomputer-Steuersystem SIBAS 16 über Stromrichter mit GTO-Thyristoren. Bei ihrer Einzelradsatzsteuerung wird jeder Antriebsmotor von einem eigenen Wechselrichter gespeist, so dass eine optimale Haftwertausnutzung sichergestellt war. Ausgelegt war der Euro-Sprinter als sogenannte Allround-Lokomotive, die vor Güterzügen und auch vor Schnellzügen mit Geschwindigkeiten bis zu 230 km/h eingesetzt werden kann. Diesem Anspruch trug auch das Fahrzeugteil hinsichtlich Formgebung, Design, Festigkeit und Stabilität Rechnung. Der Lokomotivkasten bildete eine vollständig geschweißte Integralkonstruktion aus Untergestell, Seitenwänden mit Dachschrägen, Dachhauben und den beiden angesetzten Führerhäusern.
Ab Januar 1993 unternahm der Euro-Sprinter seine ersten Versuchseinsätze. Anfang März 1993 wurde die »Europa-Lokomotive« offiziell vorgestellt und auf den Namen »Werner von Siemens« getauft. Am 6. August 1993 stellte der Euro-Sprinter mit 310 km/h anlässlich einer Versuchsfahrt auf der Neubaustrecke Würzburg–Fulda eine Weltrekord für Loks mit Drehstrom-Leistungsübertragung auf. Im September 1993 erfolgte die endgültige Zulassung durch die DB und die Betriebserprobung im planmäßigen hochwertigen Reisezugdienst. Zahlreiche Demonstrations- und Probefahrten im In- und Ausland folgten. Heute ist die 127 001 im Siemens-Lokpool eingestellt.

Technische Daten:

Baureihenbezeichnung:	127 (DB AG)
Radsatzanordnung:	Bo'Bo'
Stromsystem:	16 2/3 Hz, 15 kV
Vmax (km/h):	230
Stundenleistung (kW):	
Dauerleistung (kW):	6.400
Dienstmasse (t):	86
Größte Radsatzfahrmasse (t):	21,5
Länge über Puffer (mm):	19.580
Treibraddurchmesser (mm):	1.250
Indienststellung:	1992
Verbleib:	

128 (DB)

Als Antwort auf den »Euro-Sprinter« von Siemens feierte AEG am 20. Juni 1994 den Roll-out der neuen vierachsigen Hochleistungslokomotive »12X«, die für den Einsatz bei der DB die Betriebsnummer 128 001 erhielt. Die »12X« war der Prototyp für eine modular aufgebaute Triebfahrzeugfamilie, aus der Fahrzeuge für die unterschiedlichsten Anforderungen aus bewährten Baugruppen konzipiert werden können. Ihre Form bildete das Vorbild für die neue Lokgeneration der DB (Baureihen 101, 145 und 152), technisch stand sie zum Teil Pate für die Elloks der Baureihen 101 und 145.
Neuartig war das Antriebskonzept der »12X«. Der neuentwickelte und in der 120 118 erstmals erprobte GEALAIF-Antrieb als Lokomotivantrieb mit integriertem Drehstromfahrmotor erforderte praktisch keinen Wartungsaufwand und arbeitete nahezu verschleißfrei. Die Regelung der Fahrmotoren erfolgte durch brauchwassergekühlte Stromrichter und das 32-Bit-Rechnersystem GEATRAC II, das gleichzeitig die Leittechnik kontrollierte. Ein Fehlerdiagnosesystem warnte frühzeitig vor auftretenden Schäden. Einzelradsatzsteuerung sowie neuentwickelte Drehgestelle mit schrägliegenden Zug-Druck-Stangen zum Fahrzeugrahmen sicherten hohen Fahrkomfort und bestmögliche Zugkraftübertragung. Der Lokkasten ist eine Stahlleichtbaukonstruktion mit aufgesetzten Führerhäusern aus Faserverbundwerkstoff. Die Dachhauben wurden als gewichtssparende Aluminium-Kunststoff-Verbundkonstruktion mit integrierter Luftführung ausgeführt. Umweltverträglich wurden beim Bau der Lok soweit als möglich wiederverwertbare Stoffe verwendet.
Bis zum September 1996 folgten ausführliche Testfahrten und harte Planeinsätze, bei den über 100.000 km zurückgelegt wurde. Anschließend wurde die 128 001 in wesentlichen Teilen auf neue Technologien umgerüstet. So erhielt sie Stromrichter neuester Technik mit sogenannten IGBT-Schaltelementen. Zudem wurde sie das aktuelle Fahrzeug-Leittechniksystem MITRAC eingebaut und die gesamte elektrische Ausrüstung erneuert. Heute ist die »12X« in den ADtranz-Lokpool eingestellt und steht als Mietlokomotive für den Einsatz bei den verschiedensten Eisenbahnverkehrsunternehmen zur Verfügung.

Technische Daten:

Baureihenbezeichnung:	128 (DB AG)
Radsatzanordnung:	Bo'Bo'
Stromsystem:	16 2/3 Hz, 15 kV
Vmax (km/h):	220
Stundenleistung (kW):	
Dauerleistung (kW):	6.400
Dienstmasse (t):	84
Größte Radsatzfahrmasse (t):	21
Länge über Puffer (mm):	19.500
Treibraddurchmesser (mm):	1.250
Indienststellung:	1994
Verbleib:	

E 30 (preuß. EP 202-208, DRG)

Für den leichten Personenzugdienst auf den elektrifizierten Strecken Schlesiens bestellten die Preußischen Staatsbahnen (KPEV) 1913 bei den Maffei-Schwarzkopff-Werken (MSW, elektr. Teil) und der Berliner Maschinenbau AG (BMAG, Fahrzeugteil) sieben Maschinen als EP 202-208 mit der Radsatzfolge 1'C. Die Radsatzfolge musste aber nachträglich in 1'C1' abgeändert werden, da die KPEV zusätzlich den Einbau eines Heizkessels wünschte. Die Personenzugloks stimmten in vielen Teilen mit den vom selben Hersteller und fast zur gleichen Zeit gebauten Schnellzugloks ES 9-19 (DRG-Baureihe E 01) überein. So erhielten auch die EP 202-208 den riesigen Wechselstrommotor eingebaut, welcher über schräge Treibstangen, Blindwelle und Kuppelstangen die drei Kuppelradsätze antrieb. Zur Regelung des Fahrmotors diente ein handbetätigtes Nockenschaltwerk mit Zusatztrafo und 16 Dauerfahrstufen. Während vorne ein Stirnführerstand gute Sicht auf die Strecke ermöglichte, befand sich vor dem hinteren Führerstand ein großer, weit überhängender Vorbau mit dem Heizkessel.

Foto: Slg. Kleine, Archiv transpress

Bedingt durch den Ersten Weltkrieg erfolgte die Auslieferung der EP 202-208 nur langsam und erstreckte sich über die Jahre 1915 bis 1920. Nach Elektrifizierung der schlesischen Hauptbahn Königszelt–Hirschberg bis Mitte 1920 mussten sich die Personenzugloks auch auf dieser Strecke beweisen. Um die Leistungsfähigkeit zu steigern, wurde der fremdbelüftete Haupttransformator mit einer Ölumlaufkühlung versehen. Doch den schweren Anforderungen der schlesischen Gebirgsbahn waren die Maschinen auch damit nicht gewachsen. Durch die dauernde Überbeanspruchung häuften sich Motor- und Antriebsschäden. Daher setzte man 1924 die Personenzugloks ins mitteldeutsche Flachland um, wo ihre Leistung zunächst ausreichte. 1926/27 zeichnete sie die DRG in E 30 20-08 um. Doch ab 1927 häuften sich wieder die Schäden, da auch in Mitteldeutschland die Zuglasten angestiegen waren. Bereits 1928 wurde die E 30 08 ausgemustert. Mit der Indienststellung der leistungsfähigere E 06.1 mussten die restlichen fünf bis 1930 ebenfalls den Dienst quittieren.

Technische Daten:

Baureihenbezeichnung:	E 30 (DRG)
Radsatzanordnung:	1'C1'
Stromsystem:	16 2/3 Hz, 15 kV
Vmax (km/h):	90
Stundenleistung (kW):	900
Dauerleistung (kW):	538
Dienstmasse (t):	82,5
Größte Radsatzfahrmasse (t):	17,5
Länge über Puffer (mm):	12.930
Treibraddurchmesser (mm):	1.250
Laufraddurchmesser (mm):	1.000
Indienststellung:	1915-1920
Verbleib:	

Foto: Bellingrodt, Slg. Kleine, Archiv transpress

E 32, 132 (bay. EP 2, DRG, DB)

Für den leichten Reisezugdienst auf den zu elektrifizierenden Strecken in Bayern waren im 1922 aufgestellten Typenprogramm der DRG die 1'C1'-Maschinen mit der bayerischen Baureihenbezeichnung EP 2 vorgesehen. Im September 1922 bestellte die DRG 19 Lokomotiven dieses Typs bei Maffei (mech. Teil) und BBC (elektr. Teil). 1924 wurde die Order um weitere zehn EP 2 erhöht. Zwischen Dezember 1924 und Juli 1926 konnten die Loks als EP 2 20006-20034 von der Gruppenverwaltung Bayern in Dienst gestellt werden. Gemäß dem Umzeichnungsplan vom August 1926 erhielten sie in der Folge die Betriebsnummern E 32 06-34. Beim Laufwerk der E 32 waren der vordere Laufradsatz und der erste Kuppelradsatz zu einem Krauss-Helmholtz-Gestell zusammengefasst. Der hintere Laufradsatz ruhte in einem Bissel-Gestell. Die Regelung der Fahrmotoren erfolgte durch eine handbetätigte Schlittenschaltersteuerung.
Erstes Einsatzgebiet war die Strecke München–Garmisch, wo sie vornehmlich Personenzüge zu befördern hatten. Mit weiteren Elektrifizierungen dehnte sich das Einsatzgebiet auf andere bayerische Strecken aus. Die Maschinen besaßen auf Grund ihrer guten Schwerpunktlage und der Fahrgestellkonstruktion einen ruhigen Lauf. Daher ließ die DRG 1935/36 acht Maschinen (E 32 26, 29, 18, 30, 32, 17, 13 und 07) mit geänderter Getriebeübersetzung ausrüsten, so dass die Höchstgeschwindigkeit auf 90 km/h erhöht werden. Die Umbauloks erhielten die Betriebsnummern E 32 101-108. Fünf Maschinen mussten im Krieg oder nach Kriegs-ende wegen ihrer schweren Schäden ausgemustert werden. Die restlichen 24 kamen zunächst wieder auf bayerischen Strecken in Betrieb. Zur Ablösung der E 71 kamen einige E 32 ab 1955 auf die badische Wiesen- und Wehratalbahn. Ab Mitte der 60er-Jahre erfolgten die ersten Ausmusterungen, die E 32 (ab 1968: 132) fuhren nun vorwiegend vor Abstell- und Leerreisezügen in Frankfurt/Main und München. Als letzte musste im September 1971 die 132 027 den Dienst quittieren. Mit Teilen der E 32 20 und 107 museumsgerecht aufgearbeitet, wird sie von der DGEG als E 32 27 erhalten. Im Nürnberger Verkehrsmuseum kann seit 1974 der Führerstand der E 32 12 bewundert werden.

Technische Daten:

Baureihenbezeichnung:	E 32 (DRG)
Radsatzanordnung:	1'C1'
Stromsystem:	16 2/3 Hz, 15 kV
Vmax (km/h):	75 (E 32 101-108: 90)
Stundenleistung (kW):	1.170
Dauerleistung (kW):	1.010
Dienstmasse (t):	84,8
Größte Radsatzfahrmasse (t):	18,8
Länge über Puffer (mm):	13.010
Treibraddurchmesser (mm):	1.400
Laufraddurchmesser (mm):	850
Indienststellung:	1925-1927
Verbleib:	E 32 27 (DGEG, Bochum-Dahlhausen)

Foto: Slg. Kleine, Archiv transpress

E 36 (bay. EP 3, DRG)

Im ersten Elektrifizierungsprogramm Bayerns war auch die Strecke Salzburg–Freilassing–Berchtesgaden aufgeführt, wo ab dem 11. Juni 1914 elektrisch gefahren werden konnte. Für den Personenzugdienst auf dieser steigungs- und krümmungsreichen Strecke bestellte die Bayerische Staatsbahn 1912 bei Krauss in München (mech. Teil) und bei SSW (elektr. Teil) vier Maschinen mit der Radsatzfolge 1'C2'. Sie wurden 1914/15 als EP 3/6 20101-20104 in Betrieb genommen. Entsprechend der schwierigen Streckencharakteristik war ihr Laufwerk ausgebildet. Der vordere Laufradsatz war dem ersten Kuppelradsatz in einem Krauss-Helmholtz-Gestell zusammengefasst, die beiden hinteren Laufradsätze ruhten zusammen mit dem letzten Kuppelradsatz in einem Krauss-Lotter-Gestell. Ein großer 20poliger Wechselstrom-Reihenschlussmotor wirkte über Parallelkurbelantrieb, schräge Treibstangen, eine Blindwelle sowie Treib- und Kuppelstangen auf die drei Kuppelradsätze.
Schon die ersten Einsätze zeigten die hervorragende Durchbildung des Laufwerks ohne festen Radsatzstand. Gelobt wurde der gute stoß- und schlingerfreie Lauf. Nach der Übernahme durch die DRG erhielten die Maschinen 1923/24 unter Beibehaltung ihrer Ordnungsnummer die neue Baureihenbezeichnung EP 3. Nach Inkrafttreten des Umzeichnungsplans vom August 1926 fuhren sie als E 36 01-04. Bis Ende 1929 sah man die E 36 vorwiegend vor Personenzügen, danach wanderten sie vermehrt in den Güterzugdienst ab. Mit der Indienststellung der neuen E 44.5 reduzierten sich ab Mitte der 30er-Jahre ihre Laufleistungen drastisch. Vor allem wegen ihres geringen Leistungsvermögens wurden sie zwischen 1941 und 1943 ausgemustert. Der von Henschel durchgeführte Umbau in Schneepflüge bescherte den E 36 02 und 04 eine zweite Karriere, die erst mit der erneuten Ausmusterung 1979/80 endete. Die umgebaute E 36 02 konnte vom Bayerischen Eisenbahn-Museum (BEM) in Nördlingen erworben werden. Die ehemalige E 36 04 wurde dagegen bis zum Jahresende 1987 verschrottet.

Technische Daten:

Baureihenbezeichnung:	E 36 (DRG)
Radsatzanordnung:	1'C2'
Stromsystem:	16 2/3 Hz, 15 kV
Vmax (km/h):	80
Stundenleistung (kW):	690
Dauerleistung (kW):	480
Dienstmasse (t):	78,8
Größte Radsatzfahrmasse (t):	14,6
Länge über Puffer (mm):	12.300
Treibraddurchmesser (mm):	1.100
Laufraddurchmesser (mm):	850
Indienststellung:	1914-1915
Verbleib:	E 36 02 (als Schneepflug, BEM Nördlingen)

E 36.2 (bay. EP 4, DRG)

Für die seit 11. Juni 1914 elektrisch betriebene Gebirgsstrecke Salzburg–Freilassing–Berchtesgaden beschaffte die Bayerische Staatsbahn insgesamt acht Personenzugmaschinen. Um Erfahrungen zu sammeln, kamen verschiedene Hersteller zum Zuge. Vier Loks der Gattung EP 3/6 mit den Betriebsnummern 20121-20124 lieferten 1915 Krauss in München (mech. Teil) und die Maffei-Schwartzkopff-Werke (elektr. Teil). Ihr Laufwerk und Antrieb entsprachen weitgehend den kurz zuvor angelieferten SSW-Maschinen (DRG E 36). Für die nötige Antriebsleistung sorgte ein riesiger, 40poliger Wechselstrom-Reihenschlussmotor (ähnlich DRG E 01 und E 30), der sogar noch in den Dachaufbau hineinragte. Der führende Laufradsatz lagerte bei diesen Loks in einem Bisselgestell, das hintere Laufdrehstell war wiederum zusammen mit dem letzten Kuppelradsatz als Krauss-Lotter-Gestell ausgebildet. Somit waren die beiden ersten Kuppelradsätze fest gelagert. Durch eine handbetätigte Schaltwalzensteuerung mit Zusatztransformator und 16 Dauerfahrstufen konnte die Fahrmotorspannung geregelt werden. Auch diese Loks besaßen einen großen Dampfkessel für die Zugheizung, der allerdings sein Platz über dem ersten Kuppelradsatz fand. Daher konnten die beiden Scherenstromabnehmer ihre normale Position erhalten.

Foto: Maey, Slg. Kleine, Archiv transpress

In ihren ersten Betriebsjahren fuhren die Maschinen auf ihrer Stammstrecke im Reisezugdienst. 1923/24 erhielten sie unter Beibehaltung ihrer Ordnungsnummer die neue Gattung EP 4. Die DRG zeichnete sie 1926/27 in E 36 21-24 um. Im Vergleich zu den E 36 waren ihre Laufeigenschaften wegen der anderen Ausbildung des vorderen Laufradsatzes schlechter. Mit der Indienststellung der neuen E 44.5 im Jahr 1933 reduzierte sich ihr Einsatz drastisch. Ab Mitte der 30er-Jahre konnte auf die Maschinen weitgehend verzichtet werden. Als erste musste im Dezember 1935 die E 36 21 den Dienst quittieren. Ihre drei Schwestern wurden schließlich im Herbst 1937 ausgemustert. Die E 36 24 sollte für das Verkehrsmuseum in Nürnberg erhalten bleiben. Die im RAW München-Freimann hinterstellte Lok wurde aber bei einem Bombenangriff im Zweiten Weltkrieg völlig zerstört.

Technische Daten:

Baureihenbezeichnung:	E 36.2 (DRG)
Radsatzanordnung:	1'C2'
Stromsystem:	16 2/3 Hz, 15 kV
Vmax (km/h):	80
Stundenleistung (kW):	960
Dauerleistung (kW):	740
Dienstmasse (t):	93,7
Größte Radsatzfahrmasse (t):	16,8
Länge über Puffer (mm):	13.550
Treibraddurchmesser (mm):	1.100
Laufraddurchmesser (mm):	850
Indienststellung:	1915
Verbleib:	

Foto: Estler

E 41, 141 (DB)

Die E 41 war bezüglich Länge und Leistung die kleinste Ellok des ersten Neubau-programms der DB, vom Aufgabengebiet her aber die vielseitigste. Zugkraft und Höchstgeschwindigkeit wurden so bemessen, dass sowohl leichte Schnell- und Eilzüge als auch Güterzüge befördert werden können. Als »Mädchen für Alles« sollte sie aber auch niedrigere Anschaffungskosten und einen geringeren Energieverbrauch haben als die E 10 und die E 40. Daher ist ihre Konstruktion mit Kompromissen verknüpft. Um eine möglichst große Vereinheitlichung der Bauteile zu erhalten, wurde der grundsätzliche Aufbau von den anderen Einheits-Elloks übernommen. Auf Grund der geforderten Leistung von nur 2.400 kW erhielt die E 41 einen kostengünstigeren Transformator und anstatt der sonst üblichen Hochspannungssteuerung ein Niederspannungs-Schaltwerk. Dessen Geräuschentwicklung beim Anfahren wurde sehr schnell zum charakteristischen Merkmal dieser Maschinen. Für den Einsatz im Nahverkehr großer Ballungszentren wurden alle E 41 mit Wendezugsteuerung ausgerüstet. Damit konnte erstmals in Deutschland großflächig der Wendezugbetrieb auf elektrifizierten Strecken aufgenommen werden.
Als erste Serienlok des neuen Typenprogramms konnte am 27. Juni 1956 die E 41 001 an die DB ausgelieferte werden. Bis Ende 1969 beschaffte die DB in mehreren Serien insgesamt 451 Exemplare, ab der Betriebsnummer 436 mit der EDV-gerechten Baureihenbezeichnung 141. Die letzten fünf (141 447-551) rüstete man versuchsweise mit einer elektrischen Nutzbremse aus. Da sie für einen S-Bahnähnlichen Verkehr im Ruhrgebiet vorgesehen waren, erhielten sie noch zusätzlich eine zentrale Türschließeinrichtung sowie ein Mikrofon für Zugdurchsagen. Damit wurden zwischen 1990 und 1993 insgesamt 104 Loks nachgerüstet, um sie für das »Fahren ohne Zugbegleiter« fit zu machen. Zum Abbau überzähliger Bestände mussten seit 1987 schon rund 150 Maschinen den Dienst quittieren, wobei meist größere Schäden zum Anlass genommen wurden. Die Frankfurter E 41 001 ist seit 1997 äußerlich weitgehend wieder im Ablieferungszustand (blau mit silbernem Dach und Regenrinne) unterwegs.

Technische Daten:

Baureihenbezeichnung:	E 41 (DB)
Radsatzanordnung:	Bo'Bo'
Stromsystem:	16 2/3 Hz, 15 kV
Vmax (km/h):	120
Stundenleistung (kW):	2.400
Dauerleistung (kW):	2.310
Dienstmasse (t):	67,0
Größte Radsatzfahrmasse (t):	16,8
Länge über Puffer (mm):	15.660
Treibraddurchmesser (mm):	1.250
Indienststellung:	1956-1969
Verbleib:	

Foto: Slg. Koppisch, Archiv transpress

E 42.1, E 42.2 (preuß. EP 213-219, DRG)

Anfang 1921 stoppte die DRG die Wechselstrom-Elektrifizierung der Berliner Stadt- und Vorortbahnen. Gleichzeitig wurde auch der Bau von zweifach gekuppelten Triebgestellen storniert, welche zusammen mit Abteilwagen für den elektrischen Betrieb in Berlin vorgesehen waren. Davon waren 15 Triebgestelle betroffen. Vier waren 1920 bei BMAG und MSW bestellt worden, elf sollten von AEG geliefert werden. Für die bei der Stornierung weitgehend fertiggestellten Bauteile, speziell die Fahrmotoren und den Antrieb, suchte die kostenbewusste DRG neue Verwendungsmöglichkeiten. Sie entschied sich für den Bau von sieben leichten B'B'-Personenzugloks für das schlesische Netz. So entstanden 1924 bei BMAG/MSW die EP 213 und 214 und bei AEG in den Jahren 1924/25 die EP 219-219.
Bei allen Maschinen stützte sich ein kräftiger Brückenrahmen in Stahlblechkonstruktion mit dem Lokkasten und zwei Führerständen auf die beiden Triebdrehgestelle ab. Jedes Triebdrehgestell wurde von einem fremdbelüfteten Wechselstrom-Reihenschlussmotor über Getriebe, Blindwelle und Kuppelstangen bzw. Schlitzkuppelstangen bei den AEG-Loks angetrieben.
Alle Maschinen wurden von der DRG 1926/27 umgezeichnet, die EP 214-214 in E 42 13-14 (Baureihe E 42.1) und die EP 215-219 in E 42 15-19 (Baureihe E 42.2). Obwohl die E 42 bei ihrer Indienststellung technisch überholt waren, bewährten sie sich auf Grund ihrer robusten Bauweise recht gut. Anfängliche Fahrmotorschäden konnten durch den Einbau von Rollenlagern und einer verbesserten Kühlung bald beseitigt werden. 1941 musste die E 42 13 nach einem Unfall ausgemustert werden. Die übrigen E 42 versahen weiter ihren Dienst auf den schlesischen Strecken. Nach Ende des Zweiten Weltkriegs verlor sich die Spur der E 42 16 und 19, während die vier anderen gegen Ende 1945 von Schlesien aus als Reparationsleistung in die UdSSR abtransportiert wurden. Im Spätsommer 1952 durften die E 42 14, 15, 17 und 18 in die DDR zurückkehren. Da keine Verwendung mehr für sie bestand, blieben sie abgestellt, wurden im Dezember 1959 offiziell ausgemustert und waren bis Sommer 1960 zerlegt.

Technische Daten:

Baureihenbezeichnung:	E 42.1	E 42.2 (DRG)
Radsatzanordnung:	B'B'	
Stromsystem:	16 2/3 Hz, 15 kV	
Vmax (km/h):	70	
Stundenleistung (kW):	840	780
Dauerleistung (kW):	740	595
Dienstmasse (t):	76,0	77,2
Größte Radsatzfahrmasse (t):	19,5	19,6
Länge über Puffer (mm):	12.900	13.380
Treibraddurchmesser (mm):	1.500	
Indienststellung:	1924	1924-1925
Verbleib:		

Foto: Estler

Foto: Kleine, Archiv transpress

E 44, E 44G, E 44W, E 44.11, 144, 145, 244 (DRG, DB, DR)

Nach der erfolgreichen Bewährung der Schnellzuglok E 17 im Jahr 1928 zeichnete sich als nächster Schritt die Schaffung einer etwas kleineren Mehrzwecklokomotive ab. Als grobes Konzept lag die Idee einer laufradsatzlosen Bo'Bo'-Drehgestellmaschine vor. Finanzielle Schwierigkeiten der DRG bedingt durch die Weltwirtschaftskrise verhinderten aber eine konkrete Auftragsvergabe. Auf eigenes Risiko entwickelten daraufhin Siemens, Bergmann und Maffei-Schwartzkopff je eine Versuchslok in dieser Ausführung. Schon im August 1930 konnte Siemens der Fachwelt seinen Prototyp präsentieren, der als wesentliche Merkmale einen geschweißten Brückenrahmen, einen weitgehend geschweißten Aufbau, einen luftgekühlten Transformator und Tatzlagermotoren besaß. Die Fahrmotorspannung wurde durch eine handbetätigte elektromagnetische Schützensteuerung mit 19 Dauerfahrstufen und 54 Zwischenstufen geregelt. Die kurzgekuppelten Drehgestelle hatten alle Zug- und Stoßkräfte zu übertragen. Die Höchstgeschwindigkeit der Maschine betrug 80 km/h. Zunächst hatte die neue Lok ein umfangreiches Versuchsprogramm zu absolvieren, zuerst in Mitteldeutschland, dann in Schlesien und zuletzt in Bayern. 1932 übernahm die DRG die Maschine, reihte sie als E 44 001 in ihren Bestand ein und setzte auf Grund der guten Laufeigenschaften ihre Höchstgeschwindigkeit mit 90 km/h fest.
Inzwischen war aber bereits der Serienbau nach dem Vorbild der E 44 001 angelaufen. Dringender Bedarf lag vor, da die Elektrifizierung der Strecke Augsburg–Stuttgart kurz vor dem Abschluss stand. Dem ersten Kontingent von 20 Maschinen im Jahr 1933 folgten jährlich etwa 10 bis 15 weitere Exemplare und dies auch den Krieg hindurch, weil die inzwischen vielfach E 44 zur »Kriegs-Elektrolok 1« (KEL 1) erklärt worden war. Wichtigste Änderung gegenüber dem Prototyp war der Einbau ölgekühlter Trafos, später aus Kupfermangel in Aluminium ausgeführt- sowie die Verwendung eines manuell zu betätigendes Nockenschaltwerks mit Feinsteller, Zusatztrafo und nur 15 Dauerfahrstufen. Auf Grund der Erfahrungen mit den E 44 auf Steigungsstrecken in Österreich, dessen Strecken seit 1938 unter die Verwaltung der DRG, erhielten die E 44 ab 1943 eine elektrische Widerstandsbremse. Ihrer Betriebsnummer wurde ein hochgestelltes »W« hinzugefügt. Als erste konnten im Mai 1943 die E 44 152W und 153W in Betrieb genommen werden. Bis Kriegsende konnten noch die E 44 154W-175W und dazu die E 44 178W abgeliefert werden.
In Süddeutschland mussten bis Anfang 1946 insgesamt 13 Maschinen wegen schwerer Kriegsschäden aus dem Verkehr gezogen werden. Dagegen konnten 32 kriegsbeschädigte E 44 bis 1952 wieder aufgearbeitet werden. Die halbfertiggestellten E 44 176W-177W und 180W-183W wurden zwischen Ende 1945 und 1951 vollendet und an die DB abgeliefert. Anfang 1953 standen damit bei der DB insgesamt 118 E 44 im Dienst.
Schon Anfang der 50er-Jahre führte die DB die Versuche mit Wendezugsteuerung fort und rüstete Mitte 1952 die E 44 039, 087, 089 und 147 entsprechend aus. Eine verbesserte Wendezugsteuerung erhielten 1954 die E 44 086, 089, 090, 094 und 096. Zur Unterscheidung erhielten alle wendezugfähigen E 44 ein hochgestelltes »G« hinter ihrer Betriebsnummer. Als vorläufig letzte Neuzugänge bauten Henschel und SSW aus vorhanden Teil 1954/55 noch die E 44 184-187 auf, die anstelle der Widerstandsbremse ebenfalls eine Wendezugsteuerung erhielten.
Nachdem schon ab Mitte der 50er-Jahre die Widerstandsbremsen der E 44W bei Schäden nicht mehr repariert wurden, entstand durch die Umstellung der steilen Höllentalbahn auf das normale Stromsystem wieder ein Bedarf an E 44 mit Widerstandsbremsen. 16 Loks mit betriebsfähiger Widerstandsbremse wurden 1959/60 in Freiburg zusammengezogen und 1962 von E 44W in E 44.11 umgezeichnet.
Aus den beiden überflüssig gewordenen 50-Hz-Maschinen E 244 11 und 22 entstanden 1963 und 1965 die E 44 188 und 189 als »modernste« Loks ihrer Baureihe. Erkennbar war dies u.a. am Kastenaufbau mit zwei in Gummi gefassten Stirnfenstern und seitlichen Lüftungsgittern wie die E 41 sowie an den Neubau-Stromabnehmern DBS 54a mit Doppelwippe.
Die EDV-gerechte Umzeichnung bescherte 1968 den E 44 die neue Baureihenbezeichnung 144, die E 44.11 hießen nun 145. Im September 1983 war der Plandienst bei der DB beendet und als letzte musste am 30. September 1984 die 144 081 den Dienst quittieren. In der sowjetisch besetzten Zone befanden sich bei Kriegsende 50 E 44, die allerdings zum Teil beschädigt waren. Die betriebsfähigen E 44 wickelten bis zur zwangsweisen Einstellung des elektrischen Zugbetriebes am 29. März 1946 über die Hälfte des elektrischen Zugverkehrs in Mitteldeutschland ab. Im September 1946 wurden 45 Maschinen als Beutegut in die UdSSR verschleppt. Dort dienten sie umgespurt auf 1.524 mm als Versuchsobjekte für den Betrieb unter 16,7 Hz / 15 kV auf der Strecke Kotlas–Workuta im Petschoragebiet am nördlichen Polarkreis. 1952 erhielt die DR noch 44 Maschinen zurück. Mit der E 44 begann am 1. September 1955 bei der DR wieder der elektrische Betrieb. Insgesamt 46 Exemplare baute das Raw Dessau bis 1961 wieder auf (ab 1970: Baureihe 244). Die letzten vier wurden am 31. Dezember 1991 ausgemustert. Museal erhalten werden in Ost und West 15 Maschinen. Betriebsfähig ist heute nur noch die E 44 046 im Bw Leipzig Hbf West.

Technische Daten:

Baureihenbezeichnung:	E 44 001	E 44 (DRG, DB)
Radsatzanordnung:	Bo'Bo'	
Stromsystem:	16 2/3 Hz, 15 kV	
Vmax (km/h):	90	
Stundenleistung (kW):	2.120	2.200
Dauerleistung (kW):	1.830	1.860
Dienstmasse (t):	79,2	78,0 (E 44 188-189: 79,2)
Größte Radsatzfahrmasse (t):	19,8	19,5 (E 44 188-189: 19,8)
Länge über Puffer (mm):	14.530	15.290
Treibraddurchmesser (mm):	1.250	
Indienststellung:	1930	1933-1955 (E 44 188-189: 1963/65)
Verbleib:	u.a. E 44 001 (VMN, Neuenmarkt-Wirsberg), 103 (EF Rostock), 1170 (VMN, Freiburg/Brsg.)	

Foto: Estler

E 44.5, 144.5 (DRG, DB)

Als letzte der drei Bo'Bo'-Versuchsloks erschien im April 1931 eine Maschine, die von den Maffei-Schwartzkopff-Werken (MSW, elektr. Teil) und der BMAG (Fahrzeugteil) auf eigenen Rechnung gebaut worden war. Diese besaß zwar in etwa die gleiche Fahrwerkskonstruktion wie die Siemens-Lokomotive, unterschied sich aber durch den kastenförmigen Aufbau ohne Vorbauten. Ähnlich wie beim Bergmann-Prototyp (E 44 2001) sorgten Pressluftzylinder für eine gleichmäßige Belastung aller Radsätze beim Anfahren. Dem Einsatz auf Steilstrecken wurde durch den Einbau einer elektrischen Widerstandsbremse Rechnung getragen. Auch bei einigen elektrischen Bauteilen stand die E 75 Pate, so beim ölgekühlten Trafo und der handbetätigten Nockenschaltersteuerung mit Zusatztransformator, Feinsteller und 15 Dauerfahrstufen. Sie bewährte sich so gut, dass die von DRG für alle zukünftigen Elloks vorgeschrieben wurde.

Bei Probefahrten in Schlesien und vor allem auf der Strecke Freilassing–Berchtesgaden bewährte sich die Maschine. Daher übernahm sie die DRG 1932 als E 44 101 in ihren Bestand und bestellte vier weitere Exemplare. Die Serienloks E 44 102-105 unterschieden sich nur geringfügig vom Prototyp. Die elektrische Ausrüstung musste zum Teil von AEG komplettiert werden, da MSW in Konkurs ging.

Zur endgültigen Ablösung der Stangenelloks zwischen Freilassing und Berchtesgaden beschaffte die DRG vier weitere Exemplare, die deutlich überarbeitet worden waren. Stärkere Fahrmotoren und ein verbesserter Transformator erforderten eine Verlängerung der Radsatzstände und des Kastens. Das Mehrgewicht musste durch die Konstruktion eines neuen Rahmens mit seinen charakteristischen Aussparungen an den Längsträgern wieder kompensiert werden. Die E 44 108 und 109 erhielten außerdem eine Getriebeübersetzung für 90 km/h. Als sich 1938 sich die Normal-E-44 der Ordnungsnummer 100 näherten, wurden die E 44 101-109 in E 44 501-509 umgezeichnet. Sie blieben mit wenigen kurzen Ausnahmen immer ihrer Stammstrecke treu. Als erste wurde schon 1959 die Versuchslok E 44 501 ausgemustert. Sie diente aber noch bis 1982 als Aufgleisungsobjekt. Die Serienloks mussten zwischen 1977 und 1983 den Dienst quittieren. E 44 502 und 508 blieben erhalten.

Technische Daten:

Baureihenbezeichnung:	E 44 501	E 44 502-505	E 44 506-509 (DRG)
Radsatzanordnung:	Bo'Bo'		
Stromsystem:	16 2/3 Hz, 15 kV		
Vmax (km/h):	80	80	80 (ab E 44 508: 90)
Stundenleistung (kW):	1.600	1.600	2.200
Dauerleistung (kW):	1.440	1.430	2.000
Dienstmasse (t):	79,2	79,2	76,9 (ab E 44 508: 79,1)
Größte Radsatzfahrmasse (t):	19,8	19,8	19,9 (ab E 44 508: 19,8)
Länge über Puffer (mm):	13.150	13.520	14.300
Treibraddurchmesser (mm):	1.250		
Indienststellung:	1931	1933	1934-1935
Verbleib:	E 44 502 (EF Traunstein), 508 (VMN, Selb Stadt)		

Foto: Slg. Kleine, Archiv transpress

E 44 2001 (DRG)

Schon Mitte Juni 1930 konnten die Bergmann-Elektrizitätswerke (BEW) als erste ihren auf eigene Rechnung gebauten Prototyp einer Bo'Bo'-Drehgestell-Lok vorstellen. Lieferant des mechanischen Teils war die Berliner Maschinenbau AG (BMAG). Äußerlich ähnelte die Maschine der Siemens-Lok. Brückenrahmen und Lokomotivkasten waren Schweißkonstruktionen. Die Abstützung auf die beiden Drehgestelle übernahmen aber halbkugelförmige Mittelzapfen, seitliche Druckluftstützen und Stahlgusskonsolen. Wie bei den anderen Prototypen waren Pufferträger und Zughakenkästen an den Drehgestellen angebracht. Die Zug- und Stoßkräfte wurden aber von den recht kräftigen Drehzapfen aufgenommen und somit nicht von den Drehgestellen sondern vom Brückenrahmen übertragen. Die Regelung der Fahrmotorspannung erfolgte durch ein Nockenschaltwerk mit Kommutator-Feinsteller, Zusatztransformator und zwölf Dauerfahrstufen. Dabei ermöglichte der Feinsteller ein extrem langsames Weiterschalten zwischen den einzelnen Fahrstufen.

Die ersten Einsätze im Versuchsdienst sowie im Planbetrieb absolvierte die Maschine in Mitteldeutschland. Ab Mai 1931 musste sie sich auf den schlesischen Bergstrecken bewähren. Die DRG übernahm zwar 1932 die Lok als E 44 201 in ihren Bestand, doch verhinderten Mängel bei einer Reihe von Bauteilen sowie konstruktive Unzulänglichkeiten eine positive Beurteilung. Daher kam es zu keinem Nachbau, obwohl die E 44 201 der billigste Prototyp war und eine Reihe von technischen Neuerungen aufwies. Ab Januar 1934 fuhr die Lok auf der Strecke Freilassing–Berchtesgaden. Ein Umbau 1938 durch AEG brachte der Maschine Änderungen am Haupttransformator sowie den Ersatz ihrer Steuerung durch die DRG-Einheitssteuerung. Im gleichen Jahr erhielt sie die neue Betriebsnummer E 44 2001. Mit der Lieferung von neuen E 44W an das Bw Freilassing konnte auf die ab Mitte 1942 nur noch im Rangierdienst eingesetzte Lok verzichtet werden. Daher wurde sie im Oktober 1943 an das Bw München Ost abgegeben. Dort betätigte sie sich ebenfalls als Rangierlok und erhielt sogar 1944 noch eine Hauptuntersuchung. Im Februar 1945 wurde sie bei einem Luftangriff schwer beschädigt, nicht wieder aufgearbeitet und schließlich 1949 ausgemustert.

Technische Daten:

Baureihenbezeichnung:	E 44 2001 (DRG)
Radsatzanordnung:	Bo'Bo'
Stromsystem:	16 2/3 Hz, 15 kV
Vmax (km/h):	80
Stundenleistung (kW):	2.200
Dauerleistung (kW):	1.760
Dienstmasse (t):	82,5
Größte Radsatzfahrmasse (t):	22,3
Länge über Puffer (mm):	13.500
Treibraddurchmesser (mm):	1.250
Indienststellung:	1930
Verbleib:	

Foto: Estler

145, 146, 185 (DB AG)

Als zukünftiges »Mädchen für Alles« wird die Baureihenfamilie 145/146/185 fungieren. Als erste fertiggestellte Maschine präsentierte ADtranz am 10. Juli 1997 die 145 001. Wie die Baureihe 101 sind die neuen Maschinen ein Bestandteil der Lokomotivfamilie »Eco2000«, wobei die Konstruktion der 145 um erprobte Komponenten des AEG-Versuchsträgers »12X« (128 001) erweitert wurde. Wegen der geringeren Höchstgeschwindigkeit von 140 km/h erhielten die 145 einen preisgünstigeren Tatzlagerantrieb mit integrierten Drehstromasynchron-Motoren. Vereinfacht wurde auch die Regelung der Radsätze eines Drehgestells, die gemeinsam über einen Stromrichter gesteuert bzw. versorgt werden. Das Drehgestell entspricht weitgehend dem der Baureihe 101, nur der Radsatzabstand ist um 50 mm geringer. Wie bei der 101 werden die Längskräfte zwischen Drehgestell und Lokkasten nicht durch Drehzapfen sondern über tief angelenkte Zug- und Druckstangen übertragen.
Als Weiterentwicklung der Baureihe 145 werden derzeit die ersten Exemplare der »Regio-Lok« 146 ausgeliefert. Versuchsweise wurden zunächst Mitte Mai 1999 die 145 018 und 019 mit einem Nahverkehrspaket (Zugzielanzeige, Türsteuerungsfunktion, Fahrgastinfoanlagen und Fahrgastnotruf) modifiziert. Dieses Nahverkehrspaket erhielten für den Einsatz im Rahmen der EXPO 2000 später auch die 145 031-050. Wesentliches Unterscheidungsmerkmal der neuen Baureihe 146 ist jedoch der GEALAIF-Hohlwellenantrieb, um die vorgesehene Höchstgeschwindigkeit von 160 km/h zu erzielen. Als dritte Variante präsentierte ADtranz am 11. Juli 2000 die Zweisystemlok 185 003, die auch für den Einsatz unter 25 kV / 50 Hz geeignet ist. Wesentliche Änderungen betrafen den Transformator, die Dachabsenkung um 105 mm, die Ausrüstung mit der Zugsicherungstechnik für die verschiedenen Bahnverwaltungen sowie der Einbau von vier Stromabnehmern. Seit Ende 2000 sind alle 80 Exemplare der Baureihe 145 ausgeliefert. Von der Baureihe 146 sind derzeit 31 Maschinen fest bestellt. Insgesamt 400 Stück sind von der Baureihe 185 bestellt, deren Serienlieferung im ersten Halbjahr 2001 anläuft, nachdem die Erprobung der drei Vorausloks 185 001-003 zwischenzeitlich weitgehend abgeschlossen ist.

Technische Daten:

Baureihenbezeichnung:	145	146	185 (DB AG)
Radsatzanordnung:	Bo'Bo'		
Stromsystem:	16 2/3 Hz/15 kV	16 2/3 Hz/15 kV	16 2/3 Hz/15 kV; 50 Hz/25 kV
Vmax (km/h):	140	160	140
Stundenleistung (kW):			
Dauerleistung (kW):	4.200		
Dienstmasse (t):	80	80	84
Größte Radsatzfahrmasse (t):	20	20	20,5
Länge über Puffer (mm):	18.900		
Treibraddurchmesser (mm):	1.250		
Indienststellung:	1997-2000	2000-2002	2000-2009
Verbleib:			

E 49 (preuß. EP 209/210-211/212, DRG)

Bereits 1911 holten die Preußischen Staatsbahnen (KPEV) bei der Industrie Angebote für eine schwere Reisezuglokomotive ein, die auf den zu elektrifizierenden Strecken Schlesiens zum Einsatz kommen sollte. Nach mehreren Auftragsmodifikationen bestellte die KPEV schließlich noch vor Ausbruch des Ersten Weltkriegs 13 Doppellokomotiven der Radsatzfolge 2'B+B1'. Als Lieferanten kamen die Linke-Hofmann-Werke in Breslau beim Fahrzeugteil und die Bergmann-Elektrizitätswerke in Berlin mit dem elektrischen Teil zum Zuge. Der Kriegsausbruch verzögerte jedoch in erheblichem Maß die Fertigstellung. Erst 1921/22 konnten mit den EP 209/210 und 211/212 noch zwei Doppelloks abgeliefert werden. Auf den Bau der restlichen elf wurde verzichtet, da sich zwischenzeitlich bessere Konstruktionen gefunden hatten.
Jede der kurzgekuppelten Lokhälften besaß zwei gekuppelte Radsätze, die von einem schnelllaufenden Wechselstrom-Reihenschlussmotor über Getriebe, Vorgelege-Blindwelle und Scharnierkuppelstangen angetrieben wurden. Die Regelung der Fahrmotorspannung besorgte eine elektropneumatische Schützensteuerung mit 11 Dauerfahrstufen. Wegen der besseren Masseverteilung erhielt die vordere Lokhälfte ein zweiachsiges Laufdrehgestell. Darüber befand sich in der Vorbau mit dem Haupttransformator. Der Laufradsatz der hinteren Lokhälfte ruhte in einem Bissel-Gestell. Im darüber befindlichen Vorbau fand der Dampfheizkessel seinen Platz. Die Wasservorräte nahmen die halbhohen Wasserkästen seitlich am Vorbau auf.

Foto: Slg. Kleine, Archiv transpress

Die Laufeigenschaften der Doppelloks befriedigten nicht. Sie neigten zu starken Schlingerbewegungen und ihr großer Treibraddurchmesser von 1.700 mm bereitete Anfahrschwierigkeiten. Daher blieben sie auch nicht lange im Betriebsbestand der DRG. Noch vor der Vergabe der neuen Baureihenbezeichnungen wurde 1925 die EP 209/210 in Schlesien ausgemustert. Ihre Schwesterlok kam 1926 auf das mitteldeutsche Netz und erhielt dort noch die Betriebsnummer E 49 00. Ein Getriebe- und Motorschaden beendete 1929 ihr Leben.

Technische Daten:

Baureihenbezeichnung:	E 49 (DRG)
Radsatzanordnung:	2'B+B1'
Stromsystem:	16 2/3 Hz, 15 kV
Vmax (km/h):	90
Stundenleistung (kW):	1.765
Dauerleistung (kW):	1.290
Dienstmasse (t):	113,0
Größte Radsatzfahrmasse (t):	17,5
Länge über Puffer (mm):	16.493
Treibraddurchmesser (mm):	1.700
Laufraddurchmesser v/h (mm):	1.100 / 1.150
Indienststellung:	1921-1922
Verbleib:	

Foto: Slg. Koppisch, Archiv transpress

E 50 35, E 50.3 (preuß. EP 235-246, DRG)

Gleichzeitig mit den Doppelloks der späteren DRG-Baureihe E 49 bestellten die Preußischen Staatsbahnen (KPEV) noch vor Beginn dem Ersten Weltkrieg eine einrahmige, einmotorige Versuchsausführung mit der Radsatzfolge 2'D1' als EP 235. Lieferanten waren Linke-Hofmann (Fahrzeugteil) und Bergmann (elektr. Teil). Wider Erwarten bewährte sich die Maschine im Betriebseinsatz sehr gut, was vor allem auf den Dreiecksantrieb zurückzuführen war. Dabei wirkte der große Gestell-Fahrmotor über Parallelkurbelbetrieb mit entgegengesetzt geneigten Treibstangen und zwei Blindwellen auf die Kuppelradsätze. Als Fahrmotor diente der größte Wechselstrom-Bahnmotor der Welt. Auf Grund der guten Ergebnisse mit der EP 235 gaben die KPEV 1918 bei LHW/BEW elf weitere Maschinen als EP 236-246 für die schlesischen Strecken in Auftrag. Sie entsprachen weitgehend der bewährten Probelok, erhielten aber einen verstärkten Fahrzeugteil und den nicht ganz so großen Fahrmotor der späteren DRG-Baureihe E 06.
Die EP 235 wurde 1926 von Schlesien nach Mitteldeutschland zum Bw Magdeburg-Rothensee umstationiert. Die DRG sah für sie die neue Betriebsnummer E 50 35 vor, musterte sie aber schon im März 1927 aus. Ihren riesigen Fahrmotor erhielt das Berliner Verkehrs- und Baumuseum. Nach jahrzehntelanger Abstellung und Verrottung im Freien befinden sich seine Reste in der Obhut des Deutsches Technikmuseums Berlin. Die EP 236-246 erhielten bei der DRG 1926/27 die Betriebsnummern E 50 36-46. Durch die Anlieferung neuer E 44 überflüssig wechselten zwischen April und Juni 1934 die E 50 41-46 von Schlesien nach Mitteldeutschland. Zum Jahresende 1944 wurden bis auf die E 50 37 die restlichen Maschinen nach Mitteldeutschland rückgeführt. Nach zwangsweiser Einstellung des elektrischen Betriebes im März 1946 brachten die sowjetischen Besatzer neun Loks als Beutegut in die UdSSR. Zwar kehrten alle 1952/53 in die DDR zurück, doch keine wurde mehr aufgearbeitet. Teile von der E 50 42 kamen ins Verkehrsmuseum nach Dresden.

Technische Daten:

Baureihenbezeichnung:	E 50 35	E 50.3 (DRG)
Radsatzanordnung:	2'D1'	
Stromsystem:	16 2/3 Hz, 15 kV	
Vmax (km/h):	90	
Stundenleistung (kW):	2.200	2.400
Dauerleistung (kW):	1.650	1.650
Dienstmasse (t):	109,8	108,6
Größte Radsatzfahrmasse (t):	17	16,9
Länge über Puffer (mm):	14.400	14.800
Treibraddurchmesser (mm):	1.250	
Laufraddurchmesser (mm):	1.000	
Indienststellung:	1917	1923-1924
Verbleib:	E 50 35 (Motor DTM Berlin), 42 (Rahmen, Motor und Antrieb VM Dresden)	

Foto: Slg. Koppisch, Archiv transpress

E 50.4 (preuß. EP 247-252, DRG)

Aufbauend auf den guten Erfahrungen mit der EP 235 wurden auch die Maffei-Schwartzkopff-Werke (elektr. Teil) und die Berliner Maschinenbau AG an der weiteren Beschaffung ähnlicher Maschinen beteiligt. Im Jahr 1920 erhielten sie von der Eisenbahn-Direktion Breslau den Auftrag zur Lieferung von 2'D1'-Lokomotiven für den schweren Reisezugdienst auf den schlesischen Gebirgsstrecken. Laufwerk und Antrieb entsprachen weitgehend den BEW-Maschinen (DRG E 50.3). Ein großer, 48poliger kompensierter Wechselstrom-Reihenschlussmotor wirkte über Parallelkurbelantrieb mit zwei schrägen, zu einander geneigten Treibstangen auf zwei Blindwellen und weiter über Treib- und Kuppelstangen auf die vier Kuppelradsätze. An jedem Ende des Lokkastens befand sich ein Vorbau. Vor dem vorderen Führerstand fand der Öltransformator seinen Platz, der durch außenliegende Kühlerschlangen vom Fahrtwind gekühlt wurde. Im hinteren Vorbau war der Dampfkessel für die Zugheizung untergebracht, der untere Teil diente als Wasserkasten.
Infolge ihrer relativ geringen Leistung und Zugkraft bewährten sich die Maschinen nicht sonderlich gut auf den schlesischen Gebirgsstrecken. Als erste wurde schon 1926 die EP 250 nach Mitteldeutschland umgesetzt. Nach dem Umzeichnungsplan vom August 1926 verpasste ihnen die DRG die Betriebsnummern E 50 47-52. Nach Eintreffen der neuen E 17 in Schlesien konnten zwischen Dezember 1928 und Juni 1929 auch die restlichen fünf E 50 ans mitteldeutsche Netz abgegeben werden. Am 20. November 1929 hatte die E 50 50 einen schweren Unfall, wurde nicht mehr repariert sondern im August 1932 ausgemustert. Ab Anfang der 30er-Jahre waren die Maschinen bevorzugt im Güterzugdienst eingesetzt. Im Zweiten Weltkrieg brannte die E 50 49 nach einem Fliegerangriff aus. Beschädigt waren bei Kriegsende die E 50 47 und 48. Die beiden anderen fuhren bis zur zwangsweisen Einstellung des elektrischen Betriebes in Mitteldeutschland am 29. März 1946. Die vier noch vorhandenen Loks verschleppten die sowjetischen Besatzer im September 1946 in die UdSSR. Im Herbst 1952 kamen sie in die DDR zurück. Bis zur ihrer Ausmusterung 1955/56 blieben sie abgestellt.

Technische Daten:

Baureihenbezeichnung:	E 50.4 (DRG)
Radsatzanordnung:	2'D1'
Stromsystem:	16 2/3 Hz, 15 kV
Vmax (km/h):	90
Stundenleistung (kW):	1.900
Dauerleistung (kW):	1.600
Dienstmasse (t):	114,2
Größte Radsatzfahrmasse (t):	17,5
Länge über Puffer (mm):	15.200
Treibraddurchmesser (mm):	1.250
Laufraddurchmesser (mm):	1.000
Indienststellung:	1923-1924
Verbleib:	

Foto: Estler

E 50, 150 (DB)

Im DB-Typenprogramm von 1954 war die sechsachsige E 50 war die größte, schwerste und stärkste Maschine. Ihre Aufgabe war die Beförderung schwerer Güterzüge und unter Ausnutzung der Höchstgeschwindigkeit von 100 km/h sollte die Lok auch im schweren Schnellzugdienst verwendbar sein. In Zusammenarbeit mit dem BZA München wurde die E 50 im mechanischen Teil von Krupp und im elektrischen Teil von AEG entwickelt. Als erste wurden im Januar 1957 die E 50 001 und 002 ausgeliefert.
Wie bei allen Neubau-Elloks der DB bildete der hier besonders kräftige, geschweißte Brückenrahmen zusammen mit dem Lokkasten in Stahlleichtbauweise eine selbsttragende, zusammenhängende Konstruktion. Die beiden dreiachsigen Drehgestelle bestanden aus kastenförmig zusammengeschweißten Hohlträgern. Um eine bessere Laufruhe zu erzielen, wurden die Drehzapfen der Drehgestelle außermittig zwischen den beiden äußeren Radsätzen angeordnet. Nur vorsichtig löste man sich von Bewährtem, den die ersten 25 Maschinen erhielten noch einen Tatzlagerantrieb. Ab E 50 026 setzte sich aber der Gummiringfederantrieb durch, welcher schon an der E 10 003 erfolgreich erprobte worden war.
Bis 1973 entstanden 194 Maschinen, ab der Ordnungsnummer 140 mit der EDV-gerechten Baureihenbezeichnung 150. Im Laufe der diversen Serien gab es kleine Verbesserungen. Ab E 50 042 änderte sich das Aussehen durch den Einbau von Doppelscheinwerfern mit getrennten Rücklichtern und die Verwendung von senkrechten Lüfterlamellen. Bis zur E 50 127 wurde die umlaufende Regenrinne beibehalten. Ab der 150 156 kamen Verschleißpufferträger und aufgesetzte Lüftergitter hinzu.
Die Maschinen bewährten sich im schweren Güterzugdienst besonders im Hügelland ausgezeichnet. Dort liegt auch noch heute ihre Hauptbetätigungsfeld. Daneben gehören Schiebedienste auf der Geislinger Steige, der Frankenwald- und der Spessartrampe zum täglichen Brot. In den 90er-Jahren begannen die erste Ausmusterungen bei den Tatzlager-Loks. Bedingt durch die Auslieferung der neuen Güterzugloks der Baureihe 152 müssen die 150er seit 1999 verstärkt den Dienst quittieren. Derzeit befindet sich noch rund die Hälfte des Gesamtbestandes im Einsatz.

Technische Daten:

Baureihenbezeichnung:	E 50 (DB)
Radsatzanordnung:	Co'Co'
Stromsystem:	16 2/3 Hz, 15 kV
Vmax (km/h):	100
Stundenleistung (kW):	4.500
Dauerleistung (kW):	4.410
Dienstmasse (t):	128,0 (bis E 50 025: 126,0)
Größte Radsatzfahrmasse (t):	21,4 (bis E 50 025: 21,0)
Länge über Puffer (mm):	19.490
Treibraddurchmesser (mm):	1.250
Indienststellung:	1957-1973
Verbleib:	

Foto: Kleine, Archiv transpress

151 (DB)

Auf Grund gestiegener Leistungsanforderungen im schweren und schnellen Güterverkehr erschien 1972 als Weiterentwicklung der 150 die Baureihe 151. Der Konstruktion lagen die neuen Eckdaten der Eisenbahn-Bau- und Betriebsordnung (EBO) von 1967 zugrunde, welche für den Güterverkehr Geschwindigkeiten bis 120 km/h und Zuglasten bis 2.000 Tonnen vorsahen. Diese Werte konnten nur von einer Lok mit über 5.000 kW Leistung erreicht werden, so dass eine bloße Überarbeitung der Baureihe 150 von vornherein ausschied.
Für die Konstruktion der 151 zeichneten Krupp und AEG verantwortlich. Im Interesse der Standardisierung griff man auf die bewährten Fahrmotoren der Baureihen 110 und 140 zurück, musste aber zur gewünschten Leistungssteigerung ganz neue Verfahren der Isolation und Wärmeableitung entwickeln. Trotzdem wurde die Lok durch den unvermeidlichen neuen, leistungsfähigeren Haupttransformator und die verstärkte elektrische Widerstandsbremse so schwer, dass die geforderte Radsatzlast nur durch äußerste Anwendung der Leichtbautechnik eingehalten werden konnte. Die Führerräume erhielten nach neuesten Erkenntnissen körpergerechte Sitze und Klimaanlagen. Obligatorisch war die Ausrüstung mit Verschleißpufferbohlen, bei denen ein Anbau einer Mittelpufferkupplung problemlos möglich ist. Die bewährten Drehgestelle der 150 entfielen und neue in geschweißter Stahlleichtbauweise wurden konstruiert. Ebenfalls von der Baureihe 103 übernommen werden konnten die Kastenabstützung und die Radsatzführung durch Lemniskatenlenker. Erhalten blieben der bewährte Gummiringfederantrieb. Die Regelung der Fahrmotorspannung besorgte nun eine 29-stufiges Hochspannungsschaltwerk mit Thyristor-Lastschaltern.
Als erste wurde am 21. November 1972 die 151 001 abgeliefert. Bis 1977 entstanden bei Krupp, Henschel, Krauss-Maffei, AEG, Siemens und BBC 170 Maschinen, von denen heute noch 168 im gesamten Bundesgebiet im Einsatz sind. Die 151 089-099 und 114-122 besitzen eine automatische Kupplung (»Unicupler«) und laufen meist in Doppeltraktion vor schweren Erzzügen von Peine und Salzgitter zu den Nordseehäfen in Nordenham und Hamburg.

Technische Daten:

Baureihenbezeichnung:	151 (DB)
Radsatzanordnung:	Co'Co'
Stromsystem:	16 2/3 Hz, 15 kV
Vmax (km/h):	120
Stundenleistung (kW):	6.300
Dauerleistung (kW):	5.982
Dienstmasse (t):	118,0
Größte Radsatzfahrmasse (t):	20
Länge über Puffer (mm):	19.490
Treibraddurchmesser (mm):	1.250
Indienststellung:	1972-1977
Verbleib:	

Foto: Estler

E 52, 152 (bay. EP 5, DRG, DB)

Für den Reisezugdienst auf den elektrifizierten Strecken Bayerns waren Anfang der 20er-Jahre nur 13 Maschinen der späteren Baureihen E 36, E 36.2 und E 62 vorhanden. Schwere Schnell- und Personenzüge beanspruchten diese Lokomotiven über ihre Leistungsgrenzen hinaus. Daher bestellte die DRG für die Gruppenverwaltung Bayern 1922 bei Maffei (Fahrzeugteil) und der Liefergemeinschaft WASSEG (AEG und Siemens, elektr. Teil) insgesamt 35 schwere Personenzugloks der Gattung EP 5. Eine grundlegende Forderung war die Verwendung der gleichen Motoren, welche die EG 5 (spätere E 91) erhalten sollten. War zunächst die Radsatzfolge 1'BB1' vorgesehen, zeichnete sich schon bald zeichnete sich, dass die Maschinen ein zu hohes Gesamtgewicht erhalten würden. Daher wählte man die Radsatzfolge 2'BB2', um wenigstens bei den Radsatzlasten noch unter der 20-t-Grenze zu bleiben. Mit einem Dienstgewicht von 140 Tonnen blieben sie bis heute die schwersten deutsche Elektroloks. Auf Grund der Höchstgeschwindigkeit von 90 km/h erhielten die Treibräder den beachtlichen Durchmesser von 1.400 mm.
Die Maschinen gingen zwischen 1924 und 1926 noch mit den Länderbahn-Nummern EP 5 21501-21535 in Betrieb. Mit dem Erscheinen des DRG-Umzeichnungsplans vom August 1926 wurden sie als E 51 01-35 geführt. Obwohl ohne Prototypen in Dienst gestellt, bewährten sich die Loks in der Praxis recht gut. Nach Ende des Zweiten Weltkrieges mussten sechs E 52 als Kriegsverlust ausgebucht werden. Die DB ließ 1956/57 ihre verbliebenen 29 Maschinen noch einmal gründlich aufarbeiten geringfügig modernisieren. Ab 1968 EDV-gerecht als Baureihe 152 geführt, begann ihr Stern schnell zu sinken. Als letzte wurde am 1. Februar 1973 die 152 014 ausgemustert. Doch insgesamt 17 Maschinen dienten zwischen 1969 und 1984 als Heizloks in ganz Deutschland. So überlebte die 152 034 (zuletzt Heizlok in Offenbach). Sie wurde 1978/79 als Museumslok wiederhergestellt, annähernd im Ursprungszustand und mit bayerischer Farbgebung. Als EP 5 21534 steht sie heute im Verkehrsmuseum Nürnberg.

Technische Daten:

Baureihenbezeichnung:	E 52 (DRG)
Radsatzanordnung:	2'BB2'
Stromsystem:	16 2/3 Hz, 15 kV
Vmax (km/h):	90
Stundenleistung (kW):	2.200
Dauerleistung (kW):	1.660
Dienstmasse (t):	140,0
Größte Radsatzfahrmasse (t):	19,6
Länge über Puffer (mm):	17.210
Treibraddurchmesser (mm):	1.400
Laufraddurchmesser (mm):	850
Indienststellung:	1924-1926
Verbleib:	E 52 34 (VMN)

Foto: Rieger

152, 189 (DB AG)

Im September 1995 konnten sich Siemens und Krauss-Maffei mit ihrem Konzept einer schweren Güterzuglok bei der großen DB-Ausschreibung durchsetzen. Die DB erteilten den Auftrag zum Bau von 195 Exemplaren der Baureihe 152 auf der Basis des »Euro-Sprinters« (127 001). Aus Kostengründen wurde die neue Baureihe als »entfeinerter« Euro-Sprinter konzipiert. Rahmenlänge und Drehzapfenabstand konnten vom Euro-Sprinter übernommen werden. Zug- und Stoßkräfte zwischen den entfeinerten Drehgestellen und dem Lokkasten werden wiederum mittels Drehzapfen übertragen. Aus Kostengründen entfiel auch der aufwändige Hohlwellenantrieb. Für die nur 140 km/h schnelle Güterzuglok reichte der Tatzlagerantrieb aus. Wie die Baureihe 101 erhielt die 152 eine Einzelradsatzsteuerung. Dabei besitzt jeder Drehstrom-Asynchronfahrmotor einen eigenen Pulswechselrichter zur Regelung des Drehmomentes. Wie alle neuen Drehstromloks hat die 152 zwei Bremssysteme. Im Regelbetrieb kommt die elektrischen Nutzbremse zur Anwendung, dabei wird die Energie ins Netz zurückgespeist. Als mechanische Bremsen stehen Scheibenbremsen zur Verfügung, welche vor allem bei Schnellbremsungen und als Feststellbremse gefordert sind. Versuchsweise erhielt die 152 190 ein IGBT-Stromrichter-System (Insolated Gate Bipolar Transistor), das zukünftig die GTO-Thyristortechnik ersetzen soll.
Am 10. Dezember 1996 erfolgte bei Krauss-Maffei in München-Allach der feierlich inszenierte Roll-Out der 152 001. Im Februar 1998 begann mit der 152 005 die Serienlieferung. Bis Ende 2001 werden alle 170 Exemplare der Baureihe 152 ausgeliefert sein, denn wegen der Nichtzulassung der 152 in Österreich wurden die letzten 25 bestellten Maschinen in eine Order gleicher Stückzahl für die neue Baureihe 182 umgewandelt. Eingelöst hat die DB im August 1999 die vereinbarte Option über 100 weitere Fahrzeuge. Diese werden allerdings ab Anfang 2003 als Viersystemloks der Baureihe 189 zur Auslieferung kommen. Als »neue« Europaloks können sie sowohl unter 15 und 25 kV Wechselspannung als auch unter 1,5 und 3 kV Gleichspannung eingesetzt werden.

Technische Daten:

Baureihenbezeichnung:	152	189 (DB AG)
Radsatzanordnung:	Bo'Bo'	
Stromsystem:	16 2/3 Hz/15 kV	16 2/3 Hz/15 kV; 50 Hz/25 kV; 1,5 kV=; 3 kV=
Vmax (km/h):	140	
Stundenleistung (kW):		
Dauerleistung (kW):	6.400	6.400 (1,5 kV=: 4.200, 3 kV=: 6.000)
Dienstmasse (t):	87	
Größte Radsatzfahrmasse (t):	21	
Länge über Puffer (mm):	19.580	
Treibraddurchmesser (mm):	1.250	
Indienststellung:	1996-2001	2003-2005
Verbleib:		

Foto: Estler

250 (DR), 155 (DB AG)

Anfang der 70er-Jahre erforderten bei der DR zunehmende Streckenelektrifizierungen und die steigenden Zuglasten die Konzeption einer neuen elektrischen Lok. Um alle betriebliche Bedürfnisse zu erfüllen, wurde eine sechsachsige Maschine konstruiert, die für alle Züge geeignet erschien. Die rasche Entwicklung der Leistungs-, Steuerungs- und Informationselektronik sowie verbesserte Fertigungstechniken bedingten eine völlige Neuentwicklung. Allerdings wurde beim elektrischen Teil weitgehend auf konventionelle Technik zurückgegriffen, um möglichst schnell eine größere Stückzahl beschaffen zu können. 1974 lieferte der VEB Lokomotivbau - Elektrotechnische Werke »Hans Beimler« (LEW) in Hennigsdorf die Prototypen 250 001-003.
Erstmals kam bei diesen Maschinen der sogenannte Kegelringfederantrieb zur Anwendung, mit dem das Siemens-Patent des Gummiringfederantriebes umgangen werden konnte. Eine weitere Besonderheit war die Gestaltung des Lokomotivkastens durch Industrie-Designer. Das eigenwillige Aussehen brachte den Loks schnell die Spitznamen »Kabel-Container« oder »Energie-Container« ein. Das Laufwerk bestand aus zwei Triebdrehgestellen mit drei einzeln angetriebenen Radsätzen, die in einem geschweißten Drehgestellrahmen ruhten. Der mittlere Radsatz erhielt zur besseren Kurvenläufigkeit 10 mm Seitenspiel. Die Regelung der sechs Tatzlagermotoren besorgte eine Hochspannungssteuerung mit Stufenwähler und Thyristorsteller.
Nach ihrer Anlieferung wurden die Prototypen gründlichen Versuchen, einer Probezerlegung und einem vielseitigen Betriebseinsatz unterzogen. Mit nur unwesentlichen Änderungen begann 1977 mit der 250 004 die Serienlieferung, welche schließlich auf Grund des 1981 begonnenen zweiten Elektrifizierungsprogramms 270 Exemplare umfasste. Versuchsweise war die 250 002 für 160 km/h Höchstgeschwindigkeit ausgelegt. 1992 erhielten die »Energie-Container« die neue Baureihenbezeichnung 155. Mit ihrer Höchstgeschwindigkeit von 125 km/h sind die Loks zwar auch für den schweren Schnell- und Personenzugdienst geeignet, werden aber immer mehr im Güterzugdienst verwendet, da sie DB Cargo zugeordnet sind. Diverse Maschinen mussten schon zur Ersatzteilgewinnung ausgemustert werden.

Technische Daten:

Baureihenbezeichnung:	250 (DR)
Radsatzanordnung:	Co'Co'
Stromsystem:	16 2/3 Hz, 15 kV
Vmax (km/h):	125
Stundenleistung (kW):	5.400
Dauerleistung (kW):	5.100
Dienstmasse (t):	123,0
Größte Radsatzfahrmasse (t):	20,5
Länge über Puffer (mm):	19.600
Treibraddurchmesser (mm):	1.250
Indienststellung:	1974-1984
Verbleib:	

Foto: Estler

252 (DR), 156 (DB AG)

Der weitere Ausbau des elektrischen Streckennetzes ab Mitte der 80er-Jahre veranlasste die DR, für den schweren Güterzugdienst eine leistungsstarke Elektrolok beim VEB Lokomotivbau - Elektrotechnische Werke »Hans Beimler« (LEW) in Hennigsdorf entwickeln zu lassen. Da jegliches Knowhow für einen zeitgemäßen Drehstromantrieb fehlte, entschied sich LEW für eine Konstruktion, deren mechanischer Teil auf der Baureihe 250 basierte und im elektrischen Teil die Wechselstromtechnik der bewährten Baureihe 143 zum Vorbild nahm. Doch die politischen Ereignisse überholten die letzte Neuentwicklung unter DR-Regie. Durch den Zusammenbruch der Wirtschaft nach der Wende ging der Güterverkehr dramatisch zurück. Daher stornierte die DR ihre Bestellung und ließ nur noch vier Prototypen fertigstellen.
Im Frühjahr 1991 lieferte LEW die vier schnellen Güterzugloks als 252 001-004 aus. Die äußere Form war jener der Baureihe 120 nachempfunden. Der Lokkasten und der Hauptrahmen waren als geschweißte Stahlleichtbaukonstruktion ausgeführt. Flexicoilfedern stützten den Lokkasten auf den beiden dreiachsigen Drehgestellen ab. Der Kegelringfederantrieb wurden von der Baureihe 250 adaptiert. Die Regelung der Wechselstromfahrmotoren erfolgte analog der Baureihe 243 über Stufenwähler mit einem verbesserten Thyristorsteller. Damit regelte die Hauptsteuerung die Geschwindigkeit der Lok automatisch auf die vom Lokführer eingegebenen Werte ein. Versuchsweise erhielten die 252 003 und 004 statische Umrichter für die Drehstrom-Hilfsbetriebe sowie das mikroprozessorgesteuerte Rechnersystem »SIBAS 16« von Siemens für die komplette Loksteuerung mit bildschirmgestützten Betriebsanzeigen und Diagnosemöglichkeiten.
Die Erprobung der Prototypen erfolgte bei der DR und der DB. Seit 1992 werden sie als Baureihe 156 bezeichnet. Nach den Versuchseinsätzen kamen die Musterloks zum Bw Dresden. Dort führen sie seitdem ein Einzelgängerdasein und sollten nach ersten Planungen 1998 schon wieder aus dem Betriebsdienst ausscheiden. In den Jahren 1999/2000 ließ die DB die Maschinen doch noch zur Hauptuntersuchung zu. Beim Betriebshof Dresden werden sie heute vorwiegend vor Güterzügen eingesetzt.

Technische Daten:

Baureihenbezeichnung:	252 (DR)
Radsatzanordnung:	Co'Co'
Stromsystem:	16 2/3 Hz, 15 kV
Vmax (km/h):	120
Stundenleistung (kW):	5.880
Dauerleistung (kW):	5.580
Dienstmasse (t):	120,0
Größte Radsatzfahrmasse (t):	20
Länge über Puffer (mm):	19.500
Treibraddurchmesser (mm):	1.250
Indienststellung:	1991
Verbleib:	

Foto: Estler

E 60, 160 (DRG, DB)

Speziell für den Rangierdienst auf den ausgedehnten Gleisanlagen der Münchner Bahnhöfe bestellte die DRG 1926 zwei Elektroloks, um die saubere Betriebsart auch bei Rangierleistungen nutzen zu können. Aus Gründen einer einheitlichen Ersatzteilvorhaltung forderte die DRG, möglichst viele Bauteile der gerade beschafften E 52 und E 91 zu übernehmen. Die Antriebsleistung stellte ein Doppelmotor zur Verfügung, welcher auch bei der E 52 oder E 91 zur Anwendung kam. Die Regelung des Fahrmotors erfolgte durch eine elektromagnetische Schützensteuerung mit 14 Dauerfahrstufen. Ursprünglich besaßen die Lokomotiven eine Stromabnehmer-Sonderkonstruktion mit zwei weit auseinanderliegenden Schleifstücken, um Trennstellen in der Fahrleitung besser überbrücken zu können.
Die ersten beiden Maschinen wurden 1927 als E 60 01 und 02 in Dienst gestellt. Bis Juni 1936 folgten in mehreren Kleinserien die E 60 03-14, welche zum Teil auch auf anderen bayerischen Bahnhöfen zum Einsatz kamen. Neben dem Rangierdienst sah man die E 60 auch vor Nahgüterzügen und Übergaben. Ihre charakteristische Gestaltung mit den beiden Vorbauten, der hintere langgestreckt und der vordere relativ kurz, verhalf ihnen schnell zu dem Beinamen »Bügeleisen«.
Nach dem Anschluss von Österreich gelangten ab 1938 auch einige Maschinen ins »Anschlussgebiet« nach Innsbruck, Kufstein und Wörgl. Alle E 60 überstanden den Krieg ohne allzu schwere Schäden, die in Österreich verbliebenen kehrten im Rahmen eines Loktausches 1945/46 nach Bayern zurück. 1957/58 ließ die DB die Loks gründlich aufarbeiten und modernisieren. So erhielten sie u.a. Rangierbühnen über den Puffern, zusätzliche Fenster und eine neue Verkabelung. Bis 1964 fuhren die E 60 (ab 1968: 160) nur wieder in Bayern, dann kam Heidelberg als neuer Standort hinzu. Erste Ausmusterung erfolgten 1977 und mit der Abstellung der 160 012 im Juni 1983 war gleichzeitig der Rangierdienst mit Elektroloks bei der DB beendet. Als Museumslokomotiven blieben die 160 009, 010 und 012 erhalten.

Technische Daten:

Baureihenbezeichnung:	E 60 (DRG)
Radsatzanordnung:	1'C
Stromsystem:	16 2/3 Hz, 15 kV
Vmax (km/h):	55
Stundenleistung (kW):	1.074
Dauerleistung (kW):	830
Dienstmasse (t):	72,5
Größte Radsatzfahrmasse (t):	19,3
Länge über Puffer (mm):	11.100
Treibraddurchmesser (mm):	1.250
Laufraddurchmesser (mm):	850
Indienststellung:	1927-1934
Verbleib:	E 60 09 (DME Darmstadt-Kranichstein), 10 (VMN Haltingen), 12 (Auto- und Technikmuseum Sinsheim)

Foto: Maey, Slg. Kleine, Archiv transpress

E 61 (bad. A2, DRG)

Schon 1903 befasste sich die Badische Staatsbahn erstmals mit der Frage der Einführung der elektrischen Zugförderung. Doch erst 1908 genehmigte der badische Landtag die Elektrifizierung der Wiesen- und Wehratalbahn (Basel–Zell und Schopfheim–Säckingen). Schließlich konnte am 13. September 1913 feierlich der elektrische Zugbetrieb eröffnet werden. Dafür hatte die Badische Staatsbahn 1'C1'-Lokomotiven vorgesehen. 1910 lieferten Maffei (mech. Teil) und SSW (elektr. Teil) einen ersten Prototyp, der die Bezeichnung A1 erhielt. Da in Baden noch kein elektrischer Betrieb möglich war, wurde die A1 auf Strecken anderer Bahnverwaltungen erprobt. Diese Probefahrten verliefen jedoch wegen des unruhigen Fahrzeuglaufs wenig zufriedenstellend, so dass für die Serienausführung erheblicher Änderungsbedarf bestand. Neun verbesserte Lokomotiven der Gattung A2 mit den Betriebsnummern 1-9 wurden 1912/13 von Maffei und SSW an die Badische Staatsbahn geliefert.
Sie besaßen einen Kastenaufbau mit zwei Endführerständen. Die beiden großen zwölfpoligen Wechselstrom-Reihenschlussmotoren waren nun fast in Fahrzeugmitte gelagert. Sie arbeiteten bei acht Maschinen über Parallelkurbeltrieb und schräge Treibstangen auf eine Blindwelle zwischen erstem und zweitem Kuppelradsatz. Die beiden Laufradsätze ruhten in Adams-Gestellen. Stufenlos erfolgte die Regelung der Fahrmotorspannung durch einen handbetätigten Drehtransformator.
Erste Probefahrten konnten schon 1912 im fertiggestellten Abschnitt Lörrach–Schopfheim stattfinden. Doch bald zeigte sich, dass die Probleme der A1 nur teilweise beseitigt waren. Zum Teil erhebliche Schüttelschwingungen verminderten die Freude an den neuen Loks und konnten erst durch den Einbau einer federnden Lagerung eines Fahrmotorankers etwas gemildert werden. Von der DRG wurden alle A2 übernommen und ab 1926/27 als E 61 01-03, 05-09 und die im Antrieb abweichende Maschine als E 62 14 bezeichnet. Ihre Ablösung übernahmen ab 1929 in Mitteldeutschland überflüssig gewordene E 71.1. Als letzte musste am 13. November 1933 die E 61 09 den Dienst quittieren.

Technische Daten:

Baureihenbezeichnung:	E 61 (DRG)
Radsatzanordnung:	1'C1'
Stromsystem:	16 2/3 Hz, 15 kV
Vmax (km/h):	60
Stundenleistung (kW):	750
Dauerleistung (kW):	350
Dienstmasse (t):	71,1 (E 61 14: 73,8)
Größte Radsatzfahrmasse (t):	14,3 (E 61 14: 14,7)
Länge über Puffer (mm):	12.400
Treibraddurchmesser (mm):	1.050
Laufraddurchmesser (mm):	850
Indienststellung:	1912-1913
Verbleib:	

E 61.2 (bad. A3, DRG)

Speziell für den Reisezugdienst auf der Wiesen- und Wehratalbahn stellte die Badische Staatsbahn 1913 ihre beiden 70 km/h schnellen 1'C1'-Maschinen der Gattung A3 in Dienst. Gebaut wurden die Loks von der Maschinenfabrik Karlsruhe (mech. Teil) und BBC (elektr. Teil). Ihr Kastenaufbau als blechverkleidete Stahlkonstruktion mit den beiden Endführerständen war »aerodynamisch« ausgebildet, da er sich zu den Fahrzeugenden hin stark trapezförmig verjüngte. Den Antrieb besorgten zwei große, mittig gelagerte, zehnpolige fremdbelüftete Deri-Motoren mit zwei Kommutatoren. Sie wirkten direkt (übersetzungslos) mittels zweier schräger Treibstangen auf den mittleren Kuppelradsatz. Um ein ungleiches Federspiel der Antriebsradsätze auszugleichen, verbanden Schlitzkuppelstangen die drei Kuppelradsätze. Der vordere Laufradsatz ruhte in einem Adams-Gestell mit Rückstellvorrichtung. Als Nowotny-Achse war der hintere Laufradsatz ausgebildet, die über einen mittigen Drehzapfen in der Radsatzwelle geführt wurde. Zur besseren Bogenläufigkeit waren die Spurkränze des mittleren Kuppelradsatzes geschwächt. Durch eine pneumatische Bürstenverstellung

Foto: Slg. Kleine, Archiv transpress

konnte die Fahrmotorspannung stufenlos geregelt werden. Für durchlaufende Reisezugwagen anderer Bahnverwaltungen besaßen die Maschinen anfangs einen elektrisch beheizten Dampfkessel mit zwei Wasserbehältern unter dem Bodenblech.
Die Laufeigenschaften der A3 waren zwar besser als die der A2 (DRG E 61), doch viele kleine Mängel und die aufwändige Unterhaltung der Fahrmotoren machten die Loks auch nicht viel beliebter. Beide A3 wurden von der DRG übernommen und nach dem Umzeichnungsplan vom August 1926 als E 61 21 und 22 geführt. Doch bald darauf schlug ihre letzte Stunde. Nach dem Eintreffen der mitteldeutschen E 71.1 wurden beide Loks noch vor den ersten A2 im Jahre 1930 ausgemustert und bald darauf der Zerlegung zugeführt.

Technische Daten:

Baureihenbezeichnung:	E 61.2 (DRG)
Radsatzanordnung:	1'C1'
Stromsystem:	16 2/3 Hz, 15 kV
Vmax (km/h):	70
Stundenleistung (kW):	660
Dauerleistung (kW):	590
Dienstmasse (t):	70,0
Größte Radsatzfahrmasse (t):	14,5
Länge über Puffer (mm):	11.960
Treibraddurchmesser (mm):	1.480
Laufraddurchmesser (mm):	990
Indienststellung:	1913
Verbleib:	

Foto: Maey, Slg. Kleine, Archiv transpress

E 62 (bay. EP 3/5 (EP 1), DRG, DB)

1908 erhielt die Bayerische Staatsbahn die Genehmigung zur Elektrifizierung der Strecke Salzburg–Freilassing–Berchtesgaden und der im Bau befindlichen Karwendelbahn Garmisch–Mittenwald–Scharnitz (Staatsgrenze). Letztere, auch bekannt als Mittenwaldbahn, führte weiter nach Innsbruck und sollte zusammen mit der Österreichischen Staatsbahn von Anfang an elektrisch betrieben werden. Im August 1910 wurde auch die Elektrifizierung der Außerfernbahn Garmisch–Griesen–Reichsgrenze und weiter bis zum österreichischen Reutte beschlossen. Für den Personenzugdienst auf der Mittenwald- und der Außerfernbahn bestellte die Bayerische Staatsbahn 1911 fünf Elektroloks der Baureihe EP 3/5 bei Maffei (mech. Teil) und den Maffei-Schwartzkopff-Werken (elektr. Teil). Doch zur Eröffnung des elektrischen Betriebes auf der Mittenwaldbahn am 28. Oktober 1912 waren die bayerischen Elloks noch im Bau. Immerhin waren ersten bayerischen EP 3/5 rechtzeitig zur Eröffnung des elektrischen Betriebes zwischen Garmisch und Reutte am 29. Mai 1913 fertiggestellt.
Die Konstruktion der 1'C1'-Maschinen basierte auf der badischen A2, welche 1912 von Maffei und Siemens gebaut worden war. Mit ihrer Indienststellung bis zum Sommer 1913 übernahmen die fünf Maschinen den Gesamtverkehr auf der Außerfernbahn. Zwischen April und August 1914 weilte die EP 3/5 20004 beim Bw Freilassing und eröffnete am 11. Juni den elektrischen Betrieb nach Berchtesgaden. Außer zweimaliger Umzeichnung änderte sich bis 1939 wenig im Leben dieser Maschinen. 1918 erhielten sie die neue Baureihenbezeichnung EP 1 und 1926 von der DRG die neuen Nummern E 62 01-05. Als erste musste 1939 die E 62 03 den Dienst quittieren und wurde anschließend als Ersatzteilspender verwendet. Im September 1941 ereilte die E 62 05 das gleiche Schicksal. Die drei übrigen Maschinen erlebten das Ende des Zweiten Weltkriegs, doch 1947 und 1949 war für die E 62 04 und 02 Schluss. Zäh hielt sich die E 62 01, welche erst am 23. April 1955 ausgemustert wurde. Von ihr blieb ein Teil des Rahmens mit zwei Kuppelradsätzen, der Antrieb sowie der große Fahrmotor im Verkehrsmuseum Nürnberg erhalten.

Technische Daten:

Baureihenbezeichnung:	E 62 (DRG)
Radsatzanordnung:	1'C1'
Stromsystem:	16 2/3 Hz, 15 kV
Vmax (km/h):	45
Stundenleistung (kW):	710
Dauerleistung (kW):	440
Dienstmasse (t):	72,5
Größte Radsatzfahrmasse (t):	15,5
Länge über Puffer (mm):	12.250
Treibraddurchmesser (mm):	1.050
Laufraddurchmesser (mm):	850
Indienststellung:	1913
Verbleib:	E 62 01 (Rahmen, Motor und Antrieb VM Nürnberg)

Foto: Estler

E 69, 169 (LAG, DRG, DB)

Die Geschichte der fünf Maschinen der Baureihe E 69 ist eng verknüpft mit ihrer Stammstrecke, der Nebenbahn Murnau–Oberammergau. Diese wurde am 5. April 1900 als Privatbahn eröffnet und solle von Anfang an elektrisch mit Drehstrom betrieben werden. Diverse Probleme verhinderten aber die Aufnahme des elektrischen Betriebs und die Strecke wurde am 19. November 1903 an die Lokalbahn AG, München (LAG) verkauft. Auf Vorschlag der Firma Siemens entschied sich die LAG dann für den Betrieb mit Einphasen-Wechselstrom von 5.500 V / 16 Hz. Am 1. Januar 1905 konnte mit vier elektrische Triebwagen der Personenverkehr schließlich aufgenommen werden. Für den Güterzugdienst bestellte die LAG im März 1905 eine zweiachsige Elektrolok mit Mittelführerstand, welche von Siemens (elektr. Teil) und der Katharinenhütte in Rohrbach/Pfalz (mech. Teil) geliefert wurde. Am 19. Februar 1906 konnte die LAG 1 mit dem inoffiziellen Namen »Katharina« als erste Einphasen-Wechselstrom-Ellok der Welt den Dienst aufnehmen. Ihrer Zeit weit voraus trieben zwei Tatzlagermotoren die beiden Radsätze an, welche wegen der teilweise engen Radien als Lenkradsätze ausgeführt waren. Eine handbetätigte elektromagnetische Schützensteuerung regelte die Spannung der Fahrmotoren. Den Fahrstrom bezog die LAG 1 durch zwei kurze Lyrabügel.

Steigende Zuglasten im Güterverkehr sowie Oberammergauer Passionsfestspiele 1910 veranlassten die LAG zur Beschaffung einer zweiten Elektrolok bei Siemens (elektr. Teil) und Krauss in München (Fahrzeugteil), die sich in ihrer Grundkonzeption an ihre Vorgängerin anlehnte. Neu waren ein verstärkter Profilrahmen, stärkere Tatzlagermotoren und die starre Lagerung der beiden Antriebsradsätze. Am 19. Mai 1909 wurde die LAG 2 »Pauline« in Dienst gestellt und hatte im darauffolgenden Jahr bei den Passionsfestspielen ihre erste große Bewährungsprobe, die sie hervorragend bestand. Daher bestellte im Jahr darauf die LAG bei Siemens und Krauss eine dritte, fast identische Lok, die am 17. Dezember 1912 als LAG 3 »Hermine« in Betrieb ging. Nach Ende des Ersten Weltkriegs bewältigten die drei Elloks nicht nur den Güter- sondern vermehrt auch den Personenverkehr, die Triebwagen wurden bis 1919 ausgemustert. Als bei einem Zusammenstoß am 2. Juni 1921 die LAG 1 und LAG 2 zum Teil schwer beschädigt, musste sofort Ersatz beschafft werden, da nur noch die »Hermine« für den Betrieb zur Verfügung stand. Siemens konnte der LAG kurzfristig eine etwas exotisch anmutende Lok anbieten. Die neue LAG 4 »Johanna« fiel von der Form her völlig aus dem Rahmen. Sie besaß einen Endführerstand, einen langen, flachen Vorbau und darüber ein weit vorgezogenes Dach. Nachdem Siemens seine Drehstrom-Versuchslok von 1903 als Ganzes nicht hatte verkaufen können, wurde sie kurzerhand in der Mitte durchgeschnitten. Die eine Hälfte erhielt Wechselstrommotoren und wurde zur LAG 4, die andere Hälfte mit Gleichstrommotoren ausgerüstet und im eigenen Güterbahn als Werklok verwendet. Wegen ihrer großen Störanfälligkeit wurde die LAG 4 schon Anfang April 1930 wieder abgestellt. Zu den Jubiläums-Passionsfestspielen 1934 musste sie wieder reaktiviert werden, was allerdings fast einem Neuaufbau entsprach. Von Krauss in München kamen Rahmen und Aufbau ähnlich der anderen Maschinen, die neue elektrische Ausrüstung steuerte Siemens bei.

Zum Ersatz der störanfälligen LAG 4 wurde 1929 bei Maffei und Siemens eine neue Maschine bestellt. Am 1. April 1930 als LAG Nr. 5 »Adolfine« geliefert war sie als wuchtigste, schwerste und stärkste Maschine der Nebenbahn vorwiegend für Güterverkehr bestimmt. Ihr Führerhaus war geräumiger, ihre Vorbauten höher ausgeführt. Zwei entsprechend ausgelegte Tatzlagermotoren und erstmals ein fremdbelüfteter Haupttransformator bildeten die Basis ihrer Leistungsfähigkeit.

Nach Verstaatlichung der LAG am 1. August 1938 gingen alle fünf Loks als E 69 01-05 in den Bestand der DRG über. Als letzte erhielt 1940 die E 69 03 eine neue elektrische Ausrüstung, nach die E 69 01, 02 und 05 schon in den Jahren 1935/36 entsprechend umgebaut worden waren. Den Zweiten Weltkrieg überstanden alle Maschinen unbeschädigt und waren mit Ausnahme der E 69 05 bis zur Umstellung ihrer Stammstrecke auf das normale Stromsystem (15 kV / 16,7 Hz) im Herbst 1954 dort im Einsatz. Schon im Oktober 1953 war die E 69 05 auf den Betrieb unter 15 kV umgebaut worden, war dann zunächst als Rangierlok in Garmisch eingesetzt und übernahm nach Umstellung ihrer Stammstrecke den Güterverkehr. Bei E 69 01 lohnten schwere Verschleißerscheinungen keinen Umbau mehr. Sie wurde aber nicht verschrottet, sondern zunächst im AW München-Freimann als Denkmal aufgestellt. Seit 1985 steht sie im Deutschen Museum in München. Bis Mai 1955 waren auch die E 69 02, 03 und 04 auf den Betrieb unter 15 kV umgerüstet. Während ab Juli 1955 die E 69 04 ihre Schwesterlok auf der Oberammergauer Strecke unterstützte, kamen die E 69 02 und 03 für acht Jahre als Rangierloks nach Heidelberg. Ab Sommer 1964 befanden sich alle vier Maschinen wieder in Murnau und teilten sich den Gesamtverkehr auf ihrer alten Stammstrecke. 1968 erhielten sie die EDV-gerechte Baureihenbezeichnung 169. Als erste musste die 169 004 im April 1977 den Dienst quittieren. Sie fand 1978 einen würdigen Platz als Denkmal vor dem Bundesbahn-Zentralamt München. Im September 1981 endete für die drei übrigen 169er der Plandienst. Die 169 005 wurde sofort ausgemustert und im Herbst 1982 an den Bayerischen Localbahn-Verein verkauft. Als betriebsfähige DB-Museumsloks blieben die 169 002 und 003 erhalten.

Technische Daten:

Baureihenbezeichnung:	E 69 01	E 69 02-03	E 63 04	E 63 05 (DRG)
Radsatzanordnung:	Bo	Bo	Bo	Bo
Stromsystem:	16 Hz, 5,5 kV	16 Hz, 5,5 kV (nach Umbau: 16 2/3 Hz, 15 kV)		
Vmax (km/h):	40	50	50	50
Stundenleistung (kW):	206	352	268	605
Dauerleistung (kW):	160	306	237	565
Dienstmasse (t):	23,5	26,0	25,6	32,0
Größte Radsatzfahrmasse (t):	11,8	13,0	12,8	16,0
Länge über Puffer (mm):	7.500	7.350	7.750	8.700
Treibraddurchmesser (mm):	1.000	1.000	1.000	1.000
Indienststellung:	1905	1909-1912	1922	1930
Verbleib:	E 69 01 (DM München), 02 u. 03 (VMN, Nördlingen), 04 (Denkmal München), 05 (BLV Bayrisch Eisenstein)			

Foto: Estler

E 63, 163 (DRG, DR)

Mit der fortschreitenden Elektrifizierung in Süddeutschland in den 30er-Jahren entstand auch ein Mehrbedarf an elektrischen Rangierloks. Noch vor der Indienststellung der letzten E 60 forderte die DRG eine Variante ohne Laufradsatz und mit einer geringeren Radsatzfahrmasse. Zusätzliche Vorgabe war die Übernahme des E 60-Triebwerks mit seinen drei Kuppelradsätzen und dem Schrägstangenantrieb der Bauart Winterthur. 1934 bestellte die DRG vier Maschinen bei AEG, drei weitere Exemplare bei BBC (elektr. Teil) und Krauss (mech. Teil). Die AEG-Maschinen gingen 1935 als E 63 01-04 in Betrieb, die BBC-Loks folgten 1935/36 als E 63 05-07. Die Hersteller bedienten sich bei der Ausrüstung der E 63 bereits vorhandener Komponenten. Äußerlich glichen beide Ausführungen nur hinsichtlich des Fahrwerks mit dem Winterthurer Schrägstangenantrieb über Vorgelegeblindwelle. Verschieden waren die Form und Platzierung der Führerhäuser, die Länge der Überhänge sowie die Höhe und Ausführung der Vorbauten.

Nach ihrer Auslieferung 1935/36 kamen die E 63 01 und 02 nach Stuttgart, die E 63 03 bis 07 nach München. Für den Rangierdienst in Nürnberg Hbf und Halle/Saale Hbf bestellte die DRG 1937 bei AEG acht weitere Loks. Mit dem Ausbruch des Zweiten Weltkrieges wurde diese Bestellung als nicht kriegswichtig storniert und nur noch eine Maschine als E 63 08 fertiggestellt. Nach ihrer Ablieferung im März 1940 nahm sie in München ihren Dienst. Alle E 63 überlebten den Krieg, wenn auch zum Teil schwer beschädigt. Erst ab Oktober 1951 waren sie wieder vollzählig in Betrieb. Zum Jahresende 1959 hatten mit einer Ausnahme alle E 63 ihre endgültige Heimat gefunden: Die AEG-Serie befand sich komplett in Stuttgart, die BBC-Serie in Augsburg. Die DB ließ 1960/61 alle E 63 (ab 1968: 163) gründlich überholen und mit Rangierbühnen ausrüsten. Zwischen 1976 und 1978 mussten die Maschinen ihren Dienst quittieren. Dabei kam die 163 002 für ihre letzten vier Dienstmonate noch zum Bw Garmisch. Mit den 163 001, 002, 005 und 008 blieben gleich vier Loks der Nachwelt erhalten.

Technische Daten:

Baureihenbezeichnung:	E 63 01-04, 08	E 63 05-07 (DRG)
Radsatzanordnung:	C	
Stromsystem:	16 2/3 Hz, 15 kV	
Vmax (km/h):	45	50
Dauerleistung (kW):	725	710
Dauerleistung (kW):	667	650
Dienstmasse (t):	53,1	51,4
Größte Radsatzfahrmasse (t):	17,7	17,4
Länge über Puffer (mm):	10.200	
Treibraddurchmesser (mm):	1.250	
Indienststellung:	1935-1940	1935-1936
Verbleib:	163 001 (Bw Stuttgart), 002 (Kriegenbrunn), 005 u. 008 (VMN, Garmisch)	

E 70 02-06 (preuß. EG 502-506, DRG)

Für den Versuchsbetrieb auf der mit Einphasen-Wechselstrom von 15 Hz und 10 kV auf der Strecke Dessau–Bitterfeld bestellte die Königlich Preußische Eisenbahn Verwaltung (KPEV) 1909 fünf vierfach gekuppelte Güterzugloks als WGL 10 204-208 (ab 1912: EG 502-506), mit denen möglichst viele elektrische Bauteile erprobt werden sollten. Daher stimmten die Maschinen lediglich in der Grundkonzeption mit hochliegendem Fahrmotor und Parallelkurbelantrieb sowie in ihren Hauptabmessungen überein. Den mechanischen Teil der ersten vier Loks (EG 502-505) lieferte Hanomag, der Fahrzeugteil der EG 506 stammte von der Berliner Maschinenbau AG (BMAG). Bei der elektrischen Ausrüstung ging jede der beteiligten Firmen und Firmengruppen ihre eigenen Wege. Die EG 502-506 besaßen unterschiedliche Motoren und Steuerungen:

- EG 502 (AEG): Repulsationsmotor Bauart Winter-Eichberg, Schaltwalzensteuerung mit Zusatztransformator
- EG 503 (AEG/FGL): kompensierter Wechselstrom-Reihenschlussmotor, elektromagnetische Schützensteuerung
- EG 504 (BBC): 12poliger Repulsationsmotor Bauart Deri, Steuerung durch manuelles Verstellen der Kommutatorbürsten
- EG 505 (SSW): 16poliger Wechselstrom-Reihenschlussmotor, Steuerung über Schaltwalze und elektromotorisch betätigten Drehtransformator
- EG 506 (MSW): kompensierter Wechselstrom-Reihenschlussmotor, Steuerung über Schaltwalze und druckluftbetätigten Drehtransformator

Die EG 503 war erst 1913 einsatzbereit, die übrigen fuhren schon ab 1911 auf der Versuchsstrecke. Als ab Mitte 1913 die KPEV die Versuchsstrecke auf das zwischenzeitlich vereinbarte, einheitliche Stromsystem (16 2/3 Hz/15 kV) umstellte, wurden auch die EG 502-506 entsprechend umgebaut. Mit dem Ausbruch des Ersten Weltkriegs musste im mitteldeutschen Netz der elektrische Betrieb eingestellt werde. Bis Frühjahr 1923 wurden alle an die badische Wiesen- und Wehratalbahn abgegeben. Zwischen 1928 und 1930 wurden alle ausgemustert und bald darauf zerlegt.

Technische Daten:

Baureihenbezeichnung:	E 70 02	E 70 03	E 70 04	E 70 05	E 70 06 (DRG)
Radsatzanordnung:	D				
Stromsystem:	16 2/3 Hz, 15 kV (bis 1913: 15 Hz, 10 kV)				
Vmax (km/h):	50				
Stundenleistung (kW):	588	588	441	441	441
Dauerleistung (kW):	332	441	367	367	294
Dienstmasse (t):	66,0	64,6	60,1	66,8	63,2
Größte Radsatzfahrmasse (t):	16,8	16,8	16,2	16,9	16,0
Länge über Puffer (mm):	10.500				
Treibraddurchmesser (mm):	1.050				
Indienststellung:	1911	1913	1911	1911	1912
Verbleib:					

Foto: Slg. Koppisch, Archiv transpress

E 70 07-08 (preuß. EG 507-508, DRG)

Die Planungen der Preußischen Staatsbahnen (KPEV) sahen ursprünglich die Elektrifizierung der Berliner Stadt- und Vorortbahnen mit Einphasen-Wechselstrom von 16 2/3 Hz und 15 kV vor. Hierfür bestellten die KPEV schon 1910 eine Serie von zehn vierfach gekuppelten Maschinen für den Nahgüterzugdienst und den fallweisen Einsatz vor Personenzügen. 1913 lieferten die BMAG (Fahrzeugteil) und MSW (elektr. Teil) zwei Loks als EG 507-508. Ihre elektrische Ausrüstung stimmte weitgehend mit der 1911 gelieferten EG 506 überein. Die Leistung des kompensierter Wechselstrom-Reihenschlussmotor konnte aber durch Fremdbelüftung um fast 100 Prozent gesteigert werden. Da die Loks für Vielfachtraktion ausgelegt waren, erfolgte die Regelung des Fahrmotors über eine Schützensteuerung und einen Drehtransformator, der für vollen Dauerstrom ausgelegt war und durch einen Elektromotor angetrieben wurde. Die Leistungsübertragung besorgte der bewährte Parallelkurbelantrieb mit schräger Treibstange und Blindwelle zwischen den mittleren Kuppelradsätzen. Die beiden Maschinen besaßen nur einen Endführerstand sowie einen langen schmalen, vorne abgerundeten Vorbau, in dem die elektrischen Einrichtungen untergebracht waren.
Die ersten Probefahrten der EG 507 und 508 erfolgten auf den mitteldeutschen Strecken. Obwohl der erste und vierte Kuppelradsatz 10 mm Seitenspiel erhalten hatten, befriedigten die Laufeigenschaften nicht und die Höchstgeschwindigkeit wurde zunächst auf 60, später auf 50 km/h reduziert. Da nach Ausbruch des Ersten Weltkriegs der elektrische Betrieb in Mitteldeutschland eingestellt werden musste, wurden die Maschinen nach Schlesien umgesetzt. Mitte der 20er-Jahre gelangten die beiden Preußen nach Bayern zum Bw Garmisch und wurden im Rangierdienst eingesetzt. 1926/27 erhielten sie von der DRG die Betriebsnummern E 70 07 und 08. Schon im November 1928 wurde die E 70 07 ausgemustert. Ihre Schwester hielt noch zehn Jahre länger durch und musste erst 1938 den Dienst quittieren. Eine Aufstellung im Verkehrsmuseum Nürnberg scheiterte an Beschädigungen im Zweiten Weltkrieg. Auch sie wurde verschrottet.

Technische Daten:

Baureihenbezeichnung:	E 70 07-08 (DRG)
Radsatzanordnung:	D
Stromsystem:	16 2/3 Hz, 15 kV
Vmax (km/h):	50 (bei Anlieferung: 70)
Stundenleistung (kW):	920
Dauerleistung (kW):	530
Dienstmasse (t):	68,1
Größte Radsatzfahrmasse (t):	17,2
Länge über Puffer (mm):	10.000
Treibraddurchmesser (mm):	1.050
Indienststellung:	1913
Verbleib:	

E 70.2 (bay. EG 2 x 2/2, DRG, DB)

Zum ersten Elektrifizierungsprogramm in Bayern gehörte auch die Strecke Salzburg–Freilassing–Berchtesgaden, auf welcher am 11. Juni 1914 der elektrische Betrieb aufgenommen werden konnte. Für diese Strecke bestellte die Bayerische Staatsbahn 1912 insgesamt zwölf Maschinen, neben acht Personenzugloks (DRG E 36) auch vier Güterzug- und Schiebeloks. Bei den Maschinen für den Güterzugdienst wurden zwei Varianten bestellt, die EG 1 als Bo'Bo'-Maschinen (DRG E 73.09) und die EG 2 x 2/2 mit der Radsatzfolge B'B'. Bedingt durch den Ausbruch des Zweiten Weltkriegs konnten die beiden EG 2 x 2/2 20221 und 20222 erst 1920 von Krauss (mech. Teil) und BBC (elektr. Teil) abgeliefert werden. Von der DRG erhielten sie ab 1926/27 die Betriebsnummern E 70 21 und 22.
Zur Erzielung guter Laufeigenschaften erhielten die beiden E 70.2 zwei Drehgestelle mit zwei gekuppelten Radsätzen ohne Seitenspiel. Ein halbhoch gelagerte Fahrmotor wirkte über ein Getriebe, eine Vorgelegeblindwelle und Schlitzkuppelstangen auf die beiden Kuppelradsätze. Die Schlitzkuppelstangen sollten für einen Ausgleich der unterschiedlichen Vertikalbewegungen beider Radsätze sorgen. Ein Brückenrahmen aus Profilstahl stützte sich über Federstempel auf die Drehgestelle ab und verband die beiden Drehzapfen. Der Lokkasten umfasste zwei Führerstände mit dazwischen liegendem Maschinenraum. Die gerundeten Vorbauhauben an den Führerstands-Stirnwänden waren fest mit dem Aufbau verbunden. Die Regelung der beiden 16poligen Wechselstrom-Reihenschlussmotoren erfolgte durch ein handbetätigtes Schlittenschaltwerk mit 14 Dauerfahrstufen.

Foto: Maey, Slg. Kleine, Archiv transpress

Beide E 70.2 liefen Zeit ihres Lebens ausschließlich auf ihrer Hausstrecke. Vorwiegend machten sie sich im Güterzugdienst nützlich und besorgten den Schiebedienst zwischen Bad Reichenhall und Hallthurm. Ab Mitte der 30er-Jahre reduzierten sich ihre Laufleistungen durch die Indienststellung der neuen E 44.5. Beide Maschinen überlebten zwar den Zweiten Weltkrieg, doch gab es nach 1945 keine richtige Verwendung mehr. Daher wurde im Februar 1947 die E 70 22 ausgemustert und im Dezember 1951 folgte der Abschied der E 70 21. Beide Loks wurden bald darauf zerlegt.

Technische Daten:

Baureihenbezeichnung:	E 70.2 (DRG)
Radsatzanordnung:	B'B'
Stromsystem:	16 2/3 Hz, 15 kV
Vmax (km/h):	50
Stundenleistung (kW):	720
Dauerleistung (kW):	610
Dienstmasse (t):	64,8
Größte Radsatzfahrmasse (t):	16,2
Länge über Puffer (mm):	12.450
Treibraddurchmesser (mm):	1.250
Indienststellung:	1920
Verbleib:	

Foto: Maey, Slg. Kleine, Archiv transpress

E 71.1 (preuß. EG 511-537, DRG, DB)

Für den Güterzugdienst auf den zu elektrifizierenden Strecken Mitteldeutschlands bestellten die Preußischen Staatsbahnen (KPEV) 1912 bei AEG eine Serie von 18 B'B'-Güterzuglokomotiven, die ungewöhnliche technische Neuerungen aufwies. Statt der bisher üblichen Ausrüstung wurde bei diesen Maschinen zwei kurzgekuppelte Triebdrehgestelle gewählt, in denen die Fahrmotoren halbhoch gelagert waren und über eine Vorgelege-Blindwelle und Schlitzkuppelstangen auf die Kuppelradsätze wirkten. Der Lokkasten mit den beiden Führerständen und dem Haupttransformator war auf einem Brückenrahmen aufgebaut.
Noch vor Auslieferung der ersten Maschine (EG 511) im März 1914 war die Bestellung noch 1913 auf 27 Exemplare erhöht worden. Bis Juli 1914 folgten mit den EG 512 und 512 zwei weitere Maschinen, dann unterbrach der Erste Weltkrieg die Produktion. Die EG 511-513 wurden im Mai 1915 auf die elektrifizierten Strecken Schlesiens umgesetzt, da nach Kriegsausbruch der elektrische Betrieb in Mitteldeutschland eingestellt wurde. Erst nach Kriegsende begann der Weiterbau mit kleinen Änderungen. Die Betriebserfahrungen mit den ersten drei Loks waren positiv, bemängelt wurden lediglich die zu engen Führerstände. 1922 war die Auslieferung abgeschlossen und nach Wiederelektrifizierung der mitteldeutschen Strecken waren die EG 511-537 ab 1923 alle dort zu finden. Bis auf 1926 nach Unfall ausgemusterte EG 512 erhielten alle Loks ab 1927 die DRG-Betriebsnummern E 71 11 und 13-37. Ein Teil fand auf der badischen Wiesen- und Wehratalbahn ein neues Einsatzgebiet. Diese E 71 wurden ab 1931 für den Einsatz im Personenzugdienst umgebaut. Die mitteldeutschen E 71 mussten bis 1945 größtenteils den Dienst quittieren. Von den Sowjets konnte 1946 nur noch die E 71 30 als Beutegut abtransportiert werden. Nach ihrer Rückkehr im August 1952 ging sie nicht mehr in Betrieb. Sie wurde nur äußerlich aufgearbeitet und steht seit April 1962 im Verkehrsmuseum Dresden. In den Bestand der DB gelangten noch neun E 71. Diese fuhren bis 1957 ind Baden. Als letzte wurde am 4. August 1959 die E 71 28 ausgemustert. Sie ist heute in Berlin zu bewundern. Ebenfalls überlebt hat die E 71 19, welche heute das Nürnberger Verkehrsmuseum ziert.

Technische Daten:

Baureihenbezeichnung:	E 71.1 (DRG)
Radsatzanordnung:	B'B'
Stromsystem:	16 2/3 Hz, 15 kV
Vmax (km/h):	50 (E 71 11, 13-14, 18-19, 22, 25-27, 29, 31-33: 65)
Stundenleistung (kW):	785 (E 71 11, 13-14, 18-19, 22, 25-27, 29, 31-33: 780)
Dauerleistung (kW):	592 (E 71 11, 13-14, 18-19, 22, 25-27, 29, 31-33: 590)
Dienstmasse (t):	64,9
Größte Radsatzfahrmasse (t):	16,9
Länge über Puffer (mm):	11.600 (E 71 11-13: 11.200)
Treibraddurchmesser (mm):	1.350
Indienststellung:	1914-1922
Verbleib:	E 71 19 (VMN), 28 (DTM Berlin), 30 (VMD)

E 73 (bay. EG 1, DRG)

Für den Güterzug- und Schubdienst auf der ab 11. Juni 1914 elektrisch betriebenen Strecke Salzburg–Freilassing–Berchtesgaden beschaffte die Bayerische Staatsbahn neben den späteren E 70.2 zwei weitere Loks als EG 4 x 1/1 20201 und 20202. Geliefert wurden die Bo'Bo'-Maschinen 1914/15 von Krauss (mech. Teil) und Bergmann (elektr. Teil). Bemerkenswert für die damalige Zeit war die Ausführung als Drehgestell-Lok mit Einzelradsatzantrieb durch Tatzlagermotoren. Dadurch sollten eine gute Bogenläufigkeit sowie geringere Spurkranzabnutzung und Schienenverschleiß erreicht werde. Die Regelung der Fahrmotoren erfolgte durch eine manuell betätigte, elektromagnetische Schützensteuerung mit Bürstenverstellung und neun Dauerfahrstufen. Der Lokkasten war als blechverkleidetes Profilstahlgerüst ausgeführt und besaß zwei Endführerstände mit stirnseitigen Übergangstüren. Dazwischen befand sich der Maschinenraum mit dem fremdbelüfteten Trockentransformator. Das Dach konnte mit der oberen Hälfte der Seitenwände über dem Maschinenraum abgenommen werden.

Foto: Maey, Slg. Kleine, Archiv transpress

Ab 1923/24 erhielten sie die neue Baureihenbezeichnung EG 1, 1926/27 erfolgte die Umzeichnung durch die DRG in E 73 01 und 02. Beide Maschinen fuhren ausschließlich auf ihrer Stammstrecke und besorgten in den ersten Jahren vorwiegend den Schubdienst auf der 40-‰-Rampe zwischen Bad Reichenhall und Hallthurm. Ab Mitte der 20er-Jahre überwog dann der Einsatz im Rangierdienst, für den sie auf Grund ihrer Steuerung allerdings weniger geeignet waren. Schon 1936 wurde die E 73 01 abgestellt und im November 1937 ausgemustert. Die E 73 02 hielt etwas länger durch, sie musste erst am 28. November 1941 den Dienst quittieren. Nach ihrer Ausmusterung wurde sie in einen Schneepflug umgebaut, der bis Anfang der 80er-Jahre in Freilassing verwendet wurde. 1982 erfolgte die Verschrottung im AW Weiden.

Technische Daten:

Baureihenbezeichnung:	E 73 (DRG)
Radsatzanordnung:	Bo'Bo'
Stromsystem:	16 2/3 Hz, 15 kV
Vmax (km/h):	50
Stundenleistung (kW):	790
Dauerleistung (kW):	560
Dienstmasse (t):	56,0
Größte Radsatzfahrmasse (t):	14,0
Länge über Puffer (mm):	10.990
Treibraddurchmesser (mm):	1.100
Indienststellung:	1914-1915
Verbleib:	

Foto: Slg. Koppisch, Archiv transpress

E 73 03 (preuß. EV 1/2, DRG)

Ab 1903 beschäftigten sich die Preußischen Staatsbahnen mit dem Einphasen-Wechselstromsystem und untersuchten es auf seine praktische Umsetzung. Für den Versuchsbetrieb auf der 1,5 km langen und mit 6 kV/25 Hz elektrifizierten Oranienburger Teststrecke lieferten AEG (elektr. Teil) und Vulcan (Fahrzeugteil) 1908 die erste deutsche Wechselstrom-Lokomotive mit der Betriebsnummer WGL 10 201/10 202 für den Hauptbahndienst. Gleichzeitig war sie die erste Elektrolok mit einer elektromagnetischen Schützensteuerung zur Regelung der Fahrmotorspannung.
Als am 1. Mai 1911 der elektrische Wechselstrombetrieb mit 3 kV und 25 Hz auf der Hafenbahn in Hamburg-Altona aufgenommen wurde, stand hierfür die umgebaute WGL 10 201/10 202 zur Verfügung. Ursprünglich wurden bei der aus zwei kurzgekuppelten Fahrzeughälften bestehende Maschine nur drei Radsätze durch Tatzlagermotoren angetrieben. Für den Einsatz auf der Hafenbahn erhielt auch der vierte Radsatz einen Tatzlagermotor. Doch zunächst bereitete die Lok erhebliche Probleme. Die Stromabnehmer mit ihren Aluminium-Schleifleisten und eine starke Schleuder-neigung waren die Hauptkritikpunkte. Erst ein erneuter Umbau im Jahr 1912 brachte Besserung. Gleichzeitig erhielt die Lok die neue Bezeichnung EV 1/2 »ALTONA«.
Nach dem Umzeichnungsplan vom August 1926 erhielt die EV 1/2 die DRG-Betriebsnummer E 73 03. Ab Ende 1926 wanderte die von den Lokpersonalen »Anton« genannte Maschine in den Reservedienst, da mit der E 73 06 nun eine dritte Lok vorhanden. Bis zur Umstellung der Hamburger Hafenbahn von 3 auf 6,3 kV im Jahr 1932 kam die E 73 03 noch zu gelegentlichen Einsatzehren. Dann war Schluss, denn ein nochmaliger Umbau lohnte sich nicht mehr. Sie wurde am 1. Juli 1932 ausgemustert aber nicht verschrottet, sondern nach einer Aufarbeitung bei AEG im Nürnberger Verkehrsmuseum aufgestellt. Während des Zweiten Weltkriegs erfolgte die Auslagerung nach Pressig-Rothenkirchen. Dort wurde sie allerdings 1944 bei einem Luftangriff so schwer beschädigt, dass ihre Zerlegung im Jahre 1955 unausweichlich war.

Technische Daten:

Baureihenbezeichnung:	E 73 03 (DRG)
Radsatzanordnung:	Bo+Bo
Stromsystem:	25 Hz, 3 kV
Vmax (km/h):	50
Stundenleistung (kW):	880
Dauerleistung (kW):	735
Dienstmasse (t):	68,33 (bis 1912: 67,62)
Größte Radsatzfahrmasse (t):	20,6
Länge über Puffer (mm):	14.140
Treibraddurchmesser (mm):	1.370
Indienststellung:	1907
Verbleib:	

Foto: Slg. Koppisch, Archiv transpress

E 73 05 (preuß. EV 5", DRG, DB)

Die 1911 mit Einphasen-Wechselstrom (3 kV / 25 Hz) elektrifizierte, nur 1,7 km lange Hafenbahn Hamburg-Altona wies eine relativ schwierige Streckencharakteristik auf. So befand sich im Laufe der Strecke ein 800 Meter langer Tunnel, der zum Teil in einer Steigung von 27,8 Promille sowie in einem engen Bogen lag. Um dem steigenden Verkehr nach Ende des Ersten Weltkrieges zu genügen, bestellte die Eisenbahndirektion Altona 1919 eine vierachsige Drehgestell-Lokomotive bei der Berliner Maschinenbau AG (Fahrzeugteil) und den Maffei-Schwartzkopff-Werken (elektr. Teil). Die als EV 5 in zweiter Besetzung bezeichnete Maschine zeichnete sich durch ein recht fortschrittliches Design aus. Ein kräftiger Brückenrahmen aus Profilstahl ruhte auf den beiden Antriebsdrehgestellen, die zur besseren Übertragung von Zug- und Stoßeinrichtungen miteinander gekuppelt waren. Jeder der vier Radsätze wurde von einem Wechselstrom-Reihenschlussmotor in Tatzlagerbauart angetrieben. Die Regelung der Fahrmotoren erfolgte durch eine elektromagnetische Schützensteuerung mit neun Dauerfahrstufen. Auf dem Brückenrahmen war der Lokkasten mit den beiden Führerstanden aufgebaut. Im dazwischen liegenden Maschinenraum hatte der von 3 auf 6,3 kV umschaltbare Haupttransformator seine Platz. Auf dem Dach sorgten zwei Scherenstromabnehmer der Sonderbauart mit zwei Schleifstücken für eine sichere Stromübertragung. Die halbhohen, abgeschrägten und vorne abgerundeten Vorbauten waren mit den Drehgestellen verbunden.
Am 15. Juni 1923 konnte die EV 5" abgeliefert werden. Sie erfüllte problemlos alle an sie gestellten Erwartungen und war den Anforderungen des schweren Hafenbahnbetriebes hervorragend gewachsen. Auf der 27,8-‰-Rampe konnte sie acht zweiachsige Kühlwagen mit einem Gewicht von 230 Tonnen mühelos bergwärts schieben. Von der DRG erhielt sie 1926 die neue Nummer E 73 05. Die anspruchloseste, betriebssicherste und am meisten benutzte Hafenbahn-Ellok versah bis zur Einstellung des elektrischen Hafenbahnbetriebes zuverlässig ihren Dienst. Am 23. Mai 1954 wurde sie abgestellt und 1959 schließlich zerlegt.

Technische Daten:

Baureihenbezeichnung:	E 73 05 (DRG)
Radsatzanordnung:	Bo'Bo'
Stromsystem:	25 Hz, 6,3 kV; 25 Hz, 3 kV
Vmax (km/h):	50
Stundenleistung (kW):	740
Dauerleistung (kW):	515
Dienstmasse (t):	70.4
Größte Radsatzfahrmasse (t):	17,7
Länge über Puffer (mm):	12.550
Treibraddurchmesser (mm):	1.250
Indienststellung:	1923
Verbleib:	

Foto: Slg. Koppisch, Archiv transpress

Foto: Blaschke

E 73 06 (preuß. EV 6, DRG, DB)

Zur Ablösung der nicht sonderlich gut geeigneten E 73 03 bestellte die DRG im Jahr 1924 eine weitere vierachsige Lok für welche die Bezeichnung EV 6 vorgesehen war. Wiederum lieferte die BMAG den Fahrzeugteil und die MSW die elektrische Ausrüstung. Auf Wunsch des Eisenbahn-Zentralamtes sollte die Maschine gleichzeitig als Erprobungsträger für technischen Neuerungen bei Antrieb und Steuerung dienen. Daher erhielt sie den elastischen Westinghouse-Antrieb (Westinghouse-Quill-Drive), bei dem Zwillingsmotoren über Hohlwelle und an den Radreifen angreifenden Wickelfedern jeden Radsatz antrieben. Dieser Antrieb war eigentlich für schnellfahrende Loks entwickelt worden und erforderte eine relativ großen Raddurchmesser von 1.600 mm, für eine Rangierlok eher ungewöhnlich. Zur Regelung der Fahrmotoren kam die von MSW entwickelte Steuerung mit handbetätigtem Nockenschaltwerk, Zusatztransformator, Feinsteller zur Anwendung sowie zehn Dauerfahrstufen zur Anwendung. Auf den beiden nicht miteinander gekuppelten Drehgestellen mit halbkugelförmigen Drehzapfen lagerte ein kräftiger Brückenrahmen aus Profilstahl.
Am 26. August 1926 wurde die Maschine unter ihrer neuen DRG-Betriebsnummer E 73 06 in Dienst gestellt und war zu diesem Zeitpunkt die modernste Ellok der DRG. Sie war aber auch sehr unterhaltungsaufwändig, da sowohl Antrieb als auch Getriebe häufige Störungsquellen darstellten. Trotz ihrer für den Rangierdienst nicht optimalen Leistungsauslegung erfüllte sie das geforderte Leistungsprogramm problemlos und schob sogar 380-t-Züge mit 30 km/h die Steilrampe Altona Hbf hinauf. Ein schwerer Unfall setzte die E 73 06 am 8. August 1951 längere Zeit außer Gefecht, als sie mit einem Zug die Steilrampe hinunter ins Rutschen kam, nicht mehr Abbremsen konnte, mit voller Wucht am Kai einen Prellbock überfuhr und sich schließlich weit dahinter ins Erdreich bohrte. Erst im November 1952 war sie wieder hergestellt. Die aufwändige Reparatur dürfte sich kaum gelohnt haben, denn im Ende März 1954 musste sie schon wieder das Ausbesserungswerk aufsuchen. Da der elektrische Wechselstrombetrieb der Hafenbahn kurz vor der Einstellung stand, wurde sie nicht mehr repariert sondern blieb abgestellt und wurde einige Zeit später verschrottet.

Technische Daten:

Baureihenbezeichnung:	E 73 06 (DRG)
Radsatzanordnung:	Bo'Bo'
Stromsystem:	25 Hz, 6,3 kV; 25 Hz, 3 kV
Vmax (km/h):	50
Stundenleistung (kW):	1.180
Dauerleistung (kW):	910
Dienstmasse (t):	80,9
Größte Radsatzfahrmasse (t):	20,3
Länge über Puffer (mm):	13.850
Treibraddurchmesser (mm):	1.600
Indienststellung:	1926
Verbleib:	

E 75, 175 (DRG, DB)

Die schlechten Laufeigenschaften der zwischen 1924 und 1926 in Dienst gestellten Reihe E 77 veranlassten die DRG, für den weiteren Bedarf diese Bauart konstruktiv zu überarbeiten. Kernstück der E 75 war ein einteiliger, durchlaufender Rahmen, in welchem die vier Treibradsätze fest gelagert waren. Beibehalten wurde der Schrägstangenantrieb der Bauart Winterthur mit Blindwelle. Praktisch unverändert konnte die elektrische Ausrichtung der E 77 übernommen werden. Auf Grund der geänderten Konstruktion war die E 75 um sieben Tonnen leichter und rund einen Meter kürzer.
Bis 1927 hatte die DRG insgesamt 79 Exemplare bestellt. Die Auslieferung der ersten E 75 begann im Herbst 1928. Lieferanten der Fahrzeugteile waren die Berliner Maschinenbau AG, die Linke-Hofmann-Werke in Breslau und Maffei in München. Für die elektrische Ausrüstung zeichneten Bergmann und Maffei-Schwartzkopff verantwortlich. Die Weltwirtschaftskrise 1929/39 blieb auch für die DRG nicht ohne Folgen und bedingt durch ihre schlechte Finanzlage stornierte sie über die Hälfte der bestellten E 75. Wie schon in der Vergangenheit erfolgte eine unterschiedliche Nummerierung entsprechend der Einsatzgebiete: Die bayerischen Maschinen liefen als E 75 01-12, die mitteldeutschen als E 75 51-69.
Zwischen April 1943 und Februar 1944 wurden alle E 75 in Bayern zusammengezogen, während die E 77 komplett nach Mitteldeutschland abwanderten. Nach Kriegsende fanden sich die E 75 07 und 58 in der sowjetisch besetzten Zone wieder, letztere war noch bis Ende März 1946 in Betrieb. Sieben Exemplare mussten als Kriegsverlust ausgebucht werden, so dass noch 22 Maschinen in den Bestand der DB gelangten. Eine geplante Modernisierung der Loks wurde 1960/61 nur bei den E 75 09, 55 und 69 durchgeführt. Ab 1964 erfolgten die ersten Abstellungen. Die EDV-gerechte Umzeichnung zur Baureihe 175 erlebte ab 1968 nur rund die Hälfte der DB-Maschinen. Mit der Abstellung der 175 004 am 2. Februar 1972 war das Kapitel Betriebsdienst beendet. Aus den 175 009 und 059,entstand 1983/84 die betriebsfähige Museumslok »E 75 09«, welche heute dem Nürnberger Verkehrsmuseums gehört.

Technische Daten:

Baureihenbezeichnung:	E 75 (DRG)
Radsatzanordnung:	1'BB1'
Stromsystem:	16 2/3 Hz, 15 kV
Vmax (km/h):	70
Stundenleistung (kW):	1.880
Dauerleistung (kW):	1.600
Dienstmasse (t):	106,2
Größte Radsatzfahrmasse (t):	19,7
Länge über Puffer (mm):	15.380
Treibraddurchmesser (mm):	1.400
Laufraddurchmesser (mm):	1.000
Indienststellung:	1928-1931
Verbleib:	E 75 09 (VMN)

Foto: Blaschke

Foto: Maey, Slg. Kleine, Archiv transpress

E 77 (bay. EG 3, preuß. EG 701-725, DRG, DR)

Anfang der 20er-Jahre stellte die DRG ein Beschaffungsprogramm für Elektroloks auf, das aus Wirtschaftlichkeitsgründen auf weitgehend vereinheitlichten Bauteilen für die verschiedenen Loktypen basierte. Für den Personenzug- und leichten Güterzugdienst orderte die DRG 1922 insgesamt 37 Exemplare einer (1B)'(B1)'-Maschine. 1924 wurde der Auftrag um weitere 19 Maschinen aufgestockt. Den Bau der Fahrzeugteile teilten sich die Berliner Maschinenbau AG, die Linke-Hofmann-Werke in Breslau und Krauss in München, während die elektrische Ausrüstung von der Liefergemeinschaft BMS (Bergmann und Maffei-Schwartzkopff) produziert wurde. Im Herbst 1924 rollten die ersten Loks an. Bis Oktober 1926 wurden in Mitteldeutschland die EG 701-725 in Dienst gestellt und unter weiß-blauem Himmel die »bayerischen« EG 3 22001-22031. Nach dem neuen DRG-Bezeichnungsschema erhielten die bayerischen Maschinen 1926/27 die Nummern E 77 01-31, die preußischen die Nummern E 77 51-75.
Die E 77 waren Gelenklokomotive mit zwei Triebdrehgestellen und einer Transformatorenbrücke (Mittelteil). Das Mittelteil ruhte auf zwei Kugelzapfen der Antriebsgestelle. Je ein Motor arbeitete über ein Vorgelege auf eine Blindwelle, die wiederum über den Winterthurer Schrägstangenantrieb die beiden Kuppelradsätze wirkte. Zusätzlich besaß jedes Triebdrehgestell einen Laufradsatz. Sehr schnell zeigten sich jedoch vor allem im oberen Geschwindigkeitsbereich unbefriedigende Laufeigenschaften. Daher wurden alle Loks bis Mitte 1928 umgebaut. Doch dieser Umbau zeigte nur wenig Erfolg – die Laufeigenschaften blieben bescheiden. Daher wurde die E 77 ab 1930 fast nur noch im Güterzugdienst eingesetzt. Während des Zweiten Weltkrieges mussten fünf Maschinen den Dienst quittieren. Mit der zwangsweisen Einstellung des elektrischen Betriebes Ende März 1946 endete auch der Einsatz der E 77. Insgesamt 41 Exemplare mussten als sowjetisches Beutegut den Weg in die UdSSR antreten. Bis auf die E 77 05, 58 und 75 kamen alle 1952/53 wieder zurück. 1959/60 ließ die DR zehn Loks (E 77 03, 10, 14, 15, 18, 24, 25, 30, 52 und 53) wiederaufarbeiten. Doch schon bis 1966 fuhren alle E 77 aufs Abstellgleis. Lediglich die E 77 10 blieb erhalten.

Technische Daten:

Baureihenbezeichnung:	E 77 (DRG)
Radsatzanordnung:	(1B)'(B1)'
Stromsystem:	16 2/3 Hz, 15 kV
Vmax (km/h):	65
Stundenleistung (kW):	1.880
Dauerleistung (kW):	1.600
Dienstmasse (t):	113,0
Größte Radsatzfahrmasse (t):	19,8
Länge über Puffer (mm):	16.250
Treibraddurchmesser (mm):	1.400
Treibraddurchmesser (mm):	1.000
Indienststellung:	1924-1926
Verbleib:	E 77 10 (VMD, Dresden-Altstadt)

E 79 (bay. EG 4, DRG)

Auf der bayerischen Strecke Freilassing–Berchtesgaden erforderten die schwierigen Einsatzbedingungen zwischen Bad Reichenhall und Hallthurm Anfang der 20er-Jahre leistungsfähigere Loks. Daher ließ die Gruppenverwaltung Bayern der DRG 1922 zusätzlich zum ersten Elloktypenprogramm zwei Maschinen als bayerische EG 4 22101 und 22102 entwickeln, die erheblich von den standardisierten Baugrundsätzen abwichen. Um möglichst große Reibungskräfte auf der krümmungs- und steigungsreichen Gebirgsstrecke entfalten zu können, entstand eine zweimotorige Einrahmenlok mit der Radsatzfolge 2'D1'. Die elektrische Ausrüstung lieferte die Firma Pöge. Für den Fahrzeugteil zeichnete Maffei verantwortlich.
Als Antrieb dienten zwei hochliegende, schnelllaufende Gestellmotoren, welche über eine gemeinsame Vorgelegewelle, Doppelparallelkurbelantrieb, zwei Blindwellen und Kuppelstangen auf die vier Kuppelradsätze wirkten. Die beiden 20poligen Wechseltrom-Reihenschlussmotoren waren stets in Serie geschaltet. Ihre sehr feinstufige Regelung erfolgte durch elektromagnetische Schütze mit Drehtransformator als Feinsteller. Auf dem innenliegenden Hauptrahmen saß der Lokkasten mit den beiden Endführerständen mit Übergangstüren an den Stirnseiten.
Offensichtlich war die Firma Pöge mit diesem Auftrag überfordert, da Ende 1924 die Fahrmotoren neu berechnet werden mussten. Erst im Juli bzw. Mai 1927 erfolgte die Auslieferung der beiden Maschinen, welche gleich die neuen DRG-Betriebsnummern E 79 01 und 02 erhielten. Die Loks erfüllten die in sie gesetzten Erwartung bezüglich Kurvenläufigkeit und feinstufiger Regelung der Motorspannung voll und ganz. In den ersten Betriebsjahren fuhren sie sogar Schnell- und Personenzüge ohne Schublok nach Berchtesgaden. Ab Mitte der 30er-Jahre versahen sie nach Indienststellung der neuen E 44.5 vermehrt den Schiebedienst auf der Reichenhaller 40-‰-Rampe. Doch bald hatte die DRG keine richtige Verwendung mehr für die beiden schwer zu unterhaltenden Einzelgänger und musterte die E 79 01 im Juni 1939, die E 79 02 im November 1940 aus. Beide wanderten bald darauf auf den Schrottplatz.

Technische Daten:

Baureihenbezeichnung:	E 79 (DRG)
Radsatzanordnung:	2'D1'
Stromsystem:	16 2/3 Hz, 15 kV
Vmax (km/h):	65
Stundenleistung (kW):	1.480
Dauerleistung (kW):	1.180
Dienstmasse (t):	116,0
Größte Radsatzfahrmasse (t):	19,8
Länge über Puffer (mm):	15.264
Treibraddurchmesser (mm):	1.250
Laufraddurchmesser (mm):	850
Indienststellung:	1927
Verbleib:	

E 80 (DRG, DB)

Erste elektrische Rangierlokomotiven beschaffte die DRG schon 1927 mit der E 60. Sie hatten aber den Nachteil, dass sie auf fahrdrahtlosen Bahnhofs- und Streckengleisen nicht fahren konnten. Da genügend Erfahrung mit Akku-Triebwagen vorlagen, bestellte die DRG im Oktober 1927 nach einem Entwurf von Siemens fünf Elektroloks für Oberleitungs- und Akkubetrieb. Den Fahrzeugteil lieferte Maffei, die elektrische Ausrüstung kam von Siemens. Zwischen Mai und Oktober 1930 gingen die E 80 01-05 beim Bw München Hbf in Betrieb.

Foto: Maey, Slg. Kleine, Archiv transpress

Ihr Lokomotivkasten war durch den großen Mittelführerstand und die beiden langen Batterievorbauten gekennzeichnet. Um die Radsatzlast in Grenzen zu halten, liefen sie auf zwei dreiachsigen Drehgestellen, von denen jeweils der mittlere Radsatz als Laufradsatz ausgeführt war. Wegen der empfindlichen elektrischen Ausrüstung wurde eine doppelte Achsfederung eingebaut. Die vier Gleichstrommotoren bezogen ihren Strom entweder über Quecksilberdampf-Gleichrichter aus der Fahrleitung oder direkt von den Akkumulatoren. Ihre Kapazität reichte für eine fünfstündigen Einsatz ohne Fahrdraht.

Die fünf E 80 waren stets auf den Münchner Rangierbahnhöfen eingesetzt. Bei einem Bombenangriff im Zweiten Weltkrieg wurde die E 80 04 so schwer beschädigt, dass ihre Ausmusterung bereits im Februar 1944 verfügt werden musste. Die anderen vier Loks kamen noch in den Bestand die DB. In den Jahren 1956/57 erhielt die E 80 01 als erste Wechselstrom-Ellok einen Silizium-Gleichrichter. Damit konnten für den geplante Bau von Zweisystem-Elloks (E 320) wertvolle Erfahrungen gewonnen werden. Weitere Zutaten des Umbaus waren eine zusätzliche Belüftung der Fahrmotoren und ein stärkerer Haupttransformator. Ende der 50er-Jahre brachten die in großer Zahl beschafften Rangierdieselloks der Reihe V 60 das schnelle Ende der relativ komplizierten Sonderlinge. Die DB musterte am 9. März 1959 die E 80 02, am 13. Januar 1960 die E 80 03 und 05 sowie als letzte am 3. Juni 1961 die Versuchslok E 80 01 aus. Bis Sommer 1963 waren alle verschrottet.

Technische Daten:

Baureihenbezeichnung:	E 80 (DRG)
Radsatzanordnung:	(A1A)'(A1A)'
Stromsystem:	16 2/3 Hz, 15 kV
Vmax (km/h):	40
Stundenleistung (kW):	248
Dauerleistung (kW):	210
Dienstmasse (t):	90,6
Größte Radsatzfahrmasse (t):	17,0
Länge über Puffer (mm):	15.400
Treibraddurchmesser (mm):	1.000
Laufraddurchmesser (mm):	1.000
Indienststellung:	1930
Verbleib:	

E 90.5 (preuß. EG 551/552-569/570, DRG)

Mit dem Beginn der Elektrifizierung der schlesischen Gebirgsbahnen leiteten die preußischen Staatsbahnen (KPEV) die Beschaffung von Elektroloks unterschiedlichster Spielarten in größerem Unfang ein. Als Variante für den schweren Güter- und Reisezugdienst bestellte die KPEV 1912 zwölf Doppelloks. Der Ausbruch des Ersten Weltkrieges verzögerte ihre Herstellung und so konnten die EG 551/552-569/570 erst zwischen 1919 und 1923 abgeliefert werden. Als Lieferant des elektrischen Teils fungierte BBC, während sich die Firmen Humboldt, LHW und Beuchelt die Produktion des Fahrzeugteils im Verhältnis 7:2:1 aufteilten.

Die Maschinen bestanden aus zwei weitgehend autark aufgebauten, kurzgekuppelten Lokhälften. Jede besaß zwei in einem gemeinsamen Gehäuse untergebrachte Wechselstrom-Reihenschlussmotoren (Doppelmotor). Die Leistungsübertragung auf die drei Kuppelradsätze erfolgte über ein Vorgelegeblindwelle, Hallsche Kurbeln und Kuppelstangen. Im langen schmalen Vorbau vor dem Führerstand war ein Trockentransformator untergebracht. Dieser hatte drei Anzapfungen für die elektrische Zugheizung erhalten, so dass auch die Beförderung von Reisezügen möglich war. Für die Regelung der Fahrmotoren stand ein handbetätigtes Schlittenschaltwerk mit 14 Dauerfahrstufen zur Verfügung, das wegen seiner Schwergängigkeit beim Fahrpersonal unbeliebt war.

Foto: Slg. Koppisch, Archiv transpress

Schon wenige Jahre nach ihrer Indienststellung wanderten die Maschinen wegen ihrer geringen Höchstgeschwindigkeit in den Güterzugdienst auf Nebenstrecken ab. Die DRG zeichnete sie 1927 in E 90 51-60 um. Nach der Beheimatung aller E 90.5 ab 1929 beim Bw Hirschberg wurden fünf Loks mit Schneepflügen ausgerüstet. Mit dem Einbau von stirnseitigen Rohrkühlern für die Druckluft mussten 1932 die Hauptrahmenenden verlängert werden. Die DRG musterte schon Mitte der 30er-Jahre die E 90 55 und 59 aus. Nach Ende des Zweiten Weltkriegs waren noch die E 90 52, 57 und 60 betriebsfähig in Schlesien vorhanden, die über zum Teil über Mitteldeutschland als Beutegut in die UdSSR abgefahren wurden. 1952/53 kehrten sie wieder in die DDR zurück, wurden aber1955/56 verschrottet.

Technische Daten:

Baureihenbezeichnung:	E 90.5 (DRG)
Radsatzanordnung:	C+C
Stromsystem:	16 2/3 Hz, 15 kV
Vmax (km/h):	50
Stundenleistung (kW):	1.530
Dauerleistung (kW):	910
Dienstmasse (t):	98,2
Größte Radsatzfahrmasse (t):	16,5
Länge über Puffer (mm):	15.950 (ab 1932: 17.350)
Treibraddurchmesser (mm):	1.250
Indienststellung:	1919-1923
Verbleib:	

E 91, E 91.9, 191 (preuß. EG 581-594, bay. EG 5, DRG, DB)

Anfang der 20er-Jahre benötigte die DRG für die neuen Streckenelektrifizierungen in Bayern und Schlesien dringend leistungsfähige Lokomotiven. Für den Güterzugdienst sah das Beschaffungsprogramm von 1922 eine C'C'-Maschine mit Winterthurer Schrägstangenantrieb vor. Die Gruppenverwaltung Bayern bestellte im Herbst 1922 zunächst 16 Exemplare bei Krauss (mech. Teil) und der Liefergemeinschaft WASSEG (AEG und SSW, elektr. Teil). Zum Jahresende 1922 folgte ein Anschlussauftrag an AEG über 14 Maschinen für die schlesischen Strecken und 1924 eine Nachbestellung von vier Maschinen bei Krauss/WASSEG. Die schlesischen Loks wurden zwischen August 1925 und Mai 1926 als EG 581-594 in Dienst gestellt. Erst ab 1927 trugen sie die Betriebsnummern E 91 81-94. Die erste bayerische Lok ging im Januar 1926 als EG 5 22501 (E 91 01) in Betrieb. Mit der Auslieferung der E 91 20 im September 1927 war die Beschaffung zunächst abgeschlossen.

1927 wurde für die schlesischen Strecken eine weitere Serie als E 91.9 bestellt und 1929 ausgeliefert. Die E 91 95-106 waren bei gleicher Leistung rund sieben Tonnen leichter, 600 mm länger und besaßen eine elektrische Widerstandsbremse. Äußerlich konnten sie an den hochgesetzten Lüfteröffnungen gut von den älteren Serien unterschieden werden.

Acht schlesische Maschinen gerieten in die Hände der Sowjets und wurden in die UdSSR verbracht. 1952 kame sie in die DDR, wurden aber nicht mehr aufgearbeitet und bis 1965 verschrottet. Die DB hatte 23 Exemplare beider Bauarten. 1957/58 ließ

Foto: Blaschke

die DB alle E 91 (ab 1968: 191) gründlich aufarbeiten und setzte sie im Nahgüter-verkehr, im Schubdienst und im Rangierdienst auf großen Rangierbahnhöfen ein. Ab 1972 erfolgte die Ausmusterung in größerem Umfang, 1975 mussten die letzten 191 den Dienst quittieren. Die E 91 99 bleibt der Nachwelt als Museumslok erhalten.

Technische Daten:

Baureihenbezeichnung:	E 91	E 91.9 (DRG)
Radsatzanordnung:	C'C'	
Stromsystem:	16 2/3 Hz, 15 kV	
Vmax (km/h):	55	
Stundenleistung (kW):	2.200	
Dauerleistung (kW):	1.660	
Dienstmasse (t):	123,7	116,4
Größte Radsatzfahrmasse (t):	20,7	19,6
Länge über Puffer (mm):	16.700	17.300
Treibraddurchmesser (mm):	1.250	
Indienststellung:	1925-1927	1929
Verbleib:	E 91 99 (VMN, Garmisch)	

E 91.3 (preuß. EG 538abc-549abc, DRG)

Für den Güterzugdienst auf den schlesischen Gebirgsbahnen bestellten die Preußischen Staatsbahnen (KPEV) 1912 als weitere Variante insgesamt 20 Maschinen der Radsatzfolge B+B+B, acht bei den Maffei-Schwarzkopff-Werken (MSW) und zwölf bei Siemens (elektr. Teil) und LHW (Fahrzeugteil). Der Auftrag für die MSW-Loks wurde aber später storniert. Wegen des Ausbruchs des Ersten Weltkriegs erstreckte sich die Auslieferung der EG 538abc-549abc von 1915 bis 1922.

Foto: Slg. Koppisch, Archiv transpress

Interessant war die Fahrwerksanordnung der schweren Güterzugloks. Sie besaßen drei untereinander kurzgekuppelte, zweiachsige Triebgestelle, in denen jeweils ein Fahrmotor ruhte. Wegen des Außenrahmens musste der Antrieb über eine Vorgelegewelle und sogenannte Hallsche Kurbeln erfolgen. Auf dem mittleren Triebgestell waren in einem holzverkleideten Aufbau die beiden Führerstände mit einem dazwischen liegenden Packabteil untergebracht. Die beiden Endgestelle trugen die Hochspannungskammern mit Hauptschalter und Haupttransformator. Die drei Fahrmotoren waren ständig in Reihe geschaltet. Ihre Regelung erfolgte durch eine elektromagnetische Schützensteuerung mit 15 Dauerfahrstufen.

Das Betriebsprogramm sah die Beförderung von Zügen mit 500 Tonnen Anhängelast bei 20 Promille Steigung vor. Dies wurde von den Maschinen problemlos bewältigt. Vor schweren Zügen neigten die Loks auf Grund ihres Fahrwerks beim Anfahren leicht zum Schleudern. Ferner hatten sie wegen der Triebwerksdreiteilung und auftretender Torsionsschwingungen anfangs einen unruhigen Lauf. Erst nach dem Einbau von gefederten Großzahnrädern verbesserten sich die Laufeigenschaften und die Höchstgeschwindigkeit konnte von 45 auf 50 km/h angehoben werden. 1927 erhielten die Maschinen von der DRG die Betriebsnummern E 91 38-49. Inzwischen waren sie vermehrt auf Nebenstrecken und im Rangierdienst zu finden, da stärkere Loks ihre Nachfolge auf den Hauptstrecken angetreten hatten. Die Ausmusterung der E 91.3 begann 1934, zog sich zehn Jahre dahin und war erst 1943 mit der Abstellung der E 91 40 beendet. Die E 91 38, 45 und 47 fanden nach ihrer Ausmusterung noch als fahrbare Zugvorheizanlagen Verwendung. Keine blieb erhalten.

Technische Daten:

Baureihenbezeichnung:	E 91.3 (DRG)
Radsatzanordnung:	B+B+B
Stromsystem:	16 2/3 Hz, 15 kV
Vmax (km/h):	50 (bei Anlieferung: 45)
Stundenleistung (kW):	1.025
Dauerleistung (kW):	835
Dienstmasse (t):	101,7
Größte Radsatzfahrmasse (t):	17,2
Länge über Puffer (mm):	17.200
Treibraddurchmesser (mm):	1.350
Indienststellung:	1915-1922
Verbleib:	

Foto: Slg. Koppisch, Archiv transpress

E 92.7 (preuß. EG 571ab-579ab, DRG)

Bereits vor dem Ersten Weltkrieg beschlossen die Preußischen Staatsbahnen (KPEV) die Erprobung des Tatzlagerantriebs. Der Kriegsausbruch verhinderte jedoch zunächst dieses Vorhaben, das erst nach 1918 wieder aufgegriffen wurde. In den Jahren 1923/24 lieferten LHW (Fahrzeugteil) und Siemens (elektr. Teil) neun Co+Co-Doppellokomotiven für den Güterzugdienst auf den schlesischen Gebirgsstrecken ab. Sie erhielten die Betriebsnummern EG 571ab-579ab.

Jede Fahrzeughälfte besaß drei durch Tatzlagermotoren angetriebene Radsätze. Um eine gute Kurvenläufigkeit zur erreichen, erhielt der mittlere Treibradsatz 15 mm Seitenspiel und seine Räder waren spurkranzgeschwächt. Aus Gründen einer einfacheren und besseren Ersatzteilhaltung wurden dieselben Fahrmotoren verwendet, die schon bei den Triebwagen der späteren DRG-Baureihe ET 88 zum Einbau gelangten. Ihre Regelung erfolgte durch eine elektromagnetische Schützensteuerung mit 15 Dauerfahrstufen. In den langen Vorbauten waren die Transformatoren untergebracht. Je zwei Fahrzeughälften waren kurzgekuppelt und bildeten betrieblich eine Einheit.

Ab 1926/27 erhielten die Loks von der DRG die Betriebsnummern E 92 71-79. Die guten Laufeigenschaften der Maschinen konnten alle Bedenken gegenüber dem wartungsfreundlichen Tatzantrieb ausräumen, da weder der Oberbau durch Stöße geschädigt wurde noch eine Schleuderneigung beim Anfahren festzustellen war. Daher konnte ab 1930 die Höchstgeschwindigkeit problemlos auf 60 km/h erhöht werden, um einen Einsatz vor schnelleren Güterzügen und vor Reisezügen zu ermöglichen. Für den Reisezugdienst erhielten sie nachträglich eine elektrische Zugheizeinrichtung eingebaut. Ende 1944/Anfang 1945 verließ die komplette Baureihe Schlesien und fand in Mitteldeutschland beim Bw Leipzig-Wahren eine neue Heimat. Nur vier Maschinen überstand das Kriegsende betriebsfähig. Nach der Einstellung des mitteldeutschen elektrischen Betriebes im März 1946 brachten die sowjetischen Besatzer sieben Loks als Beutegut in die UdSSR. Während die E 92 72 dort verblieb, kehrten die sechs anderen im August 1952 in die DDR zurück. Sie wurden bis Mitte der 60er-Jahre verschrottet.

Technische Daten:

Baureihenbezeichnung:	E 92.7 (DRG)
Radsatzanordnung:	Co+Co
Stromsystem:	16 2/3 Hz, 15 kV
Vmax (km/h):	60 (bis 1930: 50)
Stundenleistung (kW):	1.404
Dauerleistung (kW):	1.080
Dienstmasse (t):	114,0
Größte Radsatzfahrmasse (t):	19,8
Länge über Puffer (mm):	17.282
Treibraddurchmesser (mm):	1.300
Indienststellung:	1923-1924
Verbleib:	

Foto: Estler

E 93, 193 (DRG, DB)

Die Elektrifizierung der Strecke Augsburg–Ulm–Stuttgart mit der Geislinger Steige Anfang der 30er-Jahre war der Anlass zur Beschaffung neuer schwerer Güterzugloks. Nach den guten Erfahrungen mit den Prototypen der Baureihe E 44 lag es nahe, deren Konstruktionsprinzipien – laufradsatzlose kurzgekuppelte Drehgestelle, Brückenrahmen und Tatzlagerantrieb – auch an einer sechsachsigen Güterzuglok zu erproben. Bei der Konstruktion der E 93 wurde großer Wert auf Kostenreduzierung gelegt. Gegenüber den Vorgängern konnte die elektrische Ausrüstung radikal vereinfacht werden und beim mechanischen Teil kam weitgehend Schweißtechnik zur Anwendung. Mit ihren halbhohen Vorbauten nach dem Vorbild von Schweizer Elloks bürgerte sich für die E 93 schnell der Beiname »Deutsches Krokodil« ein. Um einen guten Bogenlauf zu gewährleisten, mussten die dreiachsigen Drehgestelle sorgfältig ausgebildet werden. Die Spurkränze der mittleren Antriebsradsätze wurden um 10 mm geschwächt werden, um den Verschleiß an Schienen zu mindern. Ferner sollten Ausgleichshebel in Verbindung mit der Kurzkupplung zwischen den Drehgestellen die Entlastung der hinteren Radsätze beim Anfahren unterdrücken.

1933 lieferte AEG die zwei ersten Exemplare als E 93 01-02 an das Bw Kornwestheim. Sie erfüllten voll und ganz das vorgesehene Betriebsprogramm. Über die Geislinger Steige konnten mit Schublok noch 1.200 Tonnen befördert werden. Erst 1935 folgten zwei weitere Maschinen (E 93 03-04). Mit auf 70 km/h heraufgesetzter Höchstgeschwindigkeit erschienen 1937 die E 93 05-13. Die letzten fünf Exemplare (E 93 14-18) wurden 1939 in Dienst gestellt, dann trat die verbesserte E 94 ihre Nachfolge an.

Alle 18 Maschinen überstanden zum Teil beschädigt den Krieg, wurden wieder aufgearbeitet und waren ab September 1958 komplett beim Bw Kornwestheim beheimatet. Neben dem Schubdienst für die Geislinger Steige erledigten die E 93 (ab 1968: 193) vor allem Güterzugleistungen rund um den Stuttgarter »Kirchturm«. Als erste musste im Januar 1977 die 193 010 den Dienst quittieren. Mit der Ausmusterung der 193 004 und 006 im Januar 1985 war das Kapitel abgeschlossen. Neben der DB-Museumslok 193 007 blieben die 193 008 und 012 erhalten.

Technische Daten:

Baureihenbezeichnung:	E 93
Radsatzanordnung:	Co'Co'
Stromsystem:	16 2/3 Hz, 15 kV
Vmax (km/h):	70 (E 93 01-04: 65)
Stundenleistung (kW):	2.502
Dauerleistung (kW):	2.214
Dienstmasse (t):	117,6 (E 93 01-04: 117,2)
Größte Radsatzfahrmasse (t):	19,7 (E 93 01-04: 19,6)
Länge über Puffer (mm):	17.700
Treibraddurchmesser (mm):	1.250
Indienststellung:	1933-1939
Verbleib:	E 93 07 (BSW Kornwestheim), E 93 08 (Denkmal Neckarwestheim), E 93 12 (DGEG, Neustadt/Weinstraße)

Foto: Estler

E 94, 194, 254 (DRG, DB, DR)

Als Weiterentwicklung der E 93 ließ die DRG bei AEG ab Mitte der 30er-Jahre die E 94 mit einer höheren Leistung und einer Höchstgeschwindigkeit von 90 km/h konzipieren. Schon im November 1937 wandelte die DRG eine Bestellung von elf E 93 in E 94 um. Sie sollten den Güterverkehr auf den Mittelgebirgsstrecken beschleunigen. Weiteres Leistungskriterium war nach dem 1938 vollzogenen »Anschluss« Österreichs die Bewältigung der elektrifizierten Alpenstrecken über den Arlberg und Brenner. Daher bestellte die DRG bis Mai 1939 nochmals 87 Maschinen. Die E 94 erhielten einen stärkeren Trafo, der im Zeichen der Kriegswirtschaft aus Aluminium bestand, stärkere Motoren und einen wuchtigen Dachaufbau, unter dem sich die Bremswiderstände verbargen. Insgesamt wurden die Loks rund eine Tonne schwerer und einen Meter länger als die Baureihe E 93. Mit ihren beiden, beweglichen Vorbauten ähnelten sie äußerlich sehr stark ihrer Vorgängerin und wurde mit ihrem charakteristischen Aussehen ebenfalls als »deutsches Krokodil« bezeichnet.
Als erste wurde im April 1940 von AEG die E 94 001 ausgeliefert. Zum strategischen Transportmittel erklärt durfte die E 94 als »Kriegs-Elektrolokomotive 2« (KEL 2) weitergebaut werden. Bis 1945 gab die DRG insgesamt 285 Maschinen in Auftrag, von den bis Kriegsende nur 145 Loks (E 94 001-136 und 151-159) in Dienst gestellt werden konnten. Die Mehrzahl der E 94 baute AEG, daneben waren SSW und ELIN (elektr. Teil) sowie Krauss-Maffei und die Wiener Lokomotivfabrik Floridsdorf (mech. Teil) beteiligt. Auf Beschluss des Alliierten Kontrollrates mussten 44 Maschinen an Österreich abgegeben werden, die dort zusammen mit drei in Wien nach 1945 fertiggestellten Loks die spätere ÖBB-Baureihe 1020 bildeten.
In die Westzonen gelangten 68 Loks. Zwischen 1946 und 1953 kamen noch neun aus vorgefertigten Baugruppen komplettierte Maschinen (E 94 137-142, 145, 160-161) hinzu.
In Schlesien befanden sich bei Kriegsende 13 Maschinen, in Mitteldeutschland waren zwölf Loks betriebsfähig. Die schlesischen E 94 wurde mit einer Ausnahme noch 1945 in die UdSSR verschleppt, der größte Teil der mitteldeutschen E 94 folgte nach der zwangsweisen Einstellung des elektrischen Zugbetriebes Ende März 1946. In der UdSSR dienten die Maschinen als Versuchsobjekte für den Betrieb unter 16,7 Hz / 15 kV auf der Strecke Kotlas–Workuta im Petschoragebiet am nördlichen Polarkreis. 1952 erhielt die DR insgesamt 27 Maschinen zurück. Vier E 94 (042, 046, 054 und 055) verkaufte die DR 1953/54 an die DB, welche sie bis November 1954 wieder instandsetzte.
Obwohl der Bau der neu entwickelten Reihe E 50 bereits beschlossen war, bestellte die DB 1953/54 auf Grund des dringenden Ellokbedarfs noch einmal 43 E 94, an der Bau erstmals auch BBC, Henschel und Krupp beteiligt waren. 24 Exemplare aus dieser Serie erhielten neue, stärkere Motoren von Siemens, einen leistungsfähigeren Transformator und wurden als E 94 262-285 eingereiht. Diese Verbesserungen waren zuvor in den E 94 141 und 142 erprobt worden, welche daneben eine BBC-Hochspannungssteuerung mit 28 Dauerfahrstufen erhalten hatten. Mit einer Hochspannungssteuerung von SSW wurden die E 94 270 und 271 ausgerüstet. Normalerweise erfolgte die Regelung der Fahrmotoren bei der E 94 durch eine manuell zu betätigendes Nockenschaltwerk mit Kollektor-Feinregler, Zusatztransformator, Stromteiler und 18 Dauerfahrstufen. EDV-gerecht wurden erhielten die Maschinen 1968 die Baureihenbezeichnung 194. Die 194 141-142 und 262-285 wurden 1970 für eine Höchstgeschwindigkeit von 100 km/h zugelassen und dann als Baureihe 194.5 geführt. Ab Herbst 1984 begannen sich die Reihen der 194 verstärkt zu lichten. Ende Mai 1988 endete der Planeinsatz und schon am 28. Juni 1988 waren die letzten »Krokodile« ausgemustert.
Nach der Wiederaufnahme des elektrischen Betriebes in der DDR ließ die DR zwischen 1956 und 1960 aus »Rückkehrern« und Schadlokomotiven insgesamt 23 E 94 wiederaufarbeiten. Ab 1970 erhielten sie die EDV-gerechte Baureihenbezeichnung 254. Erst nach Wende wurden im August 1990 die letzten sieben Exemplare abgestellt.
Diverse »Krokodile« blieben in Ost und West erhalten. Als betriebsfähige Museumslokomotive der DB kommt noch heute die E 94 279 von Kornwestheim aus sporadisch zum Einsatz.

Technische Daten:

Baureihenbezeichnung:	E 94 (DRG)	E 94.2 (DB)
Radsatzanordnung:	Co'Co'	
Stromsystem:	16 2/3 Hz, 15 kV	
Vmax (km/h):	90	100 (bis 1972: 90)
Stundenleistung (kW):	3.300	4.680
Dauerleistung (kW):	3.000	4.440
Dienstmasse (t):	118,7	123,0
Größte Radsatzfahrmasse (t):	20	
Länge über Puffer (mm):	18.600	
Treibraddurchmesser (mm):	1.250	
Indienststellung:	1940-1956	1954-1956
Verbleib:	u.a. E 94 056 (VMD, Leipzig-Engelsdorf), E 94 080 (Bochum-Dahlhausen), E 94 279 (VMN, Kornwestheim)	

Foto: Bellingrodt, Slg. Kleine, Archiv transpress

E 95 (DRG, DR)

Anfang der 20er-Jahre plante die DRG die Elektrifizierung der Strecke Brockau–Breslau–Liegnitz–Kohlfurt–Görlitz, welche vorwiegend zur Abfuhr der oberschlesischen Kohle Richtung Berlin und Dresden diente. Für diese krümmungsreiche Hügellandstrecke war die Beschaffung leistungsstarker Elektroloks vorgesehen. 1924 schrieb die DRG eine Ellok mit sechs angetriebenen Radsätzen aus, die mit Rücksicht auf die kurzen Revisionsstände älterer Werkstätten eine zweiteiligen Lokkasten erhalten sollten. Die höheren Kosten durch doppelt vorhandene Transformatoren und Steuerungen wurden dabei in Kauf genommen. Nach einer Vielzahl von Entwürfen fiel die Entscheidung auf Initiative von AEG zugunsten einzeln angetriebener Radsätze mit Tatzlagermotren. Die DRG erteilte schließlich den Auftrag zum Bau von sechs 1'Co+Co1'-Maschinen der Baureihe E 95. Den mechanischen Teil lieferte komplett AEG, während die elektrische Ausrüstung zu gleichen Teilen von AEG (E 95 01-03) sowie den Siemens-Schuckert-Werken (E 95 04-06) kam.

Die E 95 waren die teuersten, schwersten und damals auch leistungsfähigsten Elloks der DRG. Jede Lokhälfte besaß drei fest gelagerte, angetriebene Radsätze und einen Laufradsatz, der in einem Bisselgestell ruhte. Beide Lokhälften waren durch Kurzkupplung mit Stoßpuffern und eine Kupplung mit Vertikalgelenk verbunden. Ein Führerstand befand sich in der Mitte einer jeden Lokhälfte.

Da aus Geldknappheit von der Elektrifizierung der Strecke Breslau–Liegnitz–Görlitz Abstand genommen werden musste, kamen die E 95 nach ihrer Anlieferung 1927/28 auf die schlesische Gebirgsbahn. Dort erlebten die Maschinen auch das Ende des Zweiten Weltkriegs. Alle sechs wurden 1945/46 als Reparationsleistung in die UdSSR abtransportiert. Von dort kehrten die Loks 1952 in die DDR zurück. 1959 ließ die DR die E 95 01-03 für den schweren Kohleverkehr wiederaufarbeiten. Die letzte Stunde der E 95 schlug 1969/70. Während die E 95 01 und 03 verschrottet wurden, diente die E 95 02 bis als Weichenheizlok in Halle Hbf. Als Museumslok der Verkehrsmuseums Dresden ist sie heute äußerlich aufgearbeitet im Betriebshof Halle P zu bewundern.

Technische Daten:

Baureihenbezeichnung:	E 95 (DRG)
Radsatzanordnung:	1'Co+Co1'
Stromsystem:	16 2/3 Hz, 15 kV
Vmax (km/h):	70
Stundenleistung (kW):	2.778
Dauerleistung (kW):	2.418
Dienstmasse (t):	138,5
Größte Radsatzfahrmasse (t):	19,8
Länge über Puffer (mm):	20.900
Treibraddurchmesser (mm):	1.400
Laufraddurchmesser (mm):	850
Indienststellung:	1927-1928
Verbleib:	E 95 02 (VMD, Halle P)

E 170 (DRG, DB)

Die Bayerische Staatsbahn hatte schon 1908/09 die mit 1.000 Volt Gleichstrom elektrifizierten Lokalbahnen Berchtesgaden–Reichsgrenze (–Salzburg) und Berchtesgaden–Königssee in Betrieb genommen. Für den Verkehr standen anfangs nur Personen- und Gepäcktriebwagen zur Verfügung. Der nach der Inflation zunehmende Güterverkehr veranlasste Mitte der 20er-Jahre die DRG, erstmals eine Lokomotive zu beschaffen. Fündig wurde sie bei der Spandauer Hafenbahn und konnte von dort eine vierachsige Gleichstromlok übernehmen. Sie erhielt 1926/27 die Betriebsnummer E 170 01.

Gebaut worden war die Maschine bereits 1913 von Borsig (mech. Teil) und SSW (elektr. Teil). Ihr Laufwerk bestand aus zwei Außenrahmen-Drehgestellen mit jeweils zwei durch Tatzlagermotoren angetriebenen Radsätzen. Die Regelung der vier eigenbelüfteten Gleichstrom-Reihenschlussmotoren erfolgte durch eine Fahrschaltersteuerung. Auf dem kräftigen Hauptrahmen ruhte der Lokkasten mit Mittelführerstand und zwei abnehmbaren Vorbauhauben, unter denen sich die elektrische Ausrüstung verbarg. Beide Vorbauten waren kürzer und schmaler als der Rahmen. Auf dem Dach thronte ein Scherenstromabnehmer der Sonderbauart zunächst mit drei, später nur noch mit zwei Schleifstücken.

Zwischen Berchtesgaden und der Reichsgrenze musste am 2. Oktober 1938 der Betrieb wegen dem Bau des Führerhauptquartiers eingestellt werden. Den Gleichstrom-Inselbetrieb auf der Königsseebahn stellte die DRG 1942 auf das normale Wechselstromsystem mit 15 kV / 16,7 Hz um. Die E 170 01 wurde 1944/45 in eine

Foto: Maey, Slg. Kleine, Archiv transpress

Akkulok umgebaut. Rahmen und Vorbauten mussten verstärkt werden. Die Stromversorgung stellten nun 270 Zellen sicher. Nach Ende des Zweiten Weltkriegs kam die E 170 01 in den Bestand der DB, welche sie meistens als Verschublok in Berchtesgaden Hbf benutzte. Sie war bis 1959 in Betrieb und wurde bald nach ihrer Ausmusterung zerlegt.

Technische Daten:

Baureihenbezeichnung:	E 170 (DRG)
Radsatzanordnung:	Bo'Bo'
Stromsystem:	1.000 V=
Vmax (km/h):	25
Stundenleistung (kW):	320
Dauerleistung (kW):	265
Dienstmasse (t):	42,0
Größte Radsatzfahrmasse (t):	10,5
Länge über Puffer (mm):	10.000
Treibraddurchmesser (mm):	950
Indienststellung:	1913
Verbleib:	

Foto: Maey, Slg. Kleine, Archiv transpress

E 176 (DRG, DR)

Für den Rangier- und Hilfsdienst auf den Gleisanlagen der mit 750 Volt Gleichstrom (Stromschiene) elektrifizierten Berliner S-Bahn beschaffte die DRG 1933 von AEG eine zweiachsige Gleichstromlok. Ihre Stromversorgung erfolgte wahlweise über die Stromschiene oder beim Befahren von stromlosen Gleisen durch Akkumulatoren. Eine selbsttätige Nachladeeinrichtung gewährleistete das Nachladen der Akkumulatoren während des Stromschienenbetriebs. 1940 erhielt diese Maschine von der DRG die Betriebsnummer E 176 11. Zwei weitere, nahezu baugleiche Maschinen lieferte AEG 1942, welche von der DRG als E 176 01 und 02 eingereiht wurden. Diese beiden gingen im Zweiten Weltkrieg verloren, während die E 176 11 nach Kriegsende in den Bestand der DR gelangte. 1966 ließ die DR die E 176 11 generalüberholen. Dabei wurde der elektrische Teil komplett erneuert und den Berliner S-Bahnzügen angeglichen. Bis heute wird sie als Werklok im Raw Schöneweide eingesetzt.

Als Antrieb dienten zwei eigenbelüftete, ständig in Serie geschaltete Gleichstrom-Reihenschlussmotoren, welche über Tatzlager auf die beiden Antriebsradsätze wirkten. Die Regelung der Motoren erfolgte durch einen handbetätigten Fahrschalter mit 13 Nockenschaltern sowie zwölf (nach Umbau: elf) Anfahrstufen und einer Dauerfahrstufe. Der kräftige Außenrahmen war durch Querträger und Stirnwandplatten versteift und trug neben den normalen Zug- und Stoßeinrichtungen auch die S-Bahnübliche Scharfenbergkupplung. Auf dem Rahmen ruhte der Lokomotivkasten mit Mittelführerstand und zwei Vorbauten, unter denen die elektrische Ausrüstung und die Akkumulatoren untergebracht waren. Die Stromversorgung über Stromschiene erfolgte durch vier manuell zu betätigende seitliche Stromabnehmer.

Technische Daten:

Baureihenbezeichnung:	E 176 01-02	E 176 11 (DRG)	E 176 11 (DR)
Radsatzanordnung:	Bo		
Stromsystem:	750 V=		
Vmax (km/h):	60	50	60
Stundenleistung (kW):	216	220	180
Dauerleistung (kW):	156	154	
Dienstmasse (t):	31,8	29,1	30,7
Größte Radsatzfahrmasse (t):	15,9	14,6	15,4
Länge über Puffer (mm):	7.000	7.000	7.600
Treibraddurchmesser (mm):	900		
Indienststellung:	1942	1933	Umbau 1966
Verbleib:			

E 178 (DRG)

»Große Projekte erfordern unkonventionelle Lösungen«, so könnte man die Entstehungsgeschichte der E 178 01 beschreiben. Bereits Mitte der 20er-Jahre gab es Planungen, den Fernverkehr in Berlin neu zu ordnen. Im Norden und im Süden der Stadt sollte jeweils ein großer Fernbahnhof angelegt und durch eine Tunnelstrecke verbunden werden. Zur Beförderung oder Überführung der Reisezüge einschließlich der (Dampf-) Lokomotiven durch die Tunnelstrecke waren Elektroloks vorgesehen, die gleichzeitig die Wagen vorzuheizen hatten. Der elektrische Betrieb im Tunnel sollte wie bei der S-Bahn mit seitlicher Stromschiene und 750 Volt Gleichstrom erfolgen. Für dieses Vorhaben wurden sechs Loks bestellt. Die Weltwirtschaftskrise verhinderte jedoch die Ausführung der hochfliegenden Pläne. Daher stornierte die DRG fünf der georderten Loks und ließ nur noch die E 178 01 fertig stellen.

Bei der E 178 01 handelte es sich um eine kurzgekuppelte Doppellok. Jede Lokhälfte trug einen großen Dampfkessel, der der Maschine ihr charakteristisches Aussehen verlieh. Die Dampfkessel waren feuerlos und sollten über stationäre Kesselanlagen gespeist werden. Am Kurzkuppelende der vorderen Hälfte befand sich das Führerhaus mit diagonal angeordneten Führertischen, an der hinteren Hälfte an gleicher Stelle die Schützenkammer. An den Stirnseiten waren niedrige Vorbauten für Luftverdichter und Hauptluftbehälter angebracht. Jede Lokhälfte besaß einen vorderen Laufradsatz und zwei einzeln, durch Tatzlagermotoren angetriebene Radsätze. Zur besseren Kurvenläufigkeit waren die Spurkränze des jeweils ersten Antriebsradsatzes um 15 mm geschwächt. Die Regelung der vier Gleichstrom-Reihenschlussmotoren erfolgte durch eine elektropneumatische Schützensteuerung mit 22 Anfahr- und vier Dauerfahrstufen. Da ihr eigentlicher Verwendungszweck nicht realisiert werden konnte, nutzte die DRG die E 178 01 in der Folge im Rangierdienst bei den S-Bahnbetriebswerken Friedrichsfelde und Papestraße. Hierfür rüstete man die Maschine mit Scharfenbergkupplungen nach. Im Zweiten Weltkrieg wurde die Lok bei einem Luftangriff auf das RAW Schöneweide schwer beschädigt und ihre Reste bald darauf verschrottet.

Technische Daten:

Baureihenbezeichnung:	E 178 (DRG)
Radsatzanordnung:	1Bo+Bo1
Stromsystem:	750 V=
Vmax (km/h):	80
Stundenleistung (kW):	850
Dauerleistung (kW):	570
Dienstmasse (t):	98,6
Größte Radsatzfahrmasse (t):	
Länge über Puffer (mm):	17.500
Treibraddurchmesser (mm):	1.000
Laufraddurchmesser (mm):	1.000
Indienststellung:	1929
Verbleib:	

E 191 (sächs. IME, DRG, DR)

Für den Güterverkehr auf der seit dem 14. Mai 1917 mit 650 Volt Gleichstrom elektrisch betriebenen, 4,96 km langen Meterspurstrecke von Klingenthal nach Sachsenberg-Georgenthal beschaffte die sächsische Staatsbahn zwei vierachsige Elloks als IME 1 und 2. Von der Sächsischen Maschinenfabrik (mech. Teil) und Siemens (elektr. Teil) gebaut, standen beide Maschinen bei der Betriebsaufnahme zur Verfügung. Ihr Laufwerk bildeten zwei Außenrahmen-Triebdrehgestelle mit Mittelpufferkupplung und Bahn- bzw. Schneeräumer. Den jeweils innenliegenden Radsatz eines Drehgestells trieb ein Tatzlagermotor an. Dieser war mit dem äußeren Radsatz durch Kuppelstangen und Hallsche Kurbeln verbunden. Zur Regelung der Fahrmotoren dienten zwei parallel geschaltete, handbediente Schaltwalzen mit zehn Anfahr- und zwei Dauerfahrstufen. Auf dem Hauptrahmen saßen der Lokomotivkasten mit dem Mittelführerstand und zwei Vorbauten, unter denen die elektrische Ausrüstung ihren Platz hatte. Die Stromversorgung erfolgte durch eine Scherenstromabnehmer mit anfangs drei, später zwei Schleifstücken.

Foto: Hubert, Slg. Kleine, Archiv transpress

Nach dem Ersten Weltkrieg kamen beide Maschinen in den Bestand der DRG, behielten aber ihre sächsischen Betriebsnummern. Erst 1950 zeichnete sie die DR analog dem DRG-Schema in E 191 01 und 02 um. Bis zur Stilllegung ihrer Stammstrecke am 4. April 1964 beförderten die E 191 unermüdlich die anfallenden Güterzüge. Versuche, sie zu verkaufen, blieben erfolglos. Daher wurden die beiden Einzelstücke bis zum Jahresende 1967 im Raw Dessau zerlegt.

Technische Daten:

Baureihenbezeichnung:	E 191 (DR)
Spurweite (mm):	1.000
Radsatzanordnung:	B'B'
Stromsystem:	650 V=
Vmax (km/h):	20
Stundenleistung (kW):	150
Dauerleistung (kW):	130
Dienstmasse (t):	30
Größte Radsatzfahrmasse (t):	7,5
Länge über Puffer (mm):	9.275
Treibraddurchmesser (mm):	1.000
Indienststellung:	1917
Verbleib:	

Foto: Blaschke

230 (DR), 180 (DB AG)

Nach der Elektrifizierung der Elbtalstrecke von Dresden nach Bad Schandau und Schöna im Jahr 1976 bestand zum elektrischen Netz der tschechoslowakischen Staatsbahn (CSD) nur noch eine kurze Fahrdrahtlücke. Diese konnte gut zehn Jahre später geschlossen, nachdem sich beide Bahnverwaltungen auf den Betrieb mit Zweisystemloks geeinigt hatten. Im Gegensatz zur DR betrieb die CSD ihre anschließende Strecke mit 3.000 Volt Gleichstrom. DR und CSD beauftragten ˇkoda mit der Konstruktion. Beim mechanischen Teil der neuen Loks griff ˇkoda auf die bewährten Konstruktion der CSD-Baureihen 69E, 70E und 71E zurück. Dabei übertrug eine Pendelkonstruktion das Gewicht des geschweißten Lokkastens auf die ebenfalls geschweißten Drehgestellrahmen. Die zweistufige Federung übernahmen Schrauben-federn und hydraulische Schwingungsdämpfer. Die Radsätze wurden durch einen Gestellmotor und Gelenkwelle angetrieben. Zur Regelung der Motorspannung diente eine Gleichstrom-Widerstandssteuerung mit elektromagnetischen Schützen. Bei Gleichstrombetrieb erfolgte die Stromversorgung der Fahrmotoren direkt, bei Wechselstrombetrieb über Haupttransformator, Gleichrichter und Glättungsdrosseln. 1988 lieferte ˇkoda an jede Bahnverwaltung einen Prototyp ab. Die DR bezeichnete ihre Maschine als 230 001, während die CSD-Lok die Betriebsnummer 372 001 erhielt. Die ausgiebigen Versuchsfahrten verliefen zufriedenstellend, so dass sich für die Serienausführung nur wenig Änderungen ergaben. Lediglich die Fahrsteuerung der Baureihe 243 sollte bei den Serienloks zur Anwendung kommen. Diese konnten 1991 zu D-Mark-Konditionen als 230 002-020 beim Bw Dresden in Dienst gestellt werden. Seitdem sind die 230 (ab 1992: 180) zusammen mit ihren tschechischen Schwestern auf der Elbstrecke unterwegs. Seit dem 31. Mai 1992 laufen die auch »Knödelpressen« genannten Maschinen zusätzlich zwischen Berlin und Rzepin (Reppen, Polen). Schon seit 1993 wird untersucht, wie die maximal zulässige Geschwindigkeit auf 160 km/h zu erhöhen ist, um die Prager Züge durchgehend bis Berlin zu bespannen. Einige 372er sind in Tschechien für 160 km/h zugelassen, die DB-Lokomotiven schleichen aber nach wie vor mit 120 km/h dahin.

Technische Daten:

Baureihenbezeichnung:	230 (DR)
Radsatzanordnung:	Bo'Bo'
Stromsystem:	16 2/3 Hz/15 kV und 3 kV=
Vmax (km/h):	120
Stundenleistung (kW):	3.260
Dauerleistung (kW):	3.080
Dienstmasse (t):	84,0
Größte Radsatzfahrmasse (t):	21
Länge über Puffer (mm):	16.800
Treibraddurchmesser (mm):	1.250
Indienststellung:	1988-1991
Verbleib:	

Foto: Bellingrodt, Slg. Kleine, Archiv transpress

E 244 (DRG, DB)

Die 35 km lange Höllentalbahn Freiburg–Neustadt/Schwarzwald erforderte wegen ihrer starken Steigungen von bis zu 55 ‰ schon immer besondere Triebfahrzeuge. Bis 1933 war zwischen Hirschsprung und Hinterzarten noch eine Zahnstange nötig. Mit der Anlieferung der leistungsfähigen Tenderloks der Baureihe 85 konnte die Strecke vollständig auf Reibungsbetrieb umgestellt werden. Mitte der 30er-Jahre entschloss sich die DRG, die Höllentalbahn und die 19 km lange Dreiseenbahn Titisee–Seebrugg zu elektrifizieren. Um Versuchsergebnisse mit anderen Stromsystemen zu gewinnen, kam Einphasenwechselstrom mit 20 kV und 50 Hz zur Anwendung. Am 18. Juni 1936 konnte der elektrische Zugbetrieb aufgenommen werden. Dafür beschaffte die DRG von verschiedenen Herstellern vier recht unterschiedliche Elloks als E 244 01 (AEG), 11 (Krauss-Maffei/BBC), 21 (Krauss-Maffei/SSW) und 31 (Krupp). Der Dampflokbetrieb konnte aber nicht aufgegeben werden, da die vier Maschinen für den Verkehr der beiden Strecken bei weitem nicht ausreichten. Nach dem Zweiten Weltkrieg gehörten die beiden Strecken zur französischen Besatzungszone. Da die Franzosen an den Ergebnissen mit den 50-Hz-Elloks der Höllentalbahn sehr interessiert waren, wurden auf Anweisung der Besatzungsmacht zwei weitere Elektro-Triebfahrzeuge auf 20 kV / 50 Hz umgebaut. Aus den Überresten der kriegsbeschädigten E 44 005 entstand bis 1950 die E 244 22 (SWDE/AEG), aus dem Gerippe des ET 25 026a/b im selben Jahr der ET 255 01a/b.

Da die ersten vier Loks Versuchsausführungen darstellten, ließen die Vorgaben der DRG weitreichenden Gestaltungsspielraum. Gefordert war u.a. ein Fahrzeugaufbau ähnlich den E 44 und E 44.5. Für die E 244 01 wählte AEG den Aufbau der Reihe E 44.5, die anderen drei Loks sowie die E 244 22 glichen der E 44. Die unterschiedlichen elektrischen Anlagen hatten aber andere Lüftergitteranordnungen, höhere Dachaufbauten und z.T. leicht abweichende Gesamtlängen gegenüber der E 44 zur Folge. Das Leistungsprogramm sah die Beförderung von 180 Tonnen schweren Zügen auf 55,5-Promille-Steigung mit 60 km/h vor. Vorgeschrieben war auch der Tatzantrieb. Fahrmotoren, Transformatoren, Schaltung, Steuerung und elektrische Bremse waren herstellerspezifisch. Folgende Motoren und Steuerung wurden verwendet:

E 244 01: vier Gleichstrom-Reihenschlussmotoren und Gittersteuerung mit Drehregler (7 Dauerfahrstufen)

E 244 11: vier Gleichstrom-Reihenschlussmotoren und Stufenschalter mit Überlastschutz (28 Dauerfahrstufen)

E 244 21: 2 x vier Wechselstrom-Reihenschlussmotoren und Nockenschaltwerk mit Feinsteller (14 Dauerfahrstufen)

E 244 22: vier modifizierte Wechselstrom-Reihenschlussmotoren (Tandemmotoren) und Wander-Nockenschaltwerk mit Feinsteller (15 Dauerfahrstufen)

E 244 31: je vier Einphasen- und Drehstrom-Asynchronmotoren und Nockenschaltwerk (3 Dauerfahrstufen)

Auf Grund ihrer Ausstattung mit Gleichstrommotoren besaßen die E 244 01 und 11 Quecksilberdampf-Gleichrichter, wie sie auch schon von der Baureihe E 80 her bekannt waren. Mit Ausnahme der E 244 31 waren die Maschinen mit einer Gleichstrom-Widerstandsbremse ausgerüstet. Die E 244 31 hingegen besaß eine elektrische Nutzbremse, die beim Abbremsen Strom wieder in die Fahrleitung zurückspeiste.

Alle fünf E 244 bewährten sich nach anfänglichen Kinderkrankheiten durchaus, auch wenn sie durch die Anfälligkeit bestimmter Bauteile und oft schwierige Ersatzteilbeschaffung häufig für den Betrieb nicht zur Verfügung standen. Als der Fahrdraht mit normalen Stromsystem Freiburg erreichte, beschloss die DB, auch die Höllental- und die Dreiseenbahn auf die übliche Fahrdrahtspannung von 15 kV und 16,7 Hz umzustellen. Der Wechsel wurde am 20. Mai 1960 vollzogen. Damit waren die fünf E 244 arbeitslos. Doch einigen winkte noch eine zweite Karriere. Nur die E 244 01 wurde verschrottet. Die E 244 11 und 22 wurden für den Betrieb unter dem normalen Stromsystem umgebaut und kamen 1963 als E 44 188 bzw. 1965 als E 44 189 wieder zum Einsatz. Die Fahrmotoren der E 244 22 fanden weitere Verwendung in der E 344 01, deren Rahmen und Drehgestelle von E 244 21 stammten. Die beiden in E 44 umgebauten Loks leisteten der DB noch lange Jahre treue Dienste. Ihre Ausmusterung erfolgte erst 1982 (144 188 ex E 244 11) bzw. 1983 (144 189 ex E 244 22).

Foto: Bellingrodt, Slg. Kleine, Archiv transpress

Die technisch interessante E 244 31 blieb als Museumslok erhalten. Einen Radsatz mitsamt Antrieb baute man aus, stellte ihn dem Verkehrsmuseum Nürnberg zur Verfügung und ersetzte ihn durch eine Laufradsatz. Die Lok fand zunächst im Deutschem Museum München eine Bleibe. Heute steht sie unter der Obhut der Albtal-Verkehrsgesellschaft und der Ulmer Eisenbahnfreunde in Ettlingen.

Technische Daten:

Baureihenbezeichnung:	E 244 01	E 244 11	E 244 21	E 244 22	E 244 31
Radsatzanordnung:	Bo'Bo'				
Stromsystem:	50 Hz, 20 kV				
Vmax (km/h):	85	85	85	80	83,5
Stundenleistung (kW):	2.000	2.400	2.060	2.600	2.020
Dauerleistung (kW):	1.720	2.340	1.940	2.460	1.960
Dienstmasse (t):	85,0	84,6	84,8	84,0	83,0
Größte Radsatzfahrmasse (t):	21,7	21,5	21,2	21,0	20,8
Länge über Puffer (mm):	14.300	15.290	16.440	15.290	15.080
Treibraddurchmesser (mm):	1.250				
Indienststellung:	1936	1936	1936	1950	1936
Verbleib:	E 244 31 (Ettlingen)				

Foto: Enidsch

E 251, 251 (DR), 171 (DB AG)

Für die Rübelandbahn von Blankenburg nach Königshütte mit ihren Steigungen von bis zu 60 ‰ brachte das 1958 beschlossene »Chemieprogramm der DDR« einen erheblichen Anstieg der Beförderungsleistungen mit sich, da die Nachfrage nach Kalk enorm zunahm. Mit den eingesetzten Dampfloks der Baureihen 95.0 (preuß. T 20) und 95.66 (ex HBE »Tierklasse«) ließ sich die Durchlassfähigkeit der steilen Strecke nicht mehr steigern. Entsprechende leistungsstarke Dieselloks standen auch nicht zur Verfügung. Aus Kostengründen schied eine Elektrifizierung mit dem normalen Stromsystem (15 kV / 16,7 Hz) aus, da dies eine eigene Bahnstromversorgung erforderte. Erfolgversprechend und kostengünstig erschien aber eine Elektrifizierung bei Energieversorgung aus dem Landesnetz mit der dort üblichen Frequenz von 50 Hz. Daher wurde die Inselstrecke ab März 1963 mit 25 kV und 50 Hz elektrifiziert.
Schon 1961 hatte der VEB Lokomotivbau - Elektrotechnischen Werke »Hans Beimler« (LEW) in Hennigsdorf auf eigenes Risiko zwei 50-Hz-Versuchslokomotiven (LEW I und II) gebaut. Aufbauend auf den Erfahrungen mit diesen Musterloks bestellte die DR bei LEW 15 sechsachsige Lokomotiven mit einer Leistung von 3.660 kW als E 251 001-015. Lokkasten und Oberrahmen wurden als Schweißkonstruktion gefertigt. Jedes Drehgestell besaß drei einzeln angetriebene Radsätze mit unsymmetrischem Radsatzabstand. Die Leistungsübertragung von der Gleichstrommotoren erfolgte durch einen Tatzantrieb. Zwei Silizium-Gleichrichter stellten die Stromversorgung der Fahrmotoren sicher. Die Steuerung übernahm ein Hochspannungs-Schaltwerk mit 34 Dauerfahrstufen. Speziell für den Steilstreckeneinsatz erhielten die Loks eine elektrische Widerstandsbremse.
Alle 15 Maschinen wurden 1965 ausgeliefert. Seit August 1966 bestreiten sie den Gesamtverkehr auf der Rübelandbahn. Bei der EDV-gerechten Umzeichnung 1970 entfiel nur das »E« entfiel, dafür kam die Kontrollziffer dazu. 1992 wurden alle in die Baureihe 171 umgezeichnet. Vier (171 006, 007, 010 und 015) mussten inzwischen als Ersatzteilspender abgestellt werden. Die unter Denkmalschutz stehenden 171 001 und 002 erhielten 1999 wieder die klassische grüne DR-Lackierung.

Technische Daten:

Baureihenbezeichnung:	E 251 (DR)
Radsatzanordnung:	Co'Co'
Stromsystem:	50 Hz, 20 kV
Vmax (km/h):	80
Stundenleistung (kW):	3.660
Dauerleistung (kW):	3.300
Dienstmasse (t):	126,0
Größte Radsatzfahrmasse (t):	21,0
Länge über Puffer (mm):	18.640
Treibraddurchmesser (mm):	1.350
Indienststellung:	1965
Verbleib:	

Foto: Kleine, Archiv transpress

E 310, E 410, 181.0, 181.1, 184.0, 184.1 (DB)

Mitte der 60er-Jahre erreichte der Fahrdraht auch in Trier und Aachen die Grenzen der BRD. Aus Kostengründen verzichtete man bei der Abwicklung des grenzüberschreitenden Verkehrs auf die Einrichtung von sogenannten Systemwechsel-Bahnhöfen und entschloss sich statt dessen zum Bau von Mehrsystem-Elloks. Für den Betrieb unter den unterschiedlichen Stromsystemen von DB, SNCB (Belgien), SNCF (Frankreich) und NS (Niederlande) wurden fünf Viersystemloks als Baureihe E 410 in Auftrag gegeben. Die ersten drei dieser »Europaloks« (E 410 001-003) wurden von AEG, die beiden anderen (E 410 011-012) von BBC ausgerüstet. Für den Einsatz zwischen Saarbrücken und Metz bestellte die DB bei Krupp und AEG vier Zweifrequenzloks (E 310).
Krupp wandte sich vom ganzteiligen Lokomotivkasten ab und ersetzte ihn durch einen Brückenrahmen, der an seinen Enden die Führerhäuser trug. Die Leistungsübertrag der für 150 km/h ausgelegten Maschinen erfolgte durch einen Gummiring-Kardanantrieb. Erstmals kam serienmäßig eine Thyristorsteuerung bei der DB zur Anwendung. Bei Betrieb unter Gleichstrom wurden die E 410 001-003 über Wechselrichter, die BBC-Maschinen E 410 012-012 hingegen direkt gespeist. Die E 410 besaßen vier Einholm-Stromabnehmer, je einen für jedes Fahrleitungssystem mit unterschiedliche Auslenkung und Anpresskraft.
Die E 310 hatten genau denselben Aufbau und dasselbe Leistungsspektrum wie die »Europaloks«. Nur fehlte ihnen der Gleichstromteil in der elektrischen Ausrüstung sowie beiden Stromabnehmer für das belgische bzw. niederländische Netz. Nach ihrer Indienststellung in den Jahren 1966/67 kamen die E 410 (ab 1968: 184) zum Bw Köln-Deutzerfeld. Ihr Einsatz stand unter keinem guten Stern, denn im belgischen Netz kam es durch Überschläge immer wieder zu Störungen und Schäden an der elektrischen Einrichtung. Als erste musste 1981 die 184 111 den Dienst quittieren. Heute sind nur noch 181 001 sowie 184 003 (als Zweisystemlok) beim Betriebshof Saarbrücken vorhanden. Sie werden von Ehrang aus im Güterzugdienst nach Apach eingesetzt. Die 184 112 blieb erhalten und gehört dem Deutschen Technikmuseum in Berlin.

Technische Daten:

Baureihenbezeichnung:	E 310	E 410 (DB)
Radsatzanordnung:	Bo'Bo'	
Stromsystem:	16 2/3 Hz/15 kV; 50 Hz/25 kV	16 2/3 Hz/15 kV; 50 Hz/25 kV; 1,5 kV=; 3 kV=
Vmax (km/h):	150	
Stundenleistung (kW):	3.240	
Dauerleistung (kW):	3.000	
Dienstmasse (t):	84,0	
Größte Radsatzfahrmasse (t):	21,0	
Länge über Puffer (mm):	16.950	
Treibraddurchmesser (mm):	1.250	
Indienststellung:	1967	1966-1967
Verbleib:	184 112 (Deutsches Technikmuseum Berlin)	

181.2 (DB)

Mit der Elektrifizierung der Moselstrecke und weiterer Strecken im »Montandreieck« nach Frankreich (Trier–Apach) und Luxemburg (Trier–Wasserbillig) ab 1972 wuchs der Bedarf an Zweifrequenzlokomotiven. Daher gab die DB bei Krupp und AEG 25 Maschinen in Auftrag, die zunächst weitgehend den Prototypen der Baureihe 181 entsprechen sollten. Technische Neuerungen bei Laufwerk und Steuerelektronik sowie die Forderung nach wartungsärmeren Bauteilen führten dann aber zu einer weitgehenden Neukonstruktion, die nur noch äußerliche Ähnlichkeiten mit ihren Vorgängern aufwies. Die Baureihe 181.2 erhielt neu konstruierte Drehgestelle, die einen verringerten Radsatzabstand besaßen und eine Geschwindigkeit von 160 km/h erlaubten. Die Radsätze mit gefederten Lagern und Lemniskaten-Anlenkung wurden in den Drehgestellen querelastisch geführt. Der bewährte Gummiring-Kardanantrieb sowie die vier Mischstrommotoren der Vorgänger blieben erhalten. Die Dauerleistung lag um 200 kW höher als bei der Reihe 181. Der Aufbau des Lokkastens mit je zwei Längssicken und den drei abnehmbaren Maschinenhauben war gleich geblieben. Die Ansaugöffnungen für Kühlluft sowie die drei Fenster auf der rechten Seiten gingen jedoch teilweise in die Dachrundung über. Neu waren auch die ergonomisch gestalteten Führerstände mit dem für die Baureihe 111 entwickelten neuen Führertisch.

Foto: Kleine, Archiv transpress

Die 25 Maschinen wurden als 181 201-225 zwischen Juli 1974 und April 1975 abgeliefert und beim Bw Saarbrücken stationiert. Auf Grund ihres europäischen Einsatzraumes im »Montandreieck« erhielten einige Loks Namen. So fährt die 181 211 als »Lorraine«, die 181 212 als »Luxembourg«, die 181 213 als »Saar« und die 181 214 als »Mosel«. Der Einsatz der äußerst zuverlässigen Maschinen beschränkt sich heute durchaus nicht nur auf das Saarland, Lothringen und Luxemburg. Mit hochwertigen Zügen kommen die 181.2 auch bis Stuttgart und Frankfurt/Main.

Technische Daten:

Baureihenbezeichnung:	181.2 (DB)
Radsatzanordnung:	Bo'Bo'
Stromsystem:	16 2/3 Hz/15 kV; 50 Hz/25 kV
Vmax (km/h):	160
Stundenleistung (kW):	3.300
Dauerleistung (kW):	3.200
Dienstmasse (t):	82,5
Größte Radsatzfahrmasse (t):	21
Länge über Puffer (mm):	17.940
Treibraddurchmesser (mm):	1.250
Indienststellung:	1974-1975
Verbleib:	

Foto: Kleine, Archiv transpress

E 320, 182 (DB)

Mit der Elektrifizierung der Strecken im Großraum Saarbrücken bis 1960 erreichte der Fahrdraht die französische Grenze. Um im grenzüberschreitenden Verkehr elektrisch fahren zu können, bestellte die DB schon 1957 drei Zweisystemloks für den Betrieb unter 15 kV/16,7 Hz (DB) als auch unter 25 kV/50 Hz (SNCF). Der Auftrag ging zu gleichen Teilen an die bekannten deutschen Lokbauer: AEG und Krupp lieferten die E 320 01, BBC und Henschel die E 320 11 sowie Siemens und Krauss-Maffei die E 320 21. Alle drei Maschinen unterschieden sich äußerlich, abgesehen von den Dachaufbauten, nicht von der Baureihe E 10.1/E 40. Erheblich waren die Unterschiede im elektrischen Teil. Als Gleichrichterloks ausgeführt, wandelten sie den eingespeisten Wechselstrom in welligen Gleichstrom um. Für jedes Stromsystem stand nur ein Bügel zur Verfügung. Die Umschaltung erfolgte während der Fahrt und auf freier Strecke, wobei die entsprechenden Stellen durch besondere Signale gekennzeichnet waren.
Als erste wurde im Dezember 1959 die E 320 21 in Betrieb genommen. Sie absolvierte ihre ersten Probefahrten auf der Höllentalbahn. Dafür war bei allen Loks eine besondere Umschalteinrichtung vorhanden. Im Juni und im Oktober 1960 folgten die E 320 11 und 01 direkt zum Bw Saarbrücken. Die mit den E 320 gesammelten Erfahrungen mündeten ab 1966 in die Konstruktion der neuen Baureihen E 310 und E 410. 1968 erhielten die Maschinen die neue Baureihenbezeichnung 182. Ab Mitte der 70er-Jahre wurde für die drei Einzelgänger die Ersatzteilhaltung zunehmend schwieriger. Als erste wurde die 182 001 am 30. Juni 1977 ausgemustert. Am 26. Oktober 1978 folgte die 182 011 und am 1. Oktober 1982 schließlich als letzte die 182 021.
Die 182 001 wurde nach ihrer Ausmusterung von AEG zurückgekauft und als Erprobungsträger verwendet. Ein Drehgestell erhielt zwei Drehstrom-Asynchronmotoren. Als Masseausgleich blieben im anderen Drehgestell die ursprünglichen Motoren abgeschaltet erhalten. Zwischen 1981 und 1987 war die 182 001 gelegentlich als Mietlok bei der DB eingesetzt. Sie blieb erhalten, steht heute im Koblenz-Lützel und wird von einer BSW-Gruppe betreut.

Technische Daten:

Baureihenbezeichnung:	E 320 01	E 320 11	E 320 21 (DB)
Radsatzanordnung:	Bo'Bo'		
Stromsystem:	16 2/3 Hz/15 kV; 50 Hz/25 kV		
Vmax (km/h):	120		
Stundenleistung (kW):	2.660	2.500	2.550
Dauerleistung (kW):	2.340	2.320	2.340
Dienstmasse (t):	83,7	81,5	83,7
Größte Radsatzfahrmasse (t):	21,0	20,5	21,0
Länge über Puffer (mm):	16.440		
Treibraddurchmesser (mm):	1.250		
Indienststellung:	1960	1960	1959
Verbleib:	182 001 (BSW, Koblenz-Lützel)		

Foto: Estler

182 (DB AG)

Im Sommer 2000 verweigerten die Österreichischen Bundesbahnen (ÖBB) der DB-Baureihe 152 generell die Zulassung. Die DB AG reagierte sehr schnell und bestellte 25 Loks weitgehend bauartgleich mit der ÖBB-Baureihe 1116 »Taurus« (Stier). Die Auslieferung der neuen DB-Baureihe 182 soll im Frühjahr 2001 beginnen und Anfang 2002 abgeschlossen sein. Nach gegenwärtigen Planungen erfolgt die Stationierung der Loks in Stuttgart.

Abgeleitet sind die ÖBB-Baureihen 1016/1116 aus der DB-Baureihe 152. Bis 2006 erhalten die ÖBB von Siemens-Verkehrstechnik insgesamt 400 »Stiere«, 50 davon als Einsystemvariante 1016 und 350 als Zweisystem-Variante 1116 (16 2/3 Hz/15 kV und 50 Hz/25 kV). Dies ist auch der größte Auftrag in der Geschichte von Siemens. Die elektrischen Hauptbauteile, die Einzelradsatzregelung mit vier Pulswechselrichtern, die drei parallel geschalteten Vierquadrantensteller für die beiden Gleichstromzwischenkreise sowie Steuerung und Bedienung entsprechen weitgehend der Baureihe 152. Wesentliche Unterschiede sind in der Frontgestaltung sowie in der Bauart der Drehgestelle zu finden. Die markante gerundete Kopfform mit der glasfaserverstärkten Haube aus Kunststoff vermittelt ein aerodynamisches Bild. Das neue Drehgestell ist hochgeschwindigkeitstauglich und wurde erstmals im spanischen Eurosprinter angewendet. Sein Kernstück ist der sogenannte Hochleistungsantrieb mit getrennter Bremswelle (HAB), der im Prinzip einem Hohlwellenantrieb mit Gummi-Kardangelenken entspricht. Auf Grund des geänderten Antriebs erhielten die »Stiere« kleinere Räder mit nur 1.150 mm Durchmesser anstatt 1.250 mm wie bei der Baureihe 152. Auch sind die Maschinen um 300 mm kürzer als die 152, da auf die Untersuchungseinrichtungen in der ÖBB-Hauptwerkstätte Linz Rücksicht genommen werden musste. Im Unterschied zu den ÖBB-Loks entfällt bei der DB-Baureihe 182 die Ausrüstung für den Einsatz nach Ungarn. Dafür erhalten sie eine zeitmultiplexe Wendezug- und Doppeltraktionssteuerung, DB-Zugfunk, Stromzähler und ein Display für den elektronischen Buchfahrplan im Führertisch. Vorhanden sind auch die Voraussetzungen für das kommende Globalsystem für Mobilfunk (GSM).

Technische Daten:

Baureihenbezeichnung:	182 (DB AG)
Radsatzanordnung:	Bo'Bo'
Stromsystem:	16 2/3 Hz/15 kV; 50 Hz/25 kV
Vmax (km/h):	230
Stundenleistung (kW):	
Dauerleistung (kW):	6.400
Dienstmasse (t):	85
Größte Radsatzfahrmasse (t):	21
Länge über Puffer (mm):	19.280
Treibraddurchmesser (mm):	1.150
Indienststellung:	2001-2002
Verbleib:	

E 344, 183 (DB)

Die Umstellung der Höllental- und Dreiseenbahn am 20. Mai 1960 auf das normale DB-Stromsystem machte die fünf Loks der Reihe E 244 arbeitslos. Da im Saarbrücker Raum mit den drei 1959/60 in Dienst gestellten E 320 der Bedarf an Zweifrequenzloks noch nicht gedeckt war, baute das AW München-Freimann nach Konstruktionsplänen von Krauss-Maffei eine vierte Zweisystemlok.

Rahmen, Drehgestelle und andere mechanische Teile der neuen E 344 01 wurden von E 244 21 übernommen. Von der E 244 22 kamen die Fahrmotoren (Tandemmotoren) und auch die E 244 31 steuerte einige Teile bei. Der gesamte Fahrzeugaufbau, die Schaltung und der Haupttransformator mit seinem Niederspannungsschaltwerk waren eine Neukonstruktion, welche sich eng an die E 41 anlehnten. Die Steuerung entsprach der E 320 01. Schon äußerlich war die E 344 01 eine Einzelgängerin. Zwar waren die Ähnlichkeiten mit der E 41 unverkennbar, doch einen charakteristischen Unterschied bildete die Pufferbohle, welche nicht am Lokkasten angeschweißt war sondern wie bei der E 44 an den Drehgestellen. Als einzige deutsche Zweifrequenzlok kam die E 344 ohne Gleichrichter aus, ihre Motoren konnten direkt mit 16,7-Hz- oder 50-Hz-Wechselspannung betrieben werden. Eine weitere Besonderheit war der automatische Stromabnehmerwechsel beim Systemwechsel.

Am 31. Oktober 1962 wurde die E 344 01 abgenommen und dem Bw Saarbrücken Hbf zugeteilt. Anfangs erbrachte Lok hohe Laufleistungen, weil die drei E 320 noch an Kinderkrankheiten litten und öfters ausfielen. Beim Personal erhielt sie aber bald den Ruf einer »lahmen Ente«, weil beim Betrieb unter 50 Hz Verzögerungen beim Anfahren und Rangieren auftraten. Mit der Auslieferung der vier neuen E 310 (ab 1968 Baureihe 181) im Jahr 1967 begann ihr Stern zu sinken. Zuletzt lief die ab 1968 als 183 001 bezeichnet Lok kaum noch nach Frankreich, sondern im Saarbrücker Personenzugdienst rund um den Kirchturm. Nach einem Motorschaden stellte man sie am 1. Mai 1969 auf »z«, musterte sie am 24. Mai 1969 aus und verschrottete sie Anfang der 70er-Jahre im AW München-Freimann.

Technische Daten:

Baureihenbezeichnung:	E 344 01 (DB)
Radsatzanordnung:	Bo'Bo'
Stromsystem:	16 2/3 Hz/15 kV; 50 Hz/25 kV
Vmax (km/h):	100
Stundenleistung (kW):	2.400
Dauerleistung (kW):	2.150
Dienstmasse (t):	80,5
Größte Radsatzfahrmasse (t):	20,2
Länge über Puffer (mm):	16.440
Treibraddurchmesser (mm):	1.250
Indienststellung:	1962
Verbleib:	

Foto: Estler

V 15.10, V 15.20-23, V 23, 101.0, 101.1-3, 101.5-7, 102.0, 102.1-2 (DR), 311.0, 311.1-3, 311.5-7, 312.0, 312.1-2 (DB AG)

Auch bei der DR bestand Anfang der 50er-Jahre ein enormer Bedarf an leichten Rangierdiesellokomotiven, die eine höhere Leistung als die Kleinloks aufweisen sollten. 1956 stellte der VEB Lokomotivbau »Karl Marx« (LKM) in Potsdam-Babelsberg einen ersten Prototyp mit der Werksbezeichnung V 10 B für Werk- und Anschlussbahnen vor, der auf den Erfahrungen mit den Kleinloks aufbaute. Kennzeichnend waren der hochgesetzte geschlossene Führerstand, die mechanische Kraftübertragung und eine Leistung von 102 PS. Die DR konnte sich mit dieser Entwicklung anfreunden, wollte aber eine Motorleistung von 150 bis 180 PS sowie die hydraulische Kraftübertragung haben. Nach Erprobung einer weiteren Baumusterlok (V 15 101) im Sommer 1958 folgte nach der konstruktiver Überarbeitung bis Dezember 1959 eine Nullserie (V 15 1001-1005) und bis Juni 1960 eine Kleinserie (V 15 1006-1020). Sie erhielten einen Sechszylinder-Viertakt-Reihenmotor mit 150 PS Leistung des VEB Elbewerk Roßlau. Die Kraftübertragung erfolgte über eine drehelastische Kupplung und Gelenkwelle auf das Strömungsgetriebe, welches über das angeflanschte Wendegetriebe mittels Stirnrädern auf die Blindwelle und diese wiederum über Treib- und Kuppelstangen auf die beiden Radsätze wirkte. Der stabile Innenrahmen mit verstärkten Enden wurde aus Stahlblech geschweißt. Am vorderen Rahmenende waren auf jeder Seite breite Rangiertritte ausgespart. Im Gegensatz zum Vorbau mit beidseitigem Umlauf zur Wartung der Maschinenanlage nahm das Führerhaus die gesamte Fahrzeugbreite ein. Mit einigen Detailverbesserungen und einer Motorleistung von 180 PS stellte die DR zwischen 1960 und 1964 knapp 350 Loks der Baureihe V 15.20-23 in Dienst. Einige wenige wurden später noch angekauft. Nachdem zwischenzeitlich ein stärkerer 220-PS-Motor zur Verfügung stand, wurde dieser mit einem verbesserten Strömungsgetriebe auch in einer V 15 erprobt. Nach Auswertung dieser Ergebnisse erhielt im März 1968 die DR ihre erste 220-PS-Variante als V 23 001. Der Fahrzeugteil entsprach mit geringen Änderungen der V 15. Bis 1969 folgten weitere 79 Exemplare als V 23 002-080. Später wurde eine weitere Maschine angekauft. Bei der computergerechten Umzeichnung 1970 erhielten die V 15.10 die Baureihenbezeichnung 101.0, die V 15.20-23 wurden zur 101.1-3 und die V 23.0 fuhren nun als 102.0.

Als die Beschaffung weiterer Lokomotiven dieser Leistungsklasse anstand, entschloss sich die DR zu einer grundlegenden Überarbeitung der Konstruktion. Von der Baureihe 102.0 wurden die Antriebsanlage sowie bewährte Konstruktionselemente übernommen. Abgesehen vom prinzipiellen Aufbau mit hinten angesetztem Führerhaus wandelte sich das Äußere erheblich. Die Konturen waren kantiger geworden. Das doppelwandige, schallisolierte Führerhaus war nur noch über eine Tür in der Rückfront zugänglich. Davor befand sich eine Übergangsbrücke mit Geländer. Radsatzstand und Gesamtlänge waren um rund einen Meter angewachsen. Insgesamt 157 Maschinen der neuen Baureihe 102.1-2 wurden in den Jahren 1970 und 1971 ausgeliefert. Ihr kantiges Äußeres sowie die orangegelbe Farbgebung verhalf ihnen schnell zu Spitznamen wie »Postkasten« oder »Gartenlaube«.

Zwischen 1975 und 1979 wurde im Rahmen von Ausbesserungen bei vielen Loks der Baureihe 101.1-3 die verschlissenen Antriebsanlagen durch die stärkeren 220-PS-Motoren und die verbesserten Strömungsgetriebe ersetzt. Unter Beibehaltung ihrer Ordnungsnummer bekamen sie die Baureihenbezeichnung 101.5-7. Im Umzeichnungsplan von 1992 mutierten die 101 zur Baureihe 311 und die 102 zur Baureihe 312. Die 311 wurden bis 1999 vollständig ausgemustert. Auch die 312.0 sind bereits aus dem Bestand der DB ausgeschieden, während die 312.1-2 zwar auch schon erheblich dezimiert wurden aber wohl noch bis 2002 fahren werden. Diverse Maschinen kamen in die Obhut von Museen und Museumsbahnen oder fanden eine neues Auskommen bei privaten Eisenbahnunternehmen und Industriebetrieben.

Technische Daten:

Baureihenbezeichnung:	101.0	101.1-3	101.5-7	102.0	102.1-2 (DR)
Radsatzanordnung:	B				
Kraftübertragung:	diesel-hydraulisch				
Vmax (km/h):	32	37	42	55	40
Leistung (PS):	150	180	220	220	220
Leistung (kW):	110	132	162	162	162
Dienstmasse (t):	20	21,5	21,5	24	24,3
Größte Radsatzfahrmasse (t):	10	10,7	10,7	12	12,2
Länge über Puffer (mm):	6.940	6.940	6.940	6.940	8.000
Treibraddurchmesser (mm):	900	1.000	1.000	1.000	1.000
Kraftstoffvorrat (l):	350	350	400	400	500
Indienststellung:	1959-60	1960-64	U 1975-79	1968-69	1970-71
Verbleib:	u.a. V 15 1001 (BSW Dresden-Altstadt, 101 020 (BSW Löbau)				

Foto: Endisch

Foto: Kenning

V 16 001-003 (DRG)

Schon bald nach Ende des Ersten Weltkrieges wandte sich die deutsche Lokomotiv- und Waggonbauindustrie verstärkt der Entwicklung von Brennkraftlokomotiven zu. Die »Motorlokomotiv-Verkaufsgesellschaft mbH Baden« (Badische Lokomotivwerke Mosbach, Maschinenbau-Gesellschaft Karlsruhe und Motorenwerke Mannheim) bot Anfang der 20er-Jahre ein besonders reichhaltiges Programm kleinerer Diesellokomotiven an. Nachdem sich diese Lokomotiven bei Industriebetrieben schon bewährt hatten, bestellte die DRG drei zweiachsige Diesellokomotiven für den Rangierdienst. Der Fahrzeugteil wurde von der Maschinenbau-Gesellschaft gefertigt, der 160-PS-Motor kam aus Mannheim. Für die Antriebsanlage mit hydrostatischer Leistungsübertragung nach den Patenten von Lentz zeichneten die Mosbacher Werke verantwortlich. Die Kraftübertragung erfolgte dabei über ein hydrostatisches Getriebe mit Pumpe, Umsteuerschieber und Ölmotor auf ein Vorgelege mit Blindwelle und weiter über Kuppelstangen auf die beiden Radsätze.
Die erste dieser äußerlich recht ansprechenden, modern wirkenden Maschinen wurde 1924 als V 6001 auf der Fahrzeugausstellung der Eisenbahntechnischen Tagung in Seddin vorgestellt. Die beiden anderen folgten kurz darauf als V 6002 und V 6003. Nach ausführlichen Erprobungen unterblieben weitere Bestellungen. 1930 wurden die drei Loks zwar noch in V 16 001-003 umgezeichnet, mussten aber schon vor dem Beginn des Zweiten Weltkriegs den Dienst quittieren.

Technische Daten:

Baureihenbezeichnung:	V 16 001-003 (DRG)
Radsatzanordnung:	B
Kraftübertragung:	hydrostatisch-mechanisch
Vmax (km/h):	26
Leistung (PS):	160
Leistung (kW):	118
Dienstmasse (t):	30,2
Größte Radsatzfahrmasse (t):	15
Länge über Puffer (mm):	7.770
Treibraddurchmesser (mm):	1.000
Kraftstoffvorrat (l):	
Indienststellung:	1924
Verbleib:	

V 16 100, V 22 100 (DB)

Neben den vereinheitlichten Wehrmachtsdiesellok (später V 20, V 22, V 36) gelangten nach Ende des Zweiten Weltkrieges auch Einzelstücke unterschiedlicher Bauausführungen in den Bestand der späteren Bundesbahn. Die zweiachsige V 16 100 war schon 1936 von Deutz an die Wehrmacht (Flughafenbau Anklam) geliefert worden. Als Antrieb diente ein 6-Zylinder-Viertakt-Dieselmotor. Die Kraftübertragung erfolgte mechanisch über ein Viergang-Lamellengetriebe, Blindwelle und Kuppelstangen. Die Blindwelle war kurz vor dem hinteren Radsatz angeordnet. Auffallend war das geräumige Führerhaus mit den großen Fenstern.
Eine äußerlich recht ähnliche Maschine, jedoch mit erheblichen Unterschieden bei Fahrwerk und Motor, wurde als V 22 100 übernommen. Die dreiachsige Maschine wurde 1940 ebenfalls von Deutz für die Wehrmacht gebaut und besaß einen stärkeren 265-PS-Motor. Mechanisch erfolgte auch hier die Kraftübertragung, wobei die Blindwelle hinter dem letzten Radsatz angeordnet war. Treibstangen wirkten von der Blindwelle auf den mittleren Radsatz, der über Kuppelstangen mit den beiden anderen verbunden war.
Als Splittergattungen blieben beide Maschinen nicht lange im Bestand der Bundesbahn und wurden schon 1952 (V 22 100) bzw. 1953 (V 16 100) an die Mindener Kreisbahnen (MKB) verkauft. Dort erhielten sie die Betriebsnummern V 4 und V 5. Während die V 4 nach einigen Jahren Dienst aufs Altenteil wanderte, blieb die ehemalige V 16 100 bis 1969 im Bestand der MKB. Dann wurde sie an des Erzbergwerk in Kleinenbremen verkauft. 1977 übernahm die neugegründete Museums-Eisenbahn Minden (MEM) die Lok in ihren Bestand, von der sie noch heute, allerdings nicht betriebsfähig erhalten wird.

Technische Daten:

Baureihenbezeichnung:	V 16 100	V 22 100 (DB)
Radsatzanordnung:	B	C
Kraftübertragung:	mechanisch	
Vmax (km/h):	60	36
Leistung (PS):	165	235
Leistung (kW):	121	173
Dienstmasse (t):	28	45
Größte Radsatzfahrmasse (t):		
Länge über Puffer (mm):	7.720	8.220
Treibraddurchmesser (mm):	1.000	950
Kraftstoffvorrat (l):		
Indienststellung:	1936	1940
Verbleib:	V 16 100 (V 5 MEM)	

Foto: Estler

V 16 004 (DRG, DR)

Nach den ersten Erfolgen mit Zweikraft-Kleinlokomotiven, bei denen wahlweise ein Dieselmotor über Generator oder Akkumulatoren die elektrischen Fahrmotoren antrieben, bestellte die DRG Anfang der 30er-Jahre bei den Siemens-Schuckert-Werken eine stärkere dreiachsige Zweikraftlok. Die als V 16 004 bezeichnete Maschinen mit Mittelführerstand besaß einen 75-PS-Dieselmotor von Deutz, welcher direkt mit einem 48-kW-Gleichstromgenerator gekuppelt war. Als elektrischer Speicher wurden Akkumulatoren mit einer Kapazität von 455 Ah eingebaut. Den Antrieb besorgten drei Gleichstrom-Reihenschlussmotoren der Tatzlagerbauart. Die Antriebsanlage war so konzipiert, dass die Fahrmotoren der Lokomotive entweder nur von den Akkumulatoren oder nur vom Generator oder von beiden gemeinsam gespeist werden konnten.

Nach ihrer Auslieferung 1933 wurde die V 16 004 zunächst als Verschublok auf dem Anhalter Bahnhof in Berlin eingesetzt. Hinsichtlich der niedrigen Betriebs- und Wartungskosten sowie der Einmann-Bedienung erfüllte die Maschine die an sie gestellten Anforderungen voll und ganz. Nach Kriegsende blieb die Lok in der sowjetischen Zone und war zunächst lange Zeit im Bw Brandenburg nicht betriebsfähig abgestellt. Im Rahmen einer Generalreparatur wurde die V 16 004 bis 1957 wieder hergerichtet und erhielt dabei einen neuen 45-PS-Dieselmotor sowie neue Akkumulatoren. In der Folge war die Maschine hauptsächlich auf den Berliner Bahnhöfen im Rangierdienst eingesetzt. 1960 erhielt sie im Rahmen von Ausbesserungsarbeiten die neue Betriebsnummer A 20 090. Anfang der 60er-Jahre wurde der Einzelgänger von der DR an das Wohnungsbaukombinat Berlin zum Einsatz im Betonwerk Berlin vermietet und 1966 schließlich dorthin verkauft. Als Werklokomotive BWB 25 beendete die V 16 004 dort ihre Karriere, wurde als unwirtschaftlicher Einzelgänger ausgemustert und wanderte auf den Schrott.

Technische Daten:

Baureihenbezeichnung:	V 16 004 (DRG)
Radsatzanordnung:	Co
Kraftübertragung:	elektrisch
Vmax (km/h):	45
Leistung (PS):	75
Leistung (kW):	55
Dienstmasse (t):	47,3
Größte Radsatzfahrmasse (t):	16
Länge über Puffer (mm):	9.100
Treibraddurchmesser (mm):	1.000
Kraftstoffvorrat (l):	150
Indienststellung:	1933
Verbleib:	

V 20 (DB, DR), V 22, 270 (DB)

Für die Deutsche Wehrmacht wurden Ende der 30er in großer Zahl zwei- und dreiachsige Dieselloks mit hydraulischer Kraftübertragung gebaut. Unter der Typbezeichnung WR 200 B 14 entstanden nach einheitlichen Baugrundsätzen bei verschiedenen Firmen bis 1943 insgesamt 123 zweiachsige Dieselloks. Ihre Leistungen schwankten zwischen 150 und 235 PS. Bei allen gleich war der Antrieb, der über eine Kupplung und ein Strömungs- und Wendegetriebe auf eine zwischen den beiden Radsätze gelagerte Blindwelle wirkte. Diese war wiederum mit den Rädern der Radsätze durch Kuppelstangen verbunden.

Nach Kriegsende wurden von der DB insgesamt 24 Maschinen als Baureihe V 20 (001-002, 005-008, 015, 020-023, 030-041 und 050) eingereiht. Die einzelnen Nummerngruppen kennzeichneten dabei insbesondere die verschiedenen Motorbauarten. Da die meisten Loks in einem recht desolaten Zustand waren, wurden sie zunächst instandgesetzt. Alle erhielten in der Folge neue 6-Zylinder-Viertaktmotoren von KHD oder MaK mit 200 PS Leistung eingebaut.

Für die Deutsche Luftwaffe hatten die DWK ähnliche Maschinen gebaut, allerdings mit 220 PS Leistung und mechanischer Kraftübertragung. Kennzeichnend für diese Loks war ihr geräumiger Endführerstand. Davon kamen noch 14 Stück als V 22 001-009 und 015-019 in den Bestand der DB. Bis Anfang der 50er-Jahre wurden die V 22 001-009 auf hydraulische Kraftübertragung umgebaut, erhielten ebenfalls 200-PS-Motoren und wurden dann als V 20 051-059 geführt. Die V 20 060 entstand nach Vergrößerung des Führerhauses aus der ehemaligen V 20 015. Ab 1968 wurden die Maschinen computergerecht als Baureihe 270 geführt. Beheimatet waren sie meist als Einzelstücke in den verschiedensten Bahnbetriebswerken. Im Juni 1980 verschwand als letzte die 270 054 aus dem Bestand der DB. Sechs V 20 blieben erhalten. Die DR übernahm vier Loks der Bauart WR 200 B 14 und teilte ihnen die bei der Bundesbahn auch vorhandenen Nummern V 20 005-008 zu. Bis Ende der 60er-Jahre waren alle ausgemustert.

Technische Daten:

Baureihenbezeichnung:	V 20	V 22 (DB)
Radsatzanordnung:	B	
Kraftübertragung:	dieselhydraulisch	
Vmax (km/h):	55	
Leistung (PS):	200	
Leistung (kW):	147	
Dienstmasse (t):	27	31
Größte Radsatzfahrmasse (t):		
Länge über Puffer (mm):	8.000	7.700
Treibraddurchmesser (mm):	1.100	1.000
Kraftstoffvorrat (l):	360	
Indienststellung:	1939-1943	1936-1943
Verbleib:	V 20 022, 035, 036, 039, 050, 058	

Foto: Blaschke

Foto: Endisch

V 29, 299 (DB)

Als Ersatz für die auf der Strecke Mundenheim–Meckenheim eingesetzten Kastendampfloks der Reihe 99.08-09 benötigte die DB dringend neue Loks. Für die schwierige Betriebsbedingungen der Meterspurstrecke schien eine dreiachsige Stangendiesellok nicht geeignet. Erforderlich war eine Lok mit guter Streckensicht wegen der Ortsdurchfahrten, geringem Achsdruck wegen des schlechten Oberbaus und guter Kurvenläufigkeit. Daher lieferte 1952 die Firma Jung drei Drehgestell-Loks mit den Betriebsnummern V 29 951 bis 953. Jeweils ein Drehgestell wurde von einem 145 PS starken Deutz-Motor angetrieben. Die Leistungsübertragung erfolgte hydraulisch durch ein Voith-Getriebe vom Typ L 33 yu, das auch bei der V 20 verwendet wurde. Den Mittelführerstand umgaben auf beiden Seiten relativ niedrige, vorne etwas abgeflachte Vorbauten, wo die Antriebsanlagen untergebracht waren.

Die drei Maschinen wurden dem Bw Ludwigshafen zugeteilt und ersetzten zwischen Mundenheim und Meckenheim die noch vorhandenen Dampfloks. Doch schon am 2. Oktober 1955 erfolgte die Einstellung des Gesamtverkehrs auf dieser Bahn. Die drei V 29 wurden daraufhin zu anderen Bahnen umgesetzt. Die V 29 951 und 953 gingen zur Walhallabahn Regensburg–Wörth. Dort erlebten sie noch 1968 ihre computergerechte Umzeichnung in 299 951 und 953, doch die Bahn wurde am 31. Dezember 1968 stillgelegt. Wenig später erfolgte am 3. Januar 1969 ihre z-Stellung und bald darauf am 15. März die Ausmusterung. Besser erwischte es die V 29 952, welche zur Strecke Nagold–Altensteig umgesetzt wurde. Dort endete zwar der Personenverkehr bereits zum Winterfahrplan 1962/63, die Lok diente aber weiterhin im Güterzugdienst und zuletzt sogar beim Streckenabbau. Nach ihrer Ausmusterung am 20. September 1967 konnte sie an die Mittelbadischen Eisenbahn (MEG) verkauft werden. Dort lief sie auf der Meterspurstrecke Schwarzach–Scherzheim als V 29-01. Nach deren Stilllegung zum Jahresende 1980 gelangte die Lok 1981 in das DGEG-Schmalspurmuseum in Viernheim. Zwischenzeitlich ist sie beim DEV in Bruchhausen-Vilsen.

Technische Daten:

Baureihenbezeichnung:	V 29 (DB)
Spurweite (mm):	1.000
Radsatzanordnung:	B'B'
Kraftübertragung:	dieselhydraulisch
Vmax (km/h):	40
Leistung (PS):	2 x 145
Leistung (kW):	
Dienstmasse (t):	28
Größte Radsatzfahrmasse (t):	
Länge über Puffer/Kupplung (mm):	9.140
Drehgestellradsatzstand (mm)	2.240
Treibraddurchmesser (mm):	850
Kraftstoffvorrat (l):	600
Indienststellung:	1952
Verbleib:	V 29 952 (DEV, Bruchhausen-Vilsen)

(V 30 001), 103 901, 199 301 (DR)

Mitte der 60er erhielt der VEB Lokomotivbau »Karl Marx« (LKM) in Potsdam-Babelsberg von der Indonesischen Staatsbahn den Auftrag, 30 dieselhydraulische Lokomotiven in Kapspur (1.067 mm) vorwiegend für den Rangierdienst zu liefern. Nach Vorgaben des Auftraggebers sollten sie mit westdeutschen Maybach-Motoren und Voith-Strömungsgetrieben ausgerüstet werden. Nach Abschluss der Konstruktionsarbeiten fertigte LKM bis 1966 zunächst einen meterspurigen Prototyp mit der Werksbezeichnung V 30 C und testete ihn auf der Harzquer- und Brockenbahn in einem umfangreichen Versuchsprogramm. Die Erprobung verlief positiv und noch 1967 konnte die bestellte Serie nach Indonesien ausgeliefert werden. Der Prototyp blieb zunächst Eigentum des Herstellers und wurde 1969 von der DR gekauft. Nach einem Umbau entsprechend den Anforderungen der Harzquer- und Brockenbahn erhielt die Maschine 1970 die Bezeichnung 103 901.

In ihrer äußeren Gestaltung sowie antriebstechnisch orientierte sich die Lok an der V 36. Der Endführerstand erstreckte sich über die volle Fahrzeugbreite und war doppelwandig sowie schall- und wärmeisoliert ausgeführt. Davor befand sich der Maschinenvorbau mit seitlichen Umläufen mit Klappen und abnehmbaren Teilen zur Wartung der Maschinenanlage. Im Gegensatz zu den exportierten Loks diente ein Sechszylinder-Viertakt-Reihendieselmotor des VEB Elbewerk Roßlau mit 330 PS Leistung als Antriebsaggregat. Über Strömungs- und Wendegetriebe aus heimischer Produktion erfolgte die Kraftübertragung zur Blindwelle und weiter über Treib- und Kuppelstangen auf die Radsätze. Gelagert war die Blindwelle zwischen zweitem und drittem Radsatz.

Eingesetzt wurde die 103 901 ausschließlich auf den Harzer Schmalspurbahnen. Sie tummelte sich vorwiegend im Rangierdienst in Wernigerode und Nordhausen, kam aber auch mit Arbeitszügen auf die Strecke. 1973 erhielt sie die neue Betriebsnummer 199 301. Auch heute ist die Lok im Harz noch vorhanden. Eigentümer ist seit Januar 1993 die Harzer Schmalspurbahnen GmbH (HSB).

Technische Daten:

Baureihenbezeichnung:	103 901 (DR)
Spurweite (mm):	1.000
Radsatzanordnung:	C
Kraftübertragung:	dieselhydraulisch
Vmax (km/h):	30
Leistung (PS):	330
Leistung (kW):	243
Dienstmasse (t):	30
Größte Radsatzfahrmasse (t):	10
Länge über Puffer/Kupplung (mm):	8.200
Treibraddurchmesser (mm):	900
Kraftstoffvorrat (l):	500
Indienststellung:	1966 (Umbau 1969/70)
Verbleib:	199 301 (HSB)

Foto: Estler

V 36 (DB, DR), 236 (DB), 103 (DR)

Zwischen 1936 und 1945 beschaffte die Deutsche Wehrmacht rund 450 Diesellokomotiven für Dienste in Versorgungs- und Munitionslagern, bei Pioniereinheiten und für den Transport von Eisenbahngeschützen. Der überwiegende Teil dieser Lokomotiven gehörte zur Bauart WR 360 C, die eine Motorleistung von 360 PS besaß und deren drei Radsätze über Blindwelle und Kuppelstangen angetrieben wurden. Bei Kriegsende war die Loks in ganz Europa verstreut. Die in den Westzonen Deutschlands vorgefundenen Maschinen kamen größtenteils in den Bestand der späteren DB. Daneben konnten sich zahlreiche Privat- und Industriebahnen sowie die Eisenbahneinheiten der Besatzungsmächte aus dem übriggebliebenen Fundus bedienen. Insgesamt 77 Maschinen dieses Typs wurden in den DB-Bestand als V 36 001-003, 101-126, 201-238, 301 und 310-318 eingereiht.

Die V 36 001-003 gehörten zur kleinsten und leichtesten Bauart W 360 C 12. Sie waren nur 8.700 mm lang und nur 45 km/h schnell. Wie die meisten V 36 hatten sie hydraulische Kraftübertragung auf eine Blindwelle zwischen dem zweiten und dritten Radsatz und ein Endführerhaus mit Übergangstür. Die V 36 001 wurde 1955 umgebaut und in V 36 239 umgezeichnet. Alle drei Loks wurden in den 60er-Jahren verkauft.

Bei den Maschinen V 36 301 und 310-318 handelte es sich um die abweichende Bauart W 360 C 15/17 der Deutschen Werke in Kiel. Anstelle des hydraulischen Getriebes erhielten sie eine mechanische Kraftübertragung. Ein Einzelstück war dabei die V 36 310, die 1937 als erste dieses Typs gebaut wurde. Sie besaß ein fast mittig angeordneten Führerstand und die Blindwelle war hinter den drei Radsätzen eingebaut. Bis Anfang der 60er waren alle Loks an Privatbahnen verkauft. Erhalten sind heute die ehemaligen V 36 311, 314 und 316, die lange Jahre bei den Mindener Kreisbahnen (MKB) fuhren.

Alle übernommenen Wehrmachtlokomotiven der Bauart W 360 C 14 wurden als V 36.1 und V 36.2 eingereiht. Dazu kamen 1947 noch die V 36 150 und 251-254, die aus vorgefertigten Teilen bei Holmag (später MaK) entstanden. Nachbestellt wurden in der ersten Nachkriegszeit weitere neun Maschinen (V 36 255-262).

Auf Grund des spürbaren Lokmangels Ende der 40er-Jahre, entschloss sich die DB, den Auftrag für eine konstruktiv überarbeitete Serie von 18 Maschinen zu erteilen. Grundsätzlich entsprachen sie zwar der Vorkriegsausführung, erhielten aber neue Motoren von MWM, neue Getriebe von Voith sowie größere Kraftstofftanks und Luftbehälter. Somit ergab sich bei den als V 36 401-418 bezeichneten und 1950 von MaK gelieferten Maschinen eine Verlängerung um 40 mm sowie ein größerer Radsatzstand. Abweichend von den anderen hatten die V 36 416 und 418 eine Vollsichtkanzel auf dem Führerhaus erhalten.

Die Lokomotiven der Baureihe V 36 wurden vor allem im Rangier-, Übergabe- und Bauzugdienst eingesetzt. In den 50er-Jahren fuhren sie auch im Vorortverkehr von Ballungsräumen. Speziell hierfür erhielt eine Reihe der V 36.1-2 Wendezugeinrichtung, Sicherheitsfahrschaltung und einen hochgelegten Führerstand zur besseren Streckensicht. Dabei wurde das Führerhausdach aufgeschnitten und darüber ein kanzelartiger Aufbau errichtet. Ein völlig neu gestaltetes, höher gelegtes Führerhaus erhielt die V 36 238. Ab Mitte der 70er-Jahre befanden sich die ab 1968 als 236 geführten Maschinen stark auf dem Rückzug. Mit der Ausmusterung der 236 405 am 22. August 1981 war dieses Kapitel bei der DB abgeschlossen. Viele der ausgemusterten Fahrzeuge gelangten an Privatbahnen und Industriebetriebe. Rund 20 Maschinen der Bauserien V 36.1-2 und V 36.4 werden museal erhalten.

Bei der DR waren nach Kriegsende rund 40 Maschinen der Bauart W 360 C 14 verblieben. 35 davon wurden wieder hergerichtet und als V 36 015-080 (mit Lücken) in den Betriebsbestand übernommen. Ein großer Teil erhielt Mitte der 60er-Jahre einen neuen SKL-Sechszylinder-Dieselmotor mit ebenfalls 360 PS Leistung eingebaut. Ab 1970 fuhren sie unter der neuen Baureihenbezeichnung 103. 1982 war auch ihr Einsatz beendet. Als betriebsfähiges Museumsfahrzeug des VM Dresden blieb die 103 027 in Schwerin erhalten.

Technische Daten:

Baureihenbezeichnung:	V 36.0	V 36.1-2	V 36.3	V 36 310	V 36.4 (DB)
Radsatzanordnung:	C				
Kraftübertragung:	hydraulisch	hydraulisch	mechanisch	mechanisch	hydraulisch
Vmax (km/h):	45	55	62,5	62,5	55
Leistung (PS):	360				
Leistung (kW):	265				
Dienstmasse (t):	36	39-43	51	51	41
Größte Radsatzfahrmasse (t):					
Länge über Puffer (mm):	8.700	9.200	9.100	9.100	9.240
Treibraddurchmesser (mm):	1.100	1.100	1.250	1.250	1.100
Kraftstoffvorrat (l):	700	630-1.500	700	1.000	630-1.500
Indienststellung:	1938	1938-1948	1941-1944	1937	1959
Verbleib:	diverse				

Foto: Kieper

V 36.48 (DR)

Im Typenprogramm der Deutschen Reichsbahn (DR) für Dieselloks war auch der Bau einer Maschine für die 750-mm-Schmalspurbahnen vorgesehen, welche die überalterten Dampflokomotiven ersetzen sollte. Das Anforderungsprofil sah eine hydraulische Kraftübertragung sowie die universelle Verwendbarkeit vor. Ferner sollten weitgehend Aggregate, Baugruppen und Bauteile der normalspurigen Dieselloks zum Einbau kommen. Schon 1956 begann der VEB Lokomotivbau »Karl Marx« (LKM) in Potsdam-Babelsberg mit der Entwicklung dieser Schmalspur-Diesellokomotive unter der Arbeitsbezeichnung V 36 K. Doch erst im Dezember 1960 bzw. im Mai 1961 konnten die zwei Baumuster V 36 4801 und 4802 zu Probefahrten auf das sächsische Schmalspurnetz überführt werden.
Zur Erfüllung des Leistungsprogramms war eine vierachsige Drehgestell-Maschine entstanden, die von zwei Maschinenanlagen analog der V 15.20-23 angetrieben wurde. Das Fahrzeug bestand aus zwei kurzgekuppelten Triebgestellen und einem dreipunktgelagerten Brückenrahmen. Auf den Triebgestellen ruhten die beiden Maschinenanlagen mit 180-PS-Dieselmotor, Strömungs- und Wendegetriebe sowie Kühlanlage. Der Mittelführerstand war auf dem Brückenrahmen aufgebaut.
Die Erprobung der beiden Maschinen brachte durchwachsene Ergebnisse. Zwar konnte die leistungsmäßige Überlegenheit gegenüber den Dampfloks bewiesen werden, doch musste eine ganze Reihe von Nachteilen festgestellt werden. Mit ihrer hohen Radsatzlast waren die Loks nur begrenzt auf den sächsischen Schmalspurstrecken einsetzbar, da hier generell nur eine Radsatzlast von 7 Tonnen zugelassen war. Die gesamte Maschinenanlage einschließlich der Steuer- und Hilfseinrichtungen erwies sich in hohem Maße störanfällig. Daher wurden die Versuche 1962 abgebrochen und die Maschinenanlagen zur weiteren Verwendung ausgebaut. Zunächst blieben die antrieblosen Loks konserviert abgestellt, wurden aber einige Jahre später verschrottet.

Technische Daten:

Baureihenbezeichnung:	V 36.48 (DR)
Spurweite (mm):	750
Radsatzanordnung:	B'B'
Kraftübertragung:	dieselhydraulisch
Vmax (km/h):	30
Leistung (PS):	2 x 180
Leistung (kW):	2 x 132
Dienstmasse (t):	41,2
Größte Radsatzfahrmasse (t):	10,3
Länge über Puffer/Kupplung (mm):	12.100
Drehgestellradsatzstand (mm)	2.000
Treibraddurchmesser (mm):	800
Kraftstoffvorrat (l):	700
Indienststellung:	1960-1961
Verbleib:	

Foto: Estler

V 45, 245 (DB)

Gebaut wurden die zehn zweiachsigen V 45 im Jahre 1956 für die damals noch unter französischer Verwaltung stehenden Eisenbahnen des Saarlandes, die dringend neue, leistungsfähige Lokomotiven für den Rangierdienst benötigten. Auf Grund des französischen Einflusses lieferte den mechanischen Teil SACM in Graffenstaden. Der 400-PS-Dieselmotor stammte von Saurer, das hydraulische Getriebe von Voith. Die beiden Radsätze wurden über Ketten angetrieben. Die einfachen, kompakten Maschinen waren mit einem Endführerhaus ausgestattet.
Als am 1. Januar 1957 das Saarland wieder der Bundesrepublik angegliedert wurde, übernahm die DB auch die zehn Rangierloks der Baureihe V 45 in ihren Bestand. Doch schon kurz nach der Übernahme bot die DB die zehn Loks per Anzeige in Fachzeitschriften zum Verkauf an. Doch Käufer waren nicht zu finden, so dass sich die DB entschloss, die Maschinen selber weiter zu nutzen. Während die V 45 001-002 als Ersatzteilspender abgestellt wurden, kam die Mehrzahl der anderen acht Loks in Ausbesserungswerke, wo sie sich beim Rangieren von auszubessernden und ausgebesserten Fahrzeugen nützlich machten. Die V 45 005 war lange Jahre beim Bw Bayreuth beheimatet und kam dort sogar fallweise im Personenzugdienst auf der Nebenbahn von Falls nach Gefrees zum Einsatz. Dann wurde auch sie zum Dienst im Ausbesserungswerk Witten abkommandiert. Die letzten ab 1968 als 245 geführten Maschinen wurden Ende 1980 ausgemustert. Erhalten blieben die V 45 009 und 010. Erstere steht im Dampflokmuseum in Neuenmarkt-Wirsberg als Leihgabe des Verkehrsmuseums, letztere ist Denkmal bei ihrer langjährigen Wirkungsstätte, dem Ausbesserungswerk Paderborn.

Technische Daten:

Baureihenbezeichnung:	V 45 (DB)
Radsatzanordnung:	B
Kraftübertragung:	dieselhydraulisch
Vmax (km/h):	50
Leistung (PS):	400
Leistung (kW):	294
Dienstmasse (t):	33,5
Größte Radsatzfahrmasse (t):	
Länge über Puffer (mm):	9.360
Treibraddurchmesser (mm):	1.050
Kraftstoffvorrat (l):	450
Indienststellung:	1956
Verbleib:	V 45 009 (DDM Neuenmarkt-Wirsberg), V 45 010 (Paderborn)

Foto: Kenning

V 50 (DB)

Wenig bekannt sind die beiden Dieselloks der DB-Baureihe V 50, denn ihr Einsatz bei der Bundesbahn währte nur wenige Jahre. 1957 fertigte die Firma Krauss-Maffei zwei dreiachsige Dieselloks mit hydraulischem Stangenantrieb des Typs ML 500 für die Wilhelmsburger Industriebahnen GmbH, wo sie unter den Nummern 30 und 31 liefen. Zum 1. Juli 1962 verlor diese Bahn nach 69 Jahren ihre Selbständigkeit. Beide Dieselloks kamen damit in den Eigentumsbestand der DB. Entsprechend dem damals geltenden Bezeichnungsschema für Diesellokomotiven (Motorleistung in PS geteilt durch 10) wurden sie V 50 eingereiht und dem Bw Hamburg-Wilhelmsburg zugeteilt.
Doch die beiden Einzelgänger bereiteten der DB bei einer sinnvollen Einsatzgestaltung Probleme. Mit ihren 500 PS waren sie der in großer Stückzahl beschafften V 60 leistungsmäßig unterlegen. Auch die Ersatzteilhaltung bereitete erhebliche Schwierigkeiten, denn außer der Achsfolge hatten sie mit der V 60 nicht viel gemeinsam. Daher teilten die beiden Loks das gleiche Schicksal wie andere, von der DB übernommene Dieselloks. Sie wurden so schnell wie möglich verkauft.
Als erste konnte V 50 002 an die Firma VTG abgegeben werden, die sie im Kesselwagenverschub in München-Pfaffenhofen verwendete. Später kam sie zur Hoechst AG in das Werk Gendorf. Schließlich konnte am 16. September 1964 auch die V 50 001 verkauft werden. Ihre neue Heimat war die Verden-Walsroder Eisenbahn GmbH (VWE). Dort behielt sie zunächst ihre DB-Nummer und wurde erst in den 70er-Jahren in V 3 umgezeichnet. Bis Mitte 1978 war sie noch häufig für die DB im Rangierdienst in Nienburg im Einsatz. Dies war der Ausgleich für die Triebfahrzeug-Gestellung durch die DB auf der VWE-Strecke Böhme–Walsrode. Nach Kündigung des Rangiervertrages durch die DB wurde die V 3 zur Reservelok mit nur noch sporadischen Einsätzen und schließlich verkauft.
Gleichartige Loks lieferte Krauss-Maffei an verschiedene Werks- und Industriebahnen. Eine Weiterentwicklung der ML 500 waren die bis in die 70er-Jahre gebauten Typen M 500 C und ML 500 C.

Technische Daten:

Baureihenbezeichnung:	V 50 (DB)
Radsatzanordnung:	C
Kraftübertragung:	dieselhydraulisch
Vmax (km/h):	55
Leistung (PS):	500
Leistung (kW):	
Dienstmasse (t):	54
Größte Radsatzfahrmasse (t):	
Länge über Puffer (mm):	8.395
Treibraddurchmesser (mm):	
Kraftstoffvorrat (l):	
Indienststellung:	1957
Verbleib:	

Foto: Estler

V 51/V 52, 251/252 (DB)

Zur Ablösung der Dampftraktion auf den Schmalspurbahnen Bad Schussenried–Riedlingen, Biberach–Ochsenhausen Lauffen–Leonbronn und Marbach–Heilbronn Süd mit 750 mm Spurweite sowie Mosbach–Mudau (1.000 mm) beschaffte die DB mit Unterstützung ünf Schmalspur-Dieselloks mit hydraulischer Kraftübertragung. Da es sich nur um eine kleine Stückzahl handelte, der keine Großserie folgen sollte, verzichtete die DB auf eine eigene Entwicklung und adaptierte die von MaK angebotene Drehgestelllokomotive G 480 B'B' für ihre Erfordernisse. Hersteller aller fünf Maschinen war Gmeinder in Mosbach. Die drei 750-mm-Maschinen erhielten die Nummern V 51 901-903, die beiden meterspurigen Loks0 die Nummern V 52 901-902. Die V 51 kamen vorwiegend im Güterzugdienst zum Einsatz, daher verzichtete man bei ihnen auch auf die Zugheizung. Die V 52 hingegen wurde im Odenwald auch im Reisezugdienst verwendet und verfügte daher über eine elektrische Heizanlage.
Die ab 1. Januar 1968 als 251/252 bezeichneten Maschinen blieben bis zur Einstellung ihren Heimatstrecken treu. Nach Stilllegung der Bottwartalbahn und der Federseebahn (1969) verkaufte die DB die 251 901 an die Steiermärkische Landesbahn. Die beiden übrigen Maschinen zogen bis zur Einstellung der Strecke Warthausen–Ochsenhausen 1983 Güterzüge. Ihre Ausmusterung erfolgte am 29. Dezember 1983, die 251 902 wurde verkauft und kam nach Wiedereröffnung des »Öchsle« als Museumsbahn ab 1985 dort noch einmal zum Einsatz, die 251 903 erwarb schließlich eine Baufirma in Südeuropa. Schon 1973 trennte sich die DB nach Einstellung der Strecke Mosbach–Mudau von den beiden V 52. Beide Maschinen wurden auf 1.435 mm umgespurt und an die AVG (252 901) bzw. SWEG (252 902) verkauft. Nachdem sie auch dort mittlerweile überflüssig wurden, gingen sie ebenfalls den Weg nach Südeuropa.
In Deutschland erhalten blieben V 51 901, die aus Österreich zurückkam und heute auf der Rügenschen Kleinbahn fährt, und V 51 902.

Technische Daten:

Baureihenbezeichnung:	V 51	V 52 (DB)
Spurweite (mm):	750	1.000
Radsatzanordnung:	B'B'	
Kraftübertragung:	dieselhydraulisch	
Vmax (km/h):	40	
Leistung (PS):	2 x 270	
Leistung (kW):		
Dienstmasse (t):	39	
Größte Radsatzfahrmasse (t):	9,7	9,9
Länge über Puffer/Kupplung (mm):	9.810	9.780
Drehgestellradsatzstand (mm)	1.700	
Treibraddurchmesser (mm):	850	
Kraftstoffvorrat (l):	1.800	
Indienststellung:	1964	
Verbleib:	V 51 901 RüKB (betr.); V 51 902 privat	

Foto: Endisch

V 60.10-11, 104, 105, 106.0-1, 106.2-9 (DR), 344, 345, 346, 347 (DB AG)

Analog zur Bundesbahn war auch bei der Reichsbahn der DDR Anfang der 50er-Jahre die Entwicklung einer Rangierdiesellok vorgesehen, welche vor allem die alten Länderbahndampfloks der Baureihe 89, 91 und 92 ablösen sollte. Diese Maschinen sollten außer im Rangierdienst auch im leichten Streckendienst sowie im Arbeitszugdienst eingesetzt werden können. Folgende Punkte waren u.a. vorgegeben:

- Achslast unter 15 Tonnen
- Befahrbarkeit von 80 Meter Gleisbogenhalbmesser
- Gutes Blickfeld auf Puffer und Strecke
- Fahren in beiden Fahrtrichtungen von beiden Führerstandseiten
- Sicheres Mitfahren der Rangierer auf tiefliegenden Rangiertritten
- Zwei Geschwindigkeitsstufen, eine für den Rangierdienst mit hohen Zugkräften und eine für den Streckendienst ausreichende Höchstgeschwindigkeit

Doch der Diesellok- und Dieselmotorenbau der DDR verfügte noch über genügend Erfahrungen und Kenntnisse zur Befriedigung dieser Forderungen. So konnten erst 1959 die beiden ersten Baumusterlokomotiven V 60 1001 und 1002 durch den VEB Lokomotivbau »Karl Marx« (LKM) in Potsdam-Babelsberg vorgestellt werden. Entstanden war eine vierachsige Rangierlok mit einem 650-PS-Motor aus heimischer Produktion. Die Kraftübertragung erfolgte über eine drehelastische Kupplung, Gelenkwelle, Strömungsgetriebe und Zahnräder zur Blindwelle und weiter über Treib- und Kuppelstangen auf die Radsätze. Zur besseren Kurvenläufigkeit erhielten die vier rollengelagerten Radsätze jeweils 25 mm Seitenspiel und wurden paarweise in Beugniot-Hebeln geführt. Der geschweißte Blechinnenrahmen wurde mit Längsversteifungen verstärkt, um die Stöße im Rangierbetrieb besser auffangen zu können. Unter dem vorderen, längeren Vorbau befand sich der größte Teil der Maschinenanlage, unter dem hinteren der Tank, Druckluftbehälter und Batterien.

Nach ausführlicher Erprobung und der Beseitigung einiger Kinderkrankheiten bei den Baumusterloks folgte 1961 eine erste Kleinserie (V 60 1003-1007). Die erste Serienlieferung in den Jahren 1962 bis 1964 endete mit der V 60 1070. Aufgrund von Erkenntnissen im Betriebsdienst stellten sich einige Verbesserungswünsche ein, die bei der 1964 vorgestellten Musterlok V 60 1201 Berücksichtigung fanden. Die Radsatzlast wurde durch den Einbau von Graugussballast auf 15 t heraufgesetzt. Neu waren auch das verbreiterte Führerhaus und das über die Stirnwände vorgezogene Führerhausdach als Sonnen- und Regenschutz. Die weitere Serienfertigung ab V 60 1202 wurde im gleichen Jahr vom VEB Lokomotivbau - Elektrotechnische Werke »Hans Beimler« in Hennigsdorf übernommen. 1970 erfolgte die computergerechte Umzeichnung in die Baureihe 106. Im Laufe der Jahre kamen weitere Änderungen hinzu wie z.B. der Einbau verbesserter Strömungsgetriebe, verbesserter Kühlanlagen und einer Vielfachsteuerung. Als 1975 mit der 106 999 die zu vergebenden Ordnungsnummern erschöpft waren, erhielten die weiteren Lieferungen der DR-V 60 die Baureihenbezeichnung 105. Bis 1982 folgten noch 105 001-165. Mit einzelnen Ankäufen von Industriebahnen (105.9) war 1983 die Beschaffung endgültig abgeschlossen.

Zur Senkung des Kraftstoffverbrauchs wurde zwischen 1991 und 1993 bei 79 Maschinen die Motorleistung von 478 kW auf 365 kW gedrosselt. Zunächst noch als Baureihe 104 geführt, erhielten sie ab 1992 die Baureihenbezeichnung 344. Analog wurden die 105 und 106 in 345 und 346 umgezeichnet. 14 Maschinen der Baureihe 105/106 wurden zwischen 1985 und 1987 für den Einsatz auf dem Breitspurteil (1.520 mm) des Fährhafens Mukran auf Rügen umgespurt und erhielten zusätzlich die russische Mittelpufferkupplung eingebaut. Seit 1992 fahren sie als Baureihe 347. Zwischenzeitlich sind die erste Serie (346 001-170) komplett und die leistungsreduzierte Baureihe weitgehend ausgemustert.

Technische Daten:

Baureihenbezeichnung:	344	345/346	347 (DR)
Spurweite (mm):	1.435	1.435	1.520
Radsatzanordnung:	D		
Kraftübertragung:	dieselhydraulisch		
Vmax (km/h):	60		
Leistung (PS):	496	650	650
Leistung (kW):	465	478	478
Dienstmasse (t):	60 (bis 346 170: 55)		
Größte Radsatzfahrmasse (t):	15 (bis 346 170: 13,8)		
Länge über Puffer/Kupplung (mm):	10.880	10.880	
Treibraddurchmesser (mm):	1.100		
Kraftstoffvorrat (l):	2.100		
Indienststellung:	U 1991-93	1959-1982	U 1985-87
Verbleib:	u.a. V 60 1001 (VM Halle P), V 60 1100 (VM Arnstadt)		

Foto: Endisch

Foto: Estler

Foto: Blaschke

V 60, 260/261, 360/361/362/363/364/365 (DB)

Anfang der 50er-Jahre benötigte die DB eine kräftige Diesellok für den Verschubdienst. Gerade hier waren Dampfloks besonders unwirtschaftlich und der Bestand stark überaltert. Die vorhandenen Kleinloks waren in vielen Fällen zu schwach oder zu langsam und Maschinen wie die V 20 und V 36 nicht in genügender Anzahl vorhanden. Daher wurde von DB und Lokindustrie eine Arbeitsgemeinschaft gebildet, um eine moderne Rangierdiesellok zu entwerfen. Basis für den Antrieb bildete die V 36, der analog über Getriebe, Blindwelle und Treibstangen erfolgen sollte. 1955/56 wurden vier Vorserienloks (V 60 001-004) geliefert, die sich so hervorragend bewährten, dass nach nur kurzer Erprobungszeit die Serienausführung folgte. Zwischen zwei unterschiedlich langen Vorbauten sitzt bei den V 60 das Führerhaus, unter dem das hydraulische Getriebe und das Nachschaltgetriebe ihren Platz haben. Unter dem vorderen Vorbau ist der Motor untergebracht, wobei 650-PS-Motoren verschiedener Hersteller zum Einbau kamen. Der Rahmen ist vollständig geschweißt. Zwischen dem zweiten und dritten Radsatz befindet sich die Blindwelle, welche über Kuppelstangen die Radsätze antreibt. Zur besseren Kurvenläufigkeit ist der mittlere Radsatz um 30 mm seitenverschiebbar.
Insgesamt 942 Maschinen der Baureihe V 60 wurden bis 1961 in zwei Versionen geliefert. Erst mit der Einführung des neuen Nummernschemas 1968 wurde differenziert und die leichtere Ausführung als 260, die schwerere als 261 bezeichnet. Dabei unterscheiden sich die 261 vor allem durch dickere Rahmenwangen und Deckbleche von den 260. Ab 1. Oktober 1987 erfolgte die Einstufung der Maschinen als Kleinloks, die Baureihenbezeichnung änderte sich in 360 und 361. Durch die Ausrüstung mit Funkfernsteuerung wurde aus den 360 die neue Baureihe 364, aus den 361 die Baureihe 365. Mit der Umrüstung funkferngesteuerte V 60 auf Caterpillar-Dieselmotoren mit 480 kW Leistung entstanden nochmals zwei neue Baureihen. Aus den 364 wurden nach dem Umbau die 362, analog die 365 in 363 umgezeichnet. Alle sechs Baureihen zählen noch zum Bestand der DB, wobei zum Jahresende 2000 nur noch sieben 361 vorhanden waren.

Technische Daten:

Baureihenbezeichnung:	360/364	361/365	362	363 (DB)
Radsatzanordnung:	C			
Kraftübertragung:	dieselhydraulisch			
Vmax (km/h):	60			
Leistung (PS):	650	650		
Leistung (kW):	478	478	480	480
Dienstmasse (t):	48-49	53	48-49	53
Größte Radsatzfahrmasse (t):				
Länge über Puffer (mm):	10.450			
Treibraddurchmesser (mm):	1.250			
Kraftstoffvorrat (l):	1.350-1.800	900-1.350	1.350-1.800	900-1.350
Indienststellung:	1955-1961	1955-1961	U ab 2000	U ab 1998
Verbleib:				

V 65, 265 (DB)

Alle renommierten deutschen Lokfabriken entwickelten Anfang der 50er-Jahre eigene Typenprogramme für Diesellokomotiven, welche sowohl für den Export als auch für Privat- und Industriebahnen gedacht waren. Gleichzeitig suchte die Bundesbahn auch im Nebenbahndienst nach Ersatz für die Dampflokomotiven. Daher erwarb sie 1956 von der Maschinenbau GmbH (MaK) in Kiel nach ausgedehnten Probefahrten 15 Exemplare des MaK-Typs 650 D und reihte sie als Baureihe V 65 in ihren Bestand ein. Auf Grund der geforderten Höchstgeschwindigkeit von 80 km/h besaß die V 65 vier Radsätze, die von einer in Lokmitte angeordneten Blindwelle über Kuppelstangen angetrieben wurden. Während bei den DB-Dieselloks bis dahin ausschließlich schnelllaufende Dieselmotoren verwendet wurden, erhielt die V 65 einen langsamlaufenden MaK-Schiffsdiesel mit 650 PS Leistung. Leistungsübertragung, Getriebe und Aufbau entsprachen ansonsten weitgehend der V 60. Da der Einsatz der V 65 überwiegend im Nebenbahndienst erfolgen sollte, erhielten sie auch eine Zugheizeinrichtung, wobei zur Dampferzeugung die Abwärme der Auspuffgase genutzt wurde.
Alle 15 Maschinen liefen zunächst vom Bw Marburg/Lahn aus auf Nebenstrecken im hessischen Bergland. Obwohl die Laufeigenschaften befriedigten und die Spurkranzabnutzung gering war, sah die DB von einer Weiterbeschaffung ab, da die geringe Leistung und der Blindwellenantrieb nicht dem Konzept einer zukunftsweisenden Diesellok für Nebenbahnen entsprachen. Nach Indienststellung der modernen V 100 wanderten die V 65 (ab 1968: 265) in den Rangier- und Übergabedienst ab und kamen zum Bw Hamburg-Altona. Einige fuhren sogar zeitweise im Fährbahnhof Puttgarden, wo sie Wagen auf die Eisenbahnfährschiffe rangierten. Als letzte wurde am 16. April 1980 nach einem Schaden die 265 004 außer Dienst gestellt. Zwei V 65 blieben erhalten. Die V 65 011 steht als Leihgabe des Verkehrsmuseums Nürnberg bei der DGEG in Bochum-Dahlhausen, währen die V 65 001 von den Osnabrücker Dampflokfreunden (ODF) für Sonderfahrten vorgehalten wird.

Technische Daten:

Baureihenbezeichnung:	V 65 (DB)
Radsatzanordnung:	D
Kraftübertragung:	dieselhydraulisch
Vmax (km/h):	80
Leistung (PS):	650
Leistung (kW):	478
Dienstmasse (t):	54
Größte Radsatzfahrmasse (t):	
Länge über Puffer (mm):	10.740
Treibraddurchmesser (mm):	1.250
Kraftstoffvorrat (l):	1.130
Indienststellung:	1956
Verbleib:	V 65 001 (ODF), V 65 011 (Bochum-Dahlhausen)

Foto: Blaschke

V 75, 107 (DR)

Anfang der 60er-Jahre bestand bei der DR dringender Bedarf für eine Rangierdiesellok vor allem zur Ablösung der Dampflokomotiven der Baureihe 80. Da sich aber die DR-V 60 noch im Erprobungsstadium befand, entschloss man sich zum Import von 20 vierachsigen, dieselelektrischen Rangierloks aus der Tschechoslowakei. Schon Anfang der 50er-Jahre hatten sich die tschechoslowakischen Staatsbahnen CSD mit der Verdieselung des mittleren und schweren Rangierdienstes beschäftigt. Die Prager Lokomotivfabrik Ceskomoravska Kolben Danèk (CKD) entwickelte daraufhin eine vierachsige Drehgestelllok mit elektrischer Kraftübertragung. 1954/55 erschienen sechs Probemaschinen mit einem 720-PS-Motor zunächst als BR T 434, später in T 436 umgezeichnet. Ab 1956/57 wurde die verbesserte T 435 mit einem stärkeren Motor von 750 Leistung in großer Stückzahl an die CSD ausgeliefert. Die 20 Importlokomotiven der DR waren identisch mit der T 435. Sie erhielten die Baureihenbezeichnung V 75.
Rahmen und die beiden zweiachsigen Drehgestelle der V 75 waren eine Schweißkonstruktion. Ein langer schmaler und hoher Vorbau mit seitlichen, durch Geländer abgesicherten Umläufen umschloss die Maschinenanlage. An einem Fahrzeugende befand sich ein über die volle Breite reichender Endführerstand. Als Antriebsaggregat diente ein nicht aufgeladener Sechszylinder-Viertakt-Reihendieselmotor mit 750 PS Leistung. Die Kraftübertragung auf die vier Gleichstrom-Tatzlagermotoren erfolgte durch einen direkt an den Dieselmotor angeflanschten Gleichstromgenerator.
Nach ihrer Auslieferung wurden die V 75 zunächst im Rangierdienst auf verschiedenen Leipziger Bahnhöfen eingesetzt. Später fuhren sie auch vor Nahgüterzügen, Bauzügen und außerhalb der Heizperiode gelegentlich sogar vor Personenzügen. Ab 1970 als Baureihe 107 geführt begann ihr Stern als Splittergattung Anfang der 80er-Jahre zu sinken. Einzelne Lokomotiven konnten noch an Industriebetriebe verkauft werden, doch bis Ende der 80er-Jahre waren alle ausgemustert. Bei der Karsdorfer Eisenbahngesellschaft (KEG) sind heute noch zwei ehemalige V 75 zu bewundern.

Technische Daten:

Baureihenbezeichnung:	V 75 (DR)
Radsatzanordnung:	Bo'Bo'
Kraftübertragung:	dieselelektrisch
Vmax (km/h):	60
Leistung (PS):	750
Leistung (kW):	552
Dienstmasse (t):	62,6
Größte Radsatzfahrmasse (t):	15,8
Länge über Puffer (mm):	12.560
Drehgestellradsatzstand (mm)	2.400
Treibraddurchmesser (mm):	1.000
Kraftstoffvorrat (l):	2.000
Indienststellung:	1962
Verbleib:	V 75 004 (KEG 004), 018 (KEG 012)

Foto: Kenning

279 (DB)

Die DB-Baureihe 279 umfasste lediglich zwei Maschinen und gab bei der Bundesbahn nur ein sehr kurzes Gastspiel. Hinter dieser Baureihe verbargen sich die ehemaligen Diesellokomotiven 4 und 5 der Söhrebahn. Diese Vierkuppler wurden 1958 bzw. 1961 von Henschel gebaut und besaßen einen hydraulischen Stangenantrieb über Blindwelle. Lokomotiven dieses Typs mit Mittelführerstand und zwei unterschiedlich geformte Vorbauten sind an viele Industrie- und Privatbahnen geliefert worden.
Eröffnet wurde die Söhrebahn am 22. August 1912, um die Bodenschätze bei Wellerode in Richtung Kassel abtransportieren zu können. Basalt wurde zwar nur bis in die 30er-Jahre abgebaut, aber die Förderung von Braunkohle im Stollen- und Tagebau blieb bis 1966 erhalten. Das weitere Güteraufkommen resultierte aus Land- und Forstwirtschaft. Ein guter Kunde waren daneben die Junkers-Werke, welche über ein rund 2 km langes Industriegleis von Lohfelden aus bedient wurden.
Neben dem Güterverkehr war auf der Söhrebahn lange Zeit auch ein umfangreiches Fahrgastaufkommen im Berufs- und Schülerverkehr zu bewältigen. Doch hier machte sich zunehmend die Konkurrenz des Individualverkehrs bemerkbar. Daher wurde mit dem Ende des Braunkohlenabbaus am 1. September 1966 der Güterverkehr ab Lohfelden und der gesamte Personenverkehr eingestellt.
Die Bundesbahn übernahm den Restbetrieb zum 1. Januar 1970. Die beiden Diesellokomotiven wurden dem Bw Kassel zugewiesen und in 279 001 und 002 umgezeichnet. Mit den Sonderlingen wusste die DB in der Folge nicht viel anzufangen. Daher wurden die Loks mehrfach auch an Privatbahnen (Butzbach-Licher Eisenbahn, Kleinbahn Frankfurt-Königstein) verliehen. Am 24. Juni 1971 musste die 279 001 den Dienst quittieren. Die noch zum Bw Frankfurt/Main 1 umgesetzte 279 002 folgte ihr am 15. September 1971. Auf Grund ihres guten Zustandes konnten beide Maschinen über eine Münchener Firma an eine oberitalienische Privatbahn verkauft werden.

Technische Daten:

Baureihenbezeichnung:	279 (DB)
Radsatzanordnung:	D
Kraftübertragung:	dieselhydraulisch
Vmax (km/h):	60
Leistung (PS):	850
Leistung (kW):	
Dienstmasse (t):	60
Größte Radsatzfahrmasse (t):	
Länge über Puffer (mm):	9.600
Treibraddurchmesser (mm):	
Kraftstoffvorrat (l):	
Indienststellung:	1957
Verbleib:	

Foto: Estler

V 80, 280 (DB)

Vor 1945 war der Bau von Großdieselloks in Deutschland über Einzelexemplare nicht hinausgekommen. Das Problem lag vor allem in der Leistungsübertragung. Schon bei der DRG konnte das von Föttinger entwickelte hydraulische Strömungsgetriebe seine Bewährungsprobe beim Antrieb von Dieseltriebwagen bestehen. Bei der 1935 gebauten V 16 001 (später V 140 001) konnte erstmals bei einer Großdiesellok die hydraulische Kraftübertragung erfolgreich angewendet werden. Der Zweite Weltkrieg unterbrach diese erfolgversprechenden Versuche, doch Ende der 40er-Jahre wurden sie wieder aufgenommen. Als Gemeinschaftsentwicklung des BZA München sowie der Industrie entstand das Konzept der V 80: eine Diesellok mit zweiachsigen, über Gelenkwellen angetriebenen Drehgestellen und hochliegendem Mittelführerstand. Unter dem kürzeren Vorbau war die komplette Heizanlage, unter dem längeren Motor, Kühlanlage und Kraftstofftank untergebracht. Das Getriebe befand sich in Fahrzeugmitte unter dem Führerhaus. Drehgestelle, Rahmen und Aufbau waren komplett geschweißt. Als Motoren standen zunächst zwei 800-PS-Aggregate von Daimler-Benz bzw. von MAN sowie eine 1.000-PS-Maschine von Maybach zur Verfügung.
Zehn V 80 wurden in den Jahren 1951/52 ausgeliefert. Als innovative Wegbereiter einer neuen Lok-Generation wurden sie ausgiebig getestet und mussten natürlich auch diverse Verbesserungen über sich ergehen lassen. Wichtige Änderungen waren der Austausch des ursprünglichen Heizkessels gegen ein Vapor-Heating-Aggregat und der Ersatz der ursprünglichen Motoren durch den MTU-Typ MB 12V 493 mit 1.100 PS Leistung.
Die ab 1968 computergerecht als Baureihe 280 geführten Loks wurden als Splittergattung zwischen 1976 und 1978 ausgemustert. Als betriebsfähige Museumslok der DB blieb die V 80 002 erhalten. Die 280 010 wurde 1977 an die Hersfelder Kreisbahn verkauft. Später folgte sie dem Großteil der übrigen Maschinen nach Italien, die dort bei Privatbahnen und vor Bauzügen ein neues Auskommen fanden.

Technische Daten:

Baureihenbezeichnung:	V 80 (DB)
Radsatzanordnung:	B'B'
Kraftübertragung:	dieselhydraulisch
Vmax (km/h):	100
Leistung (PS):	1.100
Leistung (kW):	809
Dienstmasse (t):	58
Größte Radsatzfahrmasse (t):	15
Länge über Puffer (mm):	12.800
Drehgestellradsatzstand (mm)	2.900
Treibraddurchmesser (mm):	940
Kraftstoffvorrat (l):	1.650
Indienststellung:	1951-1952
Verbleib:	V 80 002 (VM Nürnberg)

Foto: Estler

V 90, 290/294, 291/295 (DB)

Für den schweren Rangierdienst waren die V 60 zu schwach. Anfang der 60er-Jahre war dies noch eine Domäne von Dampfloks. Da aber auf großen Rangierbahnhöfen, in Seehäfen und Ölraffinerien immer mehr Güter umgeschlagen werden mussten, war die Beschaffung einer schweren Diesel-Rangierlok unumgänglich. In Anlehnung an die leichten vierachsigen Loks der Baureihe V 100 entwickelten das BZA München und MaK in Kiel eine vierachsige Diesel-Rangierlok mit einer Radsatzlast von 20 Tonnen.
Die ersten 20 Vorausloks der neuen Baureihe V 90 wurden 1964 von MaK ausgeliefert. In der Form ähnelten sie der V 100. Sie hatten aber größere Radsatzstände, ein erheblich höheres Gewicht und waren fast zwei Meter länger. Die V 90 erhielt den von den V 100 und V 200.1 her bekannten 12-Zylinder-Motor von MTU/MB, dessen Leistung dem Einsatz der Lok entsprechend auf 1.100 PS gedrosselt worden war. Über das hydraulische Getriebe von Voith wurde die Antriebsleistung über Gelenkwellen zu den Radsatzgetrieben geleitet. Die V 90 (ab 1968: 290) bewährte sich gut, daher wurden zwischen 1966 und 1974 weitere 387 Exemplare beschafft.
Noch vor dem Serienbau der V 90 fertigte MaK auf eigene Kosten drei Exemplare der Variante V 90P, welche mit dem hauseigenen, langsamlaufenden Acht-Zylinder-Reihenmotor (1.100-1.400 PS) ausgerüstet waren. Diese drei Loks wurden zunächst von der DB als V 90 901-901 (ab 1968: 291 901-903) angemietet und später auch gekauft. Mit einem verbesserten Motor (gedrosselt auf 1.100 PS) bestellte die DB 100 Serienmaschinen, die zwischen 1974 und 1978 geliefert und als 291 001-100 eingereiht wurden. Mit dem Einbau einer Funkfernsteuerung ab Dezember 1995 entstanden zwei weitere Baureihen. Die funkferngesteuerten 290 wurden zur 294, analog die 291 zur 295. Durch die Erhöhung der Motorleistung auf 1.000 kW bei zehn Loks der BR 294 im Jahr 2000 gibt es nun die Unterbauart 294.9. Diese zehn Loks (294 901-910) fahren im schweren Hüttenverkehr des Saarlandes. Sie werden im Zugverband eingesetzt, wobei die Schublok über Satellit von der Zuglok ferngesteuert wird.

Technische Daten:

Baureihenbezeichnung:	290/294	291/295 (DB)
Radsatzanordnung:	B'B'	
Kraftübertragung:	dieselhydraulisch	
Vmax (km/h):	80	90
Leistung (PS):	1.100	1.100
Leistung (kW):	809	809
Dienstmasse (t):	78,8	76-90
Größte Radsatzfahrmasse (t):	20	19-23
Länge über Puffer/Kupplung (mm):	14.320 (bis 290 020: 14.000)	14.320
Drehgestellradsatzstand (mm)	2.500	
Treibraddurchmesser (mm):	1.100	
Kraftstoffvorrat (l):	3.200	3.500
Indienststellung:	1964-1974	1965-1978
Verbleib:		

Foto: Estler

V 100.10, V 100.20, 211, 212, 213, 714 (DB)

Für den gemischten Dienst auf Nebenbahnen sah das erste Diesellok-Typenprogramm der DB eine Diesellok der Baureihe V 65.2 vor, die eine Leistung von 650 bis 800 PS haben sollte. Als Vorbild diente die V 80, jedoch sollte die neue Lok deutlich kostengünstiger sein. In Zusammenarbeit mit dem BZA München wurde MaK in Kiel mit der Entwicklung beauftragt, wobei nun ein leistungsfähiger 1.100-PS-Motor zum Einbau kommen sollte und sich die Baureihenbezeichnung in V 100 änderte. Im Spätherbst 1958 lieferte MaK fünf Vorauslokomotiven V 100 001-005 (später V 100 1001-1005) sowie die V 100 006 (später V 100 2001), die einen 1.350-PS-Motor erhalten hatte.
Mit ihrem Vorbild V 80 hatte die V 100 nur die Form im groben gemeinsam, denn das eher rundliche Design der V 80 musste einer eckigeren, kantigeren Form weichen. Die Motorleistung wurde über eine elastische Kupplung und Gelenkwelle auf das hydraulische Voith-Getriebe übertragen, welches mittels eines Stufengetriebes die Fahrt im Streckengang (Vmax 100 km/h) oder im Rangiergang (Vmax 65 km/h) zuließ. Eine Neukonstruktion waren die Drehgestelle als geschweißte Rohrkonstruktion, an denen über Silentblocs die Radsatzlenker befestigt waren. Die Maschinenanlage im vorderen längeren Vorbau war von außen über eine haubenförmige Schiebetür gut zugänglich.
Nach der Bewährung der Probeloks wurde Ende 1959 eine erste Vorausserie von 36 Maschinen (V 100 1008-1043) mit einem 1.100-PS-Motor bestellt. Wahlweise standen dafür Zwölfzylinder-Dieselmotoren von Maybach, MAN und Daimler-Benz zur Verfügung. Zeitgleich mit der Ablieferung der Vorausserie der V 100.10 erfolgte 1961/62 die Serienbestellung von weiteren 322 Maschinen sowie von 20 Vorausloks der Baureihe V 100.20 mit einem stärkeren 1.350-PS-Motor als »leichte Hauptbahnlokomotive«. Zwischen 1963 und 1965 schlossen sich zwei Serien mit insgesamt 360 Exemplaren der stärkeren Variante V 100.20 an. Für den Einsatz auf der Steilstrecke Rastatt–Freudenstadt wurden 1965 aus der letzten Serie zehn Maschinen (V 100 2332-2341) abgezweigt und mit hydrodynamischer Bremse ausgerüstet.
Ab 1968 erhielten die V 100.10 die computergerechte Baureihenbezeichnung 211, die V 100.20 liefen nun als 212 und die zehn steilstreckentauglichen Loks wurden in 213 umgezeichnet. Mit der Inbetriebnahme der ersten Neubaustrecken im Jahre 1988 wurden sogenannte »Tunnelhilfszüge« in Betrieb genommen. Als Triebfahrzeuge wählte man Lokomotiven der Baureihe 212, die entsprechend ihrem besonderen Einsatzzweck umgerüstet wurden. Auffallend waren besonders die Vielzahl von Scheinwerfern an der Stirnfront. Zunächst als Baureihe 214 geführt erhielten sie 1994 die Bezeichnung 714. Insgesamt 15 Maschinen wurden so umgebaut und sind auch heute noch vor ihren Rettungszügen zu finden.
Die Baureihe 211 verschwand bis zum Jahresende 2000 fast völlig von den Schienen der DB. Die ausgemusterten Loks wanderten aber größtenteils nicht auf den Schrott, sondern konnten meist über Lokhändler verkauft werden. Viele werden heute bei Gleisbaufirmen in Frankreich und Italien eingesetzt. Aber auch deutsche Privatbahnen und ausländische Staatsbahnen waren dankbare Abnehmer der 211. Bei den 212 haben sich ebenfalls die Reihen etwas gelichtet, noch knapp 200 Maschinen waren Ende 2000 im Bestand der DB. Gleiches gilt für die 213, wo noch sechs Maschinen von Hof aus eingesetzt werden.

Technische Daten:

Baureihenbezeichnung:	211	212/213/714 (DB)
Radsatzanordnung:	B'B'	
Kraftübertragung:	dieselhydraulisch	
Vmax (km/h):	100	
Leistung (PS):	1.100	1.350
Leistung (kW):	809	993
Dienstmasse (t):	62	63
Größte Radsatzfahrmasse (t):	16	16
Länge über Puffer/Kupplung (mm):	12.100	12.300 (bis 212 021: 12.100)
Drehgestellradsatzstand (mm)	2.000	2.200
Treibraddurchmesser (mm):	950	
Kraftstoffvorrat (l):	2.270	
Indienststellung:	1958-1963	1959-1966
Verbleib:	V 100 1200 (DGEG, Bochum-Dahlhausen), V 100 1357 (GES, Kornwestheim)	

Foto: Endisch

Foto: Estler

Foto: Endisch

V 100.0-1, V 100.2, 108, 110.0-1, 110.2-8, 110.9, 111, 112, 114, 199.8 (DR), 201, 202, 203, 204, 293, 298 (DB AG)

Mit einigen Jahren Zeitverzögerung zur Entwicklung bei der Bundesbahn benötigte auch die DR Anfang der 60er-Jahre dringend Dieselloks für den mittleren Leistungsbereich zum Ersatz der überalterten Dampflokomotiven. Daher erteilte sie 1963 dem VEB Lokomotivbau »Karl Marx« (LKM) in Potsdam-Babelsberg den Auftrag, eine vierachsige Drehgestell-Lokomotive mit hydraulischer Kraftübertragung, mittig angeordnetem Führerhaus, einer Radsatzlast von 16 Tonnen und einer Leistung von 900 bis 1.000 PS zu entwickeln. Zur Leipziger Frühjahrsmesse 1964 stellte LKM die erste Baumusterlok V 100 001 mit einem 900-PS-Motor vor. Mit einem 1.000-PS-Motor folgte im Februar 1965 ein zweiter Prototyp, die V 100 002. Die Erprobungen brachten zufriedenstellende Ergebnisse und so hätte eigentlich nur mit kleinen Änderungen die Serienfertigung beginnen. Kapazitätsengpässe bei LKM erforderten die Verlagerung der Serienbaus zum VEB Lokomotivbau - Elektrotechnische Werke »Hans Beimler« (LEW) in Hennigsdorf, der zunächst 1966 mit einem dritten Prototyp (V 100 003) seine Qualifikation unter Beweis stellen musste. Im Januar 1967 konnte mit der V 100 004 schließlich die erste Serienlok an die DR ausgeliefert werden.

Die Maschinen besaßen einen geschweißten Hauptrahmen aus zwei kastenförmigen Längs- und mehreren Querträgern. Darauf ruhten das über die ganze Fahrzeugbreite reichende Führerhaus sowie die beiden schmaleren Vorbauten, welche als nichttragende Leichtbauhauben ausgeführt waren. Im vorderen Vorbau waren Kühleranlage und Dieselmotor untergebracht, im hinteren Vorbau der Lüftergenerator, die Druckluftbehälter, die Lichtanlassmaschine und die Batterien. Der Antrieb erfolgte durch eine dreistufiges Strömungsgetriebe über Gelenkwellen zu den vier Radsätzen.

Mit der Auslieferung der V 100 173 im Jahr 1968 endete der erste Serienbau. Die nicht von der DR übernommenen V 100 001 und 002 gingen bei einem Brand verloren. Daher erhielten 1969 die V 100 172 und 173 diese Nummern. Als Erprobungsträger für einen 1.200-PS-Motor diente die V 100 137. Um die Radsatzfahrmasse von knapp 16 Tonnen auf 15 Tonnen zu drücken, verzichtete man bei den folgenden Maschinen auf das Stufengetriebe und den Langsamgang. 1969 wurde mit der V 100 201 (ab 1970: 110 201) ein Prototyp vorgestellt. Analog folgten in den Jahren 1970 bis 1978 in mehreren Serien die 110 202-896. Erneut wurde bei 110 457 ein 1.200-PS-Motor erprobt. Von 1981 an wurden weitere 494 Maschinen umgerüstet, welche unter Beibehaltung ihrer Ordnungsnummer die Baureihenbezeichnung 112 erhielten.

Schon 1978 baute das Raw Stendal versuchsweise bei 110 203 einen 1.430-PS-Motor und ein stärkeres Getriebe ein. Bald darauf wurde der nun auf 1.500 PS eingestellte Motor in der 112 358 erprobt. Ab 1983 begann das Raw Stendal mit dem Umbau von insgesamt 60 Maschinen, welche nun zur Baureihe 114 mutierten.

Als Baureihe 111 »Rangier-V 100« bestellte die DR 1981 bei LEW insgesamt 37 Lokomotiven des Exporttyps mit der Werksbezeichnung V 100.4. Durch Umbau entstanden noch zusätzlich die 111 107 und 128. Entfallen war die Zugheizeinrichtung mit dem Heizdampfkessel. Sie besaßen sie den 1.000-PS-Standardmotor der Baureihe 110. Durch eine veränderte Getriebeübersetzung reduzierte sich ihre Höchstgeschwindigkeit auf 65 km/h.

Erste Versuche für eine bessere »Rangier-V 100« gab es schon 1978. Das Raw Stendal baute die 110 156 und 161 in Rangierloks um und bezeichnete sie neu als Baureihe 108. Ballast ersetzte den Heizkessel und ein neues hydraulisches Wendegetriebe verminderte die Höchstgeschwindigkeit auf 60 km/h. Weitere Experimente folgten 1990 mit den 111 036 und 037, da auch diese Baureihe nicht optimal für den Rangierdienst geeignet war. Neben neuen Strömungsgetrieben war vor allem die Ausstattung mit Seitenführerpulten der entscheidende Durchbruch zur tauglichen Rangierlok.

Als letzte Mutation baute die DR für den Einsatz auf der meterspurigen Harzquerbahn zwischen 1988 und 1990 insgesamt zehn 110er um. Um die geforderte Bogenläufigkeit und Radsatzfahrmasse zur erzielen, mussten die als Baureihe 199.8 bezeichneten Maschinen mit neuentwickelten dreiachsigen Schmalspur-Drehgestellen ausgerüstet werden. Anfang 1993 gingen alle Maschinen in das Eigentum der privatisierten Harzer Schmalspurbahnen GmbH über.

Mit dem gemeinsamen Umzeichnungsplan von 1992 änderten sich die Baureihenbezeichnungen der DR-V 100 erneut. Aus der 110 wurde die 201, aus der 112 die 202 und aus der 114 die 204. Die Rangierloks der Baureihe 108 wurden in die Baureihe 298 umgezeichnet und die letzten Exemplare der Baureihe 111 trugen noch kurz die Bezeichnung 293. Bis Herbst 1993 wurde alle 111/293 sowie 43 Loks der Baureihe 201 in Rangierdiesel umgebaut. Alle laufen heute als Baureihe 298, wobei die ehemaligen 111er als 298.3 eingereiht wurden.

Am 9. April 1998 wurde mit der 201 868 die letzte ihrer Gattung abgestellt. Auch die Reihen der 202 haben sich zwischenzeitlich stark gelichtet. Nur wenige werden das 2001 überleben. Ungefährdet sind dagegen die leistungsstarken 204er sowie die Rangierdiesel der Baureihe 298.

Technische Daten:

Baureihenbezeichnung:	108	110	111	112	114	199.8 (DR)
Spurweite (mm):	1.435	1.435	1.435	1.435	1.435	1.000
Radsatzanordnung:	B'B'	B'B'	B'B'	B'B'	B'B'	C'C'
Kraftübertragung:	dieselhydraulisch					
Vmax (km/h):	80	100	65	100	100	50
Leistung (PS):	1.020	1.000	1.000	1.200	1.500	1.200
Leistung (kW):	750	736	736	883	1.100	883
Dienstmasse (t):	68	60-63,7	62,2	64	64	60
Größte Radsatzfahrmasse (t):	17	15-16,4	15,5	16	16	10
Länge über Puffer/Kupplung (mm):	13.940	13.940/ 14.240	14.240	13.940/ 14.240	13.940/ 14.240	13.560
Drehgestellradsatzstand (mm)	2.300	2.300	2.300	2.300	2.300	2.500
Treibraddurchmesser (mm):	1.000	1.000	1.000	1.000	1.000	850
Kraftstoffvorrat (l):	2.600	2.600	2.780	2.600	2.600	2.600
Indienststellung:	U. 1978-93	1964-78	1982-	U. 1978-	U. 1983-	U. 1988-90
Verbleib:						

Foto: Koppisch, Archiv transpress

V 120 (DRG)

Zu Beginn der 20er-Jahre war zwischen der DRG und dem Kommissariat für Verkehrswesen der UdSSR eine Arbeitsgemeinschaft gebildet wurden, welche die Entwicklung von leistungsfähigen Großdiesellokomotiven mit unterschiedlicher Kraftübertragung zum Ziel hatte. Bis 1924 entstand bei der Maschinenfabrik Esslingen (ME) in Zusammenarbeit mit dem russischen Lokomotivkonstrukteur Lomonosoff eine Diesellokomotive mit elektrischer Kraftübertragung für die Bahnen der UdSSR. Als Antriebsaggregat diente ein 1.200-PS-Sechszylinder-Dieselmotor von MAN, der eigentlich für den Antrieb von U-Booten entwickelt worden war. Im gleichen Jahr bestellte die DRG eine Diesellok mit pneumatischer Kraftübertragung (Diesel-Druckluft-Lokomotive), welche ebenfalls den MAN-Motor erhalten sollte. Die zunächst als V 3201 bezeichnete Maschine war eine Gemeinschaftsentwicklung des Reichsbahn-Zentralamtes, der ME und MAN. Ihr Triebwerk mit zwei Zylindern, der Heusinger-Steuerung sowie den Treib- und Kuppelstangen war weitgehend identisch mit dem von DRG-Einheits-Dampflokomotiven. Der Dieselmotor trieb einen Luftverdichter an. In einem Lufterhitzer wurde die verdichtete Luft von den Motorabgasen auf rund 350° C erwärmt und anschließend den Lokzylindern zugeführt. Die großen Stirnkühler vor den Führerständen verliehen der Maschine mit ihrem kastenartigen Aufbau ein ungewöhnliches Aussehen.

Erst 1927 konnte die V 3201 ihre erste Probefahrt unternehmen. Umfangreiche Versuche und Änderungen verzögerten die Indienststellung um weitere zwei Jahre. Nach weiteren Erprobungen beim Lokomotivversuchsamt Berlin-Grunewald gelangte die Lok, ab 1930 als V 120 001 bezeichnet, in den Planbetrieb bei der RBD Stuttgart. Dort war noch mehrere Jahre im Einsatz, ohne wirklich zu befriedigen. Daher wurde sie schon Mitte der 30er-Jahre ausgemustert und verschrottet.

Technische Daten:

Baureihenbezeichnung:	V 120 (DRG)
Radsatzanordnung:	2'C2'
Kraftübertragung:	pneumatisch
Vmax (km/h):	80
Leistung (PS):	1.200
Leistung (kW):	883
Dienstmasse (t):	124,6
Größte Radsatzfahrmasse (t):	18
Länge über Puffer (mm):	16.330
Treibraddurchmesser (mm):	1.600
Laufraddurchmesser (mm):	850
Kraftstoffvorrat (l):	2.000
Indienststellung:	1927
Verbleib:	

V 140 (DRG, DB)

Trotz der wenig ermutigenden Ergebnisse mit der V 120 001 war die DRG weiter an einer leistungsstarken Diesellok interessiert. Zwischenzeitlich hatte sich die hydraulische Kraftübertragung bei Kleinlokomotiven und Triebwagen bewährt, so dass hydraulische Strömungsgetriebe auch zur Übertragung höherer Leistungen ins Auge gefasst werden konnten. Ab Sommer 1934 entstand daher unter Federführung des Reichsbahn-Zentralamtes bei Krauss-Maffei eine zunächst als V 16 101 bezeichnete Maschine mit einem 1.400-PS-Motor von MAN und hydraulischer Kraftübertragung durch ein Voith-Strömungsgetriebe. Dieses wirkte auf eine Blindwelle, welche über Kuppelstangen die drei Treibradsätze antrieb. Die beiden Laufradsätze waren als Bisselradsätze mit Rückstelleinrichtung ausgeführt. Ein 120-PS-Hilfsdieselmotor von MAN diente zusätzlich zur Energieversorgung und für den Antrieb des Drucklufterzeugers.

Nach nur achtmonatiger Bauzeit konnte die Maschine am 13. Juli 1935 rechtzeitig zur Hundertjahrfeier der Deutschen Eisenbahnen in Nürnberg fertiggestellt und dem staunenden Publikum präsentiert werden. Danach folgten umfangreiche Probefahrten der nun richtig als V 140 001 bezeichneten Lok, bei der ihre »Kinderkrankheiten« beseitigt werden konnten. Danach erfüllte die richtungsweisende Maschine alle an sie gestellten Forderungen. Als erste hydraulische Großdiesellok wurde sie voller Stolz 1937 auf der Pariser Weltausstellung präsentiert. Der Zweite Weltkrieg unterbrach zunächst die weitere Entwicklung von leistungsfähigen Dieselloks und schickte auch die V 140 001 aufs Abstellgleis. Nach Kriegsende wurde die in den Westzonen verbliebene Maschine wieder reaktiviert und fuhr noch bis 1954 bei der Deutschen Bundesbahn. Auf Grund ihres Einzelgängerstatus und der immer schwierigeren Ersatzteilbeschaffung trennte sich die DB von dem Urahn aller hydraulischen Dieselloks. Als bahnbrechende Konstruktion wanderte sie aber nicht auf den Schrott, sondern wurde museal erhalten. Bis 1970 stand sie bei der TH Karlsruhe und kam dann ins Deutsche Museum nach München, wo sie auch noch heute zu bewundern ist.

Technische Daten:

Baureihenbezeichnung:	V 140 (DRG)
Radsatzanordnung:	1'C1'
Kraftübertragung:	hydraulisch
Vmax (km/h):	100
Leistung (PS):	1.400 + 120
Leistung (kW):	1.030 + 88
Dienstmasse (t):	83,0
Größte Radsatzfahrmasse (t):	17,3
Länge über Puffer (mm):	14.400
Treibraddurchmesser (mm):	1.400
Laufraddurchmesser (mm):	850
Kraftstoffvorrat (l):	1.500
Indienststellung:	1935
Verbleib:	V 140 001 (Deutsches Museum München)

Foto: Estler

Foto: Endisch

V 180, V 240, 118 (DR), 228 (DB AG)

Schon während des zweiten Fünfjahresplans der DDR (1956-1960) sollten über 400 Dieselloks für den Strecken- und Rangierdienst zum Einsatz kommen, um den Traktionswandel in größerem Umfang einzuleiten. Für den mittelschweren Reisezug- und Güterzugdienst auf Haupt- und Nebenbahnen war eine vierachsige, zweimotorige Drehgestell-Lok mit 1.800 PS Leistung als Baureihe V 180 vorgesehen. Nach diversen Schwierigkeiten und Verzögerungen stellte erst Anfang 1960 der VEB Lokomotivbau »Karl Marx« (LKM) in Potsdam-Babelsberg mit der V 180 001 die erste Großdiesellok der DDR zur Erprobung zur Verfügung. Zur Erprobung verschiedener Varianten bei den Drehgestellen, der Maschinenausrüstung, Steuerung und Überwachung sowie vor allem zur Gewichtsminimierung folgten bis 1963 drei weitere Baumuster als V 180 002-004. Nach ausführlichsten Tests konnte im Frühjahr 1963 mit den V 180 005-009 eine erste Kleinserie ausgeliefert werden. Mit der Ablieferung der V 180 087 war Ende 1965 die erste Serienfertigung abgeschlossen.

Schon während der Indienststellung der Serie V 180.0 konnte der Motorenhersteller VEB Motorenwerk Johannisthal einen leistungsstärkeren Dieselmotor mit 1.000 PS vorstellen. Am Mitte 1965 erhielten alle V 180 diesen Motor und bildeten die neue Unterbaureihe V 180.1. Bis 1967 verließen insgesamt 82 Exemplare der 2.000-PS-Loks (V 180 101-182) die Werkshallen.

Die neuen V 180 konnten zwar die Dampfloks im mittelschweren Reisezug- und Güterzugdienst auf Hauptbahnen vollwertig ersetzen, waren aber mit ihrer Radsatzfahrmasse von fast 20 Tonnen für viele Nebenstrecken zu schwer. Die DR forderte daher eine sechsachsige V 180 mit einer Radsatzfahrmasse von höchstens 15,75 Tonnen. LKM lieferte mit der sechsachsigen, 2.000 PS starken V 180 201 im Januar 1964 einen ersten Prototyp, der voll stolz auf der Leipziger Frühjahrsmesse präsentiert wurde. Schon bei der Aufstellung des ersten DR-Typenprogramms für Dieselloks war eine 2.400-PS-Maschine als V 240 vorgesehen gewesen. Aufbauend auf den Erkenntnissen mit der sechsachsigen V 180.2 präsentierte LKM 1965 die sechsachsige V 240 001 mit zwei 1.200-PS-Maschinenanlagen. Die Serienlieferung der V 180.2 begann im August 1966 und war 1970 mit der Ordnungsnummer 406 beendet. Die letzten Maschinen wurden schon mit der EDV-gerechte Baureihenbezeichnung 118 ausgeliefert. Die V 240 001 blieb zunächst im Eigentum des Herstellers und wurde erst im Juni 1971 nach Angleichung an die Serien-118 von der DR als 118 202 in ihren Bestand eingereiht.

Alle V 180 besaßen einen Rahmen und Lokkasten als gemeinsame Tragekonstruktion, die in Leichtbauweise aus Blechen und Profilen geschweißt waren. Das Dach war in sieben einzeln abnehmbare Sektionen geteilt. Versuchsweise erhielten die V 180 059, 117, 131 und 203 zeitweise Führerhäuser aus glasfaserverstärktem Kunststoff mit blendfreien Scheiben, die den Loks ein sehr modernes Aussehen gaben. Die Maschinen liefen auf zwei- bzw. dreiachsigen Drehgestellen, deren Rahmen als geschweißte Blechträgerkonstruktionen ausgeführt waren. Für das Fortkommen sorgten zwei Antriebsanlagen, jeweils bestehend aus Dieselmotor, Kühlanlage, Strömungsgetriebe, Lichtanlassmaschine und Lüftergenerator. Sie wurden synchron gesteuert, arbeiteten aber völlig unabhängig voneinander, so dass bei Ausfall einer Maschinenanlage mit halber Leistung weitergefahren werden konnte. Bei den meisten V 180 fanden westdeutsche Voith-Strömungsgetriebe Verwendung, erst ab der V 180 300 war die DDR in der Lage, ein adäquates Getriebe zu liefern.

Am 1981 erhielten die 118.0 im Rahmen planmäßiger Ausbesserung die leistungsstärkeren 1.000-PS-Motoren und wurden dann als Baureihe 118.5 geführt. Analog verfuhr man mit den 118.2, welche sukzessive mit 1.200-PS-Motoren ausgestattet wurden. Sie mutierten zur Baureihe 118.6. Mit Einführung des gemeinsamen Nummernplans von DB und DR 1992 wurde den 118ern die neue Baureihenbezeichnung 228 zugeteilt. Der planmäßige Einsatz bei der DB endete 1998 mit der Abstellung der 228 700. Viele Maschinen fanden zwischenzeitlich den Weg zu Eisenbahnmuseen oder Museumsbahnen. Auch bei privaten Eisenbahnverkehrsunternehmen erfreut sich die erste Großdiesellok der DDR große Beliebtheit und so ist es auch heute noch möglich, die einstigen DDR-Stars auf deutschen Schienen im Betrieb zu erleben.

Technische Daten:

Baureihenbezeichnung:	118.0	118.1	118.2	118.5	118.6	V 240 (DR)
Radsatzanordnung:	B'B'	B'B'	C'C'	B'B'	C'C'	C'C'
Kraftübertragung:	dieselhydraulisch					
Vmax (km/h):	120	120	120	120	120	140
Leistung (PS):	2 x 900	2 x 1.000	2 x 1.000	2 x 1.000	2 x 1.200	2 x 1.200
Leistung (kW):	2 x 662	2 x 736	2 x 736	2 x 736	2 x 883	2 x 883
Dienstmasse (t):	78	78	90	78	90	90
Größte Radsatzfahrmasse (t):	19,5	19,5	15	19,5	15	15
Länge über Puffer (mm):	19.460					
Drehgestellradsatzstand (mm)	3.400	3.400	3.600	3.400	3.600	3.600
Treibraddurchmesser (mm):	1.000					
Kraftstoffvorrat (l):	3.800	3.700	3.700	3.800	3.700	3.700
Indienststellung:	1960-65	1965-67	1964-70	1981-	1981-	1965
Verbleib:	u.a. V 180 005 (VMD, Berlin), 349 (VMD, Arnstadt), V 240 001 (VMD, Dresden-Altstadt)					

Foto: Estler

Foto: Estler

V 160, V 162, V 164, V 168, V 169, 210, 215, 216, 217, 218, 219, 225 (DB)

Höhere Transportleistungen und das sich abzeichnende Ende der Dampftraktion veranlassten die DB Ende der 50er-Jahre, im Rahmen ihres erweiterten Typenprogramms eine Mehrzwecklok mittlerer Leistung (1.900 PS) in Auftrag zu geben. Als Konstruktionsmerkmale wurden vorgegeben: eine einmotorige, vierachsige Drehgestell-Lok mit dieselhydraulischer Kraftübertragung, einer Höchstgeschwindigkeit von mindestens 120 km/h sowie ausreichende Zugheizung für einen D-Zug mit zehn Wagen.
1960/61 lieferte die Firma Krupp sechs Prototypen als V 160 001-006, die mit unterschiedlichen 1.900-PS-Motoren und Getrieben ausgerüstet waren. 1962/63 folgten vier weitere Maschinen (V 160 007-010) von Henschel. Die ersten neun Loks besaßen unterhalb der Stirnfenster einen wohlgerundeten Vorbau, der ihnen schnell den Spitznamen »Lollo« einbrachte. Die zehnte Lok hingegen zeigte das von der V 320 001 übernommene kantige, moderne Gesicht, das zum typischen Kennzeichen der ganzen V 160-Familie werden sollte. Rahmen und Aufbau waren in Stahlleichtbauweise vollständig geschweißt. Zwischen den beiden schallisolierten Führerständen befand sich der Motorraum mit Antriebsanlage, Kühlergruppe und ölgefeuertem Zwangsdurchlaufkessel für die Zugheizung. Er war über einen Seitengang zugänglich. Die Leistungsübertragung erfolgte durch ein Voith-Strömungsgetriebe, das für Motoren dieser Leistungsklasse neu entwickelt werden musste. Außerdem besaßen die V 160 001-009 Einrichtungen für Wendezugbetrieb und Doppeltraktion.
Beim Probebetrieb mit den wegweisenden einmotorigen Großdiesellokomotiven zeigte sich, dass verschiedene Bauteile wie etwa die Gelenkwellen zu schwach dimensioniert worden waren. Dies konnte beim Bau der ab 1964 ausgelieferten Serienloks mit verstärkten Bauteilen verbessert werden. Ferner wurde die fertigungstechnisch einfachere Stirnfront der V 160 010 übernommen, wobei der einfachere Rahmen der anderen neun Probeloks beibehalten wurde. Da bei der Serienlieferung auch ein schwererer Motor zum Einbau kam, stieg das Gewicht der Loks um rund drei Tonnen an. Mit einer Radsatzlast von 20 t kam ein Einsatz der V 160 auf Nebenbahnen praktisch nicht mehr in Frage. Da aber hierfür zwischenzeitlich genügend V 100 zur Verfügung standen, war dies nicht weiter problematisch. Bis 1969 wurden insgesamt 214 Serienloks der Baureihe V 160 (ab 1968: 216) gebaut, davon erhielt etwa die Hälfte Vielfachsteuerung. Im Laufe der Zeit erfolgten noch Verbesserungen zur Bekämpfung des Lärms durch Isolation der Führerhäuser, elastische Lagerung des Motors und Einbau wirksamer Schalldämpfer.
Schon während des Baus der V 160-Serienlieferung gab es erste Überlegungen, im Rahmen des sich abzeichnenden Strukturwandels die Dampfheizung durch eine elektrische Zugheizung zu ersetzen. Krupp lieferte 1965 die V 162 001. Sie besaß neben dem von der V 160 her bekannten 1 900-PS-Motor noch einen 500-PS-Heizdieselmotor von MAN, der über ein Zahnradgetriebe einen BBC-Drehstromgenerator antrieb. Die Leistung des Heizdiesels konnte aber im Sommer- oder Güterzugbetrieb zur Traktionsleistung mit herangezogen werden. Kurz darauf folgte im Februar 1966 die V 162 002 mit einem AEG-Generator und als letzte im Oktober 1966 die V 169 003. Sie besaß einen Siemens-Generator, der jedoch direkt am Heizdiesel angeflanscht war. Alle drei V 169 (ab 1968: 217) unterschieden sich von der V 160 äußerlich nur durch den um 400 mm verlängerten Rahmen sowie die geänderte Folge von Fenstern und Lüftungsgittern. 1968/69 folgten auf diese Prototypen zwölf ebenfalls von Krupp gebaute Serienmaschinen 217 011-022. Sie erhielten wie die V 169 003 einen direkt an den Heizdieselmotor angeflanschten Drehstromgenerator und zusätzlich neue hydraulische Getriebe für 130 km/h. Im Sommer- oder Güterzugbetrieb kann die Leistung des Heizdiesels zur Traktionsleistung mit herangezogen werden. Ferner können die Maschinen alleinfahrend auch nur vom Heizdiesel angetrieben werden.
Mit der V 169 001 (ab 1968: 219 001) entstand 1965 eine weitere Variante zur Lösung des Problems der elektrischen Zugheizung. Grundgedanke ihrer Konstruktion war, die begrenzte Leistung des Dieselmotors durch Zuschaltung einer Gasturbine entscheidend zu vergrößern. Bei der V 169 001 wurde der Drehstromgenerator für die elektrische Zugheizung direkt vom 2.150-PS-Dieselmotor angetrieben. Um den Leistungsentzug zu kompensieren, installierte die Firma Klöckner-Humboldt-Deutz (KHD) eine Zweiwellen-Gasturbine mit 900 PS Leistung, die normalerweise als Antrieb für Hubschrauber verwendet wurde. Diese nur unter Volllast arbeitende Turbine konnte beim Anfahren oder bei Bergfahrten als Booster zugeschaltet werden.
Ab Mitte der 60er-Jahre führte die fortschreitende Ausmusterung von Dampflokomotiven zu einem steigenden Bedarf an leistungsfähigen Dieselloks. Diese sollten sowohl höhere Geschwindigkeiten fahren können als auch den Übergang auf elektrische Zugheizung ermöglichen. Ein leistungsfähiger Motor mit 2.500 PS war zwar gerade von MAN entwickelt worden, aber noch nicht genügend erprobt. Auch lagen noch nicht genügend Erfahrungen mit der elektrischen Zugheizung bei Dieselloks vor. Um den dringenden Lokbedarf zu decken, wurde als Zwischenlösung die Baureihe V 168 (ab 1968: 215) konzipiert. Dies war eine um 400 mm verlängerte Version der V 160, die den wahlweisen Einbau verschieden starker Motoren gestatten sollte. An der Dampfheizung mit Heizkessel der Bauart Vapor-Heating hielt man vorläufig fest, doch sollten die Loks auf elektrische Heizung umrüstbar sein. 1968 lieferte Krupp zehn Vorserien-Maschinen 215 001-010. Sie dienten als Erprobungsträger für den neuen 2500-PS-Motor von MAN. Mit dem Einbau einer hydrodynamischen Bremse konnte bei den 215 005-010 die Höchstgeschwindigkeit auf 140 km/h angehoben werden. Zwischen 1969 und 1971 folgen 140 Serienmaschinen der Baureihe 215. Bis auf die 215 071-093 und die letzten 20 Exemplare erhielten alle den zuverlässigen 1.900-PS-Motor. Bei ihnen kam ein inzwischen verbesserte 2.500-PS-Motor zum Einbau.
Aus dem Bestreben heraus, eine Diesellokomotive für 160 km/h, mit elektrischer Zugheizung und genügend Leistungsreserven zu entwickeln, entstanden zwischen 1969 und 1971 bei Krupp als weitere V 160-Variante die acht Maschinen der Baureihe 210. Sie waren mit einem 2.500-PS-Motor ausgestattet, von dem bis zu 500 PS für die elektrische Heizung abgezweigt werden konnten. Der Generator für die elektrische Heizung wurde dabei über eine Kardanwelle aus dem hydraulischen Getriebe angetrieben. Dazu kam noch eine von KHD in Lizenz gebaute Gasturbine mit 1.200 PS Leistung, die für den Einsatz auf Lokomotiven etwas modifiziert wurde. Die Turbine war

Foto: Estler

Foto: Estler

als zuschaltbare Leistungsreserve (Booster) beim Anfahren und in Steigungen konzipiert. Neu entwickelt wurden von MaK die Drehgestelle mit gleitstückloser Kastenabstützung und Gummischichtfedern für die Radsätze. Zur Ausrüstung der damals schnellsten Dieselloks der Bundesbahn gehörte auch eine hydrodynamische Bremse.
Die grundsätzlichen Probleme der Einführung der elektrischen Zugheizung konnten schon mit den drei Vorserienloks der Baureihe V 169 geklärt werden. Nach der Entwicklung eines 2500-PS-Dieselmotors standen grundsätzlich zwei Varianten zur Verfügung: zusätzlicher Motor für die Heizleistung oder Heizleistung direkt vom Fahrmotor. Zu Vergleichszwecken wurden 1968/69 von Krupp je zwölf Maschinen der Baureihen V 169 (ab 1968: 217) und V 164 (ab 1968: 218) geliefert. Bei den 218 001-012 konnten mit dem Einbau des 2.500-PS-Motors die Sonderaggregate für die Heizung entfallen; der Heizgenerator wird bei Bedarf hydraulisch mit dem Traktionsdiesel gekuppelt. Drehgestelle, Getriebe, Bremsanlagen und Kühlsystem waren der höheren Leistung des Motors und der zu erwartenden höheren Geschwindigkeit angepasst worden. Den zwölf Vorserienmaschinen folgte nach ausgiebiger Erprobung die Serienbestellung, da dem Konzept der 218 mit nur einem Motor gegenüber der 217 mit zwei Motoren (Traktions- und Heizdiesel) aus wirtschaftlichen Überlegungen heraus der Vorrang eingeräumt wurde. Diese Serienbestellung vereinigte alle Erfahrungen aus den Bauarten der V 160-Familie:

- 216: Konzept der einmotorigen Drehgestell-Lokomotive sowie die äußere Gestaltung.
- 217 Vorserie: verlängerter Lokkasten mit den beiden Seitengängen, verbesserte Kraftübertragung und das Grundprinzip der elektrischen Zugheizung
- 219: Antrieb des Heizgenerators durch den Fahrmotor
- 218 Vorserie: 2.500-PS-Motor und neue Kühlanlage
- 215: hydrodynamische Bremsanlage und die Einrichtungen für Doppeltraktion
- 210: verstärkte elektrische Zugheizung

Als vorläufiger Abschluss des Baus von Großdieselloks bei der Bundesbahn entstanden zwischen 1971 und 1979 die 398 Serienmaschinen, an deren Bau neben Krupp auch Krauss-Maffei und Rheinstahl-Henschel beteiligt waren. Natürlich wurden während der langen Beschaffungszeit zahlreiche Detailverbesserungen an der Serie vorgenommen. Wurde anfangs noch ausschließlich der 2.500-PS-Motor eingebaut, erhielten die späteren Lieferserien und damit über die Hälfte der Maschinen einen stärkeren Motor mit 2.800 PS Leistung.
Nicht alle Bauarten der V 160-Familie sind heute noch im Betriebsbestand der DB.
Als erste verschwand die 219 001 still und ruhmlos von den Schienen. Die erste Ölkrise von 1973 veranlasste die DB zu einer kritischen Überprüfung des gesamten Dieselkonzepts und so blieb aus betriebswirtschaftlichen Gründen kein Raum mehr für Einzelgänger. Die Turbine wurde erst stillgelegt, dann ausgebaut und die Maschine im Güterverkehr verwendet. Im Januar 1978 wurde sie ausgemustert und 1985 nach Italien verkauft. Ihre Gasturbine blieb als Ausstellungsstück erhalten. Zwischenzeitlich wieder aus Italien zurückgekehrt verdient sich heute die ehemalige 219 001 remotorisiert als 280.01 bei der Bahngesellschaft Waldhof (BGW) ihr Brot.
Auch bei den 210 hat sich der Einbau der Turbine auf Dauer nicht bewährt. Nachdem schon bald Schäden an Oberleitungen festgestellt wurden, unter denen die Turbinenloks verkehrten, erhielten die Maschinen schornsteinähnliche Aufbauten zur seitlichen Ablenkung der heißen Abgase. Dann gerieten wiederholt Turbinen in Brand oder fielen aus. Dies führte zunächst zu deren Stillegung und ab 1979 aber zu ihrem Ausbau bei fälligen Hauptuntersuchungen. Dabei wurden die Loks bis 1981 den 218 angeglichen, ihre Höchstgeschwindigkeit auf 140 km/h herabgesetzt und in 218 901-908 umgezeichnet.
Die Vorserienloks 216 001-010 sind zwischen 1978 und 1984 ausgemustert worden. Als betriebsfähige Museumslok des VM Nürnberg erfreut die »Lollo« V 160 003 heute immer noch ihre Fans. Der Rest wurde zum Teil nach Italien, Spanien oder an Privatbahnen verkauft. Dort sind die V 160 der ersten Stunde mit Glück heute noch zu finden.
Auch die Serienloks der Baureihe 216 mussten schon kräftige Federn lassen. Bis Ende 2000 waren mehr als die Hälfte schon ausgemustert worden. Einige davon haben eine zweite Karriere bei Privatbahnen oder bei Baufirmen (vorwiegend in Italien) begonnen. Als Museumslok wird 216 021 von der BSW-Gruppe in Oberhausen betreut.
Erste Ausmusterungen gab es auch schon bei der Baureihe 215, doch bis Ende 2000 stand noch der größte Teil dieser Maschinen in Lohn und Brot bei der DB. Die 1975 schwer verunglückte 215 112 wurde als 218 399 wieder aufgebaut. Ab Frühjahr 2001 wird die neue Unterbaureihe 225 bei DB Cargo zum Einsatz kommen. Dabei handelt es sich um 215er, bei denen die nicht mehr benötigten Dampfheizungsanlagen durch Warmhaltegeräte ersetzt wurden.
Alle Exemplare der Baureihe 217 werden immer noch benötigt. Die 217 001 und 002 stehen als 753 001 und 002 dem FTZ München zur Verfügung. Alle anderen werden von Mühldorf aus vorwiegend im bayerischen Chemiedreieck eingesetzt.
Die Baureihe 218 ist bis auf wenige, verunfallte Maschinen noch vollzählig und nach wie vor unentbehrlich bei der DB.

Technische Daten:

Baureihenbezeichnung:	210	215	216	217	218	219 (DB)
Radsatzanordnung:	B'B'					
Kraftübertragung:	dieselhydraulisch					
Vmax (km/h):	160	140	120	130	140	130
Leistung (PS):	2.500+	1.900/	1.900	1.900+	2.500/	2.150+
	1.200	2.500		500	2.800	900
Leistung (kW):	1.840+	1.397/	1.397	1.397+	1.840/	1.582+
	883	1.840		367	2.061	662
Dienstmasse (t):	79	78	77	80	80	77
Größte Radsatzfahrmasse (t):	20	19	20	20	20	20
Länge über Puffer (mm):	16.400	16.400	16.000	16.400	16.400	16.400
Drehgestellradsatzstand (mm)	2.800					
Treibraddurchmesser (mm):	1.000					
Kraftstoffvorrat (l):	3.320	3.050	2.700	3.150	3.100	3.330
Indienststellung:	1970-71	1968-71	1960-69	1965-69	1968-79	1965
Verbleib:	V 160 003 (VM, Lübeck), 216 021 (BSW Oberhausen)					

Foto: Endisch

119 (DR), 219. 229 (DB AG)

Die Misere mit der Baureihe 119 begann mit dem folgenschweren Beschluss des Politbüros der SED, die Fertigung der mittlerweile ausgereiften Baureihe 118 einzustellen und unmittelbar darauf die Weiterentwicklung dieser erfolgreichen Lok zum Bau nach Rumänien abzugeben. Dies resultierte aus dem Beschluss des Rates für Gegenseitige Wirtschaftshilfe (RGW), welcher der Bau von Lokomotiven nach Leistungsgruppen auf verschiedene Länder verteilte. Die DDR baute daher nur noch Lokomotiven bis 2.000 PS. Die neuen Maschinen entstanden ab 1976 im Bukarester Lokomotivwerk »23. August«, wo es bis dahin weder eine vergleichbare Fertigung noch Erfahrungen mit Dieseltraktion dieser Größenordnung gegeben hatte. Diese Defizite konnten auch die auf den Balkan abgeordneten Fachleute aus der DDR nicht kompensieren. Bereits im August 1976 ging die 119 001 auf Probefahrt. Doch die neuen Lokomotiven zeigten schnell erhebliche Material- und Verarbeitungsmängel: Wasserpumpen versagten, Kühlerelemente leckten ebenso wie die Dieselmotoren, deren Abgaskrümmer rissen. Dies brachte den Maschinen schnell Schmähnamen wie »Ceaucescus Rache« oder »Karpaten-Schreck« ein. Geradezu ein Synonym war die Bezeichnung »U-Boot«, nicht allein wegen der Bullaugen-Fenster an den Seiten, sondern auch wegen des häufigen Abtauchens im Ausbesserungswerk. Spürbare Verbesserungen brachte erst die Umrüstung der Loks im Raw Karl-Marx-Stadt vom rumänischen Maybach-Lizenzmotor MB 820 SR auf den schon in der Baureihe 118 bewährten 12 KVD 21 A-4 aus heimischer Produktion mit den entsprechenden Getriebeanpassungen. Die Baureihe 119 war die erste DR-Lok, bei der nicht benötigte Heizleistung für die Traktion verwendet werden konnte. Von der elektrischen Zugheizung abgesehen entsprach sie zum Großteil der V 180.

Zur Beschleunigung des Fernverkehrs in den neuen Bundesländern wurden in den Jahren 1992 und 1993 zwanzig Lokomotiven der Baureihe 219 bei Krupp in Essen zur 140 km/h schnellen 229 umgebaut. Als Antriebsaggregate erhielten die Maschinen zwei MTU-Dieselmotoren des Typs 12 V 396 TE 14 eingebaut, die zusammen eine Nennleistung von 3.754 PS erbrachten. Für die Energieversorgung wurden zwei Generatoren mit insgesamt 800 kVA Leistung installiert. Auch die Arbeitsbedingungen für den Lokführer wurden nach ergonomischen Gesichtspunkten erheblich verbessert Den bisherigen dreizehnstufigen Fahrschalter ersetzte eine elektronische Fahrstufensteuerung. Die Ausrüstung mit der Indusi PZ 80 erlaubte einen Einsatz sowohl auf DR- als auch DB-Gleisen. Neu war auch ein Zugbahnfunkgerät MESA 2002. Nach nur kurzer Verwendung im Fernverkehr wanderten die Maschinen recht schnell in untergeordnete Dienste ab. Heute sind die Fast-Neubauloks akut ausmusterungsgefährdet, da die DB mit ihnen immer noch recht wenig anzufangen weiß.

Besser steht es dagegen um die Baureihe 219. Die 1976 gebauten beiden Prototypen wurden früh ausgemustert, da sie stark von den Serienmaschinen abwichen. Doch für die Serien-219 gibt es möglicherweise eine Renaissance. Die 219 158 wurde bis Herbst 2000 als Prototyp einer rundum modernisierten Lok aufgebaut. Ihr Kernstück ist ein leistungsfähiger, im Kraftstoffverbrauch sparsamer und wartungsfreundlicher Motor von Caterpillar, dem das Voith-Strömungsgetriebe und ein neuer Heizgenerator angepasst sind.

Technische Daten:

Baureihenbezeichnung:	219	229 (DB AG)
Radsatzanordnung:	C'C'	
Kraftübertragung:	dieselhydraulisch	
Vmax (km/h):	120	140
Leistung (PS):	2 x 1.200	2 x 1.877
Leistung (kW):	2 x 883	2 x 1.380
Dienstmasse (t):	96	
Größte Radsatzfahrmasse (t):	16	
Länge über Puffer (mm):	19.500	
Drehgestellradsatzstand (mm)	3.600	
Treibraddurchmesser (mm):	1.000	
Kraftstoffvorrat (l):	4.000	
Indienststellung:	1976-1985	1992-1993
Verbleib:		

Foto: Estler

Foto: Estler

V 200.0, V 200.1, 220, 221 (DB)

Mit der V 200 aus dem ersten DB-Typenprogramm für Dieselloks gelang in Deutschland der Durchbruch zur Großdiesellok für den schweren Streckendienst. Sie hat das Gesicht der DB in den 50er-Jahren entscheiden mitgeprägt. Fünf Prototypen wurden zunächst in Auftrag gegeben. Die ersten beiden konnten 1953 anlässlich der Deutschen Verkehrsausstellung in München der Öffentlichkeit präsentiert werden. Die V 200 erhielten verbesserte 1.100-PS-Motoren wie die kurz zuvor gelieferten V 80, VT 08 und VT 12. Im Gegensatz zur V 80 besaß die V 200 jedoch zwei geräuschisolierte Endführerstände und zwei Maschinenanlagen, um die im schweren Streckendienst mit Geschwindigkeiten bis zu 140 km/h geforderten Leistungen zu erbringen. Die beiden Maschinenanlagen mit ihren Strömungsgetrieben und Kühlaggregaten bildeten zwei voneinander unabhängige Gruppen. Jede wirkte nur auf ein Drehgestell, so dass die Lok bei Ausfall einer Anlage immer noch betriebsfähig blieb. Rahmen, Aufbau und Drehgestelle waren zum größten Teil eine Schweißkonstruktion in Stahlleichtbauweise. Die fünf Prototypen wurden ausgiebig getestet und sorgten auch für viel Aufsehen bei Vorführfahrten im Ausland. Nachdem sich keine grundsätzlichen Konstruktionsmängel gezeigt hatten, wurde 1955 ein Auftrag über 50 Maschinen mit geringen Detailänderungen an die Industrie vergeben. 1958 folgte eine zweite Bestellung mit 31 Lokomotiven. Wahlweise konnten wie schon bei der Vorserie Motoren und Getriebe verschiedener Hersteller eingebaut werden.
Wachsendes Verkehrsaufkommen mit höheren Zuglasten beanspruchten vor allem auf steigungsreichen Strecken die V 200.0 in hohem Maße. Daher erhielt Krauss-Maffei 1960 den Auftrag, eine stärker motorisierte Variante zu entwickeln. Die »neue« Baureihe V 200.1 erhielt zwei Maschinenanlagen zu je 1.350 PS. Das Mehrgewicht durch die stärkeren Maschinenanlagen wurde durch einen leichteren Dampfheizkessel sowie durch die Verwendung von Leichtbaustoffen bei den Vorratsbehältern kompensiert. Äußerlich ergaben sich geringen Änderungen bei den Lüfter- und Fensteranordnungen sowie den Stirnpartien. 50 Maschinen wurden in den Jahren 1962 bis 1965 geliefert. Auch diese Loks bewährten sich hervorragend. Ein Weiterbau unterblieb aber, weil die einmotorige Großdiesellok (V 160-Familie) inzwischen ihren Siegeszug angetreten hatte.
Bei der DB mussten die letzten V 200.0 (ab 1968: 220) 1984 ihren Dienst quittieren. Die V 200.1 (ab 1968: 221) wurden etwas länger benötigt, ihre letzte Stunde schlug 1988. Als betriebsfähige Museumsloks des Verkehrsmuseums Nürnberg sind die V 200 002, 007 und 116 erhalten geblieben. Die ebenfalls betriebsfähige 221 135 gehört der Lokführerin Barbara Pirch. Daneben bereichern noch weitere 220 diverse Museen als Ausstellungsstücke. Ein großer Teil der 220 und 221 wanderte nach seiner Abstellung nicht auf den Schrott, sondern konnte an verschiedene Bahnen und Baufirmen im Ausland verkauft werden. Ehemalige 220 fuhren u.a. in Saudi-Arabien, Italien (noch heute) und der Schweiz. Diverse 221 machten sich noch einige Jahre in Albanien und Griechenland nützlich. Die aus der Schweiz zurückgekehrte ehemalige 220 053 fährt heute als EVB 288 bei den »Eisenbahnen und Verkehrsbetrieben Elbe-Weser GmbH«.

Technische Daten:

Baureihenbezeichnung:	V 200.0	V 200.1 (DB)
Radsatzanordnung:	B'B'	
Kraftübertragung:	dieselhydraulisch	
Vmax (km/h):	140	
Leistung (PS):	2 x 1.100	2 x 1.350
Leistung (kW):	2 x 809	2 x 993
Dienstmasse (t):	73-81	78-80
Größte Radsatzfahrmasse (t):		
Länge über Puffer (mm):	18.470 (bis V 200 005: 18.530)	18.440
Drehgestellradsatzstand (mm)	3.200	
Treibraddurchmesser (mm):	950 (bis V 200 005: 940)	950
Kraftstoffvorrat (l):	2.700	
Indienststellung:	1953-1959	1962-1965
Verbleib:	u.a. V 200 002, 007	V 200 116, 135

Foto: Estler

Foto: Blaschke

V 188, 288 (DB)

Dieselelektrische Exoten mit bemerkenswerter Vergangenheit waren die Doppelloks der Baureihe V 188 (ab 1968: 288) der DB. Im Jahre 1937 hatte Krupp den Auftrag zum Bau des größten in der Welt jemals gebauten Artilleriegeschützes erhalten, der Eisenbahnkanone »Dora«. Drei Züge waren erforderlich, um das Riesengeschütz in seine Stellung zu bringen. Für den Transport und zur Stromversorgung beim Aufbau und Einsatz des Riesengeschützes bestellte die Wehrmacht bei Krupp sechs Doppellokomotiven mit dieselelektrischer Kraftübertragung. Jede Lokomotiveinheit des Typs D 311 bestand aus zwei kurzgekuppelten Teilen zu je vier Radsätzen. In jedem Teil befand sich ein 940 PS starker aufgeladener Sechszylinder-Reihenmotor von MAN. Dieser trieb einen Gleichstromgenerator an, der wiederum die vier Tatzlagermotoren mit Strom versorgte. Führerstände waren nur an den Stirnseiten der »Zwillings-Loks« vorhanden. Die beiden ersten Doppelloks D 311.01A/B und 02A/B wurden im Oktober 1941 abgeliefert, zwei weitere Maschinen folgten im August 1942. Die beiden letzten konnten nicht mehr fertiggestellt werden, da die Produktionsstätten von Krupp durch Luftangriffe weitgehend zerstört wurden.
Das völlig überdimensionierte Geschütz wurde zusammen mit einem Schwestergeschütz 1945 gesprengt. Den Krieg dagegen überstanden drei der vier Doppelloks, von denen zwei zwischen 1948 und 1951 bei Krauss-Maffei aufgearbeitet wurden. Bei der DB erhielten sie die Nummern V 188 001a/b und V 188 002a/b. Doch zunächst erwiesen sich die Loks als wenig zuverlässig und schon im April 1954 wurde die V 188 002 abgestellt. Bis 1957/58 wurden die Loks umgebaut und erhielten neue Maybach-Motoren von je 1.100 PS Leistung sowie neue Getriebe von Gmeinder. Danach funktionierten sie ausgezeichnet und wurden erst vom Bw Gemünden und ab 1968 vom Bw Bamberg aus eingesetzt. Stets beförderten sie schwere Güterzüge bzw. verrichteten anfangs Schubdienste auf der noch nicht elektrifizierten Spessartrampe Laufach–Heigenbrücken. Im Rahmen der allgemeinen Typenbereinigung wurden die beiden Kriegsveteranen zwischen 1969 und 1972 ausgemustert und verschrottet.

Technische Daten:

Baureihenbezeichnung:	V 188 (DB)
Radsatzanordnung:	Do+Do
Kraftübertragung:	dieselelektrisch
Vmax (km/h):	75
Leistung (PS):	2 x 1.100
Leistung (kW):	2 x 809
Dienstmasse (t):	147
Größte Radsatzfahrmasse (t):	
Länge über Puffer (mm):	22.510
Treibraddurchmesser (mm):	1.250
Kraftstoffvorrat (l):	1.350
Indienststellung:	1941-1942
Verbleib:	

Foto: Estler

V 200, 120 (DR), 220 (DB AG)

Die V 200 war die erste dieselelektrische Großdiesellok der DR. Sie war ausschließlich für den schweren Güterzugdienst vorgesehen. Entwickelt und gebaut wurden die Maschinen in Woroschilowgrad (Lugansk). Da die ersten Loks ohne Schalldämpfer ausgeliefert wurden, erzeugten sie einen ohrenbetäubenden Lärm. Daher erhielten sie schnell die Spitznamen »Taigatrommel« und »Wumme«. Sie wurden von einem 2.000 PS starken Zwölfzylinder-Zweitaktmotor angetrieben. Der Motor wirkte auf einen fremderregten Gleichstrom-Traktionsgenerator, der seine erzeugte Energie an sechs parallel geschaltete Gleichstrom-Fahrmotoren abgab. Zwei Kühlkreisläufe führten die durch den Motor erzeugte Wärme in Kühlwasser, Abgasturbolader und Motoröl ab.
Die ersten beiden Loks (V 200 001 und 002) wurden im Dezember 1966 im Bw Leipzig-Wahren beheimatet. Diese beiden Prototypen dienten zur Schulung der Lokführer und des Werkstattpersonals sowie für eine Reihe von messtechnischen Untersuchungen der Versuchs- und Entwicklungsstelle der Maschinenwirtschaft Halle (Saale). Mit den V 200 003-090 folgte 1967 die erste große Serienlieferung. Nach der Auswertung von Praxiserfahrungen rollte 1968 die zweite Lieferung (V 200 091-177) mit einigen Verbesserungen an. 1969 kamen mit den V 200 178-287 und 1970 mit den V 200 288-314 weitere Sowjetimporte ins Land. Mit der computergerechten Bezeichnung 120 und den zwischen 1973 und 1975 in Dienst gestellten Betriebsnummern 315-378 war die Beschaffung beendet.
Bei den Lokführern war die »Taigatrommel« durch ihren einfachen aber robusten Aufbau beliebt. Etwaige Störungen konnten meist selbst an Ort und Stelle behoben werden. 1995 wurden die letzten Maschinen der Baureihe ausgemustert und zum größten Teil verschrottet. Einige wenige Loks wurden an Museen abgegeben und an privaten Interessenten veräußert. Bei privaten Eisenbahnverkehrsunternehmen erleben die »Taigatrommeln« heute eine Renaissance.

Technische Daten:

Baureihenbezeichnung:	V 200 (DR)
Radsatzanordnung:	Co'Co'
Kraftübertragung:	dieselelektrisch
Vmax (km/h):	120
Leistung (PS):	2.000
Leistung (kW):	1.271
Dienstmasse (t):	115,1
Größte Radsatzfahrmasse (t):	19,2
Länge über Puffer (mm):	17.550
Drehgestellradsatzstand (mm)	4.200
Treibraddurchmesser (mm):	1.050
Kraftstoffvorrat (l):	3.900
Indienststellung:	1966-1975
Verbleib:	u.a. 120 001 (BSW Rostock), 120 274 (DB AG, Arnstadt), 120 295 (BSW Leipzig-Wahren)

Foto: Koppisch, Archiv transpress

V 300, 230 (DB)

Als sechsachsige Weiterentwicklung der V 200 lieferte Krauss-Maffei 1957 drei Maschinen des Typs ML 2200 an die jugoslawische Staatsbahn. Sie verfügten über bessere Reibungsverhältnisse bei geringerer Radsatzlast, waren aber etwas länger und schwerer ausgefallen. Ihre Ausführung ließ gegebenenfalls die Installation stärkerer Maschinenanlagen zu. Eine vierte Lok wurde von Krauss-Maffei auf eigene Rechnung gebaut und der DB zum Probeeinsatz überlassen. Beheimat war die ML 2200 beim Bw Frankfurt-Griesheim, doch war die Lokomotive häufig zu Test- und Demonstrationsfahrten unterwegs. Versuche am Semmering im Herbst 1957 lieferten beachtliche Ergebnisse vor schwersten Zügen. Ein anschließender Einsatz auf der Schwarzwaldbahn zeigte jedoch, dass eine Leistungssteigerung durchaus wünschenswert wäre. Daher erfolgte zwischen November 1957 und Mai 1958 bei Krauss-Maffei der Einbau stärkerer Maybach-Motoren mit 1.425 PS Leistung und neuer Getriebe. Unter der neuen Bezeichnung ML 3000 absolvierte sie weitere Test- und Demonstrationsfahrten (u.a. Österreich, Ungarn).
Schließlich wurde die Lokomotive am 4. August 1965 von der DB übernommen und dem Bw Hamm zugeteilt. Dort machte sich mit einem weiteren »Giganten«, der V 320 001, nützlich. Nachdem die V 320 nach Kempten umgesetzt worden war, verließ auch die V 300 das Bw Hamm. Lübeck und Hamburg-Altona waren die letzten Stationen ihres Lebensweges. Dort beförderte sie zuletzt Schnellzüge zwischen Westerland und Hamburg-Altona. Am 26. August 1975 musste sie den Dienst quittieren. Versuche, die Maschine nach Italien zu verkaufen, waren ein Fehlschlag. Nach einigen Probefahrten im Raum Udine kehrte der Koloss Ende 1978 nach Deutschland zurück und wurde 1979 in Penzberg bei München verschrottet.

Technische Daten:

Baureihenbezeichnung:	V 300 (DB)
Radsatzanordnung:	C'C'
Kraftübertragung:	dieselhydraulisch
Vmax (km/h):	140
Leistung (PS):	2 x 1.425
Leistung (kW):	
Dienstmasse (t):	104
Größte Radsatzfahrmasse (t):	
Länge über Puffer (mm):	20.270
Drehgestellradsatzstand (mm)	3.500
Treibraddurchmesser (mm):	950
Kraftstoffvorrat (l):	4.620
Indienststellung:	1957
Verbleib:	

Foto: Koppisch, Archiv transpress

V 320, 232 (DB)

Schon 1956 begann die Firma Henschel auf eigene Rechnung, aber in Zusammenarbeit mit dem BZA München mit der Konstruktion der bis heute größten und stärksten dieselhydraulischen Lok Europas. Bei der Entwicklung dieses Giganten konnte Henschel dabei auf Erfahrungen mit Exportloks. Im übrigen bediente man sich bei der V 320 001 des bewährten Verfahrens, in die große Maschine zwei 1.900-PS-Motoren der gerade entstehenden V 160 einzubauen. Völlig neu waren jedoch die dreiachsigen Drehgestelle. Die Radsätze erhielten im Hinblick auf die Höchstgeschwindigkeit von 160 km/h den ungewöhnlich großen Durchmesser von 1.100 mm. Durch eine bei Stillstand zu betätigende Umschaltvorrichtung konnte entweder die Kombination hohe Geschwindigkeit (160 km/h) bei geringerer Zugkraft oder niedrige Geschwindigkeit (100 km/h) bei hoher Zugkraft vorgegeben werden. Das moderne, kantige Design ihrer Stirnfronten war richtungsweisend für alle nachfolgenden DB-Dieselloks.
Auf Grund der hohen Kapazitätsauslastung von Henschel konnte die V 320 001 erst 1962 ausgeliefert werden. Mit der Maschine wurden zunächst ausgedehnten Mess- und Probefahrten unternommen. Ab 1963 gelangte sie als Mietlok in den Bestand der DB und fuhr zunächst beim Bw Hamm. 1965 kam die V 320 nach Kempten beförderte vorwiegend schwere Schnellzüge. 1974 beendete die DB das Mietverhältnis und gab sie ans Herstellerwerk zurück. Henschel unterzog die Maschine einer Hauptuntersuchung und verkaufte sie im April 1976 an die Hersfelder Kreisbahn, wo sie bis 1988 verwendet wurde. Danach kam die Lok zur Teutoburger Wald-Eisenbahn (TWE). Nach ihrem Fristablauf 1992 verschwand sie nach Italien, um sich ihr Gnadenbrot im Bauzugdienst zu verdienen. Damit schien das Schicksal dieser hochinteressanten Maschine besiegelt, doch 1999 erfolgte durch die Gleisbaufirma WIEBE der spektakuläre Rückimport nach Deutschland. Nach aufwändiger Aufarbeitung und dem Einbau neuer Motoren fährt die V 320 001 ab März 2000 wieder auf deutschen Schienen.

Technische Daten:

Baureihenbezeichnung:	V 320 (DB)
Radsatzanordnung:	C'C'
Kraftübertragung:	dieselhydraulisch
Vmax (km/h):	160
Leistung (PS):	2 x 1.900
Leistung (kW):	2 x 1.397
Dienstmasse (t):	121,4
Größte Radsatzfahrmasse (t):	
Länge über Puffer (mm):	23.000
Drehgestellradsatzstand (mm)	4.350
Treibraddurchmesser (mm):	1.100
Kraftstoffvorrat (l):	4.320
Indienststellung:	1962
Verbleib:	

Foto: Endisch

Foto: Endisch

V 300, 130.0, 130.1, 131, 132, 142 (DR), 230, 231, 232, 234, 241, 242, 754.1 (DB AG)

Nach den Beschlüssen des VII. Parteitages der SED sollte der Traktionswandel in der DDR deutlich forciert werden. Zur beschleunigten Ablösung der Dampfloks wurde eine 3.000-PS-Diesellok vorgesehen, die auf guten Erfahren mit der DR-V 200 aufbaute. Speziell für den Reisezugdienst war der Einbau einer elektrischen Zugheizung vorgesehen. Eine erste Baumusterlok stellte der sowjetische Hersteller, die Lokomotivfabrik »Oktoberrevolution« im ukrainischen Lugansk (ab 1972: Woroschilowgrad), als V 300 001 im Jahr 1969 fertig und präsentierte sie auf der Leipziger Frühjahrsmesse 1970 der Öffentlichkeit. Sie wurde nicht von der DR übernommen, sondern ging zur weiteren Erprobung ans Herstellerwerk zurück. 1970 traf mit den computergerecht als 130 001-011 geführten Loks eine Probeserie bei der DR ein, die zunächst eingehend untersucht wurde. Da sich die elektrische Zugheizung noch in Entwicklung befand, mussten diese Maschinen wie auch die 1971 (130 012-054) und 1972 (130 055-080) ohne auskommen. Zugelassen war die 130 für eine Höchstgeschwindigkeit von 140 km/h, die jedoch für den Regelbetrieb bei der DR auf 120 km/h beschränkt wurde. Erst 1972 stellte der sowjetische Hersteller mit den 130 101 und 102 zwei Probelokomotiven mit elektrischer Zugheizung zur Verfügung. Daher wurde im gleichen Jahr vereinbart, bis zur Feststellung der Betriebssicherheit der elektrischen Zugheizung weitere Lieferungen mit reduzierter Höchstgeschwindigkeit von 100 km/h aber dafür erhöhter Zugkraft als Güterzugloks zu produzieren. In zwei Serien gelangten 1972 die 131 001-017 und 1973 die 131 018-076 zur DR. Schließlich war auch die elektrische Zugheizung funktionstüchtig und betriebsicher. Damit konnte die Auslieferung der 120 km/h schnellen Baureihe 132 beginnen. Zwischen 1973 und 1982 wurden insgesamt 709 Exemplare in Dienst gestellt.
Konstruktiv waren die Lokomotiven der Baureihen 130, 131 und 132 weitgehend identisch. Ihr Rahmen und die beiden dreiachsigen Drehgestelle sind eine aus Blechen und Profilen bestehende Schweißkonstruktion. Der Fahrzeugkasten besteht aus Blechen und Profilen mit seitlichen Versteifungssicken und ist mit dem Rahmen verschweißt. Angetrieben werden die Maschinen von einem 16-Zylinder-Viertakt-Dieselmotor mit Aufladung. Dieser hat eine Dauerleistung von 2.200 kW (3.000 PS). Die vom Motor erzeugte mechanische Energie wird über eine Lamellenkupplung zum Traktionsgenerator übertragen und dort in elektrische Energie umgewandelt. Der so erzeugte Drehstrom wird von der Gleichrichteranlage in Gleichstrom umgewandelt und den in Reihe geschalteten Fahrmotoren zugeführt, welche die Radsätze antreiben. Bei der Baureihe 132 erzeugte zusätzlich ein Heizgenerator die notwendige Energie, um Reisezugwagen über die Heizleitung mit Strom für die Beleuchtung, Klimatisierung und andere Verbraucher zu versorgen. Wegen des zusätzlichen Heizgenerators und der Umgruppierung einiger Aggregate im Maschinenraum musste der Rahmen der 132 um 200 mm verlängert werden.
Auf Grund ihrer hohen Stückzahl hatten die scherzhaft »Ludmilla« genannten Maschinen bald einen großen Anteil an der Zugförderung auf nicht elektrifizierten Strecken. Anfang der 70er-Jahre war für den Einsatz im schweren Zugdienst die Weiterentwicklung der 132 mit einem 4.000-PS-Motor zur Baureihe 142 vorgesehen. Schon zur Leipziger Frühjahrsmesse 1975 konnte mit der 142 001 ein erstes Baumuster präsentiert werden, das allerdings wieder an der Hersteller zurückging. 1977 und 1978 konnten sechs Probelokomotiven (142 001-006) importiert werden. Wegen steigender Rohölpreise und der dadurch forcierten Elektrifizierung wichtiger Hauptstrecken unterblieb jedoch eine weitere Beschaffung.
Nach der Wende wurden von 1992 bis 1996 insgesamt 64 »Ludmillas« (ab 1992: Baureihe 232) für eine Höchstgeschwindigkeit von 140 km/h mit geänderter Getriebeübersetzung und angepasster Bremsausrüstung modifiziert. Unter Beibehaltung ihrer Ordnungsnummern erhielten sie die neue Baureihenbezeichnung 234 und teilweise modifizierte Motoren. Außerdem wurde die Schalldämpfung überarbeitet.
Der drastische Einbruch im Güterverkehr nach der Wende hatte bald ein großen Überbestand an DR-Dieselloks zur Folge. Bis 1994 verschwand die Baureihe 230 (bis 1992: 130) von den Schienen. Ein Jahr später war auch das Kapitel der Baureihen 231 (bis 1992: 131) und 242 (bis 1992: 142) beendet. Die beiden Versuchsloks 130 101 und 102 standen bis 1997 dem VES-M Halle als Bremsloks zur Verfügung und hatten daher 1992 die neue Bezeichnung 754 101 und 102 erhalten.
Zuletzt ließ DB Cargo einige Maschinen umbauen. 1998 wurde zunächst versuchsweise die 232 800 mit einem 4.000-PS-Motor remotorisiert. Vor allem für den grenzüberschreitenden Güterverkehr in die Niederlande und nach Belgien erhielten 1999 fünf »Ludmillas« ebenfalls diesen Motor und wurden in die Baureihe 241 umgezeichnet. Ihre Höchstgeschwindigkeit wurde auf 100 km/h reduziert. Um auf den ausländischen Schienennetzen fahren zu können, mussten auch Zugfunk- und Signalsteuerungssysteme angepasst werden. Diverse »Ludmillas« der Baureihen 230, 231, 232 und 242 fahren zwischenzeitlich für private Eisenbahnverkehrsunternehmen oder werden museal erhalten.

Technische Daten:

Baureihenbezeichnung:	230.0	754.1	231	232	234	241	242 (DB AG)
Radsatzanordnung:	Co'Co'						
Kraftübertragung:	dieselelektrisch						
Vmax (km/h):	140	140	100	120	140	100	120
Leistung (PS):	3.000	3.000	3.000	3.000	3.000	4.000	4.000
Leistung (kW):	2.200	2.200	2.200	2.200	2.200	2.940	2.940
Dienstmasse (t):	116,2	120	116,2	122,4	122	127	126
Größte Radsatzfahrmasse (t):	19,4	20,5	19,4	20,4	20,4	21	20,9
Länge über Puffer (mm):	20.620	20.620	20.620	20.820	20.820	20.820	20.820
Drehgestellradsatzstand (mm):	3.700						
Treibraddurchmesser (mm):	1.050						
Kraftstoffvorrat (l):	4.000						
Indienststellung:	1970-72	1972	1972-73	1973-82	1991-96	1998-99	1977-78
Verbleib:	u.a. 130 002 (BSW Belzig), 130 101 (BSW Halle P), 131 004 (BSW Halle P), 131 072 (BSW Arnstadt)						

Foto: Estler

202 (DB)

Als Baureihe 202 wurden bis 1985 bei der Bundesbahn insgesamt vier Maschinen geführt, die alle auf private Initiative der Industrie entstanden. Sie lieferten zum Teil wertvolle Ergebnisse, wurden aber nie von der DB übernommen, sondern nur leihweise eingesetzt. Die 202 001 wurde 1962 als DE 2000 von Henschel und Siemens gebaut. Sie sollte mit ihrem dieselelektrischen Antrieb eine Alternative zu dem von der DB favorisierten dieselhydraulischen Antrieb aufzeigen. 1970 wurde die Maschine an die Westfälische Landes-Eisenbahn verkauft und 1978 dort verschrottet.
Richtungsweisend für neue Antriebe wurde die 1971 ausgelieferte 202 002. Ihr mechanischer Teil stammte von Henschel, der elektrische von BBC. Der weiße Anstrich und die moderne Form verhalfen ihr zu dem Spitznamen »Weißer Riese«. Völlig neu entwickelt wurde von BBC die Drehstrom-Kraftübertragung. Der Motor trieb einen Drehstromgenerator an, doch wurden die Drehstrom-Asynchronmotoren nicht direkt, sondern über Gleichrichter und einen Gleichstrom-Zwischenkreis mit nachgeschaltetem Umrichter gespeist. Neu waren auch die leichten drehzapfenlosen dreiachsigen Drehgestelle. 1973 folgten zwei weitere Maschinen als 202 003 und 004. Die erstere erhielt zweiachsige Drehgestelle und einen orangeroten Anstrich (»Roter Ochse«). Die 202 004 besaß wieder dreiachsige Drehgestelle, war aber blau gestrichen.
1975 wurde die 202 002 mit einem Steuerwagen gekuppelt, welcher Stromabnehmer und Trafo besaß, um als Elektrolok unter 15 kV / 16 2/3 Hz fahren zu können. 1977 wurde die 202 002 abermals umgebaut, gelb gespritzt und als »1600 P« an die Niederländische Staatsbahn vermietet. Dort sollte sie ihre Eignung im Betrieb unter 1500 V Gleichstrom beweisen. An der 202 003 wurden die Versuchslaufwerke mit umkoppelbaren Antriebsmassen (UmAn) erprobt, welche für den ICE von besonderer Bedeutung waren. Dafür hatte sie sogar an einer Seite ein neues futuristisches Frontdesign sowie eine komplett neue Lackierung erhalten. Bis 1985 waren die Einsätze bei der DB beendet. Alle drei DE 2500 werden heute museal erhalten.

Technische Daten:

Baureihenbezeichnung:	202 002, 004	202 003 (DB)
Radsatzanordnung:	Co'Co'	Bo'Bo'
Kraftübertragung:	dieselelektrisch	
Vmax (km/h):	140	
Leistung (PS):	2.500	
Leistung (kW):	1.840	
Dienstmasse (t):	80	
Größte Radsatzfahrmasse (t):		
Länge über Puffer (mm):	18.000	
Drehgestellradsatzstand (mm)	4.000	3.200
Treibraddurchmesser (mm):	1.100	
Kraftstoffvorrat (l):		
Indienststellung:	1971-1973	1973
Verbleib:	202 002 (Kassel), 003 (Berlin), 004 (Mannheim)	

240 (DB)

Im Gegensatz zu vielen Bahnverwaltungen im Ausland setzte die DB bis 1990 ausschließlich auf dieselhydraulische Loks. Der dieselelektrische Antrieb kam nur bei Versuchsmaschinen der Industrie zum Zuge. Mit finanzieller Unterstützung der EU und des Landes Schleswig Holstein baute MaK den Jahren 1988/89 drei dieselelektrische Loks der Bauart DE 1024. Die nötige Leistung für die sechsachsigen Maschinen stellte ein 3.600 PS starker Zwölfzylinder-Dieselmotor zur Verfügung. Die Leistungsübertragung erfolgte mit ABB-Drehstromtechnik. Mit dem Dieselmotor direkt gekuppelt war der Hauptstromgenerator, welcher die elektrische Energie in einen Gleichstrom-Zwischenkreis einspeiste. Mit Hilfe von »Gate-Turn-Off-Thyistoren« (GTO-Thyistoren) wird der Strom umgeformt und den sechs Drehstrom-Asynchronmotoren zugeführt. Die beiden dreiachsigen Drehgestelle besaßen eine asymmetrischen Radsatzstand. Zwei Doppel-T-Trägern bildeten die Grundlage der selbsttragenden geschweißte Rahmenkonstruktion, auf denen zur Verminderung des Geräuschpegels die beiden Endführerstände elastisch gelagert waren.
Ersten Einstellungsfahrten erfolgten Ende 1989 auf der Kiel-Schöneberger Eisenbahn. Anfang 1990 mietete die DB die drei DE 1024 an und reihte sie als 240 001-003 in ihren Bestand ein. Die Loks erhielten die Namen »Kiel« (240 001), »Westerland« (240 002) und »Lübeck« (240 003). Neben zahlreichen Versuch fuhren sie im hochwertigen Reisezugdienst. Auch im schweren Güterzugdienst des Ruhrgebietes wurden die Loks erprobt. Doch die DB verlor bald das Interesse an den Prototypen. Zum einen war die Elektrifizierung wichtiger Hauptstrecken Schleswig-Holsteins ins Auge gefasst worden, zum anderen konnte nach der Wiedervereinigung Deutschlands der Lok-Engpass bei der DB durch angemietete Lokomotiven der DR ausgeglichen werden. Daher wurden die Maschinen an den Hersteller zurückgegeben. Noch 1996 konnten die drei DE 1024 an die Häfen und Güterverkehr Köln AG (HGK) verkauft werden. Seit 1996 laufen die 240 002 und 003 dort als DE 12 und 13, die 240 001 folgte 1997 als DE 11.

Technische Daten:

Baureihenbezeichnung:	240 (DB)
Radsatzanordnung:	Co'Co'
Kraftübertragung:	dieselelektrisch
Vmax (km/h):	160
Leistung (PS):	3.600
Leistung (kW):	2.650
Dienstmasse (t):	117,0
Größte Radsatzfahrmasse (t):	20
Länge über Puffer (mm):	20.960
Drehgestellradsatzstand (mm)	3.890
Treibraddurchmesser (mm):	1.016
Kraftstoffvorrat (l):	5.000
Indienststellung:	1989-1990
Verbleib:	

Foto: Kuchinke

250 001 (DB AG)

Mit dem »Blue Tiger« stellte die Firma ADtranz in Kassel am 12. November 1996 den Prototyp einer innovativen, modernen sechsachsigen dieselelektrischen Lokomotive für den Weltmarkt vor. Sie entstand in Zusammenarbeit mit der General Electric Transportation Systems (GETS) aus den USA in einer nur zwölfmonatigen Planungs- und Bauzeit. Die eher amerikanisch anmutende Lok ist in Modulbauweise aufgebaut. Sie kann mit relativ geringem Aufwand an alle Spurweiten angepasst werden und selbst ein 200 km/h schneller Triebkopf ist ohne weiteres realisierbar. Bei der Konstruktion wurde konsequent Leichtbautechnik aus dem Flugzeug- und Autobau angewendet. Als Antriebsaggregat dient ein 2.400 kW starker Dieselmotor von General Electric mit elektronisch geregelter Einspritzung. Modernste Drehstromtechnik ist für den Antrieb verantwortlich. Die Maschine verfügt natürlich über Einzelradsatz-Steuerung, wobei jeder Radsatz mit einem eigenen luftgekühlten Wechselrichter ausgestattet ist. Als Drehgestelle wurden solche der nahezu verschleißfreien Henschel-Flexifloat-Bauart verwendet. Auffallend sind die eigenwillig gestalteten Fronten mit ihrem großen, ovalem Führerstandsfenster. Zwischen den beiden Führerstand befindet sich der etwas eingezogene Motorraum, auf dessen silbernen Seitenwänden ein dunkelblauer springender Tiger sofort ins Auge fällt.
Ab dem 3. November 1997 war der »Blue Tiger« als 250 001 für einige Zeit zur Erprobung in den DB-Betriebspark eingestellt. Zwischenzeitlich gehört die Maschine dem ADtranz-Lokpool an und kann bei Bedarf von interessierten Eisenbahnunternehmen angemietet werden.

Technische Daten:

Baureihenbezeichnung:	250 001 (DB)
Radsatzanordnung:	Co'Co'
Kraftübertragung:	dieselelektrisch
Vmax (km/h):	120
Leistung (PS):	
Leistung (kW):	2.460
Dienstmasse (t):	108
Größte Radsatzfahrmasse (t):	18
Länge über Puffer (mm):	22.000
Drehgestellradsatzstand (mm)	
Treibraddurchmesser (mm):	1.067
Kraftstoffvorrat (l):	
Indienststellung:	1996
Verbleib:	

259 003 (DB AG)

Mit dem schottischen Bauunternehmen Foster Yeoman Limited gründete DB Cargo im Sommer 1997 die Yeoman GmbH mit dem Ziel, Baustofftransporte von rund 500.000 Tonnen im Jahr auf der Schiene durchzuführen. In Großbritannien war Foster Yeoman schon lange vor der Privatisierung der Staatsbahn mit eigenen Loks auf deren Gleisen aktiv. Eine dieser Loks der Baureihe 59 (»Yeoman Highlander«) mit der Betriebsnummer 003 traf Anfang Mai 1997 auf dem Festland bei der neuen Firma ein, um zu erproben, ob ein Einsatz auf dem DB-Streckennetz unproblematisch zu realisieren sei. Die DB nahm die sechsachsige Maschine als 259 003 in ihren Bestand auf und schickte sie zunächst ins Werk Cottbus, um die notwendigen Sicherheitseinrichtungen nachzurüsten. Gebaut wurde die Lok Anfang der 80er-Jahre von General Motors Electro-Motive Division (EMD). Sie zeichnet sich durch ihre vergleichsweise einfache, robuste Bauweise aus, die eine hohe Zuverlässigkeit garantiert. Die sechs Radsätze mit ihren Gleichstromfahrmotoren werden von einem 2.460 kW starken Dieselmotor und Generator angetrieben.
Im September 1997 konnte die 259 003 bei ersten Probefahrten zeigen, was in ihr steckt. Einige Zeit lang fuhr der »Highlander« dann Baustoffzüge im Großraum Berlin. Bald darauf wurde von Foster Yeoman die Kooperation mit DB Cargo aufgegeben und durch ein Joint Venture mit der Karsdorfer Eisenbahn-Gesellschaft abgelöst. Zwischenzeitlich ist Forster Yeoman nicht mehr auf andere Eisenbahnverkehrsunternehmen angewiesen, da seine neugegründete Firma HHP (»Heavy Haul Power«) mit Sitz in Magdeburg selbst als Eisenbahnunternehmen zugelassen ist. Der »Highlander« ist nun bei HHP eingestellt und macht sich weiter im Berliner Baustoffverkehr nützlich.

Technische Daten:

Baureihenbezeichnung:	259 003 (DB)
Radsatzanordnung:	Co'Co'
Kraftübertragung:	dieselelektrisch
Vmax (km/h):	120 (60 mph)
Leistung (PS):	
Leistung (kW):	2.460
Dienstmasse (t):	121
Größte Radsatzfahrmasse (t):	22
Länge über Puffer (mm):	21.350
Drehgestellradsatzstand (mm)	
Treibraddurchmesser (mm):	1.067
Kraftstoffvorrat (l):	
Indienststellung:	1985
Verbleib:	

Foto: Estler

Kö I (DRG, DR, DB), 311 (DB), 100.0 (DR)

Ende der 20er-Jahre beschloss die DRG den Bau verschiedener sogenannter Kleinlokomotiven, die auf kleineren Bahnhöfen den Rangierdienst übernehmen sollten. 1931 führte die DRG für ihre Kleinloks ein eigenes Bezeichnungssystem ein, welches die Maschinchen in zwei Leistungsgruppen einteilte. Die Leistungsgruppe I (Loks bis 39 PS Motorleistung) erhielt die Nummerngruppe 0001 bis 3999. Bis 1932 stellte die DRG in dieser Leistungsgruppe 28 Loks unterschiedlichster Bauart in Dienst.
Ab 1933 wurden die ersten Kleinserien der Leistungsgruppe I produziert. Gmeinder und Jung lieferten je 34 Exemplare, Windhoff sieben. Da noch keine einheitlichen Baugrundsätze festgelegt worden waren, entwickelte jede Firma ein eigenes Modell.
Nach Auswertung der Betriebserfahrungen konnten die Maße für eine Einheitsbauart mit Dieselmotoren festgelegt werden. Mit der Kö 0080 lieferte 1934 Gmeinder die erste der neuen Einheitsbauart, von der weitere 80 Exemplare folgten (Kö 0105-0184). Vier Motoren (25-30 PS) verschiedener Hersteller konnten wahlweise eingebaut werden. Zwischen 1935 und 1938 folgte die verstärkte Bauart (Kö 0185-0289). Letztere unterschied sich durch eine etwas höhere Leistung (35-39 PS), war 100 mm länger und um zwei Tonnen schwerer. Allen gemeinsam war die Ausführung mit Endführerstand, Zahnradgetriebe, mechanischer Kupplung und Antrieb über Rollenketten.
Sowohl in den Westzonen als auch in der sowjetischen Zone waren nach Kriegsende erhebliche Stückzahlen der Kö I vorhanden. Sowohl bei DB als auch bei der DR wurden bis in die 60er-Jahre alle Maschinen ausgemustert, die nicht der Einheitsbauart entsprachen. Die DB rüstete den verbleibenden Rest auf Deutz-Motoren von 50 PS Leistung um, bei der DR ersetzte ein 38-PS-Motor des VEB Dieselmotorenwerk Schönebeck die verschlissenen Aggregate. In diesen Ausführungen taten die letzten Exemplare bei der DB (ab 1968 als Baureihe 311) Dienst bis 1979, bei der DR (ab 1970 als Baureihe 100.0) bis 1984. Als Denkmalslok im Eingangsbereich des AW Nürnberg blieb die schwarz lackierte Kö 0278 (311 278) erhalten. Daneben zählt die 311 225 zum Museumsbestand der DB.

Technische Daten:

Baureihenbezeichnung:	311 (DB)	100.0 (DR)
Radsatzanordnung:	B	
Kraftübertragung:	mechanisch	
Vmax (km/h):	23	18-23
Leistung (PS):	50	38
Leistung (kW):	37	28
Dienstmasse (t):	10,2	8-10,2
Größte Radsatzfahrmasse (t):	5,3	
Länge über Puffer (mm):	5.575	5.475/5.575
Treibraddurchmesser (mm):	850	
Kraftstoffvorrat (l):	56	
Indienststellung:	1934-1938	
Verbleib:	u.a. 311 225, 278	

Foto: Endisch

Köf III, 331, 332, 333, 335 (DB)

Ab Mitte der 50er-Jahre zeigte sich bei der DB, dass die Kleinloks der Lg II den Anforderungen nicht mehr genügten. Daher begann ab 1958 die Entwicklung von stärkeren Kleinloks der Lg III. Von Gmeinder konnten 1959/60 die ersten acht Probeloks ausgeliefert werden. Drei (Köf 10 001-003) besaßen nur eine Höchstgeschwindigkeit von 30 km, während die restlichen fünf (Köf 11 001-005) 45 km/h schnell waren. Zu Vergleichszwecken erhielten drei Maschinen (Köf 10 001-002 und 11 001) einen 240-PS-Motor der Motorenwerke Mannheim (MWM), die übrigen Fahrzeuge eine 232-PS-Motor von Kaelble.Bei allen Kleinloks erfolgte die Leistungsübertragung über Gelenkswelle auf das hydraulische Getriebe und weiter über Rollenketten auf die Radsätze.
Nach Abschluss der Betriebserprobung entschloss sich die DB zur Weiterbeschaffung der Köf 11 mit dem 240-PS-Motor der MWM und dem Voith-Getriebe L 213 U, von der zwischen 1962 und 1966 insgesamt 312 Exemplare als Köf 11 006-317 geliefert wurden. 1965 lieferte die Gmeinder auf eigene Kosten eine verbesserte Kleinlok, bei der die Kraftübertragung zwischen einem neuen Voith-Strömungsgetriebe und den Radsätzen durch Gelenkwellen erfolgte. Sie wurde im Mai 1967 nach ausgiebiger Erprobung von der DB als Köf 12 001 übernommen und in Serie nachgebaut. Die EDV-gerechte Umzeichnung bescherte den drei Köf 10 die Nummern 331 001-003, den Köf 11 die Baureihenbezeichnung 332 und der Köf 12 001 die neue Nummer 333 001. Bis 1978 wurden von der Baureihe 333 insgesamt 250 Exemplare (333 002-251) in Dienst gestellt.
Durch Getriebeumbau wurde zwischen 1982 und 1985 die Höchstgeschwindigkeit der 331 001-003 auf 45 km/h angehoben. Die 331 003 musste 1989 den Dienst quittieren, die beiden anderen fuhren seit dem 1. Januar 1992 als 332 601 und 602. Insgesamt 190 Exemplare der Baureihe 333 wurden zwischen 1988 und 1993 mit Funkfernsteuerung und halbautomatischer Rangierkupplung ausgerüstet und in Baureihe 335 mit gleicher Ordnungsnummer umgezeichnet. Nach massiven Ausmusterungen der »Ketten-Köf« in den letzten Jahren sind heute nur noch wenige 332er vorhanden.

Technische Daten:

Baureihenbezeichnung:	331	332	333/335 (DB)
Radsatzanordnung:	B		
Kraftübertragung:	hydr., Kette	hydr., Kette	hydr., Gelenkwelle
Vmax (km/h):	30	45	45
Leistung (PS):	240		
Leistung (kW):	177		
Dienstmasse (t):	20,3	20,3	24,2
Größte Radsatzfahrmasse (t):	10,2	10,2	12,1
Länge über Puffer (mm):	7.830		
Treibraddurchmesser (mm):	950		
Kraftstoffvorrat (l):	270		
Indienststellung:	1959	1959-1966	1965-1978
Verbleib:			

Foto: Estler

Kö, Köf II (DRG, DB, DR), 321, 322, 323, 324 (DB), 100.1-9, 310 (DR)

Die Entwicklung der Kleinloks der Leistungsgruppe II (über 40 PS Leistung) verlief weitgehend parallel zur Entwicklung der Leistungsgruppe I. Erste Erfahrungen mit Probelokomotiven führten 1932 zum Konzept einer Einheits-Kleinlok der Leistungsgruppe II (ab Kb 4065). Wesentliche Unterschiede gegenüber der Leistungsgruppe I waren: Das Führerhaus befand sich nicht mehr über sondern hinter dem zweiten Radsatz. Daher es so tief gesetzt werden, dass ohne Zwischenstufen eingestiegen werden konnte. Die Fahrzeuge war um einen Meter länger. Das Gesamtgewicht stieg auf Grund robusterer Bauweise und größerer Motoren ganz beträchtlich, verbesserte aber Reibungslast und Zugkraft der Maschinen. Radsatzstand, Raddurchmesser und der Antrieb über Ketten waren identisch mit der Leistungsgruppe I. Bei Motoren und Getrieben herrschte anfangs eine bunte Vielfalt. Je nach Typ und Hersteller schwankten die Leistungen zwischen 50 und 110 PS. Zunächst wurden nur mechanische Zahnradgetriebe installiert. 1933 erhielt die Kbf 4736 erstmals eine hydraulische Kraftübertragung. 1937 verfügte die DRG die längst fällige Beschränkung auf zwei Motorentypen, die gegeneinander tauschbar waren. Bis zum Jahr 1944 wurden von zahlreichen Firmen rund 1.300 Kleinloks der Leistungsgruppe II gebaut.

Nach Kriegsende waren in den Westzonen rund 450 Kleinloks der Leistungsgruppe II vorhanden, in der sowjetischen Zone knapp 300 verblieben. Daneben wurden zahlreiche weitere Maschinen aus Wehrmachtsbeständen übernommen. Ab 1948 bis 1965 wurden von der DB insgesamt 736 Kleinlokomotiven mit weitgehend unveränderter Konstruktion nachbeschafft (Betriebsnummern 6100 bis 6835). Sie wurden aber durchweg mit Motoren von über 100 PS sowie mit Strömungsgetrieben ausgerüstet. Die älteren Lokomotiven erhielten nach und nach stärkere Motoren, durchweg Flüssigkeitsgetriebe statt der ursprünglichen Rädergetriebe, Druckluftbremsen und wurden in zahlreichen Einzelteilen vereinheitlicht.

Ab 1. Januar 1968 erfolgte die Eingruppierung in die Baureihen 321, 322 und 323/324 nach folgendem Schema:

321: mechanische Bremse, Vmax 30 km/h
322: Druckluftbremse, Vmax 30 km/h
323/324: Druckluftbremse, Vmax 45 km/h

In den 70er-Jahren wurde noch eine größere Anzahl durch den Einbau von Türen und Fenstern in die Führerhäuser winterfest gemacht. Die Kleinloks ohne Druckluftbremse (Baureihe 321) schieden durch Umbau und Ausmusterung bis 1974 aus dem Bestand der DB aus. 1987 schlug die letzte Stunde der Baureihe 322.

Bei der DR verlief die Entwicklung ähnlich. Auch hier wurden die übernommenen Kleinloks der Leistungsgruppe II sukzessive vereinheitlicht und verbessert. Ab 1948 baute LKM in Babelsberg die Kleinloks der Einheitsbauart nach, die mit mechanischem Getriebe und Motoren von 60 oder 90 PS ausgerüstet wurden. 32 dieser Nachbauten gelangten als Kö 4001-4032 in den Bestand der DR. Im Laufe der Jahre baute auch die DR in ihre Kleinloks immer stärkere Motoren ein, zuletzt solche mit 125 PS Leistung. Ab 1970 erfolgte die computergerechte Umzeichnung in die Baureihe 100. Dabei wurden die 295 Maschinen mit Rädergetriebe als Baureihe 100.1-7, die 78 Loks mit hydraulischem Antrieb als Baureihe 100.8-9 bezeichnet. Im gemeinsamen Nummerplan von DB und DR erhielten die Kleinloks der DR die neue Baureihenbezeichnung 310. Bei der DB AG hielten sich die letzten Exemplare der Leistungsgruppe II zäh und sowohl für die Baureihe 310 als auch für die Baureihe 323 schlug erst 1999 die letzte Stunde. Viele der vor allem in den letzten Jahren ausgemusterten Maschinen konnte an Industriebetriebe, Privat- und Museumsbahnen abgegeben werden, so dass auch heute noch genügend Gelegenheit besteht, eine dieser Kleinloks über irgendwelche Gleise wieseln zu sehen.

Technische Daten:

Baureihenbezeichnung:	321, 322	323/324 (DB)	100.1-7	100.8-9 (DR)
Radsatzanordnung:	B			
Kraftübertragung:	hydr.	hydr.	mech.	hydr.
Vmax (km/h):	30	45	30	30
Leistung (PS):	118-128	118-128	125	125
Leistung (kW):	87-94	87-94	92	92
Dienstmasse (t):	16-17			
Größte Radsatzfahrmasse (t):	8			
Länge über Puffer (mm):	6.450 (321-324 auch: 6.392)			
Treibraddurchmesser (mm):	850			
Kraftstoffvorrat (l):	110-200	110-200	110	110-200

Foto: Endisch

Foto: Slg. Kenning

Foto: Estler

333.9 (DB)

Zum 1. Januar 1975 übernahm die Deutsche Bundesbahn den Restbetrieb der privaten Kerkerbachbahn an der DB-Strecke Limburg–Gießen einschließlich der beiden noch vorhandenen Dieselloks. Die Strecke von Kerkerbach und Dehrn war schon am 1. Mai 1886 eröffnet worden. Eine weitere Strecke von Kerkerbach nach Hintermeilingen konnte bis zum 15. April 1908 in Betrieb genommen werden. Beide Strecken waren in Meterspur ausgeführt. Bis Ende 1960 wurden sowohl die Strecke Kerkerbach–Hintermeilingen als auch der Betrieb zwischen Kerkerbach und Dehrn aufgegeben. Damit wickelte die Bahn bis zur Übernahme durch die DB nur noch den Güterverkehr auf dem 3,8 km langen Abschnitt Kerkerbach–Dehrn ab. Bei der Firma Ruhrthaler beschaffte die Kerkerbachbahn 1958 zwei gleichartige zweiachsige Dieselloks als Nr. 18 und 19. Während die Nr. 18 mit dem Namen »Steeden« normalspurig war, lief die Nr. 19 »Kerkerbachtal« auf den Meterspurgleisen und wurde erst 1961 auf Normalspur umgerüstet. Nach Übernahme durch die DB im Jahre 1975 erhielten die Loks die Nummern 333 901-902. Die beiden Maschinen waren zunächst beim Bw Limburg beheimatet und fuhren weiter auf ihrer alten Stammstrecke. Als erste wurde die 333 901 nach einem Schaden am 27. Mai 1979 beim Bw Limburg aus dem Bestand gestrichen. Am 27. Februar 1980 verließ die Lok das Ausbesserungswerk Nürnberg, wo sie im Auftrag eines ausländischen Käufers untersucht und repariert worden war.
333 902 diente ab 1. Oktober 1978 als Werklok dem AW Schwetzingen und seit dem 31. Dezember 1978 als Werklok im AW Darmstadt. Am 20. Juli 1979 wechselte sie zum Bw Hanau, wo die Maschine nur herumstand. Mit der Umbeheimatung zum Bw Friedberg im August 1980 ging ihrer Odysee weiter. Dort kam sie für kurze Zeit vom Bahnhof Hungen aus zum Einsatz. 1980 beendete ein Achsbruch ihre weitere Karriere und sie musste ins Ausbesserungswerk nach Nürnberg. Buchmäßig wurde sie zum 1. Januar 1981 wieder beim Bw Limburg beheimatet, welches die Lok erneut auf ihrer alten Hausstrecke einsetzen wollte. Doch die HVB entschied anders und stellte die Lok am 1. August 1981 auf »z«. Kurz darauf erfolgte ihre Ausmusterung und Verschrottung.

Technische Daten:

Baureihenbezeichnung:	333.9 (DB)
Radsatzanordnung:	B
Kraftübertragung:	mechanisch
Vmax (km/h):	30
Leistung (PS):	250
Leistung (kW):	
Dienstmasse (t):	29
Größte Radsatzfahrmasse (t):	
Länge über Puffer (mm):	7.900
Treibraddurchmesser (mm):	
Kraftstoffvorrat (l):	
Indienststellung:	1958
Verbleib:	

Ks, Ka, 381, 382 (DRG, DB)

Parallel zu den Kleinloks der Leistungsgruppe II mit Verbrennungsmotoren ließ die DRG auch ähnliche Fahrzeuge mit Elektroantrieb durch Akkumulatoren entwickeln. 1930 lieferte AEG vier Akku-Kleinloks als A 6001-6004 (ab 1931: Ks 4012-4015). Sie besaßen eine allseits offene Bedienungsplattform mit den Batterien, nur geschützt durch ein von acht Stützen getragenes Dach. Die beiden Radsätze mit Tatzlagermotoren ruhten in einem geschweißten Außenrahmen.
Mit der Ks 4071 lieferte 1932 AEG die erste Akku-Kleinlok. Auch bei ihr erfolgte der Antrieb durch zwei Tatzlagermotoren. In dem langen Vorbau waren nun die Akkumulatoren untergebracht. In den Jahren 1935 bis 1938 kamen in mehreren Serien insgesamt 41 Maschinen als Ks 4815-4820, 4859-4870, 4903-4910 und 4979-4993 in den Bestand der DRG, an der Bau die Berliner Maschinenbau AG, Windhoff in Rheine, AEG und Siemens beteiligt waren. Sie wurden von zwei parallel zu den Radsätzen eingebauten Gleichstrommotoren über Zahnräder und Ketten angetrieben.
In den Bestand der DB gelangten die Ks 4012-4015 sowie 36 Exemplare der zweiten Generation. 1955 beschaffte die DB zwei weitere Kleinloks mit Akkumulatorenantrieb. Sie wurden von Gmeinder Mosbach, erhielten Garbe-Lahmeyer-Motoren und in zweiter Besetzung die Nummern Ks 4992-4993.
Schon 1959 wurde die Ks 4014 ausgemustert. Die drei anderen erhielten 1960 die Baureihenbezeichnung Ka. Die Ka 4015 erhielt sogar noch einen neuen, weitgehend geschlossenen Kastenaufbau, 1968 die EDV-gerechte Betriebsnummer 381 101 und wurde erst 1977 verkauft. 1970 gelangte die Ka 4013 in den Museumsbestand der DGEG in Bochum-Dahlhausen.
Die Serienloks der DRG wurden 1968 ebenfalls in die Baureihe 381, die DB-Nachbauloks in die Baureihe 382 umgezeichnet. Die AEG-Vorauslok Ks 4071 wurde zur 381 201. Nach ihrer Ausmusterung 1970 kam sie als Denkmalslok ins AW Limburg. Alle Akku-Kleinloks sind zwischenzeitlich aus dem Bestand der DB ausgeschieden. Einige werden aber noch als Verschubloks in verschiedenen Werken und Betriebshöfen eingesetzt.

Technische Daten:

Baureihenbezeichnung:	Ka 4012-4017	381	382 (DB)
Radsatzanordnung:	Bo		
Kraftübertragung:	elektrisch	elektr., Kette	elektr., Kette
Vmax (km/h):	30	25	30
Leistung (PS):			
Leistung (kW):	35	34	70
Dienstmasse (t):	20,3	20,3	24,2
Größte Radsatzfahrmasse (t):		8,5	10,5
Länge über Puffer (mm):	5.600	6.450	6.432
Treibraddurchmesser (mm):	850		
Indienststellung:	1959	1959-1966	1965-1978
Verbleib:	u.a. Ka 4013 (DGEG), 381 201 (Denkmal AW Limburg)		

Foto: Endisch

V 11, Köf 99, 329, 399 (DB)

Als erste Diesellok der Wangerooger Inselbahn erschien 1952 die V 11 901, eine kleine dreiachsige, vom Gmeinder gebaute Maschine. In ihrer Konzeption lehnte sie sich eng an einen Feldbahndiesellоktyp der Wehrmacht im Zweiten Weltkrieg an. Ihr 130-PS-Motor übertrug seine Leistung über ein Flüssigkeitsgetriebe, Blindwelle und Kuppelstangen auf die drei Treibachsen. Technisch identisch, nur äußerlich moderner gestaltet, lieferte Gmeinder 1957 zwei weitere Loks als V 11 902-903 an die Inselbahn. Insbesondere die Führerhäuser waren deutlich größer ausgeführt. Diese drei Diesellokomotiven ermöglichten nun die vollständige Aufgabe des Dampflokbetriebes. Anfang der 60er-Jahre erfolgte mit den neuen Betriebsnummern Köf 99 501-503 ihre eindeutige Zuordnung zu den Kleinlokomotiven.

Mit drei Maschinen war der Fahrzeugbestand vor allem während der gesetzlich vorgeschriebenen Untersuchungen oder bei Schäden knapp bemessen. So übernahm die DB 1971 zunächst leihweise und ab September 1972 käuflich eine gebrauchte Diesellok der Inselbahn Juist mit dem Namen »Heinrich«. Im Anschluss an die ab 1968 als 329 501-503 geführten Köf 99 erhielt sie die Betriebsnummer 329 504. Diese Maschine war 1952 bei Klöckner-Humboldt-Deutz für die der Reederei Norden-Frisia gehörende Juister Inselbahn erbaut worden. Im Gegensatz zu den 329 501-503 war die 329 504 nur zweiachsig und mit einem 87-kW-Motor ausgestattet. Ihr Antrieb erfolgte ebenfalls über Blindwelle und Kuppelstangen. Nach Einführung des Bezeichnungsschemas von 1992 fuhren die vier Loks als 399 101-104.

Als Schnäppchen konnte die DB im gleichen Jahr zwei fast neuwertige Schmalspur-Dieselloks aus rumänischer Produktion von der Mansfeld Transport GmbH erwerben. Die Maschinen des Typs L18H-C wurden 1990 von der Lokfabrik »23. August« in Budapest gebaut und sollten eigentlich auf der meterspurigen Schlackenbahn der August-Bebel-Hütte in Helbra zum Einsatz kommen. Durch den Zusammenbruch der DDR-Wirtschaft nach der Wende erübrigte sich ein Einsatz bei der Schlackenbahn. In einer umfangreichen Umbauaktion wurden die beiden Neuzugänge in der Wangerooger Werkstatt den Erfordernissen des Inselbahnbetriebs angepasst und erhielten die Betriebsnummern 399 105-106. Im Aufbau entsprachen die Neuzugänge weitgehend den vorhandenen Maschinen. Als Antriebsaggregat dient ein in Lizenz gebauter MAN-Sechszylinder-Motor mit 132 kW Leistung. Der Antrieb erfolgt über Hydraulikgetriebe, Gelenkwelle und Radsatzgetriebe auf den vorderen Radsatz, der mit den beiden anderen Radsätzen über Kuppelstangen verbunden ist.

Da sich die rumänischen Loks in der Folge als recht störanfällig erwiesen, waren sie nur bedingt als Ersatz für die älteren Maschinen geeignet. Daher wurden 1998 bei der Diepholzer Lokfabrik Schöttler (SCHÖMA) zwei leistungsfähige, zweiachsige Maschinen (399 107-108) bestellt, welche sich in ähnlicher Form bei den Inselbahnen Borkums und Langeoogs schon bewährt hatten. Im Hinblick auf die aggressive, salzhaltige Meeresluft erhielten sie Aufbauten aus Nirosta-Blechen. Als Antriebsaggregat dient ein KHD-Motor mit 166 kW Leistung. Der Antrieb erfolgt erstmals nicht über Kuppelstangen sondern über hochdimensionierte Gelenkwellen. Die 399 107 ist zusätzlich mit Funkfernsteuerung ausgerüstet.

Im April 1999 erreichten die beiden Neubauloks die Insel und übernahmen sofort die Hauptlast des Inselbahnverkehrs. Zwischenzeitlich sind die 399 101-103 abgestellt. 2001 wird eine dritte SCHÖMA-Lok als 399 109 ausgeliefert werden. Die weiteren Planungen sehen dann die Abstellung von 399 104 und 105 vor, während die 399 106 als Reserve und für den Güterzugdienst im aktiven Bestand bleiben soll.

Technische Daten:

Baureihenbezeichnung:	399 101-103	104	105-106	107-108 (DB)
Radsatzanordnung:	C	B	C	B
Kraftübertragung:	hydraulisch			
Vmax (km/h):	20			
Leistung (PS):	130			
Leistung (kW):	94	87	132	166
Dienstmasse (t):	16,5	13	16,6	16
Größte Radsatzfahrmasse (t):	5,5			
Länge über Puffer/Kupplung (mm):	5.566	6.090	5.400	6.597
Treibraddurchmesser (mm):	700	700		770
Kraftstoffvorrat (l):	136	180	200	700
Indienststellung:	1952-1957	1952	1990 (U 1992)	1999
Verbleib:				

Foto: Blaschke

Foto: Endisch

Köf, 100, 199, 399 (DR)

Mitte der 30er-Jahre wurden für militärische Transport- und Nachschubbahnen auf feldbahnmäßig verlegten Gleisen Schmalspurdiesellokomotiven unterschiedlicher Leistung entwickelt. Als Köf 6001 und 6003 wurden die beiden Maschinen mit einer Spurweite von 750 mm nach ihrer Aufarbeitung bezeichnet, welche die DR aus früheren Wehrmachtsbeständen übernommen hatte. Die Fahrzeuge stammten aus einer Serie des Typs HF 130 C, die während des Krieges für die Spurweiten von 600 und 750 mm gebaut worden war. Durch Umpressen der Radscheiben konnten sie auf beiden Spurweiten eingesetzt werden. Zwischen 1937 und 1944 lieferten sechs Hersteller 341 solcher Maschinen. Die DR setzte die beiden Loks zunächst auf Schmalspurbahnen der Rbd Berlin ein. 1964 kamen sie auf die Insel Rügen zum Rangierdienst auf den Bahnhöfen Bergen und Altefähr, später Putbus. EDV-gerecht erhielten sie 1970 die Bezeichnung 100 901 und 902. Anfang der 70er-Jahre wurde beide Loks zunächst abgestellt. Ab 1975 dienten sie wieder aufgearbeitet und umgezeichnet in 199 001 und 002 als Bauzugloks. Wegen eines Getriebeschadens musste die 199 002 in den 80er-Jahren abgestellt und verschrottet werden. Mit Einführung des Umzeichnungsplans von 1992 wurde die 199 901 als 399 703 geführt. Auch nach der Privatisierung der Schmalspurbahn auf Rügen wird sie von der Rügenschen Kleinbahn betriebsfähig vorgehalten.
Angetrieben wird die Lok von einem KHD-Dieselmotor des Typs A 6 M 517 mit 130 PS Leistung. Sie ist mit einem zweistufigen Strömungsgetriebe ausgerüstet, das über Wendegetriebe, Blindwelle und Kuppelstangen auf die drei im Außenrahmen gelagerten Radsätze wirkt.
Als Weiterentwicklung des Heeresfeldbahntyps HF 130 C stellte der VEB Lokomotivbau »Karl Marx« (LKM) in Potsdam-Babelsberg in den 50er-Jahren die Schmalspurdiesellloks der Bauart Ns 4 her. Ein 90-PS-Motor sorgte für die nötige Antriebsleistung und wirkte über ein Viergang-Rädergetriebe, Blindwelle und Kuppelstangen auf die drei Radsätze. Zur Bedienung des schmalspurigen Anschlussgleises (750 mm) zur Papierfabrik Wilischthal erwarb die DR 1973 vom VEB Feinspinnerei Venusberg (Erzgebirge) eine solche Maschine und reihte sie als 199 007 in ihren Bestand ein. Sie wird heute von der IG Preßnitztalbahn betriebsfähig erhalten.
Aus dem Typ Ns 4 entstand bei LKM in der Folge die Schmalspurdiesellok des Typs V 10 C. Ein 100-PS-Motor des VEB Dieselmotorenwerk Schönebeck und ein modernes äußeres Erscheinungsbild waren die markantesten Kennzeichen dieser Maschinen, die für Spurweiten zwischen 600 und 1.000 mm produziert wurden. Nach Einstellung der Spreewaldbahn (1.000 mm) mussten im Cottbuser Stadtgebiet zahlreiche Anschlüsse weiterbedient werden. Hierfür kaufte die DR 1970 vom VEB Spanplattenwerk Gotha zwei 1964 gebaute Loks dieses Typs und reihte sie als 100 905 und 906 (ab 1973: 199 005 und 006) in ihren Bestand ein. Anfang 1983 wurden die schmalspurigen Anschlüsse auf Regelspur umgestellt und darauf die beiden Loks zur Harzquer- und Brockenbahn umgesetzt. Im Umzeichnungsplan von 1992 noch kurzzeitig als 399 112 und 113 geführt, gehören sie heute unter ihren alten Betriebsnummern zum Bestand der Harzer Schmalspurbahnen (HSB).
Bei der schmalspurigen Berliner Pioniereisenbahn »Ernst Thälmann« (600 mm), die ab 1979 der DR unterstand, liefen ebenfalls Dieselloks des Typs Ns 4 (199 103) und V 10 C (199 101 und 102). Noch heute sind diese Maschinen im Bestand der zwischenzeitlich privatisierten Berliner Parkeisenbahn vorhanden.

Für den Rollbockverkehr auf den schmalspurigen Gleisen (1.000 mm) der Industriebahn Halle/Saale suchte die DR 1983 zur Ablösung der verschlissenen Diesellokomotiven kostengünstige Alternativen. Sie wurden in den normalspurigen Kleinloks 100 128 und 287 gefunden. Nach Umspurung und dem Ersatz der normalen Zug- und Stoßeinrichtungen durch solche für den Rollbockverkehr stand ihrem Einsatz als 199 003 und 004 nichts mehr im Wege. Auf die gleiche Weise adaptierte die DR drei Kleinlokomotiven für die Harzquer- und Brockenbahn. 1984 entstand aus der 100 325 die 199 010 und 1991 folgten mit dem Umbau der 100 639 und 213 die 199 011 und 012. Während die 199 003 und 004 nach Einstellung des Rollbockverkehrs 1991 in Halle ausgemustert wurden, erhielten die 199 010-012 im Umzeichnungsplan von 1992 noch kurzzeitig die Nummern 399 114-116. Seit 1993 befinden sie sich unter ihren alten Nummern im Bestand der Harzer Schmalspurbahnen (HSB).

Technische Daten:

Baureihenbezeichnung:	199 001-002	199 007, 103	199 005-006, 101-102	199 003-004, 010-012 (DR)
Spurweite (mm):	750	750 / 600	1.000 / 600	1.000
Radsatzanordnung:	C	C	C	B
Kraftübertragung:	hydraulisch	mechanisch	mechanisch	mechanisch
Vmax (km/h):	20	24	24	30
Leistung (PS):	130	90	100	125
Leistung (kW):	96	66	74	92
Dienstmasse (t):	16,5	14,6	16	16
Größte Radsatzfahrmasse (t):	5,5		5,3	8
Länge über Puffer/Kupplung (mm):	5.356	5.340	5.400 / 5.200	5.350
Treibraddurchmesser (mm):	700	700	700	850
Kraftstoffvorrat (l):	110	180	350 / 160	110
Indienststellung:	1944	1957	1964, 1969/1971	Umbau 1983-1991
Verbleib:				

Foto: Blaschke

Foto: Slg. Kenning

DT 59 (DRG, DR)

Die Rückkehr zu heimischen Brennstoffen bildete beim 1937 gelieferten DT 59 gleichzeitig den Abschluss der Dampftriebwagenentwicklung bei der DRG. Von Borsig wurde ein neu entwickelter Schwelkoksdampferzeuger mit Wanderrost in den bei der Waggonfabrik Wismar hergestellten Triebwagen eingebaut. Gegenüber den seitherigen vierachsigen Dampftriebwagen konnte man hier mit einer einzigen Kesselanlage von insgesamt 300 PS Leistung auskommen. Um die höhere Belastung des vorderen Drehgestells durch das hohe Kesselgewicht auszugleichen, wurden die beiden Dampfmotoren in das rückwärtige Drehgestell eingebaut. Die Dampfzu- und abfuhr erfolgte über flexible Rohrleitungen, welche bei den Probefahrten allerdings zunächst erhebliche Probleme bereiteten. Der sehr ansprechend gestaltete Wagen besaß im Bereich der Kesselanlage ein erhöhtes Dach. Für die 2. Klasse stand erstmals ein geschlossenes Abteil mit Seitengang und sechs Sitzplätzen zur Verfügung. In der 3. Klasse waren 36 Sitzplätze vorhanden, dazu kamen noch sechs Notsitze.

Nach dem Krieg fand sich der Triebwagen schadhaft in der Sowjetzone wieder. In den fünfziger Jahren wurde das Fahrzeug auf Wendler-Braunkohlenstaub-Feuerung umgebaut. Bei Versuchsfahrten stellte der DT 59 seine guten Anfahr- und Fahreigenschaften unter Beweis. Messungen ergaben beim Betrieb mit Beiwagen auf 1 km Strecke den Verbrauch von rund 5 kg Kohlenstaub. Damit war mit einer Füllung eine Reichweite von 400 bis 500 km gegeben. Aber auch bei der DR kam das Fahrzeug nicht über den Probebetrieb hinaus.

Technische Daten:

Baureihenbezeichnung:	DT 59 (DRG)
Radsatzanordnung:	Bo'2'
Zylinderdurchmesser (mm):	
Kolbenhub (mm):	
Verdampfungsheizfläche (m²):	
Vmax (km/h):	110
Leistung (PSi):	300
Dienstmasse (t):	56,5
Größte Radsatzfahrmasse (t):	18,3
Länge über Puffer (mm):	22.180
Drehzapfenabstand (mm):	14.340
Radsatzabstand Triebgestell (mm):	3.800
Radsatzabstand Laufdrehgestell (mm):	3.800
Treib-/Kuppelraddurchmesser (mm):	900
Laufraddurchmesser (mm):	900
Wasservorrat (m³):	
Brennstoffvorrat (t):	
Sitzplätze:	48
Indienststellung:	1937
Verbleib:	

DT 63 (DRG), LBE

Für die Lübeck-Büchener-Eisenbahn (LBE) lieferte LHB 1933 einen vierachsigen Dampftriebwagen mit zugehörigem Steuerwagen. Der Antrieb erfolgte durch zwei von Henschel modifizierten Dampferzeuger der Bauart Doble mit je 150 PS und 120 bar Betriebsdruck. Trieb- und Steuerwagen besaßen insgesamt 100 Sitzplätze 3. Klasse sowie 12 Sitzplätze 2. Klasse und waren für eine Höchstgeschwindigkeit von 110 km/h ausgelegt.

Ab Mai 1935 wurde die Einheit mit der Nummer 2000 zwischen Lübeck und Hamburg eingesetzt. Zunächst schienen die Unzulänglichkeiten der ersten Doble-Anlagen beseitigt, doch bald musste die Hälfte der Dampftriebwagenzüge mit einer Ersatzgarnitur gefahren werden. Ab 1936 wanderte die Einheit auf die Strecke Lübeck–Lüneburg ab, da zwischen Hamburg und Lübeck die neuen Doppelstockwendezüge mit deutlich größerem Platzangebot fuhren. Vorübergehend wurden Versuche angestellt, den Wagen mit heimischem Braunkohlenteeröl, später mit Steinkohlenteeröl zu betreiben. Dies brachte aber nur geringe wirtschaftliche Vorteile, denn den geringeren Brennstoffkosten stand ein entsprechender Leistungsabfall gegenüber.

Am 1. Januar 1938 erfolgte die Verstaatlichung der LBE und die Einheit erhielt von der DRG die neuen Betriebsnummern DT 63 und VS 145 373. Mit Beginn des Zweiten Weltkrieges musste aus den bekannten Gründen auch diese Garnitur ihren Dienst quittieren und wurde bis 1945 ausgemustert.

Technische Daten:

Baureihenbezeichnung:	DT 63 + VS 145 373 (DRG)
Radsatzanordnung:	Bo'2'+2'2'
Zylinderdurchmesser (mm):	95/165
Kolbenhub (mm):	150
Verdampfungsheizfläche (m²):	19
Vmax (km/h):	110
Leistung (PSi):	300
Dienstmasse (t):	55,1+33,1
Größte Radsatzfahrmasse (t):	
Länge über Puffer (mm):	42.660
Drehzapfenabstand (mm):	14.500+13.300
Radsatzabstand Triebgestell (mm):	3.600
Radsatzabstand Laufdrehgestell (mm):	3.000
Treib-/Kuppelraddurchmesser (mm):	1.000
Laufraddurchmesser (mm):	1.000
Wasservorrat (m³):	
Brennstoffvorrat (t):	
Sitzplätze:	112
Indienststellung:	1933
Verbleib:	

Foto: Estler

401 (DB)

Für den Hochgeschwindigkeitsverkehr (InterCity-Express) auf ihren Neubaustrecken stellte die DB in den Jahren 1990 bis 1992 neue elektrische Triebzüge (ICE-1) in Dienst. Die 280 km/h schnellen Züge bestehen aus zwei Triebköpfen der Baureihe 401 und bis zu 14 Mittelwagen der Baureihen 801, 802, 803 und 804. Die 120 Triebköpfe sind in zwei Serien unterteilt. Die ersten 40 (401 001-020 und 501-520) sind mit Traktionsstromrichtern in normaler Thyristortechnik ausgerüstet, die anderen 60 (ab 401 051 und 551) erhielten Stromrichter mit abschaltbaren GTO-Thyristoren in FCKW-freier Siedebadkühlung. Mit GTO-(Gate turn off)-Technik kann stets im optimalen Bereich der Steuerkurve umgeschaltet werden. Jeder Triebkopf ist mit vier bewährten Drehstrom-Asynchronmotoren ausgestattet. Einige erhielten einen zweiten, schmaleren Stromabnehmer für Einsätze auf dem SBB-Netz (siebziger und achtziger Nummern). Die Datenübertragung im Zugverband erfolgt über zwei Lichtwellenleiter-Strecken.
Die Mittelwagen des ICE-1 wurden wie beim Vorserien-ICE (410.0) aus Aluminium-Großstrangpressprofilen gefertigt. Als 801 laufen 198 1.-Klasse-Mittelwagen mit insgesamt 48 Sitzplätzen. Der größte Anteil mit 376 Einheiten entfällt auf die Baureihe 802, den 2.-Klasse-Mittelwagen. Insgesamt 66 Sitzplätze stehen den Fahrgästen zur Verfügung, 42 davon im Großraumbereich und 24 in vier Abteilen. Eine Besonderheit im ICE ist der Servicewagen (Baureihe 803), von dem 60 Stück gebaut wurden. Neben 39 Sitzplätzen der 2. Klasse sind zusätzlich Einrichtungen für Rollstuhlfahrer und Kleinkinder vorhanden. Konferenzabteil, Zugleiterabteil, Abteil für die Mitarbeiter des Zugservice sowie Kartentelefon und Btx-Terminal vervollständigen die Einrichtung. Als einziger Wagen überragt im ICE der ebenfalls in 60 Einheiten gebaute Speisewagen (Baureihe 804) den Zugverband. Mit seinem unverwechselbaren 45 cm hohen »Höcker« trennt er gleichzeitig die 1. von der 2. Wagenklasse.

Technische Daten:

Baureihenbezeichnung:	401.0+Mittelwagen+401.5 (DB)
Radsatzanordnung (vierzehnteilig):	Bo'Bo'+12 x 2'2'+Bo'Bo'
Stromsystem:	16 2/3 Hz, 15.000 V
Vmax (km/h):	280
Stundenleistung (kW):	
Dauerleistung (kW):	2 x 4.800
Dienstmasse (t), vierzehnteilig:	80+625+80 (ab 401 051/551: 78)
Größte Radsatzfahrmasse (t):	20
Länge über Kupplung (mm), vierzehnteilig:	357.920
Drehzapfenabstand (mm):	14.460+12 x 19.000+14.460
Radsatzabstand Triebgestell (mm):	3.000
Radsatzabstand Laufdrehgestell (mm):	2.800
Treibraddurchmesser (mm):	1.040
Laufraddurchmesser (mm):	1.000
Sitzplätze (vierzehnteilig):	645+40 (Speisewagen)
Indienststellung:	1990-1993

402, 410.1 (DB AG)

Schon bald zeigte sich nach der überaus erfolgreichen Einführung des ICE-Verkehrs, dass auch ein Bedarf nach kleineren Einheiten vorhanden ist. Die ICE 1 können jedoch nur mit hohen betrieblichem Aufwand an wechselnde Nachfragesituationen angepasst werden. Um sowohl kleinere Einheiten für Schwachlastzeiten als auch Flügelzugbildungen zu ermöglichen, erhielt im August 1993 eine Arbeitsgemeinschaft unter Federführung von Siemens und AEG (später ADtranz) den Auftrag, den ICE 2 als Kurzzug mit nur einem Triebkopf, sechs Mittelwagen und einem Steuerwagen zu entwickeln. Die Triebköpfe der Baureihe 402 entsprechen weitgehend ihren Vorgängern. Zur Doppelzugbildung wurden sie wie auch die Steuerwagen zusätzlich mit einer automatischen Scharfenbergkupplung ausgestattet, die hinter einer Bugklappe versteckt ist. Bei den Mittelwagen des ICE 2 konnte zu den Vorgängern eine Masseersparnis von 5 t erzielt werden. Dies gelang durch weniger Anschweißteile, spantenfreien Rohbau, vereinfachten Druckschutz, effektivere Energieversorgung, neuartige Leichtbausitze, leichtere Werkstoffe beim Innenausbau sowie den Verzicht auf Abteile. Im Gegensatz zu den stahlgefederten Drehgestellen des ICE 1 wurden beim ICE 2 luftgefederte Drehgestelle der Bauart SGP 400 verwendet. Insgesamt 44 Einheiten 1995 bis1997 geliefert. Die Steuerwagen laufen dabei als Baureihe 808, die Mittelwagen werden als Baureihen 805 (1. Klasse), 806 (2. Klasse) und 807 (Speisewagen) geführt.

Foto: Kuchinke

Da der Versuchs-ICE (Baureihe 410.0) zwischenzeitlich auch schon in die Jahre gekommen war, wurde 1996 auf Basis des ICE- 2 ein neuer Versuchszug gebaut. Zwei weitere Triebköpfe wurden für Messfahrten als 410 101 und 102 in Dienst gestellt. Im Gegensatz zum 402 sind sie für 350 km/h (und mehr) zugelassen. Die ebenfalls neu gelieferten, angetriebenen Mess-Mittelwagen 410 201, 202 und 203 sowie der antriebslose Mittelwagen 410 801 gehören der Arbeitsgemeinschaft Siemens/ADtranz.

Technische Daten:

Baureihenbezeichnung:	402.0+6xMittelwagen+Steuerwagen	410.1 (DB AG)
Radsatzanordnung (achtteilig):	Bo'Bo'+7 x 2'2'	Bo'Bo"
Stromsystem:	16 2/3 Hz, 15.000 V	
Vmax (km/h):	280	350
Stundenleistung (kW):		
Dauerleistung (kW):	4.800	4.800
Dienstmasse (t), achtteilig:	78+340	78
Größte Radsatzfahrmasse (t):	20	20
Länge über Kupplung (mm), achtteilig:	205.400	20.560
Drehzapfenabstand (mm):	14.460+7 x 19.000	14.460
Radsatzabstand Triebgestell (mm):	3.000	3.000
Radsatzabstand Laufdrehgestell (mm):	2.800	-
Treibraddurchmesser (mm):	1.040	1.040
Laufraddurchmesser (mm):	1.000	-
Sitzplätze (vierzehnteilig):	645+40 (Speisewagen)	
Indienststellung:	1995-1997	1996

Foto: Estler

Foto: Blaschke

403/404 (DB)

Für das seinerzeit rein erstklassige Intercitysystem beschaffte die DB im Jahr 1973 drei jeweils vierteilige Triebzüge mit der Baureihenbezeichnung 403 (Triebköpfe) bzw. 404 (Mitteltriebwagen). Die Züge waren für eine Höchstgeschwindigkeit von 200 km/h ausgelegt und auf allen Achsen angetrieben. Ihre charakteristische Form brachte ihnen sehr schnell den Spitznamen »Donald Duck« ein. Durch die konsequente Verwendung hochwertiger Leichtmetalllegierungen und Großstrangpressprofilen konnte der Wagenkasten extrem leicht gehalten werden. Die Einrichtung bestand aus 1.-Klasse-Abteilen in den Endwagen und einem 1.-Klasse-Großraum im Mittelwagen 404.0. Im Mittelwagen 404.1 befand sich das Restaurant, drei 1.-Klasse-Abteile sowie das Zugsekretariat und eine Telefonzelle.
Nach ihrer Auslieferung im Sommer 1973 wurden die drei Züge zunächst eingehenden Erprobungen unterzogen und erreichten dabei bis zu 226 km/h. Ab Mai 1974 fuhren die Züge Intercityleistungen zwischen München und Bremen. Die Einführung der 2. Klasse im Intercitysystem 1979 verdrängte sie aus dem fahrplanmäßigen Dienst, sie standen fortan für Charterfahrten zur Verfügung. Ihrer optischen Affinität zum Flugzeug machten die Züge schließlich ab dem 27. März 1982 alle Ehre. Vom Bw Düsseldorf aus »flogen« die Züge unter den Flugnummern LH 1001-1008 als »Airport-Express« von Frankfurt nach Düsseldorf im Auftrag der Lufthansa. Zuvor waren sie im AW Bad Cannstatt einem gründlichen Umbau nach den Vorgaben der Fluggesellschaft unterzogen worden, dabei tauschten sie auch ihr einzigartiges Farbkleid in Weiß-Rot-Schwarz gegen die Produktfarbe Gelb der Lufthansa ein. Nach dem Ende des »Airport-Express« am 27. Mai 1993 wurden die Fahrzeuge im AW Nürnberg abgestellt. Im Herbst 2000 erwarb die Prignitzer Eisenbahn die einstigen DB-Paradepferde.

Technische Daten:

Baureihenbezeichnung:	403.0+404.0+404.1+403.0 (DB)
Radsatzanordnung:	Bo'Bo'+Bo'Bo'+Bo'Bo'+Bo'Bo'
Stromsystem:	16 2/3 Hz, 15.000 V
Vmax (km/h):	200
Stundenleistung (kW):	
Dauerleistung (kW):	16 x 240 (3.840)
Dienstmasse (t):	235
Größte Radsatzfahrmasse (t):	16
Länge über Kupplung (mm):	109.220
Drehzapfenabstand (mm):	19.000+19.000+19.000+19.000
Radsatzabstand Triebgestell (mm):	2.600
Radsatzabstand Laufdrehgestell (mm):	-
Treibraddurchmesser (mm):	1.050
Laufraddurchmesser (mm):	-
Sitzplätze:	159+24 (Speiseraum)
Indienststellung:	1973
Verbleib:	Prignitzer Eisenbahn seit 2000

403 (DB AG), 406 (DB AG, NS)

Neue Anforderungen an Hochgeschwindigkeitszüge stellte die Neubaustrecke Frankfurt–Köln. Auch sollten Einsätze im benachbarten Ausland unter allen möglichen Stromsystemen und unter Einhaltung der dort geltenden Fahrzeugbegrenzungen möglich sein. Ferner waren eine Verdopplung der spezifischen Antriebsleistung gegenüber dem ICE 1 gewünscht. Dies erforderte die Abkehr vom bisherigen Triebkopf-Konzept und die Rückkehr zum »klassischen« Triebwagen bei der dritten ICE-Generation. Die DB AG bestellte 1994 bei der Arbeitsgemeinschaft Siemens/AEG (später ADtranz) insgesamt fünfzig ICE 3, davon 37 Züge der BR 403 für den Betrieb unter 15 kV/16 2/3 Hz und 13 Viersystemzüge der BR 406. Mit vier weiteren 406 schloss sich 1995 für den Einsatz in der Relation Amsterdam–Köln–Frankfurt die Niederländische Staatsbahn an.
Antriebstechnisch bestehen die achtteiligen ICE-3-Garnituren aus zwei vierteiligen, betrieblich nicht teilbaren Zughälften, die spiegelbildlich zusammengesetzt sind. Auf den angetriebenen Endwagen mit Stromrichter (403.0 und 403.5) folgen ein antriebsloser Trafo-Mittelwagen mit dem DB-Stromabnehmer (403.1 und 403.6), ein angetriebener Mittelwagen mit Stromrichter (403.2 und 403.7) sowie ein antriebsloser Mittelwagen (403.3 und 403.8), wo Batterie und Ladegerät untergebracht sind. Die Mehrsystemzüge sind entsprechend aufgebaut.
Am 9. Juli 1999 wurde der erste ICE 3 vorgestellt. Ab Juni 2000 fuhren die ICE 3 planmäßig zur EXPO nach Hannover. Mit Fertigstellung der Neubaustrecke Frankfurt-Köln ab 2002 werden sie vorrangig dort zu finden sein.

Technische Daten:

Baureihenbezeichnung:	403.0+403.1+403.2 403.3+403.8+403.7 403.6+403.5 (DB AG)	406.0+406.1+406.2+406.3 406.8+406.7+406.6+406.5 (DB AG, NS)
Radsatzanordnung:	Bo'Bo'+2'2'+Bo'Bo'+2'2'+2'2'+Bo'Bo'+2'2'+Bo'Bo'	
Stromsystem:	16 2/3 Hz, 15.000 V	25 kV/50 Hz; 15 kV/16 2/3 Hz; 1,5 kV=; 3 kV=
Vmax (km/h):	330	330/220 (unter Gleichstrom)
Stundenleistung (kW):		
Dauerleistung (kW):	8.000	8.000 (4.300 bei 3 kV= 3.600 bei 1,5 kV=)
Dienstmasse (t):	409	435
Größte Radsatzfahrmasse (t):	17	17
Länge über Kupplung (mm):	200.320	200.320
Drehzapfenabstand (mm):	8 x 17.375	
Radsatzabstand Triebgestell (mm):	2.500	
Radsatzabstand Laufdrehgestell (mm):	2.500	
Treibraddurchmesser (mm):	920	
Laufraddurchmesser (mm):	920	
Sitzplätze:	415	404
Indienststellung:	1999-2002	

Foto: Kuchinke

Foto: Estler

THALYS (DB AG)

Für den Hochgeschwindigkeitsverkehr zwischen Paris, Brüssel, Köln und Amsterdam (PBKA) einigten sich im Juni 1992 die beteiligten Bahngesellschaften SNCF, SNCB, DB und NS auf ein gemeinsames Fahrzeug. Diese Vierstrom-PBKA-Hochgeschwindigkeitszüge mit ihrem charakteristischen Outfit in bordeuxrot und graumetallic sind eine Weiterentwicklung des TGV und werden unter dem Produktnamen »THALYS« vermarktet. Von den vier beteiligten Bahnen wurden zunächst 17 Garnituren bei GEC-Alsthom bestellt. Davon erhielten die SNCB neun Einheiten (4311-4319), die SNCF sechs (4341-4346), die NS zwei (4331-4332) und die DB zwei (4321-4322). Ausgelegt sind die Züge für 1,5 kV und 3 kV Gleichstrom (niederländisches und herkömmliches belgisches Netz), 15 kV/16 2/3 Hz Wechselstrom (deutsches Netz) und 25 kV/50 Hz (Teile des französischen Netzes sowie französische und belgische Hochgeschwindigkeitsstrecken. Auf den 25-kV-Hochgeschwindigkeitsstrecken erreichen sie eine Höchstgeschwindigkeit von 300 km/h, ansonsten nur 220 km/h. Automatisch erkennt der Bordcomputer die unterschiedlichen Strom- und Signalsysteme. Eine Zuggarnitur besteht aus zwei Triebköpfen und acht Mittelwagen. Dabei sind fünf Mittelwagen (einer mit Bar) für die Fahrgäste der 2. Klasse vorgesehen und drei Mittelwagen führen die 1. Klasse. Insgesamt finden in dem rund 200 m langen »THALYS« 377 Fahrgäste Platz. Gewartet werden die Züge in Brüssel, daher haben die DB-Garnituren auch keine DB-Nummer erhalten. Ihr Einsatz in Deutschland erfolgt derzeit zweistündlich in der Relation Paris–Köln mit einzelnen Verlängerungen nach Düsseldorf.

Technische Daten:

Baureihenbezeichnung:	THALYS (DB AG)
Radsatzanordnung (zehnteilig):	Bo'Bo'+8 x 2'2'+Bo'Bo'
Stromsystem:	25 kV/50 Hz; 15 kV/16 2/3 Hz; 1,5 kV=; 3 kV=
Vmax (km/h):	300 km/h (25 kV/50 Hz), 220 km/h (1,5 kV=, 3 kV= und 15 kV/16 2/3 Hz)
Stundenleistung (kW):	
Dauerleistung (kW):	2 x 4.400 (25 kV/50 Hz), 2 x 1.840 (1,5 kV=, 3 kV= und 15 kV/16 2/3 Hz)
Dienstmasse (t), zehnteilig:	385
Größte Radsatzfahrmasse (t):	17
Länge über Kupplung (mm), zehnteilig:	200.000
Drehzapfenabstand (mm):	
Radsatzabstand Triebgestell (mm):	
Radsatzabstand Laufdrehgestell (mm):	
Treibraddurchmesser (mm):	1.000
Laufraddurchmesser (mm):	
Sitzplätze (zehnteilig):	377
Indienststellung:	1996-1998

410.0 (DB)

Mit dem Erprobungsträger Intercity Experimental (ICE, später ICE-V) begann das Hochgeschwindigkeitszeitalter bei der DB. Die Entwicklung für den Triebzug nahm 1983 unter der Projektleitung des BZA München ihren Anfang. Gefordert war eine planmäßige Höchstgeschwindigkeit von 250 km/h. Bei Demonstrationsfahrten sollten jedoch 300 km/h erreicht werden und bei Versuchen sogar bis zu 350 km/h. Im März 1985 konnte der erste Triebkopf übergeben werden, im August war der ganze Zug komplett. Er bestand aus zwei allradsatzangetriebenen Triebköpfen (410 001 und 002) und drei Mittelwagen. Zwei Mittelwagen (810 001 und 002) fungierten als Demonstrationswagen für die zukünftigen Ausgestaltungsmöglichkeiten, der 810 003 diente als Messwagen. Bei der Gestaltung des Zuges wurde der Aerodynamik besondere Aufmerksamkeit geschenkt, um einen wirtschaftlichen Energieverbrauch zu erreichen und Druckstöße bei Zugbegegnungen und Tunneleinfahrten erträglich zu gestalten.
Nach seiner Inbetriebnahme absolvierte der Prototyp ein umfangreiches Programm. Ein denkwürdiger Tag war der 1. Mai 1988. Die beiden Triebköpfe mit zwei Mittelwagen stellten mit 406,9 km/h einen neuen Weltrekord für Schienenfahrzeuge auf. Nach der Aufnahme des planmäßigen ICE-Verkehrs mit den neuen ICE-1-Triebzügen wurde der Prototyp weiter als Erprobungsträger verwendet. Nach Indienststellung eines zweiten Versuchszuges im Jahr 1996 kam der Ur-ICE nur noch sporadisch zum Einsatz und wurde schließlich mit Fristablauf am 5. Mai 1998 abgestellt. Seit Sommer 2000 werden die bemerkenswerten Fahrzeuge museal erhalten. Der Triebkopf 410 001 und der Mittelwagen 810 001 gehören zum Fahrzeugbestand des VM Nürnberg und wurden auf dem Gelände ihrer langjährigen Einsatzstelle FTZ Minden als Denkmal aufgestellt.

Technische Daten:

Baureihenbezeichnung:	410.0+3x810+410.0 (DB)
Radsatzanordnung:	Bo'Bo'+2'2'+2'2'+2'2'+Bo'Bo'
Stromsystem:	16 2/3 Hz, 15.000 V
Vmax (km/h):	350
Stundenleistung (kW):	8.400
Dauerleistung (kW):	7.280
Dienstmasse (t):	299
Größte Radsatzfahrmasse (t):	20
Länge über Kupplung (mm):	114.640
Drehzapfenabstand (mm):	11.460+3x17.000+11.460
Radsatzabstand Triebgestell (mm):	3.000
Radsatzabstand Laufdrehgestell (mm):	2.800
Treibraddurchmesser (mm):	1.000
Laufraddurchmesser (mm):	920
Sitzplätze:	87
Indienststellung:	1985
Verbleib:	410 001+810 001 (Denkmal FTZ Minden), 410 002 (Deutsches Museum München)

Foto: Slg. Koppisch. Archiv transpress

ET 11 (DRG, DB)

Nach den guten Erfahrungen mit dem Diesel-Schnelltriebwagen »Fliegender Hamburger« entschloss sich die DRG im Hinblick auf weitere Elektrifizierungen, die Versuch auch auf elektrische Schnelltriebwagen auszuweiten. 1934 erteilte sie den Auftrag zum Bau dreier solcher Züge mit zwar weitgehend gleichem wagenbaulichem Teil, aber unterschiedlicher Technik. Die drei Züge wurden von ME/BBC (1935), MAN/SSW (1936) und MAN/AEG (1937) gebaut und als elT 1900 bis 1902 in den Bestand übernommen. Die 160 km/h schnellen Fahrzeuge bestanden aus zwei kurzgekuppelten Triebwagen, bei den denen beide Radsätze des jeweils vorderen Drehgestells angetrieben wurden. Drehgestelle, Fahrzeugrahmen und Wagenkasten waren geschweißt. Wesentliche technische Unterschiede waren: Der elT 1900 (ab 1940: ET 11 01) von BBC besaß Buchli-Antrieb, Trommel- und Magnetschienenbremse, während der elT 1901 (ET 11 02) von SSW zwar die gleiche Bremsausrüstung, dafür aber einen Tatzlagerantrieb erhalten hatte. Mit dem bewährten AEG-Federtopfantrieb, Klotz- und Magnetschienenbremse war schließlich der elT 1902 (ET 11 03) ausgerüstet.
Ab Sommer 1936 liefen die Fahrzeuge planmäßig auf der Strecke Stuttgart–München–Berchtesgaden im FDt-Dienst. Alle drei Triebwagen überstanden weitgehend unbeschadet den Krieg und dienten zunächst u.a. der amerikanischen Besatzungsmacht. 1952 unterzog die DB die Wagen einer grundlegenden Aufarbeitung. Dem ständig steigenden Verkehrsaufkommen genügten die ET 11 schon 1959 nicht mehr. Als Einzelgänger musterte die DB die Einheiten ET 11 02 und 03 im September 1961 aus. Als Bahndienstfahrzeug wurde der ehemalige ET 11 01 ab 14. Mai 1964 im Bestand geführt wurde. Im Februar 1971 schlug auch seine Stunde. Kurz vor der Verschrottung konnte der Triebwagen von der DGEG erworben werden.

Technische Daten:

Baureihenbezeichnung:	ET 11 01	ET 11 02	ET 11 03
Radsatzanordnung:	Bo'2'+2'Bo		
Stromsystem:	16 2/3 Hz, 15.000 V		
Vmax (km/h):	160		
Stundenleistung (kW):	1.413	1.020	1.020
Dauerleistung (kW):	1.250	920	920
Dienstmasse (t):	104	108	114
Größte Radsatzfahrmasse (t):	19	19	20
Länge über Puffer/Kupplung (mm):	43.585		
Drehzapfenabstand (mm):	13.900+13.900		
Radsatzabstand Triebgestell (mm):	3.700	3.600	3.700
Radsatzabstand Laufdrehgestell (mm):	3.000		
Treibraddurchmesser (mm):	1.100	950	1.100
Laufraddurchmesser (mm):	950	950	970
Sitzplätze:	77		
Indienststellung:	1935	1936	1937
Verbleib:	ET 11 01 (DGEG Neustadt/Weinstraße)		

Foto: Blaschke

411/415 (DB AG)

Neigetechnik war Anfang der 90er-Jahre das Zauberwort zur Steigerung von Geschwindigkeit und Komfort auf herkömmlichen, kurvenreichen Strecken. Für den Einsatz auf den elektrifizierten Altbaustrecken bestellte 1994 die DB AG beim Konsortium »IC NeiTech« (DWA Berlin, DUEWAG, Fiat und Siemens) 32 siebenteilige Züge als Baureihe 411 und elf fünfteilige als Baureihe 415. Aufgebaut sind die Triebzüge im Modulsystem. Die beiden antriebslosen End- bzw. Steuerwagen (411.0, 411.5, 415.0 und 415.5) fungieren als Trafowagen und tragen die Stromabnehmer. Die Transformatoren sind unter dem Wagenboden angebracht. Anschließend folgen zwei angetriebene Mittelwagen (411.1, 411.6, 415.1 und 415.6) als Stromrichterwagen. Ohne Traktionstechnik schließen sich beim 411 zwei weitere angetrieben Mittelwagen (411.2 und 411.7) an, beim fünfteiligen 415 läuft in der Mitte nur einer als 415.7. In der Mitte des siebenteiligen 411 bildet ein antriebloser Mittelwagen (411.8) den Abschluss. Zunächst wurden beide Baureihen als ICT bezeichnet, heute laufen sie offiziell als ICE-T. Ihre elektrische Ausrüstung entspricht weitgehend dem ICE-3. Beide Triebzüge besitzen ein Neigesystem von FIAT ähnlich dem italienischen »Pendolino«. Die elektronisch gesteuerte, hydraulische arbeitende Neigetechnik konnte dabei vollständig in die Drehgestelle integriert werden. Schon seit dem 30. Mai 1999 ist der fünfteilige 415 im Planbetrieb zwischen Stuttgart und Zürich. Hierfür erhielten fünf Triebzüge mit den Betriebsnummern 415 080-084 ein »Schweiz-Paket«, d.h. zusätzliche SBB-Ausrüstung für den grenzüberschreitenden Verkehr. Die 411 fahren zwischenzeitlich von Berlin nach Düsseldorf und über Leipzig nach München. Auch in der Relation Saarbrücken-Frankfurt/Main-Dresden sind sie seit neuestem zu Hause.

Technische Daten:

Baureihenbezeichnung:	411.0+411.1+411.2+ 411.8+411.7+411.6+411.5	415.0+415.1+4157+ 415.6+415.5 (DB AG)
Radsatzanordnung:	2'2'+(1A)'(A1)'+(1A)'(A1)'+2'2'+ (1A)'(A1)'+(1A)'(A1)'+2'2'	2'2'+(1A)'(A1)'+(1A)'(A1)'+ (1A)'(A1)'+2'2'
Stromsystem:	16 2/3 Hz, 15.000 V	
Vmax (km/h):	230	
Stundenleistung (kW):		
Dauerleistung (kW):	4.000 (8 x 500)	3.000 (6 x 500)
Dienstmasse (t):	368	273
Größte Radsatzfahrmasse (t):		
Länge über Kupplung (mm):	184.400	132.600
Drehzapfenabstand (mm):	7 x 19.000	5 x 19.000
Radsatzabstand Triebgestell (mm):	2.700	
Radsatzabstand Laufdrehgestell (mm):	2.700	
Treibraddurchmesser (mm):	890	
Laufraddurchmesser (mm):	890	
Sitzplätze:	357 + 24 (Restaurant)	250
Indienststellung:	1998-2000	1998-2000

Foto: Estler

420/421 (DB)

Rechtzeitig zu Beginn der Olympiade 1972 musste das mit normalen Bahnstrom elektrifizierte S-Bahnsystem in München in Betrieb gehen. Hierfür mussten neue Triebwagen entwickelt werden. Zwar konnte die DB auf die Erfahrungen mit den Baureihen 427 und 430 zurückgreifen, doch wegen der steigungsreichen Tunnel- und Rampenstrecken im Zentrum Münchens und im Interesse einer möglichst hohen Beschleunigung kam nur ein Leichtbaufahrzeug in Frage, bei dem alle Radsätze angetrieben waren. Daher erhielten auch die Mittelwagen (Baureihe 421) der dreiteiligen Triebzüge je vier Motoren. Die Höchstgeschwindigkeit von 120 km/h kann so in nur 44 Sekunden erreicht werden, die Anfahrbeschleunigung beträgt 1,0 m/s^2.
Bei der elektrischen Ausrüstung kamen erstmals in größerem Umfang wartungsfreie Elemente der Leistungselektronik zur Anwendung. Die Regelung des Fahrstroms erfolgte durch eine Thyristor-Anschnittssteuerung. Die Wagenkästen sind luftgefedert und besitzen eine Niveauregelung. Über die automatische Scharfenbergkupplung können bis zu drei Einheiten in Vielfachsteuerung betrieben werden.
Die Erprobung der drei 1969 gelieferten Prototypen 420 001-003 musste im Hinblick auf die Olympischen Sommerspiele forciert werden. Trotzdem standen rechtzeitig zum Beginn der Spiele 120 Einheiten zur Verfügung, die sich trotz einiger Kinderkrankheiten (Probleme mit Flachstellen an den Rädern, mangelnde Winterfestigkeit der Fahrmotoren und Türen) hervorragend bewährten. In den Folgejahren wurden weitere Serien mit nur geringen Änderungen für die S-Bahnnetze in Stuttgart, Frankfurt und im Ruhrgebiet geliefert. Bis 1997 konnten insgesamt 489 Garnituren in Dienst gestellt werden. Bei der S-Bahn im Ruhrgebiet fahren heute keine 420 mehr, doch in den anderen drei Netzen bilden sie nach wie vor das Rückgrat des S-Bahnverkehrs. Mit dem ab 2000 erfolgten Ersatz durch die Nachfolge-Baureihe 423 können 2001 die zwischenzeitlich sehr schadanfälligen Züge der ersten 420-Generation abgestellt werden.

Technische Daten:

Baureihenbezeichnung:	420/421
Radsatzanordnung:	Bo'Bo'+Bo'Bo'+Bo'Bo'
Stromsystem:	16 2/3 Hz, 15 kV
Vmax (km/h):	120
Dauerleistung (kW):	2.400
Dienstmasse (t):	139,0 (420 131-412: 129,0; ab 420 413: 135,0)
Größte Radsatzfahrmasse (t):	12,25
Länge über Puffer/Kupplung (mm):	67.400
Drehzapfenabstand (mm):	16.500+14.000+16.500
Radsatzabstand Triebgestell (mm):	2.500
Treibraddurchmesser (mm):	850
Sitzplätze:	194
Indienststellung:	1969-1997
Verbleib:	

Foto: Estler

280 (DR)

Bis Anfang der 70er-Jahre waren auch in der DDR mit dem Entstehen von großen Neubausiedlungen in der Peripherie der Großstädte die Verkehrsbedürfnisse entsprechend angewachsen. Neue S-Bahn- und Schnellbahnsysteme sollten diese befriedigen helfen. Daher bekam der VEB LEW Hennigsdorf vor der DR den Auftrag, einen nahverkehrsgerechten Triebzug für den S-Bahnverkehr zu entwickeln. Am 5. Oktober 1973 wurde der erste vierteilige Zug mit den Betriebsnummern 280 001-004 an die DR übergeben. Ein zweiter Prototyp (280 005-008) wurde 1974 geliefert.
Die allachsgetriebenen Züge bestanden aus zwei Triebwagen und zwei dazwischen kurzgekuppelten Mittelwagen und waren nach dem Viertelzug-Prinzip aufgebaut, d.h. je ein Trieb- und Mittelwagen bildeten eine elektrotechnisch abgeschlossen Einheit. Die geschweißten Wagenkästen bestanden aus Abkantprofilen. Die innenliegenden Trittstufen der Einstiege erforderten dabei besondere Rahmenkonstruktionen. Jeder Radsatz wurde durch einen vierpoligen Wellenstrom-Reihenschlussmotor über Tatzlager angetrieben. Geregelt wurden sie über ein vierstufiges Niederspannungsschaltwerk und Gleichrichterschaltungen mit Siliziumdioden und -thyristoren.
Ab April 1975 begann der Probebetrieb auf der Leipziger S-Bahnlinie B zwischen Leipzig Hbf und Wurzen. Bald darauf erfolgten die ersten Einsätze mit Fahrgästen u.a. auch im Großraum Magdeburg. Anfang 1976 waren alle Erprobungen abgeschlossen und die Kinderkrankheiten weitgehend beseitigt. Zu einer Serienfertigung kam es aus volkswirtschaftlichen Gründen aber nicht. 1978 wurden die beiden Prototypen aus dem Planbetrieb zurückgezogen. Auf öffentlichen Druck wurde 1979/80 nochmal ein Halbzug reaktiviert und fuhr für kurze Zeit zwischen Leipzig und Wurzen. Nach einem Motorschaden war damit auch Schluss und die Züge wurden 1980/81 ausgemustert.

Technische Daten:

Baureihenbezeichnung:	280 (DR)
Radsatzanordnung:	Bo'Bo'+Bo'Bo'+Bo'Bo'+Bo'Bo'
Stromsystem:	16 2/3 Hz, 15.000 V
Vmax (km/h):	120
Stundenleistung (kW):	3.360
Dauerleistung (kW):	3.040
Dienstmasse (t):	192,0
Größte Radsatzfahrmasse (t):	
Länge über Puffer (mm):	97.000
Drehzapfenabstand (mm):	4 x 17.000
Radsatzabstand Triebgestell (mm):	2.500
Radsatzabstand Laufdrehgestell (mm):	-
Treibraddurchmesser (mm):	850
Laufraddurchmesser (mm):	850
Sitzplätze:	332
Indienststellung:	1973-1974
Verbleib:	

Foto: Estler

423/433 (DB AG)

Mit Beginn des neuen Jahrhunderts überschritten die ersten Triebzüge der BR 420/421 das Ende ihrer wirtschaftlichen Lebensdauer. Schon seit 1990 wurden Überlegungen für einem Nachfolgetyp dieses bewährten S-Bahn-Fahrzeugs angestellt, da sich u.a. auch die Antriebstechnik entscheidend weiter entwickelt hatte. Ferner war für die Sicherheit der Fahrgäste die durchgehende Begehbarkeit ein weiterer Aspekt, der bei der Neuentwicklung eine entscheidende Rolle spielte. Gleichzeitig waren neue S-Bahnnetze (Hannover, Rhein-Neckar) geplant, für die ebenfalls neue Fahrzeuge benötigt wurden. Für diese unterschiedlichen Bedürfnisse waren mindestens vier Fahrzeugtypen zu entwickeln, die aus Gründen der Vereinheitlichung möglichst viele Gemeinsamkeiten aufweisen sollten.
Im Herbst 1993 wurde die gesamte Fahrzeuggeneration der Baureihen 423, 424, 425 und 426 europaweit ausgeschrieben. Nach mehreren Nach- und Umbestellungen war die Baureihe 423/433 als 420-Nachfolger Ende 1999 in insgesamt 300 Exemplaren bestellt und werden vom Adtranz und Alstom LHB geliefert. Der neue Triebzug besteht aus zwei Endwagen (BR 423) und zwei Mittelwagen (BR 433), die betrieblich nicht getrennt werden können. Die beiden Enddrehgestelle der BR 423 sowie das benachbarte Jakobs-Drehgestell zum Mittelwagen 433 sind angetrieben. Der Antrieb erfolgt durch acht Drehstrom-Asynchron-Fahrmotoren, die von GTO-Wechselrichtern gespeist werden. Die Steuerung erfolgt über das Traktionsleitsystem MICAS-S. Durch eine Gewichtsreduzierung gegenüber dem 420 war eine deutliche Energieersparnis möglich. Ende 1999 begann der Einsatz im Großraum Stuttgart, zwischenzeitlich laufen die Fahrzeuge auch in München und im Verkehrsverbund Rhein-Ruhr.

Technische Daten:

Baureihenbezeichnung:	423.0+433.0+433.5+423.5 (DB AG)
Radsatzanordnung:	Bo'(Bo')(2')(Bo')Bo'
Stromsystem:	16 2/3 Hz, 15.000 V
Vmax (km/h):	140
Stundenleistung (kW):	
Dauerleistung (kW):	2.350
Dienstmasse (t):	105
Größte Radsatzfahrmasse (t):	18
Länge über Kupplung (mm):	67.400
Drehzapfenabstand (mm):	15.140+15.460+15.460+15.140
Radsatzabstand Triebgestell (mm):	2.200
Radsatzabstand Jakobs-Triebgestell (mm):	2.700
Radsatzabstand Laufdrehgestell (mm):	2.700
Treibraddurchmesser (mm):	850
Laufraddurchmesser (mm):	850
Sitzplätze:	192
Indienststellung:	1998-2002
Verbleib:	

424/434, 425/435, 426 (DB AG)

Die nach dem Baukastenprinzip entworfene neue Triebwagenfamilie für S-Bahn- und schnellen Regionalverkehr sieht auch ein Fahrzeug für S-Bahnnetze mit einer einheitlichen Bahnsteighöhe von 760 mm vor. Im bis zur EXPO 2000 in Hannover neu aufgebauten S-Bahnsystem war diese Bahnsteighöhe u.a. aus Kostengründen vorgegeben. Mit den dafür ausgelegten 40 Fahrzeugen der BR 424/434 sollte zum EXPO-Start auch der S-Bahnverkehr aufgenommen werden.
Der Aufbau des 424/434 entspricht grundsätzlich dem der Baureihe 423/433 und besteht ebenfalls aus zwei Endtriebwagen (424) sowie zwei Mittelwagen (434). Augenfälligste Abweichung ist die durch den niedrigeren Fußboden bedingte tiefer angeordnete Fensterbrüstung der Fahrgasträume sowie die geringere Zahl der Einstiege. Der Einsatz ausschließlich auf Strecken mit 760 mm hohen Bahnsteigen erforderte keine zusätzliche Einstiegshilfe, lediglich Dreh-Klapptritte dienen zur Verringerung des Spaltes zwischen Bahnsteigkante und Einstieg. Im Gegensatz zum 423 ist ferner eine behindertenfreundliche Sanitärzelle mit Vakuum-Toilettensystem vorhanden.
Ursprünglich sollten die 424/434 bis zur EXPO 2000 einsatzfähig sein, Konstruktionspannen verhinderten dies aber. Erst in der zweiten Jahreshälfte 2000 konnten die ersten Fahrzeuge bei der S-Bahn Hannover planmäßig eingesetzt werden.
Fast identisch mit der Baureihe 424/434 sind die Triebzüge 425/435. Zur Überbrückung von Bahnsteighöhen mit 380 oder 550 mm ist in den Einstiegen allerdings eine zusätzliche Trittstufe angebracht. 156 Einheiten sind bestellt und sollen zukünftig im ganzen Bundesgebiet eingesetzt werden. Die ersten laufen zwischenzeitlich im Ruhrgebiet. Die in 43 Einheiten bestellte Baureihe 426 ist ein 425 ohne Mittelwagen.

Technische Daten:

Baureihenbezeichnung:	424/434 (DB AG)	425/425 (DB AG)	426 (DB AG)
Radsatzanordnung:	Bo'(Bo')(2')(Bo')Bo'	Bo'(Bo')(2')(Bo')Bo'	Bo'(2')Bo'
Stromsystem:	16 2/3 Hz, 15.000 V		
Vmax (km/h):	140	160	160
Stundenleistung (kW):			
Dauerleistung (kW):	2.350	2.350	1.175
Dienstmasse (t):	105		
Größte Radsatzfahrmasse (t):	18		
Länge über Kupplung (mm):	67.500	67.500	36.490
Drehzapfenabstand (mm):	15.370+15.505+	15.370+15.505+	15.370+15.370
	15.505+15.370	15.505+15.370	
Radsatzabstand Triebgestell (mm):	2.200	2.200	2.200
Radsatzabstand Jakobs-Triebgestell (mm):	2.700	2.700	-
Radsatzabstand Laufdrehgestell (mm):	2.700	2.700	2.700
Treibraddurchmesser (mm):	850		
Laufraddurchmesser (mm):	850		
Sitzplätze:	206	206	100
Indienststellung:	1998-2001	2000-2002	2000-2002
Verbleib:			

Foto: Estler

Foto: Estler

ET 25, ET 55 (DRG, DB), ET 25, 285.0 (DR), 425, 455 (DB)

Vereinheitlichungsbestrebungen machten Anfang der 30er-Jahre bei der DRG auch vor Elektrotriebwagen nicht Halt. Bis dahin waren Wechselstrom-Triebwagen vorwiegend als vierachsige Einzelfahrzeuge auf die Schienen gestellt worden, an die bei Bedarf Steuer- und/oder Beiwagen gehängt werden konnten. Um die neuen Fahrzeuge auch im Fernverkehr einsetzen zu können, verlangte die DRG eine Platzkapazität von mindestens 160 Sitzen und eine Höchstgeschwindigkeit von 120 km/h. Eine weitere Vorgabe war die Unterbringung aller elektrischen Einrichtungen unter dem Wagenboden. Aufgrund dieser Anforderungen wurde ein kurzgekuppelter Doppeltriebwagen (Baureihe elT 18, später ET 25) entwickelt, bei dem die Enddrehgestelle mit je zwei Tatzlagermotoren angetrieben wurden. Die Motoren Drehgestellrahmen, Fahrzeugrahmen und Fahrzeugaufbau waren vollständige Schweißkonstruktionen. Alle Wagen erhielten Trommelbremsen. Durch den Einbau normaler Zug- und Stosseinrichtungen konnten problemlos entweder weitere Triebwagen oder aber Steuerwagen beigestellt werden. Die Vielfachsteuerung ermöglichte von einem Führerstand aus den Betrieb von bis zu drei Triebwagen. Von den verschiedenen Herstellern der deutschen Waggon- und Elektroindustrie wurden zwischen 1935 und 1937 zunächst insgesamt 39 Trieb- und 48 Steuerwagen gebaut. Diese Fahrzeuge kamen als elT 1801-1838 im elektrifizierten schlesischen Netz und im süddeutschen Netz in den RBD Stuttgart, Nürnberg und München zum Einsatz. Der elT 1827 gelangte auf die elektrifizierte Wiesen- und Wehratalbahn in Baden, wo auch der Sonderling elT 1849 Dienst tat. Dieser Triebwagen hatte versuchsweise eine abweichende Türanordnung erhalten.

Als Variante lieferten 1939 MAN und BBC vier weitere Triebwagen (elT 1731-1734, später ET 55 01-04), die Waggonfabrik Bautzen zugehörige acht Steuerwagen. Geändert wurde lediglich die Übersetzung, um eine höhere Anfahrbeschleunigung und Dauerzugkraft zu erhalten. Dass die Höchstgeschwindigkeit auf 90 km/h sank, spielte keine entscheidende Rolle. Auch erhielten die Wagen Klotz- statt Trommelbremsen. 1940 wurde ein neues Bezeichnungssystem für Triebwagen eingeführt, es galten nun die Bezeichnungen ET 25 und ET 55. Schon 1942 wurde erhielten die ET 55 Zuwachs. Nach Änderung der Getriebeübersetzung lief der ET 25 024 als ET 55 05.

Der Krieg schlug auch bei diesen Baureihen schwere Wunden: Nach 1945 waren in den Westzonen mehr oder weniger beschädigt nur noch 22 Triebwagen ET 25, alle fünf ET 55, 31 Steuerwagen ES 25 und sieben ES 55 vorhanden. In der Sowjetzone blieben vier ET 25 und sechs ES 25. Zwölf ET 25 und zwölf ES 25/55 überlebten somit den Zweiten Weltkrieg nicht. Doch die Verluste gingen weiter. In Mitteldeutschland mussten auf Anordnung der sowjetischen Besatzungsmacht der elektrische Betrieb zum 29. März 1946 eingestellt werden. Die elektrischen Anlagen und Fahrzeuge wurden dann in die UdSSR abgefahren, auch fast alle ET/ES 25. Lediglich die schwer beschädigten ET 25 012 und ES 25 008 blieben im Raw Dessau zurück. In der französischen Zone bediente sich die Besatzungsmacht ebenfalls. Für den Betrieb unter 20 kV / 50 Hz wurde der ET 25 025 requiriert und für die französische Staatsbahn bis 1950 in den Z9053/Z9054 umgebaut. Zu Vergleichszwecken entstand aus dem schwer beschädigten ET 25 026 ebenfalls für den Betrieb unter 20 kV / 50 Hz der ET 255 01.

Bis Mitte der 50er-Jahre entstanden durch Getriebeänderung aus dem ET 25 028 der ET 55 05 (1953), aus dem ET 25 004 der ET 55 07 (1951) und aus dem ET 25 027 der ET 55 08 (1955). Nach Wiederaufnahme des elektrischen Betriebes in der DDR zum 1. September 1955 baute zwischen 1957 und 1959 das Raw Dessau die beschädigten ET 25 012 und ES 25 008 zu einem dreiteiligen Triebzug wieder auf. Der Steuerwagen lief nun als Mittelwagen zwischen den beiden angetriebenen Endwagen. Unter dem Spitznamen »Roter Dessauer« war der Einzelgänger bis Ende 1971 im Einsatz. Noch lange nach seiner Ausmusterung wurde er als Werkstatt- und Lagerraum bei Elektrifizierungsarbeiten benutzt.

Die DB ließ ihre ET 25/55 zwischen 1962 und 1966 im AW Stuttgart-Bad Cannstatt modernisieren und durch Einschub ehemaliger Steuerwagen ebenfalls zu dreiteiligen Einheiten umbauen. Die Kopfpartien der Triebwagen wurden dabei in die »Cannstatter Einheitsstirnfront« umgestaltet: Die halbrunden Stirnpartien wurden begradigt, die Stirnwandtüren ausgebaut und die kleinen Scheiben durch zwei große Fenster ersetzt. Beide Baureihen waren nach der Modernisierung ausschließlich in den Direktionen Karlsruhe und Stuttgart eingesetzt. Für die seit 1968 als 455 bezeichneten ET 55 war im Sommer 1984 beim Bw Heidelberg Schluss, die letzten 425 wurden im Herbst 1985 beim Bw Tübingen ausgemustert. Als Museumsfahrzeug der DB wurde der ET 25 015 wieder in die DRG-Ausführung zurückverwandelt, ist aber derzeit nicht betriebsfähig in Haltingen abgestellt. Der 1986 in die Schweiz zur Oensingen-Balsthal-Bahn verkaufte 425 120 konnte 1994 von den »Freunden zur Erhaltung historischer Schienenfahrzeuge« (FzS) in Stuttgart wieder zurückgeholt werden. Nach aufwändiger Restaurierung ist er seit Sommer 1998 betriebsfähig und wird für Sonderfahrten genutzt.

Technische Daten:

Baureihenbezeichnung:	ET 25 (DRG)	ET 55 (DRG)	425 (DB)	455 (DB)	285 (DR)
Radsatzanordnung:	Bo'2'+2'Bo'	Bo'2'+2'Bo'	Bo'2'+2'2'+2'Bo'		
Stromsystem:	16 2/3 Hz, 15.000 V				
Vmax (km/h):	120	90	120	90	120
Stundenleistung (kW):	920	1.100	920	1.100	1.020
Dauerleistung (kW):	840	975	840	975	920
Dienstmasse (t):	95	96	124	126	126
Größte Radsatzfahrmasse (t):	17	18	18	17	18
Länge über Puffer (mm):	43.625	43.625	66.270	66.270	65.000
Drehzapfenabstand (mm):	2 x 13.900	2 x 13.900	3 x 13.900	3 x 13.900	3 x 13.900
Radsatzabstand Triebgestell (mm):	3.600				
Radsatzabstand Laufdrehgestell (mm):	3.000				
Treibraddurchmesser (mm):	950	970	950	970	950
Laufraddurchmesser (mm):	950	970	950	970	950
Sitzplätze:	160-170	162	206	200	206
Indienststellung:	1935-37	1939-40	U 63-66	U 64-65	U 1959
Verbleib:	ET 25 015 (DB, Haltingen), 425 120 (FzS Stuttgart)				

Foto: Slg. Dietz

ET 25 201, 285.2 (DR)

Das elektrische Netz der DR wurde in den 60er-Jahren erweitert und bald bestand die Absicht, einen Teil des Städteschnellverkehrs auch wieder mit Triebwagenzügen abzuwickeln. Da weder ausreichend Fertigungskapazitäten noch Mittel für Neubeschaffungen zur Verfügung standen, sollten zunächst alte Fahrzeug rekonstruiert werden. Im damaligen Schadwagenpark befanden sich auch ehemalige holländische Gleichstromtriebwagen, die nach Kriegsende schwer beschädigt im Bereich der sowjetischen Besatzungszone zurückgeblieben waren. Aus ihnen baute bis 1964 das Raw Berlin-Schöneweide einen dreiteiligen Triebzug auf, der noch vor dem Betriebseinsatz um einen weiteren Mittelwagen ergänzt wurde. Die elektrische Ausrüstung stammte weitgehend von im Krieg ausgemusterten ET 25. Die Wagenkästen der ehemaligen Holländer waren eine Schweißkonstruktion aus Blechen und Profileisen. Im Langträgerbereich war der Triebzug durch eine Schürze verkleidet, die unter dem Wagenboden abschnittsweise als Bodenwanne ausgebildet war. In ihr befand sich die gesamte elektrische Ausrüstung. Auch die vollständig geschweißten Drehgestelle wurden überarbeitet und angepasst.
Am Sommer 1965 stand der ET 25 201 dem Bw Leipzig Hbf West zur Verfügung, das ihn u.a. im Schnellzugdienst nach Magdeburg und Zwickau einsetzte. Nachdem der Fahrdraht im September 1967 Erfurt erreicht hatte, war die Einheit auch dort zu Gast. Bedingt durch die schwierige Ersatzbeschaffung wurde der zweite Mittelwagen bald darauf entfernt und als Ersatzteilspender genutzt. Schon kurz nach der Umzeichnung in 285 201-203 wurde der Triebzug im September 1970 abgestellt. Nach seiner Ausmusterung diente er noch lange Jahre in den Bw Halle P und Leipzig Hbf West als Aufenthalts- und Lagerraum.

Technische Daten:

Baureihenbezeichnung:	ET 25 201 (DR)
Radsatzanordnung:	Bo'2'+2'2'+2'2'+2'Bo'
Stromsystem:	16 2/3 Hz, 15.000 V
Vmax (km/h):	120
Stundenleistung (kW):	920
Dauerleistung (kW):	840
Dienstmasse (t):	189,1
Größte Radsatzfahrmasse (t):	18,0
Länge über Kupplung (mm):	94.830
Drehzapfenabstand (mm):	18.000+17.500+17.500+18.000
Radsatzabstand Triebgestell (mm):	3.000
Radsatzabstand Laufdrehgestell (mm):	3.000
Treibraddurchmesser (mm):	950
Laufraddurchmesser (mm):	950
Sitzplätze:	247
Indienststellung:	Umbau 1964
Verbleib:	

Foto: Estler

ET 26, 426 (DB)

Das mit Gleichstrom elektrifizierte Teilstück der Isartalbahn Müchnen Isartalbahnhof–Höllriegelskreuth-Grünwald Isartalstrecke wurde am 18 Mai 1955 auf das allgemeine DB-Wechselstromsystem umgestellt. Damit waren auch die vier Triebwagen der BR ET/ES 182 arbeitslos. Da jedoch das elektrische Netz der DB stark im Wachsen war, der Triebwagenbestand knapp war und genügend Fahrmotoren und Transformatoren aus Reservebeständen zur Verfügung standen, entschloss sich die DB zum Umbau der Triebwagen. Als ET 26 001-004 verließen die von Wegmann und BBC neu ausgerüsteten Fahrzeuge 1957 die Kasseler Werkshallen. Dabei entstanden der ET 26 001 aus dem ET 182 11, der ET 26 002 aus dem ET 182 01, der ET 26 003 aus dem ET 182 21 und der ET 26 004 aus dem ET 182 12.
Die wesentlichen Umbaumaßnahmen waren: Die beiden einmotorigen Triebdrehgestelle entfielen. Der Antrieb erfolgte nun durch das vordere Triebdrehgestell (Bauart München-Kasse)l mit zwei Wechselstrom-Reihenschlussmotoren. Diese Verlängerung bescherte den Triebwagen auch eine neue, einheitliche Stirnfront. Als Antrieb wurde wurde der neuentwickelte BBC-Gummiringantrieb eingebaut. Die Baureihe ET 31/32 stellte den Transformator, während das Niederspannungsschalt-werk von der E 41 übernommen wurde. Nach ihrem Umbau liefen die Fahrzeuge zunächst beim Bw Rosenheim, dann München-Ost und Regensburg. Ab 1968 unter der neuen Bezeichnung 426/826 wurden 1972 alle vier Einheiten nach Koblenz umbeheimatet und fuhren dort im Vorortverkehr nach Niederlahnstein und Neuwied. Sechs Jahre später war ihre Gnadenfrist abgelaufen. Im Museumsbestand der DB blieb der 426 002/826 602 erhalten, die drei anderen Garnituren wurden alsbald verschrottet.

Technische Daten:

Baureihenbezeichnung:	ET 26 001	ET 26 002	ET 26 003	ET 26 004
Radsatzanordnung:	Bo'2'+2'2			
Stromsystem:	16 2/3 Hz, 15.000 V			
Vmax (km/h):	120			
Stundenleistung (kW):	700			
Dauerleistung (kW):	640			
Dienstmasse (t):	77	77	78	74
Größte Radsatzfahrmasse (t):	17			
Länge über Puffer (mm):	37.505	37.330	37.320	37.495
Drehzapfenabstand (mm):	12.800+	12.625+	12.600+	12.800+
	12.325	11.975	11.800	12.325
Radsatzabstand Triebgestell (mm):	3.000			
Radsatzabstand Laufdrehgestell (mm):	2.500			
Treibraddurchmesser (mm):	1.100			
Laufraddurchmesser (mm):	900			
Sitzplätze:	98			
Indienststellung:	U 1957			
Verbleib:	426 002/826 602 (DB, Garmisch)			

Foto: Estler

ET 27, 427 (DB)

Zur Erprobung einer neuen Generation von S-Bahnzügen bestellte die DB 1961 fünf dreiteilige Triebzüge der Baureihe ET 27. Hohe Beschleunigung, hoher Fahrkomfort und ein möglichst geringer Unterhaltungsaufwand waren gefordert. MAN und Wegmann waren für den mechanischen Teil verantwortlich, während die elektrische Ausrüstung von AEG und BBC kam. Um die gewünschte Beschleunigung zu erhalten, mussten alle Radsätze der beiden Endtriebwagen angetrieben werden. Für die kleinen, in Drehgestellen der angepassten Bauart München-Kassel eingebauten Radsätze waren Motoren mit einem besonders kleinen Durchmesser erforderlich. Die elektrische Einrichtung konnte in der flachen Bodenwanne kaum untergebracht werden. Der Wagenkasten war eine geschweißte Stahlleichtbaukonstruktion. Eine Schürze auf dem Dach verdeckte die dort installierten Geräte. Erstmals erhielten die ET 27 mehrlösige, lastabhängige Druckluft-Scheibenbremsen sowie eine kombinierte eigen- und fremderregte Widerstandsbremse. Die Einrichtung für Mehrfachsteuerung von bis zu vier Zügen und automatische Scharfenberg-Kupplungen rundeten die Ausstattung ab.
Die 1964 ausgelieferten Triebwagen wurden dem Bw Tübingen zugewiesen. Bis auf ein kurzes Gastspiel im Ruhrgebiet blieben die Fahrzeuge der BD Stuttgart treu. Ab 1968 führten sie die EDV-gerechte Bezeichnung 427.1+ 827.0+427.4. Der hohe Unterhaltungsaufwand durch zunehmende Schadanfälligkeit setzte die Einzelgänger Anfang der 80er-Jahre auf die Abschussliste. Als erster wurde im November 1984 der 427 103 ausgemustert, die anderen folgten im Dezember 1986. Diese konnten 1988 an den Liechtensteiner Händler Jelka verkauft werden, eine betriebsfähige Aufarbeitung unterblieb aber. 1995 kehrte der 427 105 nach Stuttgart in die Obhut der FzS zurück und wird äußerlich wieder aufgearbeitet. Alle anderen Triebwagen wurden verschrottet.

Technische Daten:

Baureihenbezeichnung:	427.1+827.0+427.4 (DB)
Radsatzanordnung:	Bo'Bo'+2'2'+Bo'Bo'
Stromsystem:	16 2/3 Hz, 15.000 V
Vmax (km/h):	120
Stundenleistung (kW):	1.384
Dauerleistung (kW):	8 x 150 (1.200)
Dienstmasse (t):	134
Größte Radsatzfahrmasse (t):	16
Länge über Kupplung (mm):	73.850
Drehzapfenabstand (mm):	16.650+15.650+16.650
Radsatzabstand Triebgestell (mm):	2.500
Radsatzabstand Laufdrehgestell (mm):	2.500
Treibraddurchmesser (mm):	900
Laufraddurchmesser (mm):	900
Sitzplätze:	185
Indienststellung:	1964
Verbleib:	427 105 (FzS, Stuttgart)

Foto: Estler

ET 30, 430 (DB)

Äußerlich stellte der ET 30 eine Weiterentwicklung des ersten Nachkriegstriebwagen ET 56 dar. In der elektrischen Ausrüstung lagen die Fahrzeuge jedoch eine ganze Generation auseinander. Der nur vier Jahre später in Dienst gestellte ET 30 trug mit Fug und Recht das Prädikat »Hochleistungstriebwagen«. Als damals »leistungsstärkster elektrischer Triebwagen der Welt« (Pressemitteilung der Bundesbahn) sorgte er mit komplett neu entwickelter elektrischer Ausrüstung für neue Akzente hinsichtlich Komfort und Beschleunigung im Nahschnellverkehr. 24 Garnituren wurden den Jahren 1955/56 ausgeliefert. Konzipiert waren sie vor allem für dass Ruhrgebiet.
Wie bei den Triebwagen der Baureihen VT 08, VT 12 und ET 56 kam auch beim ET 30 die Röhrenbauweise mit ihrer »Spanten- und Schalenbauform« zur Anwendung. Mit ihrer charakteristische Kopfform fielen sie damit ebenfalls in die Kategorie der »Eier-köpfe«. Die Grundkonfiguration eines Triebzuges war die Reihung Triebwagen+Mittelwagen+Triebwagen, wobei über die automatische Scharfenberg-Mittelpufferkupplung bis zu vier Einheiten von einem Führerstand aus gefahren werden konnten. Zur Anwendung kamen neue leistungsstarke zehnpolige Reihenschlussmotoren.
Zwischen 1957 und 1972 blieb die Verteilung der Triebzüge konstant, sechs waren beim Bw Nürnberg und 18 im Ruhrgebiet beheimatet. Ab 1972 fuhren alle 24 Einheiten im Ruhrgebiet. Hoher Verschleiß durch die starke Beanspruchung und Korrosionsschäden durch die aggressive Ruhrgebietsluft ließen die ET 30 schon im Jahr 1984 den Dienst quittieren. Als zunächst betriebsfähiger Museumstriebwagen blieb der ET 30 014 mit einem zweiten Mittelwagen (EM 30 011) erhalten. Anfang 1997 musste er mit Fristablauf abgestellt werden. 1998 wurde die bis dahin in Hamm abgestellte Museumsgarnitur nach Koblenz-Lützel überführt, wo sie heute noch zu finden ist.

Technische Daten:

Baureihenbezeichnung:	430.1+830.0+430.4 (DB)
Radsatzanordnung:	Bo'2'+2'2'+2'Bo'
Stromsystem:	16 2/3 Hz, 15.000 V
Vmax (km/h):	120
Stundenleistung (kW):	4 x 440 (1.760)
Dauerleistung (kW):	
Dienstmasse (t):	147
Größte Radsatzfahrmasse (t):	20,5
Länge über Kupplung (mm):	80.360
Drehzapfenabstand (mm):	19.000+19.000+19.000
Radsatzabstand Triebgestell (mm):	3.600
Radsatzabstand Laufdrehgestell (mm):	2.500
Treibraddurchmesser (mm):	1.100
Laufraddurchmesser (mm):	950
Sitzplätze:	222
Indienststellung:	1955-1956
Verbleib:	ET 30 014 + EM 30 011 (Koblenz)

Foto: Estler

ET 65 (DRG, DB), 465 (DB)

Der ET 65 prägte über 40 Jahre lang das Bild des Vorortverkehrs im Raum Stuttgart. Die ersten 17 Triebwagen dieser robusten Bauart wurden ab Mai 1933 in Dienst gestellt; vier weitere folgten 1937. Mit Erweiterung des elektrischen Vorortbetriebes nach Leonberg–Weil der Stadt kamen 1939 nochmals vier Triebwagen in moderner Ausführung hinzu. Lieferant des mechanischen Teils war die Maschinenfabrik Esslingen; die elektrische Ausrüstung stammte von BBC. Die beiden ersten Serien waren noch in Nietbauweise ausgeführt, die letzte weitgehend geschweißt Alle vier Radsätze waren angetrieben und ermöglichten den Zügen eine Höchstgeschwindigkeit von anfangs 75, später 85 km/h. Als Beiwagen (EB 65) dienten 34 kurzgekuppelte württembergische Doppelwagen der Baujahre 1929/30. Kleinste betriebliche Einheit war die Konfiguration ET/ES, in der Regel als ET+EB/ EB+ES.
Den Krieg überstanden 23 Triebwagen. Ab 1960 wurden die alten Doppel-Beiwagen durch vierachsige Mittelwagen (EM) der Bauart B4yg ersetzt. Ab 1961 wurden alle Trieb- und Steuerwagen im AW Cannstatt einer Verjüngungskur unterzogen, deren markantestes Zeichen die beiden großen Führerstandsfenster war. Der 1945 von Schlesien gekommene ET 51 01 wurde ebenfalls modernisiert und in ET 65 031 umgezeichnet. Mit der Einführung des S-Bahn-Betriebes am 1. Oktober 1978 endete der planmäßige Betrieb mit den ab 1968 als 465 geführten Triebwagen. Eine Garnitur (465 006+865 006+865 606) kam in den betriebsfähigem Museumsbestand der DB und erfreute sich lange Jahre großer Beliebtheit. Seit einiger Zeit steht sie jedoch abgestellt in Frankfurt/Main. Von den »Freunden zur Erhaltung historischer Schienenfahrzeuge« (FzS) in Stuttgart wird mit dem ET 65 005 / ES 65 001 eine zweite Einheit als Museumsstück erhalten.

Technische Daten:

Baureihenbezeichnung:	ET 65 (DRG)	465 (DB)
Radsatzanordnung:	Bo'Bo'+2+2+2'2'	Bo'Bo'+2'2'+2'2'
Stromsystem:	16 2/3 Hz, 15.000 V	
Vmax (km/h):	85	
Stundenleistung (kW):	924	
Dauerleistung (kW):	804	
Dienstmasse (t):	147	133
Größte Radsatzfahrmasse (t):	19 (ab ET 65 022: 16)	
Länge über Puffer (mm):	67.200	60.460
Drehzapfenabstand Triebwagen (mm):	12.600 (ab ET 65 022: 12.800)	
Radsatzabstand Triebgestell (mm):	3.600 (ab ET 65 022: 3.000)	
Radsatzabstand Laufdrehgestell (mm):	3.000 (ab ES 65 017: 3.000)	(EM 65: 2.500)
Treibraddurchmesser (mm):	1.000	
Laufraddurchmesser (mm):	1.000	(EM 65: 950)
Sitzplätze:	250	196
Indienststellung:	1933-1939	Umbau 1960-1963
Verbleib:	ET 65 005 (FzS, Stuttgart), ET 65 006 (VM, Frankfurt)	

ET 82 (DRG)

Im Jahr 1926 beschaffte die DRG ihre ersten beiden Neubautriebwagen mit den Betriebsnummern 551 und 552 für die Strecke Magdeburg–Rothensee. Für den wagenbaulichen Teil zeichnete die Waggonfabrik Dessau verantwortlich, die elektrische Ausrüstung kam von den Siemens-Schuckert-Werken in Berlin. Die vierachsigen Fahrzeuge in genieteter Ganzstahlbauweise hatten ein kräftiges Untergestell, welches unter dem Wagenboden die gesamte elektrische Ausrüstung aufnahm. Diese konnte sehr einfach gehalten werden, da die Triebwagen nur auf Strecken ohne nennenswerte Steigungen verkehren sollten. Daher genügte auch ein Tatzlager-Fahrmotor, der auf den inneren Radsatz des Triebdrehgestells wirkte. Charakteristisch für die Wagen waren die trapezförmig ausgebildeten Stirnfronten. Über ihre Vielfachsteuerung konnten sie auch von einem Führerstand aus gefahren werden.
1929 erfolgte eine Umgestaltung der Fahrgasträume, 1930 erhielten sie die neuen Nummern elT 1031 und 1032. Neben ihrer Hausstrecke kamen sukzessive weitere Einsätze im Nahbereich von Magdeburg hinzu. Ab 1940 liefen die beiden Triebwagen als ET 82 01 und 02. Schwer beschädigt durch Luftangriffe im Zweiten Weltkrieg wurden sie bis 1945 ausgemustert.

Foto: Slg. Dietz

Technische Daten:

Baureihenbezeichnung:	ET 82 (DRG)
Radsatzanordnung:	(1A)'2'
Stromsystem:	16 2/3 Hz, 15.000 V
Vmax (km/h):	80
Stundenleistung (kW):	254
Dauerleistung (kW):	205
Dienstmasse (t):	59,3
Größte Radsatzfahrmasse (t):	19,0
Länge über Puffer (mm):	21.900
Drehzapfenabstand (mm):	14.200
Radsatzabstand Triebdrehgestell (mm):	2.650
Radsatzabstand Laufdrehgestell (mm):	2.650
Treibraddurchmesser (mm):	1.200
Laufraddurchmesser (mm):	1.000/1.200
Sitzplätze:	54
Indienststellung:	1926
Verbleib:	

Foto: Blaschke

Foto: Klein, Sammlung Estler

ET 85 (DRG), ET 85, ET 90; 485, 490 (DB)

Nach der Elektrifizierung der Münchner Vorortstrecke München–Starnberg ließ die Gruppenverwaltung Bayern der DRG vier der fünf hier eingesetzten Dampftriebwagen, die Krauss vor dem Ersten Weltkrieg geliefert hatte, bei Fuchs in Heidelberg zu Elektrotriebwagen umbauen. Die Fahrzeuge bestanden aus einer genieteten Stahlkonstruktion mit einem Lauf- und einem Triebdrehgestell, letztere entsprachen mit ihren zwei Tatzlagermotoren der Bauart der Hamburger Vorortbahn. Sie blieben im Münchner Vorortverkehr, die beiden letzten wurden bereits 1958 ausgemustert.

Bereits ein Jahr nach dem Umbau gab die DRG bei Fuchs und BBC 32 Neubaufahrzeuge in Auftrag. Zunächst in München, ab 1933 auch in Augsburg und ab 1936 in Nürnberg fuhren die Züge im Vorortverkehr. Für den Einsatz im Fernverkehr beheimatete das Bw Augsburg die 100 km/h schnellen ET 85 05 und 09. Insgesamt 24 Triebwagen überstanden den Zweiten Weltkrieg und gelangten zur DB. Diese ließ die Züge ET 85 13, ET 85 14 und ET 85 16 durch Änderung der Getriebeübersetzung 1949/50 für den Einsatz auf Gebirgsstrecken umbauen. Die Züge erhielten danach die Nummern ET 90 01-03. Anlässlich der Modernisierung ab 1955 erhielten drei Triebwagen vorübergehend 1. Klasse-Sitzplätze und die Nummern ET 85 101-103. Nach dem Rückbau 1960 wurden sie jedoch wieder mit der alten Nummer versehen. Ab 1968 wurden die Fahrzeuge EDV-gerecht als 485 bzw. 490 bezeichnet. Neben ihren Stammstrecken eroberten die ET 85 ab 1960 weitere Einsatzgebiete. Die drei ET 90 blieben bis zur Stilllegung 1965 ihrer Stammstrecke nach Königssee treu. Danach bedienten sie die ehemalige LAG-Strecke Bad Aibling–Feilnbach. Sie wurden Ende 1972 ausgemustert, während die letzten ET 85 noch bis 1977 im Einsatz blieben. Bei der DGEG in Bochum-Dahlhausen blieb mit ET 85 07 und dem ES 85 15 eine Garnitur erhalten.

Technische Daten:

Baureihenbezeichnung:	ET 85 01-04	ET 85 06...36	ET 85 05, 09	ET 90 01-03
Radsatzanordnung:	Bo'2'	Bo'2'	Bo'2'	Bo'2'
Stromsystem:	16 2/3 Hz, 15.000 V			
Vmax (km/h):	75	75	100	50
Stundenleistung (kW):				
Dauerleistung (kW):	500	500	500	500
Dienstmasse (t):	56,3	61,4	61,4	56,3
Größte Radsatzfahrmasse (t):	16,3	17,7	17,7	17,3
Länge über Puffer (mm):	19.920	20.340	20.340	20.340
Drehzapfenabstand (mm):				
Radsatzabstand Triebgestell (mm):				
Radsatzabstand Laufdrehgestell (mm):				
Treibraddurchmesser (mm):	1.000			
Laufraddurchmesser (mm):				
Sitzplätze:				
Indienststellung:	1924	1927	1927	U 1949/50
Verbleib:	ET 85 07 DGEG			

ET 87 (DRG, DB)

Die schlesischen Gebirgsstrecken der Preußischen Staatsbahn boten sich auf Grund ihrer zum Teil alpenbahnmäßigen Trassierungen schon früh für den elektrischen Betrieb an. Am 1. Juni 1914 konnte mit der Nebenbahn Nieder Salzbrunn–Halbstadt die erste Strecke auf elektrischen Betrieb umgestellt werden. Hierfür wurden sechs dreiteilige Triebzüge als ET 831/831a/832-841/841a/842 beschafft. Ein Triebzug bestand aus einem kurzen dreiachsigen Triebwagen, der zwischen zwei kurzgekuppelten ebenfalls dreiachsigen Steuerwagen eingestellt war.

Bei der DRG wurden die Fahrzeuge zunächst als ET 501-506, ab 1930 als elT 1001-1006 und ab 1940 schließlich als Baureihe ET 87 geführt. Nachdem die Fahrzeuge ab 1922 auf steigungsärmere Strecken in Schlesien umgesetzt und 1925/26 die Motoren umgebaut worden waren, erfüllten die Fahrzeuge die in sie gesetzten Erwartungen. Nach einem Unfall musste 1940 der elT 1002 ausgemustert werden und erlebte daher nicht mehr die Umzeichnung in ET 87.

Da ab Januar 1945 auch Schlesien von Kriegshandlungen betroffen war, wurden die Fahrzeuge Richtung Westen abgefahren. Im sowjetisch besetzten Mitteldeutschland blieben die ET 87 01 und 02 stehen und wurden noch bis März 1946 dort eingesetzt. Wie alle Triebwagen in der sowjetischen Besatzungszone verschwanden sie dann als Reparationsleistung in der UdSSR. In den Westzonen fanden sich nach Kriegsende die ET 87 03-05. Zwischen 1947 und 1950 fuhren sie im Münchener Vorortverkehr und wechselten dann zum Bw Nürnberg Hbf. Dort waren sie auf Grund ihrer Höchstgeschwindigkeit, die zur Schonung des Stangenantriebes von der DB auf 65 km/h reduziert worden war, vor allem zwischen Feucht und Altdorf im Einsatz. Als letzter Mohikaner musste 1959 der ET 87 03 den Dienst quittieren.

Technische Daten:

Baureihenbezeichnung:	ET 87 (DRG)
Radsatzanordnung:	2' 1+B' 1+1 2'
Stromsystem:	16 2/3 Hz, 15.000 V
Vmax (km/h):	70
Stundenleistung (kW):	500
Dauerleistung (kW):	376
Dienstmasse (t):	99,1
Größte Radsatzfahrmasse (t):	17,1
Länge über Puffer (mm):	42.520
Drehzapfen-/Radsatzabstand (mm):	9.500+ 6.775+9.500
Radsatzabstand Triebgestell (mm):	2.500
Radsatzabstand Laufdrehgestell (mm):	2.150
Treibraddurchmesser (mm):	1.000
Laufraddurchmesser (mm):	1.000
Sitzplätze:	131
Indienststellung:	1914
Verbleib:	

Foto: Slg. Koppisch, Archiv transpress

ET 88 (DRG, DB)

Ursprünglich sollte die Berliner S-Bahn mit Wechselspannung (16 2/3 Hz / 15 kV) elektrifiziert werden. Dafür bestellte die preußische Staatsbahn 1913 bei LHW und SSW vier Probetriebwagen, deren Auslieferung sich wegen des Ersten Weltkriegs bis 1920 hinzog. Nachdem 1921 der Entschluss gefallen war, die Berliner S-Bahn mit Gleichstrom zu elektrifizieren, schickte man die nun als ET 507 bis 501 bezeichneten Fahrzeuge nach Schlesien als Ersatz für die ET 87. Ursprünglich war ein Einsatz dieser Triebwagen nur im Zugverband mit Steuer- und Beiwagen vorgesehen, daher hatten sie nur einen Führerstand erhalten. Um sie nun auch alleine einsetzen zu können, rüstete man sie 1925 mit einem zweiten Führerstand aus.
Äußerlich entsprachen die vierachsigen Fahrzeugen den preußischen Abteilwagen mit Oberlichtaufbau. Jeweils der äußere Radsatz der beiden Drehgestelle wurde von einem Tatzlagermotor angetrieben. Unter dem Wagenboden waren zwei Transformatoren sowie die elektromagnetische Niederspannungs-Schützensteuerung untergebracht. Ab 1930 änderte sich die Bezeichnung der Triebwagen in elT 1007-1010, ab 1940 fuhren sie als ET 88 01-04. Die Triebwagen bewährten sich ausgezeichnet und waren bis Anfang 1945 in Schlesien im Einsatz. Um sie vor näherrückenden Sowjetarmee in Sicherheit zu bringen, wurden sie dann nach Bayern evakuiert. Infolge seiner Kriegsschäden musste der ET 88 03 nach Kriegsende ausgemustert werden. Die drei anderen ET 88 kamen zum Bw Regensburg, das die Fahrzeuge mit Nahverkehrsleistungen rund um den Kirchturm beschäftigte. Ende der 50er-Jahre waren sie abgefahren und genügten den steigenden Komfortansprüchen nicht. Sie wurden daher abgestellt. Nur der ET 88 04 kam noch kurzzeitig als Personalpendel zwischen Mannheim Hbf und Rbf zum Einsatz, bis auch er 1959 ausgemustert wurde.

Technische Daten:

Baureihenbezeichnung:	ET 88 (DRG)
Radsatzanordnung:	(A1)'(1A)'
Stromsystem:	16 2/3 Hz, 15.000 V
Vmax (km/h):	65
Stundenleistung (kW):	468
Dauerleistung (kW):	360
Dienstmasse (t):	61,5
Größte Radsatzfahrmasse (t):	17,1
Länge über Puffer (mm):	17.060
Drehzapfenabstand (mm):	10.660
Radsatzabstand Triebgestell (mm):	2.550
Radsatzabstand Laufdrehgestell (mm):	-
Treibraddurchmesser (mm):	1.200
Laufraddurchmesser (mm):	1.000
Sitzplätze:	71
Indienststellung:	1920
Verbleib:	

Foto: Slg. Kenning

ET 89 (DRG, DB)

Speziell für ihre Riesengebirgsstrecke Hirschberg–Polaun beschaffte die DRG ab 1926 elf ungewöhnliche aussehende Triebwagen als elT 1011-1021. Der Wagenteil der ersten fünf Fahrzeuge kam von LHB, die anderen lieferte die WUMAG. Alle vierachsigen Wagen wurden elektrisch von SSW ausgerüstet. Wagenkasten und Untergestell waren eine genietete Stahlkonstruktion. Vor den trapezförmig abgeschrägten Stirnenden befanden sich Aussichts- und Übergangsplattformen, über die auch der Führerstand zugänglich war. Angetrieben wurde jeweils der innenliegende Radsatz jedes Drehgestells über einen Tatzlager-Wechselstrommotor, welche von einer Niederspannungs-Schützensteuerung geregelt wurden. Transformator mit Hauptschalter waren in einem besonderen Maschinenraum innerhalb des Wagens untergebracht. Daneben wurden 15 Beiwagen in Dienst gestellt, die aus zweiachsigen Personenwagen umgebaut wurden. Um den Einsatz flexibler zu gestalten, ergänzten ab 1934 noch acht vierachsige Steuerwagen den Fahrzeugpark.
Die Fahrzeuge, im Volksmund wegen ihres Aussehens und Einsatzgebietes bald »Rübezahl« genannt, bewährten sich ausgezeichnet und brachten lange Jahre Scharen von Ausflüglern und Wanderern auf die Höhen des Riesengebirges. In der Hauptreisezeit bestand ein Zug aus drei Triebwagen und bis zu zwölf Steuer- und Beiwagen. 1940 erhielten die Triebwagen die neuen Nummern ET 89 01-11. Die meisten Triebwagen konnten Anfang 1945 nicht vor der heranrückenden Sowjetarmee in Sicherheit gebracht werden und blieben im besetzten Schlesien zurück. Nur die ET 89 01, 04 und 07 fanden nach dem Krieg in München ein neues Zuhause. Jahrelang fuhren sie dort noch im Vorort- und im Dienstverkehr. Als letzter »Rübezahl« wurde 1959 der ET 89 04 abgestellt.

Technische Daten:

Baureihenbezeichnung:	ET 89 (DRG)
Radsatzanordnung:	(1A)'(A1)'
Stromsystem:	16 2/3 Hz, 15.000 V
Vmax (km/h):	65
Stundenleistung (kW):	468
Dauerleistung (kW):	360
Dienstmasse (t):	70,0
Größte Radsatzfahrmasse (t):	20,0
Länge über Puffer (mm):	21.900
Drehzapfenabstand (mm):	14.000
Radsatzabstand Triebgestell (mm):	2.650
Radsatzabstand Laufdrehgestell (mm):	-
Treibraddurchmesser (mm):	1.200
Laufraddurchmesser (mm):	1.000
Sitzplätze:	53
Indienststellung:	1926
Verbleib:	

Foto: Estler

Foto: Blaschke

ET 91 (DRG, DB), 491 (DB)

Anfang der 30er-Jahre spürte die Deutsche Reichsbahn die zunehmende Konkurrenz durch Kraftfahrzeuge und Omnibusse ausgesetzt. Um speziell das Marktsegment des Ausflugsverkehrs attraktiver zu gestalten, wurden daher bei Fuchs und AEG zwei elektrische Aussichtstriebwagen bestellt, die später als »Gläserne Züge« zu den Vorzeigeobjekten der DRG gehören sollten. Für den Ausflugsverkehr wurden spezielle Anforderungen vorgegeben: So sollten die Reisenden von ihren Sitzplätzen aus ungehindert nach allen Seiten die Landschaft betrachten können. Daher sollten im Fenster- und Dachbereich möglichst wenig undurchsichtige Bauteile verwendet werden. Aus wirtschaftlichen Überlegungen heraus sollten möglichst viele Bauteile von den Einheitstriebwagen ET 25/31 übernommen werden. Diese Forderungen konnten weitgehend erfüllt werden: Große Fenster auch an den Stirnseiten und in den Dachschrägen ermöglichten eine gute Rundumsicht.
1935 wurde der im elektrischen Teil noch nicht fertiggestellte elT 1998 (später ET 91 01) auf der Nürnberger Ausstellung »100 Jahre Deutsche Eisenbahnen« präsentiert. Der zweite Triebwagen konnte im September 1935 abgenommen werden und nahm bei der großen Fahrzeugparade zum 100-jährigen Jubiläum teil. Beide Triebwagen fuhren anschließend von München aus im Sonderverkehr auf den elektrifizierten Strecken Süddeutschlands und bald auch nach Österreich. Der ET 91 02 brannte am 9. März 1943 nach einem Bombenangriff völlig aus. Ausgelagert nach Bichl und eingemauert im dortigen Lokschuppen überstand sein Bruder unbeschadet den Krieg und machte sich bald wieder im Ausflugsverkehr nützlich. Seine Karriere fand erst am 12. Dezember 1995 ein abruptes Ende, als er im Bahnhof Garmisch mit einem Reisezug kollidierte.

Technische Daten:

Baureihenbezeichnung:	ET 91 (DRG)
Radsatzanordnung:	Bo'2'
Stromsystem:	16 2/3 Hz, 15.000 V
Vmax (km/h):	100
Stundenleistung (kW):	390
Dauerleistung (kW):	350
Dienstmasse (t):	45,46
Größte Radsatzfahrmasse (t):	15,0
Länge über Puffer (mm):	20.600
Drehzapfenabstand (mm):	13.815
Radsatzabstand Triebgestell (mm):	3.600
Radsatzabstand Laufdrehgestell (mm):	3.000
Treibraddurchmesser (mm):	950
Laufraddurchmesser (mm):	950
Sitzplätze:	72
Indienststellung:	1935
Verbleib:	

ET 125, 166, 167 (DRG, DR), 276, 277 (DR), 477 (DB AG)

Ein innovatives Angebot schuf die Berliner S-Bahn ab 1935 mit den sogenannten Bankierszügen. Im Mai 1933 waren die Fernbahngleise zwischen Berlin-Zehlendorf und Berlin Potsdamer Bahnhof mit Stromschienen ausgerüstet worden. S-Bahnzüge sollten diesen Abschnitt ohne Zwischenhalt durchfahren, um dann ab Zehlendorf über die normalen S-Bahngleise in Richtung Wannsee weiterzufahren. Speziell für diesen Zweck stellte man die Viertelzüge Baureihe ET/EB 125 in Dienst, die eine Höchstgeschwindigkeit von 120 km/h besaß. Für die Olympischen Spiele 1936 stellte die DRG insgesamt 34 sogenannte Olympia-Viertel (ET/EB 166) in Dienst, die äußerlich zwar den ET/EB 125 entsprachen, in ihrer technischen Ausstattung aber weitgehend den ET 165.8 glichen. Das ständig zunehmende Fahrgastaufkommen sowie die Inbetriebnahme des Nord-Süd-S-Bahntunnels erforderten weitere Beschaffungen. Als weiterentwickelte ET/EB 166 wurde ab 1937 die Baureihe ET/EB 167 beschafft. Bestellt wurden insgesamt 291 Viertelzüge, doch der Zweite Weltkrieg verhinderte die Auslieferung der letzten 22 Beiwagen.
Nach Kriegsende waren bis auf die Bankiers-Viertel auch bei diesen Baureihen erhebliche Verluste zu verzeichnen. Da nach 1945 kein Bedarf mehr für die schnellen ET/EB 125 bestand, wurden sie den ET/EB 166 angeglichen und entsprechend umgezeichnet. Ab 1963 ließ die DR bei den ET 166 und 167 die Inneneinrichtung erneuern. Eine grundlegende Rekonstruktion von 204 Viertelzügen begann 1974, welche u.a. den Einbau neuer Drehgestelle, den Ersatz der dreiteiligen Frontfenster durch zweiteilige sowie die Umstellung des Bordnetzes von 48 auf 110 Volt beinhaltete. Ab 1992 erhielten diese Einheiten die Baureihenbezeichnung 477/877. Ausmusterungen in größerem Ausmaß erfolgten ab 2000. Bis 2004 sollen die letzten Züge verschwunden sein.

Technische Daten:

Baureihenbezeichnung:	ET 125	ET 166	ET 167 (DRG)
Radsatzanordnung:	Bo'Bo'+2'2'		
Stromsystem:	750 V Gleichstrom		
Vmax (km/h):	120	80	80
Stundenleistung (kW):	670	440	440
Dauerleistung (kW):	550	308	308
Dienstmasse (t):	67-72	69	67
Größte Radsatzfahrmasse (t):	12-13	12,5	12,3
Länge über Kupplung (mm):	35.460		
Drehzapfenabstand (mm):	11.975+12.325		
Radsatzabstand Triebgestell (mm):	2.600	2.600	2.500
Radsatzabstand Laufdrehgestell (mm):	2.600	2.600	2.500
Treibraddurchmesser (mm):	900		
Laufraddurchmesser (mm):	900		
Sitzplätze:	120	119	119
Indienststellung:	1934-1938	1936	1937-1944
Verbleib:			

Foto: Blaschke

ET 165, 168 (DRG, DR), 275, 276 (DR), 475, 476 (DB AG)

Die verschiedenen Mängel der ersten Berliner S-Bahntriebzüge ET/EB 169 führten schon 1925 zu einer konzeptionellen Umorientierung. Die richtungsweisende Neukonzeption bestand aus Triebzügen in der Zusammenstellung Triebwagen+ Steuerwagen als kleinste betriebliche Einheit. Der sogenannte Viertelzug war geboren. Die Grundkonzeption der später als ET 168 bezeichneten Triebzüge stammte von der Waggonfabrik Görlitz, am Bau der 50 Viertelzüge waren dann alle deutschen Hersteller beteiligt. Aufbauend auf den ET 168 lief ab 1928 die Großserienfertigung. Die neuen Viertelzüge der späteren Baureihe ET 165 entsprachen weitgehend ihrem Vorbild, waren aber stärker motorisiert. Insgesamt 638 Viertelzüge wurden ab 1928 ausgeliefert. Die ersten Serien erhielten noch die Konfiguration Triebwagen+Steuerwagen, bei späteren Serien kamen anstelle der Steuerwagen nur noch Beiwagen zur Auslieferung. Die kleinste betriebliche Einheit war dann ein Halbzug. Anfang der 30er-Jahre erforderte die Elektrifizierung der Wannseebahn eine erneute Erweiterung des Fahrzeugparks. 51 Viertelzüge der Baureihe ET 165.8 rollten ab 1933 auf die Schienen.
Bis 1944/45 waren alle Steuerwagen dieser Baureihen zum Beiwagen umgebaut. Der Krieg schlug erhebliche Wunden in die klassischen Berliner S-Bahntriebzüge, doch sie sollten noch lange Jahre die Hauptlast des Verkehrs tragen. Nach einer ersten Modernisierung Mitte der 60er-Jahre wurde ein großer Teil der Fahrzeuge (212 Viertelzüge) zwischen 1979 und 1987 einer grundlegenden Rekonstruktion unterzogen. Deren auffallendstes Kennzeichen war die neue Stirnfront mit der glatten Frontpartie mit zwei großen Stirnfenstern. Während die ab 1992 als Baureihe 475 bezeichneten nicht rekonstruierten ehemaligen ET 165 bis Mitte der 90er-Jahre aufs Abstellgleis gerollt waren, konnte 2000 auch auf die Reko-Viertel (ab 1992 Baureihe 476) verzichtet werden.

Technische Daten:

Baureihenbezeichnung:	ET 165	ET 168 (DRG)
Radsatzanordnung:	Bo'Bo'+2'2'	
Stromsystem:	750 V Gleichstrom	
Vmax (km/h):	80	
Stundenleistung (kW):	440	380
Dauerleistung (kW):	308	292
Dienstmasse (t):	65-67	78,2
Größte Radsatzfahrmasse (t):	12-13	14,1
Länge über Kupplung (mm):	35.460	35.960
Drehzapfenabstand (mm):	11.800+11.800	
Radsatzabstand Triebgestell (mm):	2.500	
Radsatzabstand Laufdrehgestell (mm):	2.500	
Treibraddurchmesser (mm):	900	850
Laufraddurchmesser (mm):	900	850
Sitzplätze:	112-127	112
Indienststellung:	1928-1933	1925
Verbleib:		

Foto: Blaschke

ET 169 (DRG, DR)

Zu Beginn der 20er-Jahre fiel die Entscheidung, die Berliner Stadt-, Ring- und Vorortbahnen (später S-Bahn) mit 750-Volt-Gleichstrom und Stromschiene zu elektrifizieren. Ferner wurde festgelegt, ausschließlich Triebzüge auf den elektrifizierten Strecken einzusetzen. Zur endgültigen Festlegung der zukünftigen Fahrzeuge wurden zunächst sechs Versuchszüge A-F erprobt. Nach den Versuchsfahrten bestellte die DRG 17 Triebzüge, die als Halbzüge zwischen 1924 und 1925 ausgeliefert wurden. Diese ab 1940 als ET/EB 169 bezeichneten Fahrzeug bestanden aus zwei vierachsigen Triebwagen, zwischen die drei Beiwagen gekuppelt waren. Die Verbindung zweier Halbzüge erfolgte zuerst durch Mittelpufferkupplungen der Bauart Willison.
Im Alltagsbetrieb stellte man sehr schnell fest, dass die Konzeption der Triebzüge nicht den erforderlichen Bedürfnissen entsprach. Die unzureichenden Möglichkeiten der Zugbildung, die Verschiedenartigkeit der Trieb- und Beiwagen und die zu geringen Anfahrbeschleunigung führten schon 1925 zu einer Neukonzeption. Nach dem Bau des Nord-Süd-S-Bahntunnels konnten die Fahrzeuge nur noch eingeschränkt verwendet werden, da sie die Tunnelstrecke nicht befahren durften. Nach Kriegsende waren noch acht Halbzüge vorhanden, die ab 1951 wieder eingesetzt werden konnten. 1956/57 erfolgte deren grundlegende Modernisierung mit einem zusätzlichen Triebdrehgestell, dem Angleichen der Kopfform an die ET 165 sowie neuen Bremsen, neuer Innenausstattung und automatischer Türschließeinrichtung. Ab 1962 konnte auf die ET 169 verzichtet werden. 14 Triebwagen wurden zwischen 1966 und 1968 zu Fahrzeugen des Typs E III für die Ostberliner U-Bahn umgebaut. Aus dem ET 169 017a/b und zwei Beiwagen entstand ein Gerätezug, der ab 1970 die Nummer 278 005-008 erhielt und heute der »Historischen S-Bahn Berlin« gehört.

Technische Daten:

Baureihenbezeichnung:	ET 169 (DRG)
Radsatzanordnung:	Bo'2'+2+2+2+2'Bo'
Stromsystem:	750 V Gleichstrom
Vmax (km/h):	70
Stundenleistung (kW):	832
Dauerleistung (kW):	560
Dienstmasse (t):	140,9
Größte Radsatzfahrmasse (t):	16,9
Länge über Kupplung (mm):	71.600
Drehzapfen-/Radsatzabstand (mm):	14.100+7.150+7.150+7.150+14.100
Radsatzabstand Triebgestell (mm):	2.500
Radsatzabstand Laufdrehgestell (mm):	2.500
Treibraddurchmesser (mm):	1.000
Laufraddurchmesser (mm):	850
Sitzplätze:	240
Indienststellung:	1924-1925
Verbleib:	ET 169 017 (Hist. S-Bahn Berlin)

Foto: Slg. Kenning

ET 170.0, 278 (DR)

Mit der Einbeziehung zahlreicher Berliner Vorortstrecken in das mit Gleichstrom elektrifizierte S-Bahnnetz in den 50er-Jahren sollte auch der Fahrzeugpark durch eine Neuentwicklung verstärkt werden. Daher erhielt der VEB LEW »Hans Beimler« in Hennigsdorf 1955 den Auftrag, einen neuen S-Bahntriebwagen zu entwickeln. Beibehalten werden sollte die bewährte Zugbildung. Auch sollte bei der elektrischen Ausrüstung im wesentlichen auf Reservebestände der Baureihe ET 165 zurückgegriffen werden. 1958 wurden vom VEB Waggonbau Ammendorf vier Doppeltriebwagen als Viertelzüge ausgeliefert, wobei jeder Viertelzug nur einen Führerstand besaß. Bei jedem Viertel waren die beiden äußeren Drehgestelle angetrieben, in der Mitte verband ein Laufdrehgestell der Bauart Jakobs beide Wagenhälften. Die Federung erfolgte über Schraubenfedern und hydraulische Stoßdämpfer. Beim elektrischen Antrieb waren lediglich die vierpoligen Gleichstrom-Reihenschlussmotoren eine Neukonstruktion.
Die als ET 170 bezeichneten Fahrzeuge wurden bei der Leipziger Frühjahrsmesse 1959 erstmals der Öffentlichkeit präsentiert. Umfangreiche Probe- und Testfahrten folgten. Dabei stellten sich zahlreich Mängel heraus. Das vom ET 165 übernommene Nockenschaltwerk war zu grobstufig, Lüftungs- und Temperaturprobleme traten auf, die Bremsen funktionierten nicht zufriedenstellend, die unausgereiften hydraulischen Stoßdämpfer machten sich unangenehm bemerkbar und die Innenausstattung war schwer zu reinigen. Daher wurden die Fahrzeuge nach Abschluss der Erprobung Ende 1960 zunächst abgestellt. Nach einer Aufarbeitung kam der Halbzug ET 170 003a/b + ET 170 004a/b noch einmal in den Betriebsdienst und erhielt 1970 noch die neue Nummern 278 201/203+205/207. Der Halbzug wurde schließlich 1972 ausgemustert. Alle Fahrzeuge sind verschrottet worden.

Technische Daten:

Baureihenbezeichnung:	278 (DR)
Radsatzanordnung:	Bo'(2)'Bo'+Bo'(2)'Bo'
Stromsystem:	750 V Gleichstrom
Vmax (km/h):	90
Stundenleistung (kW):	1.200
Dauerleistung (kW):	920
Dienstmasse (t):	140,8
Größte Radsatzfahrmasse (t):	18,0
Länge über Kupplung (mm):	74.680
Drehzapfenabstand (mm):	15.600+14.700+14.700+15.600
Radsatzabstand Triebgestell (mm):	2.700
Radsatzabstand Laufdrehgestell (mm):	2.500
Treibraddurchmesser (mm):	900
Laufraddurchmesser (mm):	900
Sitzplätze:	224
Indienststellung:	1959
Verbleib:	

Foto: Estler

ET 170.1, 470 (DB)

Die Erweiterung des Netzes der Hamburger S-Bahn machte Ende der 50er-Jahre die Beschaffung weiterer Fahrzeuge notwendig. Ein erneuter Nachbau der bewährten Baureihe ET 171 wurde verworfen, da u.a. eine Erhöhung der Höchstgeschwindigkeit auf 100 km/h gefordert war. 1958 erhielt daher MAN den Auftrag, die neue Baureihe ET 170 zu entwickeln und eine erste Serie von acht Garnituren zu bauen. Wie sein Vorgänger ET 171 bestand der dreiteilige Triebzug aus zwei vierachsigen Endtriebwagen und einem vierachsigen antriebslosen Mittelwagen. Wie in Hamburg üblich war der gesamte Mittelwagen wieder der 1. Klasse vorbehalten. Auf Toiletten und eine Übergangsmöglichkeit zwischen den einzelnen Wagen wurde verzichtet. Die Wagenkästen waren in geschweißter Stahlleichtbauweise ausgeführt und ruhten auf angepassten Drehgestellen der Bauart München-Kassel. Vier Gleichstrom-Reihenschlussmotoren trieben über Tatzlager alle Radsätze eines Endtriebwagens an. Die gesamte elektrische Ausrüstung und die Druckluftanlage waren der staubdicht abgeschlossenen Bodenwanne zwischen den Triebdrehgestellen untergebracht. Vielfachsteuerung von bis zu drei Einheiten auch mit den ET 171 war möglich.
1959 konnten die bestellten acht Triebzüge abgeliefert werden. Unmittelbar darauf erfolgte der Bau einer zweiten Serie mit ebenfalls acht Garnituren, die 1960 ausgeliefert wurden. Zwischen 1966 Anfang 1970 stellte die DB in zwei Serien weitere 29 Triebzüge in Dienst, die letzten schon unter der computergerechten Bezeichnung 470 (Triebwagen) und 870 (Mittelwagen). Mit der Auslieferung der neuen S-Bahnzüge 474 begannen 1997 die ersten Abstellung der 470. Zur Jahresmitte 2000 waren schon zwei Drittel des Gesamtbestandes ausgemustert. Die letzten Fahrzeuge sollen noch 2001 den Dienst quittieren.

Technische Daten:

Baureihenbezeichnung:	470.1+870.0+470.4 (DB)
Radsatzanordnung:	Bo'Bo'+2'2'+Bo'Bo'
Stromsystem:	1.200 V Gleichstrom
Vmax (km/h):	100
Stundenleistung (kW):	1.280
Dauerleistung (kW):	1.024
Dienstmasse (t):	111,0
Größte Radsatzfahrmasse (t):	15,7
Länge über Kupplung (mm):	65.520
Drehzapfenabstand (mm):	15.680+13.460+15.680
Radsatzabstand Triebgestell (mm):	2.500
Radsatzabstand Laufdrehgestell (mm):	2.500
Treibraddurchmesser (mm):	950
Laufraddurchmesser (mm):	950
Sitzplätze:	200
Indienststellung:	1959-1970
Verbleib:	

Foto: Estler

ET 171 (DRG, DB), 471 (DB)

Nach den positiven Erfahrungen mit dem Gleichstrombetrieb der Berliner S-Bahn fiel Mitte der 30er-Jahre die Entscheidung, die Hamburger S-Bahn auf Gleichstrom- und Stromschienenbetrieb umzustellen. Unspektakulär wurde am 22. April 1940 im Schatten des Zweiten Weltkrieges das erste umgestellte Teilstück zwischen Ohlsdorf und Poppenbüttel eröffnet. Bedingt durch die Kriegsereignisse konnte die Umstellung erst am 22. Mai 1955 abgeschlossen werden. Für den Gleichstrombetrieb wurden neue Triebzüge benötigt. Man adaptierte nicht das Berliner Vorbild mit Viertel-, Halb- und Ganzzügen, sondern ließ einen dreiteiligen Triebzug ET 171 entwickeln. Dieser bestand aus zwei Triebwagen und einem antriebslosen Mittelwagen.
Zwischen 1939 und 1943 konnten insgesamt 47 Züge als ET 171 001-047 abgeliefert werden. Die drei Einzelwagen ET 171 017b, EM 171 038 und ET 171 038a mussten nach schweren Kriegsschäden abgeschrieben werden. Zahlreiche andere Wagen wurden beschädigt, zu neuen Einheiten zusammengestellt und kamen unter anderen Nummern wieder in Betrieb. Mit der Aufgabe des Wechselstrombetriebes wurden zwischen 1954 und 1958 weitere 26 Züge (ET 171 061-086) nachbeschafft, die einige technische Verbesserungen aufwiesen. Nach ersten Abstellungen begann im April 1985 ein großangelegtes Modernisierungsprogramm der ab 1968 als 471/871 bezeichneten Triebzüge. Nach dem Umbau von 22 Einheiten bis 1987 wurde das Programm aus Kostengründen abgebrochen. Mit der Inbetriebnahme der neuen S-Bahnzüge 474 verschwanden die 471 rasch von den Schienen. Die beiden letzten Garnituren wurden Anfang 2001 abgestellt. Einige Einheiten werden erhalten, so z.B. der in den Look der 40er-Jahre zurückversetzte ET 171 047.

Technische Daten:

Baureihenbezeichnung:	471.1+871.0+471.4 (DB)
Radsatzanordnung:	Bo'Bo'+2'2'+Bo'Bo'
Stromsystem:	1.200 V Gleichstrom
Vmax (km/h):	80
Stundenleistung (kW):	1.160
Dauerleistung (kW):	896
Dienstmasse (t):	131,2
Größte Radsatzfahrmasse (t):	15,5
Länge über Kupplung (mm):	62.520
Drehzapfenabstand (mm):	14.480+13.060+14.480
Radsatzabstand Triebgestell (mm):	2.600
Radsatzabstand Laufdrehgestell (mm):	2.600
Treibraddurchmesser (mm):	930
Laufraddurchmesser (mm):	930
Sitzplätze:	202
Indienststellung:	1939-1958
Verbleib:	ET 171 047 (S-Bahn Hamburg), ET 171 039 (VM Nürnberg, VVM), ET 171 044 (LHB Salzgitter)

Foto: Estler

472/473 (DB)

Als dritte Generation Hamburger S-Bahn-Züge für Gleichstrombetrieb beschaffte die DB zwischen 1974 und 1984 insgesamt 62 dreiteilige Triebzüge der Baureihe 472/473. Ausschlaggebend für die Beschaffung waren zunächst die starken Steigungen (bis zu 40 ‰) im Bereich der neuen unterirdischen City-S-Bahn vom Hauptbahnhof nach Altona, weniger der Ersatz der älteren Triebzüge 470 und 471. Gleichzeitig sollte die Höchstgeschwindigkeit von 80 auf 100 km/h gesteigert werden. Daher sind bei dieser Baureihe erstmals auch die Radsätze der Mittelwagen (473) mit Motoren ausgerüstet, so dass alle Radsätze bei diesem Triebzug angetrieben werden. Bewährte Konstruktionselemente der Baureihen 403 und 420 fanden beim Bau Verwendung.
Die Wagenkästen sind eine komplette Leichtmetall-Schweißkonstruktion unter weitgehender Verwendung von Großstrang-Pressprofilen. Die Stirnköpfe bestehen dagegen aus glasfaserverstärkten Polyesterbauteilen. Für die ungewöhnliche Form zeichnete das Design-Center der DB verantwortlich. Wie bei der Hamburger S-Bahn üblich, war der Mittelwagen komplett mit der 1. Wagenklasse ausgestattet. Alle zwölf Radsätze des Triebzuges werden von je einem eigenbelüfteten, vierpoligen Gleichstrom-Reihenschlussmotor über Tatzlager angetrieben. Geregelt werden die Motoren durch ein Nockenschaltwerk mit 29 Anfahr- und zwei Dauerfahrstufen. Die Vielfachsteuerung ist auf drei Einheiten (Langzug) ausgelegt und ermöglicht auch die Zusammenarbeit mit den Baureihen 470 und 471. Von 1997 bis 2000 wurde die erste Lieferserie einem »Redesign-Programm« unterzogen, um Innenraum und technische Details der neuen Baureihe 474 anzupassen.

Technische Daten:

Baureihenbezeichnung:	472.0+473.0+473.5 (DB)
Radsatzanordnung:	Bo'Bo'+Bo'Bo'+Bo'Bo'
Stromsystem:	1.200 V Gleichstrom
Vmax (km/h):	100
Stundenleistung (kW):	
Dauerleistung (kW):	1.500
Dienstmasse (t):	114,4
Größte Radsatzfahrmasse (t):	11,5
Länge über Kupplung (mm):	65.820
Drehzapfenabstand (mm):	16.190+12.590+16.190
Radsatzabstand Triebgestell (mm):	2.500
Radsatzabstand Laufdrehgestell (mm):	-
Treibraddurchmesser (mm):	850
Laufraddurchmesser (mm):	-
Sitzplätze:	196
Indienststellung:	1974-1984
Verbleib:	

Foto: Slg. Riechers

elT 1501-1645a/b (DRG), ET 99 (DB), ET 174 (DB)

Die guten Versuchsergebnisse mit Einphasen-Wechselstrom (25 Hz, 6 kV) auf der Berliner Vorortstrecke Niederschöneweide–Spindlersfeld veranlassten die Preußische Staatsbahn 1904, in Hamburg die Vorortbahn mit 6,3 kV und 25 Hz Wechselstrom zu elektrifizieren. Am 18. April 1907 wurde der elektrische Betrieb auf der »Hamburg-Altonaer Stadt- und Vorortbahn« aufgenommen. In mehreren Lieferungen wurden bis 1913 insgesamt 140 Viertelzüge (Trieb- und Steuerwagen) mit Holzaufbau in Dienst gestellt. Dabei handelte es sich um zwei kurzgekuppelte Abteilwagen mit Führerständen, bei denen der Triebwagen die elektrische Ausrüstung sowie zwei Stromabnehmer für den Oberleitungsbetrieb besaß. Nach dem Ersten Weltkrieg wurde zwischen 1923 und 1925 ein Teil dieser nur für eine kurze Lebensdauer vorgesehen Züge modernisiert. 88 Einheiten (elT 1501a/b-1588a/b) erhielten eine verbesserte elektrische Ausrüstung. Auch der Fahrzeugteil wurde überarbeitet. In den Folgejahren wurde noch die Regel-Schraubenkupplung durch eine Scharfenberg-Mittelpufferkupplung ersetzt sowie die Höchstgeschwindigkeit von 55 km/h auf 60 km/h angehoben.

Um dem gestiegenen Verkehr, insbesondere nach der Eröffnung der »Alstertalbahn« von Ohlsdorf nach Poppenbüttel gerecht zu werden, beschaffte die DRG zwischen 1924 und 1933 in vier Serien weitere 57 Viertelzüge mit Stahlaufbauten. Auffälligster Unterschied dieser »Stahlwagen« zu den modernisierten »Holzwagen« war das Jakobs-Drehgestell, das Trieb- und Steuerwagen miteinander verband.

Ab 1940 erfolgte in Hamburg die Umstellung der S-Bahn vom Oberleitungsbetrieb mit Wechselstrom auf den heutigen Gleichstrombetrieb mit Stromschiene. Bis 1955 existierten Oberleitungs- und Stromschienenbetrieb noch nebeneinander. Die »Holzwagen« wurden zwischen 1942 und 1952 ausgemustert. Die »Stahlwagen« mit den Nummern elT 1589 bis 1645a/b blieben bis 1955 im Einsatz und wurden von der DB intern als Baureihe ET 99 bezeichnet. Nach Einstellung des Wechselstrombetriebes am 22. Mai 1955 wurde ein Teil dieser Züge als Bahndienst- und Bauzugwagen weiterverwendet. Die ET 99 032 (ex elT 1624) und 045 (ex elT 1638) haben überlebt und werden heute vom VVM in Aumühle bei Hamburg erhalten.

Als Gepäcktriebwagen für die S-Bahn wurde 1946 der elT 1520 umgerüstet, seine Ausmusterung erfolgte jedoch schon 1952. Auch nach der kompletten Umstellung auf Gleichstrom wurden für den Gepäckdienst der Hamburger S-Bahn weiterhin speziell dafür geeignete Fahrzeuge benötigt. So wurde 1954 der elT 1643a/b in einen Gleichstrom-Gepäcktriebwagen umgebaut und erhielt die Bezeichnung ET/ES 174 001. 1957 folgte mit dem Umbau des elT 1642a/b zum ET/ES 174 002 ein zweiter Gepäckzug. Wesentliche Änderungen waren der Wegfall der beiden Dachstromabnehmer, der Ausbau sämtlicher Sitzbänke und Trennwände im Wageninneren sowie die neuen, mit fast 2,7 Metern sehr breiten Doppelschiebetüren. Trotzdem blieb das charakteristische Aussehen der Abteilwagen mit Tonnendach erhalten. Mit der Verlegung des Gepäckverkehrs auf die Straße konnten 1967 diese Fahrzeuge ausgemustert werden. Ihre Verschrottung erfolgte bald darauf im AW Hamburg-Harburg. Die beiden Trieb- und ein Laufdrehgestell konnten in den Tauschbestand der Baureihe ET 171 übernommen werden.

Technische Daten:

Baureihenbezeichnung:	elT 1501-88	elT 1589-1645	ET 174
Radsatzanordnung:	Bo'1+12'	Bo'(2')2'	Bo'(2')2'
Stromsystem:	25 Hz, 6.300 V	25 Hz, 6.300 V	1.200 V=
Vmax (km/h):	60	60	60
Stundenleistung (kW):	300	300	290
Dauerleistung (kW):	235	250	
Dienstmasse (t):	71	66	
Größte Radsatzfahrmasse (t):	16	15	
Länge über Kupplung (mm):	29.550	30.000	30.000
Drehzapfenabstand (mm):	-	11.412+11.750	11.412+11.750
Radsatzabstand Triebgestell (mm):	2.500	2.600	2.600
Radsatzabstand Laufdrehgestell (mm):	2.500	3.500/2.600	3.500/2.600
Treibraddurchmesser (mm):	1.000	1.000	930
Laufraddurchmesser (mm):	1.000	1.000	930
Sitzplätze:	120	105	
Indienststellung:	U 1923-1925	1924-1933	U 1954/57
Verbleib:	ET 99 032 und 045 (VVM)		

Foto: Blaschke

474 (DB AG)

Ende der 80er-Jahre hatten die ersten Gleichstromtriebzüge 471/871 bereits 50 Jahre auf dem Buckel, womit ihre Lebensdauer eigentlich schon weit überschritten war. Da auch die zweite Generation (Baureihe 470/870) so langsam in die Jahre kam, war dringend Ersatz geboten. Vor allem Finanzierungsprobleme führten aber erst 1993 zur Vergabe eines Entwicklungsauftrags für einen neuen Triebzug an die Liefergemeinschaft Linke-Hofmann-Busch (heute Alstom LHB, mechanischer Teil) und ABB Henschen (heute ADtranz, elektrischer Teil). Im April 1994 erfolgte die Bestellung von zunächst 45 Triebzügen der Baureihe 474/874 mit einer Option auf weitere 58 Garnituren. Bereits Anfang 1996 wurde dies Option eingelöst. Analog den Baureihen 470/870 und 471/871 wurde auch der neue Triebzug dreiteilig konzipiert, wobei der Mittelwagen weder angetrieben ist noch gebremst wird. Alle Radsätze der Endtriebwagen werden angetrieben. Erstmals kommt bei der Hamburger S-Bahn mit diesen Fahrzeug die Drehstromtechnik zur Anwendung. Die Drehgestelle der BR 474 wurden speziell für bogenreiche Strecken mit engen Kurven konzipiert. Auf ihnen stützen sich die Wagenkästen über Luftfedern und hydraulische Schwingungsdämpfer ab. Am 21. November 1996 konnte der erste neue Hamburger S-Bahn-Zug als 474 001+874 001+474 501 präsentiert werden. Ende 1996 begann der Serienbau, doch die neu gelieferten Züge erfüllten nicht sofort die gestellten Anforderungen. Die empfindliche Elektronik und diverse andere Bauteile brauchten noch eine monatelange Erprobungs- und Ertüchtigungsphase, was sowohl zu unangenehmen Störungen im Fahrgastbetrieb als auch zu Verzögerungen bei der Abnahme führte. Heute versehen die neuen Triebzüge weitgehend störungsfrei ihren Dienst auf der Hamburger S-Bahn. Alle bestellten Garnituren sollen bis 2001 im Einsatz stehen.

Technische Daten:

Baureihenbezeichnung:	474.0+874.0+474.5 (DB AG)
Radsatzanordnung:	Bo'Bo'+2'2'+Bo'Bo'
Stromsystem:	1.200 V Gleichstrom
Vmax (km/h):	100
Stundenleistung (kW):	
Dauerleistung (kW):	920
Dienstmasse (t):	102
Größte Radsatzfahrmasse (t):	
Länge über Kupplung (mm):	66.000
Drehzapfenabstand (mm):	16.190+13.280+16.190
Radsatzabstand Triebgestell (mm):	2.300
Radsatzabstand Laufdrehgestell (mm):	1.800
Treibraddurchmesser (mm):	855
Laufraddurchmesser (mm):	680
Sitzplätze:	208
Indienststellung:	1996-2001
Verbleib:	

478.6 (DB AG)

Die (West-)Berliner Verkehrsbetriebe (BVG) beschafften 1989 bei Kaelble-Gmeinder in Mosbach zwei Zweikraft-Lokomotiven mit den Betriebsnummern 5050 und 5051 für die damals noch von ihnen betriebenen S-Bahnstrecken. Sie waren vor allem für Güterzugfahrten oder Havariefälle im Nord-Süd-Tunnel vorgesehen, wurden aber zunächst kaum gebraucht. Der Antrieb der beiden Loks erfolgt wahlweise elektrisch über Stromschiene oder auf stromlosen Gleisen mit Hilfe eines Dieselmotors. Nach Übernahme der Berliner S-Bahn durch die DB AG wurden die Loks als 478 601 und 602 eingereiht.
In den Jahren 1997 und 1998 wurden die beiden Exoten aufgearbeitet. Ihr Brot verdienen sie sich zwischenzeitlich als Zugloks vor Tunnelreinigungszügen und mit Überführungsfahrten von S-Bahnfahrzeugen zu DWA und zu ADtranz.

Technische Daten:

Baureihenbezeichnung:	478.6 (DB AG)
Radsatzanordnung:	Bo'Bo'
Stromsystem:	750 V Gleichstrom
Vmax (km/h):	80
Antriebsleistung Elektromotoren (kW):	1.104 (4 x 276)
Antriebsleistung Dieselmotor (kW):	1.170
Dienstmasse (t):	66
Größte Radsatzfahrmasse (t):	
Länge über Kupplung (mm):	15.960
Drehzapfenabstand (mm):	
Radsatzabstand Triebgestell (mm):	
Radsatzabstand Laufdrehgestell (mm):	-
Treibraddurchmesser (mm):	1.000
Laufraddurchmesser (mm):	-
Sitzplätze:	-
Indienststellung:	1989
Verbleib:	

Foto: Blaschke

480 (DB AG)

Mit der Übernahme des S-Bahnbetriebs in Westberlin am 9. Januar 1984 durch die (West-) Berliner Verkehrsbetriebe (BVG) wurde ein neues Kapitel der S-Bahngeschichte aufgeschlagen. Die BVG hatte von der DR 115 Viertelzüge der BR 275 übernommen, die zunächst für den Rumpfbetrieb auch ausreichten. Bedingt durch Linienerweiterungen und die Schadanfälligkeit der alten Triebwagen begannen schon im Herbst 1984 die Planungen für die neue Baureihe 480. Vorausschauende Vorgabe bei der Entwicklung war die beizubehaltende Kompatibilität mit dem S-Bahnsystem im Ostteil der Stadt, um die neuen Fahrzeuge gegebenenfalls auch dort einsetzen zu können. Im Gegensatz zu den bisherigen Gepflogenheiten wurde als kleinste betriebliche Einheit ein Viertelzug festgelegt, seither waren dies Halbzüge (= 2 Viertelzüge) gewesen. Daher entstanden die neuen Triebzüge als Doppeltriebwagen.
Die ersten vier Baumuster wurden im Herbst 1986 präsentiert. Aufsehen erregte vor allem das Frontdesign mit schräggestellter trapezförmiger Frontscheibe, Annax-Zugzielanzeige und Stirnlampen hinter zusätzlichen Dreiecksscheiben. Zwei Prototypen waren in einer neuen Farbgebung »Kristallblau/Nachtblau« abgeliefert worden. Alle acht Radsätze der Doppeltriebwagen werden von je einem Drehstrom-Asynchron-Fahrmotor angetrieben.
Die neuen Fahrzeuge wurden zunächst ausgiebig erprobt, wobei sich zahlreiche Detailänderungen für die Serienlieferung ergaben, wie etwa den Ersatz der Annax-Zugzielanzeige durch ein Zugzielband. Die erste Serie mit 41 Einheiten wurde zwischen 1990 und 1992 noch an die BVG ausgeliefert. Eine weitere Serie mit 40 Garnituren bestellte die DR nach der Vereinigung. Mit der Auslieferung bis 1993 endete die Beschaffung dieser futuristisch aussehenden Doppeltriebwagen.

Technische Daten:

Baureihenbezeichnung:	480.0+480.5 (DB AG)
Radsatzanordnung:	Bo'Bo'+Bo'Bo'
Stromsystem:	750 V Gleichstrom
Vmax (km/h):	100
Stundenleistung (kW):	824
Dauerleistung (kW):	720
Dienstmasse (t):	60
Größte Radsatzfahrmasse (t):	
Länge über Kupplung (mm):	36.800
Drehzapfenabstand (mm):	12.100+12.100
Radsatzabstand Triebgestell (mm):	2.200
Radsatzabstand Laufdrehgestell (mm):	-
Treibraddurchmesser (mm):	900
Laufraddurchmesser (mm):	-
Sitzplätze:	92+4 Klappsitze
Indienststellung:	1986-1993
Verbleib:	

Foto: Blaschke

481/482 (DB AG)

Als »Einheitsfahrzeug« für die wiedervereinigte Berliner S-Bahn erfolgte am 22. Februar 1996 das feierliche »Roll-out« des ersten Viertelzuges der Baureihe 481/482. Vorangegangen waren ausführliche Untersuchungen der in Ost und West zuletzt beschafften S-Bahntriebwagen der Baureihen 485 und 480 auf ihre Eignung als Ersatzfahrzeug für den überalterten Wagenpark. Die Untersuchungen zeigten bald, dass nur ein weiterentwickelter Triebzug alle Forderungen erfüllen konnte. Das Berliner Viertelzug-Prinzip wird auch beim Doppeltriebwagen 481/482 beibehalten. Als kleinste im Betrieb einsetzbare Einheit kann aber nur ein Halbzug (= 2 Viertelzüge) gefahren werden, da nur der 481 einen Führerstand besitzt. Angetrieben werden sechs Radsätze des Viertelzuges mit Drehstrom-Asynchronmotoren, die von GTO-Stromrichtern gespeist werden. Der Endtriebwagen 481 besitzt daher auch ein Laufdrehgestell. Alle Drehgestelle sind luftgefedert mit radial geführten Radsätzen zur Verschleißminderung. Die Wagenkästen wurden als Schweißkonstruktion aus nichtrostendem Stahl in herkömmlicher Gerippebauweise ausgeführt.
Die neuen Viertelzüge sollten sich von allen anderen S-Bahnfahrzeugen abheben, was mit der eigenwilligen Gestaltung durch die sphärisch gekrümmte Frontscheibe mit ihrer »Brillen«-Umrandung auch gelungen ist. Erneut wurde bei den neuen Viertelzügen der Anlauf unternommen, der Berliner S-Bahn ein neues »Corporate Identity« zur verleihen. Doch die von DWA-Designern vorgeschlagene blau-weiße Farbgebung fiel ebenso durch wie die Farbgebung der ersten Einheiten in senffarbenem Outfit mit roten Rallyestreifen. Zwischenzeitlich ist man zur traditionellen Farbgebung zurückgekehrt. Die ersten Züge verkehrten ab März 1997 im Planbetrieb. Insgesamt 500 Viertelzüge sind bestellt worden.

Technische Daten:

Baureihenbezeichnung:	481+482 (DB AG)
Radsatzanordnung:	Bo'2'+Bo'Bo'
Stromsystem:	750 V Gleichstrom
Vmax (km/h):	100
Stundenleistung (kW):	
Dauerleistung (kW):	600
Dienstmasse (t):	59
Größte Radsatzfahrmasse (t):	
Länge über Kupplung (mm):	36.800
Drehzapfenabstand (mm):	12.100+12.100
Radsatzabstand Triebgestell (mm):	2.200
Radsatzabstand Laufdrehgestell (mm):	2.200
Treibraddurchmesser (mm):	820
Laufraddurchmesser (mm):	820
Sitzplätze:	80+14 Klappsitze
Indienststellung:	1995-2004
Verbleib:	

Foto: Estler

485 (DB AG), 270 (DR)

Während in den 70er-Jahren ein umfangreiches Rekonstruktionsprogramm der Vorkriegsfahrzeuge im Ostberliner S-Bahnnetz anlief, war auch dringend die Entwicklung eines neuen S-Bahntriebzuges notwendig geworden. Ende 1979 wurde vom VEB »Hans Beimler« in Hennigsdorf ein gerade fertiggestellter Viertelzug als Baureihe 270 vorgestellt, drei weitere Musterviertelzüge folgten Anfang 1980. Entsprechend den Berliner Gepflogenheiten bestand ein Viertelzug aus Trieb- und Beiwagen, die kleinste betriebliche Einheit war wiederum ein Halbzug. Angetrieben wurde der Triebwagen von vierpoligen Mischstrom-Reihenschlussmotoren. Die Steuerung erfolgte erstmals über Gleichstromsteller und elektropneumatische Schütze.

Die vier Musterviertel wurden zunächst ausgiebig erprobt. Nachdem die grundsätzliche Bewährung festgestellt worden war, folgte ab Frühjahr 1987 eine sogenannte Nullserie mit acht Viertelzügen (270 009-024). Drei weitere Serien mit insgesamt 158 Viertelzügen wurden von Februar 1990 bis Dezember 1992 geliefert. Die ersten 95 Einheiten wurden noch mit den DR-Nummern 270 001-190 in Dienst gestellt. Im DR-Bezeichnungsschema waren den Beiwagen jeweils die geraden, den Triebwagen die ungeraden Ordnungsnummern zugeteilt. Mit der Einführung des einheitlichen deutschen Nummernschemas 1992 wurden die Triebwagen als Baureihe 485 und die Beiwagen als Baureihe 885 bezeichnet. Die vier unterschiedlichen Serien konnten anfangs nicht freizügig miteinander eingesetzt werden, wurden aber zwischenzeitlich vereinheitlicht. 1990 wurden die vier Viertel der Musterserie ausgemustert. Der erste Musterzug (270 001/002) wurde in den Museumsbestand der Historischen S-Bahn Berlin überführt, die drei übrigen verschrottet.

Technische Daten:

Baureihenbezeichnung:	485+885 (DB AG)
Radsatzanordnung:	Bo'Bo'+2'2'
Stromsystem:	750 V Gleichstrom
Vmax (km/h):	90
Stundenleistung (kW):	600
Dauerleistung (kW):	500
Dienstmasse (t):	60
Größte Radsatzfahrmasse (t):	
Länge über Kupplung (mm):	36.200
Drehzapfenabstand (mm):	12.300+12.300
Radsatzabstand Triebgestell (mm):	2.500
Radsatzabstand Laufdrehgestell (mm):	2.500
Treibraddurchmesser (mm):	850
Laufraddurchmesser (mm):	850
Sitzplätze:	104
Indienststellung:	1980-1992
Verbleib:	270 001+002 (Hist. S-Bahn Berlin)

Foto: Blaschke

488 (DB AG)

Nach der Gründung der S-Bahn Berlin GmbH zum 1. Januar 1995 versuchte das neue Unternehmen, mit innovativen Ideen neue Kundenpotentiale zu erschließen. So wurde auch die Idee eines im Touristikverkehr einsetzbaren Fahrzeuges geboren. Neue Überlegungen hatten Anfang 1996 den »Gläsernen Zug« (ET 91) zum Vorbild, analog sollte ein »Gläserner S-Bahnzug« entstehen. Mit der Entwicklung wurde die S-Bahn-Hauptwerkstatt in Schöneweide betraut, die ja mit der Rekonstruktion von Fahrzeugen schon einschlägige Erfahrungen gesammelt hatte. Bald darauf wurde eine dreiteiliger, durchgehend begehbarer Triebzug vorgestellt, der aus zwei Triebwagen mit dazwischen gekuppeltem antriebslosem Mittelwagen bestand. Als Spenderfahrzeuge dienten die Triebwagen 477 105 und 130 sowie der Beiwagen 877 130. Zunächst war nur ein Umbau dieser Wagen vorgesehen, doch ihr baulicher Zustand erforderte schließlich einen kompletten Neuaufbau, mit dem im Frühjahr 1997 begonnen wurde. Die Triebwagenköpfe lehnen sich in ihrer Gestaltung an die Baureihe 477 an. Dagegen lassen die bis weit ins Dach hinein gezogenen Panoramafenster einen ungehinderten Blick nach außen zu. Die »Panorama-S-Bahn« verfügt über 65 drehbare Sitze, so dass die Fahrgäste immer in Fahrtrichtung sitzen können. Im Mittelwagen ist eine Bar mit Theke vorhanden, wo Snacks und Getränke gereicht werden können. Drehgestelle und Antrieb wurden unverändert übernommen, lediglich die Hilfsbetriebsversorgung musste infolge der erweiterten elektrische Ausrüstung geändert werden.

Der als 488 001+888 001+488 501 bezeichnete Triebzug wurde am 6. August 1999 feierlich dem Betrieb übergeben, rechtzeitig zu den Jubiläumsfeiern des 75. Geburtstages der Berliner S-Bahn. Die große Nachfrage nach der »Panorama-S-Bahn« zeigt seither, dass Berlin um eine Attraktion reicher ist.

Technische Daten:

Baureihenbezeichnung:	488.0+888.0+488.5 (DB AG)
Radsatzanordnung:	Bo'Bo'+2'2'+Bo'Bo'
Stromsystem:	750 V Gleichstrom
Vmax (km/h):	80
Stundenleistung (kW):	720
Dauerleistung (kW):	504
Dienstmasse (t):	123
Größte Radsatzfahrmasse (t):	
Länge über Kupplung (mm):	54.065
Drehzapfenabstand (mm):	11.975+12.325+11.975
Radsatzabstand Triebgestell (mm):	2.500
Radsatzabstand Laufdrehgestell (mm):	2.500
Treibraddurchmesser (mm):	900
Laufraddurchmesser (mm):	900
Sitzplätze:	65
Indienststellung:	Umbau 1999
Verbleib:	

Foto: Slg. Kenning

ET 182 (DB)

1938 war die im Abschnitt München-Isartalbahnhof–Höllriegelskreuth mit 750-V-Gleichstrom elektrifizierte Isartalbahn von der Lokalbahn-AG München (LAG) durch die DRG übernommen worden. Nach Kriegsende waren die überalterten, noch von der LAG beschafften Triebwagen dem starken Verkehrsaufkommen kaum mehr gewachsen. So traf es sich gut, dass diverse Gleichstrom-Triebwagen in den Westzonen mehr oder weniger schadhaft verblieben waren, die ohne größeren Aufwand für den Einsatz auf der Isartalbahn hergerichtet werden konnten. Im Raum Nürnberg wurde ein 1941 gebauter Oberleitungs-Triebwagen mit Steuerwagen aus dem Bestand der Wehrmacht aufgefunden. Im Fahrzeugteil entsprachen diese Triebwagen weitgehend den ET/EB 167 der Berliner S-Bahn. Zur Anpassung an die nur 750 Volt der Isartalbahn wurden dem Triebwagen aus jedem Drehgestell ein Gleichstrommotor entfernt. Ab 31. Juli 1946 konnte er auf der Isartalbahn als ET/ES 182 01 eingesetzt werden.
Inzwischen hatte man noch weitere gleichstromtaugliche Fahrzeuge ähnlicher Konstruktion ausfindig gemacht: Vier Beiwagen der S-Bahn-Baureihe EB 167 warteten nach Kriegsende bei Wegmann in Kassel immer noch auf ihre Fertigstellung. Zwei der Wagen erhielten Triebdrehgestelle mit je einem BBC-Gleichstrommotor sowie zwei Scherenstromabnehmer. Ende 1949 stand der ET/ES 182 011 für den Vorortverkehr auf der Isartalbahn zur Verfügung, Ende 1950 folgte der ET/ES 182 012. Schon ab Mai 1949 konnte der ET/ES 182 021 eingesetzt werden. Er entstand aus einem Berliner S-Bahn-Zug (ET/EB 165 636). Die Hamburger S-Bahn stand Pate bei der Steuerung der drei letztgenannten Triebwagen, der ET/ES 182 01 erhielt später ebenfalls eine Steuerung der Bauart S-Bahn Hamburg. Als die Isartalbahn am 18. Mai 1955 auf Wechselstrom umgestellt wurde, waren diese Wagen arbeitslos.

Technische Daten:

Baureihenbezeichnung:	ET/ES 182 01	ET/ES 182 011+012	ET 182 021
Radsatzanordnung:	(1A)'(A1)'+2'2		
Stromsystem:	750 Volt Gleichstrom		
Vmax (km/h):	80		
Stundenleistung (kW):	220	260	220
Dauerleistung (kW):			
Dienstmasse (t):	67	64	66
Größte Radsatzfahrmasse (t):	12	12	13
Länge über Puffer/Kupplung (mm):	35.900	36.100	36.045
Drehzapfenabstand (mm):	11.975+12.325	12.325+12.325	11.800+11.800
Radsatzabstand Triebgestell (mm):	2.500		
Radsatzabstand Laufdrehgestell (mm):	2.500		
Treibraddurchmesser (mm):	900		
Laufraddurchmesser (mm):	900		
Sitzplätze:	114	114	121
Indienststellung:	1946	1949-1950	1949
Verbleib:	ET 26		

Foto: Estler

ET 183 (DRG, DB)

Mit der Verstaatlichung der Lokalbahn AG (LAG) in München am 1. August 1938 übernahm die DRG gleich fünf mit Gleichstrom elektrifizierte Nebenbahnen sowie die entsprechenden Fahrzeuge. Als ET 183 01 bis 05 (ex LAG 501 bis 505) wurden fünf vierachsige Triebwagen eingereiht. Sie waren von der LAG anlässlich der Aufnahme des elektrischen Betriebes auf der Isartalbahn zwischen München Isartalbahnhof und Höllriegelskreuth-Grünwald am 15. Januar 1900 beschafft worden. Durch eine Gleichstrom-Tatzlagermotor wurde jeweils der innenliegende Radsatz eines Drehgestells angetrieben. Ab 1926 wurden die Fahrzeuge umgebaut, die Führerbühnen geschlossen. Weiterhin ersetzte man die Lyra-Stromabnehmer durch Scherenstromabnehmer.
Bald nach der Reichsbahnübernahme verließ der äußerlich abweichende ET 183 05 sein angestammtes Revier. Er wurde 1941 nach Württemberg auf die ebenfalls von der LAG übernommene Strecke Meckenbeuren–Tettnang versetzt. Die vier anderen ET 183 blieben zunächst auf der Isartalbahn, wo sie mit dem Eintreffen der neuen ET 182 Ende der 40er allmählich überflüssig wurden. 1949/50 wechselten die ET 183 03 und 04 auf die südöstlich von München gelegene Nebenbahn Bad Aibling– Feilnbach. Dorthin folgte 1956 auch der ET 183 01, während der ET 183 02 schon 1953 ausgemustert worden war. Noch 1958 wurde der ET 183 01 in einen Beiwagen umgebaut. Mit dem Ende des Gleichstrombetriebes zwischen Bad Aibling und Feilnbach ein Jahr später wurde er zusammen mit den dort vorhandenen ET 183 ausgemustert. Als einziger überlebte der ET 183 05. Mit der Aufgabe des elektrischen Betriebes am 1. Februar 1962 fuhr in seiner neuen Heimat zum letzten Mal. Anschließend schlummerte er jahrelang im Bw Freudenstadt vor sich hin. 1981 wurde er ins Bw Kornwestheim überführt. 1986 erreichte er das Deutsche Technik Museum in Berlin.

Technische Daten:

Baureihenbezeichnung:	ET 183 (DRG)
Radsatzanordnung:	(1A)'(A1)'
Stromsystem:	750 Volt Gleichstrom
Vmax (km/h):	50
Stundenleistung (kW):	96 (ET 183 05: 90)
Dauerleistung (kW):	70 (ET 183 05: 64)
Dienstmasse (t):	29
Größte Radsatzfahrmasse (t):	10
Länge über Puffer/Kupplung (mm):	17.374
Drehzapfenabstand (mm):	10.500
Radsatzabstand Triebgestell (mm):	2.500
Radsatzabstand Laufdrehgestell (mm):	-
Treibraddurchmesser (mm):	1.000
Laufraddurchmesser (mm):	1.000
Sitzplätze:	82
Indienststellung:	1899
Verbleib:	ET 183 05 (Berlin)

Foto: Slg. Kenning

ET 184.0 (DRG)

Für ihre mit 1.000 Volt Gleichstrom elektrifizierten Lokalbahnen Berchtesgaden–Reichsgrenze (–Salzburg) und Berchtesgaden–Königssee. beschaffte die bayerische Staatsbahn insgesamt neun zweiachsige Triebwagen. Die Strecke Berchtesgaden–Salzburg wurde gemeinsam mit der Salzburger Lokalbahn betrieben. Auf dem bayerischen Streckenabschnitt wurde am 15. Januar 1908 der elektrische Betrieb mit den späteren ET 184 01-04 eröffnet. Im Gemeinschaftsbetrieb verkehrten die bayerischen Triebwagen mit nahezu baugleichen Fahrzeugen der Salzburger Lokalbahn. Mit der Verlängerung Berchtesgaden–Königssee zum 29. Mai 1909 wurden fünf weitere Triebwagen beschafft, die späteren ET 184 05-09. Die von MAN (mechanischer Teil) und AEG (elektrischer Teil) gelieferten robusten Triebwagen wurden von zwei Tatzlager-Gleichstrommotoren angetrieben. An beiden Wagenenden befanden sich geräumige Plattformen mit den Führerständen und den Einstiegräumen.
Zwischen Berchtesgaden und der Reichsgrenze musste am 2. Oktober 1938 der Betrieb wegen dem Bau des Führerhauptquartiers eingestellt werden. Die zum Inselbetrieb gewordene Königsseebahn wurde 1942 von der DRG auf normalen Wechselstrombetrieb mit 15 kV / 16,7 Hz umgestellt. Die Gleichstromtriebwagen wurden anschließend verkauft oder auf andere Bahnen umgesetzt.
Drei der Triebwagen gelangten zur benachbarten Salzburger Lokalbahn (SVB), dies waren ET 184 01, 08 und 09. Zwei davon sind heute noch erhalten: Der ehemalige ET 184 09 befindet sich bei der Museumstramway Mariazell, der einstige ET 184 01 ist als Nostalgiefahrzeug immer noch bei der SVB im Bestand. Beim österreichischen Eisenbahnverkehrsunternehmen Stern&Hafferl (StH) landeten zwei Fahrzeuge: ET 184 02 und 04. Ersterer ist bei der Linzer Lokalbahnals Museumstriebwagen vorhanden.

Technische Daten:

Baureihenbezeichnung:	ET 184.0 (DRG)
Radsatzanordnung:	Bo
Stromsystem:	1.000 Volt Gleichstrom
Vmax (km/h):	40
Stundenleistung (kW):	88
Dauerleistung (kW):	74
Dienstmasse (t):	17
Größte Radsatzfahrmasse (t):	11
Länge über Puffer/Kupplung (mm):	10.250
Radsatzabstand (mm):	4.500
Radsatzabstand Triebgestell (mm):	-
Radsatzabstand Laufdrehgestell (mm):	-
Treibraddurchmesser (mm):	850
Laufraddurchmesser (mm):	-
Sitzplätze:	32
Indienststellung:	1907-1909
Verbleib:	ET 184 01, 02, 09

ET 184.4 (DRG, DB)

Beim Bau der württembergischen Südbahn Ulm–Friedrichshafen war die Stadt Tettnang links liegengeblieben. Um dennoch Anschluss an das Schienennetz zu erhalten, wandte man sich an die Lokalbahn AG (LAG) in München, die bis Ende 1895 eine 4,2 Kilometer lange Verbindung zur Südbahn in Meckenbeuren baute. Da ein kleines Wasserkraftwerk bereits vorhanden war, entschloss man sich aus Rentabilitätsgründen gleich zum elektrischen Betrieb. Damit war die Lokalbahn von Meckenbeuren nach Tettnang die erste normalspurige, elektrisch betriebene Bahn mit Personen- und Güterverkehr in Deutschland. Gefahren wurde mit 650 Volt Gleichstrom.
Zur Betriebseröffnung beschaffte die LAG zwei kleine zweiachsige Triebwagen mit den Nummern 360 (MAN/SSW) und 361 (MAN/Oerlikon) sowie einen Beiwagen mit der Nummer 362 (MAN/SSW). Die Triebwagen waren in der Lage, den Beiwagen oder bis zu zwei Güterwagen zu befördern. Fahrschalter und Handkurbel waren auf zunächst offenen eingezogenen Plattformen angeordnet, welche später geschlossen wurden. Zwischen den beiden Personenabteilen befand sich ein großes Gepäckabteil, welches durch große Schiebetüren zugänglich war. Beide Achsen wurden durch je einen vierpoligen Gleichstrom-Reihenschlussmotor angetrieben. Der Rollenstromabnehmer der Anfangsausstattung wurde später durch einen Scherenstromabnehmer erstetzt.

Foto: Slg. Kuchinke

Bei der 1938 erfolgten Übernahme der LAG durch die DRG wurden diese Fahrzeuge als ET 184 41, 42 und EB 184 42 eingereiht. Mit der 1941 erfolgten Umsetzung des ET 183 05 auf die Tettnanger Strecke hatten diese Wagen weitgehend ausgedient. Der ET 184 42 schied schon 1942 aus dem Bestand. Der zuletzt noch als Fahrleitungsuntersuchungswagen eingesetzte ET 184 41 musste erst am 9. Februar 1959 den Dienst quittieren.

Technische Daten:

Baureihenbezeichnung:	ET 184.4 (DRG)
Radsatzanordnung:	Bo
Stromsystem:	650 Volt Gleichstrom
Vmax (km/h):	40
Stundenleistung (kW):	90
Dauerleistung (kW):	64
Dienstmasse (t):	16 (ET 184 42: 14)
Größte Radsatzfahrmasse (t):	11 (ET 184 42: 10)
Länge über Puffer/Kupplung (mm):	10.020
Radsatzabstand (mm):	4.500
Radsatzabstand Triebgestell (mm):	-
Radsatzabstand Laufdrehgestell (mm):	-
Treibraddurchmesser (mm):	1.000
Laufraddurchmesser (mm):	-
Sitzplätze:	30
Indienststellung:	1895
Verbleib:	

Foto: Slg. Kuchinke

ET 185 (DRG, DB)

Schon kurz nach der Jahrhundertwende waren die kleinen Triebwagen (später ET 184 41 und 42) der LAG-Strecke Meckenbeuren–Tettnang dem Fahrgastaufkommen zu bestimmten Zeiten kaum gewachsen. Zur Verstärkung des Fahrzeugparks beschaffte die LAG 1906 einen vierachsigen Triebwagen von MAN und SSW, welcher die Nr. 772 erhielt. Das Fahrzeug war mit knapp 15 Metern für einen Vierachser relativ kurz. Neben drei Fahrgasträumen war auch ein in der Mitte liegender Gepäckraum mit seitlichen Schiebetüren vorhanden. Der Wagenkasten war aus Holz und außen mit Blech verkleidet. Das Untergestell war als genietete Stahlkonstruktion aufgebaut. Zwei Gleichstrommotoren trieben den innenliegenden Radsatz eines jeden Drehgestells an. Ursprünglich verfügte das Fahrzeug nur über einen Stromabnehmer, später erhielt es aber zwei Scherenstromabnehmer. Mit der Übernahme durch die DRG wurde der Triebwagen als ET 185 01 in den Bestand eingereiht.
Ab 1941 stand mit dem ET 183 05 ein zweiter vierachsiger Triebwagen zur Verfügung. Wochenweise wechselten sich den letzten Betriebsjahren die beiden Triebwagen ab, die nicht ganz korrekt als ET 18 305 und ET 18 501 beschriftet waren. Aufgrund der überalterten Anlagen und Fahrzeuge endete am 1. Februar 1962 elektrische Betrieb. Ein Schienenbus übernahm den Verkehr auf der Strecke. Kurz darauf wurde der ET 185 01 ausgemustert und wenig später verschrottet.

Technische Daten:

Baureihenbezeichnung:	ET 185 (DRG)
Radsatzanordnung:	(1A)'(A1)'
Stromsystem:	650 Volt Gleichstrom
Vmax (km/h):	40
Stundenleistung (kW):	90
Dauerleistung (kW):	64
Dienstmasse (t):	25
Größte Radsatzfahrmasse (t):	8
Länge über Puffer/Kupplung (mm):	14.750
Drehzapfenabstand (mm):	9.000
Radsatzabstand Triebgestell (mm):	2.500
Radsatzabstand Laufdrehgestell (mm):	-
Treibraddurchmesser (mm):	1.000
Laufraddurchmesser (mm):	1.000
Sitzplätze:	44
Indienststellung:	1906
Verbleib:	

ET 186.0 (DRG, DB)

Als erste elektrische Eisenbahn in Bayern eröffnete am 15. August 1896 die »Localbahn-AG Wörishofen« den Betrieb auf ihrer 5,2 km langen Strecke von Türkheim nach Bad Wörishofen. Für die mit 550 Volt Gleichstrom elektrifizierte Bahn standen zwei vierachsige Triebwagen zur Verfügung, die von der Mecklenburgischen Waggonfabrik in Güstrow beschafft worden waren. Neun Jahre später kaufte die Lokalbahn AG (LAG) in München die Strecke samt Betriebsmittel und Elektrizitätswerk. Die beiden Triebwagen wurden grundlegend umgebaut und erhielten die Bahnnummern 761 und 762. Neben neuen Wagenkästen erhielten sie bei MAN ein dreiachsiges Fahrgestell. Angetrieben wurden nun die beiden äußeren Achsen durch je einen Gleichstrommotor, beim 761 stammten diese von BBC, beim 762 von SSW. Ein Scherenstromabnehmer in Fahrzeugmitte besorgte die Stromzufuhr.
Bei der DRG erhielten die beiden Wagen nach der 1938 erfolgten Übernahme der LAG die Betriebsnummern ET 186 01 und 02. Aus militärischen Gründen musste am 12. September 1939 der elektrische Betrieb zwischen Türkheim und Bad Wörishofen eingestellt werden. Die beiden ET 186 wurden anschließend auf die ehemalige LAG-Strecke Bad Aibling–Feilnbach umgesetzt, wo sie unbeschädigt den Zweiten Weltkrieg überstanden. Nach einem Zusammenstoß mit einem Lkw 1951 musste der ET 186 01 ausgemustert werden. Der ET 186 02 stand noch bis zur Umstellung der Feilnbacher Strecke auf Wechselstrombetrieb im Jahr 1959 als Reserve zur Verfügung, da zwischenzeitlich drei ET 183 die Hauptlast des Verkehrs trugen. Auch dieser Wagen wurde dann ausgemustert und verschrottet.

Technische Daten:

Baureihenbezeichnung:	ET 186.0 (DRG)
Radsatzanordnung:	A 1 A
Stromsystem:	550 Volt Gleichstrom
Vmax (km/h):	40
Stundenleistung (kW):	82 (ET 186 02: 52)
Dauerleistung (kW):	58 (ET 186 02: 36)
Dienstmasse (t):	16,2
Größte Radsatzfahrmasse (t):	7,3
Länge über Puffer/Kupplung (mm):	11.100
Radsatzabstand (mm):	3.200+3.200
Radsatzabstand Triebgestell (mm):	-
Radsatzabstand Laufdrehgestell (mm):	-
Treibraddurchmesser (mm):	1.000
Laufraddurchmesser (mm):	1.000
Sitzplätze:	38
Indienststellung:	1896 (Umbau 1906)
Verbleib:	

Foto: Estler

ET 186.1 (DRG, DB)

Die »Süddeutsche Elektrische Lokalbahn AG« (SEL) eröffnete am 29. Mai 1897 ihre Strecke Bad Aibling–Feilnbach, die von Anfang an mit 600 Volt Gleichstrom betrieben wurde. Zwar entwickelte sich die Feilnbacher Strecke recht gut, doch geriet die SEL in den Folgejahren in ernsthafte wirtschaftliche Schwierigkeiten. Bedingt durch den Konkurs ihrer Muttergesellschaft musste auch die SEL 1901 Konkurs anmelden und war gezwungen, die Bahn zu verkaufen. Die Lokalbahn AG (LAG) in München griff schließlich zu und übernahm ab dem 1. Januar 1904 den Betrieb. Um zeitgemäßere Fahrzeuge einsetzen zu können, ließ die LAG noch im gleichen Jahr bei MAN zwei Personenwagen aus dem Jahr 1891 in elektrische Triebwagen umbauen. Die beiden äußeren Radsätze der dreiachsigen Wagen mit den Nummern 181 und 182 erhielten jeweils einen Gleichstrommotor, der 181 von Kummer, der 182 von BBC. Zwei Lyra-Stromabnehmer sorgten anfangs für die nötige Stromzufuhr. Später erhielten die zunächst offenen Plattformen mit dem Führerstand Stirnwände und schließlich noch Seitenwände mit Türen. Auch die beiden Lyrabügel wurden durch einen mittigen Scherenstromabnehmer ersetzt.
Nach der Übernahme der LAG durch die Reichsbahn im Jahr 1938 wurden die beiden Triebwagen als ET 186 11 und 12 eingereiht. Nachdem 1940 die beiden in Bad Wörishofen arbeitslos gewordenen ET 186 01 und 02 auf die Feilnbacher Bahn umgesetzt worden waren, konnte bald auf den ET 186 11 verzichtet werden. Er wurde 1942 ausgemustert. Der letzte Ur-Feilnbacher diente noch bis zum Eintreffen der ET 183 in den Jahren 1949/59 als Reserve und musste dann aber auch den Dienst quittieren.

Technische Daten:

Baureihenbezeichnung:	ET 186.1 (DRG)
Radsatzanordnung:	A 1 A
Stromsystem:	600 Volt Gleichstrom
Vmax (km/h):	40
Stundenleistung (kW):	44
Dauerleistung (kW):	32
Dienstmasse (t):	16,2
Größte Radsatzfahrmasse (t):	7,1
Länge über Puffer/Kupplung (mm):	9.974
Radsatzabstand (mm):	3.000+3.000
Radsatzabstand Triebgestell (mm):	-
Radsatzabstand Laufdrehgestell (mm):	-
Treibraddurchmesser (mm):	1.000
Laufraddurchmesser (mm):	1.000
Sitzplätze:	40
Indienststellung:	1904
Verbleib:	

ET 188.5, 279.0, 479.6 (DR)

Schon 1897 wurde die Buckower Kleinbahn von Buckow nach Müncheberg als Schmalspurbahn (750 mm) eröffnet. Am 15. Mai 1930 wurde diese Schmalspurbahn durch die unmittelbar daneben gebaute normalspurige elektrifizierte Kleinbahn ersetzt, die mit 800 Volt Gleichstrom betrieben wurde. Dafür standen drei zweiachsige Triebwagen (ET 1-3) und äußerlich identische Beiwagen (EB 11-13) zur Verfügung, welche von der Hannoverschen Waggonfabrik und AEG gebaut worden waren. Nach der Übernahme 1949 durch die DR erhielten sie die Betriebsnummern ET 188 501-503 sowie EB 188 501-503, der ehemalige EB 13 war damals an die Oberbruchbahn verliehen und wurde daher nicht entsprechend umgezeichnet. Zwischen 1980 und 1982 wurde die Stromspannung auf 600 Volt herabgesetzt und die Fahrzeuge einschließlich des einstigen EB 13 umfassend rekonstruiert. Bis zur Einstellung des elektrischen Betriebes am 22. Mai 1993 fuhren die Triebwagen mit den Nummern 279 001, 003 und 005 sowie die Steuerwagen 279 002, 004 und 006 zuverlässig zwischen Müncheberg und Buckow. Nach Einstellung des Gesamtbetriebes 1999 kaufte der Verein »Museumsbahn Buckower Kleinbahn« (MBK) Strecke sowie Fahrzeuge.
Für den Bau der Bleilochtalsperre wurde 1928 durch die Schleizer Kleinbahn AG eine normalspurige Anschlussbahn zwischen Schleiz und Saalburg mit Abzweig zur Talsperre errichtet. Auf Grund des nahegelegenen Kraftwerks wurde die Strecke ab 1930 mit 1.200 Volt Gleichstrom betrieben. Dafür wurden zwei zweiachsige Personentriebwagen, vier typengleiche Beiwagen und zwei zweiachsige Gütertriebwagen beschafft. Nach Übernahme durch die DR im Jahre 1949 erhielten die Fahrzeuge die Nummern ET 188 511-512, EB 188 511-514 und ET 188 521-522. Nach Einstellung des elektrischen Betriebes am 31. Mai 1969 wurden die Fahrzeuge zumeist als Werkstattwagen weiterverwendet. Vom Verkehrsmuseum Dresden werden heute die ET 188 511 und 521 sowie der EB 188 514 erhalten.

Technische Daten:

Baureihenbezeichnung:	279 001, 003, 005	ET 188 511-512	ET 188 521-522 (DR)
Radsatzanordnung:	Bo		
Stromsystem:	600 V=	1.200 V=	1.200 V=
Vmax (km/h):	50	55	55
Stundenleistung (kW):	120	88	88
Dauerleistung (kW):			
Dienstmasse (t):	23	18	25
Größte Radsatzfahrmasse (t):		12	13
Länge über Puffer/Kupplung (mm):	14.300	12.060	9.550 (ET 188 522: 9.300)
Radsatzabstand (mm):	8.500	5.500	
Treibraddurchmesser (mm):	900	950	950
Laufraddurchmesser (mm):	-		
Sitzplätze:	32	32	16 (nur ET 188 521)
Indienststellung:	1930		
Verbleib:	279 001-005 (MBK), ET 188 511, 521 (VM Dresden)		

Foto: Blaschke

ET 188.531, ET 188 701, 279.2 (DR), 479.2 (DB AG)

Im Anschluss an die Standseilbahn Obstfelderschmiede–Lichtenhain wird auch heute noch auf dem Hochplateau der Thüringer Waldes die normalspurige, 2,5 km lange Nebenbahn von Lichtenhain nach Cursdorf betrieben. Diese ist seit Betriebsaufnahme 1923 mit 600 Volt Gleichstrom elektrifiziert. Für die Abwicklung des Verkehrs stehen heute drei zweiachsige Triebwagen mit den Betriebsnummern 479 201, 203 und 205 zur Verfügung. Jedes Fahrzeug hat jedoch eine bewegte Vergangenheit.

Als die Oberweißbacher Bergbahn GmbH 1949 von der DR übernommen wurde, kam ihr einziger Triebwagen als ET 188 531 in den DR-Bestand. 1968 war das Fahrzeug total heruntergewirtschaftet und kam nach amtlicher Lesart zur Rekonstruktion ins Raw Schöneweide. Dort entstand ein vollkommen neues Fahrzeug, bei dem nur Tragfedern und Zughaken vom Vorgänger übernommen wurde. Dem Begriff Rekonstruktion wurde damit Genüge getan und die planwirtschaftlichen Vorgaben zu Neubauten nicht überschritten. Als 279 201 kam er zurück auf seine Stammstrecke und wurde 1981 nochmals grundlegend modernisiert. Heute fährt er als 479 201.

Als Reservefahrzeug für den ET 188 531 stellte die DR 1955 den zweiachsigen ET 188 701 in Dienst. Er stammte von der Leipziger Straßenbahn, für die er 1909 gebaut worden war. Nach Anpassung von Spurweite (Strab Leipzig = 1458 mm), Einbau von Zug- und Stosseinrichtungen sowie weiteren Adaptierungen fuhr das Fahrzeug in dieser Form bis 1963. Dann kam er ins Raw Schöneweide, wo er formell rekonstruiert wurde, tatsächlich erfolgte ein Neubau.

Der Triebwagen 479 205 begann seine Karriere als Beiwagen bei der Niederbarnimer Eisenbahn. Er wurde von der DR 1949 als VB 140 518 eingereiht und wurde 1975 vom Raw Schöneweide zum Steuerwagen 279 202 für die beiden Triebwagen umgebaut. Ein erneuter Umbau in den Jahren 1983/84 verwandelte ihn schließlich in den dritten Triebwagen (279 205) für die kurze Anschlussbahn.

Technische Daten:

Baureihenbezeichnung:	479.2 (DB AG)
Radsatzanordnung:	Bo
Stromsystem:	600 Volt Gleichstrom
Vmax (km/h):	40
Stundenleistung (kW):	120
Dauerleistung (kW):	
Dienstmasse (t):	16,3
Größte Radsatzfahrmasse (t):	12
Länge über Puffer/Kupplung (mm):	11.600
Radsatzabstand (mm):	6.500
Treibraddurchmesser (mm):	800 (479 201: 900)
Laufraddurchmesser (mm):	-
Sitzplätze:	24
Indienststellung:	Umbau 1981-1985
Verbleib:	

ET 194.0, ET 194.1 (DRG), ET 194.2 (DRG, DB)

Drei kleine zweiachsige Gleichstrom-Gepäck- und Gütertriebwagen unterschiedlicher Herkunft verbergen sich hinter der Baureihenbezeichnung ET 194. Bei allen Triebwagen wurden beide Radsätze durch je einen eigenbelüfteten Gleichstrom-Reihenschlussmotor angetrieben. Für ihre Gleichstromstrecke (1.000 V) Berchtesgaden–Reichsgrenze (–Salzburg) beschaffte die bayerische Staatsbahn 1908 bei MAN/AEG neben vier Personentriebwagen auch einen Gepäcktriebwagen, den späteren ET 194 01. Mit der 1942 erfolgten Umstellung der Königsseebahn war der ET 194 01 arbeitslos und wurde verschrottet. Der ET 194 11 gelangte 1938 mit der Verstaatlichung der LAG zur DRG. Als LAG 895 war 1930 von MAN/SSW aus einem alten Packwagen für den Güterverkehr auf der Strecke Türkheim–Wörishofen umgebaut worden. Mit der Einstellung des elektrischen Betriebes auf dieser Strecke am 12. September 1939 verlor dieses Fahrzeug sein Einsatzgebiet und wurde abgestellt. 1943 gelangte er zwar noch zur ehemaligen LAG-Strecke Bad Aibling–Feilnbach, blieb dort aber ebenfalls abgestellt und wurde schließlich 1947 verschrottet.

Der ET 194 21 als kleinster dieser drei Triebwagen kam ebenfalls von der LAG. Für ihre Strecke Bad Aibling–Feilnbach hatte sie 1922 bei MAN einen alten Güterwagen in den Gütertriebwagen LAG 891 umbauen lassen. Erst 1954 wurde dieses immer auf seiner Stammstrecke eingesetzte Fahrzeug ausgemustert. Bei ex LAG-Triebwagen besaßen zwischen den beiden Führerständen einen großen Gepäckraum, der beidseitig durch eine Schiebetür zugänglich war. Beim ET 194 21 konnte man von den Führerständen durch kleine Schiebetüren ebenfalls in den Gepäckraum gelangen. Bei beiden Triebwagen waren die Anfahrwiderstände und die Drucklufteinrichtung in zwei Kästen im Laderaum untergebracht.

Technische Daten:

Baureihenbezeichnung:	ET 194 01	ET 194 11	ET 194 21
Radsatzanordnung:	Bo		
Stromsystem:	1.000 V=	550 V=	550 V=
Vmax (km/h):	40		
Stundenleistung (kW):	88	82	82
Dauerleistung (kW):	74	60	60
Dienstmasse (t):	17	14	16
Größte Radsatzfahrmasse (t):	11	10	10
Länge über Puffer/Kupplung (mm):	9.224	7.930	9.000
Radsatzabstand (mm):	4.000	3.600	4.000
Radsatzabstand Triebgestell (mm):	-		
Radsatzabstand Laufdrehgestell (mm):		-	
Treibraddurchmesser (mm):	850	1.000	800
Laufraddurchmesser (mm):	900		
Sitzplätze:	-		
Indienststellung:	1908	1930	1922
Verbleib:			

Foto: Slg. Kenning

ET 195

Für ihre »Straßenbahn« von Ravensburg nach Baienfurt suchte die DB Anfang der 50er-Jahre dringend neue Fahrzeuge, denn die alten Triebwagen aus der Eröffnungszeit (ET 196) waren am Ende ihrer Nutzungsdauer angelangt. Schon 1952 hatte die Düsseldorfer Waggonfabrik (DÜWAG) für die Vestischen Straßenbahnen vierachsige Zweirichtungs-Großraumwagen entwickelt. Zwei ähnliche Triebwagen baute DÜWAG nun 1954 für die Bundesbahn, welche dort die Bezeichnung ET 195 erhielten. Typisches Straßenbahn-Flair kennzeichnet den vollständig geschweißten Wagenkasten mit seinen runden Stirnfronten. Da als Zweirichtungswagen ausgeführt war an jedem Wagenende ein Führerstand vorhanden. Über einen Fahrschalter wurde die Schützensteuerung elektropneumatisch betätigt. Eine Vielfachsteuerung ermöglichte die Doppeltraktion beider Wagen. Besondere Anforderungen an die Bremsen stellte die schwierige Trassierung der Strecke, welche zum überwiegenden Teil Neigungen aufwies. Daher waren neben einer elektrischen Widerstandsbremse auch eine Magnetschienenbremse und eine Druckluftscheibenbremse vorhanden.
Doch auch diese neuen Triebwagen konnten nicht verhindern, dass sich Individualverkehr und Bahn immer mehr in die Quere kamen. So stellte die DB schon am 1. Juli 1959 den Betrieb auf Bahnbusse um. Erst zwei Jahre später erfolgte die offizielle Ausmusterung der beiden grünen ET 195. Da die Fahrzeuge noch relativ neu waren, suchte die DB einen Käufer und wurde im Dezember 1962 mit der Rotterdamsche Tramweg Maatschappij (RTM) fündig. Der Einsatz dauerte bei der RTM nur von Ende 1963 bis 1966. Wegen Streckenschließung waren die Fahrzeuge schon wieder arbeitslos. 1967 erwarb die österreichische Zillertalbahn die drei Wagen.

Technische Daten:

Baureihenbezeichnung:	ET 195 (DB)
Spurweite:	1.000 mm
Radsatzanordnung:	B'2'
Stromsystem:	750 Volt Gleichstrom
Vmax (km/h):	60
Stundenleistung (kW):	100
Dauerleistung (kW):	
Dienstmasse (t):	16
Größte Radsatzfahrmasse (t):	4
Länge über Puffer/Kupplung (mm):	15.040
Drehzapfenabstand (mm):	6.000
Radsatzabstand Triebgestell (mm):	1.800
Radsatzabstand Laufdrehgestell (mm):	1.800
Treibraddurchmesser (mm):	660
Laufraddurchmesser (mm):	660
Sitzplätze:	34
Indienststellung:	1954
Verbleib:	Zillertalbahn VT 1

Foto: Slg. Kenning

ET 196 (DRG, DB)

1938 übernahm die DRG Strecken und Fahrzeuge der verstaatlichten Lokalbahn-AG München (LAG). Neben verschiedenen anderen elektrifizierten Strecken kam auch die meterspurige Linie von Ravensburg über Weingarten nach Baienfurt Ort unter Reichsbahnhoheit. Diese Bahn war 1888 als Dampfstraßenbahn Ravensburg–Weingarten eröffnet worden, der elektrische Betrieb mit 750 Volt Gleichspannung wurde aber erst am 1. September 1910 aufgenommen. Die Verlängerung nach Baienfurt folgte schließlich am 13. September 1911.
Für den elektrischen Betrieb beschaffte die LAG zwischen 1908 bis 1910 fünf vierachsige Triebwagen mit den Nummern 800 bis 804. Die von der Maschinenfabrik Esslingen im mechanischen und SSW im elektrischen Teil gelieferten Fahrzeuge besaßen neben den beiden Endeinstiegen einen Mitteleinstieg, um einen schnellen Fahrgastwechsel zu ermöglichen. Ein Jahr vor der Verstaatlichung beschaffte die LAG unter den Nummern 921 und 922 noch zwei vierachsige Beiwagen bei der Maschinenfabrik Esslingen. Bei der DRG wurden die Triebwagen als ET 196 01 bis 05 und die beiden Beiwagen als EB 196 01 und 02 eingereiht Sie fuhren weiter auf ihrer Stammstrecke. Selbst nach Inbetriebnahme der beiden ET 195 im Jahr 1954 konnten auf die alten Triebwagen als Verstärker nicht verzichtet werden.
In den 50er-Jahren nahmen vor allem in Ravensburg die Probleme zwischen Individualverkehr und Bahn immer mehr zu. Schließlich endete am 30. Juni 1959 der Betrieb der einzigen DB-»Straßenbahn«. Schon einen Monat vor der Einstellung des Zugverkehrs stellte die DB sämtliche Altbaufahrzeuge auf »z«. Vorhanden waren zu diesem Zeitpunkt noch alle fünf ET 196 und einer der beiden EB 196.

Technische Daten:

Baureihenbezeichnung:	ET 196 (DRG)
Spurweite:	1.000 mm
Radsatzanordnung:	(A1)'(1A)'
Stromsystem:	750 Volt Gleichstrom
Vmax (km/h):	30
Stundenleistung (kW):	66
Dauerleistung (kW):	46
Dienstmasse (t):	18
Größte Radsatzfahrmasse (t):	6
Länge über Puffer/Kupplung (mm):	13.160
Drehzapfenabstand (mm):	7.100
Radsatzabstand Triebgestell (mm):	2.000
Radsatzabstand Laufdrehgestell (mm):	-
Treibraddurchmesser (mm):	820
Laufraddurchmesser (mm):	820
Sitzplätze:	48
Indienststellung:	1908-1910
Verbleib:	

ET 197.0 (DRG, DB)

Für ihre Linie von Ravensburg nach Baienfurt hatte die Lokalbahn-AG in München zunächst fünf relativ große, vierachsige Triebwagen in Dienst gestellt. Für den Verkehr in Schwachlastzeiten sowie als Verstärkerfahrzeug beschaffte sie 1914 noch einen zweiachsigen Wagen mit der Betriebsnummer 875. Auch dieses Fahrzeug war dem straßenbahnähnlichen Betrieb angepasst. Geliefert wurde es im wagenbaulichen Teil ebenfalls von der Maschinenfabrik Esslingen, die elektrische Ausrüstung kam diesmal von der Maschinenfabrik Oerlikon in der Schweiz. Analog den vierachsigen Triebwagen verfügte der 875 über zwei reihenparallel geschaltete Gleichstrommotoren, die mittels Tatzlagerantrieb ihre Leistung auf die beiden Radsätze abgaben. Ebenfalls identisch war die Steuerung: eine einfache SSW-Fahrschaltersteuerung mit neun Anfahr- und zwei Dauerfahrstufen. Beide Führerstände mit den Ein- und Ausstiegen waren eingezogen, dazwischen lag der dreifach unterteilte Fahrgastraum.

Foto: Slg Kenning

1938 ging der kleine Triebwagen als ET 197 01 in den Bestand der Deutschen Reichsbahn über. Auch nach dem Zweiten Weltkrieg konnte auf den Winzling nicht verzichtet werden. Der als »Piccolo« bezeichnete Triebwagen machte sich nun vor allem vor Bau- und Dienstzügen nützlich Erst kurz vor Umstellung der Strecke auf Omnibusbetrieb schied der ET 197 aus dem Betriebsdienst aus. Er wurde am 1. Juni 1959 z-gestellt, zwei Jahre später ausgemustert und schließlich verschrottet.

Technische Daten:

Baureihenbezeichnung:	ET 197.0 (DRG)
Spurweite:	1.000 mm
Radsatzanordnung:	Bo
Stromsystem:	750 Volt Gleichstrom
Vmax (km/h):	30
Stundenleistung (kW):	55
Dauerleistung (kW):	36
Dienstmasse (t):	13
Größte Radsatzfahrmasse (t):	9
Länge über Puffer/Kupplung (mm):	9.360
Radsatzabstand (mm):	4.300
Radsatzabstand Triebgestell (mm):	-
Radsatzabstand Laufdrehgestell (mm):	-
Treibraddurchmesser (mm):	820
Laufraddurchmesser (mm):	-
Sitzplätze:	30
Indienststellung:	1914
Verbleib:	

ET 197.2 (DRG, DR), ET 198 (DR)

Am 14. Mai 1917 konnte die sächsische Staatsbahn den elektrischen Betrieb mit 650 Volt Gleichstrom auf ihrer 4,96 km langen Meterspurstrecke von Klingenthal nach Sachsenberg-Georgenthal aufnehmen. Für den Personenverkehr standen zwei straßenbahnähnliche, zweiachsige Triebwagen zur Verfügung, die von der Waggonfabrik Bautzen geliefert wurden. Von der DRG wurden die Fahrzeuge nach 1940 in ET 197 21 und 22 umgezeichnet. Von der am 31. März 1932 eingestellten Straßenbahn

Foto: Slg. Kenning

Mödling–Hinterbrühl (bei Wien) übernahm die DRG nach dem Anschluss Österreichs vier zweiachsige Triebwagen mit den Nummern 20-23, die 1903 von der Waggonfabrik Graz gebaut worden waren. Nach Umbau und Anpassung kamen diese Fahrzeuge ab 1939/40 zwischen Klingenthal und Sachsenberg-Georgenthal als ET 198 01 und 02 sowie EB 198 01 und 02 zum Einsatz.
Als Ersatz für die alten Triebwagen zweigte 1956 die DR aus der laufenden Produktion des VEB Waggonbau Gotha zwei Straßenbahn-Triebwagen und zwei -Beiwagen ab. Sie wurden als ET 198 03 und 04 sowie EB 198 03 und 04 eingereiht. Die alten Triebwagen (ET 197 21 und 22) sowie der ET 198 01 konnten ausgemustert werden. 1958 folgten nochmals zwei Trieb- und zwei Beiwagen in einer etwas moderneren Ausführung als ET 198 05 und 06 sowie EB 198 05 und 06. Bis zur Stilllegung am 4. April 1964 trugen die vier Neubautriebwagen die Hauptlast des Verkehrs. ET 198 02 diente noch als Reserve und Aushilfe im Berufsverkehr. Nach der Betriebseinstellung kamen alle Wagen zur Straßenbahn Plauen. 1967 wurde der ET 198 02 der Gemeinde Hinterbrühl als Museumsstück überlassen. In Klingenthal erinnert heute als Denkmal der ET 198 06 an vergangene Zeiten, während der ET 198 04 bei der Naumburger Museumsstraßenbahn aufbewahrt wird.

Technische Daten:

Baureihenbezeichnung:	ET 197.2	ET 198 01-02	ET 198 03-04	ET 198 05-06 (DR)
Spurweite:	1.000 mm			
Radsatzanordnung:	Bo			
Stromsystem:	650 Volt Gleichstrom			
Vmax (km/h):	30	30	40	50
Stundenleistung (kW):	66	110	120	120
Dauerleistung (kW):	48		84	84
Dienstmasse (t):	11,2	9,2	13,5	13,0
Größte Radsatzfahrmasse (t):	7,5	6,6		
Länge über Puffer/Kupplung (mm):	8.280	8.570	11.600	12.000
Radsatzabstand (mm):	2.200	3.000	3.000	3.200
Treibraddurchmesser (mm):	800	730	760	760
Laufraddurchmesser (mm):	-			
Sitzplätze:	18	24	22	22
Indienststellung:	1917	U 1946	1956	1958
Verbleib:	ET 198 02 (Hinterbrühl, Österreich), ET 198 04 (Strab Naumburg), ET 198 06 (Denkmal Klingenthal)			

ETA 150, 515 (DB)

Der erste DB-Akkutriebwagen ETA 176 bewährte sich zwar, entsprach aber nicht den Vorstellungen eines wirtschaftlichen Triebwagens für den Nebenbahnbetrieb. So entstand 1953/54 auf den Reißbrettern die »abgespeckte« Variante des ETA 150, die sich durch einfachere, eckigere Form des Wagenskastens auszeichnete. Das hohe Gewicht der Akkus bestimmte auch hier die Konstruktion des Wagenkasten, der in Stahlleichtbauweise ausgeführt wurde. Hohlräume unter dem Fußboden dienten zur Aufnahme der elf schweren Batterietröge. Von den beiden Drehgestellen der Bauart München-Kassel erhielt eines zwei eigenbelüftete Gleichstrom-Reihenschlussmotoren eingebaut. Die Kraftübertragung erfolgte durch den bewährten Tatzlagerantrieb. Im Gegensatz zu den ETA 176 kehrte man bei den ETA 150 wieder zu normalen Zug- und Stoßeinrichtungen zurück. Dies hatte den unschätzbaren Vorteil, dass auch Kurs- oder Güterwagen mitgenommen werden konnten und die Fahrzeuge problemlos an normale Wagenzüge angehängt werden konnten.
Die ersten beiden Prototypen wurden 1954 an die DB übergeben. Zwischen 1955 und 1965 wurden weitere 230 ETA 150 geliefert. Dazu gesellten sich noch 216 Steuerwagen ESA 150. Eingeteilt waren die ETA 150 in drei Unterbauarten. Während die ETA 150.0 nur die 2. Wagenklasse führten, unterschieden sich die ETA 150.5 vor allem durch den Einbau von Batterien mit deutlich höherer Kapazität.

Foto: Estler

Ab 1982 begann sich die DB von den ab 1968 als Baureihe 515 geführten Fahrzeugen zu trennen. Noch 1993/94 wurden vier Akkutriebwagen, gesponsort von der Firma Nokia, mit neuer Inneneinrichtung sowie einem Außenanstrich in den neuen Regionalbahn-Farben versehen. Am 23. September 1996 endete mit der Abstellung der letzten 515 der Einsatz von Akkutriebwagen. Mehrere Wagen blieben erhalten.

Technische Daten:

Baureihenbezeichnung:	ETA 150 (DB)
Radsatzanordnung:	Do'2'
Vmax (km/h):	100
Stundenleistung (kW):	200
Dauerleistung (kW):	165
Dienstmasse (t):	48 (ETA 150.1: 49, ETA 150.5: 57)
Größte Radsatzfahrmasse (t):	16 (ETA 150.1: 15, ETA 150.5: 17)
Länge über Puffer (mm):	23.400
Drehzapfenabstand (mm):	15.200
Radsatzabstand Triebgestell (mm):	2.500
Radsatzabstand Laufdrehgestell (mm):	2.500
Treibraddurchmesser (mm):	950
Laufraddurchmesser (mm):	950
Sitzplätze:	59-93
Indienststellung:	1955-1965
Verbleib:	515 011 (BEM, Nördlingen), 515 556 (DGEG, Bochum-D.)

Foto: Estler

ETA 176, 517 (DB)

Als Ersatz für die überalterten Akkutriebwagen der Vorkriegszeit erhielt die DB im Jahr 1952 ihre ersten beiden Akkumulator-Neubautriebwagen der Reihe ETA 176. Sechs weitere Triebwagen folgten in den Jahren 1953 und 1954. Acht äußerlich identische Steuerwagen ESA 176 kamen noch zwischen 1954 und 1958 hinzu. Wie bei allen Nachkriegstriebwagen der ersten Generation (ET 30/56, VT 08/12) wurde der selbsttragende Wagenkasten als verwindungssteife Röhre in kombinierter Spanten- und Schalenbauweise hergestellt. Auch die ETA 176 erhielten die typische »Eierkopfform«. Die Fahrbatterien vor der AFA in Hagen waren zusammen mit der elektrischen Ausrüstung in einer geschlossenen Bodenwanne untergebracht. Die beiden Radsätze im Triebdrehgestell der Bauart Wegmann wurden durch zwei Tatzlager-Gleichstrommotoren angetrieben. Die Steuerung erfolgte durch ein elektrisch angetriebenes Nockenschaltwerk mit 84 Anfahr- und sechs Dauerfahrstufen. Die Laufdrehgestelle der Trieb- und Steuerwagen waren eine Neuentwicklung der Bauart München-Kassel. Trieb und -Steuerwagen besaßen an den Stirnseiten eine automatische Scharfenberg-Kupplung. Die Vielfachsteuerung ermöglichte den Einsatz im Zugverband von zu drei ETA und drei ESA gleichzeitig.
Waren anfangs nur die ETA 176 001-003 im Bw Limburg beheimat, zog die DB zwischen 1959 und 1960 alle ETA 176 dort zusammen. Als »Limburger Zigarren« liefen versahen sie nun zwei Jahrzehnte lang treu und brav ihren Dienst im Nah- und Eilzugverkehr. 1968 erhielten sie die computergerechte Baureihenbezeichnung 517. Nach einem Unfall musste 1981 der 517 007 als erster den Dienst quittieren. Schon im Januar 1984 konnte mit der Ausmusterung des 517 008 das Kapitel der eleganten »Limburger Zigarren« beendet werden. Nicht betriebsfähig wird der ETA 176 001 von der DB als Museumsfahrzeug erhalten.

Technische Daten:

Baureihenbezeichnung:	ETA 176 (DB)
Radsatzanordnung:	Bo'2'
Vmax (km/h):	100
Stundenleistung (kW):	200
Dauerleistung (kW):	165
Dienstmasse (t):	56
Größte Radsatzfahrmasse (t):	16
Länge über Puffer (mm):	27.000
Drehzapfenabstand (mm):	19.000
Radsatzabstand Triebgestell (mm):	2.500
Radsatzabstand Laufdrehgestell (mm):	2.500
Treibraddurchmesser (mm):	980
Laufraddurchmesser (mm):	980 (ETA 176 001-002: 930)
Sitzplätze:	72
Indienststellung:	1952-1954
Verbleib:	517 001 (VM Nürnberg)

Foto: Klein, Sammlung Estler

ETA 177, ETA 178, ETA 180 (DB), AT (DR, DRG, KPEV)

Erste Versuche mit Akkumulatortriebwagen datieren schon in die 80er-Jahre des 19. Jahrhunderts. Doch erst 1907 begann die preußische Staatsbahn (KPEV) unter Federführung des Geheimen Oberbaurats Wittfeld Akkutriebwagen in größerer Stückzahl zu bauen. Charakteristisch für die zweiteiligen Wittfeld-Triebwagen war der lange Batterievorbau. Die Wagen waren in der Regel mit zwei Gleichstrom-Reihenschlussmotoren ausgerüstet, die mittels Tatzlagerantrieb auf die Radsätze wirkten. Zwischen 1908 und 1914 wurden insgesamt 170 Doppelwagen geliefert, sieben davon für Elsaß-Lothringen. Um ein größeres Platzangebot zu bieten, beschaffte die KPEV auch acht dreiteilige Akku-Triebzüge. Sie unterschieden sich im wesentlichen nur durch den Mittelwagen, wo nun die beiden Motoren untergebracht waren.
Nach dem Zweiten Weltkrieg fanden sich in der sowjetischen Zone 41 Wittfeld-Wagen, die bei der DR bis Ende 1950 abgestellt und verschrottet oder in kurzgekuppelte Reisezugwagen umgebaut wurden. In den Westzonen waren nach Ausmusterung der zerstörten Wagen noch 62 zweiteilige und ein dreiteiliger Triebwagen übrig. Mit dem Umzeichnungsplan von 1948 wurden die Fahrzeuge mit Schützensteuerung als ETA 178, diejenigen mit Fahrschaltersteuerung als ETA 180 eingereiht. Ab 1949 wurden fast alle Altbau-ETA im AW Limburg (Lahn) generalüberholt. 26 ETA 180 wurden 1950 bis 1952 modernisiert. Sie wurden dann als ETA 177 geführt. Schon ab 1958 erfolgten die Ausmusterungen in größerem Rahmen, da zwischenzeitlich genügend Neubau-ETA zur Verfügung standen. Als letzte »Heulboje« wurde am 21. Februar 1964 der ETA 177 112 ausgemustert. Schon nach dem Ersten Weltkrieg waren 20 Wittfeld-Doppelwagen in Polen verblieben. 1958/59 zog die Polnische Staatsbahn die letzten Wittfeld-Wagen aus dem Verkehr. Einige dienten lange als antriebslose Bauzug- und Dienstwagen. Der ehemalige AT 543/544 hat überlebt und wurde 1995 zum 150-jährigen Jubiläum der Eisenbahn in Polen mustergültig aufgearbeitet und betriebsfähig präsentiert.

Technische Daten:

Baureihenbezeichnung:	ETA 177	ETA 178	ETA 178 051	ETA 180 (DB)
Radsatzanordnung:	2 A+A 2	2 A+A 2	3+Bo+3	2 A+A 2
Vmax (km/h):	75	70	75	70
Stundenleistung (kW):	192	166	192	125
Dauerleistung (kW):	135	117	135	88
Dienstmasse (t):	68,3	67,0	77,9	63,6
Größte Radsatzfahrmasse (t):	11	12	13	12
Länge über Puffer/Kupplung (mm):	26.020	26.320	36.340	26.020
Radsatzabstand (mm):	7.650+7.650	7.650+7.650	7.650+6.000+ 7.650	7.650+7.650
Radsatzabstand Triebgestell (mm):	-			
Radsatzabstand Laufdrehgestell (mm):	-			
Treibraddurchmesser (mm):	930	1.000	930	1.000
Laufraddurchmesser (mm):	1.000			
Sitzplätze:	80	80	124	80
Indienststellung:	U 1950/51	1908-1914	1912	1908-1914
Verbleib:	AT 543/544 (PKP)			

ETA 179 (DB), AT (DR, DRG)

Da sich die Wittfeld-Akkutriebwagen als zuverlässige Fahrzeuge erwiesen hatten, ließ die Deutsche Reichsbahn 1926 von der WUMAG in Görlitz, SSW in Berlin und der Accumulatorenfabrik AG in Berlin neue Akkutriebwagen entwickeln. Bis 1928 wurden 18 Doppelwagen mit den Nummern AT 581/582 bis AT 615/616 in Dienst gestellt. Gegenüber den Wittfeld-Wagen waren einige konstruktive Verbesserungen vorgenommen worden. Der Antrieb erfolgte nach wie vor auf die beiden Radsätze am Kurzkupplungsende. Die elektrische Ausrüstung entsprach weitgehend den Wittfeld-Wagen. Schon im Oktober 1943 mussten die AT 581/582 und 583/584 (mit Schützensteuerung) als Kriegsverluste ausgemustert werden. Nach Kriegsende waren in den Westzonen noch elf Garnituren vorhanden, die ab 1948 als ETA 179 bezeichnet, bei der DB ohne wesentliche Änderungen weiterbetrieben wurden. Lediglich der 1944 schwer unfallbeschädigte ETA 179 005 kam beim Wiederaufbau in den Genuss umfangreicher Verbesserungen. Durch die höhere Leistung war eine Heraufsetzung der Höchstgeschwindigkeit auf 70 km/h möglich. Auf Grund des hohen Verschleißes wurden alle elf ETA 179 zwischen 1959 und 1960 ausgemustert.

Foto: Blaschke

Fünf Akkutriebwagen der Reichsbahnbauart waren nach 1945 in der sowjetischen Zone verblieben. Bei der DR wurden vier Doppelwagen bis 1956 in Form einer Generalreparatur wiederaufgearbeitet und mit neuen Batterien ausgerüstet. Als erster musste der AT 591/592 nach einem Zusammenstoß im November 1963 den Dienst quittieren. 1967/68 wanderten auch die AT 557/558, 589/590 und 613/614 aufs Abstellgleis. Der AT 589/590 wurde nicht verschrottet, sondern später in den Bestand des Verkehrsmuseums Dresden übernommen, das ihn 1993 als Leihgabe der IG Werrabahn zur Verfügung stellte.

Technische Daten:

Baureihenbezeichnung:	AT, ETA 179 (DRG, DR, DB)	ETA 179 005 (DB)
Radsatzanordnung:	2 A+A 2	
Vmax (km/h):	60	70
Stundenleistung (kW):	172	166
Dauerleistung (kW):		117
Dienstmasse (t):	69,8	70,4
Größte Radsatzfahrmasse (t):	15	12
Länge über Puffer/Kupplung (mm):	29.220	
Radsatzabstand (mm):	4.600+4.600 + 4.600+4.600	
Radsatzabstand Triebgestell (mm):	-	
Radsatzabstand Laufdrehgestell (mm):	-	
Treibraddurchmesser (mm):	1.000	
Laufraddurchmesser (mm):	1.000	
Sitzplätze:	80-106	95
Indienststellung:	1926-1928	1949
Verbleib:	AT 589/590 (VM Dresden, IGE Werrabahn)	

Foto: Blaschke

VT 04.0, 04.1, 04.5 (DB), SVT 137 »Hamburg« (DRG, DR), 183 (DR)

Eine Revolution im Schnellverkehr der Deutschen Reichsbahn leitete am 15. Mai 1933 der VT 877a/b als »Fliegender Hamburger« zwischen Berlin und Hamburg ein. Aufbauend auf den Erfahrungen mit diesem Triebwagen bestellte die DRG 13 ähnliche Doppeltriebwagen als Bauart »Hamburg« (SVT 137 149-152 u. 224-232). Eine leicht geänderte Kopfform sowie der Einbau einer Scharfenberg-Kupplung waren die augenfälligsten Unterschiede zum »Ur-Hamburger«. In den beiden Laufdrehgestellen war die 302 kW starken Maybach-Dieselmotoren samt Hauptgeneratoren untergebracht. Der Antrieb erfolgte über Gleichstrom-Tatzlagermotoren im Jakobs-Drehgestell.
Ab 1935 begann die DRG mit diesen Fahrzeugen den Aufbau ihres Schnelltriebwagen-Netzes. Mit Kriegsbeginn endete der Schnelltriebwagenverkehr. Nach Kriegsende fanden sich gleich sechs Fahrzeuge bei der CSD wieder. Der VT 877 sowie fünf weitere »Hamburger« verblieben nach Kriegsende in den Westzonen. Bei der DB wurde der VT 877 zum VT 04 000, die anderen Triebzüge zu SVT 04.1. Dieselhydraulische Kraftübertragung erhielt 1951 der SVT 04 105 (ex SVT 137 227) und damit auch die neue Nummer SVT 04 501. Ab 1957 wurden die Triebwagen bei der DB nicht mehr benötigt. Der vordere Teil des VT 04 000a kam in das Verkehrsmuseum Nürnberg. Vier Triebwagen, darunter auch der dieselhydraulische, konnten im Dezember 1958 an die DR verkauft werden, wo die letzten erst 1983 ausgemustert wurden. Zwei »Hamburger« waren nach Kriegsende direkt zur DR gekommen. Der SVT 137 226 ging nicht mehr in Betrieb, den SVT 137 225 baute die DR im Februar 1956 in einen Salontriebzug. Äußerlich in seinen Ursprungszustand zurückversetzt ist er heute nicht mehr betriebsfähig in Leipzig zu bewundern.

Technische Daten:

Baureihenbezeichnung:	VT 04.0	VT 04.1	VT 04.5
Radsatzanordnung:	2'(Bo)'2'	2'(Bo)'2'	B'(2)'B'
Vmax (km/h):	160		
Motorleistung (PS):	2 x 410	2 x 410	2 x 410
Motorleistung (kW):	2 x 302	2 x 302	2 x 302
Kraftübertragung:	elektrisch	elektrisch	hydraulisch
Dienstmasse leer (t):	77	92	95
Größte Radsatzfahrmasse (t):	16	17	16
Länge über Puffer/Kupplung (mm):	41.920	44.756	44.756
Drehzapfenabstand (mm):	16.900+16.900	18.075+18.075	18.075+18.075
Radsatzabstand Triebgestell (mm):	3.500	3.500	3.500
Radsatzabstand Laufdrehgestell (mm):	3.500	3.500	3.500
Treibraddurchmesser (mm):	1.000		
Laufraddurchmesser (mm):	900		
Sitzplätze:	102	81	80
Indienststellung:	1932	1935-1936	1951
Verbleib:	VT 04 000a, 183 252 (ex SVT 137 225)		

SVT 137 »Leipzig« (DRG, DR), 183 (DR)

Für den geplanten SVT-Verkehr nach Schlesien und Ostpreußen ließ die DRG parallel zur Bauart »Hamburg« einen dreiteiligen Schnelltriebwagen entwickeln. Zunächst als Bauart »Breslau« bezeichnet, wurden diese Wagen später in Bauart »Leipzig« umbenannt. Als Erste wurden 1934 zwei Triebwagen mit dieselhydraulischer Kraftübertragung bestellt (SVT 137 153 u. 154). 1935 kamen noch zwei Wagen mit dieselelektrischem Antrieb hinzu (SVT 137 233 u. 234). Ermöglicht wurde der Bau dreiteiliger Fahrzeuge mit 160 km/h Höchstgeschwindigkeit durch die Entwicklung eines 600-PS-Dieselmotors mit Abgasturboaufladung von Maybach.
Bis Mitte 1936 waren alle Fahrzeuge ausgeliefert und wurden einem ausgiebigen Versuchsprogramm unterzogen. Bei einer Versuchsfahrt am 17. Februar 1936 stellte ein dieselelektrischer »Leipzig« mit 205 km/h einen neuen Weltrekord für serienmäßige Eisenbahnfahrzeuge auf. Bis Kriegsausbruch liefen die Triebwagen dann vor allem in der Relation Berlin–Breslau–Beuthen. Während des Krieges zum Teil von der Wehrmacht benötigt, waren nach Kriegsende noch drei Wagen in der Sowjetzone vorhanden. Ein dieselhydraulischer »Leipzig« (SVT 137 153) blieb im Osten verschollen. Ab Mitte der 50er liefen alle drei Triebwagen im Schnellzugverkehr bei der DR. Zeitweise kam der SVT 137 234 sogar vierteilig zum Einsatz. Ein Schadwagen der Bauart »Hamburg« war zum zusätzlichen Mittelwagen umgebaut worden. Das zusätzliche Mittelteil wurde später wieder entfernt, der Zug für Regierungszwecke als Salontriebwagen erneut umgebaut. Die beiden normalen »Leipziger« wurden 1969 ausgemustert, der Salontriebwagen blieb (ab 1970 als 183 251) noch bis 1983 in Betrieb. Abgestellt erlebte er sogar noch die Wende und wird inzwischen als Museumsfahrzeug in Leipzig vom Eisenbahn-Kurier erhalten. Eine betriebsfähige Aufarbeitung ist geplant.

Technische Daten:

Baureihenbezeichnung:	SVT 137 153, 154	SVT 137 233, 234
Radsatzanordnung:	B'(2)'(2)'B'	2'(Bo)'(Bo)'2'
Vmax (km/h):	160	
Motorleistung (PS):	2 x 600	2 x 600
Motorleistung (kW):	2 x 441	2 x 441
Kraftübertragung:	hydraulisch	elektrisch
Dienstmasse leer (t):	120	131
Größte Radsatzfahrmasse (t):	17	17
Länge über Kupplung (mm):	60.150	60.150
Drehzapfenabstand (mm):	16.875+17.800+16.875	16.875+17.800+16.875
Radsatzabstand Triebgestell (mm):	4.230	3.500
Radsatzabstand Laufdrehgestell (mm):	3.500	4.000
Treibraddurchmesser (mm):	900	1.000
Laufraddurchmesser (mm):	900	900
Sitzplätze:	139	139
Indienststellung:	1936	1935
Verbleib:	183 251 (ex SVT 137 234)	

Foto: Estler

605 (DB AG)

Schon im Sommer 1994 bestellte die DB AG beim Konsortium ICNT (DWA, Düwag, Fiat und Siemens) 37 elektrische Triebzüge im ICE-Standard mit Neigetechnik (ICE-T, Baureihen 411 und 415). Da aber nicht alle Strecken elektrifiziert sind, die durchaus ein Potential für hochwertigen Fernverkehr bieten, entschloss sich die DB 1996 auch zur Beschaffung von 20 entsprechenden Dieseltriebzügen mit Neigetechnik. In Zusammenarbeit mit DWA und Düwag entstanden unter Federführung von Siemens vierteilige Triebzüge mit aktiver Neigetechnik (Anordnung: 605.0, 605.1, 605.2 und 605.5), einer Höchstgeschwindigkeit von 200 km/h, 195 Sitzplätzen und einer maximalen Radsatzlast von 14,5 Tonnen. Für den nötigen Reisekomfort sorgt u.a. eine vollwertige Speisewagenküche im Bistro-Wagen.
Um das Wageninnere ausschließlich für Fahrgäste nutzen zu können, musste die gesamte Antriebs- und Hilfsausrüstung unterflur angebracht werden. Zum Einbau kamen die bei Bestellung leistungsfähigsten Dieselmotoren mit Schadstoffausstoß nach Euro-II-Norm. Unter jedem Wagen treibt im Motordrehgestell ein Cummins-Dieselmotor mit 560 kW einen Drehstrom-Synchrongenerator an, welcher wiederum die beiden im Triebdrehgestell angeordneten Drehstrom-Asynchron-Fahrmotoren in der bekannten GTO-Technik versorgt. Die Mehrfachtraktion von bis zu 3 Einheiten ist von einem Führerstand aus möglich. Als Novum in Deutschland kann dieser Dieseltriebzug auch in Doppeltraktion mit den elektrischen Neigezügen der Baureihen 411 oder 415 gefahren werden. Eingesetzt werden die Diesel-ICE´s ab 2001 auf den klassischen Dieselfernstrecken wie der Sachsenmagistrale Nürnberg–Hof–Chemnitz–Dresden sowie der Allgäubahn München–Lindau mit ihrer traditionellen Weiterführung nach Zürich.

Technische Daten:

Baureihenbezeichnung:	605 (DB AG)
Radsatzanordnung:	2'(Bo)'+(Bo)'2'+2'(Bo)'+(Bo)'2'
Vmax (km/h):	200
Motorleistung (PS):	
Motorleistung (kW):	4 x 560
Kraftübertragung:	elektrisch
Dienstmasse leer (t):	216
Größte Radsatzfahrmasse (t):	15
Länge über Kupplung (mm):	106.700
Drehzapfenabstand (mm):	19.000+19.000+19.000+19.000
Radsatzabstand Triebgestell (mm):	2.600
Radsatzabstand Laufdrehgestell (mm):	2.600
Treibraddurchmesser (mm):	860
Laufraddurchmesser (mm):	860
Sitzplätze:	195
Indienststellung:	1999-2001

Foto: Estler

VT 06.1, 06.5 (DB), SVT 137 »Köln« (DRG, DR), 182 (DR)

Der große Erfolg des Schnelltriebwagenverkehrs bei der DRG führte rasch zu weiteren Beschaffungen. So entstand die dreiteilige Bauart »Köln« als dritte Variante (SVT 137 273-278, 851-858). Statt Jakobsdrehgestellen wurden Einzeldrehgestelle eingebaut. Erstmals waren diese Triebwagen nun auch mit einem MITROPA-Speiseraum ausgerüstet, was den Komfort spürbar erhöhte. Der bewährte dieselelektrische Antrieb wurde unverändert beibehalten. Insgesamt 14 »Kölner« wurden 1938 ausgeliefert.
Nach Kriegsende verblieb die Mehrzahl der Triebwagen in den Westzonen und waren zunächst für die Besatzungsmächte im Dienst. Der SVT 137 274 wurde 1946 als technisch interessantes Beutegut in die USA verschleppt und einige Jahr in Fort Eustis (Virginia) ausgestellt, anschließend verschrottet. Die neun verbliebenen Triebwagen in den Westzonen erhielten ab 1947 die Bezeichnung SVT 06.1. Die DR übernahm drei zum Teil beschädigte Triebzüge in ihren Bestand. Der SVT 137 855 blieb nach dem Krieg im Osten. 1950/51 baute die DB die SVT 06 102 und 111 auf dieselhydraulische Kraftübertragung um und führte sie nun als SVT 06 501 und 502. Bis 1957 waren die DB-Fahrzeuge im Schnellverkehr planmäßig eingesetzt. Bis auf den VT 06 106 der US Army waren alle DB-Triebwagen Ende 1959 ausgemustert. Linke-Hofmann-Busch erwarb die beiden Endwagen des VT 06 104 für das Werksmuseum in Salzgitter. Der 1963 ausgemusterte VT 06 106 wurde den Eisenbahn-Sportvereinen in Lübeck-Travemünde (Endwagen) und Konstanz (End- und Mittelwagen) als Domizil zur Verfügung gestellt. Vier Triebwagen (VT 06 107, 109, 501 und 502) kaufte im Dezember 1958 an die DR. Im Bw Leipzig Süd blieb der 182 009/010 (ex SVT 137 856) erhalten.

Technische Daten:

Baureihenbezeichnung:	VT 06.1	VT 06.5	182
Radsatzanordnung:	2'Bo'+2'2'+Bo'2'	B'2'+2'2'+2'B'	2'Bo'+2'2'+Bo'2'
Vmax (km/h):	160		
Motorleistung (PS):	2 x 600	2 x 600	2 x 730
Motorleistung (kW):	2 x 441	2 x 441	2 x 515
Kraftübertragung:	elektrisch	hydraulisch	elektrisch
Dienstmasse leer (t):	170	159	168
Größte Radsatzfahrmasse (t):	19	19	18
Länge über Puffer/Kupplung (mm):	70.205		
Drehzapfenabstand (mm):	16.120+	16.135+	16.120
Radsatzabstand Triebdrehgestell (mm):	3.000	4.000	3.000
Radsatzabstand Motordrehgestell (mm):	4.000	-	4.000
Radsatzabstand Laufdrehgestell (mm):	3.000	3.000	3.000
Treibraddurchmesser (mm):	930		
Laufraddurchmesser (mm):	930		
Sitzplätze:	132	126	150
Indienststellung:	1938	1950-1951	1965
Verbleib:	VT 06 104 a/b, VT 06 106, 182 009/010 (ex SVT 137 856)		

Foto: Slg. Dietz

SVT 137 901-903 »Berlin« (DRG, DR)

Parallel zur Entwicklung der Schnelltriebwagen Bauart »Köln« mit schnelllaufenden Maybach-Dieselmotoren beschäftigte sich MAN in Nürnberg mit einem Alternativtriebzug, der von einem langsamlaufenden Schiffsdieselmotor mit einer Leistung von 970 kW angetrieben wurde. Da der Motor aufgrund seiner Größe nicht mehr im Drehgestell untergebracht werden konnte, war ein separater Maschinenwagen vorgesehen. Zur Erprobung bestellte 1936 die DRG zwei Triebzüge und einen Ersatzmaschinenwagen.

Als SVT 137 901 und 902 gingen beide Triebwagen bis Sommer 1938 in Betrieb. Der dritte Motorwagen folgte als SVT 137 903a erst im Oktober 1938. Nach ausgiebigen Versuchsfahrten kamen beide Züge nicht mehr in den Plandienst. Die drei Motorwagen fanden ab 1940 weitere Verwendung beim Militär als fahrbare Notstromaggregate. Die Fahrgastwagen dienten im Tarnanstrich als Bürowagen des RZA München. Bei einem Fliegerangriff wurden beide b-Wagen zerstört, der Rest weiter genutzt und von der Bundesbahn später zu neuen Triebwagen (VT 07.5) aufgebaut.

Als einziger Maschinenwagen überlebte der SVT 137 902a den Krieg und gelangte zur späteren DR. Erst 1956 baute diese den Zug neu auf, indem die fehlenden Fahrgastwagen durch niederländische Triebwagenteile aus dem Schadpark ergänzt wurden. Da die Elektromotoren der niederländischen Triebwagen etwas leistungsschwächer waren, wurde zusätzlich ein weiterer Mittelwagen mit einem Triebdrehgestell ausgerüstet. Dieser neue SVT 137 902 war in Berlin-Karlshorst beheimatet. Ein Regeleinsatz erfolgte einige Zeit auf der Strecke Berlin–Halle–Erfurt. Schon 1961 wurde der Triebzug als Einzelgänger ausgemustert und war bis Anfang 1969 verschrottet.

Technische Daten:

Baureihenbezeichnung:	SVT 137 901, 902 (DRG)	SVT 137 902 (DR)
Radsatzanordnung:	2'Bo'+2'2'+2'2'+Bo'2'	2'Bo'+2'2'+2'Bo'+Bo'2'
Vmax (km/h):	160	140
Motorleistung (PS):	1.320+150	
Motorleistung (kW):	970+110	
Kraftübertragung:	elektrisch	
Dienstmasse leer (t):	213	204
Größte Radsatzfahrmasse (t):	18	18
Länge über Kupplung (mm):	87.450	89.720
Drehzapfenabstand (mm):	10.200+16.780+ 16.780+15.865	10.200+17.500+ 17.500+18.000
Radsatzabstand Triebgestell (mm):	3.000	
Radsatzabstand Laufdrehgestell (mm):	3.000	
Treibraddurchmesser (mm):	1.000/1.000	1.000/880
Laufraddurchmesser (mm):	1.000/930	1.000/880
Sitzplätze:	155	182
Indienststellung:	1938	1956
Verbleib:		

Foto: Klein, Sammlung Estler

VT 07.5 (DB)

In den Westzonen verblieben nach Kriegsende von beiden Triebzügen der Bauart »Berlin« jeweils nur ein Mittel- und der motorlose Endwagen. Um den Mangel an Schnelltriebwagen zu lindern, entschloss sich die DB zum Bau von zwei neuen Triebköpfen, so dass zwei dreiteilige Züge entstanden. Bei WMD in Donauwörth wurden bis Herbst 1951 die beiden neuen Motorwagen mit hydraulischer Kraftübertragung gebaut und die restlichen Wagen instandgesetzt. Ihr Antrieb entsprach weitgehend dem der Neubautriebwagen VT 08.5 und 12.5. Zunächst kamen 800-PS-Motoren von Daimler-Benz zum Einsatz, später solche mit einer Leistung von 1.000 PS. Wahlweise konnten auch Motoren von MAN und Maybach verwendet werden.

Beide Triebwagen wurden nach ihrer Fertigstellung sofort im neuen »leichten Fernschnellzugnetz« der DB eingesetzt. Beheimatet waren sie abwechselnd in Dortmund Bbf, Frankfurt-Griesheim und später auch kurz in Hamburg-Altona. Die Triebwagen konnten sowohl mit den Vorkriegs-SVT als auch mit den neuen VT 08.5 in Vielfachtraktion verkehren. Ab Sommerfahrplan 1957 liefen sie außer im Fernschnellzugdienst auch zeitweise als Verstärkungseinheiten im neuen TEE-Netz.

Mit der Mitte 1959 erfolgten Umbeheimatung beider Züge nach Köln-Nippes war das Ende dieser formschönen Fahrzeuge eingeleitet. Zwischenzeitlich standen für TEE- und F-Züge genügend neue Dieseltriebwagen zur Verfügung. Als Einzelgänger waren die VT 07 aufgrund ihres recht hohen Unterhaltungsaufwandes nicht mehr tragbar. Daher wurden sie schon Ende 1959 abgestellt und am 4. Juli 1960 ausgemustert. Ihre Maschinenanlagen wurden ausgebaut und in VT 08/12 weiterverwendet. Für beide Triebwagen wurden zwar Käufer gesucht, aber keine gefunden. Lange standen sie noch herum, erst 1965 erfolgte in München die Zerlegung der letzten Wagenteile.

Technische Daten:

Baureihenbezeichnung:	VT 07.5 (DB)
Radsatzanordnung:	B'2'+2'2'+2'2'
Vmax (km/h):	120
Motorleistung (PS):	800/1.000
Motorleistung (kW):	590/735
Kraftübertragung:	hydraulisch
Dienstmasse (t):	146
Größte Radsatzfahrmasse (t):	18
Länge über Puffer (mm):	69.760
Drehzapfenabstand (mm):	15.865+16.780+15.865
Radsatzabstand Triebdrehgestell (mm):	3.600
Radsatzabstand Laufdrehgestell (mm):	3.000
Treibraddurchmesser (mm):	940
Laufraddurchmesser (mm):	930
Sitzplätze:	130
Indienststellung:	1951
Verbleib:	

SVT 137 155 »Kruckenberg« (DRG)

Weit ihrer Zeit voraus waren die Entwicklungen der »Flugbahngesellschaft mbH« von Franz Kruckenberg und Curt Stedefeld. Die DRG beauftragte 1934 die Gesellschaft mit der Entwicklung eines Schnelltriebwagens in Leichtbauweise. Im Januar 1938 stand der als SVT 137 155 bezeichnete dreiteilige Versuchstriebwagen zu ersten Probefahrten bereit. Sein Wagenkasten war eine selbsttragende, kassettenförmig ausgesteifte geschweißte Röhrenkonstruktion in Leichtbauweise. An den Fahrzeugenden sorgten die stromlinienförmig ausgebildeten großen Vorbauten mit der aufgesetzten Führerkanzel für einen dynamischen Eindruck. Besonders abgefederte Drehgestelle sorgten für eine hervorragende Laufruhe. Der Antrieb erfolgte über zwei 600-PS-Motoren über hydrodynamische Zwei-Wandler-Getriebe der Bauart AEG, die auf den jeweils innenliegenden Radsatz des Triebdrehgestells wirkten.
Erste Versuchsfahrten zeigten überaus positive Ergebnisse, doch die Behebung kleinerer Schäden erzwangen immer wieder längere Unterbrechungen im Versuchsbetrieb. Am 23. Juni 1939 erreichte der Triebwagen auf einer Versuchsfahrt von Hamburg nach Berlin eine Spitzengeschwindigkeit von 215 km/h. Nach Abschluss der Versuche sollte der Zug im Planbetrieb Berlin–Hamburg fahren. Der Ausbruch des Zweiten Weltkrieges verhinderte dies jedoch, das Fahrzeug blieb im RAW Wittenberge abgestellt, wo es sich auch bei Kriegsende noch befand. Die DR erwog zwar die

Foto: Slg. Dietz

Wiederinbetriebnahme, nahm dann aber auf Grund der Sonderkonstruktion doch Abstand davon. 1967 wurde der impulsgebende Triebzug bis auf ein Triebdrehgestell verschrottet. Dieses Drehgestell kann heute im VM Dresden besichtigt werden. Aufbauend auf den Erkenntnissen aus dem »Kruckenberg«-Triebwagen wurden bei der DB die VT 10 und VT 11 sowie bei der DR der VT 18.16 entwickelt.

Technische Daten:

Baureihenbezeichnung:	VT 137 155 (DRG)
Radsatzanordnung:	(1A)'(2)'(2)'(A1)'
Vmax (km/h):	160
Motorleistung (PS):	2 x 600
Motorleistung (kW):	2 x 441
Kraftübertragung:	hydraulisch
Dienstmasse vierteilig (t):	115,2
Größte Radsatzfahrmasse (t):	16,4
Länge über Kupplung (mm):	70.080
Drehzapfenabstand (mm):	18.870+18.660+18.870
Radsatzabstand Triebdrehgestell (mm):	3.000
Radsatzabstand Laufdrehgestell (mm):	3.000
Treibraddurchmesser (mm):	940
Laufraddurchmesser (mm):	940
Sitzplätze:	100
Indienststellung:	1938
Verbleib:	Triebdrehgestell (VM Dresden)v

Foto: Estler

VT 08.5, 12.5, 608, 612, 613 (DB)

Ab 1950 begann sich das wirtschaftliche Leben in Deutschland allmählich wieder zu normalisieren. Die Bundesbahn hatte die schwersten Kriegsfolgen überwunden und entschloss sich zur Neueinrichtung eines Schnellverkehrsnetzes (»leichtes Fernschnellzugnetz»). Dafür standen aber zunächst nur die wenigen verbliebenen Vorkriegs-Schnelltriebwagen. So wurden 1950 bei verschiedenen Firmen neue Fahrzeuge in Auftrag gegeben, die ab 1952 unter der Bezeichnung VT 08.5 zum Einsatz im F-Zugdienst kamen. Die dreiteiligen bestachen Anhieb ihre elegante Stromlinienform. Sie führten nur die zweite (ab 1956: erste) Klasse und besaßen Küche, Speiseraum, Schreib- und Postabteil. Kurz nach Ablieferung der ersten VT 08.5 erschien 1953 mit dem VT 12.5 eine Variante für den Städteschnellverkehr. Diese unterschieden sich nur durch eine veränderte Raumaufteilung mit 2. und 3. (ab 1956: 1. und 2.) Klasse und zusätzlichen Mitteleinstiegen von ihren vornehmen Vettern. Aufgrund des großen Erfolgs wurden für beide Baureihen weitere Trieb- und Mittelwagen in Auftrag gegeben, so dass bis zu fünfteilige Einheiten (2 VT und 3 VM) gebildet werden konnten.
Ab 1953 liefen die VT 08.5 auf allen wichtigen Fernverkehrslinien. Ihr Stern begann mit dem Erscheinen der Reihe VT 11.5 und dem Fortschreiten der Elektrifizierung zu sinken. Zwischen 1963 und 1971 wurden alle auf 1. und 2. Wagenklasse umgebaut, in Baureihe VT 12.6 (ab 1968: 613) umgezeichnet und zusammen mit den VT 12.5 (ab 1968: 612) im Regionalverkehr. 1985 endete der Plandienst der wegen ihrer charakteristischen Form auch als »Eierköpfe« titulierten Triebwagen. Als betriebsfähige Museumsfahrzeuge werden in Braunschweig ein VT 08.5 und in Stuttgart ein VT 12.5 erhalten. Die US-Army erhielt 1956 sechs ähnliche zweiteilige Einheiten. Einer der Salontriebwagen (608 801) hat als privat erhaltenes Fahrzeug ebenfalls überlebt.

Technische Daten:

Baureihenbezeichnung:	VT 08.5 (DB)	VT 12.5 (DB)
Radsatzanordnung:	B'2'+2'2'+2'2'	B'2'+2'2'+2'2'
Vmax (km/h):	140	
Motorleistung (PS):	1.000	
Motorleistung (kW):	735	
Kraftübertragung:	hydraulisch	
Dienstmasse leer (t):	120	112
Größte Radsatzfahrmasse (t):	18	18
Länge über Kupplung (mm):	79.970	80.820
Drehzapfenabstand (mm):	19.000+19.000+19.000	
Radsatzabstand Triebgestell (mm):	3.600	
Radsatzabstand Laufdrehgestell (mm):	2.500	
Treibraddurchmesser (mm):	930	
Laufraddurchmesser (mm):	900	
Sitzplätze:	132	214
Indienststellung:	1952-1954	1953-1957
Verbleib:	VT 08 503, 520; VT 12 506, 507; 608 801	

Foto: Kuchinke

VT 10.5 (DB)

Bei der Deutschen Verkehrsausstellung in München 1953 wurden zwei neue Glieder-Triebzüge für den Verkehr auf Bundesbahngleisen vorgestellt. Die beiden Züge stützten sich auf Erfahrungen Gliederzügen im Ausland und wurden von einem Konstruktionsbüro unter der Leitung von Franz Kruckenberg entworfen. Der VT 10 501 war Tagesreisezug mit Großraumabteilen und Restaurant, während der VT 10 551 als Schlafwagenzug für die DSG mit Betten, Liegesitzen und Küche konzipiert war.
Neu war die extreme Schalen-Leichtbauweise aus Aluminium. Gebaut wurde der VT 10 501 von Linke-Hofmann-Busch in Salzgitter und der VT 10 551 von Wegmann in Kassel. Die beiden Triebzüge bestanden aus zwei Kopf- und fünf Mittelgliedern mit je 12,2 Metern Wagenkastenlänge. Die Wagenglieder waren durch speziell entwickelte Einachslaufgestelle der Bauart Kruckenberg beim VT 10 501 bzw. Jakobs-Drehgestelle beim VT 10 551 miteinander verbunden. In jedem Kopfglied mit dem ausgeprägten Vorbausaßen die beiden Motoren. Bei beiden Zügen befriedigte die Laufruhe bei hohen Geschwindigkeiten zunächst nicht. Beim VT 10 551 konnten diese Probleme leicht behoben werden, die Schlingerneigung der Einachslautwerke des VT 10 501 dagegen nicht. Daher lief der VT 10 501 (Bw Frankfurt-Griesheim) nur bis Dezember 1956 als Ft 41/42 »Senator« zwischen Hamburg und Frankfurt, wurde dann abgestellt und schließlich am 12. Juni 1959 ausgemustert.
Bis zum Sommerfahrplan 1958 hielt der in Hamburg-Altona stationierten Nachtzug VT 10 551 durch. Danach wurde er bis zu seiner Ausmusterung am 20. Dezember 1960 für Sondereinsätze vorgehalten. Beide Züge wurden 1963 verschrottet. Lediglich der Salonwagen VM 10 551i wurde mit zwei Drehgestellen als Klubheim der Nürnberger Eisenbahnfreunden für die Nachwelt erhalten.

Technische Daten:

Baureihenbezeichnung:	VT 10 501 (DB)	VT 10 551 (DB)
Radsatzanordnung:	B'(1)'(1)'(1)'(1)'(1)'B'	B'(2)'(2)'(2)'(2)'(2)'(2)'B'
Vmax (km/h):	120	
Motorleistung (PS):	4 x 210 + 2 x 125	
Motorleistung (kW):	4 x 155 + 2 x 92	
Kraftübertragung:	hydromechanisch	
Dienstmasse leer (t):	121	128
Größte Radsatzfahrmasse (t):	14	14
Länge über Kupplung (mm):	96.700	108.900
Drehzapfenabstand (mm):	7 x 12.200	8 x 12.200
Radsatzabstand Triebgestell (mm):	2.200	2.200
Radsatzabstand Laufdrehgestell (mm):	-	2.000
Treibraddurchmesser (mm):	900	
Laufraddurchmesser (mm):	900	
Sitzplätze:	131	113
Indienststellung:	1953	1953
Verbleib:	VM 10 551i	

610 (DB)

Um auf herkömmlichen Eisenbahnstrecken höhere Geschwindigkeiten fahren zu können, beschäftigten sich schon früh Bahnen und Hersteller mit sogenannten Neigetechnik-Systemen. Mit großem Erfolg setzten in den 80er-Jahren die italienischen Staatsbahnen elektrische Triebzüge (»Pendolini«) mit aktive Neigetechnik von FIAT ein. Versuchsfahrten auf Bundesbahngleisen mit dem italienischen »Pendolino« zeigten überzeugende Ergebnisse und so beschlossen 1988 die DB und der Freistaat Bayern ein Pilotprojekt, Dieseltriebwagen mit FIAT-Neigetechnik in Nordostbayern einzusetzen. Zunächst wurden 1988 bei den Konsortien MAN/MBB/DUEWAG und Siemens/AEG/ABB zehn zweiteilige Triebzüge der Baureihe 610 bestellt. Drehgestelle und Neigetechnik kamen von Fiat Ferroviaria. Zur Ausweitung des »Pendolino«-Verkehrs in die Oberpfalz wurde 1990 die Bestellung um weitere zehn Einheiten erhöht. Ein Triebzug besteht aus den beiden Triebwagen 610.0 und 610.5, die antriebstechnisch eine Einheit bilden. Wegen der maximalen Radsatzlast von 13 Tonnen ist das vordere Drehgestell des 610.0 ein Laufdrehgestell. Bei den drei Triebdrehgestellen wird jeweils der innere Radsatz über Gelenkwellen durch einen AEG-Drehstrommotor angetrieben. Die Wagenkästen wurden in geschweißter, selbstragender Bauweise aus Aluminium-Großstrangpressprofilen hergestellt und können durch Hydraulikzylinder um bis zu 8° geneigt werden. Dabei erkennen Sensoren Beginn und Ende einer Kurve. Zum Sommerfahrplan 1992 begann der erfolgreiche »Pendolino«-Einsatz zwischen Nürnberg und Bayreuth bzw. Hof. Acht Jahre lang verkehrten die Züge mit hohen Laufleistungen zuverlässig und ohne größere Störungen. Ermüdungserscheinungen an Rahmen und Achsen erzwangen Ende 2000 die Abstellung aller Fahrzeuge. Voraussichtlich Ende 2001 sollen die reparierten Garnituren wieder »pendeln«.

Technische Daten:

Baureihenbezeichnung:	610 (DB)
Radsatzanordnung:	2'(A1)'+(1A)'(A1)'
Vmax (km/h):	160
Motorleistung (PS):	
Motorleistung (kW):	970 (2 x 485)
Kraftübertragung:	elektrisch
Dienstmasse (t):	101,1
Größte Radsatzfahrmasse (t):	13,2
Länge über Kupplung (mm):	51.750
Drehzapfenabstand (mm):	17.500+17.500
Radsatzabstand Triebdrehgestell (mm):	2.450
Radsatzabstand Laufdrehgestell (mm):	2.450
Treibraddurchmesser (mm):	890
Laufraddurchmesser (mm):	890
Sitzplätze:	130
Indienststellung:	1991-1993
Verbleib:	

Foto: Estler

Foto: Estler

VT 11.5, 601, 602 (DB)

Für den Trans-Europ-Express-Verkehr (TEE) beschafften viele europäische Bahnen Triebwagen, die höchste Komfortansprüche erfüllten und nur die 1. Klasse führten. Die DB entschied für einen Triebwagenzug, der auf dem »Kruckenberg«-VT 137 155 und der erfolgreichen V 200 basierte. Die Grundkonfiguration bestand aus je einem Triebkopf am Ende sowie fünf Mittelwagen. Im einzelnen wurden 1957/58 ausgeliefert: 19 Triebköpfe (VT 11 5001-5019), 23 Abteilwagen (VM 11 5101-5123), acht Großraumwagen (VM 11 5201-5208), acht Barwagen (VM 11 5301-5308) und neun Speisewagen (VM 11 5401-5409). Mit zunehmende Elektrifizierung wurden immer mehr TEE-Züge auf lokbespannte Wagenzüge umgestellt. Ab 1971 fanden die ab 1968 als BR 601/901 bezeichneten Garnituren ein neues Betätigungsfeld im Intercity-Netz. Vier Triebköpfe erhielten zwischen 1971 und 1973 zur Leistungssteigerung eine Gasturbine. Die als 602 001-004 bezeichneten Triebköpfe gewannen so rund 100 % mehr Leistung und erreichten bei Probefahrten Geschwindigkeiten von 200 km/h. Nach Beseitigung einiger Kinderkrankheiten konnten die Fahrzeuge 1974 ihren Dienst im IC-Verkehr aufnehmen. Schon im Sommer 1978 wurden die Turbinentriebköpfe abgestellt. Mit der Einführung der 2. Klasse im IC-Verkehr waren ein Jahr später auch die Triebwagen der Baureihe 601 zunächst arbeitslos. Ein großer Teil der Fahrzeuge fand im Touristik-verkehr ein neues Betätigungsfeld. Erst am 9. April 1988 erfolgte der letzte Einsatz der einstigen TEE-Triebwagen als »Alpen-See-Express«. Kurz darauf waren alle ausgemustert. Erhalten blieb der Turbinenkopf 602 003 als Museumsstück des VM Nürnberg. Zum betriebsfähigen Museumsbestand gehörten bis vor kurzem die Triebköpfe VT 11 5014 und 5019 sowie acht Mittelwagen, sie sind jedoch zur Zeit abgestellt.

Technische Daten:

Baureihenbezeichnung:	601	602 (DB)
Radsatzanordnung:	B'2'+2'2'+2'2'+2'2'+ 2'2'+2'2'+2'B'	B'2' (nur Triebkopf)
Vmax (km/h):	160	
Motorleistung (PS):	2.200 (2 x 1.100)	2.200 (Gasturbine im Triebkopf)
Motorleistung (kW):	1.620 (2 x 810)	1.620 (Gasturbine im Triebkopf)
Kraftübertragung:	hydraulisch	
Dienstmasse siebenteilig (t):	214	49 (nur Triebkopf)
Größte Radsatzfahrmasse (t):	17	
Länge über Kupplung (mm):	130.580	19.960 (nur Triebkopf)
Drehzapfenabstand siebenteilig (mm):	7 x 12.600	12.600 (nur Triebkopf)
Radsatzabstand Triebdrehgestell (mm):	3.400	
Radsatzabstand Laufdrehgestell (mm):	2.300	
Treibraddurchmesser (mm):	950	
Laufraddurchmesser (mm):	900	
Sitzplätze:	122 + 53 (Bar + Speiseraum)	
Indienststellung:	1957-1958	1971-1973
Verbleib:	VT 11 5014 und 5019, 602 003 (VM Nürnberg)	

611, 612 (DB AG)

Auf Grund der Nachfrage nach Neigezügen bestellte 1994 die DB AG bei AEG (später ADtranz) 50 zweiteilige Triebzüge der BR 611 als Weiterentwicklung der bewährten »Pendolini« (Baureihe 610). Die wagenbauliche Konstruktion des zweiteiligen Triebzuges (611.0+611.5) mit zwei autarken Maschinenanlagen entspricht der seines Vorgängers. Neu gestaltet wurde der Frontbereich. Angetrieben werden die Radsätze beiden Drehgestelle am Kurzkupplungsende durch je einen Dieselmotor mit 540 kW Leistung über Voith-Strömungsgetriebe und Gelenkwellen. Die bewährte FIAT-Neigetechnik wurde nicht mehr verwendet, vielmehr adaptierten AEG/ADtranz das Neigesystem des Kampfpanzers »Leopard« für den Einsatz bei Schienenfahrzeugen. Die Neigung des Wagenkastens von bis zu 8° erfolgt beim System »neicontrol-E« über einen unterflur angeordneten elektrischen Servomotor, Stirnradgetriebe und linearen Spindeltrieb. Sensoren in den Drehgestellen erfassen die bei Kurvenfahrten auftretenden Reaktionskräfte und geben die Daten an die Elektronik der Neigetechnik weiter. Das Schicksal der Baureihe 611 war bisher geprägt von Pleiten und Pannen. Nach einem Fehlstart 1996 in Baden-Württemberg und Rheinland-Pfalz mussten die Züge zunächst zur Überarbeitung aus dem Verkehr gezogen werden. Erst ab Sommer 2000 ging die Störanfälligkeit der Triebzüge auf ein halbwegs erträgliches Maß zurück. Schon 1998 stellte ADtranz mit der Baureihe 612 (»Regio-Swinger«) den Nachfolger für die pannenbehafteten 611 vor. Technik und wesentliche Baugrundsätze wurden vom 611 übernommen. Wesentliche Änderungen sind die nun verwendeten stärkeren 559-kW-Motoren von Cummins sowie der geglättete Fahrzeugkopf aus glasfaserverstärktem Kunststoff. Bis 2004 sollen insgesamt 200 Garnituren geliefert werden.

Technische Daten:

Baureihenbezeichnung:	611	612 (DB AG)
Radsatzanordnung:	2'B'+B'2'	
Vmax (km/h):	160	
Motorleistung (PS):		
Motorleistung (kW):	1.080 (2 x 540)	1.118 (2 x 559)
Kraftübertragung:	hydraulisch	
Dienstmasse (t):	116	
Größte Radsatzfahrmasse (t):		
Länge über Kupplung (mm):	51.750	
Drehzapfenabstand (mm):	17.500+17.500	
Radsatzabstand Triebdrehgestell (mm):	2.450	
Radsatzabstand Laufdrehgestell (mm):	2.450	
Treibraddurchmesser (mm):	890	
Laufraddurchmesser (mm):	890	
Sitzplätze:	148	146
Indienststellung:	1996-1998	1998-2004
Verbleib:		

Foto: Slg. Kleine, Archiv transoress

VT 12.14, 181 (DR)

Zur Attraktivitätssteigerung ihrer internationalen Schnellzugverbindungen benötigte die DR Anfang der 50er-Jahre dringend neue Triebwagenzüge. Da die heimische Industrie sich nicht in der Lage sah, solche Züge kurzfristig zu liefern, musste die DR auf das sozialistische Ausland ausweichen. Fündig wurde sie bei der Firma Ganz in Budapest, die 1954 drei vierteilige Triebwagenzüge an DR lieferte. Sie bestanden aus zwei Triebwagen mit zwei dazwischen laufenden Mittelwagen. Wagen und Drehgestelle waren eine geschweißte Stahlkonstruktion. Angetrieben wurde das jeweils vordere Triebdrehgestell durch einen 450-PS-Motor von Ganz, die Kraftübertragung erfolgte durch ein mechanisches Fünfgang-Getriebe. Bemerkenswert war das dreiachsige Triebdrehgestell, das aus Gewichtsgründen einen zusätzlichen Laufradsatz erhalten hatte. Vielfachsteuerung von zwei Einheiten war möglich, doch war im gesteuerten Zug ein »Maschinist« zur Überwachung der Maschinenanlage erforderlich.
Hinsichtlich ihrer Laufeigenschaften befriedigten die Züge nicht sonderlich, auch war die Höchstgeschwindigkeit mit 125 km/h eher knapp bemessen. Trotzdem fuhren sie längere Zeit im internationalen Verkehr. Ab 1. März 1954 kamen sie zunächst zwischen Berlin und Prag, später dann auch zwischen Berlin und Hamburg sowie als »Berolina« in der Relation Berlin–Warschau–Brest zum Einsatz. Dreiteilig wurde 1963 der VT 12.14.02 an die tschechoslowakische Staatsbahn CSD als Ersatz für einen verunfallten, gleichartigen Zug abgegeben. Die beiden anderen Triebzüge erhielten zwar 1970 noch die computergerechte Baureihen-Bezeichnung 181, wurden aber noch im gleichen Jahr ausgemustert.

Technische Daten:

Baureihenbezeichnung:	VT 12.14 (DR)
Radsatzanordnung:	(1B)'2'+2'2'+2'2'+2'(B1)'
Vmax (km/h):	125
Motorleistung (PS):	900 (2 x 450)
Motorleistung (kW):	622
Kraftübertragung:	mechanisch
Dienstmasse vierteilig (t):	194,5
Größte Radsatzfahrmasse (t):	18,0
Länge über Kupplung (mm):	96.030
Drehzapfenabstand (mm):	17.050+17.600+17.600+17.050
Radsatzabstand Triebdrehgestell (mm):	4.100
Radsatzabstand Laufdrehgestell (mm):	2.950
Treibraddurchmesser (mm):	930
Laufraddurchmesser (mm):	930
Sitzplätze:	166 + 32 (Speiseraum)
Indienststellung:	1954
Verbleib:	

Foto: Estler

614 (DB)

Als Weiterentwicklung der Baureihen 624/634 entstanden 1971 zwei Voraustriebzüge der Baureihe 614. Sie sollten vor allem das große Handicap der Baureihe 634 kompensieren, ihren für eine gleisbogenabhängige Wagenkastensteuerung (GSt) wenig geeigneten Wagenkasten, der nur eine Neigung von rund 2,5° zuließ. Um die GSt besser ausnutzten zu können, sollte bei den neuen Triebzügen der Neigungswinkel auf rund 4,2° erhöht werden. Damit sollten Kurven 20 % schneller durchfahren werden können als mit herkömmlichen Fahrzeugen. Diese Vorgabe bedingte einen Wagenkasten, der sich in der oberen Fahrzeughälfte etwas verjüngt. Da auch auf eine Übergangsmöglichkeit zwischen zwei Einheiten verzichtet wurde, erhielten die 614 eine neue Kopfform. Wie bei den 624/634 sind die Wagenkästen in selbsttragender Bauweise gefertigt. Sie werden durch Luftfedern abgefedert. Angetrieben wird wiederum das jeweils äußere Drehgestell des Endwagens. Die moderne Inneneinrichtung mit textilbezogenen Sitzpolstern hob sich wohltuend von der Innenausstattung ihrer Vorgänger ab.
Bei den ausführlichen Erprobungen der beiden Prototypen zeigte sich, dass mit der GSt kein erheblicher Fahrzeitgewinn erreicht werden konnte. Daher wurde bei der Serienlieferung auf die GSt verzichtet. Eine erste Serie von 25 Einheiten verließ zwischen 1973 und 1975 die Werkshallen von MAN (Mittelwagen) und der Waggonfabrik Uerdingen (Triebwagen). Eine zweite Bauserie mit 15 Garnituren entstand 1975/76 ausschließlich bei MAN. Beheimatet sind die Fahrzeuge heute in Nürnberg und Braunschweig und kommen vorwiegend im Regionalverkehr Nordostbayerns und Niedersachsen zum Einsatz.

Technische Daten:

Baureihenbezeichnung:	614 (DB)
Radsatzanordnung:	B'2'+2'2'+2'B'
Vmax (km/h):	140
Motorleistung (PS):	
Motorleistung (kW):	734 (2 x 367)
Kraftübertragung:	hydraulisch
Dienstmasse (t):	142
Größte Radsatzfahrmasse (t):	16
Länge über Puffer (mm):	79.460
Drehzapfenabstand (mm):	3 x 19.000
Radsatzabstand Triebdrehgestell (mm):	2.500
Radsatzabstand Laufdrehgestell (mm):	2.500
Treibraddurchmesser (mm):	950
Laufraddurchmesser (mm):	900
Sitzplätze:	228
Indienststellung:	1971-1977
Verbleib:	

Foto: Slg. Dietz

184 (DR), VT 137 288-297 (DRG, DR)

Für die Mitte der 30er-Jahre geplanten Neuordnung des Ruhrschnellverkehrs bestellte die DRG 1936 acht zweiteilige dieselelektrische Triebwagenzüge bei WUMAG. Die Konzeption dieser Fahrzeuge lehnte sich stark an die Schnelltriebwagen der Bauart »Hamburg« an. Beide Wagenhälften waren ebenfalls durch ein angetriebenes Jakobs-Drehgestell verbunden und auch die Maschinenanlagen waren weitgehend identisch. Die geschweißten Wagenkästen erhielten erstmals den neuen dunkelroten Triebwagenanstrich der DRG. Die Auslieferung der zweiteiligen Ruhrschnellwagen erfolgte im der ersten Jahreshälfte 1938. Gegenüber den im Ruhrschnellverkehr bisher eingesetzten Dieseltriebwagen wiesen die neuen Züge eine deutlich bessere Beschleunigung auf. Nachteilig erwiesen sich aber das reduzierte Fassungsvermögen und die Zahl der Einstiege mit den relativ kleinen Stauräumen, welche bei starkem Fahrgastaufkommen keinen schnellen, reibungslosen Fahrgastwechsel mehr gewährleisteten. Nach nur halbjähriger Einsatzzeit im Ruhrgebiet wechselten die Doppeltriebwagen 1939 zum Bw Trier und Ende 1939 weiter zum Bw Dresden-Pieschen.
Zwei Einheiten blieben 1945 in der Tschechoslowakei und wurden als M 296.001 und 002 von der CSD eingereiht. Der M 296.002 wurde 1959 ausgemustert, während der verbliebene 1963 in eine Fahrleitungs-Untersuchungswagen umgebaut wurde.
Noch sechs Garnituren waren nach Kriegsende in der sowjetischen Zone vorhanden. In dem ab 1947 in den Westzonen geltenden Umzeichnungsplan war für sie die Baureihenbezeichnung VT 17.0 vorgesehen. Fünf davon übernahm die DR in ihren Betriebsbestand, der beschädigte VT 137 290a/b wurde 1956 im RAW Wittenberge ausgemustert. Alle fünf Einheiten erlebten 1970 noch die Umzeichnung in die BR 184. Mit der Ausmusterung des 184 002 war 1982 die Karriere dieser Fahrzeuge beendet.

Technische Daten:

Baureihenbezeichnung:	VT 137 288-297 (DRG)
Radsatzanordnung:	2'(Bo)'2'
Vmax (km/h):	120
Motorleistung (PS):	820 (2 x 410)
Motorleistung (kW):	604 (2 x 302)
Kraftübertragung:	elektrisch
Dienstmasse (t):	99
Größte Radsatzfahrmasse (t):	17
Länge über Kupplung (mm):	44.186
Drehzapfenabstand (mm):	17.690+17.690
Radsatzabstand Triebdrehgestell (mm):	3.500
Radsatzabstand Laufdrehgestell (mm):	3.500
Treibraddurchmesser (mm):	1.000
Laufraddurchmesser (mm):	930
Sitzplätze:	114
Indienststellung:	1938
Verbleib:	

VT 137 283-287 (DRG, DR)

Parallel zu den zweiteiligen »Ruhr«-Triebwagen (VT 137 288-197) bestellte die DRG zu Vergleichszwecken fünf dreiteilige, dieselhydraulische Triebzüge bei Westwaggon. Dabei wurden die ersten drei Einheiten mit den bewährten 410-PS-Maybach-Motoren ausgerüstet, die beiden letzten erhielten die stärkeren 450-PS-Motoren von Daimler-Benz. Die Maschinenanlagen waren in den beiden Enddrehgestellen der dreiteiligen Einheiten untergebracht. Ein Voith-Strömungsgetriebe übertrug mit Gelenkwellen die Leistung auf die beiden Treibradsätze. Die Wagenkästen waren durch Jakobsdrehgestelle miteinander verbunden und glänzten im neuen, dunkelroten Triebwagenanstrich. Alle fünf Garnituren wurden erst in der zweiten Jahreshälfte 1939 ausgeliefert und kamen nicht mehr in Ruhrschnellverkehr zum Einsatz, sondern wurden nach ihrer Abnahme der RBD Dresden zugewiesen. Da zwischenzeitlich der Zweite Weltkrieg begonnen hatte, kamen sie auch dort kaum mehr zum Einsatz.
Der VT 137 285 wird im Februar 1945 ein Opfer des berüchtigten Bombenangriffs auf Dresden. Die VT 137 284 und 287 finden sich nach Kriegsende im Wagenpark der Sowjetzone. Der westzonale Umzeichnungsplan 1947 sah für sie die Nummern VT 18 500 (mit Maybach-Motor) und VT 19 500 (mit Daimler-Motor) vor. Die beiden anderen Garnituren fuhren nach 1945 zunächst in der Tschechoslowakei, von der CSD als M

Foto: Slg. Dietz

493.001 und 002 bezeichnet. Schon 1948 wurde der M 493.001 (ex VT 137 283) an die DR zurückgegeben, die ihn später wiederaufarbeitete. Auch der M 493.002 kehrte später aus dem Exil zurück, blieb aber abgestellt und wurde als Ersatzteilspender verwendet. Bekannte Einsätze der dreiteiligen »Ruhr«-Triebwagen waren in den 50er- und 60er-Jahren das Zugpaar Dt 179/180 (Dresden–Berlin–Stralsund). Alle Garnituren wurden bis 1969 ausgemustert.

Technische Daten:

Baureihenbezeichnung:	VT 137 283-287 (DRG)
Radsatzanordnung:	B'(2)'(2)'B'
Vmax (km/h):	120
Motorleistung (PS):	820 (2 x 410), VT 137 286-287: 900 (2 x 450)
Motorleistung (kW):	604 (2 x 302), VT 137 286-287: 662 (2 x 331)
Kraftübertragung:	hydraulisch
Dienstmasse (t):	107
Größte Radsatzfahrmasse (t):	15
Länge über Kupplung (mm):	53.400
Drehzapfenabstand (mm):	14.600+15.400+14.600
Radsatzabstand Triebdrehgestell (mm):	3.600
Radsatzabstand Laufdrehgestell (mm):	3.600
Treibraddurchmesser (mm):	930
Laufraddurchmesser (mm):	930
Sitzplätze:	138
Indienststellung:	1939
Verbleib:	

Foto: Estler

VT 23.5, 24.5, 24.6, 624, 634 (DB)

Ende der 50er-Jahre waren die Dieseltriebwagen der Vorkriegszeit langsam am Ende ihrer Nutzungsdauer angelangt. Als Erprobungsträger für eine Nachfolgebauart erhielt die DB 1960/61 zu Vergleichszwecken von MAN und von der Waggonfabrik Uerdingen jeweils zwei dreiteilige Triebwagenzüge (Baureihen VT 23.5 und VT 24.5) für den Regionalverkehr. Sie glichen sich in den wesentlichen Bauteilen, unterschieden sich aber durch die Anordnung der Einstiege sowie die Gestaltung der Fahrgasträume, Langträger, Seitenschürzen und Kopfform. Nach umfangreichen Erprobungen entstand aus den besten Eigenschaften beider Bauarten das Serienfahrzeug. Für diese als Baureihe VT 24.6 bezeichneten und ab 1964 gelieferten Triebzüge wurde die Grundanordnung vom VT 24.5 übernommen, während bei der Kopfform der VT 23.5 Pate stand. Ihre Wagenkästen sind eine geschweißte Stahlleichtbaukonstruktion aus abgekanteten Blechen und Walzträgern. Zwischen den Drehgestellen des Endwagens ist unter dem Wagenboden leicht zugänglich der 450-PS-Boxermotor von MAN und das hydraulischen Getriebe aufgehängt.
Die Grundkonfiguration von Probe- wie von Serienzüge ist eine dreiteilige Einheit, bestehend aus zwei motorisierten Endwagen und einem motorlosen Mittelwagen (VM 24). Alternativ sind auch Züge ohne bzw. mit zwei Mittelwagen möglich. Bis 1966 wurden insgesamt 40 Serientriebzüge beschafft, 1968 folgten nochmals 15 Mittelwagen. Ab 1968 erhielten die Prototypen die neue Baureihenbezeichnung 624.5/924.5, während die Serienfahrzeuge als 624.6/924.4 eingereiht wurden.
1969 erhielt der Zug 624 651/924 422/ 624 652 versuchsweise Luftfederung und eine passive gleisbogenabhängige Wagenkastensteuerung (GSt). Weitere Trieb- und Mittelwagen wurden entsprechend umgebaut und als Baureihe 634 bezeichnet. Die GSt sollte ein schnelleres Durchfahren von Kurven ermöglichen, wobei sich der Wagenkasten bis zu 2,5° zur Kurveninnenseite neigen kann. Ende der 70er-Jahre war die GSt schon wieder abgeschaltet. Heute unterscheidet sich die Baureihe 634 nur durch ihre luftgefederten Drehgestelle und die damit verbundene angehobene Höchstgeschwindigkeit (140 km/h) von den 624. Fast alle Triebzüge sind heute noch vorhanden und fahren fast im gesamten norddeutschen Raum.

Technische Daten:

Baureihenbezeichnung:	VT 23.5	VT 24.5	VT 24.6	634 (DB)
Radsatzanordnung:	B'2'+2'2'+2'B'			
Vmax (km/h):	12	120	120	140
Motorleistung (PS):	900 (2 x 450)			
Motorleistung (kW):	664 (2 x 332)			
Kraftübertragung:	hydraulisch			
Dienstmasse (t):	112	113	118	118
Größte Radsatzfahrmasse (t):	16			
Länge über Puffer (mm):	79.420	79.460	79.460	79.460
Drehzapfenabstand (mm):	3 x 19.000			
Radsatzabstand Triebdrehgestell (mm):	2.500			
Radsatzabstand Laufdrehgestell (mm):	2.500			
Treibraddurchmesser (mm):	950			
Laufraddurchmesser (mm):	900			
Sitzplätze:	216	228	228	228
Indienststellung:	1960-61	1960-61	1964-66	Umbau 1969-78
Verbleib:				

Foto: Blaschke

Foto: Endisch

VT 25.5, 30.0, 32.0, 33.1, 33.2, 33.5, 38.5, 46.5 (DB), VT 137 (DRG, DR), 185, 188 (DR), 685, 723 (DB AG)

Neben den bekannten Schnelltriebwagen beschaffte die DRG ab 1934 auch vierachsige Dieseltriebwagen für den Nahschnell- und Eilzugdienst auf Hauptbahnen. Diese Einheitstriebwagen waren in ihrem mechanischen Teil weitgehend gleich und unterschieden sich im Innern nur durch die Raumaufteilung. Der Wagenkasten wurde als Stahlkonstruktion in geschweißter Leichtbauweise ausgeführt. Den jeweiligen betrieblichen Anforderungen entsprechend wurden drei Grundrisse entwickelt: Der »Essener Grundriss« war speziell auf den Ruhrschnellverkehr zugeschnitten war, da er zum schnellen Fahrgastwechsel neben den beiden Endeinstiegen noch einen breiten Mitteleinstieg besaß. Aus ihm entstand später der »Einheitsgrundriss«, bei dem zum noch schnelleren Fahrgastwechsel die Stauräume an den Mitteleinstiegen vergrößert wurden. Die dritte Variante war der »Eilzugwagengrundriss«, bei dem man auf den Mitteleinstieg verzichtete und so mehr Fahrgastraum schuf.

Von verschiedenen Waggonbaufirmen wurden bis 1937 insgesamt 129 solcher Einheitstriebwagen geliefert, davon vier mit hydraulischer, alle anderen mit elektrischer Kraftübertragung. Der schnelllaufende Dieselmotor mit vorwiegend 410 PS war im Triebdrehgestell federnd aufhängt. Die elektrischer Kraftübertragung erfolgte über einen Generator auf 2 Tatzlagermotoren. Ein Voith-Getriebe besorgte bei den dieselhydraulischen Wagen den Antrieb. Passend zu den Triebwagen beschaffte die DRG auch eine große Anzahl von Steuerwagen, die sie als VS 145 einreihte. Die Triebwagen selbst trugen wie die meisten DRG-Drehgestelltriebwagen die Baureihenbezeichnung VT 137.

Viele Fahrzeuge überlebten den 2. Weltkrieg nicht. Nach 1945 fand sich der größte Teil der übriggebliebenen Wagen in den vier Besatzungszonen Deutschlands wieder. Einzelne Exemplare fuhren nach dem Krieg auch in Frankreich, in der Tschechoslowakei und in Norwegen (Ausmusterung bis 1956). Entsprechend dem Umzeichnungsplan für Dieseltriebwagen des RZA München vom September 1947 wurden die 34 Triebwagen der DB wie folgt eingruppiert:

VT 25.5: diesel-hydr. mit 600-PS-Maybach-Motor und RZM-Schaltung mehrfach (Umbau VT 32.0)
VT 30.0: diesel-elektr. mit 450-PS-Daimler-Motor
VT 32.0: diesel-elektr. mit 420-PS-MAN-Motor
VT 32.5: diesel-hydr. mit 420-PS-MAN-Motor und Becker-Schaltung einfach
VT 33.0: diesel-elektr. mit 410-PS-Maybach-Motor und BBC-Schaltung mehrfach
VT 33.1: diesel-elektr. mit 410-PS-Maybach-Motor und RZM-Schaltung einfach
VT 33.2: diesel-elektr. mit 410-PS-Maybach-Motor und RZM-Schaltung mehrfach
VT 33.5: diesel-hydr. mit 410-PS-Maybach-Motor und RZM-Schaltung mehrfach (ex VT 32.5)
VT 38.0: diesel-elektr. mit 560-PS-MAN-Motor
VT 39.0: diesel-elektr. mit 360-PS-Deutz-Motor
VT 46.5: diesel-hydr. mit 410-PS-Maybach-Motor und RZM-Schaltung mehrfach

Unterscheidungsmerkmale waren also Motor und bei der Reihe VT 33 zusätzlich die Schaltung, der Grundriss wurde nicht berücksichtigt. Den »Einheitsgrundriss» hatten die Reihen VT 30.0, VT 32.0 und VT 38.0 sowie alle dieselhydraulischen Wagen. Der VT 39 000 (später VT 32 002) besaß den »Essener Grundriss« auf, der VT 33 106 den »Eilzugwagengrundriss«. Alle drei Grundrissarten waren bei den VT 33.2 vertreten.

Sechs VT 32.0 mutierten nach Einbau eines 600 PS-Motors und hydraulischer Kraftübertragung zu VT 25 501 bis 506. Neue Motoren erhielten auch der VT 32 014 (dann VT 33 232) und der VT 39 000 (dann VT 32 002). Weitere Umbauten erfolgten in den 50er-Jahren, doch ohne Umzeichnung der Fahrzeuge. Z.B. erhielt der VT 30 001 einen 410 PS-Motor und alle VT 32.0 neue Motoren von Daimler-Benz mit 400 PS Leistung. Bei der DB waren diese Triebwagen waren von Nord bis Süd zu finden. In größerem Umfang erfolgte bei der DB die Ausmusterung erst in den 60er-Jahren, als letzte schieden 1967 die beiden Bielefelder VT 33 215 und 225 aus. Von den DB-Triebwagen überlebte als Einziger der ehemalige VT 38 002. Er stand nach einem gründlichen Umbau 1965 als Tunnelmesswagen »Karlsruhe 6210« (später 712 001) dem Betrieb zur Verfügung und wird heute von der DGEG in Bochum-Dahlhausen erhalten.

Bei der DR wurden nach dem Krieg insgesamt 43 Triebwagen wieder aufgearbeitet, zum Teil als Salontriebwagen und zum Teil auch remotorisiert. Ab 1970 erhielten sie die neue Baureihenbezeichnung 185, bis dahin waren sie unter ihrer DRG-Betriebsnummer gefahren. Die letzten Exemplare überlebten noch bis in die achtziger Jahre. Erhalten blieb als Salontriebwagen unter Obhut des VMD der 185 254 (ex VT 137 099) in Stralsund. In einen Funkmesstriebwagen wurde der VT 137 063 (später 188 101, dann 723 101) in den 60er-Jahren umgebaut. Auch er wird heute für die Nachwelt aufbewahrt.

Technische Daten:

Baureihenbezeichnung:	VT 25.5, 30.0, 32.0, 33.1, 33.2, 33.5, 38.0, 46.5 (DB)
Radsatzanordnung:	2'Bo', 2'B' (VT 25.5, 33.5, 46.5)
Vmax (km/h):	110 (VT 33.2, VT 38.0: 100)
Motorleistung (PS):	600 (VT 25.5), 560 (VT 38.0), 450 (VT 30.0), 420 (VT 32.0), 410 (VT 33.1, VT 33.2, VT 33.5, VT 46.5)
Motorleistung (kW):	440 (VT 25.5), 411 (VT 38.0), 331 (VT 30.0), 309 (VT 32.0), 302 (VT 33.1, VT 33.2, VT 33.5, VT 46.5)
Kraftübertragung:	elektrisch, (VT 25.5, 33.5, 46.5: hydraulisch)
Dienstmasse (t):	43-49
Größte Radsatzfahrmasse (t):	12-14
Länge über Puffer (mm):	21.873 (VT 38.0: 21.880)
Drehzapfenabstand (mm):	14.270
Radsatzabstand Motordrehgestell (mm):	3.500 (VT 33.5: 4.000)
Radsatzabstand Triebdrehgestell (mm):	3.000
Treibraddurchmesser (mm):	900
Laufraddurchmesser (mm):	900
Sitzplätze:	56-75
Indienststellung:	1934-37
Verbleib:	VT 137 063, 099, 158

Foto: Endisch

Foto: Estler

627.0, 627.1 (DB)

In Zusammenarbeit mit DUEWAG und MaK begann das BZA München Nachfolger für die zum Teil schon über 20 Jahre alten Schienenbusse der Baureihen 795 und 798 zu entwickeln. Die Fahrzeuge sollten hinsichtlich Leistung, Wartung, Komfort und Design modernsten Erfordernissen genügen und attraktiv genug sein, um eine weitere Abwanderung von Fahrgästen auf Nebenstrecken zu verhindern. Sowohl einteilige als auch zweiteilige Garnituren waren vorgesehen. Der einteiligen 627.0 wurde 1974 in acht Exemplaren von MaK in Kiel und Linke-Hofmann-Busch in Salzgitter ausgeliefert. Der vollständig geschweißte Wagenkasten wurde in Stahlleichtbauweise gefertigt. Dach und Seitenwände sind gesickt, die Fronten abgeschrägt. Die unterflur angeordnete Antriebsanlage konnte kostengünstig aus der Serienfertigung für Lastkraftwagen übernommen werden. Angetrieben wird ein Drehgestell des 627.0 durch handelsübliche Lkw-Motoren von Daimler-Benz oder KHD mit 294 kW Leistung über ein Voith-Strömungsgetriebe und Gelenkwellen. Damit wird eine Höchstgeschwindigkeit von 120 km/h erreicht. Das Innere ist als Großraum mit 64 stoffbezogenen Sitzen ausgelegt. Ferner ist ein beachtliches Gepäckabteil vorhanden. Vielfachsteuerung von bis zu sechs Einheiten - auch mit dem Schwestertyp 628.0 - ist möglich.
Ab Herbst 1981 folgten noch fünf Triebwagen der Baureihe 627.1, die sich von den Vorgängern im Wesentlichen durch die normalen Zug- und Stoßvorrichtungen, eine geänderte Kopfform, den glatten Wagenkasten, die in Reihe angeordneten Sitze sowie die fehlenden Übersetzfenster unterschieden. Zwischen 1984 und 1987 erhielten auch die 627.0 normale Zug- und Stoßeinrichtungen von ausgemusterten 515 eingebaut. Die acht 627.0 fahren heute von Tübingen aus. Einen Einsatzschwerpunkt bilden die Strecken um Freudenstadt. Von Kempten aus werden die fünf 627.1 eingesetzt.

Technische Daten:

Baureihenbezeichnung:	627.0	627.1 (DB)
Radsatzanordnung:	2'B'	
Vmax (km/h):	120	
Motorleistung (PS):		
Motorleistung (kW):	287	287
Kraftübertragung:	hydraulisch	
Dienstmasse (t):	39	44
Größte Radsatzfahrmasse (t):	12	11
Länge über Puffer (mm):	23.600	23.600
Drehzapfenabstand (mm):	15.100	
Radsatzabstand Triebdrehgestell (mm):	1.900	
Radsatzabstand Laufdrehgestell (mm):	1.900	
Treibraddurchmesser (mm):	760	770
Laufraddurchmesser (mm):	760	770
Sitzplätze:	64	70
Indienststellung:	1974	1981-1982
Verbleib:		

628.0, 628.1 (DB)

Als zweite Version der Nachfolgegeneration für die Schienenbusse entstanden die Doppeltriebwagen der Baureihe 628.0. Zwölf Einheiten wurden ab 1974 von der Waggonfabrik Uerdingen und von Linke-Hofmann-Busch geliefert. In konstruktiver Hinsicht unterschieden sich die 628.0 nicht von der Baureihe 627.0. Ein größeres Sitzplatzangebot ergab sich durch den Entfall zweier Führerstände und des Gepäckraumes in einem Motorwagen. Als Antriebsquelle standen wahlweise wassergekühlte Motoren von MAN und Daimler-Benz sowie ein luftgekühlter von KHD zur Verfügung. Je nach Motor erfolgt die Heizung vom Motorkühlwasser-Kreislauf oder von einem ölgefeuerten Warmwasserboiler aus. Die Doppeltriebwagen genügten zwar zunächst den an sie gestellten Anforderungen, doch suchte die DB aus wirtschaftlichen Gründen nach Wegen, um nur mit einer Maschinenanlage auszukommen. Als Daimler-Benz Ende der 70er-Jahre einen aufgeladenen 357-kW-Motor präsentierte, wurde dieser 1980 in die 628 021-024 eingebaut. Gleichzeitig entfernte man bei den 628 006, 007, 016 und 017 die Maschinenanlage und verwendete sie als Steuerwagen (später 928 021-024) bei den stärker motorisierten 628.0.
Analog zu den 627.1 erschienen 1981 auch drei zweiteilige Garnituren. In Abwandlung zu den ersten Einheiten bestanden diese aus einem Motorwagen (628.1) und einem Steuerwagen (928.1). Neben normalen Zug- und Stoßeinrichtungen waren sie mit denselben Verbesserungen ausgestattet worden wie die 627.1. Wirtschaftlichen Überlegungen fielen dafür die zweite Toilette (im Triebwagen) sowie zwei Einstiege am Kurzkupplungsende zum Opfer.
Zwischen 1984 und 1987 wurden die 628.0 ebenfalls auf normale Zug- und Stoßeinrichtungen umgebaut. Alle 628.0 und 628.1 laufen heute von Kempten aus.

Technische Daten:

Baureihenbezeichnung:	628.0+628.0	628.0+928.0	628.1+928.1 (DB)
Radsatzanordnung:	2'B'+B'2'	2'B'+2'2'	2'B'+2'2'
Vmax (km/h):	120		
Motorleistung (PS):			
Motorleistung (kW):	426 (2 x 213)	357	357
Kraftübertragung:	hydraulisch		
Dienstmasse (t):	77	65	65
Größte Radsatzfahrmasse (t):	12		
Länge über Puffer (mm):	45.150		
Drehzapfenabstand (mm):	15.100+15.100		
Radsatzabstand Triebdrehgestell (mm):	1.900		
Radsatzabstand Laufdrehgestell (mm):	1.900		
Treibraddurchmesser (mm):	760	760	770
Laufraddurchmesser (mm):	760	760	770
Sitzplätze:	136	136	128 + 21 Klappsitze
Indienststellung:	1974-1975	Umbau 1980	1981
Verbleib:			

Foto: Estler

Foto: Blaschke

628.2, 628.4, 628.9/629.9 (DB, DB AG)

Nachdem mit der zweiten Vorserie 628.1/928.1 die künftige Konfiguration des Schienenbus-Nachfolgers gefunden war, flossen aus deren Erprobung sowie aus Untersuchungen zur Kundenakzeptanz noch weitere Erkenntnisse in die Ausgestaltung des Serientriebzuges ein. Technische Verbesserungen waren ein stärkerer Daimler-Benz-Motor mit 410 kW Leistung, ein besserer Schleuderschutz sowie die Vergrößerung des Kraftstoffvorrats. Überarbeitet wurde auch die Fahrzeugfront. Komfortsteigernd wirkten sich eine bessere Fahrgastraum-Gestaltung, der Einbau eines Abteiles der 1. Klasse sowie Verbesserungen bei Heizung und Lüftung aus.
Im Juni 1985 erhielt die Industrie dann den Auftrag zum Bau von zunächst 150 Einheiten der BR 628.2/928.2, die zwischen Ende 1986 und Herbst 1989 ausgeliefert wurden. Bereits ein Jahr nach der Ablieferung der letzten 628.2 bestellte die DB bei der Industrie eine zweite Serie mit 63 Garnituren, nun bezeichnet als 628.4/928.4. Auf Grund der Betriebserfahrungen mit der ersten Serie ergaben sich verschiedene Modifikationen. Als Antrieb fungierte ein stärkerer aufgeladener 485-kW-MTU-Motor. Die wesentliche Änderung im wagenbaulichen Teil war der Einbau von breiten Doppel-Schwenkschiebetüren am Kurzkupplungsende. Die spoilerartig unterhalb der Puffer angebrachten Unterfahrschutzbleche verleihen den 628.4 ein wuchtigeres Aussehen und sollen die Sicherheit bei Unfällen verbessern. Für den Einsatz in den neuen Ländern wurde im Sommer 1991 die zweite Serie auf 146 Einheiten, 1993 schließlich auf 189 Garnituren aufgestockt. Direkt im Anschluss an die zweite Serie erfolgte die Bestellung einer dritten Serie von 120 Fahrzeugen. Fünf Einheiten entstanden dabei als Doppeltriebwagen 628.9/629.9 für die Strecke Mainz–Alzey. Die Serientriebwagen 628.2 und 628.4 gehören nach wie vor in ganz Deutschland zum gewohnten Bild.

Technische Daten:

Baureihenbezeichnung:	628.2+928.2	628.4+928.4	628.9+629.9 (DB AG)
Radsatzanordnung:	2'B'+2'2'	2'B'+2'2'	2'B'+B'2'
Vmax (km/h):	120		
Motorleistung (PS):			
Motorleistung (kW):	410	485	970 (2 x 485)
Kraftübertragung:	hydraulisch		
Dienstmasse (t):	67	70	84
Größte Radsatzfahrmasse (t):	13	15	15
Länge über Puffer (mm):	45.400	46.400	46.400
Drehzapfenabstand (mm):	15.100+15.100		
Radsatzabstand Triebdrehgestell (mm):	1.900		
Radsatzabstand Laufdrehgestell (mm):	1.900		
Treibraddurchmesser (mm):	770		
Laufraddurchmesser (mm):	770		
Sitzplätze:	143	146	144
Indienststellung:	1986-1989	1992-1996	1995
Verbleib:			

VT 36.5 (DB), VT 137 (DRG, DR)

Mit den 360 PS-Nebenbahn-Triebwagen stellte die DRG ab Ende 1936 erstmals eine größere Serie von 30 Drehgestellfahrzeugen (VT 137 241-270) mit dieselhydraulischem Antrieb in Dienst. Bemerkenswert sind die Unterschiede zu den Diesel-Einheitstriebwagen. Im Gegensatz zum schnelllaufenden 410 PS-Motor der Einheitstriebwagen handelte es sich beim eingebauten MAN-Motor um einen Langsamläufer, von dem man sich einen geringeren Wartungsaufwand versprach. Als Antrieb diente ein hydraulisches Voith-Getriebe mit drei Gängen. Die Mehrfachsteuerung ermöglichte den gleichzeitigen Betrieb von 2 Trieb- und 2 Steuerwagen, von denen 30 gleichartig aussehende beschafft wurden (VS 145 154-183). Die Triebwagen bewährten sich ausgezeichnet, so dass 1939 noch eine zweite Serie mit 20 Einheiten (VT 137 442-461) bestellt wurde.
Über die Hälfte der Triebwagen ging im Krieg verloren. Die DB reihte noch 16 Stück in ihren Bestand als Baureihe VT 36.5 ein. Insgesamt sieben davon standen in den Nachkriegsjahren bei den Hohen Kommissaren der britischen und amerikanischen Besatzungsmacht im Dienst und erhielten dafür vorübergehend eine Sonderausstattung. Die Beheimatung der VT 36.9 blieb bei der DB ziemlich konstant. Die Ausmusterung erfolgte mit zwei Ausnahmen zwischen 1963 und 1966. Bis auf zwei wurden alle Wagen verschrottet. Die Georgsmarienhütten-Eisenbahn (GME) erwarb 1966 die VT 36 509 und 519 und reihte sie als VT 1 und 2 ein. Dieser Betrieb zwischen Hasbergen und Georgsmarienhütte endete erst 1978, als die GME ihren Personenverkehr einstellte. Der VT 36 519 befindet sich in Bocholt, der VT 36 509 wird in Rinteln Süd erhalten. Von den sieben bei der DR verbliebenen Triebwagen konnten fünf wieder aufgearbeitet werden. Die letzten Triebwagen wurden 1967 abgestellt.

Technische Daten:

Baureihenbezeichnung:	VT 36.5 (DB)
Radsatzanordnung:	B'2'
Vmax (km/h):	100
Motorleistung (PS):	360
Motorleistung (kW):	265
Kraftübertragung:	hydraulisch
Dienstmasse (t):	38-42
Größte Radsatzfahrmasse (t):	14
Länge über Puffer (mm):	22.350
Drehzapfenabstand (mm):	14.420
Radsatzabstand Triebdrehgestell (mm):	3.600
Radsatzabstand Laufdrehgestell (mm):	3.000
Treibraddurchmesser (mm):	900
Laufraddurchmesser (mm):	900
Sitzplätze:	58-65
Indienststellung:	1936-41
Verbleib:	VT 36 509 (privat), VT 36 519 (VEFS Bocholt)

Foto: Blaschke

640, 648 (DB AG)

Mit dem LINT (Leichter Innovativer Nahverkehrs-Triebwagen) betrat Alstom LHB erst relativ spät die Bühne der Produzenten von Regional-Triebwagen. Nur wenig gemeinsam hat die heutige LINT-Familie mit dem 1994 als Modell präsentierten »Ur-LINT«. Vier Varianten stehen heute im Angebot und werden international unter dem Label »CORADIA 100« vermarktet. Der LINT 27 ist ein einteiliger, vierachsiger Triebwagen. Er wurde von der DB in 30 Einheiten bestellt und als BR 640 bezeichnet. Nächstgrößerer Wagen ist der LINT 41, ein sechsachsiger zweiteiliger Gelenktriebwagen. 6 Exemplare werden von der DB als 648 beschafft, weitere LINT 41 an private Betreiber ausgeliefert. Achtachsig, zweiteilig, aber mit längeren Wagenkästen wird der LINT 53 angeboten, der sich durch Einfügen eines weiteren motorisierten Mittelwagens zum LINT 78 erweitern lässt. Die Zahl hinter dem Namen gibt die ungefähre Zuglänge in Metern an. Die Wagenkästen sind in geschweißter Stahlleichtbauweise als »verwindungssteife Röhren« gefertigt. Unter dem Fahrzeugkopf aus aufgeschraubten und geklebten GFK-Teilen sorgt eine verstärkte Stahlkonstruktion für die nötige Sicherheit. Beim zweiteiligen 648 stützen sich die beiden Wagenkästen auf das mittige Jakobs-Laufdrehgestell ab. Für den nötigen Fahrkomfort sorgt die kombinierte Gummi-Luft-Federung. Mehrfachtraktionsfähig in Garnituren von bis zu drei Einheiten auch mit den Baureihen 641 bis 644 sind die LINT durch ihre automatische Scharfenbergkupplung sowie das Zugbus System TCN. Eine (im 640) bzw. zwei (im 648) Antriebsanlagen sind vollständig unterflur hinter den Triebdrehgestellen aufgehängt. Herzstück ist ein 6-Zylinder-Dieselmotor von MTU mit 315 kW Leistung. Ein hydrodynamisches Voith-Strömungsgetriebe überträgt die Motorkraft auf die beiden angetriebenen Achsen des Drehgestells. Die 640 fahren vorwiegend im Nahverkehr in Nordrhein-Westfalen, während die sechs zweiteiligen 648 in Schleswig-Holstein zu finden sind.

Technische Daten:

Baureihenbezeichnung:	640 (DB AG)	648 (DB AG)
Radsatzanordnung:	B'2'	B'(2)'B'
Vmax (km/h):	120	
Motorleistung (PS):		
Motorleistung (kW):	315	2 x 315
Kraftübertragung:	hydrodynamisch	
Dienstmasse leer (t):	41	64
Größte Radsatzfahrmasse (t):	15	18
Länge über Kupplung (mm):	27.260	41.810
Drehzapfenabstand (mm):	18.450	16.500 + 16.500
Radsatzabstand Triebgestell (mm):	1.900	1.900
Radsatzabstand Laufdrehgestell (mm):	1.900	2.700
Treibraddurchmesser (mm):	770	
Laufraddurchmesser (mm):	770	
Sitzplätze:	60 + 13 Klappsitze	114 + 15 Klappsitze
Indienststellung:	1999-2001	2000-2001

641 (DB AG)

Konkurrenz im eigenen Hause schaffte sich Alstom mit dem TER, dem »Transport Express Régionaux«. Die Federführung bei der Entwicklung dieses deutlich französisch geprägten Einteilers lag bei renommierten Firma De Dietrich in Richthoffen, bei der Alstom allerdings die Kapitalmehrheit hält. Deutscher Partner dieser deutsch-französischen Koproduktion ist die Alstom LHB GmbH in Salzgitter. Wohltuend hebt sich das markante Design des TER vom Einheitsbrei der anderen Regionaltriebwagen ab. Entworfen wurde es vom Design-Büro Avant-Première in Lyon. Von der DB werden 40 Einheiten als Baureihe 641 in Dienst gestellt, die französische Staatsbahn SNCF hat 200 Stück als Baureihe TER X 73500 geordert.
Im Gegensatz zum LINT 27 (640) ist der TER nur unwesentlich länger, es sind aber zwei MAN-Dieselmotoren mit je 257 kW installiert. Daher sind vor allem steigungsreiche Strecken ein adäquates Betätigungsfeld. Die Maschinenanlagen sind unter den Vorbauten angebracht. In jedem Drehgestell wird nur der innere Radsatz durch ein hydrodynamisches Voith-Strömungsgetriebe angetrieben. Der Wagenkasten besteht aus einer Fahrgastzelle, ausgeführt in einer Aluminium-Schweißkonstruktion, sowie den beiden Vorbauten in geschweißter Stahlausführung. Darüber befinden sich die GFK-Fahrzeugköpfe, welche mit dem Wagenkasten verklebt sind. Durch automatische Scharfenberg-Kupplung und entsprechende Traktionssteuerung ist der TER mehrfachtraktionsfähig mit den Baureihen 640, 642 bis 644 und 648. Eine deutsch-französische Vielfachtraktion der Geschwister ist allerdings nicht möglich, da elektrische Ausrüstung und Traktionssteuerung der französischen TER nicht kompatibel sind. Eingesetzt werden die 641 u.a. im Westerwald.

Technische Daten:

Baureihenbezeichnung:	641 (DB AG)
Radsatzanordnung:	(1A)'(A1)'
Vmax (km/h):	140
Motorleistung (PS):	
Motorleistung (kW):	2 x 257
Kraftübertragung:	hydrodynamisch
Dienstmasse leer (t):	47
Größte Radsatzfahrmasse (t):	
Länge über Kupplung (mm):	28.900
Drehzapfenabstand (mm):	17.500
Radsatzabstand Triebgestell (mm):	2.100
Radsatzabstand Laufdrehgestell (mm):	-
Treibraddurchmesser (mm):	770
Laufraddurchmesser (mm):	770
Sitzplätze:	63 + 17 Klappsitze
Indienststellung:	1999-2002

642 (DB AG)

Zur neuen Siemens-Fahrzeugfamilie DESIRO zählt die Baureihe 642, welche von der DB AG zunächst in der recht hohen Anzahl von 150 Einheiten beschafft wird. Mit dem modularen DESIRO-Konzept, das auf den Erfahrungen mit dem RegioSprinter aufbaut, bietet Siemens unzählige Möglichkeiten, die vom Ein- bis zum Sechsteiler, vom Diesel- bis zum elektrischen Antrieb inklusive diverser Kopfformen reichen. Die DB AG entschied sich für zweiteilige Dieseltriebwagen mit einer Kopfpartie in Design-Form, welche vom ICE-Designer Alexander Neumeister entworfen wurde. Der Wagenkasten wurde als »verwindungssteife geschweißte Röhre« in Aluminium-Integralbauweise gefertigt. Die in Sandwich-Bauweise hergestellten GFK-Schalen der Fahrzeugköpfe sind mit dem Wagenkasten verklebt. Der Niederfluranteil beträgt rund 60 %. In der Fahrzeugmitte stützen sich die beiden Wagenkästen auf ein Jakobs-Laufdrehgestell. Wie auch die beiden Triebdrehgestelle ist dieses sowohl gummi- als auch luftgefedert. Unter den Hochflurbereichen zwischen Einstieg und Triebdrehgestell befindet sich je ein 275-kW-starker 6-Zylinder-Dieselmotor von MTU. Die Leistungsübertragung erfolgt durch ein hydrodynamisch-mechanisches Ecomat-Getriebe mit integriertem Anfahrdrehmoment-Wandler. Die Scharfenberg-Mittelpufferkupplung sowie der WBT-Zugbus ermöglichen die Vielfachtraktion von bis zu drei Einheiten der Baureihe 642 und erlauben auch Mehrfachtraktionen mit den Baureihen 640 bis 644 sowie 648. Die Haupteinsatzgebiete der 642 liegen heute in Mecklenburg-Vorpommern, Sachsen, Thüringen, Franken und Bayern.

Foto: Blaschke

Technische Daten:

Baureihenbezeichnung:	642 (DB AG)
Radsatzanordnung:	B'(2)'B'
Vmax (km/h):	120
Motorleistung (PS):	
Motorleistung (kW):	2 x 275
Kraftübertragung:	hydrodynamisch-mechanisch (hydraulisch)
Dienstmasse leer (t):	66
Größte Radsatzfahrmasse (t):	16
Länge über Kupplung (mm):	41.700
Drehzapfenabstand (mm):	16.000 + 16.000
Radsatzabstand Triebgestell (mm):	1.900
Radsatzabstand Laufdrehgestell (mm):	2.650
Treibraddurchmesser (mm):	770
Laufraddurchmesser (mm):	770
Sitzplätze:	110 + 13 Klappsitze
Indienststellung:	1999-2002

Foto: Blaschke

643, 644 (DB AG)

Unter dem Motto »Die Bahn hat Talent« präsentierte Bombardier Transportation im ehemaligen Talbot-Werk in Aachen am 13. März 1998 mit dem 644 002 den ersten TALENT (Talbot-Leichtbau-Niederflur-Triebzug) für die DB. Ein TALENT-Fahrzeug war bereits 1996 als zweiteiliger Erprobungsträger vorgestellt und eingehend getestet worden. Die DB bestellte daraufhin 137 TALENT-Triebwagen in dreiteiliger Ausführung, von denen zunächst 63 Exemplare als Baureihe 644 mit dieselelektrischem Antrieb geliefert wurden. Dabei werden jeweils das erste und letzte Drehgestell durch einen am Aufbau vor dem Triebdrehgestell befestigten Drehstrom-Asynchronmotor mit 300 kW angetrieben. Beheimatet sind alle Fahrzeuge in Köln-Deutzerfeld. Von den ursprünglich 63 gelieferten 644 musste schon einer den Dienst quittieren: Die nach Anschlag ausgebrannte Einheit 644 015 wurde im August 2000 im Werk Kassel verschrottet.
Ab Sommer 1999 wurden die ersten Exemplare der 75 Einheiten umfassenden BR 643 ausgeliefert. Beheimatet sind die 643er in Düsseldorf, Trier und Kaiserslautern. Ihr Antrieb erfolgt durch zwei 315-kW-Motoren über ein hydrodynamisch-mechanisches Lastschaltgetriebe mit integriertem Anfahrdrehmoment-Wandler. Der 643 ist etwas kürzer als der 644 und hat nur 137 Sitzplätze. Sechs große Türen, ein stadtbahnähnlicher Innenraum mit 141 Sitzen und großen Aufstellflächen zeichnen den 644 aus.
Im Aufbau sind die DB-TALENTE identisch. Auf dem geschweißten Untergestell ist ein Stahlgerippe mit einer aufgeklebten Außenhaut aus Kunststoff montiert. Aus glasfaserverstärktem Kunststoff bestehen die Dachmodule und die charakteristischen Fahrzeugköpfe. Zum Mittelwagen hin stützen sich die Wagenkästen auf Jakobs-Drehgestelle ab. Bis zu drei TALENTE können von einem Führerstand aus gesteuert werden. Das WTB-Zugbussystem erlaubt auch Mehrfachtraktion (bis zu sechs Antriebsanlagen) mit den Baureihen 640, 641, 642 und 648.

Technische Daten:

Baureihenbezeichnung:	643 (DB AG)	644 (DB AG)
Radsatzanordnung:	B'(2)'(2)'B'	
Vmax (km/h):	120	
Motorleistung (PS):		
Motorleistung (kW):	2 x 315	2 x 505
Kraftübertragung:	hydrodyn.-mech.	elektrisch
Dienstmasse leer (t):	74	84
Größte Radsatzfahrmasse (t):	13	14
Länge über Kupplung (mm):	43.860	52.160
Drehzapfenabstand (mm):	13.465+13.750+13.465	14.865+14.750+14.865
Radsatzabstand Triebgestell (mm):	1.900	1.900
Radsatzabstand Laufdrehgestell (mm):	2.700	2.700
Treibraddurchmesser (mm):	760	
Laufraddurchmesser (mm):	630	
Sitzplätze:	120 + 17 Klappsitze	120 + 41 Klappsitze
Indienststellung:	1999-2001	1998-2000

Foto: Blaschke

VT 45.5 (DB), VT 137 (DRG, DR)

Zu den Sonderbauarten zählten die dieselhydraulischen Doppeltriebwagen für den Stettiner Vorortverkehr. Waren zunächst nur sechs Doppeltriebwagen (VT 137 326-331a/b) bestellt worden, wurde später die Bestellung um weitere zehn Fahrzeuge (VT 137 367-376a/b) aufgestockt. Für den mechanischen Teil zeichnete WUMAG in Görlitz verantwortlich. Die 275-PS-Motoren kamen von Humboldt-Deutz, DWK, Daimler-Benz und MAN, Getriebe lieferten Voith und AEG. Durch die Ausführung der Antriebs-maschinen als Unterflurmotoren gewann man gegenüber den Einheitstriebwagen Platz und konnte die Geräuschbelästigung herabsetzen. Da alle Fahrzeuge erst nach Kriegsbeginn ausgeliefert wurden, kamen sie nur zum Teil und kurzzeitig in Stettin zum Einsatz. Als Reservefahrzeuge standen sie anschließend der Wehrmacht zur Verfügung und waren 1944 größtenteils im RAW Wittenberge abgestellt.
Viele Fahrzeuge kamen auch nach dem Zweiten Weltkrieg nicht mehr zum Einsatz. Von zehn in der Sowjetzone verbliebenen Zügen nahm die DR nur vier wieder in Betrieb. Bereits 1963 stellte sie ihren letzten Triebwagen ab, doch fanden die Doppelzüge teilweise noch eine Weiterverwendung als Beiwagen. Einer davon, der VB 147 551a/b (ab 1970: 197 840) wird heute vom Eisenbahnclub Aschersleben erhalten.
In den Westzonen verblieben nach Kriegsende die Züge VT 137 326, 369, 370 und 375a/b. Erhebliche Schäden an Teilfahrzeugen führten jedoch zur Ausmusterung von VT 137 326b und 370a. Damit wurden in den Bestand der DB nur noch die VT 45 502 (ex VT 137 369a/b), VT 45 503 (ex VT 137 375a/370b) und VT 45 504 (ex VT 137 326a/375b) eingereiht. Heimat-Bw für die VT 45 war bis 1967 Bielefeld, dann wies sie die DB dem Bw Braunschweig zu. Erst 1969 strich die DB ihre drei Triebzüge aus dem Bestand. Als letzter wurde 645 102/402 am 26. November 1969 ausgemustert.

Technische Daten:

Baureihenbezeichnung:	VT 45.5 (DB)
Radsatzanordnung:	(A1)'2'+2'(1A)'
Vmax (km/h):	90
Motorleistung (PS):	2 x 275
Motorleistung (kW):	2 x 200
Kraftübertragung:	hydraulisch
Dienstmasse (t):	94
Größte Radsatzfahrmasse (t):	11
Länge über Puffer (mm):	40.690
Drehzapfenabstand (mm):	13.500 + 13.500
Radsatzabstand Triebdrehgestell (mm):	3.200
Radsatzabstand Laufdrehgestell (mm):	3.000
Treibraddurchmesser (mm):	900
Laufraddurchmesser (mm):	900
Sitzplätze:	116+14
Indienststellung:	1940-41
Verbleib:	VT 137 367a/b als VB 147 551a/b (Aschersleben)

Foto: Blaschke

646 (DB AG)

Fahrgastmodule mit Antriebscontainer charakterisiert treffend den ungewöhnlichen Aufbau der Baureihe 646, der zur Familie der Gelenktriebwagen GTW 2/6 gehört. Der erste GTW 2/6 entstand unter Federführung der schweizerischen Firma Stadler in Zusammenarbeit mit Alusuisse, SLM, AEG und DWA. Das von Stadler verfolgte modulare Konzept beruht auf der konsequenten Trennung der Antriebseinheit von den Fahrgasträumen. Die Wagenkästen der Endwagen bestehen aus Aluminium. Der Niederfluranteil liegt bei rund 70 %, was die kostensparende Verwendung von Standardlaufwerken ermöglichte. Die ebenfalls modular angebrachten Fahrzeugköpfe sind bei den DB-Wagen aus glasfaserverstärktem Kunststoff hergestellt und haben eine deutlich gerundetere Form als die Urversionen des GTW 2/6. Der Wagenkasten des Antriebsmoduls ist eine geschweißte Stahlkonstruktion mit zwei Maschinenräumen, die durch einen Mittelgang voneinander getrennt sind. Der Antrieb erfolgt durch zwei Drehstrom-Asynchron-Motoren mit je 262 kW, welche wiederum von einem MTU-Dieselmotor mit 550 kW angetrieben werden.
Schon 1996 fuhren die ersten GTW 2/6 in Deutschland. Diese gehören allerdings der schweizerischen Mittelthurgaubahn. Ihr Erfolg veranlasste die Hessische Landesbahn (HLB), 18 Fahrzeuge mit optisch ansprechenderer Front zu bestellen. DB AG (30 Stück) und die DB-Tochter Usedomer Bäderbahn (UBB, 14 Stück) schlossen sich mit Folgeaufträgen an, welche in Lizenz von Bombardier-DWA (Endwagen) und ADtranz (Antriebseinheiten) gebaut wurden. Die DB-Version (Baureihe 646/946.0) ist für den Großraum Berlin/Brandenburg bestimmt und aufgrund der dort vorhandenen Bahnsteighöhen nicht mit niederflurigen Einstiegen ausgestattet. Eng zusammenrücken müssen die Fahrgäste bei den GTW der UBB (Baureihe 646/946.1), da in den Fahrgasträumen die Sitzteilung 2+3 (DB AG: 2+2) gewählt wurde.

Technische Daten:

Baureihenbezeichnung:	646 (DB AG)
Radsatzanordnung:	2'+Bo+2'
Vmax (km/h):	120
Motorleistung (PS):	
Motorleistung (kW):	550
Kraftübertragung:	elektrisch
Dienstmasse leer (t):	56
Größte Radsatzfahrmasse (t):	19
Länge über Kupplung (mm):	38.660
Drehzapfenabstand (mm):	
Radsatzabstand Triebgestell (mm):	1.900
Radsatzabstand Laufdrehgestell (mm):	2.100
Treibraddurchmesser (mm):	860
Laufraddurchmesser (mm):	680
Sitzplätze:	93 + 15 Klappsitze (646.1: 111 + 15)
Indienststellung:	1999-2001

Foto: Estler

650 (DB AG)

Der einteilige RegioShuttle (RS 1) hat sich seit seinem ersten Einsatz im Herbst 1996 zu einem wahren Renner bei privaten Betreibern und der DB AG entwickelt. Knapp zweihundert Fahrzeuge wurden bisher bestellt und weitgehend ausgeliefert. Die DB beschaffte über die ZugBus Regionalverkehr Alb-Bodensee (RAB) ab 1999 insgesamt 47 Triebwagen. 20 Einheiten wurden dabei vom Land Baden-Württemberg gefördert. Diese tragen die Betriebsnummern 650 100-119. Die anderen werden als 650 001-027 geführt. Einsatzschwerpunkte sind Ulm und Tübingen. Ganz in ihrer Hand liegen die reaktivierten Strecken (Ulm–) Laupheim Bf–Laupheim Stadt, Metzingen–Bad Urach und Tübingen–Herrenberg.
Der RegioShuttle war ursprünglich als Leichttriebwagen konzipiert, ist aber mit einer Längsdruckkraft des Wagenkastens von 1.500 kN (UIC-Norm) zum vollbahntauglichen Regio-Triebwagen herangereift. Der Wagenkasten ist eine Schweißkonstruktion aus Stahlblech-Vierkantrohren und Abkantprofilen. Das charakteristische Fensterband mit seiner fachwerkartigen Unterteilung lässt das Fahrzeug schon von weitem unverwechselbar erscheinen. Knapp zwei Drittel des Fahrgastraums sind niederflurig ausgelegt, bei den DB-Wagen 600 mm über der Schienenoberkante. Die Einstiege im Niederflurbereich erlauben somit praktisch ein stufenloses Ein- und Aussteigen. Die beiden MAN-Dieselmotoren von je 257 kW ermöglichen dem RegioShuttle eine hohe Beschleunigung und eine maximal zulässige Geschwindigkeit von 120 km/h. Ein vollautomatisches viergängiges Voith-DIWA-Getriebe mit nachgeschalteten Gelenkwellen und Achswendegetriebe besorgt die Leistungsübertragung. Mit der Vielfachsteuerung können bis zu fünf Einheiten von einem Führerstand aus gefahren werden. Die Ausstattung mit Klimaanlage und Toilette komplettiert bei den DB-Fahrzeugen den hohen Fahrkomfort.

Technische Daten:

Baureihenbezeichnung:	650 (DB AG)
Radsatzanordnung:	B'B'
Vmax (km/h):	120
Motorleistung (PS):	
Motorleistung (kW):	2 x 257
Kraftübertragung:	hydrodynamisch-mechanisch (hydraulisch)
Dienstmasse (t):	56
Größte Radsatzfahrmasse (t):	14
Länge über Puffer (mm):	25.500
Drehzapfenabstand (mm):	17.100
Radsatzabstand Triebdrehgestell (mm):	1.800
Radsatzabstand Laufdrehgestell (mm):	-
Treibraddurchmesser (mm):	770
Laufraddurchmesser (mm):	-
Sitzplätze:	68+4 Klappsitze
Indienststellung:	1999-2000

VT 50.0, 50.1, 50.2 (DB), VT 137 025-027, 117-120, 296-300 (DRG)

1933/34 lieferte LHB eine Vorserie von drei dieselelektrischen Triebwagen (VT 137 025-027) leichter Bauart an die DRG, welche vor allem für den schnellen Regionalverkehr gedacht waren. Erprobt werden sollte auch die Brauchbarkeit eines relativ langsam laufenden Dieselmotors. Zum Einsatz kam ein 300-PS-Motor der Motorenwerke Mannheim (MWM). Die elektrische Ausrüstung lieferte AEG. Dieselmotor und Generator wurden so über dem vorne befindlichen Maschinendrehgestell angeordnet, dass ein abgeschlossener Maschinenraum hinter Führerstand und Gepäckraum entstand. Im hinteren Drehgestell befanden sich die Tatzlagermotoren. Erstmals erhielten diese Fahrzeuge das später typischen »Einheits-Design« der Reichsbahn mit abgerundeten Stirnwänden und Korbbogendach. In zwei weitern Losen bestellte die DRG 1935 und 1936 nochmals insgesamt neun Triebwagen VT 137 (117-120 und 296-300), die mit einem zwar leistungsgleichen aber verbesserten MWM-Motor ausgestattet wurden. Zusätzlich hatte die letzte Serie ein Maschinendrehgestell mit vergrößertem Radstand und eine andere Steuerung erhalten.

Foto: Slg. Dietz

Alle zehn Triebwagen überstanden den Zweiten Weltkrieg und befanden nach Kriegsende im Bereich der amerikanischen Besatzungszone. Die DB zeichnete die erste Serie in VT 50.0, die zweite in VT 50.1 und die dritte in VT 50.2 um. Nur bis 1952 waren die drei Serien vollständig im Einsatz. Auf Grund häuiger Motorstörungen wurden alle Triebwagen bis 1957 ausgemustert. Der ehemalige VT 50 101 blieb dem »Verein zur Erhaltung und Förderung des Schienenverkehrs« (VEFS) erhalten, nachdem dieses Fahrzeug bis Anfang der 90er-Jahre als VB 233 der SWEG überlebt hatte.

Technische Daten:

Baureihenbezeichnung:	VT 50.0	VT 50.1	VT 50.2 (DB)
Radsatzanordnung:	2'Bo'		
Vmax (km/h):	90		
Motorleistung (PS):	300		
Motorleistung (kW):	221		
Kraftübertragung:	elektrisch		
Dienstmasse (t):	47	50	51
Größte Radsatzfahrmasse (t):	13		
Länge über Puffer (mm):	22.035		
Drehzapfenabstand (mm):	14.800		
Radsatzabstand Triebdrehgestell (mm):	3.000		
Radsatzabstand Motordrehgestell (mm):	3.250	3.250	3.500
Treibraddurchmesser (mm):	900		
Laufraddurchmesser (mm):	900		
Sitzplätze:	66		
Indienststellung:	1933-1934	1936	1937
Verbleib:	VT 50 101 (ex VB 233 SWEG, VEFS Bocholt)		

Foto: Slg. Dietz

VT 62.9 (DB), VT 137 000-024, 036-054, 121-135 (DRG, DR)

Nachdem sich die schweren dieselmechanischen Wismar-Triebwagen (VT 851-861) recht gut im Alltagsbetrieb bewährt hatten, erhielt die WUMAG 1931 von der DRG den Auftrag, unter Ausschöpfung aller Leichtbaumöglichkeiten einen hauptbahntauglichen Triebwagen mit 80 km/h Höchstgeschwindigkeit zu entwickeln. Als VT 862-864 (später VT 137 000-002) wurden 1932 drei Exemplare von der WUMAG geliefert, zwei weitere folgten nach Görlitzer Zeichnungen als VT 865-866 (später VT 137 003-004) von der Waggonfabrik Wismar. Durch die abgerundete Stirnpartie und das glatte gewölbte Dach des geschweißten Wagenkastens unterschieden sie sich erheblich von ihren Vorgängern. Die Kühlanlage war nun ebenfalls unter dem Wagenboden angeordnet. 1933 folgte eine zweite Serie von 20 Triebwagen. Zwei lieferte die WUMAG, 18 kamen von den LHB. Weitere 34 Fahrzeuge mit einem 210-PS-Maybach-Motor gelangten 1934/35 auf die Schienen, geliefert von den Dessau, Talbot und Danzig.
Im Zweiten Weltkrieg wurden viele Triebwagen von der Wehrmacht requiriert, daher war die Ausfallquote besonders hoch. Fünf Fahrzeuge (VT 137 041, 123-124, 134-135) blieben nach Kriegsende in Norwegen, wurden von der NSB als Cmdo 9 18290-295 übernommen und bis 1958 ausgemustert. Vier Garnituren (VT 137 014-015, 019, 022) fanden in Frankreich bei der SNCF als 2-XR 5201-04 ein neues Auskommen. Die VT 137 049 und 130 verbliebn nach 1945 in Jugoslawischen. Acht Triebwagen (VT 137 002, 005, 007, 012-013, 044, 122 und 132) bereicherten bei DR den bunten Fahrzeugpark. Die letzten fuhren bis 1964. Drei Fahrzeuge blieben in den Westzonen. Beim Bw Braunschweig wurden diese VT 62 zwischen 1957 und 1958 ausgemustert.

Technische Daten:

Baureihenbezeichnung:	VT 137 000-024	VT 137 036-054, 121-135
Radsatzanordnung:	B'2'	
Vmax (km/h):	80	
Motorleistung (PS):	175	210
Motorleistung (kW):	129	155
Kraftübertragung:	mechanisch	
Dienstmasse (t):	29	31
Größte Radsatzfahrmasse (t):	10	
Länge über Puffer (mm):	20.590	
Drehzapfenabstand (mm):	12.770	
Radsatzabstand Triebdrehgestell (mm):	3.800	
Radsatzabstand Laufdrehgestell (mm):	3.000	
Treibraddurchmesser (mm):	1.000	
Laufraddurchmesser (mm):	900	
Sitzplätze:	63-66	56-61
Indienststellung:	1932-1933	1934-1935
Verbleib:		

Foto: Klein, Sammlung Estler

VT 63.9 (DB), VT 137 136-148, 162-163, 235 (DRG, DR)

Nach den Einheitstriebwagen für Hauptbahnen beschaffte die DRG auch ähnliche vierachsige Fahrzeuge für den Nebenbahndienst. Die Waggonfabriken Dessau, Lindner und Talbot lieferten 1935/36 zunächst 13 dieselmechanische Wagen als VT 137 136-148 mit 210 PS starken MAN-Motoren. Zur Kraftübertragung diente ein Viergang-Getriebe. 1937 folgten zwei Versuchsfahrzeuge (VT 137 162 und 163) von Talbot mit dieselhydraulischem Antrieb und einem 280-PS-MAN-Motor sowie von der Dessauer Waggonfabrik der dieselmechanische VT 137 235 mit dem gleichen Motor. Schon 1938 wurde die Leistung der aufgeladenen Motoren auf 210 PS reduziert.
Die VT 137 139, 145, 147 und 162 mussten wegen schwerer Schäden bis Kriegsende aus dem Bestand gestrichen werden. Die DR übernahm nach dem Krieg zwei Fahrzeuge (VT 137 136, 163). Neun Wagen waren bei der DB noch als VT 63.9 im Einsatz. Ab 1952 ersetzte die DB bei die alten Motoren. Zwischen 1956 und 1962 wurden alle VT 63.9 ausgemustert. Die österreichische Montafonerbahn kaufte die VT 63 905-907. Die Wagen 905 und 907 erlebten eine Metamorphose in Elektrotriebwagen und sind dort noch heute als ET 10.103 und 104 vorhanden. Der VT 63 906 diente als Ersatzteilspender und wurde bald darauf verschrottet. Der VT 63 902 kam 1958 als VT 171 zur Bremervörde-Osterholzer Eisenbahn (BOE), wo er 1970 ausgemustert wurde. Den VT 63 910 erwarb 1962 die Kahlgrundbahn, die ihn 1967 verschrottete.
Überaus interessant ist auch das Schicksal des VT 137 137. Er blieb nach Kriegsende in der französischen Zone und fuhr später bei den Eisenbahnen des Saarlandes. Nach der Eingliederung des Saarlandes in die BRD kam er in den Bestand der DB, wurde aber nicht mehr umgezeichnet sondern 1957 ausgemustert. Als Lehrstellwerkswagen der DB konnte er 1995 vom Eisenbahnmuseum der Freunde der Eisenbahn (FdE) in Hamburg-Wilhelmsburg erworben werden.

Technische Daten:

Baureihenbezeichnung:	VT 63.9 (DB)
Radsatzanordnung:	B'2'
Vmax (km/h):	80
Motorleistung (PS):	210
Motorleistung (kW):	155
Kraftübertragung:	mechanisch (VT 137 162-163: hydraulisch)
Dienstmasse (t):	38
Größte Radsatzfahrmasse (t):	10
Länge über Puffer (mm):	21.873
Drehzapfenabstand (mm):	14.270
Radsatzabstand Triebdrehgestell (mm):	3.800 (VT 137 162-163: 4.000)
Radsatzabstand Laufdrehgestell (mm):	3.000
Treibraddurchmesser (mm):	900
Laufraddurchmesser (mm):	900
Sitzplätze:	63-67
Indienststellung:	1935-37
Verbleib:	VT 137 137 (FdE Hamburg)

VT 66.9 (DB), VT 757-765 (DRG)

Zum Vergleich mit den vierachsigen Dieseltriebwagen der ersten Generation bestellte die DRG 1925 bei der WUMAG vier Fahrzeuge mit zwei Benzin-Benzol-Motoren von Büssing (VT 757-760). Ausgeliefert wurden die auf Grund ihrer Doppelmaschinenanlage seinerzeit stärksten DRG-Triebwagen 1927. Untergestell und Wagenkasten waren eine schwere Nietkonstruktion aus Profilstahl und Stahlblechen. Auffällig waren die beiden großen Kühler auf dem Dach. Der Benzolmotor übertrug seine Leistung durch eine Trockenlamellenkupplung auf das Fünfganggetriebe, das auf die innenliegenden Radsatz eines Triebdrehgestells wirkte. Zwei weitere Triebwagen (VT 761-762) mit geringen Abweichungen folgten 1927 bzw. 1929. Auffallendstes Merkmal waren die fehlenden Führerstandstüren. In den Jahren 1931/32 erhielten alle sechs Fahrzeuge stärkere 110-PS-Motoren (bisher 90 PS) und einen zusätzlichen Dachkühler. Durch Umbau entstanden 1931/32 die VT 763-765, welche 1928/29 ursprünglich von der Dessauer Waggonfabrik als VT 862-864 mit Körting-Dieselmotoren geliefert worden waren.
Nach Ausbruch des Zweiten Weltkrieges wurden alle Triebwagen auf Flüssiggasbetrieb umgestellt. Nach Kriegsende sind alle Fahrzeuge zum Teil beschädigt noch vorhanden. Der VT 763 wurde vor Umzeichnung 1947 ausgemustert, die anderen dann als VT 66 900-907 geführt. Die VT 66 902, 904 und 905 erhielten bei der DB noch Dieselmotoren. Als letzter wurde der VT 66 905 am 12. Januar 1959 ausgemustert.
Die VT 66 900, 901, 903, 904 und 906 wurden an Privatbahnen verkauft. Zwei blieben bis heute erhalten. Der VT 66 904 (ex VT 761) ist weitgehend rückversetzt in den Ursprungszustand betriebsfähiges Museumsfahrzeug der Buxtehude-Harsefelder Eisenbahnfreunde (BHEF). Bei der WEG fand der VT 66 906 ein neues Betätigungsfeld.

Foto: Blaschke

Technische Daten:

Baureihenbezeichnung:	VT 66.9 (DB)
Radsatzanordnung:	(A1)'(1A)'
Vmax (km/h):	85
Motorleistung (PS):	220 (2 x 110)
Motorleistung (kW):	162 (2 x 81)
Kraftübertragung:	mechanisch
Dienstmasse (t):	41-48
Größte Radsatzfahrmasse (t):	13
Länge über Puffer (mm):	21.000 (VT 761-762: 21.024, VT 763-765: 21.420)
Drehzapfenabstand (mm):	13.300 (VT 763-765: 13.600)
Radsatzabstand Triebdrehgestell (mm):	3.900 (VT 763-765: 2.900)
Radsatzabstand Laufdrehgestell (mm):	-
Treibraddurchmesser (mm):	1.000 (VT 66 904-905: 900, VT 66 906-907: 850)
Laufraddurchmesser (mm):	1.000 (VT 66 904-905: 900, VT 66 906-907: 850)
Sitzplätze:	72-79
Indienststellung:	1927-32
Verbleib:	VT 761 ex VT 66 904 (BHEF), VT 401 WEG (ex VT 66 906 ex VT 764)

Foto: Blaschke

670 (DB AG)

Eine bemerkenswerte Neuheit stellte die Waggonbau Dessau der DWA bei der Hannover Messe 1994 mit dem zweiachsigen Doppelstock-Schienenbus vor. Bei dem betriebsfähigen »Demonstrator« hatten sich die Konstrukteure bewusst über UIC- und EBO-Normen hinweggesetzt. Konsequent waren für Straßenbusse übliche Baugrundsätze angewendet worden und Omnibus-Serienteile wie Motor, Getriebe und Bremsanlage wurden nur geringfügig modifiziert eingebaut. Die für Eisenbahnfahrzeuge geringe Festigkeit des Wagenkastens sollte bei Kollisionsgefahr durch ein besonders leistungsfähiges Bremssystem ausgeglichen werden. Die DB bestellte zunächst fünf Fahrzeuge mit geringen Modifikationen, die 1996 als 670 001-005 ausgeliefert wurden. Ein weiterer Wagen (670 006) blieb im Eigentum des Herstellers.
Die Fahrzeuge besitzen zwei Einachsfahrwerke, von denen eines durch einen 250-kW-Sechszylinder-Motor von MTU über ein hydrodynamisches Viergang-Lastschaltgetriebe mit Gelenkwelle angetrieben wird. Zur Erzielung der hohen Bremsverzögerung dienen neben der hydrodynamischen Retarderbremse zwei elektronisch gesteuerte, hydraulisch betätigte Scheibenbremsen sowie eine Magnetschienenbremse. Der niederflurige Wagenkasten ist eine stählerne Kastenprofil-Gerippekonstruktion mit aufgeklebter Außenhaut aus verzinkten Blechen im Mittelteil. Die Fahrzeugköpfe bestehen aus glasfaserverstärkten Kunststoff-Formteilen.
Der Einsatz der Fahrzeuge stand unter keinem guten Stern. Nach Hydraulikschäden, Kühlproblemen, häufigen Flachstellen durch Schnellbremsungen, nicht profilfrei zu öffnenden Türen sowie der ungünstigen Schwerpunktlage bei vollbesetztem Oberdeck wurden die Triebwagen bis 1999 weitgehend aus dem Plandienst zurückgezogen. Lediglich zwischen Stendal und Tangermünde zieht der 670 002 als Planfahrzeug »Alma« noch regelmäßig seine Runden.

Technische Daten:

Baureihenbezeichnung:	670 (DB AG)
Radsatzanordnung:	A' 1'
Vmax (km/h):	100
Motorleistung (PS):	
Motorleistung (kW):	250
Kraftübertragung:	hydrodynamisch-mechanisch
Dienstmasse(t):	33
Größte Radsatzfahrmasse (t):	18)
Länge über Puffer (mm):	16.332
Radsatzabstand (mm):	9.000
Treibraddurchmesser (mm):	840
Laufraddurchmesser (mm):	840
Sitzplätze:	68+10 Klappsitze
Indienststellung:	1996
Verbleib:	

Foto: Estler

VT 70.9, 72.9 (DB), VT 801-819 (DRG, DR)

Die Fortschritte im Dieselmotoren-Bau machten sich Mitte der 20er-Jahre auch im Triebwagenbau bemerkbar. Vier kleine Serien schwerer zweiachsiger Triebwagen wurden daher mit den gleichen MAN-Dieselmotoren zwischen 1927 und 1929 von der DRG in Dienst gestellt. Wegmann in Kassel lieferte 1927 die VT 801-804. Der Motor sowie Kupplung und Getriebe waren einem besonderen Tragrahmen (Schwanenhalsträger) unter dem Wagenkasten angeordnet. Schon 1934 wurden stärkere MAN-Motoren mit 150 PS Leistung sowie Mylius-Getriebe eingebaut, die Höchstgeschwindigkeit betrug nun 85 km/h. Alle 4 Triebwagen überlebten den Krieg. Die DB musterte die ab 1947 als VT 70 900 und 901 (ex VT 801 und 801) bezeichneten Fahrzeuge schon 1953 aus. Beide erwarb anschließend die WEG. Beide Wagen sind noch heute im Einsatz, wobei der ex VT 70 901 zwischenzeitlich als VT 03 bei der TWE fährt. Bei der DR verblieben nach Kriegsende die beiden anderen Triebwagen.
Esslingen baute 1927 die VT 805 und 806. Als Besonderheit war hier der Motor quer eingebaut worden, die Leistungsübertragung erfolgte durch Zahnräder. Offensichtlich bewährten sich beide Fahrzeug nicht besonders, denn schon ab etwa 1930 dienten sie als sFahrleitungsprüfwagen im Bereich der RBD Halle.
Ebenfalls von Wegmann stammten VT 807-811. Sie entsprachen weitgehend der ersten Serie, waren aber zweimotorig. Auch diese Spielart bewährte sich nich. Als Panzertriebwagen umgebaut fand sich der VT 811 nach Kriegsende in den Westzonen, seine Ausmusterung erfolgte 1948. Als Doppeltriebwagen wurden die VT 812/813 bis 818/819 von Wegmann gebaut. Ansonsten entsprachen sie ebenfalls der ersten Serie. Stärkere Motoren und neue Getriebe wurden 1934 wie bei den VT 801-804 eingebaut. Ein Doppeltriebwagen überstand den Krieg. Bei der DB wurde der VT 814/815 in VT 72 900a/b umgezeichnet und erst 1956 beim Bw Nürnberg Hbf ausgemustert.

Technische Daten:

Baureihenbezeichnung:	VT 801-804	VT 805-806	VT 807-811	VT 812-819
	VT 70.9			VT 72.9
Radsatzanordnung:	A 1	A 1	A A	A 1+1 A
Vmax (km/h):	70	60	70	70
Motorleistung (PS):	75	75	75	2 x 75
Motorleistung (kW):	55	55	55	2 x 55
Kraftübertragung:	mechanisch			
Dienstmasse leer (t):	21	24	34	40
Größte Radsatzfahrmasse (t):	13	14	19	13
Länge über Puffer (mm):	12.696	12.800	13.100	24.946
Radsatzabstand (mm):	7.000	7.000	7.300	2 x 7.000
Treibraddurchmesser (mm):	1.000	1.000	1.000	1.000
Laufraddurchmesser (mm):	1.000	1.000	1.000	1.000
Sitzplätze:	46	42	43	92
Indienststellung:	1927-29			
Verbleib:	VT 70 900 (VT 04 WEG), VT 70 901 (VT 03 TWE)			

VT 70.0, 70.5, 70.9, 73.5 (DB), VT 135 (DRG, DR), 186

Nachdem die Betriebstauglichkeit der zweiachsigen Leichttriebwagen für Nebenbahnen erwiesen war, orderte die DRG auch bei MAN drei kleine Serien mit verschiedenen Antriebsarten. Alle Triebwagen erhielten zunächst einen MAN-Motor (110 kW). Bei den VT 135 012-021 erfolgte die Leistungsübertragung elektrisch. Mechanisch erfolgte die Leistungsübertragung bei der zweiten Serie, dabei erhielten die VT 135 032-039 ein Mylius-Getriebe, die VT 137 040-045 fuhren mit TAG-Getriebe. Ein Voith-Getriebe besorgte bei den dieselhydraulischen VT 137 048-050 den Antrieb. Die VT 135 046-047 erhielten ebenfalls den 110-kW-MAN-Motor und eine hydraulischer Kraftübertragung, aber mit Trilok-Getriebe. Untergestell und Stahlblech-Wagenkasten aller Wagen waren vollständig geschweißt.
Die beiden Wegmann-VT überlebten den Krieg nicht und wurden schon 1944 ausgemustert. Aus der ersten Serie (VT 135 012-021) gingen fünf Fahrzeuge verloren. Die anderen fünf befanden sich in den Westzonen und wurden 1947 umgezeichnet. Zwischen 1956 und 1957 wurden sie ausgemustert. Von den VT 135 032-045 überlebten acht Fahrzeuge. Vier verblieben in der Sowjetzone und fuhren bei der DR zum Teil bis 1975. Ebenfalls vier Fahrzeuge befanden sich in den Westzonen. Zwei wurden aufgrund ihrer Schäden noch 1946 ausgemustert, die beiden anderen erhielten 1947

Foto: Slg. Dietz

die Nummern VT 70 911 (ex VT 135 034) und VT 70 981 (ex VT 135 043). 1957 bzw. 1959 wurden sie ausgemustert. Die drei dieselhydraulischen VT 135 048-050 standen nach Kriegsende in den Westzonen. Zwei wurden aufgrund ihrer Schäden 1946 ausgemustert, der VT 135 050 ab 1947 zunächst als VT 73 500 eingereiht. Das Fahrzeug erhielt kurz nach seiner Aufarbeitung wieder den ursprünglichen Motor und fuhr dann ab 1950 bis zu seiner Ausmusterung im Jahr 1957 als VT 70 501.

Technische Daten:

Baureihenbezeichnung:	135 012-021	135 048-050	135 032-045	135 046-047
Baureihenbezeichnung:	VT 70.0	VT 70.5	VT 70.9	
Radsatzanordnung:	A 1	A 1	A 1	A 1
Vmax (km/h):	70	75	75	75
Motorleistung (PS):	150	150	150	150
Motorleistung (kW):	110	110	110	110
Kraftübertragung:	elektrisch	hydraulisch	mechanisch	hydraulisch
Dienstmasse leer (t):	17	17	16	17
Größte Radsatzfahrmasse (t):	11	10	10	11
Länge über Puffer (mm):	12.095	12.095	12.095	12.290
Radsatzabstand (mm):	6.200	6.200	6.200	6.200
Treibraddurchmesser (mm):	900	900	900	900
Laufraddurchmesser (mm):	900	900	900	900
Sitzplätze:	39	42	42	42
Indienststellung:	1933-1934	1935	1935	1935-1936
Verbleib:				

Foto: Klein, Sammlung Estler

VT 70.9, (DB), VT 135 061-076, 083-132 (DRG, DR), 186 (DR)

Nachdem die DRG bis Mitte der 30er diverse Bauserien zweiachsiger Nebenbahntriebwagen erprobt hatte, konnten die Entwicklungsarbeiten für ein vereinheitlichtes Fahrzeug abgeschlossen werden. Ab 1936 wurden 66 Triebwagen (VT 135 061-076, 083-132) beschafft. Der Wagenkasten aus Stahlblech hatte ein gefälliges glattes Äußeres. Durchgängig geschweißt war der Rahmen aus Stahlblech. Die Maschinen-anlage war unterflur in einem Tragrahmen aufgehängt, der auf dem Antriebs- und dem Laufradsatz befestigt war. Die Kraftübertragung erfolgte durch ein Zahnradwechselgetriebe. Eine Besonderheit waren die Leichtbau-Triebwagen VT 135 065 und 066. Ihre Wagenkästen waren aus dem Werkstoff Hydronalium (Aluminium-Magnesium-Leichtmetalllegierung) gefertigt und glänzten silbern.
Der Zweite Weltkrieg schlug einige Lücken in die größte Bauserie zweiachsiger DRG-Nebenbahntriebwagen. Im Bereich der tschechoslowakischen Staatsbahnen befanden sich nach Kriegsende einige Wagen und erhielten dort die Bezeichnung M 140.3. Sie fuhren bis in die 60er-Jahre. Die DR konnte noch zehn Fahrzeuge in ihren Bestand einreihen. Während die meisten bis Ende der 70er-Jahre ausgemustert waren, überdauerte der VT 135 110 (ab 1970: 186 258) als Diensttriebwagen der Rbd Halle bis heute. Als VT 70 918-990 (mit Lücken) kamen insgesamt 32 zur DB. Sechs Triebwagen konnten nach ihrer Ausmusterung verkauft werden: Zwei gingen zur WZTE, vier zur Lokalbahn Lam–Kötzting (LLK). Die ehemaligen VT 70 919 und 921 fuhren im bayerischen Wald bis 1978, zuletzt als VT 19 und VT 18 der Regentalbahn. Heute gehört ersterer zur Museumsbahn (DFS) zwischen Ebermannstadt und Beringersmühle, letzterer befindet sich im Eisenbahnmuseum in Darmstadt-Kranichstein (EDK).

Technische Daten:

Baureihenbezeichnung:	VT 70.9 (DB)
Radsatzanordnung:	A 1
Vmax (km/h):	75
Motorleistung (PS):	150
Motorleistung (kW):	110
Kraftübertragung:	mechanisch
Dienstmasse(t):	22 (VT 70 970+971: 16)
Größte Radsatzfahrmasse (t):	11 (VT 70 970+971: 8)
Länge über Puffer (mm):	12.280 (VT 70 970+971: 12.475)
Radsatzabstand (mm):	7.000
Treibraddurchmesser (mm):	900
Laufraddurchmesser (mm):	900
Sitzplätze:	42
Indienststellung:	1936-1938
Verbleib:	135 069 (ex VT 70 919, ex VT 19 RAG, DFS), 135 071 (ex VT 70 921, ex VT 18 RAG, EDK)

Foto: Endisch

VT 75.9 (DB), VT 135 (DRG, DR), 186 (DR), 786 (DB AG)

Nach den ersten Erfolgen mit zweiachsigen Leichtbautriebwagen für Nebenbahnen lieferten diverse Firmen zweiachsige Fahrzeuge unterschiedlicher Bauart und Leistung an die DRG. Von der Waggonfabrik Bautzen kamen zwischen 1933 und 1935 in drei Lieferserien 30 dieselmechanische Triebwagen zur DRG. Waren bei der ersten Serie (VT 135 002-011) Untergestell und Wagenkasten noch genietet, kam bei der zweiten Lieferserie (VT 135 022-031) schon vermehrt die Schweißtechnik zur Anwendung. Bei der dritten Serie (VT 135 051-060) waren Untergestell und Wagenkasten geschweißt.
Die erste Serie war ursprünglich mit einem 120-PS-Daimler-Dieselmotor ausgestattet, erhielt später aber einen Daimler-Motor mit 135 PS. Bei den Wagen ragte der Motor noch in den Wagenkasten hinein und war durch eine klappbare Rückbank abgedeckt. Bei allen drei Serien verwendete man ein vierstufiges, druckgeschaltetes Wechsel- und Wendegetriebes der Firma TAG. Der VT 135 060 erhielt 1936 das erste bei AEG hergestellte hydrodynamische Flüssigkeits-Getriebe. Schon im Frühjahr 1942 wurde dieser Triebwagen verkauft. 1947 fuhr er als T 1 bei der GHE, ab 1949 als T 3 bei der Wittlager Kreisbahn (heute VLO), wo er auch heute noch gelegentlich zu Sonderzugehren kommt.
Die DB übernahm Wagen aller drei Lieferserien und bezeichnete sie ab 1947 als Baureihe VT 75.9. Ab Mitte der 50er-Jahre liefen alle VT 75.9 in der BD Regensburg und erhielten sogar noch neue 130-PS-Motoren vom Deutz. Von den ursprünglich 16 bei der DB umgezeichneten Wagen zählten Anfang 1960 noch elf zum Bestand. Neun von ihnen strich die Bundesbahn im April und Mai 1960 aus ihren Listen, die letzten beiden VT 75.9 wurden jedoch erst mit Verfügung vom 30. März 1962 beim Bw Schwandorf ausgemustert. Die DR verblieb nur einen Wagen. Der später zum Salonfahrzeug der Rbd Magdeburg umgebaute VT 135 054 (ab 1970: 186 257) gehört heute noch zum Museumsbestand und ist im Bw Staßfurt zu finden.

Technische Daten:

Baureihenbezeichnung:	VT 75.9 (DB)
Radsatzanordnung:	A 1'
Vmax (km/h):	72 (ab VT 135 051: 75)
Motorleistung (PS):	135 (VT 135 060: 180)
Motorleistung (kW):	99 (VT 135 060: 132)
Kraftübertragung:	mechanisch
Dienstmasse (t):	18 (ab VT 135 051: 19)
Größte Radsatzfahrmasse (t):	10
Länge über Puffer (mm):	12.200
Radsatzabstand (mm):	6.200
Treibraddurchmesser (mm):	900
Laufraddurchmesser (mm):	900
Sitzplätze:	40
Indienststellung:	1933-35
Verbleib:	VT 135 054 als 186 257 (Staßfurt), VT 135 060 (T 3 VLO)

1.KLASSE

Eisenbahn-Technik und -Geschichte

Andreas Knipping/Burkhard Wollny
Deutsche Bundesbahn
Die angeblich unbewegliche »Beamtenbahn« setzte in den 70er- und 80er-Jahren trotz widrigster verkehrspolitischer Bedingungen Maßstäbe, die noch heute gültig sind. Gerade die zweite Hälfte der Bundesbahn-Ära war zweifellos eine der interessantesten und abwechslungsreichsten Episoden der deutschen Eisenbahngeschichte und dieses Buch zeigt, dass die alte »Beamtenbahn« auch ihre guten Seiten hatte.
208 Seiten, 275 Bilder, dav. 45 in Farbe
Bestell-Nr. 71147
DM 59,–/€ 32,–

Jürgen Court
Renaissance der Dampflok
Im Osten erlebte die Dampflok vor planmäßigen Zügen in den Neunzigerjahren einen zweiten Frühling. Heute ist auch diese Episode fast schon wieder Geschichte.
144 Seiten, 136 Farbbilder
Bestell-Nr. 71143
DM 49,80/€ 26,–

Dirk Endisch
Neubaudampfloks der Deutschen Reichsbahn
Die »Stars aus Babelsberg«: Dieser prächtig illustrierte Band zeichnet das Neubau-Dampflokprogramms der Deutschen Reichsbahn nach.
256 Seiten, 243 Bilder, dav. 24 in Farbe
Bestell-Nr. 71129
DM 69,–/€ 36,–

Dietmar Klubescheidt
Eisenbahnen der Welt
Eine Weltreise mit der Eisenbahn wäre eine mühselige Angelegenheit. Doch den Reisenden würden zahlreiche Superlative entschädigen: die längste Eisenbahnlinie der Welt in Sibirien, die höchste Strecke der Erde in den Anden oder die schnellsten Züge unseres Planeten in Japan. Die ganze Vielfalt der Eisenbahn wird in diesem Buch von Dietmar Klubescheidt lebendig. Nur wem das zu bequem und zu preiswert ist, löst am Bahnhof eine Fahrkarte um die Welt.
164 Seiten, 173 Farbbilder, 7 Zeichnungen
Bestell-Nr. 71066
DM 29,80/€ 16,–

Kleine Typenkunde...

Jede Menge neuer Fahrzeuge, jede Menge neuer Farben – auf den Gleisen der deutschen Eisenbahnen bewegt sich was. Um den Überblick nicht zu verlieren, muss man sich gut auskennen oder wissen, wo man nachschlagen kann. Die Taschenbücher der »Kleinen Typenkunde« sind top aktuell – mit Infos zu Technik, Einsatz und Verbleib der Reisezugwagen und Triebfahrzeuge der DB AG.

...deutscher Triebfahrzeuge
160 Seiten, 126 Bilder
Bestell-Nr. 71118 DM 19,80/€ 12,–

...deutscher Reisezugwagen
144 Seiten, 135 Bilder
Bestell-Nr. 71119 DM 19,80/€ 12,–

...deutscher Bahnpostwagen
Dieser Band porträtiert in bewährter Weise die Bahnpostwagen. Wer Fragen zu diesem Thema hat, findet hier die Antworten – darauf geben wir Brief und Siegel.
176 Seiten, 148 Bilder
Bestell-Nr. 71157 DM 19,80/€ 12,–

...österreichischer Triebfahrzeuge
Diese völlig überarbeitete Neuausgabe stellt alle Triebfahrzeugtypen der Österreichischen Bundesbahnen vor, die 1999 im aktiven Bestand geführt wurden.
144 Seiten, 111 Bilder
Bestell-Nr. 71141 DM 19,80/€ 12,–

...Schweizer Triebfahrzeuge
Dieser Band von Karlheinz Hartung ist ein handlicher Begleiter für Schienenreisen durch den Alpenstaat, mit fast allen Triebfahrzeugen, die im Regelbetrieb stehen.
244 Seiten, 204 Bilder
Bestell-Nr. 71069 DM 24,80/€ 12,90

Daniel Riechers
Regionaltriebwagen
Die Fahrzeuge der regionalisierten Bahnen revolutionieren das Reisen auf der Schiene. Hier steht drin, was man über die neue Generation wissen sollte.
192 Seiten, 185 Bilder, davon 31 in Farbe
Bestell-Nr. 71089
DM 69,–/€ 36,–

Maedel/Gottwaldt
Deutsche Dampflokomotiven
Karl-Ernst Maedels Werk, zwischen 1957 und 1968 in fünf Auflagen erschienen, gilt als Klassiker. Alfred B. Gottwaldt hat ihn überarbeitet und vor allem im Bildteil ergänzt. Außerdem hat er Biografien solcher Konstrukteure hinzugefügt, die die Entwicklung der Dampflok maßgeblich gefördert haben.
320 Seiten, 252 Bilder
Bestell-Nr. 70912
DM 29,80/€ 16,–

Alfred B. Gottwaldt
Stromlinie
»Stromlinie« hieß das Zauberwort der 30er-Jahre. Auch die Reichsbahn experimentierte mit der aerodynamischen Form.
296 Seiten, 404 Bilder, davon 8 in Farbe
Bestell-Nr. 70781
DM 29,80/€ 16,–

IHR VERLAG FÜR EISENBAHN-BÜCHER

Postfach 10 37 43 · 70032 Stuttgart
Telefon (07 11) 2 10 80 65 · Telefax (07 11) 2 10 80 70

trans press

Foto: Klein, Sammlung Estler

VT 70.9, (DB), VT 135 061-076, 083-132 (DRG, DR), 186 (DR)

Nachdem die DRG bis Mitte der 30er diverse Bauserien zweiachsiger Nebenbahntriebwagen erprobt hatte, konnten die Entwicklungsarbeiten für ein vereinheitlichtes Fahrzeug abgeschlossen werden. Ab 1936 wurden 66 Triebwagen (VT 135 061-076, 083-132) beschafft. Der Wagenkasten aus Stahlblech hatte ein gefälliges glattes Äußeres. Durchgängig geschweißt war der Rahmen aus Stahlblech. Die Maschinen-anlage war unterflur in einem Tragrahmen aufgehängt, der auf dem Antriebs- und dem Laufradsatz befestigt war. Die Kraftübertragung erfolgte durch ein Zahnradwechselgetriebe. Eine Besonderheit waren die Leichtbau-Triebwagen VT 135 065 und 066. Ihre Wagenkästen waren aus dem Werkstoff Hydronalium (Aluminium-Magnesium-Leichtmetalllegierung) gefertigt und glänzten silbern.
Der Zweite Weltkrieg schlug einige Lücken in die größte Bauserie zweiachsiger DRG-Nebenbahntriebwagen. Im Bereich der tschechoslowakischen Staatsbahnen befanden sich nach Kriegsende einige Wagen und erhielten dort die Bezeichnung M 140.3. Sie fuhren bis in die 60er-Jahre. Die DR konnte noch zehn Fahrzeuge in ihren Bestand einreihen. Während die meisten bis Ende der 70er-Jahre ausgemustert waren, überdauerte der VT 135 110 (ab 1970: 186 258) als Dienstriebwagen der Rbd Halle bis heute. Als VT 70 918-990 (mit Lücken) kamen insgesamt 32 zur DB. Sechs Triebwagen konnten nach ihrer Ausmusterung verkauft werden: Zwei gingen zur WZTE, vier zur Lokalbahn Lam–Kötzting (LLK). Die ehemaligen VT 70 919 und 921 fuhren im bayerischen Wald bis 1978, zuletzt als VT 19 und VT 18 der Regentalbahn. Heute gehört ersterer zur Museumsbahn (DFS) zwischen Ebermannstadt und Beringersmühle, letzterer befindet sich im Eisenbahnmuseum in Darmstadt-Kranichstein (EDK).

Technische Daten:

Baureihenbezeichnung:	VT 70.9 (DB)
Radsatzanordnung:	A 1
Vmax (km/h):	75
Motorleistung (PS):	150
Motorleistung (kW):	110
Kraftübertragung:	mechanisch
Dienstmasse(t):	22 (VT 70 970+971: 16)
Größte Radsatzfahrmasse (t):	11 (VT 70 970+971: 8)
Länge über Puffer (mm):	12.280 (VT 70 970+971: 12.475)
Radsatzabstand (mm):	7.000
Treibraddurchmesser (mm):	900
Laufraddurchmesser (mm):	900
Sitzplätze:	42
Indienststellung:	1936-1938
Verbleib:	135 069 (ex VT 70 919, ex VT 19 RAG, DFS), 135 071 (ex VT 70 921, ex VT 18 RAG, EDK)

Foto: Endisch

VT 75.9 (DB), VT 135 (DRG, DR), 186 (DR), 786 (DB AG)

Nach den ersten Erfolgen mit zweiachsigen Leichtbautriebwagen für Nebenbahnen lieferten diverse Firmen zweiachsige Fahrzeuge unterschiedlicher Bauart und Leistung an die DRG. Von der Waggonfabrik Bautzen kamen zwischen 1933 und 1935 in drei Lieferserien 30 dieselmechanische Triebwagen zur DRG. Waren bei der ersten Serie (VT 135 002-011) Untergestell und Wagenkasten noch genietet, kam bei der zweiten Lieferserie (VT 135 022-031) schon vermehrt die Schweißtechnik zur Anwendung. Bei der dritten Serie (VT 135 051-060) waren Untergestell und Wagenkasten geschweißt. Die erste Serie war ursprünglich mit einem 120-PS-Daimler-Dieselmotor ausgestattet, erhielt später aber einen Daimler-Motor mit 135 PS. Bei den Wagen ragte der Motor noch in den Wagenkasten hinein und war durch eine klappbare Rückbank abgedeckt. Bei allen drei Serien verwendete man ein vierstufiges, druckgeschaltetes Wechsel- und Wendegetriebes der Firma TAG. Der VT 135 060 erhielt 1936 das erste bei AEG hergestellte hydrodynamische Flüssigkeits-Getriebe. Schon im Frühjahr 1942 wurde dieser Triebwagen verkauft. 1947 fuhr er als T 1 bei der GHE, ab 1949 als T 3 bei der Wittlager Kreisbahn (heute VLO), wo er auch heute noch gelegentlich zu Sonderzugehren kommt.
Die DB übernahm Wagen aller drei Lieferserien und bezeichnete sie ab 1947 als Baureihe VT 75.9. Ab Mitte der 50er-Jahre liefen alle VT 75.9 in der BD Regensburg und erhielten sogar noch neue 130-PS-Motoren vom Deutz. Von den ursprünglich 16 bei der DB umgezeichneten Wagen zählten Anfang 1960 noch elf zum Bestand. Neun von ihnen strich die Bundesbahn im April und Mai 1960 aus ihren Listen, die letzten beiden VT 75.9 wurden jedoch erst mit Verfügung vom 30. März 1962 beim Bw Schwandorf ausgemustert. Die DR verblieb nur einen Wagen. Der später zum Salonfahrzeug der Rbd Magdeburg umgebaute VT 135 054 (ab 1970: 186 257) gehört heute noch zum Museumsbestand und ist im Bw Staßfurt zu finden.

Technische Daten:

Baureihenbezeichnung:	VT 75.9 (DB)
Radsatzanordnung:	A 1'
Vmax (km/h):	72 (ab VT 135 051: 75)
Motorleistung (PS):	135 (VT 135 060: 180)
Motorleistung (kW):	99 (VT 135 060: 132)
Kraftübertragung:	mechanisch
Dienstmasse (t):	18 (ab VT 135 051: 19)
Größte Radsatzfahrmasse (t):	10
Länge über Puffer (mm):	12.200
Radsatzabstand (mm):	6.200
Treibraddurchmesser (mm):	900
Laufraddurchmesser (mm):	900
Sitzplätze:	40
Indienststellung:	1933-35
Verbleib:	VT 135 054 als 186 257 (Staßfurt), VT 135 060 (T 3 VLO)

Foto: Slg. Dietz

VT 75.0, 78.9, 79.9 (DB), VT 133, 135 (DRG, DR)

Diese Triebwagen sind die Urahnen der zweiachsigen Leichtbautriebwagen für Nebenbahnen. Anfang 1932 lieferte LHB drei Benzin-Triebwagen als VT 717-719 (ab 1932: VT 133 000-002), bei denen erstmals das Leergewicht auf rund 14 t gedrückt wurde.Für den Antrieb sorgte eine Vomag-Motor, die Leistungsübertragung erfolgte über ein Wende- und Wechselgetriebe der TAG. Drei ähnliche Triebwagen (VT 720-722, dann VT 133 003-005) kamen ebenfalls Anfang 1932 von der WUMAG. Angetrieben wurden sie von einem Maybach-Motor, dessen Leistung über ein mechanisches Vierganggetriebe der Bauart Mylius übertragen wurde. Zu Vergleichen bestellte die DRG die dieselelektrischen VT 805"-806" (VT 135 000-001) mit Dieselmotoren von Daimler und Tatzlagermotoren von Siemens ausgestattet waren. Alle Fahrzeuge besaßen ein genietetes Untergestell mit einem Aufbau aus einer Stahl-Holz-Verbundkonstruktion, das mit Stahlblechen verkleidet war. Bei beiden dieselelektrischen Triebwagen waren Untergestell und Kastengerippe mit der Stahlblechverkleidung geschweißt. Als erste Triebwagen erhielten alle neuen Anstrich in Rot-Elfenbein. Bei einem Unfall wurde der VT 135 001 im Juni 1939 schwer beschädigt und ausgemustert. Der zweite dieselelektrische Wagen befindet sich nach Kriegsende beschädigt im Bereich der DB und wird 1947 in VT 75 000 umgezeichnet. Ohne nochmalige Inbetriebnahme wird er 1950 in den VB 140 399 umgebaut und 1960 an die KVG (VB 29) verkauft. Alle sechs Benzin-Triebwagen überstehen den Krieg und werden 1947 bei der DB in VT 78 000-002 (VT 717-719) und VT 79 000-002 (VT 720-722) umgezeichnet. Ihre Ausmusterung war 1953 beendet. Bei der Mindener Kreisbahn fanden die VT 78 901 und 902 als T 7 und T 8 ein neues Auskommen. Der T 7 überlebte bis heute und ist bei der »Dampfbahn Fränkische Schweiz«zu bewundern. Den VT 79 902 verschlug es 1955 zunächst als VT 5 zur VEE, später dann zur SWEG. Heute bereichert der Triebwagen das Eisenbahnmuseum in Darmstadt-Kranichstein.

Technische Daten:

Baureihenbezeichnung:	VT 75.0	VT 78.9	VT 79.9
Radsatzanordnung:	A 1	A 1	A 1
Vmax (km/h):	65	65	65
Motorleistung (PS):	120	120	100
Motorleistung (kW):	88	88	74
Kraftübertragung:	elektr.	mech.	mech.
Dienstmasse (t):	19	18	16
Größte Radsatzfahrmasse (t):	10	10	10
Länge über Puffer (mm):	12.200	12.200	12.095
Radsatzabstand (mm):	6.200	6.200	6.200
Treibraddurchmesser (mm):	900	900	900
Laufraddurchmesser (mm):	900	900	900
Sitzplätze:	35	46	44
Indienststellung:	1932		
Verbleib:	VT 78 901 (DSF), VT 79 902 (EDK)		

VT 85.9 (DB), VT 751-756, 766 (DRG, DR)

Zu den Fossilen der DRG-Triebwagen zählen die VT 751-754, die 1925 von DWK geliefert wurden. Die schweren Nietkonstruktionen aus Stahl und Stahlblec besaßen eine benzol-mechanische Maschinenanlage in einem besonderen Maschinenrahmen unterhalb des Wagenkastens. Ein Benzolmotor mit 150 PS übertrug seine Leistung durch ein TAG-Viergang-Getriebe und Gelenkwellen. Motor und Getriebe waren wenig eisenbahntaugliche Konstruktionen und wurden Anfang der 30er-Jahre ersetzt. Ebenfalls wurde die Kühlanlage um einen vierten Dachkühler erweitert. Als VT 755 und 756 lieferte 1926 AEG zwei ähnliche Fahrzeuge, der Wagenteil von Linke-Hofmann-Lauchhammer gefertigt wurde. Angetrieben wurden sie durch zwei in die Führerstände hineinragenden 75-PS-Benzolmotoren der NAG. Ein NAG-Getriebe übertrug die Leistung über eine Gelenkwelle. Die unzureichende Kühlanlage wurde später durch Stirnkühler ergänzt. Als Gelegenheitskauf kam 1932 der VT 766 in den Bestand der DRG. In der Konzeption der Maschinenanlage entsprach er den DWK-Wagen, war jedoch kürzer und leichter.

Foto: Slg. Dietz

Schon 1932 musste der VT 755 ausgemustert werden, der VT 756 folgte 1946. Die übrigen Wagen verblieben in den Westzonen und wurden 1947 in VT 85 901-904 (ex VT 751-754) sowie VT 85 905 (ex VT 766) umgezeichnet. Schon im Dezember 1952 muss als letzter der VT 85 903 seinen Dienst bei der DB quittieren. Nur der VT 85 904 wurde verschrottet, die anderen begannen eine zweite Karriere bei Privatbahnen. Die VT 85 901-903 kaufte 1952/53 das Niedersächsische Landeseisenbahnenamt und setzte sie nach extensiven Umbauten auf den vom Amt verwalteten Bahnen ein. Bis 1972 war der letzte abgestellt. Der VT 85 905 gelangte zur Westerwaldbahn und tat dort nach Umbau bis 1960 Dienst. Alle Fahrzeug sind zwischenzeitlich verschrottet.

Technische Daten:

Baureihenbezeichnung:	VT 751-754	VT 755-756	VT 766
Radsatzanordnung:	(1A)'(A1)'	(1A)'(A1)'	(1A)'(A1)'
Vmax (km/h):	60	60	60
Motorleistung (PS):	150	2x 75	150
Motorleistung (kW):	110	2 x 55	110
Kraftübertragung:	mech.	mech.	mech.
Dienstmasse (t):	36	30	22
Größte Radsatzfahrmasse (t):	17	9	7
Länge über Puffer (mm):	18.400	17.020	14.600
Drehzapfenabstand (mm):	11.500	10.700	8.500
Radsatzabstand Triebdrehgestell (mm):	2.500	1.900	1.700
Radsatzabstand Laufdrehgestell (mm):	-		
Treibraddurchmesser (mm):	850	950	900
Laufraddurchmesser (mm):	850	950	900
Sitzplätze:	61-70	54-66	50
Indienststellung:	1925	1926	1932
Verbleib:			

Foto: Slg. Dietz

VT 86.9, 87.9 (DB), VT 701-716, 820 (DRG, DR)

Schwere zweiachsige Triebwagen mit Vergasermotoren (Ottomotoren) bildeten Anfang der 20er-Jahre den Grundstein für die Entwicklung von Nebenbahntriebwagen bei der DRG. Als Treibstoff diente Benzol, die Fahrzeuge konnten aber auch mit Benzin, einem Benzin-Benzol-Gemisch oder wie im dann Krieg mit Flüssiggas betrieben werden. Zu den Serien zu je vier Triebwagen gehörten die Bauart AEG-NAG (Einzeltriebwagen mit elektropneumatischer Steuerung, VT 701-704), die Bauart AEG-NAG (kurzgekuppelter Doppeltriebwagen mit elektropneumatischer Steuerung, VT 713/714, 715/716), die Bauart Werdau (Einzeltriebwagen mit Hilfsrahmen und Druckluftsteuerung, VT 705-708 und die Bauart Gotha (Einzeltriebwagen mit Hilfsrahmen und elektropneumatischer Steuerung, VT 709-712). Der Aufbau war bei allen Wagen ähnlich. Die VT 705-708 besaßen Benzolmotoren. Weder Getriebe noch Motoren befriedigten bei diesen vier Wagen, so dass diese ab 1932 gegen neue TAG-Getriebe und Büssing-Motoren ausgetauscht wurden. Die restlichen 12 Triebwagen hatten einem NAG-Benzolmotor. Das Kriegsende überlebten einzelne Triebwagen, aber meist nur kurz: Der VT 702 stand nach Kriegsende bis zu seiner Ausmusterung 1957 im Bw Dresden-Pieschen.Der VT 707 brannte aus. Die anderen Drei verblieben bei der DB und erhielten dort die Nummern VT 86 900-902. Sie wurden 1953/54 ausgemustert.
Schon vor dem Krieg wurde der VT 710 in den dieselhydraulischen VT 820 umgebaut. 1941 wurde der Wagen an die Westerwaldbahn verkauft, 1943 dann von der Kahlgrundbahn übernommen, die ihn erst 1975 abstellte. Im Schadbestand der DB befand sich nach Kriegsende der VT 709. Er war zwar zur Umzeichnung in VT 86 903 vorgesehen, wurde aber vorher (1947) ausgemustert. Die beiden Doppeltriebwagen überstanden den Krieg. Bei der DB wurde der beschädigte VT 713/714 zwar noch in VT 87 900a/b umgezeichnet, aber nicht mehr in Betrieb genommen und 1950 ausgemustert. Der bei der DR verbliebene VT 715/716 lief dort bis 1957.

Technische Daten:

Baureihenbezeichnung:	VT 701-704	VT 705-708 VT 86.9	VT 709-712 (VT 86.9)	VT 713-716 VT 87.9
Radsatzanordnung:	A 1	A 1	A 1	A 1+1 A
Vmax (km/h):	50	60	60	60
Motorleistung (PS):	75	100	75	2 x 75
Motorleistung (kW):	55	74	55	2 x 55
Kraftübertragung:	mechanisch			
Dienstmasse (t):	23	23	25	44
Größte Radsatzfahrmasse (t):	12	13	14	12
Länge über Puffer (mm):	12.900	12.800	13.600	25.050
Radsatzabstand (mm):	6.200	7.000	7.080	2 x 7.000
Treibraddurchmesser (mm):	850	1.000	1.000	850
Laufraddurchmesser (mm):	850	1.000	1.000	850
Sitzplätze:	50	46	44	92
Indienststellung:	1925-27			
Verbleib:				

VT 133 006-008 (DRG)

Die »Schienen-Autobusse« VT 133 006-008 wurden 1933 in dem Bestreben gebaut, kostengünstige, leichte und anspruchslose Schienenfahrzeuge bei weitgehender Verwendung von Bauelementen der Straßenbusse zu erhalten. Die tatsächlich omnibusähnlichen Fahrzeuge wurden von Henschel geliefert, ihr Wagenkasten stammte von Linke-Hofmann-Busch. Bei Auslieferung waren noch beide Radsätze angetrieben, doch die ungünstige Lastverteilung erforderte noch vor der Abnahme den Umbau auf Einachsantrieb. Dafür stand ein Sechszylinder-Viertakt-Vergasermotor von Henschel mit 100 PS Leistung zur Verfügung, der über eine Mehrscheibentrockenkupplung und Gelenkwelle auf einen Radsatz wirkte. Die vier Räder waren als Gummigewebescheibenräder ausgebildet, um Stöße besser abfedern zu können.
Bemängelt wurde im Betrieb vor allem die geringe Kapazität der Wagen, da die Mitnahme von Beiwagen nicht möglich war. Auch die Laufeigenschaften befriedigten nicht, daher musste Ende der 30er-Jahre die Höchstgeschwindigkeit auf 40 km/h reduziert werden. Ferner zeigte sich, dass die Federung sowie die Gummigewebescheiben der Räder nicht in der Lage waren, Stöße komfortabel abzufangen.

Foto: Slg. Dietz

Mit Kriegsausbruch wurden die Schienenomnibusse aus dem planmäßigen Verkehr zurückgezogen. 1941 erfolgte sie Umstellung auf Flüssiggasbetrieb zusammen mit dem Umbau in Fahrleitungsuntersuchungswagen. Nach Kriegsende ist keiner der Wagen mehr aufgetaucht.

Technische Daten:

Baureihenbezeichnung:	VT 133 006-008 (DRG)
Radsatzanordnung:	B (ab 1934: A 1)
Vmax (km/h):	60 (später 40)
Motorleistung (PS):	100
Motorleistung (kW):	74
Kraftübertragung:	mechanisch
Dienstmasse (t):	12
Größte Radsatzfahrmasse (t):	8
Länge über Puffer (mm):	11.460
Radsatzabstand (mm):	5.000
Treibraddurchmesser (mm):	965
Laufraddurchmesser (mm):	965
Sitzplätze:	34+12 Klappsitze
Indienststellung:	1933
Verbleib:	

Foto: Estler

VT 88.9, 89.9 (DB), VT 135 077-080, 133 009-012 (DRG)

Zu Beginn der dreißiger Jahre entwicklete das Kleinbahnamt Hannover mit der Waggonfabrik Wismar billigen und anspruchslosen Triebwgen für Schmal- und Normalspur. Charakteristisch für die »Wismarer« Schienenbusse waren die schmalen, spitz zulaufenden Vorbauten, die ihnen den Spitznamen »Schweineschnäutzchen« einbrachten. Mit der Rückgliederung des Saarlandes und der damit verbundenen Übernahme der Saar-Eisenbahnen zum 1. März 1935 kamen auch acht Exemplare dieses Schienenbusses in den Bestand der DRG. Die ehemaligen SAAR 71 und 72 wurden als VT 133 009 und 010 eingereiht. Geringfügige Unterschiede wiesen die VT 133 011 und 012 (ex SAAR 81 und 82) auf, die durch Entfernen der Sitzbänke auch als Gütertriebwagen verwendet werden konnten. Daher hatten sie auch breitere Einstiege erhalten. Für den Antrieb sorgte Ford-Benzinmotoren für Lastwagen mit Schaltgetrieben. Genial gelöst war bei diesen Wagen das aus dem Antrieb resultierende Fahrtrichtungsproblem. Jeder Radsatz besaß eine Maschinenanlage, jedoch war immer nur die in Fahrtrichtung vordere Anlage in Betrieb. Vier weitere »Wismarer« mit vergrößertem Radstand, zwei 50-PS-Deutz-Dieselmotoren und Mylius-Getrieben wurden als VT 135 077-080 (ex SAAR 73-76) eingereiht. Wahlweise konnte hier mit einem oder mit beiden Motoren gefahren werden.

Im Krieg gingen die VT 133 009, 011 und 012 verloren. Der VT 133 010 überlebte und erhielt bei der DB noch die neue Nummer VT 89 900. Nach einem Unfall im Dezember 1950 wurde er wenige Monate später ausgemustert. Die größeren »Wismarer« überstanden alle mehr oder weniger beschädigt den Krieg. Auf Grund seiner Schäden wurde der VT 135 079 noch 1946 ausgemustert. Die drei anderen Wagen verkaufte die DB 1951 an die Wittlager Kreisbahn, wo sie erst 1965/66 abgestellt wurden.

Technische Daten:

Baureihenbezeichnung:	VT 88.9 (DB)	VT 89.9 (DB)
Radsatzanordnung:	Bo'	A 1 (in jeder Fahrtrichtung)
Vmax (km/h):	60	56
Motorleistung (PS):	100 (2 x 50)	40
Motorleistung (kW):	73	29
Kraftübertragung:	mechanisch	
Dienstmasse (t):	16	11
Größte Radsatzfahrmasse (t):	7	5
Länge über Puffer (mm):	11.700	10.100
Radsatzabstand (mm):	6.000	4.000
Treibraddurchmesser (mm):	700	700
Laufraddurchmesser (mm):	-	700
Sitzplätze:	26	
Indienststellung:	1933	
Verbleib:		

Foto: Blaschke

VT 90.5 (DB), VT 137 240, 462-463 (DRG)

Um dem wachsenden Ausflugsverkehr auf der Straße durch Omnibusse Paroli zu bieten, entschloss sich die DRG in den 30er-Jahren zum Bau von sogenannten »Gläsernen Zügen«. Um eine möglichst Rundumsicht zu erreichen, war die Dachpartie teilweise verglast. Schon 1935 lieferte die Waggonbaufirma Fuchs zwei elektrische Aussichtstriebwagen für den Ausflugsverkehr. Um auch unabhängig vom Fahrdraht Ausflugsfahrten in landschaftlich besonders reizvolle Gebiete durchführen zu können, folgte 1936 folgte ebenfalls von Fuchs ein »gläserner« Dieseltriebwagen als VT 137 240. Drei Jahre später folgten von Fuchs zwei weitere solche Wagen (VT 137 462 und 463). Bei den Fahrzeugen handelte sich quasi um »Cabrio-Triebwagen«. Neben dem weitgehend verglasten Dachrand besaß das Dach selbst ein Rollverdeck. Freizügige Sicht nach draußen boten auch die sehr breit gehaltenen Seitenfenster. Der Innenraum war inklusive der beiden Führerständen als Großraum ausgebildet. Um die Sicht nicht zu beeinträchtigen, waren die Toiletten bei den Führertischen tiefergelegt. Mittels hydraulischer Kraftübertragung trieben zwei 180 PS starke Untenflur-Dieselmotoren von DWK je eine Achse der beiden Drehgestelle an.

Während der VT 137 462 im Krieg nach Bombentreffer im September 1944 als Kriegsverlust auszubuchen war, konnte die DB die beiden übrigen Wagen als VT 90 500 und 501 wiederaufarbeiten. Ab 1950 wurden die »Gläsernen« erneut im sich langsam wieder entwickelnden Ausflugsverkehr eingesetzt. Der VT 90 500 war im Bw Köln Bbf aus beheimatet, der VT 90 501 beim Bw Stuttgart. Schon 1958 wurde der Kölner Wagen abgestellt und schließlich am 13. April 1960 ausgemustert. Der Stuttgarter Wagen hielt sich dagegen bis 1962, dann schlug auch seine Stunde. Leider konnte keiner dieser interessanten Triebwagen vor der Verschrottung bewahrt werden.

Technische Daten:

Baureihenbezeichnung:	VT 90.5 (DB)
Radsatzanordnung:	(A1)'(1A)'
Vmax (km/h):	120
Motorleistung (PS):	360 (2 x 180)
Motorleistung (kW):	265
Kraftübertragung:	hydraulisch
Dienstmasse (t):	49
Größte Radsatzfahrmasse (t):	11
Länge über Puffer (mm):	22.240 (VT 90 501: 22.390)
Drehzapfenabstand (mm):	14.500
Radsatzabstand Triebdrehgestell (mm):	3.000
Radsatzabstand Laufdrehgestell (mm):	-
Treibraddurchmesser (mm):	900
Laufraddurchmesser (mm):	900
Sitzplätze:	60
Indienststellung:	1936-1939
Verbleib:	

Foto: Blaschke

690, 691 (DB AG)

Die lang Tradition der Gütertriebwagen ließ die DB am 10. Oktober 1996 wiederaufleben, als sie in Frankfurt/Main die selbstangetriebenen Transporteinheiten mit der Bezeichnung »CargoSprinter« vorstellte. Geplant war, mit diesen Gütertriebzügen mehr Container-Verkehr zu gewinnen und wettbewerbsfähig zu transportieren. Die Konzeption des CargoSprinter-Konzeptes sah wie folgt aus: Dezentrales Beladen bei den Gleisanschließern, selbsttätige Fahrt zum Knotenbahnhof, schnelle Vereinigung von Zügen gleicher Zielregion, gemeinsame Weiterfahrt zum Ziel-Knotenbahnhof, selbsttätige Feinverteilung der einzelnen Züge zu ihren Kunden.
Zunächst lieferte Windhoff aus Rheine vier Garnituren (Baureihe 690). Im Februar 1997 folgten von Talbot aus Aachen drei weitere Züge mit der firmeninternen Bezeichnung »Talion« (Baureihe 691). Eine fünfteilige Einheiten besteht aus drei Container-Flachwagen und zwei Motorendwagen. Die Endwagen sind Lkw-ähnlich aufgebaut, besitzen an ihren Stirnseiten eine automatische Kupplung (Z-AK) und können selbst bis zu zwei Container befördern. Auf jeder Garnitur können bis zu zehn Container für den kombinierten Verkehr untergebracht werden. Bis zu sieben Zugeinheiten können von einem Führerstand aus bedient werden. Als Antrieb dienen vier 265-kW-Volvo-Dieselmotoren und ein Fünfgang-Automatikgetriebe mit Retarder.
Zwischen Oktober 1997 und Mitte 1999 waren die Garnituren nachts von Osnabrück und Hamburg aus zum Frankfurter Flughafen unterwegs, wo sie am frühen Morgen eintrafen. Zwischenzeitlich scheint sowohl bei DB Cargo als auch bei den Speditionen das Interesse an diesem Angebot erloschen zu sein, den seit Mitte 1999 stehen die Züge beschäftigungslos abgestellt in Osnabrück herum.

Technische Daten:

Baureihenbezeichnung:	690	691 (DB AG)
Radsatzanordnung:	(1A)'(A1)'+11+11+11+ (1A)'(A1)'	(1A)'(A1)'+2'(2)'(2)'2'+ (1A)'(A1)'
Vmax (km/h):	120	
Motorleistung (PS):		
Motorleistung (kW):	1.060 (4 x 265)	
Kraftübertragung:	hydraulisch	
Dienstmasse, leer (t):	120	113
Größte Radsatzfahrmasse (t):		
Länge über Puffer (mm):	91.000	89.570
Drehzapfenabstand (mm):	5 x 14.200	
Radsatzabstand Triebdrehgestell (mm):	1.800	
Radsatzabstand Laufdrehgestell (mm):	1.800	
Treibraddurchmesser (mm):	920	
Laufraddurchmesser (mm):	920	
Sitzplätze:	-	
Indienststellung:	1996	1997
Verbleib:		

Foto: Blaschke

VT 92.5, 692 (DB), VT 872-874 (DRG)

1932 beschaffte die DRG drei schwere vierachsige, dieselelektrische Triebwagen. Die als 872-874 geführten Fahrzeuge waren Endpunkt und Neubeginn zugleich. Als schwerste Einzeltriebwagen der DRG markierten sie das Ende der aus schweren, genieteten Reisezugwagen abgeleiteten Triebwagen. Die erstmalige Verwendung des leistungsfähigen 410-PS-Motors von Maybach war wiederum der Anfang des Hauptbahneinsatzes von Dieseltriebwagen.
Nach 1945 verblieben die VT 872 und 874 in den Westzonen. Neben der Bereinigung des Typenwirrwarrs war die Entwicklung neuer Konstruktionen eine vordringliche Aufgabe. 1949 erhielt MAN den Auftrag, die beiden VT als Versuchsträger zu nutzen. Tatsächlich umgebaut wurde nur der VT 872. Er erhielt die neuen Einheits-Maschinenanlagen von MAN, Maybach oder Daimler-Benz und ein hydraulisches Getriebe von Maybach bzw. Voith. Das Fahrzeug bekam einen neuen Aufbau in Stromlinienform (»Eierkopf«) und wurde so Vorbild für alle Triebwagen des ersten Neubauprogramms der DB (ET 30, ET 56, ETA 176, VT 08 und VT 12). Daneben leistete der VT 92 501 aber auch einen sBeitrag zur Entwicklung der Großdiesellok V 200. Nach Abschluss der Versuche war der VT 92 501 beim Bw Nürnberg Hbf beheimatet und lief als »Lokomotive« vor Eil- und Personenzügen, da ein Fahrgastraum fehlte. Später wurde er nur vom AW Nürnberg als Schleppfahrzeug eingesetzt. 1978 liefen die Fristen des 692 501 ab. Da kein zwingender Grund zu seiner weiteren Unterhaltung bestand, wurde der Triebwagen am 21. Dezember 1978 ausgemustert. Heute gehört er zum Bestand des Verkehrsmuseums Nürnberg und ist als Leihgabe im Bayerischen Eisenbahnmuseum in Nördlingen hinterstellt.

Technische Daten:

Baureihenbezeichnung:	VT 872-874 (DRG)	VT 92.5 (DB)
Radsatzanordnung:	2'Bo'	B'2'
Vmax (km/h):	90	120
Motorleistung (PS):	410	1.000
Motorleistung (kW):	302	736
Kraftübertragung:	elektrisch	hydraulisch
Dienstmasse (t):	57,4	51,5
Größte Radsatzfahrmasse (t):	15,2	18,1
Länge über Puffer (mm):	22.140	21.850
Drehzapfenabstand (mm):	14.270	
Radsatzabstand Triebdrehgestell (mm):	2.600	3.900
Radsatzabstand Motordrehgestell (mm):	4.100	
Radsatzabstand Laufdrehgestell (mm):	-	2.600
Treibraddurchmesser (mm):	1.000	940
Laufraddurchmesser (mm):	850	900
Sitzplätze:	72	-
Indienststellung:	1932	Umbau 1951
Verbleib:	692 501 (VM, Nördlingen)	

Foto: Estler

699 (DB)

Schon immer nahm die meterspurige Wangerooger Inselbahn eine Sonderstellung im Netz der Deutschen Bundesbahn ein. Nach der 1960 erfolgten Ausmusterung der letzten Dampflok versahen über 20 Jahre ausschließlich diesellokbespannte Wagenzüge den Verkehr zwischen Anleger und Ortsbahnhof. Als 1981 auf der Nachbarinsel Spiekeroog der Inselbahn-Betrieb nach Bau eines neuen Hafens überflüssig wurde, griff die Bundesbahn zu und erwarb einige der dort nun überflüssigen Fahrzeuge. Darunter war auch ein vierachsiger, dieselhydraulischer Triebwagen, der 1933 von der Waggonfabrik Dessau für die Kleinbahn Emden–Pewsum–Greetsiel (T 1, später T 61) gebaut worden war. Nach deren Stilllegung kam er 1963 als T 5 zur Inselbahn auf Spiekeroog. Bei der Bundesbahn wurde der Exot als 699 001 eingereiht, ab 1992 änderte sich die Nummer in 699 101. Während seiner Bundesbahnzeit war der Oldtimer der älteste Triebwagen, der sich noch auf Bundesbahngleisen im Regelbetrieb befand. Angetrieben wurde das Fahrzeug von einem Daimler-Benz-Motor mit 126 PS Leistung, die Kraftübertragung erfolgte über ein Voith-Strömungsgetriebe.

Die Abnahme des Triebwagens für den Betrieb zwischen Westanleger und Bahnhof Wangerooge erfolgte am 25. Juni 1981. Ab diesem Zeitpunkt erfolgten die sporadischen Einsätze vor allem als Verstärkerfahrzeug in der Hochsaison als Vor- oder Nachzug zu den lokbespannten Zügen. Gut elf Jahre rumpelte das Fahrzeug über die Inselbahn bis zu seiner z-Stellung am 31. Dezember 1992. Mit der Ausmusterung am 13. August 1993 verschwand der Einzelgänger schon wieder aus dem Bestand der Bundesbahn. Er blieb jedoch erhalten und befindet sich seit 1995 beim Deutschen Eisenbahn-Verein (DEV) in Bruchhausen-Vilsen, wo er als T 45 geführt wird.

Technische Daten:

Baureihenbezeichnung:	699 (DB)
Spurweite (mm):	1.000
Radsatzanordnung:	B'2'
Vmax (km/h):	20
Motorleistung (PS):	126
Motorleistung (kW):	98
Kraftübertragung:	hydraulisch
Dienstmasse (t):	15
Größte Radsatzfahrmasse (t):	4
Länge über Kupplung (mm):	11.955
Drehzapfenabstand (mm):	
Radsatzabstand Triebdrehgestell (mm):	1.700
Radsatzabstand Laufdrehgestell (mm):	1.500
Treibraddurchmesser (mm):	750
Laufraddurchmesser (mm):	750
Sitzplätze:	42
Indienststellung:	1933
Verbleib:	699 101 (T 45 DEV, Bruchhausen-Vilsen)

VT 133 522, 187 001 (DR)

Zum Ersatz unwirtschaftlicher Dampfzüge vor allem auf dem Streckenabschnitt Alexisbad–Stiege beschaffte 1933 die meterspurige Gernrode-Harzgeroder Eisenbahn (GEH) einen kleinen, zweiachsigen Triebwagen. Von der Waggonfabrik Dessau geliefert, wurde das Fahrzeug bei der GHE als T 1 geführt. Als Antriebsanlage standen ein 65-PS-Motor und ein Schaltgetriebe der Bauart Mylius zur Verfügung. Die Kraftübertragung erfolgte mechanisch. Krieg und Nachkriegszeit überstand der Wagen unbeschadet. Nach Wiederaufbau der Selketalbahn und Übernahme durch die DR erhielt der nun als VT 133 522 bezeichnete Triebwagen einen neuen 70-PS-Motor und kam bis 1963 vorwiegend zwischen Hasselfelde und Eisfelder Talmühle zum Einsatz. Nach dem Rückzug aus dem öffentlichen Verkehr erfolgte der Umbau zum Gerätewagen. Die Sitze wurden entfernt und die Fenster des Fahrgastraumes mit Gittern versehen. In dieser Form fuhr der ehemalige T 1 (ab 1970: 187 001) bis 1978, dann wurde er ausgemustert. Die 1983 erfolgte Einstufung als Traditionsfahrzeug sicherte seinen weiteren Erhalt. Zum 100-jährigen Jubiläum der Selketalbahn wurde der Triebwagen wieder in seinen Ursprungszustand zurückversetzt, mit einem neuen Motor ausgerüstet und als Traditionsfahrzeug wieder in Betrieb genommen. Seither steht das Fahrzeug für Sonder- und Ausflugsfahrten zur Verfügung. Daran hat auch die am 1. Januar 1993 erfolgte Übernahme der Harzquer- und Selketalbahn durch die Harzer Schmalspurbahnen GmbH (HSB) nichts geändert.

Foto: Dr. Paule

Technische Daten:

Baureihenbezeichnung:	VT 133 522 (DR)
Spurweite (mm):	1.000
Radsatzanordnung:	A 1'
Vmax (km/h):	40
Motorleistung (PS):	70
Motorleistung (kW):	48
Kraftübertragung:	mechanisch
Dienstmasse (t):	13
Größte Radsatzfahrmasse (t):	
Länge über Kupplung (mm):	8.700
Radsatzabstand (mm):	
Treibraddurchmesser (mm):	700
Laufraddurchmesser (mm):	700
Sitzplätze:	34
Indienststellung:	1933
Verbleib:	VT 133 522 (HSB als GHE T 1)

Foto: Endisch

VT 2.09.0, 2.09.1, 2.09.2, 171.0, 172.0, 172.1 (DR), 771, 772 (DB AG)

Auch die DR beschäftigte sich ab Mitte der 50er mit dem Bau von Schienenbussen. 1957 entstand ein erster Prototyp eines Leichtverbrennungstriebwagens als VT 2.09.001 mit einem 130-PS-Büssing-Motor und ZF-Getriebe westdeutscher Produktion, wie sie auch in den DB-Schienenbussen verwendet wurden. Dieser erste Prototyp absolvierte 1958 seine Versuchsfahrten und wurde ab März 1959 ausgiebig von der DR im Betrieb erprobt. Auf der Leipziger Frühjahrsmesse 1959 wurde ein zweiter Prototyp vorgestellt, diesmal mit 180-PS-Dieselmotor und Getriebe aus DDR-Produktion. Nach erneut gründlicher Erprobung folgte 1962 eine Nullserie (VT 2.09.003-007). Zwischen 1963 und 1965 rollte dann die Serienlieferung mit 63 Fahrzeugen auf die Schienen. Eine entsprechende Anzahl gleichartiger Beiwagen wurde ebenfalls geliefert.

Der Wagenkasten war eine geschweißte Stahlleichtbaukonstruktion aus Walzprofilen und Blechen. Nur der zweite Prototyp hatte einen Wagenaufbau in gemischter Stahl-Leichtmetall-Bauweise erhalten, der sich aber für eine Serienfertigung nicht eignete. Zur Verbesserung der Laufruhe waren die Fahrzeuge mit Schraubenfedern, Stoßdämpfern und Stabilisatoren ausgestattet. Der unterflur angeordnete Motor übertrug seine Leistung über Flüssigkeitskupplung und Sechsgang-Zahnradgetriebe auf den Antriebs-Radsatz. Zug- und Stoßkräfte wurden über eine leichte Mittelpufferkupplung der Bauart Scharfenberg übertragen. Ungefederte Notpuffer sollten unliebsame Anstöße durch Fahrzeuge mit Regelpuffern abmildern.

Da die VT 2.09.0 nur als Solo-VT oder mit Beiwagen liefen und nicht vielfachsteuerfähig waren, entstand zwischen 1964 und 1965 als Weiterentwicklung die Baureihe VT 2.09.1 mit Vielfachsteuerung für zwei Triebwagen. Neben 16 Triebwagen wurden nun auch entsprechende Steuerwagen beschafft. Die scherzhaft als »Blutblasen« oder »Ferkeltaxen« bezeichneten Fahrzeuge bewährten sich ganz gut, doch bald traten Risse an Getriebe- und Rahmenlängsträger auf. Bei der ab 1968 in 73 Exemplaren ausgelieferten Nachfolgeserie VT 2.09.2 wurden daher diese Bauteile neu konstruiert. Auch der Rahmen wurde verstärkt, da nun ein neuer Motor gleicher Leistung aber mit größerer Masse eingebaut wurde.

Ab 1970 wurden die Fahrzeuge computergerecht in 171.0 (ex VT 2.09.0), 172.0 (ex VT 2.09.1) und 172.1 (ex VT 2.09.2) umgezeichnet. Nach der Wende erfolgte in den Jahren 1991 bis 1995 bei vielen ein grundlegender Umbau. Ein 162-kW-MAN-Motor ersetzte die alte DDR-Produktion und trieb nun über ein Voith-Getriebe die Fahrzeuge an. Ferner wurden Sifa, Indusi, PZ80 und sogar Zugbahnfunk MESA2000 eingebaut. Eine vollkommen neue Innenausstattung sowie geschlossene Führerkabinen sorgten für deutlich mehr Komfort. Zusätzlich wurden 1994 sechs überzählige Beiwagen zu Triebwagen umgebaut. Zur Unterscheidung wurden die mit neuen Getrieben ausgestatteten Wagen in 772.3 (aus 771) und 772.4 (aus 772) umgezeichnet. Noch heute werden die modernisierten 771 und 772 regelmäßig auf weniger frequentierten Nebenbahnen im Osten eingesetzt. Mit ihrer endgültigen Abstellung ist wohl erst 2003/2004 zu rechnen.

Die hundertprozentige DB-Tochter Usedomer Bäderbahn GmbH (UBB) ließ 1997 zwei ihrer Leichttriebwagen auf Erdgas-Antrieb umbauen. Die 772 201 und 202 der UBB waren damit weltweit die ersten Schienenfahrzeuge mit diesem Antrieb. Zum Einbau kam ein Erdgasmotor von MAN mit einer Leistung von 170 kW. Gegenüber den seither verwendeten Dieselmotoren konnte sowohl der Schadstoffausstoß als auch die Geräuschbelästigung entscheidend verringert werden.

Technische Daten:

Baureihenbezeichnung:	171.0	172.0-1 (DR)	771/772 (DB AG)
Radsatzanordnung:	1 A		
Vmax (km/h):	90		
Motorleistung (PS):	180	180	220
Motorleistung (kW):	132	132	162
Kraftübertragung:	mechanisch		
Dienstmasse (t):	20	22	22
Größte Radsatzfahrmasse (t):	13	15	15
Länge über Kupplung (mm):	13.550		
Radsatzabstand (mm):	6.000		
Treibraddurchmesser (mm):	900		
Laufraddurchmesser (mm):	900		
Sitzplätze:	54		
Indienststellung:	1957-1964	1965-69	Umbau 1991-1995
Verbleib:			

Foto: Endisch

VT 95.9, 795 (DB)

Die ersten Schienen-Omnibusse entstanden schon in den 30er-Jahren aus dem Wunsch heraus, leichte und anspruchslose Fahrzeuge unter Verwendung von Teilen und Baugruppen aus dem Lastwagen- und Omnibusbau zu entwickeln. Schon bald nach Ende des Zweiten Weltkriegs erkannte die spätere Bundesbahn, dass nur durch den extensiven Einsatz solcher Schienenbusse der Betrieb auf vielen unwirtschaftlichen Nebenstrecken gegen die wachsende Konkurrenz auf der Straße aufrechtzuerhalten war. 1949 erhielt daher die Waggonfabrik Uerdingen den Auftrag, ein solches Fahrzeug zu entwickeln. Zwischen März und August 1950 konnten die ersten elf Wagen mit den Nummern VT 95 901-911 in Betrieb genommen werden. Die Verwandtschaft mit Omnibussen war unverkennbar. Der Wagenkasten war in selbsttragender Leichtmetallbauweise ausgebildet, der Rahmen diagonalsteif und an beiden Enden verstärkt. Ein Radsatzstand von 4.500 mm, leichte Stoßpuffer sowie eine Lkw-Anhängerkupplung waren weitere charakteristische Merkmale. Den Antrieb auf einen Radsatz besorgte ein unterflur eingebauter Büssing-Motor mit 110 PS Leistung über ein mechanisches Sechsgang-Getriebe.

Mit dem VT 95 912 (später VT 95 9112) folgte im November 1950 das letzte richtungsweisende Vorserienfahrzeug. Mit einer Sondergenehmigung des Verkehrsministers konnte bei diesem Schienenbus der Radsatzstand auf 6.000 verlängert werden, zulässig waren nach der damaligen Eisenbahn-Bau- und Betriebsordnung (EBO) nur maximal 4.500 mm. Mit der damit einhergehenden Verlängerung des Wagenkasten war nun auch ein ausreichendes Platzangebot vorhanden.

Nach gründlicher Erprobung der Vorserien-VT 95 entstand in den 50er-Jahren eine ganze Familie von Schienenbussen. Eine erste Serie von 60 Einheiten der einmotorigen VT 95 rollte ab 1952 aus den Werkshallen. Der feste Radsatzstand von 6.000 mm war geblieben, doch ansonsten gab es einige Änderungen. Die Frontpartie war nun korbbogenförmig gewölbt ausgestaltet und mit gewölbten Oberlichtern ausgestattet. Bei späteren Serien wurde auf die Oberlichter verzichtet. Dreiteilige Falttüren an den Wagenenden sorgten für einen schnellen Fahrgastwechsel. Bei den Beiwagen der Reihe VB 142 hatte man den kurzen Achsstand von 4.500 mm beibehalten, die Form aber entsprechend den Triebwagen angepasst. Scharfenbergkupplungen übertrugen die Zug- und Stoßkräfte. Stoßfederbügel dienten zum elastischen Abfangen zarter Berührungen durch normale Puffer. Bis 1955 folgten der ersten Serie fünf weitere mit insgesamt 496 Schienenbussen, wobei mit dem Einbau von 130- bzw. später 150-PS-Motoren die Leistung kontinuierlich gesteigert werden konnte. Weitere 15 Triebwagen erhielten die damals unter französischer Verwaltung stehenden Saarbahnen, welche später bei der Bundesbahn als VT 95 9901-9915 eingereiht wurden.

Mit diesen Fahrzeugen und den VT 98 konnte auf zahlreichen Nebenbahnen die Dampflok endgültig abgelöst werden. Nur durch die wirtschaftliche Betriebsweise der Schienenbusse ließ sich auf vielen Linien überhaupt ein Betrieb aufrechterhalten. Schon zwischen 1958 und 1965 schieden die Prototypen aus dem Betriebsdienst, fanden aber zum Teil bei Privatbahnen ein neues Betätigungsfeld. Der am 21. Juni 1963 ausgemusterte VT 95 906 wurde umgebaut und stand ab 25. Februar 1964 als Indusi-Prüfwagen »Wuppertal 6205« dem Betrieb wieder zur Verfügung. Ab 1968 als 724 001 war er bis in die 90er-Jahre im ganzen Bundesgebiet anzutreffen. Ab Mitte der 70er-Jahre schieden die einmotorigen Schienenbusse (ab 1968 Baureihe 795) in größerer Stückzahl aus. 1983 musste der 795 445 als letzter seinen Dienst quittieren. Zahlreiche 795 fanden im Ausland und natürlich auch bei Museumsbahnen in Deutschland ein neues Betätigungsfeld. Zum betriebsfähigen Museumsbestand der DB gehört der 795 240 (ex VT 95 9240).

Technische Daten:

Baureihenbezeichnung:	VT 95 901-911	VT 95 9112	VT 95 9113-72	VT 95 9173-... (DB)
Radsatzanordnung:	A 1'			
Vmax (km/h):	90			
Motorleistung (PS):	110	110	110	130/150
Motorleistung (kW):	81	81	81	96/111
Kraftübertragung:	mechanisch			
Dienstmasse (t):	11	13	13	14
Größte Radsatzfahrmasse (t):	8,5	6,2	10,5	10,8
Länge über Puffer (mm):	10.650	13.150	13.265	13.298
Radsatzabstand (mm):	4.500	6.000	6.000	6.000
Treibraddurchmesser (mm):	900			
Laufraddurchmesser (mm):	900			
Sitzplätze:	41-46	51	63	57-60
Indienststellung:	1950	1950	1952-53	1952-58
Verbleib:	795 240 (VM), diverse			

VT 97.5, 97.9, 98.9, 796, 797, 798 (DB)

Für den Betrieb auf steigungsreichen Strecken erwiesen sich die einmotorigen Schienenbusse VT 95 als zu schwach. Daher wurden 1953 drei Wagen mit einer zweiten Maschinenanlage ausgerüstet und als VT 98 901-903 bezeichnet. Um den Betrieb auf Nebenbahnen weiter zu rationalisieren, war jedoch auch die Mitnahme von einzelnen Güterwagen zu ermöglichen. Das Anforderungsprofil für die Serienlieferung der zweimotorigen Schienenbusse sah den Einbau von normalen Zug- und Stoßvorrichtungen, Bremsen der Regelbauart sowie eine Vielfachsteuerung vor. Ab 1955 wurden insgesamt 329 Triebwagen, 310 Steuerwagen und 320 Beiwagen gebaut. Durch die stärkere Motorleistung konnte neben dem Beiwagen noch ein Steuerwagen mitgeführt werden. Die Laufruhe der Fahrzeuge wurde durch den Einbau einer Luftfederung ab dem VT 98 9651 verbessert.

Foto: Estler

Als Variante des zweimotorigen Schienenbusses VT 98 entstanden 1961/62 sechs Zahnradschienenbusse (VT 97.9) für die Zahnradstrecke Reutlingen–Schelklingen. Abgesehen von einer Verkürzung des Radsatzstandes um 50 mm wegen der Zahnstangenteilung unterschieden sich die VT 97.9 von der Regelausführung im wesentlichen durch den Einbau des Zahnradtriebwerkes. Neben den Zahnrädern auf den beiden Radsätzen sowie der Zahnrad- und Zahnstangenschmierung wurde als weitere Sondereinrichtung je eine Klinkenband-Klotzbremse eingebaut. Für den Verkehr auf der bayerischen Nebenbahn Passau–Wegscheid mit ihrem Zahnstangenabschnitt Obernzell–Wegscheid kamen 1965 zwei weitere Zahnradschienenbusse hinzu.

Ab 1968 wurden die VT 98 als 798 und die VT 97.9 als 797.9 geführt. Nach Einstellung des Gesamtverkehrs auf der Zahnradstrecke Honau–Lichtenstein im Sommer 1969 wurden aus den Fahrzeugen sämtliche Einrichtungen für den Zahnradbetrieb entfernt. Gleichzeitig erfolgte die Umzeichnung in 797.5 und sie kamen im normalen Dienst zum Einsatz. 1980 begann auch der Stern der zweimotorigen Schienenbusse zu sinken. Streckenstilllegungen und der Ersatz durch lokbespannte Züge ließen bis 1987/88 einen großen Teil der 797/798 auf Abstellgleisen verschwinden. 47 Einheiten wurden noch auf Einmannbedienung umgerüstet und erhielten 1989 die Baureihenbezeichnung 796. Höhepunkt war die Modernisierung der Einheiten 798 652, 653 und 998 896. Erst im Mai 2000 wurden die letzten beiden Triebwagen abgestellt.

Technische Daten:

Baureihenbezeichnung:	VT 97 901-908	VT 98 901-903	VT 98 9501-9829 (DB)
Radsatzanordnung:	Bo'		
Vmax (km/h):	90		
Motorleistung (PS):	300 (2 x 150)		
Motorleistung (kW):	221		
Kraftübertragung:	mechanisch		
Dienstmasse (t):	24,4	18,9	20,9
Größte Radsatzfahrmasse (t):	12,1	13,2	13,9
Länge über Puffer (mm):	13.950	13.298	13.950
Radsatzabstand (mm):	5.950	6.000	6.000
Treibraddurchmesser (mm):	910	900	900
Laufraddurchmesser (mm):	-		
Sitzplätze:	56	60	60
Indienststellung:	1961-1965	1953	1955-1962
Verbleib:	798 652, 653 und 998 896 (DB), diverse		

Register

Dampflokomotiven (Regelspur)

1.KLASSE

Eisenbahn-Technik und -Geschichte

Andreas Knipping/Burkhard Wollny
Deutsche Bundesbahn
Die angeblich unbewegliche »Beamtenbahn« setzte in den 70er- und 80er-Jahren trotz widrigster verkehrspolitischer Bedingungen Maßstäbe, die noch heute gültig sind. Gerade die zweite Hälfte der Bundesbahn-Ära war zweifellos eine der interessantesten und abwechslungsreichsten Episoden der deutschen Eisenbahngeschichte und dieses Buch zeigt, dass die alte »Beamtenbahn« auch ihre guten Seiten hatte.
208 Seiten, 275 Bilder, dav. 45 in Farbe
Bestell-Nr. 71147
DM 59,–/€ 32,–

Jürgen Court
Renaissance der Dampflok
Im Osten erlebte die Dampflok vor planmäßigen Zügen in den Neunzigerjahren einen zweiten Frühling. Heute ist auch diese Episode fast schon wieder Geschichte.
144 Seiten, 136 Farbbilder
Bestell-Nr. 71143
DM 49,80/€ 26,–

Dirk Endisch
Neubaudampfloks der Deutschen Reichsbahn
Die »Stars aus Babelsberg«: Dieser prächtig illustrierte Band zeichnet das Neubau-Dampflokprogramms der Deutschen Reichsbahn nach.
256 Seiten, 243 Bilder, dav. 24 in Farbe
Bestell-Nr. 71129
DM 69,–/€ 36,–

Dietmar Klubescheidt
Eisenbahnen der Welt
Eine Weltreise mit der Eisenbahn wäre eine mühselige Angelegenheit. Doch den Reisenden würden zahlreiche Superlative entschädigen: die längste Eisenbahnlinie der Welt in Sibirien, die höchste Strecke der Erde in den Anden oder die schnellsten Züge unseres Planeten in Japan. Die ganze Vielfalt der Eisenbahn wird in diesem Buch von Dietmar Klubescheidt lebendig. Nur wem das zu bequem und zu preiswert ist, löst am Bahnhof eine Fahrkarte um die Welt.
164 Seiten, 173 Farbbilder, 7 Zeichnungen
Bestell-Nr. 71066
DM 29,80/€ 16,–

Daniel Riechers
Regionaltriebwagen
Die Fahrzeuge der regionalisierten Bahnen revolutionieren das Reisen auf der Schiene. Hier steht drin, was man über die neue Generation wissen sollte.
192 Seiten, 185 Bilder, davon 31 in Farbe
Bestell-Nr. 71089
DM 69,–/€ 36,–

Maedel/Gottwaldt
Deutsche Dampflokomotiven
Karl-Ernst Maedels Werk, zwischen 1957 und 1968 in fünf Auflagen erschienen, gilt als Klassiker. Alfred B. Gottwaldt hat ihn überarbeitet und vor allem im Bildteil ergänzt. Außerdem hat er Biografien solcher Konstrukteure hinzugefügt, die die Entwicklung der Dampflok maßgeblich gefördert haben.
320 Seiten, 252 Bilder
Bestell-Nr. 70912
DM 29,80/€ 16,–

Alfred B. Gottwaldt
Stromlinie
»Stromlinie« hieß das Zauberwort der 30er-Jahre. Auch die Reichsbahn experimentierte mit der aerodynamischen Form.
296 Seiten, 404 Bilder, davon 8 in Farbe
Bestell-Nr. 70781
DM 29,80/€ 16,–

Kleine Typenkunde...

Jede Menge neuer Fahrzeuge, jede Menge neuer Farben – auf den Gleisen der deutschen Eisenbahnen bewegt sich was. Um den Überblick nicht zu verlieren, muss man sich gut auskennen oder wissen, wo man nachschlagen kann. Die Taschenbücher der »Kleinen Typenkunde« sind top aktuell – mit Infos zu Technik, Einsatz und Verbleib der Reisezugwagen und Triebfahrzeuge der DB AG.

...deutscher Triebfahrzeuge
160 Seiten, 126 Bilder
Bestell-Nr. 71118 DM 19,80/€ 12,–

...deutscher Reisezugwagen
144 Seiten, 135 Bilder
Bestell-Nr. 71119 DM 19,80/€ 12,–

...deutscher Bahnpostwagen
Dieser Band porträtiert in bewährter Weise die Bahnpostwagen. Wer Fragen zu diesem Thema hat, findet hier die Antworten – darauf geben wir Brief und Siegel.
176 Seiten, 148 Bilder
Bestell-Nr. 71157 DM 19,80/€ 12,–

...österreichischer Triebfahrzeuge
Diese völlig überarbeitete Neuausgabe stellt alle Triebfahrzeugtypen der Österreichischen Bundesbahnen vor, die 1999 im aktiven Bestand geführt wurden.
144 Seiten, 111 Bilder
Bestell-Nr. 71141 DM 19,80/€ 12,–

...Schweizer Triebfahrzeuge
Dieser Band von Karlheinz Hartung ist ein handlicher Begleiter für Schienenreisen durch den Alpenstaat, mit fast allen Triebfahrzeugen, die im Regelbetrieb stehen.
244 Seiten, 204 Bilder
Bestell-Nr. 71069 DM 24,80/€ 12,90

IHR VERLAG FÜR EISENBAHN-BÜCHER

trans press
Postfach 10 37 43 · 70032 Stuttgart
Telefon (07 11) 2 10 80 65 · Telefax (07 11) 2 10 80 70